이렇게
기막힌
적중률

컴퓨터활용능력 1급
필기 최신문제집

"이" 한 권으로 합격의 "기적"을 경험하세요!

YoungJin.com Y.
영진닷컴

CONTENTS

차례

합격 강의 제공 동영상 강의는 이기적 수험서 홈페이지(license.youngjin.com)에서 이용하실 수 있으며, 1판 1쇄 기준 2년간 유효합니다.

해설과 함께 보는 상시 기출문제

- 각 문항을 문제의 난이도 등급에 따라 상·중·하로 분류하였습니다.
- 중요✓ 표시가 있는 문제는 출제 빈도가 높은 문제입니다.
- 문제의 이해도에 따라 ○△✕ 체크하여 완벽하게 정리하세요.
- 동영상 강의가 제공되는 문제는 QR 코드를 스캔하여 동영상 강의를 이용하세요.
- 추가 제공 모의고사와 핵심요약 PDF는 카페의 구매인증을 통해 제공합니다. PDF 사용 기간은 1판 1쇄 기준 2년간 유효합니다.

해설과 따로 보는 상시 기출문제

- 각 문항을 문제의 난이도 등급에 따라 상·중·하로 분류하였습니다.
- 중요✓ 표시가 있는 문제는 출제 빈도가 높은 문제입니다.
- 문제의 이해도에 따라 ○△✕ 체크하여 완벽하게 정리하세요.
- 동영상 강의가 제공되는 문제는 QR 코드를 스캔하여 동영상 강의를 이용하세요.

컴퓨터활용능력 시험 공식 버전 안내

- 컴퓨터활용능력 시험 공식 버전 : Windows 10, MS Office LTSC 2021
- Office Professional 2021 : 가정이나 직장에서 사용하기 위해 한 대의 PC에 기본 Office 앱과 전자 메일을 설치하려는 가족 및 소규모 기업용을 위한 제품입니다.
- Office LTSC : 상용 및 공공기관 고객을 위한 Microsoft 365의 최신 영구 버전으로, 두 플랫폼(Windows 및 Mac)에서 모두 이용 가능한 일회성 "영구" 구매로 사용할 수 있는 디바이스 기반 라이선스입니다.
- MS Office Professional 2021 프로그램의 업데이트 버전을 사용하는 경우, LTSC 버전과 일부 명칭 및 메뉴가 다를 수 있습니다. 본 도서는 시험장에서 사용하는 LTSC 버전으로 작성되었으며, 일반 사용자 프로그램인 MS Office Professional 2021의 업데이트 버전을 사용하고 계신 경우 업데이트는 계속될 수 있으며, 이후 추가되는 업데이트로 인해 내용이 달라질 수 있음을 알려드립니다.

STRUCTURES

이 책의 구성

핵심이론 POINT 148선

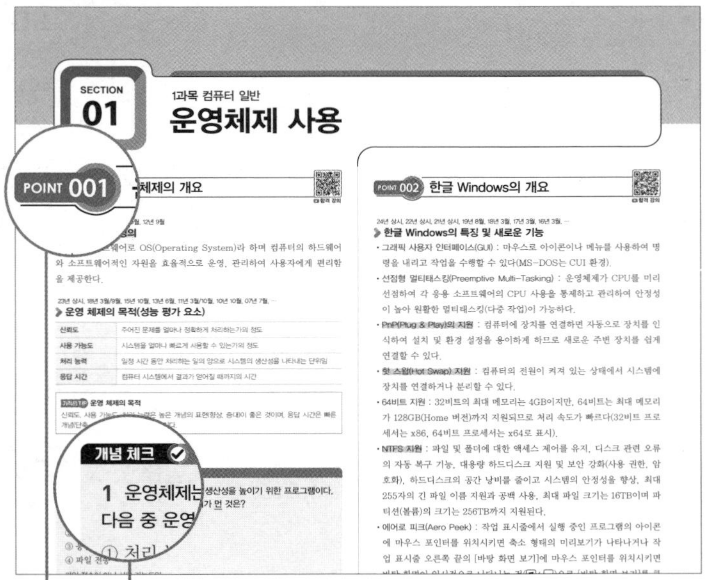

실제 기출문제로 바로 개념 체크

148가지 포인트로 빠르게 이론 정리

자주 출제되는 기출문제 120선

QR 코드로 동영상 강의 바로 접속 가능

철저한 분석으로 대표 기출문제 엄선

해설과 함께 보는 상시 기출문제

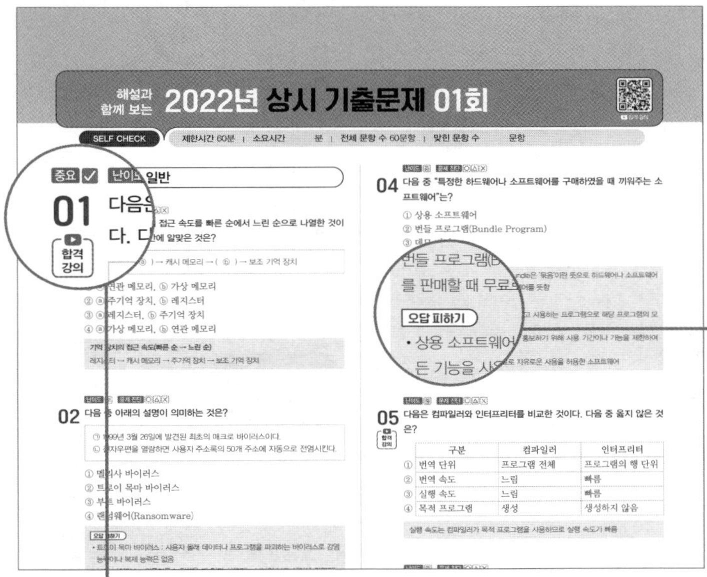

해설과 함께 빠르게 풀어보며 유형 파악

중요 문제는 풀이 동영상 강의 제공

해설과 따로 보는 상시 기출문제

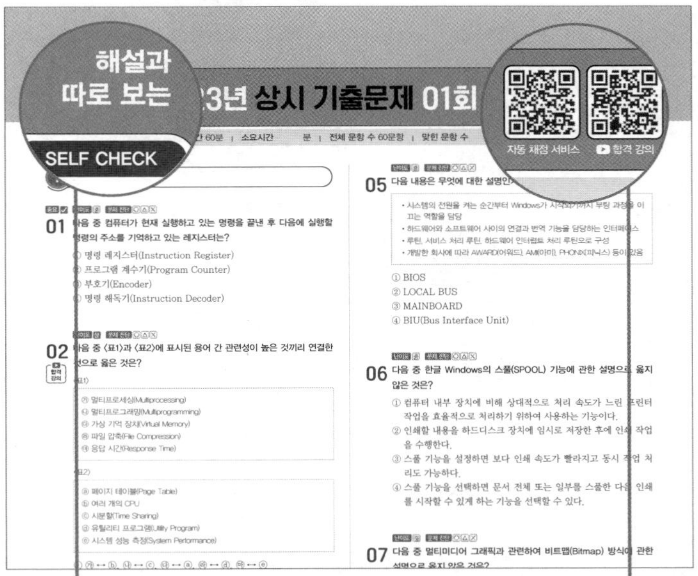

자동 채점 서비스와 강의 QR 제공

해설과 따로 실전처럼 풀이

GUIDE

시험의 모든 것

자격검정 응시 절차 안내

시험 절차 및 내용은 반드시 시행처를 다시 한 번 확인하세요.

Step 01 응시 자격 조건

남녀노소 누구나 응시 가능

Step 02 시험 원서 접수하기

- 대한상공회의소 license.korcham.net에서 접수
- 상시 검정 : 시험 기간 조회 후 원하는 날짜와 시간에 응시

Step 03 시험 응시하기

- 수험표, 신분증을 지참
- 시험은 CBT 형식으로 진행

Step 04 합격 여부 확인하기

상시 검정 다음 날 오전 10시 이후 인터넷으로 합격 여부 확인

Step 05 실기 원서 접수하기

시험 기간 조회 후 원하는 날짜와 시간에 응시

※시험과 관련된 사항은 시행처를 다시 한 번 확인하세요.

01 수검자격

제한 없음

02 원서 접수

필기 : 20,500원, 실기 : 25,000원

(인터넷 접수 시 수수료 1,200원이 가산되며, 계좌 이체 및 신용카드 결제 가능)

03 합격 기준

필기 시험	매 과목 100점 만점에 과목당 40점 이상, 평균 60점 이상
실기 시험	100점 만점에 70점 이상(1급은 두 과목 모두 70점 이상)

04 합격자 발표

- 대한상공회의소 홈페이지(license.korcham.net)에서 발표
- 상시 검정 필기 : 시험일 다음날 오전 10:00 이후 발표

05 자격증 수령

- 휴대할 수 있는 카드 형태의 자격증 발급
- 취득(합격)확인서를 필요로 하는 경우 취득(합격)확인서 발급

형태	• 휴대하기 편한 카드 형태의 자격증 • 신청자에 한해 자격증 발급
신청 절차	인터넷(license.korcham.net)을 통해 자격증 발급 신청
수수료	• 인터넷 접수 수수료 : 3,100원 • 우편 발송 요금 : 3,000원
우편 수령	방문 수령은 진행하지 않으며, 우편 등기배송으로만 수령할 수 있음
신청 접수 기간	자격증 신청 기간은 따로 없으며 신청 후 10~15일 후 수령 가능

06 출제 기준(적용 기간 : 2024.01.01~2026.12.31.)

- 컴퓨터 일반

컴퓨터 시스템 활용	운영체제 사용, 컴퓨터 시스템 설정 변경, 컴퓨터 시스템 관리
인터넷 자료 활용	인터넷 활용, 멀티미디어 활용, 최신 정보통신기술 활용
컴퓨터 시스템 보호	정보 보안 유지, 시스템 보안 유지

* 운영체제 : Windows 10버전 적용

- 스프레드시트 일반(Microsoft 엑셀 2021 버전)

응용 프로그램 준비	프로그램 환경 설정, 파일 관리, 통합 문서 관리
데이터 입력	데이터 입력, 데이터 편집, 서식 설정
데이터 계산	기본 계산식, 고급 계산식
데이터 관리	기본 데이터 관리, 외부 데이터 관리, 데이터 분석
차트 활용	차트 작성, 차트 편집
출력 작업	페이지 레이아웃 설정, 인쇄 작업
매크로 활용	매크로 작성, 매크로 편집

- 데이터베이스 일반(Microsoft 액세스 2021 버전)

DBMS 파일 사용	데이터베이스 파일 관리, 인쇄 작업
테이블 활용	테이블 작성, 제약 요건 설정, 데이터 입력
쿼리 활용	선택 쿼리 사용, 실행 쿼리 사용, SQL 명령문 사용
폼 활용	기본 폼 작성, 컨트롤 사용, 기타 폼 작성
보고서 활용	기본 보고서 작성, 컨트롤 사용, 기타 보고서 작성
모듈 활용	매크로 함수 사용, 이벤트 프로시저 사용

ANALYSIS

시험 출제 경향

1과목 컴퓨터 일반

1과목 컴퓨터 일반은 컴퓨터 시스템의 개요와 하드웨어, 하드웨어 운영에 필요한 PC 운영체제와 소프트웨어, 컴퓨터에 의한 처리 기능 외에 필수인 정보 통신과 인터넷, 그에 따른 정보화 사회와 컴퓨터 보안 및 멀티미디어에 대한 내용으로 구성됩니다. 자료의 표현과 처리, 기억 장치와 설정, 프로그래밍 언어 및 인터넷 개념과 서비스, 컴퓨터 범죄, 멀티미디어의 운용 등에서 출제 비율이 높은 경향을 보이고 있습니다.

※ 운영체제는 Windows 10버전에서 출제됨

항목	비율
• 운영체제 사용	18%
• 컴퓨터 시스템 설정 변경	11%
• 컴퓨터 시스템 관리	32%
• 인터넷 자료 활용	17%
• 멀티미디어의 개념 및 운용	10%
• 정보 통신 일반	5%
• 컴퓨터 시스템 보호	7%

2과목 스프레드시트 일반

2과목 스프레드시트 일반은 시트에서 데이터를 입력하고 편집하는 방법, 함수와 배열 수식을 이용한 수식 활용, 차트 작성의 기본과 편집에서 지속적으로 출제되고 있습니다. 작성된 결과 시트의 인쇄와 도구 모음, 창 핸들링, 업무의 특성상 오름차순이나 내림차순이 필요한 정렬, 필터, 텍스트 나누기, 그룹 및 개요 설정, 중복된 항목 제거, 데이터 유효성 검사, 외부 데이터의 활용도 비중있게 출제되고 있습니다. 아울러 데이터 분석을 위한 통합, 데이터 표, 부분합, 목표값 찾기, 시나리오, 피벗 테이블 및 피벗 차트, 매크로와 프로그래밍은 실습을 통해 정확히 익혀두세요.

※ 스프레드시트 프로그램의 경우 기술 발달 및 산업 현장의 수요에 따라 Microsoft Office 2021 버전으로 업데이트 되었음

항목	비율
• 스프레드시트 개요	5%
• 데이터 입력 및 편집	17%
• 수식 활용	28%
• 데이터 관리 및 분석	17%
• 출력	9%
• 차트 생성 및 활용	9%
• 매크로 및 프로그래밍	15%

3과목 데이터베이스 일반

3과목 데이터베이스 일반은 데이터베이스의 개요와 데이터를 담는 역할을 하는 테이블, 작성된 테이블에서 여러 가지 방법으로 데이터를 추출하는 방법인 쿼리(질의), 효율적인 입출력을 하기 위한 폼 작성과 보고를 위한 서식 개념의 보고서 작성 및 프로그래밍에 대한 내용으로 구성됩니다. 개념과 용어는 암기 위주의 학습이 중요하며, 실습을 통한 이해와 기능별 숙지로 공부하는 것이 효율적입니다.

※ 데이터베이스 프로그램의 경우 기술 발달 및 산업 현장의 수요에 따라 Microsoft Office 2021 버전으로 업데이트 되었음

항목	비율
• 데이터베이스 개요	11%
• 테이블 작성	19%
• 쿼리 작성	25%
• 폼 작성	20%
• 보고서 작성	17%
• 데이터베이스 프로그래밍	8%

CBT

CBT 가이드

CBT란?

CBT는 시험지와 필기구로 응시하는 일반 필기 시험과 달리, 컴퓨터 화면으로 시험 문제를 확인하고 그에 따른 정답을 클릭하면 네트워크를 통하여 감독자 PC에 자동으로 수험자의 답안이 저장되는 방식의 시험입니다.
오른쪽 QR코드를 스캔해서 큐넷 CBT를 체험해 보세요!

큐넷 CBT 체험하기

CBT 응시 유의사항

- 수험자마다 문제가 모두 달라요. 문제은행에서 자동 출제됩니다!
- 답지는 따로 없어요!
- 문제를 다 풀면, 반드시 '제출' 버튼을 눌러야만 시험이 종료되어요!
- 시험 종료 안내방송이 따로 없어요.

CBT 진행 순서

좌석 번호, 수험자 정보 확인	수험자 접속 대기 화면에서 본인의 좌석 번호를 확인한 후, 시험 감독관이 수험자의 신분을 확인합니다. 신분 확인이 끝나면 시험이 시작됩니다.
⬇	
안내사항, 유의사항 확인	시험 안내사항을 확인하고, 다음을 클릭하면 시험 관련 유의사항을 확인합니다.
⬇	
문제풀이 메뉴 설명	시험을 볼 때 필요한 메뉴에 대한 설명을 확인합니다. 메뉴를 이용해 글자 크기와 화면 배치를 조정할 수 있습니다. 남은 시간을 확인하며 답을 표기하고, 필요한 경우 아래의 계산기를 이용할 수 있습니다.
⬇	
문제풀이 연습	시험 보기 전, 연습해 보는 단계입니다. 직접 시험 메뉴화면을 클릭하며, CBT가 어떻게 진행되는지 확인합니다.
⬇	
시험 준비 완료	문제풀이 연습을 모두 마친 후 [시험 준비 완료] 버튼을 클릭하면 시험 감독관의 지시에 따라 시험이 시작됩니다.
⬇	
시험 시작	시험이 시작되었습니다. 수험자는 제한 시간에 맞추어 문제 풀이를 시작합니다.
⬇	
답안 제출, 최종 확인	시험을 완료하면 [답안 제출] 버튼을 클릭합니다. 답안 수정을 위해 시험화면으로 돌아가고 싶으면 [아니오] 버튼을 클릭합니다. 답안 제출 메뉴에서 [예] 버튼을 클릭하면, 수험자의 실수를 방지하기 위해 한 번 더 주의 문구가 나타납니다. 완벽히 시험 문제 풀이가 끝났다면 [예] 버튼을 클릭하여 최종 제출합니다.
⬇	
합격 발표	CBT 시험이 모두 종료되면, 퇴실할 수 있습니다.

이제 완벽하게 CBT 필기 시험에 대해 이해하셨나요?
그렇다면 이기적이 준비한 CBT 온라인 문제집으로 학습해 보세요!
이기적 온라인 문제집 : https://cbt.youngjin.com

이기적 CBT 바로가기

핵심이론

POINT 148 선

CONTENTS

SECTION 01

1과목 컴퓨터 일반

운영체제 사용

POINT 001 운영 체제의 개요

합격 강의

22년 상시, 21년 상시, 14년 10월, 12년 9월

운영 체제의 정의

시스템 소프트웨어로 OS(Operating System)라 하며 컴퓨터의 하드웨어와 소프트웨어적인 자원을 효율적으로 운영, 관리하여 사용자에게 편리함을 제공한다.

23년 상시, 18년 3월/9월, 15년 10월, 13년 6월, 11년 3월/10월, 10년 10월, 07년 7월, …

운영 체제의 목적(성능 평가 요소)

신뢰도	주어진 문제를 얼마나 정확하게 처리하는가의 정도
사용 가능도	시스템을 얼마나 빠르게 사용할 수 있는가의 정도
처리 능력	일정 시간 동안 처리하는 일의 양으로 시스템의 생산성을 나타내는 단위임
응답 시간	컴퓨터 시스템에서 결과가 얻어질 때까지의 시간

기적의 TIP 운영 체제의 목적

신뢰도, 사용 가능도, 처리 능력은 높은 개념의 표현(향상, 증대)이 좋은 것이며, 응답 시간은 빠른 개념(단축, 최소화)의 표현이 좋은 것이다.

개념 체크

1 운영체제는 사용자 편의성과 시스템 생산성을 높이기 위한 프로그램이다. 다음 중 운영체제의 목적으로 가장 거리가 먼 것은?

① 처리 능력 증대
② 신뢰도 향상
③ 응답 시간 단축
④ 파일 전송

파일 전송이 아닌 사용 가능도임

2 다음 중 컴퓨터에서 사용되는 운영체제에 관한 설명으로 옳지 않은 것은?

① 사용자에게 편리함을 제공하고, 시스템의 생산성을 높여 주는 역할을 한다.
② 주요 기능은 프로세스 관리, 기억장치 관리, 주변장치 관리, 파일 관리 등으로 여러 가지 기능을 처리한다.
③ 운영체제의 목적은 처리 능력의 향상, 응답 시간의 최대화, 사용 가능도의 향상, 신뢰도의 향상이다.
④ 제어 프로그램과 처리 프로그램으로 구성된다.

응답 시간은 빠를수록 좋으므로 응답 시간의 최소화가 운영 체제의 목적이 됨

3 다음 중 컴퓨터 운영체제의 성능 평가 기준에 해당하지 않는 것은?

① 일정 시간 내에 시스템이 처리하는 양을 의미하는 처리능력(Throughput)
② 작업을 의뢰한 시간부터 처리가 완료된 시간까지의 반환시간(Turn Around Time)
③ 중앙 처리 장치의 사용 정도를 측정하는 사용 가능도(Availability)
④ 주어진 문제를 정확하게 해결하는 정도를 의미하는 신뢰도(Reliability)

사용 가능도(Availability) : 시스템을 얼마나 빠르게 사용할 수 있는가의 정도

POINT 002 한글 Windows의 개요

합격 강의

24년 상시, 22년 상시, 21년 상시, 19년 8월, 18년 3월, 17년 3월, 16년 3월, …

한글 Windows의 특징 및 새로운 기능

- 그래픽 사용자 인터페이스(GUI) : 마우스로 아이콘이나 메뉴를 사용하여 명령을 내리고 작업을 수행할 수 있다(MS-DOS는 CUI 환경).
- 선점형 멀티태스킹(Preemptive Multi-Tasking) : 운영체제가 CPU를 미리 선점하여 각 응용 소프트웨어의 CPU 사용을 통제하고 관리하여 안정성이 높아 원활한 멀티태스킹(다중 작업)이 가능하다.
- PnP(Plug & Play)의 지원 : 컴퓨터에 장치를 연결하면 자동으로 장치를 인식하여 설치 및 환경 설정을 용이하게 하므로 새로운 주변 장치를 쉽게 연결할 수 있다.
- 핫 스왑(Hot Swap) 지원 : 컴퓨터의 전원이 켜져 있는 상태에서 시스템에 장치를 연결하거나 분리할 수 있다.
- 64비트 지원 : 32비트의 최대 메모리는 4GB이지만, 64비트는 최대 메모리가 128GB(Home 버전)까지 지원되므로 처리 속도가 빠르다(32비트 프로세서는 x86, 64비트 프로세서는 x64로 표시).
- NTFS 지원 : 파일 및 폴더에 대한 액세스 제어를 유지, 디스크 관련 오류의 자동 복구 기능, 대용량 하드디스크 지원 및 보안 강화(사용 권한, 암호화), 하드디스크의 공간 낭비를 줄이고 시스템의 안정성을 향상, 최대 255자의 긴 파일 이름 지원과 공백 사용, 최대 파일 크기는 16TB이며 파티션(볼륨)의 크기는 256TB까지 지원된다.
- 에어로 피크(Aero Peek) : 작업 표시줄에서 실행 중인 프로그램의 아이콘에 마우스 포인터를 위치시키면 축소 형태의 미리보기가 나타나거나 작업 표시줄 오른쪽 끝의 [바탕 화면 보기]에 마우스 포인터를 위치시키면 바탕 화면이 일시적으로 나타나는 것(⊞+⌴)으로 [바탕 화면 보기]를 클릭하면 모든 창이 최소화되면서 바탕 화면이 표시되고 다시 클릭하면 모든 창이 나타난다(⊞+D).
- 에어로 스냅(Aero Snap) : 창을 화면의 가장자리로 끌면 열려 있는 창의 크기가 조정되는 기능(⊞+←, →, ↑, ↓)이다.
- 에어로 쉐이크(Aero Shake) : 창의 제목 표시줄을 클릭한 채로 마우스를 흔들면 현재 창을 제외한 열린 모든 창이 순식간에 사라졌다가 다시 흔들면 원래대로 복원되는 기능(⊞+Home)이다.
- 라이브러리 : 여러 개의 폴더에 분산되어 저장된 위치에 상관없이 문서, 비디오, 사진, 음악 등의 기타 파일을 하나의 폴더처럼 구성하여 사용한다.

개념 체크

1 핫 스왑(Hot Swap)에 대한 설명으로 옳은 것은?

① 사용을 위해 요구된 만큼 프로그램의 필요한 부분을 메모리에 적재하는 것
② 전원을 끄지 않고도 컴퓨터에 장착된 장비를 제거하거나 교환할 수 있는 기능
③ 응용 프로그램이 운영체제의 서비스를 요구할 때 사용하는 기능
④ 필요한 만큼의 공간을 만들기 위해 메모리로부터 불필요한 부분을 삭제하는 것

핫 스왑(Hot Swap) 지원 : 컴퓨터의 전원이 켜져 있는 상태에서 시스템에 장치를 연결하거나 분리하는 기능

2 다음 중 32비트 및 64비트 버전의 Windows OS에 관한 설명으로 옳지 않은 것은?

① 64비트 버전의 Windows에서는 대용량 RAM을 32비트 시스템보다 효과적으로 처리한다.
② 64비트 버전의 Windows을 설치하려면 64비트 버전의 Windows를 실행할 수 있는 CPU가 필요하다.
③ 64비트 버전의 Windows에서 하드웨어 장치가 정상적으로 동작하려면 64비트용 장치 드라이버가 필요하다.
④ 프로그램이 64비트 버전의 Windows용으로 설계된 경우 호환성 유지를 위해 32비트 버전의 Windows에서도 작동되도록 설계되어 있다.

프로그램이 64비트 버전의 Windows용으로 설계된 경우 32비트 버전과의 호환성 유지 기능은 지원되지 않음

3 다음 중 NTFS 파일 시스템에 관한 설명으로 옳지 않은 것은?

① 파일 및 폴더에 대한 액세스 제어를 유지하고 제한된 계정을 지원한다.
② Active Directory 서비스를 제공한다.
③ 하드디스크의 파티션(볼륨) 크기를 100GB까지 지원한다.
④ FAT나 FAT32 파일 시스템보다 성능, 보안, 안전성이 높다.

- 하드디스크의 파티션(볼륨) 크기 : 256TB까지 지원
- 최대 파일 크기 : 16TB까지 지원

23년 상시, 21년 상시, 19년 3월, 15년 6월, 14년 6월/10월, …

POINT 003 바로 가기 키(Shortcut Key)

합격 강의

기능키

바로 가기 키	기능
F2	선택한 항목 이름 바꾸기
F3	파일 탐색기에서 파일 또는 폴더 검색
F4	파일 탐색기에서 주소 표시줄 목록 표시
F5	활성창 새로 고침(Ctrl+R)
F6	창이나 바탕 화면의 화면 요소들을 순환
F10	활성 앱의 메뉴 모음 활성화

파일 관리*

바로 가기 키	기능
Ctrl+C	선택한 항목 복사(Ctrl+Insert)
Ctrl+V	선택한 항목 붙여넣기(Shift+Insert)
Ctrl+X	선택한 항목 잘라내기
Ctrl+A	문서나 창에 있는 모든 항목 선택
Ctrl+D	선택한 항목을 삭제하고 휴지통으로 이동(Delete)
Ctrl+F4	활성 문서 닫기

캡처 기능

바로 가기 키	기능
Print Screen	화면 전체 내용을 클립보드에 복사
Alt+Print Screen	현재 사용 중인 활성 창을 클립보드에 복사
⊞+Print Screen	스크린샷 자동 저장
⊞+Shift+S	화면 부분의 스크린샷을 생성

종료 기능

바로 가기 키	기능
Esc	현재 작업을 중단하거나 나가기
Alt+F4	활성 항목을 닫거나 활성 앱을 종료
Ctrl+Shift+Esc	작업 관리자 열기([프로세스] 탭에서 [작업 끝내기]로 작업 종료)
Ctrl+Alt+Delete	잠금, 사용자 전환, 로그아웃, 암호 변경, 작업 관리자

Ctrl을 이용하는 기타 기능

바로 가기 키	기능
Ctrl+Z	액션 실행 취소
Ctrl+Y	액션 다시 실행
Ctrl+Esc	시작 화면 열기(⊞)
Ctrl+Alt+Tab	화살표 키를 사용해 열려 있는 모든 앱 사이를 전환
Ctrl+휠 단추 드래그	아이콘 크기 변경

Alt를 이용하는 기타 기능

바로 가기 키	기능
Alt+P	파일 탐색기에서 미리 보기 창 표시 및 숨기기
Alt+Shift+P	파일 탐색기에서 세부 정보 창 표시 및 숨기기
Alt+Tab	열려 있는 앱 간 전환
Alt+Esc	열린 순서대로 항목 순환
Alt+Enter	선택한 항목에 대해 속성 표시
Alt+Space Bar	활성창의 창 조절(바로 가기) 메뉴 표시

Shift를 이용하는 기타 기능

바로 가기 키	기능
Shift+F10	선택한 항목에 대한 바로 가기 메뉴 표시
Shift+Delete	휴지통을 사용하지 않고 완전 삭제
Shift+CD 삽입	Shift를 누르고 CD를 삽입하면 자동 실행 기능이 해제

⊞를 이용하는 기능*

바로 가기 키	기능
⊞	시작 화면 열기(Ctrl+Esc) 및 닫기
⊞+D	바탕 화면 표시 및 숨기기
⊞+E	파일 탐색기 열기
⊞+L	PC 잠금 또는 계정 전환
⊞+M	모든 창 최소화
⊞+Shift+M	바탕 화면에서 최소화된 창 복원
⊞+R	실행 대화 상자 열기
⊞+T	작업 표시줄의 앱을 순환(Enter를 누르면 실행)
⊞+U	접근성 센터 열기
⊞+V	클립보드 열기([시작]-[설정]-[시스템]-[클립보드]를 선택한 다음 '클립보드 검색 기록' 아래의 토글을 켜서 활성화함)
⊞+Pause Break	시스템 속성 대화 상자 표시
⊞++	돋보기를 이용한 확대
⊞+-	돋보기를 이용한 축소
⊞+Esc	돋보기 끝내기

개념 체크

1 다음 중 한글 Windows에서 사용하는 바로 가기 키에 관한 설명으로 옳지 않은 것은?

① Alt+Enter : 선택된 개체의 속성 창을 표시한다.
② Shift+F10 : 선택한 항목에 대한 바로 가기 메뉴를 표시한다.
③ Ctrl+Tab : 실행 중인 여러 프로그램에서 활성화 전환을 한다.
④ Ctrl+Esc : 시작 화면을 표시한다.

Alt+Tab : 실행 중인 여러 프로그램에서 활성화 전환

2 다음 중 Windows에서 사용하는 바로 가기 키에 대한 설명으로 옳지 않은 것은?

① Alt+Ctrl : 열린 항목 간 전환
② Alt+F4 : 사용 중인 항목 닫기 또는 실행 중인 프로그램 끝내기
③ Alt+Space Bar : 활성창의 바로 가기 메뉴 열기
④ Alt+Enter : 선택한 항목의 속성 표시

Alt+Tab : 열린 항목 간 전환

3 다음 중 Windows에서 사용하는 바로 가기 키에 대한 설명으로 옳지 않은 것은?

① ⊞+L : PC(컴퓨터) 잠금 또는 사용자 전환
② ⊞+R : 실행 대화 상자 열기
③ ⊞+Pause Break : 제어판의 [시스템] 창 표시
④ ⊞+E : 장치 및 프린터 추가

⊞+E : 파일 탐색기 열기

24년 상시, 23년 상시, 22년 상시, 15년 3월/10월, …

POINT 004 바로 가기 아이콘(Shortcut Icon)

합격 강의

바로 가기 아이콘의 기능

작업하고자 하는 프로그램(앱)을 보다 빠르고 간편하게 실행시킬 수 있는 기능으로, 바로 가기 아이콘의 왼쪽 아래에는 화살표 모양의 그림이 표시된다.

바로 가기 아이콘(Shortcut Icon)의 특징

- 바로 가기의 확장자는 .lnk이다.
- 바로 가기는 여러 개 만들 수 있다.
- 바로 가기를 삭제해도 원본 프로그램에는 영향을 미치지 않는다.
- 원본 프로그램을 삭제하면 바로 가기 아이콘을 실행할 수 없다.
- 원본 프로그램의 위치와 상관없이 만들 수 있다.
- 바로 가기는 실행 파일, 파일, 드라이브, 폴더, 프린터 등 모든 개체에 대해 만들 수 있다.

바로 가기 아이콘의 [속성] 창

- 대상 파일, 대상 형식, 대상 위치 등에 관한 연결된 항목의 정보 확인
- 바로 가기 키 지정
- 바로 가기 아이콘에 할당된 디스크 크기 확인
- 만든 날짜, 수정한 날짜, 액세스한 날짜 등을 확인

개념 체크

1 다음 중 Windows 바로 가기 아이콘의 [속성] 창에 대한 설명으로 옳지 않은 것은?

① 대상 파일이나 대상 형식, 대상 위치 등에 관한 연결된 항목의 정보를 확인할 수 있다.
② 연결된 항목을 바로 열 수 있는 바로 가기 키를 지정할 수 있다.
③ 연결된 항목의 디스크 할당 크기를 확인할 수 있다.
④ 바로 가기 아이콘을 만든 날짜와 수정한 날짜, 액세스한 날짜 등을 확인할 수 있다.

연결된 항목이 아닌 바로 가기 아이콘에 할당된 디스크의 크기를 확인할 수 있음

2 다음 중 바탕 화면에 바로 가기 아이콘을 만들기 위한 방법으로 옳지 않은 것은?

① 바탕 화면의 빈 곳에서 마우스 오른쪽 버튼을 눌러 [새로 만들기]-[바로 가기] 메뉴를 선택한다.
② 파일에서 마우스 오른쪽 버튼을 누른 채 빈 곳으로 드래그한 후 [여기에 바로 가기 만들기] 메뉴를 선택한다.
③ [파일 탐색기]에서 파일을 Ctrl을 누른 채 드래그하여 바탕 화면에 놓는다.
④ 파일을 Ctrl+C로 복사 한 후 바탕 화면의 빈 곳에서 마우스 오른쪽 버튼을 눌러 [바로 가기 붙여 넣기] 메뉴를 선택한다.

[파일 탐색기]에서 파일을 Ctrl을 누른 채 드래그하여 바탕 화면에 놓으며 복사가 됨

24년 상시, [2급] 21년 상시, 17년 9월, 13년 3월, 10년 3월, …

POINT 005 작업 표시줄(Task Bar)

합격 강의

- 현재 수행 중인 프로그램(앱)들이 표시되는 부분으로 응용 프로그램 간 작업 전환이 한 번의 클릭으로 가능하다.
- 시작 단추, 검색 창, 작업 보기, 작업 표시줄, 숨겨진 아이콘 표시, 시스템 아이콘, 입력 도구 모음, 시간/날짜, 알림 센터, 바탕 화면 보기 등으로 구성된다.
- 작업 표시줄의 위치를 상하 좌우 자유롭게 배치시킬 수 있다.
- 화면의 반 정도(50%)까지 크기 조절이 가능하다.
- 자동 숨김 기능이 있다(작업 표시줄 설정에서 '데스크톱 모드에서 작업 표시줄 자동 숨기기'가 '켬'인 경우).
- 작업 표시줄을 이동하거나 크기를 변경하고자 할 때는 작업 표시줄의 빈 공간에서 마우스 오른쪽 버튼을 클릭한 다음 [작업 표시줄 잠금]의 설정을 취소해야 한다.
- 작업 표시줄의 실행 중인 프로그램 위에 마우스 포인터를 위치시키면 작은 미리 보기 화면이 표시되고 작은 미리 보기 화면에 마우스를 올려 놓으면 화면에 창이 바로 표시되며 클릭하면 열리게 된다.
- 작업 표시줄 및 시작 메뉴의 앱에서 마우스 오른쪽 단추를 클릭하면 점프 목록이 나타난다.
- **작업 표시줄의 바로 가기 메뉴** : 도구 모음, 검색, 작업 보기 단추 표시, 작업 표시줄에 피플 표시, Windows Ink 작업 영역 단추 표시, 터치 키보드 단추 표시, 계단식 창 배열, 창 가로 정렬 보기, 창 세로 정렬 보기, 바탕 화면 보기, 작업 관리자, 작업 표시줄 잠금, 작업 표시줄 설정 등이 있다.

개념 체크

1 다음 중 Windows에서 작업 표시줄의 바로 가기 메뉴에서 설정할 수 있는 항목으로 옳지 않은 것은?

① 계단식 창 배열
② 창 가로 정렬 보기
③ 작업 표시줄 잠금
④ 아이콘 자동 정렬

아이콘 자동 정렬은 [바탕 화면]의 바로 가기 메뉴 [보기]에 있음

19년 3월, 14년 6월, 13년 10월, 11년 7월/10월, 08년 8월, …

POINT 006 시작 메뉴

합격 강의

- 모든 작업이 시작되는 곳으로 내 PC에 저장된 폴더와 파일, 프로그램(앱), 설정 등을 모두 시작 메뉴에서 찾을 수 있으며 실행하는 기능을 수행한다.
- 내 PC에 설치되어 있는 앱과 프로그램을 시작 화면이나 작업 표시줄에 고정시키고 파일의 위치를 열 수 있으며 제거까지 가능하다.
- 시작 메뉴의 크기 조정이 가능하므로 앱과 프로그램이 많아서 공간이 필요한 경우 크기를 넓힐 수 있다.

시작 메뉴의 실행

방법 1	⊞ 누름
방법 2	Ctrl+Esc를 누름
방법 3	작업 표시줄에서 [시작] 단추(⊞)를 클릭함

개념 체크

1 다음 중 Windows의 [시작] 메뉴에 대한 설명으로 옳은 것은?

① 내 PC에 저장된 폴더와 파일, 프로그램 등의 구성 요소를 확인하고 관리할 수 있다.
② 시작 메뉴의 바로 가기 키는 Alt+Esc를 누르면 된다.
③ 자주 사용하지 않는 앱(프로그램) 목록이 순서대로 표시된다.
④ 최근에 실행되지 않은 목록이 가장 오래된 순서대로 표시된다.

[시작] 메뉴는 모든 작업이 시작되는 곳으로 내 PC에 저장된 폴더와 파일, 프로그램(앱), 설정 등을 모두 찾을 수 있으며 실행할 수 있음

16년 3월, 13년 6월, 09년 2월, 08년 2월, 06년 7월, …

POINT 007 시작 프로그램

합격 강의

- 시작 프로그램에 들어 있는 프로그램들은 Windows가 시작될 때 자동으로 실행된다.
- 사용자가 자동으로 실행되기를 원하는 프로그램(앱)이나 파일을 시작 프로그램에 복사해 놓으면 된다.
- 실행 방법

방법 1	[시작(⊞)]-[Windows 시스템]-[실행]에서 열기란에 "shell:startup"을 입력하고 [확인]을 클릭함
방법 2	파일 탐색기(⊞+E)의 주소 표시줄에 "shell:startup"을 입력하고 Enter를 누름

- 시작프로그램 폴더가 열리면 Windows가 시작 시 자동으로 실행되기를 원하는 파일이나 프로그램(앱)을 복사하여 폴더에 넣으면 된다.
- 시작프로그램 폴더는 "내 PC 〉 로컬 디스크(C:) 〉 사용자 〉 사용자 이름 〉 AppData 〉 Roaming 〉 Microsoft 〉 Windows 〉 시작 메뉴 〉 프로그램 〉 시작프로그램"에 위치한다.
- 자동 실행을 원치 않을 경우 작업 관리자(Ctrl+Shift+Esc)의 [시작프로그램] 탭에서 [사용 안 함] 단추를 이용하여 자동 실행을 해제한다.
- Windows가 시작할 때 시작 프로그램 오류 메시지가 나타나거나 더 이상 자동 실행을 원치 않을 경우 시작프로그램 폴더에서 해당 프로그램(앱)이나 파일을 선택한 다음 마우스 오른쪽 단추를 클릭, [삭제]를 클릭하여 삭제한다.

개념 체크

1 다음 중 Windows가 시작될 때 자동으로 실행되는 응용 프로그램들 중 일부 프로그램을 자동으로 실행되지 않도록 설정하기 위해 실행해야 할 명령어는?

① cleanmgr ② format
③ winver ④ msconfig

msconfig : [실행]에서 [시스템 구성]을 실행시키며, 자동 실행을 원치 않을 경우 [시작 프로그램] 탭에서 [작업 관리자 열기]를 클릭하여 작업 관리자(Ctrl+Shift+Esc)의 [시작프로그램] 탭에서 [사용 안 함] 단추를 이용하여 자동 실행을 해제함

오답 피하기

- cleanmgr : [실행]에서 [디스크 정리]를 실행하는 명령
- format : 포맷은 하드디스크 등을 초기화하는 것으로 트랙과 섹터로 구성됨
- winver : [실행]에서 [Windows 정보]를 실행, Windows 버전을 알 수 있는 명령

24년 상시, 22년 상시, 18년 9월, 14년 3월, 13년 6월, …

POINT 008 레지스트리(Registry)

합격 강의

- Windows에서 사용하는 환경 설정 및 각종 시스템과 관련된 정보가 저장되어 있는 계층 구조식 데이터베이스이다.
- 실행 방법

방법 1	[시작(⊞)]-[Windows 시스템]-[실행]에서 열기란에 "regedit"를 입력하고 [확인]을 클릭함
방법 2	[실행] 열기란에 "msconfig"를 입력한 다음 [시스템 구성]의 [도구] 탭에서 [레지스트리 편집기]를 선택한 후 [시작]을 클릭함

- 레지스트리 키와 레지스트리 값을 추가 및 편집하고, 백업으로부터 레지스트리를 복원한다.
- 레지스트리에 이상이 있을 경우 Windows 운영체제에 치명적인 손상이 생길 수 있다.
- 레지스트리는 Windows의 부팅 이외에 응용 프로그램 실행에도 참조되며, 레지스트리 편집기를 이용하여 Windows 등의 프로그램 환경을 설정할 때에도 사용된다.
- 레지스트리는 IRQ, I/O 주소, DMA 등과 같은 하드웨어 자원과 프로그램 실행 정보와 같은 소프트웨어 자원을 관리한다.

개념 체크

1 다음 중 Windows의 레지스트리(Registry)에 대한 설명으로 가장 옳지 않은 것은?

① Windows에서 사용하는 환경 설정 및 각종 시스템과 관련된 정보가 저장되어 있는 데이터베이스이다.
② 레지스트리에 이상이 있을 경우 Windows 운영체제에 치명적인 손상이 생길 수 있다.
③ 레지스트리 파일은 Windows의 부팅 관련 파일과 시스템 관련 프로그램의 설정 파일로 구성되어 있다.
④ [실행]에서 "regedit" 명령으로 레지스트리 편집기를 실행할 수 있다.

레지스트리 파일에 Windows의 부팅 관련 파일은 포함되어 있지 않음

2 다음 중 Window의 레지스트리(Registry)에 관한 설명으로 옳지 않은 것은?

① 시작 메뉴의 검색 상자에 'regedit'를 입력하여 레지스트리 편집기를 실행할 수 있다.
② 레지스트리 편집기를 사용하면 레지스트리 폴더 및 각 레지스트리 파일에 대한 설정을 볼 수 있다.
③ 레지스트리를 복원하기 위해서는 고급 부팅 옵션 화면에서 '시스템 복원'을 선택하여 Windows를 다시 시작해야 한다.
④ 레지스트리의 정보는 수정할 수는 있으나 삭제는 할 수 없어 언제든지 레지스트리 복원이 가능하다.

레지스트리의 정보는 레지스트리 편집기에서 삭제할 수 있음

16년 6월, 15년 6월, 14년 3월, 12년 3월/6월

POINT 009 작업 관리자

합격 강의

• 내 PC에서 실행되고 있는 프로그램(앱)들에 대한 프로세스(앱, 백그라운드 프로세스, Windows 프로세스), 성능(CPU, 메모리, 디스크, 이더넷), 앱 기록(리소스 사용량), 시작 프로그램(상태, 사용 안 함 설정), 사용자(CPU, 메모리, 디스크, 네트워크 사용 정보), 세부 정보(실행 파일의 상태, 사용자 이름, CPU와 메모리 사용 정보), 서비스(이름, 상태) 등에 대한 정보를 제공해 준다.

• 실행 방법

방법 1	[시작(⊞)]-[Windows 시스템]-[작업 관리자]를 클릭함
방법 2	작업 표시줄의 빈 영역에서 마우스 오른쪽 단추를 클릭한 다음 [작업 관리자]를 클릭함
방법 3	[시작] 단추(⊞)에서 마우스 오른쪽 단추 클릭한 후 [바로 가기 메뉴]에서 [작업 관리자(T)]를 클릭함
방법 4	[Windows 검색 상자]에 '작업 관리자'를 입력한 다음 결과에서 [작업 관리자]를 클릭함
방법 5	[시작(⊞)]-[Windows 시스템]-[실행](⊞+R)에서 'taskmgr'을 입력하고 [확인]을 클릭함
방법 6	[실행] 열기란에 "msconfig"를 입력한 다음 [시스템 구성]의 [도구] 탭에서 [작업 관리자]를 선택한 후 [시작]을 클릭함
방법 7	Ctrl+Alt+Delete를 누른 후 [작업 관리자]를 클릭함
방법 8	Ctrl+Shift+Esc
방법 9	⊞+X, T

• [프로세스] 탭에서 응답하지 않는 프로그램이나 실행 중지를 원하는 프로그램이 있을 경우 해당 프로그램을 선택한 다음 [작업 끝내기] 단추를 사용하여 해당 프로세스를 중지할 수 있다.

• [성능] 탭에서 CPU, 메모리, 디스크, 이더넷의 성능을 모니터링할 수 있다.

• [앱 기록] 탭에서 앱의 리소스 사용량(CPU 시간, 네트워크, 타일 업데이트 등) 정보를 확인하고 사용 현황을 삭제할 수 있다.

개념 체크 ✔

1 다음 중 Windows의 [작업 관리자] 창에서 수행할 수 있는 작업으로 옳지 <u>않은</u> 것은?

① 사용자 계정의 추가와 삭제를 수행할 수 있다.
② 현재 실행 중인 프로그램을 강제로 종료시킬 수 있다.
③ 시스템의 CPU 사용 내용이나 할당된 메모리의 크기를 파악할 수 있다.
④ 현재 네트워크 상태를 보고 네트워크 이용률을 확인할 수 있다.

[설정]-[계정]-[이메일 및 계정]에서 사용자 계정의 추가와 삭제를 수행할 수 있음

2 다음 중 Windows의 [작업 관리자]에서 실행 가능한 작업으로 옳지 <u>않은</u> 것은?

① 네트워크에 연결되어 있는 경우 네트워크의 작동 상태를 확인하고 수정할 수 있다.
② 실행 중인 응용 프로그램이나 프로세스에 대한 정보를 확인할 수 있다.
③ Windows가 시작될 때 자동으로 실행되는 시작 프로그램을 중지 시킬 수 있다.
④ 컴퓨터에서 사용되고 있는 메모리 및 CPU 리소스의 양에 대한 자세한 정보를 볼 수 있다.

[성능] 탭에서 네트워크에 연결되어 있는 경우 [이더넷]을 통해 네트워크의 작동 상태를 확인할 수 있지만 수정할 수는 없음

21년 상시, 14년 10월, 12년 9월, 07년 5월, 05년 2월/10월, …

POINT 010 파일 탐색기

합격 강의

파일 탐색기의 기본

• 파일 탐색기는 사용자가 사용할 수 있는 시스템에 장착된 모든 디스크 드라이브 및 폴더 관리 등 시스템의 전반적인 정보를 갖는다.

• 파일 탐색기는 새로운 폴더의 생성과 자료의 이동, 복사, 삭제 등의 작업을 손쉽게 할 수 있는 파일 관리 프로그램이며 계층적 디렉터리 구조를 갖고 있다.

• 왼쪽에 탐색 창이 표시되며 오른쪽에는 폴더 내용 창이 표시된다.

• 파일 탐색기가 열리면서 기본적으로 표시되는 [바로 가기]는 자주 사용하는 파일과 폴더, 가장 최근 사용한 파일과 폴더를 표시하므로 이를 찾기 위해 여러 폴더를 검색할 필요가 없다.

• [바로 가기]에 표시된 폴더에서 마우스 오른쪽 단추를 클릭하고 [바로 가기에서 제거]를 선택하면 바로 가기에서 제거된다.

• [파일]-[폴더 및 검색 옵션 변경]을 클릭, [폴더 옵션] 창의 [일반] 탭에서 [파일 탐색기 열기]를 '바로 가기'에서 '내 PC'로 변경할 수 있다.

• 클라우드 서비스인 OneDrive가 파일 탐색기에 포함되어 표시되며 바로 파일을 공유할 수 있다.

• 실행 방법

방법 1	작업 표시줄에서 [파일 탐색기](📁)를 클릭함
방법 2	[시작(⊞)]-[Windows 시스템]-[파일 탐색기]를 클릭함
방법 3	[시작] 단추(⊞)에서 마우스 오른쪽 단추 클릭한 후 [바로 가기 메뉴]에서 [파일 탐색기(E)]를 클릭함
방법 4	[Windows 검색 상자]에 '파일 탐색기'를 입력한 다음 결과에서 [파일 탐색기]를 클릭함
방법 5	[시작(⊞)]-[Windows 시스템]-[실행](⊞+R)에서 'explorer'을 입력하고 [확인]을 클릭함
방법 6	⊞+E
방법 7	⊞+X, E

기적의 TIP 내 PC

Windows 10에서는 기본적으로 바탕 화면에 표시되지 않는다.

리본 메뉴의 구성

• 리본 메뉴는 여러 개의 탭으로 구성되며 각 탭은 명령 단추와 옵션으로 이루어진 여러 그룹으로 구성된다.

• 파일 탐색기는 기본적으로 [파일] 탭, [홈] 탭, [공유] 탭, [보기] 탭이 표시된다.

• 선택된 항목에 따라 드라이브는 [드라이브 도구] 탭, 사진 파일은 [사진 도구] 탭, 비디오 파일은 [비디오 도구] 탭, 음악 파일은 [음악 도구] 탭, 압축 파일은 [압축 폴더 도구] 탭, 검색은 [검색] 탭, 내 PC는 [컴퓨터] 탭, 휴지통은 [휴지통 도구] 탭, 라이브러리는 [라이브러리 도구] 탭이 표시된다.

탐색 창에서 하위 폴더 열기 및 감추기

• 탐색 창에서 [>]는 하위 폴더가 존재한다는 의미이며 클릭하면 하위 폴더가 열리면서 [∨]로 바뀐다

• 하위 폴더를 감추기 위해서는 [∨]을 클릭하면 된다.

>	하위 폴더를 포함하고 있으며 현재 그 하위 폴더를 표시하지 않은 상태임
∨	현재 포함되어 있는 하위 폴더를 표시함
*	숫자 키패드의 *를 누르면 현재 선택한 폴더 내의 모든 하위 폴더를 표시함

22년 상시, 19년 3월, 04년 2월

파일 탐색기에서 항목의 선택

한 개의 항목만을 선택하는 경우	불연속적으로 항목을 선택하는 경우	연속적인 영역의 항목을 선택하는 경우	전체 항목을 선택하는 경우
해당 항목을 클릭	Ctrl+클릭	영역의 첫 항목을 클릭한 후 Shift를 누른 상태로 마지막 항목을 클릭	Ctrl+A

개념 체크

1 다음 중 Windows의 [파일 탐색기]에 관한 설명으로 옳지 않은 것은?

① 파일 탐색기의 바로 가기 키는 ⊞+E를 누르면 된다.
② [바로 가기]는 자주 사용하는 파일과 폴더, 가장 최근 사용한 파일과 폴더를 표시한다.
③ 컴퓨터 시스템에 장착된 모든 디스크 드라이브 및 폴더 관리 등 시스템의 전반적인 정보를 갖는다.
④ 불연속적인 파일을 선택하는 경우 Shift+클릭을 이용한다.

불연속적인 파일을 선택하는 경우 Ctrl+클릭을 이용함

2 다음 중 파일 탐색기에서 수행할 수 있는 작업으로 옳지 않은 것은?

① 컴퓨터 시스템을 재부팅할 수 있다.
② 미리 보기 창이 설정된 경우 파일의 내용을 미리 보여준다.
③ 컴퓨터에 장착된 하드디스크의 용량을 알 수 있다.
④ 파일이나 폴더를 복사하거나 이동할 수 있다.

시스템 재부팅은 [시작]-[전원]을 클릭한 다음 [다시 시작]을 실행해야 함

07년 5월/7월, 04년 2월

POINT 011 파일 및 폴더

합격 강의

파일(File)

- 컴퓨터에서 사용되는 자료 저장의 기본 단위이며 파일명과 확장자로 구성된다.
- 파일명은 255자까지 사용이 가능하며 공백 포함이 허용되고 확장자는 그 파일의 성격을 나타낸다.
- *, ?, :, /, ₩, <, >, ", | 등은 폴더명이나 파일명으로 사용할 수 없다.

폴더(Folder)

- 서로 관련 있는 파일들을 저장하는 장소로 파일들을 효율적이고 체계적으로 관리할 수 있다.
- 폴더의 구조를 볼 수 있는 폴더 창이나 바탕 화면, 파일 탐색기에서 새 폴더의 생성 및 삭제가 가능하다.
- 폴더는 바로 가기 아이콘, 복사나 이동, 찾기, 이름 바꾸기, 삭제 등 파일에서 가능한 작업을 할 수 있다.
- 동일한 폴더 안에 같은 이름의 파일은 존재할 수 없다.

폴더 만들기

리본 메뉴	• [홈] 탭-[새로 만들기] 그룹-[새 폴더]를 클릭함 • [홈] 탭-[새로 만들기] 그룹-[새 항목]-[폴더]를 클릭함
바로 가기 메뉴	파일 목록창이나 바탕 화면의 바로 가기 메뉴에서 [새로 만들기]-[폴더]를 클릭함
빠른 실행 도구	파일 탐색기에서 상단의 빠른 실행 도구 모음의 [새 폴더 아이콘](새 폴더)를 클릭함
바로 가기 키	Ctrl+Shift+N

12년 6월

이름 바꾸기

- 파일이나 폴더의 이름을 바꿀 때는 Windows에서 사용하는 모든 글자를 사용할 수 있다(단, *, ?, :, /, ₩, <, >, ", | 는 제외).
- 이름을 바꾸는 도중에 Esc를 누르면 이름 바꾸기가 취소된다.
- Windows 내에서 이름을 바꿀 때에는 여러 개를 동시에 바꿀 수는 없다.

리본 메뉴	파일 탐색기에서 항목을 선택한 후 [홈] 탭-[구성] 그룹-[이름 바꾸기]를 클릭함
바로 가기 키	항목을 선택한 후 F2를 누름
바로 가기 메뉴	항목을 선택한 후 바로 가기 메뉴의 [이름 바꾸기]를 선택함
마우스	항목을 선택한 후 잠시 기다렸다가 다시 클릭함

기적의 TIP 휴지통 안의 파일 이름 변경
휴지통 안에 있는 파일의 이름은 변경할 수 없다.

22년 상시, 19년 3월, 10년 10월, 03년 5월/9월

복사 방법*

리본 메뉴	• 항목을 선택한 후 [홈] 탭-[구성] 그룹-[복사 위치]에서 [위치 선택]을 클릭, [항목 복사]에서 복사할 위치를 선택 후 [복사]를 클릭함(새 폴더 생성 가능) • 항목을 선택한 후 [홈] 탭-[클립보드] 그룹에서 [복사], 붙여넣기할 폴더 선택 후 [붙여넣기]를 클릭함
바로 가기 메뉴	항목을 선택한 후 바로 가기 메뉴에서 [복사], 붙여넣기할 폴더 선택 후 [붙여넣기]를 클릭함
바로 가기 키	항목을 선택한 후 Ctrl+C를 눌러 복사한 후 붙여넣기 할 곳으로 이동하여 Ctrl+V를 누름
같은 드라이브	Ctrl을 누른 상태에서 마우스 왼쪽 버튼으로 드래그 앤 드롭
다른 드라이브	아무 키도 누르지 않거나 Ctrl을 누른 상태에서 마우스 왼쪽 버튼으로 드래그 앤 드롭

19년 3월

이동 방법

리본 메뉴	• 항목을 선택한 후 [홈] 탭-[구성] 그룹-[이동 위치]에서 [위치 선택]을 클릭, [항목 이동]에서 이동할 위치를 선택 후 [이동]을 클릭함(새 폴더 생성 가능) • 항목을 선택한 후 [홈] 탭-[클립보드] 그룹에서 [잘라내기], 붙여넣기할 폴더 선택 후 [붙여 넣기]를 클릭함
바로 가기 메뉴	항목을 선택한 후 바로 가기 메뉴에서 [잘라내기], 붙여넣기할 폴더 선택 후 [붙여넣기]를 클릭함
바로 가기 키	항목을 선택한 후 Ctrl+X를 눌러 잘라내기 후 붙여넣기 할 곳으로 이동하여 Ctrl+V를 누름
같은 드라이브	아무런 키도 누르지 않거나 Shift를 누른 상태에서 마우스 왼쪽 버튼으로 드래그 앤 드롭
다른 드라이브	Shift를 누른 상태에서 마우스 왼쪽 버튼으로 드래그 앤 드롭

기적의 TIP 복사와 이동
- 복사, 이동, 붙여넣기를 할 때는 클립보드(Clipboard)를 사용한다.
- 마우스로 드래그하여 복사할 때에는 마우스 포인터 옆에 + 표시가 나타난다.
- 이동을 하면 원래의 위치에 있던 원본은 삭제된다.

24년 상시, 22년 상시, 20년 2월, 10년 6월 09년 2월, 07년 2월, 04년 2월

폴더 옵션*

- 폴더 옵션에서 파일 및 폴더가 작동하는 방식과 컴퓨터에 항목을 표시하는 방법을 변경하고 폴더에 관한 각종 옵션을 지정하는 곳이다.
- 실행 방법

방법 1	[파일] 탭-[폴더 및 검색 옵션 변경]을 클릭함
방법 2	[보기] 탭-[옵션]-[폴더 및 검색 옵션 변경]을 클릭함
방법 3	[Windows 검색 상자]에 '파일 탐색기 옵션'을 입력한 다음 결과에서 [파일 탐색기 옵션]을 클릭함
방법 4	[시작(⊞)]-[Windows 시스템]-[제어판]-[파일 탐색기 옵션]을 클릭함

[폴더 옵션]의 [일반] 탭

- 파일 탐색기를 열 때 [바로 가기]와 [내 PC] 중에서 선택한 것으로 시작한다.

> **기적의TIP 바로 가기 및 내 PC**
> - 바로 가기 : 자주 사용하는 폴더와 최근에 사용한 파일
> - 내 PC : 컴퓨터에 설치된 폴더, 장치 및 드라이브

- 폴더를 찾아 열 때 같은 창에서 폴더 열기를 할 지 새 창에서 폴더 열기를 할 지 설정한다.
- 마우스로 항목을 클릭할 때 한 번 클릭해서 열기를 할지 두 번 클릭해서 열기를 할 지 설정한다.
- 바로 가기에 최근에 사용된 파일과 폴더의 표시 여부를 설정하고 [지우기]로 기록을 지울 수 있다.
- 기본 값으로 복원시켜 준다.

07년 2월

[폴더 옵션]의 [보기] 탭

- 폴더 보기는 현재 폴더에서 사용하는 보기를 모든 폴더에 적용할지의 여부를 설정한다.
- 탐색 창에 [라이브러리 표시], [모든 폴더 표시], [확장하여 폴더 열기] 여부를 설정한다.
- 공유 마법사 사용(권장), 드라이브 문자 표시 여부를 설정한다.
- [보호된 운영 체제 파일 숨기기(권장)], [상태 표시줄 표시] 여부를 설정한다.
- 숨김 파일 및 폴더 또는 드라이브의 표시 여부를 설정한다.
- 알려진 파일 형식의 파일 확장자 숨기기 여부를 설정한다.
- 확인란을 사용하여 항목 선택 여부를 설정한다(Ctrl을 사용하지 않고 불연속적인 항목의 선택이 가능).

> **기적의TIP 보호된 운영체제에서 숨길 수 있는 파일**
> boot.ini, io.sys, autoexec.bat

개념 체크

1 다음 중 Windows에서 마우스의 끌어놓기(Drag&Drop) 기능을 이용하여 할 수 있는 작업으로 옳지 않은 것은?

① 파일이나 폴더를 다른 폴더로 이동하거나 복사할 수 있다.
② 폴더 창의 크기를 조절하거나 이동을 할 수 있다.
③ 선택된 파일이나 폴더의 이름 바꾸기를 할 수 있다.
④ 파일이나 폴더의 바로 가기 아이콘을 만들 때 사용할 수 있다.

마우스를 이용하여 파일이나 폴더의 이름을 바꾸려면 항목을 선택한 후 잠시 기다렸다가 다시 클릭함

24년 상시, 23년 상시, 22년 상시, 21년 상시, 17년 9월, …

POINT 012 휴지통

합격 강의

- 작업 도중 삭제된 자료들이 임시적으로 보관되는 장소로, 필요한 경우 복원이 가능하다.
- 각 드라이브마다 따로 설정이 가능하다.
- 복원시킬 경우, 경로 지정을 하지 않아도 자동으로 원래 위치로 복원한다.
- 휴지통 내에서의 파일의 실행 작업과 항목의 이름 변경은 불가능하다.
- 휴지통의 바로 가기 메뉴의 [이름 바꾸기]나 F2를 이용하여 '휴지통' 자체 이름을 변경할 수 있다(단, 휴지통 안에 있는 파일의 이름은 변경할 수 없음).
- 휴지통의 폴더 위치는 C:₩$Recycle.Bin이다.
- 휴지통에 있는 파일을 삭제하더라도 메모리(RAM)의 용량 부족 문제는 해결되지 않는다.

휴지통 열기

방법 1	바탕 화면의 휴지통을 더블클릭하여 실행함
방법 2	바탕 화면의 휴지통의 바로 가기 메뉴에서 [열기]를 클릭함
방법 3	[Windows 검색 상자]에 '휴지통'을 입력한 다음 결과에서 [휴지통]을 클릭함

휴지통에 보관되지 않고 완전히 삭제되는 경우★

- 휴지통 비우기를 한 경우
- Shift+Delete로 삭제한 경우
- 같은 이름의 항목을 복사/이동 작업으로 덮어 쓴 경우
- 파일 탐색기의 [홈] 탭–[구성] 그룹–[삭제]에서 [완전히 삭제]로 삭제한 경우
- 플로피 디스크나 USB 메모리, DOS 모드, 네트워크 드라이브에서 삭제한 경우
- [휴지통 속성]의 [파일을 휴지통에 버리지 않고 삭제할 때 바로 제거] 선택한 경우

개념 체크

1 다음 중 휴지통에 대한 설명으로 옳지 않은 것은?

① 플로피디스크, USB 메모리, 네트워크상에서 삭제된 경우는 휴지통에 보관되지 않고 영구적으로 삭제된다.
② 하드디스크가 분할되어 있거나 컴퓨터에 여러 개의 하드디스크를 가지고 있는 경우 각 휴지통의 크기를 다르게 지정할 수 있다.
③ 휴지통 내에 보관된 파일은 바로 사용할 수 없다.
④ Shift+Delete로 파일을 삭제하면 해당하는 파일이 휴지통에 일시적으로 저장되어 복원시킬 수 있다.

Shift+Delete로 파일을 삭제하면 해당하는 파일이 휴지통에 보관되지 않고 완전히 삭제됨

2 다음 중 Windows의 [휴지통]에 관한 설명으로 옳지 않은 것은?

① 휴지통에 지정된 최대 크기를 초과하면 보관된 파일 중 가장 용량이 큰 파일부터 자동 삭제된다.
② 휴지통에 보관된 실행 파일은 복원은 가능하지만 휴지통에서 실행하거나 이름을 변경할 수는 없다.
③ 휴지통 속성에서 파일이나 폴더가 삭제될 때마다 삭제 확인 대화 상자가 표시되지 않도록 설정할 수 있다.
④ 휴지통의 파일이 실제 저장된 폴더 위치는 일반적으로 C:₩$Recycle.Bin이다.

휴지통에 지정된 최대 크기를 초과하면 보관된 파일 중 가장 오래된 파일부터 자동 삭제됨

[2급] 16년 10월, [1급] 출제 예상

POINT 013 라이브러리

합격 강의

라이브러리(Library)

- 내 PC에 저장된 위치에 상관없이 여러 위치에 있는 같은 유형의 폴더를 모아 구성하고 관리할 수 있는 기능이다.
- 한 라이브러리에는 최대 50개까지 폴더를 포함할 수 있다.
- 파일 탐색기의 [보기] 탭–[창] 그룹의 [탐색 창]에서 [라이브러리 표시]를 클릭하면 라이브러리가 표시된다.
- 기본 라이브러리로 문서, 비디오, 사진, 음악이 있으며 삭제 시 바로 가기 메뉴의 [기본 라이브러리 복원]으로 복원시킬 수 있다.

새 라이브러리 만들기

기본 라이브러리 외에 기타 다른 모음에 대한 새 라이브러리도 바로 가기 메뉴의 [새로 만들기]–[라이브러리]에서 생성할 수 있다.

라이브러리에 폴더 추가하기

리본 메뉴	파일 탐색기의 파일 목록창에서 라이브러리에 추가할 폴더를 선택한 다음 [홈] 탭–[새로 만들기] 그룹–[빠른 연결]에서 [라이브러리에 포함]을 클릭한 후 포함시킬 라이브러리를 선택함
바로 가기 메뉴	라이브러리에 포함시킬 해당 폴더의 바로 가기 메뉴에서 [라이브러리 포함]을 클릭한 후 포함시킬 라이브러리를 선택함
라이브러리 도구	파일 탐색기의 탐색 창에서 라이브러리 폴더를 선택, [관리]–[라이브러리 도구] 탭–[관리] 그룹–[라이브러리 관리]를 클릭하고 [추가]를 실행함

- 라이브러리에 폴더를 추가하면 라이브러리에서 파일을 볼 수 있지만 실제 파일은 원래 위치에 저장되어 있다.

라이브러리에서 폴더 제거하기

- 파일 탐색기의 탐색 창에서 라이브러리 폴더를 선택, [관리]–[라이브러리 도구] 탭–[관리] 그룹–[라이브러리 관리]를 클릭한 다음 [제거]를 클릭하여 제거한다.
- 제거는 폴더를 삭제하는 것이 아닌 라이브러리와의 연결을 끊는 작업이다.
- 라이브러리를 삭제하면 라이브러리 자체가 휴지통으로 이동되며 복원이 가능하다.
- 단, 주의할 부분은 라이브러리에 포함된 폴더나 파일을 삭제하면 원본 폴더의 파일도 삭제됨에 주의해야 된다(완전 삭제가 아닌 경우 휴지통에서 복원이 가능함).
- 라이브러리에 폴더를 포함하고 원래 위치에서 폴더를 삭제하면 라이브러리에서 해당 폴더에 더 이상 액세스할 수 없다.
- 이동식 미디어(CD, DVD)는 라이브러리에 포함할 수 없다.
- 단, USB 플래시 드라이브는 탐색 창의 [내 PC]에서 장치 및 드라이브 섹션에 장치가 나타나 있는 경우만 가능하다.

개념 체크 ✔

1 다음 중 Windows의 라이브러리 기능에 대한 설명으로 옳은 것은?

① 시작 메뉴의 검색 입력상자가 포함되어 프로그램이나 문서, 그림 등 파일을 신속하게 검색할 수 있다.
② 폴더와 달리 실제로 항목을 저장하지 않고 여러 위치에 저장된 파일 및 폴더의 모음을 표시함으로써 보다 신속하고 편리하게 파일을 관리할 수 있도록 한다.
③ 작업표시줄 프로그램 단추에 마우스 오른쪽 단추를 클릭하면 최근 작업한 프로그램 내용을 보여준다.
④ 자녀들이 컴퓨터를 사용하는 시간뿐만 아니라 프로그램 사용여부 등을 제한하여 안전한 컴퓨터 사용을 유도한다.

라이브러리(Library) : 내 PC에 저장된 위치에 상관없이 여러 위치에 있는 같은 유형의 폴더를 모아 구성하고 관리할 수 있는 기능으로 한 라이브러리에는 최대 50개까지 폴더를 포함할 수 있음

POINT 014 Windows 보조 프로그램

합격 강의

23년 상시, 16년 10월, 12년 3월, 11년 3월, 08년 2월, 07년 10월, 05년 7월/10월

메모장*

- 서식이 없는 간단한 문서 또는 웹 페이지를 만들 때 사용할 수 있는 기본 텍스트 편집기이다.
- 기본 확장자는 *.txt이다.
- 그림, 차트, OLE 관련 개체는 삽입할 수 없다.

기적의 TIP OLE(Object Linking & Embedding)

- Windows 환경의 각종 응용 프로그램 간에 데이터 교환을 위하여 서로의 데이터를 공유하는 것이다.
- 데이터를 제공하는 프로그램에서 데이터를 수정/편집하면 데이터를 제공받는 프로그램에서도 자동으로 반영되는 데이터 공유 방법이다.

- 웹 페이지용 HTML 문서를 만들 때 사용할 수 있다.
- Windows 메모장은 64KB 이상의 문서 편집이 가능하다.
- [보기]–[상태 표시줄]을 실행하여 설정하면 상태 표시줄이 추가되어 나타나 현재 커서의 라인과 컬럼 번호를 알 수 있다.
- 문서의 첫 줄 왼쪽에 .LOG(대문자)를 입력하고 저장한 다음 다시 그 파일을 열기하면 시간과 날짜가 자동으로 삽입된다(시간/날짜 삽입 바로 가기 키 : F5).
- 글꼴, 글꼴 스타일, 크기는 변경이 가능하나 글자색은 지원되지 않는다.
- 서식 변경은 문서 전체 단위로 이루어지며 부분적인 변경은 지원되지 않는다.
- 자동 줄 바꿈 기능, 찾기, 바꾸기 기능을 제공한다.
- 용지, 방향, 여백, 머리글, 바닥글, 미리 보기의 설정이 가능하다('단 나누기' 기능은 제공되지 않음).
- 문서의 내용이 많은 경우 [편집]–[이동(Ctrl+G)]을 실행하면 문서에 줄 번호가 표시되지 않은 상태라도 특정 줄로 이동할 수 있다(단, [서식]–[자동 줄 바꿈]이 설정된 경우에는 [이동] 명령을 사용할 수 없음).
- 실행 방법

방법 1	[시작(⊞)]–[Windows 보조 프로그램]–[메모장]을 클릭함
방법 2	[실행](⊞+R)에서 'notepad'를 입력하고 [확인]을 클릭함
방법 3	텍스트 파일(*.txt)을 더블클릭함
방법 4	[파일 탐색기]에서 텍스트 파일(*.txt)을 선택한 후 [홈] 탭–[열기] 그룹에서 [열기]를 클릭함
방법 5	[Windows 검색 상자]에 '메모장'을 입력한 다음 결과에서 [메모장]을 클릭함

개념 체크 ✔

1 다음 중 Windows의 [메모장]에 관한 설명으로 옳지 않은 것은?

① 텍스트 파일이나 웹 페이지를 편집하는 간단한 도구로 사용할 수 있다.
② [이동] 명령으로 원하는 줄 번호를 입력하여 문서의 특정 줄로 이동할 수 있으며, 자동 줄 바꿈이 설정된 경우에도 이동 명령을 사용할 수 있다.
③ 특정 문자나 단어를 찾아서 바꾸거나, 창 크기에 맞추어 텍스트 줄을 바꾸어 문서의 내용을 표시할 수 있다.
④ 머리글과 바닥글을 설정하여 문서의 위쪽과 아래쪽 여백에 원하는 텍스트를 표시하여 인쇄할 수 있다.

[서식]–[자동 줄 바꿈]이 설정된 경우에는 [이동] 명령을 사용할 수 없음

24년 상시, 22년 상시, 21년 상시, 14년 3월, 11년 7월

그림판

- Windows에서 기본으로 제공되는 그림 편집 프로그램이다.
- 기본 확장자는 *.png이다.
- 비트맵(Bitmap) 형식의 그림 파일을 작성, 수정 등 편집과 인쇄가 가능하다.

기적의 TIP 비트맵(Bitmap)

- 래스터(Raster) 이미지라고도 함
- 점(Pixel, 화소) 형식으로 제공되는 그림으로 무수히 많은 점이 모여 형태를 표현함
- 각각의 점들은 독립된 정보를 가지고, 세밀한 표현을 할 수 있음
- 확대하면 계단식으로 표현되고 거칠어짐(계단 현상(Alias) 발생)

• 확장자가 *.jpg, *.gif, *.tif, *.bmp, *.dib인 파일을 열기하여 편집할 수 있다.
• 작성한 그림은 저장한 상태에서 바탕 화면 배경으로 설정(채우기, 바둑판식, 가운데)할 수 있다.
• Shift를 누르고 선을 그리면 수평선, 수직선, 45°의 대각선, 정원, 정사각형, 정삼각형 등을 쉽게 그릴 수 있다.
• 3차원 그림을 그릴 수 있는 [그림판 3D 열기]가 지원된다.
• 실행 방법

방법 1	[시작(⊞)]-[Windows 보조 프로그램]-[그림판]을 클릭함
방법 2	[실행](⊞+R)에서 'mspaint' 또는 'pbrush'를 입력하고 [확인]을 클릭함
방법 3	[Windows 검색 상자]에 '그림판'을 입력한 다음 결과에서 [그림판]을 클릭함

개념 체크 ✔

1 다음 중 Windows의 [그림판]에서 실행할 수 있는 기능으로 옳지 않은 것은?
① 선택한 영역을 대칭으로 이동시킬 수 있다.
② 그림판에서 그림을 그린 다음 다른 문서에 붙여 넣거나 바탕 화면 배경으로 사용할 수 있다.
③ 선택한 영역의 색을 [색 채우기] 도구를 이용하여 다른 색으로 변경할 수 있다.
④ JPG, GIF, BMP와 같은 그림 파일도 그림판에서 작업할 수 있다.
[색 채우기] 도구를 이용하여 선택한 영역의 색을 다른 색으로 변경할 수 없음

16년 3월, 14년 10월

POINT 015 명령 프롬프트

합격 강의

• 대·소문자 상관없이 MS-DOS 명령이나 기타 명령을 실행할 수 있다.
• [명령 프롬프트] 창에서 복사할 내용이 있을 때 왼쪽의 조절 메뉴 단추(▣)를 클릭한 다음 [편집]-[표시](Ctrl+M)를 클릭하면 마우스로 드래그하여 범위를 설정할 수 있으며, Enter를 눌러 복사하면 메모장이나 워드프로세서 등에서 붙여 넣을 수 있다.
• [명령 프롬프트] 창에서 "exit"를 입력하고 Enter를 누르거나 [닫기] 단추(×)를 클릭하면 [명령 프롬프트] 창이 종료된다.
• 실행 방법

방법 1	[시작(⊞)]-[Windows 시스템]-[명령 프롬프트]를 클릭함
방법 2	[실행](⊞+R)에서 'cmd'를 입력하고 [확인]을 클릭함
방법 3	[Windows 검색 상자]에 '명령 프롬프트'를 입력한 다음 결과에서 [명령 프롬프트]를 클릭함

기적의 TIP 전체 화면 모드
Windows 10은 Alt+Enter를 사용하여 창을 전체 모드로 확대할 수 있음

개념 체크 ✔

1 다음 중 Windows의 [명령 프롬프트]에 관한 설명으로 옳지 않은 것은?
① MS-DOS 명령 및 기타 컴퓨터 명령을 텍스트 기반으로 실행한다.
② [명령 프롬프트] 창에서 표시되는 텍스트를 복사하여 메모장에 붙여 넣을 수 있다.
③ [실행]에서 'command'를 입력하여 실행할 수도 있다.
④ [명령 프롬프트] 창에서 'exit'를 입력하여 종료할 수 있다.
[실행]에서 'cmd'를 입력하여 실행할 수 있음

POINT 016 인쇄

합격 강의

24년 상시, 23년 상시, 21년 상시, 19년 3월, 11년 3월/10월, 10년 3월, 09년 4월/7월, …

기본 프린터

• 프로그램에서 사용할 프린터를 지정하지 않고 인쇄 명령을 선택했을 때 컴퓨터가 자동으로 문서를 보내는 프린터이다. 즉, 인쇄 시 프린터를 따로 지정하지 않아도 설정되는 기본 프린터로 곧바로 인쇄된다.
• 현재 인쇄를 담당하고 있는 기본 프린터의 프린터 아이콘에는 ✔ 표시가 나타난다.
• 기본 프린터는 한 대만 지정할 수 있으며, 기본 프린터로 설정된 프린터도 제거할 수 있다.
• 기본 프린터는 로컬 프린터와 네트워크로 공유한 프린터 모두 설정이 가능하다.
• 설치 시 [로컬 프린터]를 선택한 경우 연결할 프린터의 포트를 지정하고, [네트워크 프린터]를 선택한 경우는 네트워크에 연결되어 있는 프린터 목록 중에서 하나를 선택하면 된다.
• 기본 프린터로 지정하고자 하는 프린터를 선택한 다음 Alt를 누른 뒤 [파일]-[기본 프린터로 설정]을 클릭하여 지정하거나 바로 가기 메뉴에서 [기본 프린터로 설정]을 클릭하여 지정할 수 있다.

22년 상시, 18년 3월, 13년 3월/6월, 11년 3월/7월, 07년 2월, 06년 7월, 04년 8월/10월

인쇄 관리자 사용*

• 인쇄가 실행될 때 인쇄 작업 내용을 보려면 작업 표시줄의 알림 영역에 프린터 모양의 아이콘을 더블 클릭하여 인쇄 관리자 창을 연다. 인쇄가 완료되면 아이콘은 사라진다.
• 인쇄 관리자는 인쇄 대기열에 있는 문서의 인쇄 순서를 변경할 수 있으며, 취소 및 일시 중지 등의 작업을 수행할 수 있다.
• 현재 인쇄 중인 문서가 인쇄가 완료되기 전에 다른 문서의 인쇄가 있을 경우 인쇄 대기열에 쌓이게 된다.
• 인쇄 작업에 들어간 것도 중간에 강제로 종료시킬 수 있다.

24년 상시, 13년 3월, 12년 6월, 10년 6월/10월, 07년 7월, 06년 2월, 05년 5월, …

프린터 공유*

• 프린터를 선택한 다음 Alt를 누른 뒤 [파일]-[프린터 속성]을 클릭하거나 바로 가기 메뉴의 [프린터 속성]을 클릭한 다음 [공유] 탭에서 설정한다.
• 프린터 한 대를 공유하여 여러 대의 컴퓨터에서 사용할 수 있다. 즉, 기본 프린터로 설정된 프린터를 네트워크상의 다른 컴퓨터도 사용 가능하다(자동으로 네트워크 공유가 설정되는 것이 아니라 사용자가 직접 공유를 설정해야 함).
• 같은 네트워크 내에서 여러 대의 프린터를 공유할 수 있다.
• 공유된 프린터를 클릭하여 선택하면 상태에 공유된 아이콘(상태: ✔👥) 모양이 표시된다.
• 프린터 속성에서 공유, 프린터 포트, 최대 해상도, 사용 가능한 용지, 스풀 등 속성 설정 작업을 할 수 있지만 인쇄 중인 문서 이름은 알 수 없다.

개념 체크 ✔

1 다음 중 Windows에서 설치된 기본 프린터의 인쇄 관리자 창에서 실행할 수 있는 작업으로 옳지 않은 것은?
① 인쇄 작업이 시작된 문서도 중간에 강제로 인쇄를 종료할 수 있으며 잠시 중지시켰다가 다시 인쇄할 수 있다.
② [프린터] 메뉴에서 [모든 문서 취소]를 선택하면 스풀러에 저장되어 있는 모든 인쇄 작업을 취소할 수 있다.
③ 인쇄 대기 중인 문서를 삭제하거나 출력 대기 순서를 임의로 조정할 수 있다.
④ 인쇄 중인 문서나 오류가 발생한 문서를 다른 프린터로 전송할 수 있다.
인쇄 중인 문서나 오류가 발생한 문서를 다른 프린터로 전송할 수 없음

SECTION 02

1과목 컴퓨터 일반

컴퓨터 시스템 설정 변경

POINT 017 Windows 설정

합격 강의

설정의 개념

- Windows 운영체제의 작업 환경에 도움이 되는 여러 가지 컴퓨터 시스템의 환경 설정 작업 및 변경을 수행하는 기능을 제공한다.
- 데스크톱 PC 외 태블릿이나 터치 환경에서도 쉽게 사용할 수 있다.
- [시스템 설정], [장치 설정], [전화 설정], [네트워크 및 인터넷 설정], [개인 설정], [앱 설정], [계정 설정], [시간 및 언어 설정], [게임 설정], [접근성 설정], [검색 설정], [개인 정보 설정], [업데이트 및 보안 설정] 등을 지원한다.
- 설정 실행 방법

방법 1	[시작(⊞)]-[설정]
방법 2	⊞+I
방법 3	[시작] 단추(⊞)에서 마우스 오른쪽 버튼을 클릭한 다음 [설정]을 클릭함

- 설정에서 자주 사용되는 항목은 마우스 오른쪽 버튼을 클릭한 후 [시작 화면에 고정]을 클릭하여 시작 화면에 고정시킬 수 있다.
- 설정에서 지원되는 각 항목들을 사용자가 임의로 제거할 수 없다.
- 백스페이스(Back Space)를 누르면 설정 홈 페이지로 돌아간다.

18년 3월, 15년 6월, 09년 4월, 05년 5월/7월

앱 및 기능

- 앱을 가져올 위치를 선택할 수 있다.
- [선택적 기능]을 이용하여 앱을 [제거]하거나 [관리]할 수 있으며 기능을 추가할 수도 있다.
- [앱 실행 별칭]을 이용하여 명령 프롬프트에서 앱을 실행하는 데 사용되는 이름을 선언할 수 있으며 동일한 이름을 사용하는 경우 사용할 앱 하나를 선택한다.
- 앱을 [이동] 및 [수정]하거나 [제거]할 수 있으며 드라이브별로 검색, 정렬 및 필터링이 가능하다.
- 실행 방법

방법 1	[설정]-[앱]-[앱 및 기능]을 클릭함
방법 2	[시작] 단추(⊞)에서 마우스 오른쪽 버튼을 클릭한 다음 [앱 및 기능]을 클릭함

10년 6월, 09년 4월, 08년 10월, 07년 10월, 06년 5월/7월/9월, 05년 7월, 04년 2월, …

개인 설정

- [배경], [색], [잠금 화면], [테마], [글꼴], [시작], [작업 표시줄] 등에 대해 설정할 수 있다.
- 실행 방법

방법 1	[설정]-[개인 설정]을 클릭함
방법 2	[바탕 화면]의 [바로 가기 메뉴]에서 [개인 설정]을 클릭함

- [배경] : 바탕 화면의 배경 화면을 설정(사진, 단색, 슬라이드 쇼)하고 [맞춤 선택]에서 나타내는 유형(채우기, 맞춤, 확대, 바둑판식 배열, 가운데, 스팬)을 선택할 수 있다.
- [색] : [색 선택(밝게, 어둡게, 사용자 지정)], [투명 효과(켬, 끔)] 등을 설정할 수 있다.
- [잠금 화면] : 잠금 화면 배경을 설정(Windows 추천, 사진, 슬라이드 쇼)할 수 있고 [화면 보호기 설정]에서 화면 보호기와 전원 설정 변경 등을 할 수 있다.
- [테마] : [배경], [색], [소리], [마우스 커서] 등의 설정으로 사용자 지정 테마를 저장할 수 있고 관련 설정의 [바탕 화면 아이콘 설정]에서 바탕 화면에 표시할 아이콘(컴퓨터, 휴지통, 문서, 제어판, 네트워크)을 설정하고 [아이콘 변경]과 [기본 값 복원]이 가능하다.

17년 9월, 15년 3월, 09년 2월/4월/7월, 06년 2월, 08년 5월, 05년 7월, 03년 9월

시스템 정보

- [정보] : PC가 모니터링되고 보호되는 상황(바이러스 및 위협 방지, 방화벽 및 네트워크 보호, 웹 및 브라우저 컨트롤, 계정 보호, 장치 보안 등)에 대해 알 수 있다.
- [장치 사양] : 디바이스 이름, 프로세서(CPU), 설치된 RAM, 장치 ID, 제품 ID, 시스템 종류(32/64비트 운영체제), 펜 및 터치 등에 대해 알 수 있다.
- [이 PC의 이름 바꾸기] : 현재 설정되어 있는 PC의 이름을 변경할 수 있으며, 변경 후 시스템을 다시 시작해야 완전히 변경된다.
- [Windows 사양] : 에디션, 버전, 설치 날짜, OS 빌드, 경험 등을 알 수 있다.
- [제품 키 변경 또는 Windows 버전 업그레이드] : 정품 인증 및 제품 키 업데이트(제품 키 변경), Microsoft 계정 추가를 할 수 있다.
- 실행 방법

방법 1	[설정]-[시스템]-[정보]를 클릭함
방법 2	[시작] 단추(⊞)에서 마우스 오른쪽 버튼을 클릭한 다음 [시스템]을 클릭함
방법 3	⊞+X, Y

기적의 TIP 설정 외 [시스템 정보] 보기

- 실행(⊞+R)에서 "msinfo32"를 입력한 다음 [확인]을 클릭한다.
- 명령 프롬프트창("cmd")에서 "systeminfo"를 입력한 다음 Enter를 누른다.
- ⊞+Pause(시스템 속성 대화 상자 표시)를 누른다.

- 32비트(x86) 운영체제인지 64비트(x64) 운영체제인지 확인하는 방법

방법 1	[시작(⊞)]-[설정]-[시스템]-[정보]
방법 2	[시작(⊞)]-바로 가기 메뉴의 [시스템]
방법 3	⊞+X(시작 버튼의 오른쪽 클릭 메뉴 열기/닫기), Y(시스템)
방법 4	⊞+Pause(시스템 속성 대화 상자 표시)

19년 8월, 16년 10월, 10년 6월, 09년 10월, 03년 2월

관리 도구

- 관리 도구는 제어판의 폴더이며 Windows 관리를 위한 도구로 시스템 구성 및 정보, 고급 사용자용 도구가 포함되어 있다.
- 실행 방법

방법 1	검색 상자에 "관리 도구"라고 입력한 다음 [Windows 관리 도구] 앱을 실행함
방법 2	[제어판]의 [관리 도구]를 클릭함(보기 기준 : 큰 아이콘/작은 아이콘)

- [컴퓨터 관리]의 [저장소]-[디스크 관리]에서 드라이브의 바로 가기 메뉴에서 [열기], [탐색], [파티션을 활성 파티션으로 표시], [드라이브 문자 및 경로 변경], [포맷], [볼륨 확장], [볼륨 축소], [미러 추가], [볼륨 삭제] 등의 작업이 가능하다.

16년 6월, 15년 3월, 13년 3월, 10년 10월, 09년 2월/7월, 08년 2월/8월, 07년 7월, …

사용자 계정 정보

- 계정에 대한 사용자 정보(계정 이름, 계정 유형)를 알 수 있으며 [사진 만들기]에서 '카메라'나 '찾아보기'로 사용자 사진을 만들 수 있다.
- 실행 방법

방법	[설정]-[계정]-[사용자 정보]를 클릭함

기적의 TIP 계정 유형

- 표준 : 컴퓨터에 설치된 대부분의 소프트웨어를 사용할 수 있으며, 다른 사용자나 컴퓨터의 보안에 영향을 주지 않는 시스템 설정을 변경할 수 있다.
- 관리자 : 컴퓨터에 대한 모든 제어 권한을 가지며 컴퓨터를 완전하게 제어할 수 있으며, 모든 설정을 변경하고 컴퓨터에 저장된 모든 파일 및 프로그램에 액세스할 수 있다.

개념 체크

1 다음 중 Windows의 [설정]–[앱]–[앱 및 기능]에 대한 설명으로 옳지 않은 것은?

① Windows에 설치되어 있는 앱을 수정하거나 제거할 수 있다.
② 앱을 가져올 위치를 사용자가 선택할 수 있다.
③ 설치되어 있는 앱 목록을 드라이브별로 검색하거나 정렬 및 필터링할 수 있다.
④ [Microsoft Store에서 더 많은 테마 보기]를 선택하여 Microsoft 사에서 제공하는 다양한 테마를 추가 설치할 수 있다.

[설정]–[개인 설정]–[테마]에서 [Microsoft Store에서 더 많은 테마 보기]를 선택하여 Microsoft 사에서 제공하는 다양한 테마를 추가 설치할 수 있음

2 다음 중 Windows의 [관리 도구] 중 [컴퓨터 관리]에서 수행 가능한 [디스크 관리] 작업에 해당하지 않는 것은?

① 볼륨을 확장하거나 축소할 수 있다.
② 드라이브 문자를 변경할 수 있다.
③ 포맷을 실행할 수 있다.
④ 분석 및 디버그 로그를 표시할 수 있다.

[컴퓨터 관리]의 [저장소]–[디스크 관리]에서 드라이브의 바로 가기 메뉴에서 [열기], [탐색], [파티션을 활성 파티션으로 표시], [드라이브 문자 및 경로 변경], [포맷], [볼륨 확장], [볼륨 축소], [미러 추가], [볼륨 삭제] 등의 작업이 가능함

오답 피하기

④ : 이벤트 뷰어에서 작업 가능함

24년 상시, 23년 상시, 21년 상시, 18년 3월, 16년 3월, …

POINT 018 기타 설정 항목

합격 강의

항목	기능
Microsoft Defender 바이러스 백신	• [설정]–[업데이트 및 보안]–[Windows 보안]–[바이러스 및 위협 방지]에서 실행함 • [Microsoft Defender 바이러스 백신 옵션]에서 주기적 검사를 '켬'으로 설정함 • 스파이웨어, 바이러스, 맬웨어(악성 코드)를 검색하고 치료해주는 백신으로 실시간 보호 기능을 제공함
글꼴	• [설정]–[개인 설정]–[글꼴]을 클릭함 • 텍스트의 가독성을 향상시켜주는 ClearType 사용이 가능함 • 현재 설치된 글꼴을 미리 보거나 삭제하고 표시하거나 숨길 수 있음 • C:₩Windows₩Fonts 폴더에 설치됨 • 글꼴 파일의 확장자는 ttf, ttc, fon 등이 있음 • TrueType, OpenType 글꼴이 제공되며 프로그램이나 프린터에서 동작함 • 글꼴 스타일은 보통, 기울임꼴, 굵게, 굵게 기울임꼴 등이 있음
키보드	• [설정]–[장치]–[입력]을 클릭하여 실행함 • AI가 사용자에게 도움을 주는 방식인 [입력 인사이트]을 설정함 • 입력할 때 추천 단어 표시, 입력할 때 철자가 틀린 단어 자동 고침 설정 • 입력 중인 인식 언어를 기준으로 텍스트 제안 표시 • 키보드 포커스를 쉽게 볼 수 있도록 설정(포인트 크기 및 색 변경)함 • 고급 키보드 설정(기본 입력 방법 재설정, 입력 방법 전환 등)이 가능함
날짜 및 시간	• [설정]–[시간 및 언어]–[날짜 및 시간]을 클릭하여 실행함 • 컴퓨터의 날짜, 시간, 표준 시간대를 설정함
국가 또는 지역	• [설정]–[시간 및 언어]–[지역]을 클릭하여 실행함 • 국가 또는 지역, 사용지역 언어, 사용지역 언어 데이터, 데이터 형식 변경 등
색인 옵션	• [설정]–[검색]–[Windows 검색]–[고급 검색 인덱서 설정]을 클릭하여 실행함 • 검색할 방법이나 위치 또는 검색할 파일 형식을 미세하게 조정할 수 있음 • PC의 콘텐츠를 인덱싱하면 파일, 전자 메일 또는 기타 로컬 콘텐츠를 검색할 때 검색 결과를 더 빠르게 검색할 수 있음

개념 체크

1 다음 중 Windows의 [글꼴]에 관한 설명으로 옳지 않은 것은?

① 글꼴 파일은 .rtf 또는 .inf의 확장자를 가지고 있다.
② 시스템에서 사용하는 글꼴은 C:₩Windows₩Fonts 폴더에 파일 형태로 저장되어 있다.
③ TrueType 글꼴과 OpenType 글꼴을 제공하며, 프린터 및 프로그램에서 작동한다.
④ 글꼴에는 기울임꼴, 굵게, 굵게 기울임꼴과 같은 글꼴 스타일이 있다.

글꼴 파일의 확장자는 .TTF, .TTC, .FON 등이 있음

2 다음 중 Windows의 [설정]에 대한 설명으로 옳지 않은 것은?

① [날짜 및 시간]은 [설정]의 [네트워크 및 인터넷]에서 설정할 수 있다.
② [국가 또는 지역]은 [설정]의 [시간 및 언어]–[지역]에서 설정할 수 있다.
③ [정보]는 [설정]의 [시스템]–[정보]에서 설정할 수 있다.
④ [글꼴]은 [설정]의 [개인 설정]–[글꼴]에서 설정할 수 있다.

[날짜 및 시간]은 [설정]의 [시간 및 언어]–[날짜 및 시간]에서 설정할 수 있음

POINT 019 유 · 무선 네트워크 설정

합격 강의

09년 10월, 08년 2월/5월, 07년 7월/10월, 06년 7월, 03년 2월

네트워크(Network)의 개념*

- 네트워크(Network)란 여러 컴퓨터나 단말기들을 통신 회선으로 연결한 컴퓨터의 이용 형태이다.
- Windows에서는 데이터, 드라이브, 프로그램과 주변 장치 등을 공유하기 위하여 네트워크를 구성한다.
- 공유가 되어 있는 폴더라도 해당 폴더를 삭제할 수 있다.

무선 랜(WLAN; Wireless Local Area Network) 시스템의 주요 구성 요소

AP(Access Point)	• 기존 유선 네트워크와 무선 네트워크 사이에서 중계기 역할을 담당하는 기기임 • 전파의 송수신을 위한 내장 안테나가 내장되어 있으며 확장 안테나로 전송 거리를 확장할 수 있음
무선 랜카드	• 무선으로 네트워크에 연결시키기 위한 기본 장비임 • 전송 속도와 인터페이스 규격에 따라 여러 종류가 있음
안테나(Antenna)	• 무지향성 확장 안테나 : 무선 랜을 사용할 수 있는 도달 영역을 확장시키기 위해 모든 방향으로 전파를 확장하는 기능 • 지향성 안테나 : 특정 지점 사이를 연결시키는 기능

22년 상시, 21년 상시, 18년 3월, 14년 3월, 13년 3월, 12년 6월, 10년 10월, 09년 10월, …

인터넷 프로토콜 TCP/IP 설정*

- [로컬 영역 연결 상태] 대화 상자의 [일반] 탭에서 [속성]을 클릭하면 [로컬 영역 연결 속성] 대화 상자가 나타난다.
- '인터넷 프로토콜 버전 4(TCP/IPv4)'를 선택한 다음 [속성]을 클릭하면 [인터넷 프로토콜 버전 4(TCP/IPv4) 속성] 대화 상자가 표시된다.

① 자동으로 IP 주소 받기	IP 설정이 자동으로 할당됨(유동 IP 방식)
② 다음 IP 주소 사용	네트워크 관리자에게 IP 설정값을 부여 받아야 함(고정 IP 방식)
③ IP 주소	• 현재 컴퓨터에 설정된 IP 주소임 • 네트워크 주소와 호스트 주소로 구성됨 • 32비트 주소를 8비트씩 점(.)으로 구분함 • 호스트 PC에서 사용한 IP 주소 맨 끝에 숫자를 하나 늘려줌
④ 서브넷 마스크	• 네트워크 ID와 호스트 ID를 구분해주는 역할을 함 • 서브넷은 여러 개의 LAN에 접속하는 경우 하나의 LAN을 의미함 • IP 수신자에게 제공하는 32비트 주소임 • 대부분 255.255.255.0의 C 클래스(Class)로 정의됨

⑤ 기본 게이트웨이	• 프로토콜이 서로 다른 통신망을 상호 접속하기 위한 장치임 • 호스트 PC에서 사용하는 IP 주소를 사용함 • 일반적으로 라우터(Router)의 주소임
⑥ DNS 서버 주소	• 도메인 네임(문자 형식)을 숫자로 된 IP 주소로 변환하는 DNS 서버의 IP 주소임 • 일반적으로 백업(Backup)의 목적으로 2개가 할당됨

23년 상시, 20년 2월, 16년 6월/10월, 14년 6월, 13년 6월, 12년 6월, 11년 3월, …

네트워크 명령어*

- [시작(⊞)]–[Windows 시스템]–[명령 프롬프트]를 클릭하거나 [실행] 열기란에 'cmd'를 입력하고 [확인]을 클릭한다.
- 명령어는 대 · 소문자 상관없이 사용할 수 있다.

IPCONFIG	사용자 자신의 컴퓨터 IP 주소를 확인하는 명령
PING	네트워크의 현재 상태나 다른 컴퓨터의 네트워크 접속 여부를 확인하는 명령
TRACERT	네트워크에 연결된 컴퓨터의 경로(라우팅 경로)를 추적할 때 사용하는 명령
NSLOOKUP	• URL 주소로 IP 주소를 확인하는 명령 • DNS의 동작 여부를 확인할 수 있음
NETSTAT	• 현재 자신의 컴퓨터에 연결된 다른 컴퓨터의 IP 주소나 포트 정보를 확인할 수 있음 • 활성 TCP 연결 상태, 컴퓨터 수신 포트, 이더넷 통계 등을 표시함
NBTSTAT	IP 주소가 중복되어 충돌되는 경우 충돌 지점을 알아내는 명령
FINGER	특정 네트워크에 접속된 사용자의 정보를 확인할 때 사용하는 명령
NET VIEW	특정 컴퓨터 시스템에 공유되어 있는 현황을 보여주는 명령

개념 체크

1 다음 중 인터넷 서버까지의 경로를 추적하는 명령어인 'Tracert'의 실행 결과에 관한 설명으로 옳지 않은 것은?

① IP 주소, 목적지까지 거치는 경로의 수, 각 구간 사이의 데이터 왕복 속도를 확인할 수 있다.
② 특정 사이트가 열리지 않을 때 해당 서버가 문제인지 인터넷 망이 문제인지 확인할 수 있다.
③ 인터넷 속도가 느릴 때 어느 구간에서 정체를 일으키는지 확인할 수 있다.
④ 현재 자신의 컴퓨터에 연결된 다른 컴퓨터의 IP 주소나 포트 정보를 확인할 수 있다.

- ④ : netstat 명령으로 실행 가능함
- netstat : net(network)+stat(statistics)

오답 피하기

tracert : 네트워크에 연결된 컴퓨터의 경로(라우팅 경로)를 추적할 때 사용하는 명령

2 다음 중 DNS가 가지고 있는 특정 도메인의 IP Address를 검색해 주는 서비스로 옳은 것은?

① Gopher
② Archie
③ IRC
④ Nslookup

Nslookup : IP Address 또는 도메인 이름을 검색하는 서비스

오답 피하기

- Gopher : 인터넷에 있는 정보를 계층적 또는 메뉴 방식으로 찾아주는 서비스
- Archie : Anonymous(익명) FTP 서버 내의 파일 리스트를 검색하기 위해 사용되는 데이터베이스 검색 서비스
- IRC : 인터넷 채팅으로 인터넷에 연결된 다른 사용자와 실시간으로 채팅함

3 다음 중 Windows에서 네트워크 연결 시 IP설정이 자동으로 할당되지 않을 경우 직접 설정해야 하는 TCP/IP 속성에 해당하지 않는 것은?

① IP 주소
② 기본 게이트웨이
③ 서브넷 마스크
④ 라우터 주소

직접 설정해야 하는 TCP/IP 속성 : IP 주소, 서브넷 마스크(IPv4), 서브넷 접두사 길이(IPv6), 기본 게이트웨이, DNS 서버 주소 등

SECTION 03

1과목 컴퓨터 일반

컴퓨터 시스템 관리

15년 3월

POINT 020 컴퓨터의 정의 및 발전 과정

합격 강의

컴퓨터의 정의
입력된 자료(Data)를 처리(Process)하여 유용한 정보(Information)로 출력하는 장치이다.

컴퓨터의 특징
자동성, 정확성, 신속성, 호환성, 대용량성, 범용성 등이 있다(단, 창조성은 없음).

> **기적의 TIP 호환성과 범용성**
> - 호환성 : 서로 다른 기종의 컴퓨터 간에도 프로그램이나 자료의 공유가 가능
> - 범용성 : 일부분에 국한되지 않고 다목적(사무처리, 과학, 교육, 게임 등)으로 사용

컴퓨터의 발전 과정
- 기계식 계산기

파스칼의 치차(톱니바퀴)식 계산기 → 라이프니츠의 사칙연산 계산기 → 배비지의 차분 기관(삼각함수 계산) → 배비지의 해석 기관(현재 디지털 컴퓨터의 모체) → 홀러리스의 천공 카드 시스템(PCS) → 에이컨의 Mark-1(최초의 기계식 자동 계산기)

- 전자식 계산기

구분	특징
에니악(ENIAC)	최초의 전자식 계산기, 프로그램 외장 방식
에드삭(EDSAC)	최초로 프로그램 내장 방식을 도입
유니박(UNIVAC-1)	최초의 상업용 전자계산기, 국세 조사 및 미국 인구의 통계 조사에 사용
에드박(EDVAC)	폰 노이만 제작, 프로그램 내장 방식을 완성, 2진 연산 방식 적용

> **기적의 TIP 프로그램 내장 방식(Stored Program)**
> - 폰 노이만(J. Von. Neumann)에 의해 고안된 방식이다.
> - 프로그램을 2진수로 코드화하여 기억 장치에 저장해 두고 명령에 따라 컴퓨터가 순서대로 해독하면서 처리하는 방식이다.

개념 체크

1 다음 중 1952년 폰 노이만이 프로그램 내장 방식과 2진 연산 방식을 적용하여 제작한 초창기 전자식 계산기는?

① 에니악(ENIAC)
② 에드삭(EDSAC)
③ 유니박(UNIVAC)
④ 에드박(EDVAC)

에드박(EDVAC) : 폰노이만이 제작, 프로그램 내장 방식을 완성하고 2진법을 채택함

오답 피하기
- 에니악(ENIAC) : 최초의 전자식 계산기로 외부 프로그램 방식을 사용
- 에드삭(EDSAC) : 최초로 프로그램 내장 방식을 도입
- 유니박(UNIVAC) : 최초의 상업용 전자계산기로 국세 조사 및 미국 인구의 통계 조사 등에 사용

18년 3월, 15년 6월

POINT 021 컴퓨터의 세대별 특징

합격 강의

세대	주요소자	사용 언어	설명
1세대	진공관 (Vacuum Tube)	기계어, 어셈블리어	• 하드웨어 개발 중심 • 부피에 비해 신뢰도가 떨어짐 • 일괄 처리 시스템
2세대	트랜지스터(TR)	포트란, 코볼, 알골	• 소프트웨어 개발 중심 • 고급 언어 개발 • 운영체제 도입 • 온라인 실시간 처리 시스템
3세대	집적 회로(IC)	파스칼, LISP, 구조화 언어	• 중앙 처리 장치의 소형화 • 시분할 처리 시스템, 다중 처리 시스템 • OMR, OCR, MICR, 경영 정보 시스템(MIS) 도입
4세대	고밀도 집적 회로 (LSI)	C, ADA, 문제 지향 언어	• 시뮬레이션 기술의 확립 • 마이크로프로세서와 개인용 컴퓨터 등장 • 네트워크의 발전
5세대	초고밀도 집적 회로 (VLSI)	객체 지향 언어	• 인공 지능 개념 등장 • OA, FA, HA, 전문가 시스템 • FUZZY 이론 • 패턴 인식 등장

인간의 지능을 컴퓨터와 접목시킨 개념의 시스템으로, 컴퓨터의 처리 능력을 향상시키기 위한 시스템

개념 체크

1 다음 중 컴퓨터의 발전 과정으로 3세대 이후의 특징에 해당하지 않는 것은?

① 개인용 컴퓨터의 사용
② 전문가 시스템
③ 일괄처리 시스템
④ 집적회로의 사용

1세대 : 일괄처리 시스템, 하드웨어 개발 중심, 속도가 느리고 부피가 큼

오답 피하기
- ① 개인용 컴퓨터의 사용 : 4세대
- ② 전문가 시스템 : 5세대
- ④ 집적회로의 사용 : 3세대

POINT 022 컴퓨터의 분류

합격 강의

24년 상시, 23년 상시, 17년 3월, 11년 10월, 08년 2월/10월, 07년 7월/10월, …

데이터 종류에 따른 분류*
- 디지털 컴퓨터 : 숫자나 문자처럼 연속적이지 않은 데이터를 처리하는 컴퓨터이다.
- 아날로그 컴퓨터 : 전압이나 전류처럼 연속적으로 변하는 아날로그 데이터를 처리하는 컴퓨터이다.
- 하이브리드 컴퓨터 : 아날로그와 디지털 컴퓨터의 장점을 결합하여 만든 컴퓨터이다.

> **기적의 TIP 아날로그 신호의 특성 요소**
> - 아날로그 신호의 특성 요소는 연속적인 속성을 지닌 진폭, 파장, 위상 등이 해당된다.
> - 연속적인 속성의 반대 개념은 이산적(비연속적)이다.

기적의 TIP 샘플링(Sampling)
- 아날로그의 연속적인 소리 신호를 일정한 주기로 측정한 다음 그 값을 디지털화하는 작업이다.
- 샘플링 레이트(Sampling Rate)가 높을수록 원음에 가깝다.
- 샘플링 레이트는 초당 샘플링 횟수를 의미한다.
- 샘플링 레이트의 단위는 Hz(헤르츠)를 사용한다.

항목	디지털 컴퓨터	아날로그 컴퓨터
입력 형식	숫자, 문자	온도, 전압, 전류
출력 형식	숫자, 문자	그래프, 곡선
연산 종류	사칙 연산, 논리 연산	병렬 연산(미적분)
계산 형식	이산적인 데이터(비연속적인 데이터)	연속적인 데이터
회로 형태	논리 회로	증폭 회로
프로그래밍	필요	불필요
연산 속도	느림	빠름
기억 기능	기억이 용이하며 반영구적	기억에 제약이 있음
정밀도	필요한 한도까지(높음)	제한적(낮음)
용도	범용성(광범위)	과학적 연구

사용 목적에 따른 분류
- 전용 컴퓨터 : 한 가지 업무만을 수행하기 위해 설계된 컴퓨터이다.
- 범용 컴퓨터 : 다양한 용도로 사용되는 컴퓨터로 일반적인 디지털 컴퓨터이다.

처리 능력에 따른 분류
- 마이크로 컴퓨터(소형 컴퓨터) : 소량의 집적 회로로 구성된 CPU를 이용하여 구성한 소형 컴퓨터이다.
- 미니 컴퓨터(중형 컴퓨터) : 개인용 컴퓨터보다 주기억 장치와 보조 기억 장치의 용량이 큰 컴퓨터이다.
- 메인 프레임 컴퓨터(대형 컴퓨터) : 여러 개의 단말기를 네트워크로 연결하여 많은 사람들이 동시에 사용할 수 있도록 해주는 컴퓨터이다.
- 슈퍼 컴퓨터(초대형 컴퓨터) : 벡터 계산 전용 프로세서를 갖춘 초고속 컴퓨터로 높은 정밀도와 정확한 계산이 필요한 분야에 사용되는 컴퓨터이다.

기적의 TIP 기타 분류
- 개인용 컴퓨터의 크기 순 분류 : 데스크톱 〉 랩톱 〉 노트북 〉 팜톱 (팜톱 : 손바닥 위에 올려놓고 사용할 수 있는 전자수첩 크기의 개인용 컴퓨터)
- 휴대가 가능한 컴퓨터 : 노트북, 랩톱, 팜톱

기적의 TIP 컴퓨터의 연산 속도 단위
- ms(밀리세컨) : 10^{-3}
- μs(마이크로세컨) : 10^{-6}
- ns(나노세컨) : 10^{-9}
- ps(피코세컨) : 10^{-12}
- fs(펨토세컨) : 10^{-15}
- as(아토세컨) : 10^{-18}

기적의 TIP 연산 속도(느린 것에서 빠른 순서대로)

ms → μs → ns → ps → fs → as

개념 체크 ✓

1 다음 중 아날로그 신호의 특성 요소가 아닌 것은?

① 진폭
② 파장
③ 이산적
④ 위상

이산적(비연속적)은 디지털 신호의 특성 요소임

2 다음 중 디지털 컴퓨터와 아날로그 컴퓨터의 차이점에 관한 설명으로 옳은 것은?

① 디지털 컴퓨터는 전류, 전압, 온도 등 다양한 입력 값을 처리하며, 아날로그 컴퓨터는 숫자 데이터만을 처리한다.
② 디지털 컴퓨터는 증폭 회로로 구성되며, 아날로그 컴퓨터는 논리회로로 구성된다.
③ 아날로그 컴퓨터는 미분이나 적분 연산을 주로 하며, 디지털 컴퓨터는 산술이나 논리 연산을 주로 한다.
④ 아날로그 컴퓨터는 범용이며, 디지털 컴퓨터는 특수 목적용으로 많이 사용된다.

오답 피하기
- ① 디지털 컴퓨터 : 셀 수 있는 데이터(숫자, 문자 등), 아날로그 컴퓨터 : 연속적인 물리량(전류, 전압, 온도, 속도 등)
- ② 디지털 컴퓨터 : 논리 회로, 아날로그 컴퓨터 : 증폭 회로
- ④ 아날로그 컴퓨터 : 특수 목적용, 디지털 컴퓨터 : 범용

3 다음 중 사운드 데이터의 샘플링(Sampling)에 관한 설명으로 옳지 않은 것은?

① 디지털 신호를 아날로그 신호로 변환해 주는 작업이다.
② 샘플링 레이트(Sampling Rate)가 높을수록 원음에 가깝다.
③ 샘플링 레이트는 초당 샘플링 횟수를 의미한다.
④ 샘플링 레이트의 단위는 Hz(헤르츠)를 사용한다.

샘플링(Sampling) : 아날로그의 연속적인 소리 신호를 일정한 주기로 측정한 다음 그 값을 디지털화하는 작업

24년 상시, 23년 상시, 22년 상시, 20년 2월, 17년 3월/9월, …

POINT 023 정보 처리 방식*

합격 강의

일괄 처리 시스템	발생된 자료를 일정 기간 모아 두었다가 한꺼번에 처리하는 방식
시분할 시스템	한 CPU를 여러 사용자가 사용하는 경우 사용권을 일정 시간(Time Slice) 동안 할당하여 혼자 독점하여 사용하는 것처럼 하는 기법
실시간 처리 시스템	발생된 자료를 바로 처리하는 방식으로 예약이나 조회 업무 등이 해당됨
다중 프로그래밍 시스템	하나의 CPU로 동시에 여러 개의 프로그램을 처리하는 기법
다중 처리 시스템	두 개 이상의 CPU로 동시에 여러 개의 프로그램을 처리하는 기법

기적의 TIP 다중 프로그래밍 시스템과 다중 처리 시스템의 차이
- 다중 프로그래밍 시스템 : CPU가 1개
- 다중 처리 시스템 : CPU가 2개 이상

기적의 TIP 듀얼 시스템과 듀플렉스 시스템
- 듀얼 시스템(Dual System) : 두 개의 CPU가 동시에 같은 업무를 처리하는 방식
- 듀플렉스 시스템(Duplex System) : 두 개의 CPU 중 한 CPU가 작업 중일 때 다른 하나는 예비로 대기하는 시스템

개념 체크 ✓

1 다음 중 하나의 컴퓨터에 여러 개의 중앙 처리 장치를 설치하여 주기억 장치나 주변 장치들을 공유하고, 신뢰성과 연산 능력을 향상시키는 시스템을 의미하는 것은?

① 시분할 처리 시스템(Time Sharing System)
② 다중 프로그래밍 시스템(Multi-Programming System)
③ 듀플렉스 시스템(Duplex System)
④ 다중 처리 시스템(Multi-Processing System)

다중 처리 시스템(Multi-Processing System) : 두 개 이상의 CPU로 동시에 여러 개의 프로그램을 처리하는 기법

2 다음 중 컴퓨터 고장으로 인한 작업 중단에 대비하고, 업무 처리의 신뢰도를 높이기 위해 2개의 CPU가 같은 업무를 동시에 처리하여 그 결과를 상호 점검하면서 운영하는 시스템은?

① 듀플렉스 시스템
② 클러스터링 시스템
③ 듀얼 시스템
④ 다중 처리 시스템

듀얼(Dual) 시스템 : 두 개의 CPU가 동시에 같은 업무를 처리하는 방식, 업무의 신뢰도를 높이는 작업에 이용됨

오답 피하기

- 듀플렉스(Duplex) 시스템 : 두 개의 CPU 중 한 CPU가 작업 중일 때 다른 하나는 예비로 대기하는 시스템
- 클러스터링(Clustering) 시스템 : 두 대 이상의 컴퓨터 시스템을 단일 시스템처럼 묶어서 사용하는 시스템
- 다중 처리(Multi-Processing) 시스템 : 두 개 이상의 CPU로 동시에 여러 개의 프로그램을 처리하는 시스템

3 다음 중 컴퓨터 운영체제의 운영 방식에 대한 설명으로 옳지 않은 것은?

① 일괄 처리(Batch Processing) : 컴퓨터에 입력하는 데이터를 일정량 또는 일정시간 동안 모았다가 한꺼번에 처리하는 방식이다.
② 실시간 처리(Real Time Processing) : 처리할 데이터가 입력될 때 마다 즉시 처리하는 방식으로 각종 예약 시스템이나 은행 업무 등에서 사용한다.
③ 다중 처리(Multi-Processing) : 한 개의 CPU로 여러 개의 프로그램을 동시에 처리하는 방식이다.
④ 시분할 시스템(Time Sharing System) : 한 대의 시스템을 여러 사용자가 동시에 사용하는 방식으로 처리 시간을 짧은 시간 단위로 나누어 각 사용자에게 순차적으로 할당하여 실행한다.

다중 프로그래밍 시스템(Multi-Programming System) : 한 개의 CPU로 여러 개의 프로그램을 동시에 처리하는 방식

24년 상시, 22년 상시, 19년 3월, 18년 9월, 16년 3월/10월, …

POINT 024 정보 처리 시스템*

합격 강의

비집중 처리 시스템	• 자료가 발생되는 곳에 처리할 컴퓨터를 설치하는 시스템 • 업무량이 증가함에 따라 처리할 컴퓨터의 수가 늘어남
집중 처리 시스템	• 현장에서 발생한 자료를 중앙의 컴퓨터로 집중시켜 처리하는 시스템 • 중앙으로의 집중 처리로 인한 시스템의 과부하와 시스템 장애 시 정보 처리가 중단되는 현상이 발생함
분산 처리 시스템	• 지역별로 발생된 자료를 분산 처리하는 방식 • 시스템의 과부하를 방지할 수 있으며 시스템의 안정성, 유연성, 신뢰성, 확장성 등에서 유리함 • 클라이언트/서버 시스템 등이 있음
동배간 처리 (P2P : Peer To Peer) 시스템	• 네트워크상의 모든 컴퓨터가 동등한 위치에서 자료를 교환할 수 있는 시스템 • 개인 PC 또는 워크스테이션으로 서버나 클라이언트 역할을 각기 수행하며 고속의 LAN 환경이 요구됨

개념 체크 ✓

1 다음 중 네트워크 연결 방식의 하나인 클라이언트/서버 방식에 관한 설명으로 옳은 것은?

① 서버와 클라이언트가 모두 처리 능력을 가지며, 분산처리 환경에 적합하다.
② 중앙 컴퓨터가 모든 단말기에서 요구하는 데이터 처리를 전담한다.
③ 동등한 계층 노드들이 서로 클라이언트와 서버의 역할을 동시에 할 수 있다.
④ 단방향 통신을 사용하며, 처리를 위한 대기시간이 필요하다.

- 클라이언트(Client) : 분산 처리 시스템에서 네트워크상의 다른 컴퓨터나 프로그램(서버)으로부터 서비스를 받은 컴퓨터나 프로그램
- 서버(Server) : 클라이언트의 자료를 처리하여 그 결과를 전송하는 기능을 담당하는 컴퓨터

2 다음 중 네트워크 연결을 위한 동배간 처리(Peer-To-Peer) 방식에 대한 설명으로 옳지 않은 것은?

① 컴퓨터와 컴퓨터가 동등하게 연결되는 방식이다.
② 각각의 컴퓨터는 클라이언트인 동시에 서버가 될 수 있다.
③ 워크스테이션이나 PC를 단말기로 사용하는 작은 규모의 네트워크에 많이 사용된다.
④ 유지보수가 쉽고 데이터의 보안이 우수하며 주로 데이터의 양이 많을 때 사용한다.

보안이 취약하며 개인 PC 등의 작은 규모의 네트워크에서 주로 사용되므로 데이터의 양이 적을 때 적합함

24년 상시, 23년 상시, 16년 10월, 13년 6월, 08년 5월, …

POINT 025 자료의 표현*

합격 강의

(컴퓨터에 입력되는 기초 자료로, 처리 이전 상태의 문자나 수치, 그림 등)

자료의 크기는 비트(Bit) 〈 니블(Nibble) 〈 바이트(Byte) 〈 워드(Word) 〈 필드(Field) 〈 레코드(Record) 〈 파일 (File) 〈 데이터베이스(Database) 순으로 커진다.

비트(Bit)	• Binary Digit(2진수)의 약어로 0과 1을 나타냄 • 컴퓨터에서 자료를 표현하고 처리하는 기본 단위
니블(Nibble)	4비트로 구성되며, 24(=16)개의 정보를 표현할 수 있음
바이트(Byte)	• 문자를 표현하는 최소 단위 • 바이트는 8비트이며, 1바이트는 2^8(=256)개의 정보를 표시함
워드(Word)	• 컴퓨터에서 한 번에 처리할 수 있는 데이터의 양 • 각종 명령을 처리하는 기본 단위
필드(Field)	• 사람이 알 수 있는 의미 있는 정보를 표현하는 최소 단위 • 여러 개의 워드가 모여 구성됨, 항목이라고도 함
레코드(Record)	• 연관된 여러 개의 필드가 모여 구성됨, 하나의 완전한 정보를 표현할 수 있는 최소 단위 • 논리 레코드와 물리 레코드로 분류함
파일(File)	• 연관된 여러 개의 레코드가 모여 구성됨 • 프로그램을 구성하는 단위로서 컴퓨터에 정보를 저장하는 단위로 사용됨
데이터베이스(Data Base)	상호 관련된 파일들을 모아 완전한 정보로서 구성된 데이터 집단

기적의 TIP 데이터 마이닝(Data Mining)

마이닝(Mining)은 '캐다, 채굴하다'의 의미로 대량의 데이터를 분석하여 일정한 패턴을 찾아내고, 이를 토대로 의사 결정을 위한 가치 있는 정보를 추출하는 기술

개념 체크 ✓

1 다음 중 컴퓨터에서 사용하는 데이터의 논리적 구성 단위를 작은 것에서 큰 것 순으로 바르게 나열한 것은?

① 비트 – 바이트 – 워드 – 필드
② 워드 – 필드 – 바이트 – 레코드
③ 워드 – 필드 – 파일 – 레코드
④ 필드 – 레코드 – 파일 – 데이터베이스

논리적 구성 단위는 정보를 저장하고 처리하는데 사용되는 단위로 필드, 레코드, 파일, 데이터베이스 등이 해당됨

오답 피하기

물리적 구성 단위는 실제 물리적 저장 장치에서 사용되는 단위를 의미하며 비트, 바이트, 워드 등이 해당됨

POINT 026 코드*

합격 강의

24년 상시, 23년 상시, 22년 상시, 21년 상시, 20년 2월, 19년 3월/8월, 17년 9월, …

문자 데이터 표현 방식*

BCD 코드 (2진화 10진)	• 2세대 컴퓨터에서 대부분 사용하는 기본 코드로 6bit로 구성됨 • 64가지의 문자 표현이 가능함 • 영문자의 대소문자를 구별하지 못함
ASCII 코드 (미국 표준)	• 미국에서 추진된 정보 교환용으로 7bit로 구성됨 • 128가지의 문자 표현이 가능함 • 영문자의 대소문자의 구별이 가능함 • 데이터 통신용과 개인용 컴퓨터에 주로 사용됨 • 확장 ASCII 코드는 8비트를 사용하여 256가지의 문자를 표현함
EBCDIC 코드 (확장 2진화 10진)	• 표준 2진화 10진 코드를 확장한 코드로 8bit로 구성됨 • 256가지의 문자 표현이 가능함 • 확장된 BCD 코드로 대형 컴퓨터에서 사용됨
유니코드 (Unicode)	• 국제 표준으로 제정된 2byte의 만국 공통의 국제 문자 부호 체계 • 문자당 영어, 비영어 공통적으로 16bit로 구성함 • 완성형에 조합형을 반영하여 현대 한글의 모든 표현이 가능함

24년 상시, 23년 상시, 22년 상시, 14년 3월, 09년 10월, 06년 2월, 04년 2월, …

에러 검출 코드*

패리티 체크 비트	• 에러 검출을 목적으로 원래의 데이터에 1비트를 추가함 • 짝수 패리티와 홀수 패리티가 있음 • 오류 검출만 가능하고 교정은 할 수 없음
해밍 코드 (Hamming Code)	에러 검출 및 교정이 가능한 코드
순환 중복 검사(CRC)	프레임 단위의 데이터가 전송될 때 미리 정해진 다항식을 적용하여 오류를 검출함
블록합 검사(BSC)	패리티 검사의 단점을 보완한 코드로, 전송 데이터의 각 문자당 패리티 검사 비트와 데이터 블록의 모든 문자열에 대한 블록합 검사 문자를 함께 전송함
정 마크 부호 방식	• 패리티 검사가 코드 자체적으로 이루어지는 방식 • 사용되는 코드는 2 out of 5 코드나 비퀴너리(Biquinary) 코드 등이 있음

개념 체크 ✔

1 다음 중 컴퓨터에서 문자를 표현하는 코드 체계에 대한 설명으로 옳지 않은 것은?

① BCD 코드 : 64가지의 문자를 표현할 수 있으나 영문 소문자는 표현 불가능하다.
② Unicode : 세계 각국의 언어를 4바이트 체계로 통일한 국제 표준 코드이다.
③ ASCII 코드 : 128가지의 문자를 표현할 수 있으며, 주로 데이터 통신용이나 PC에서 많이 사용된다.
④ EBCDIC 코드 : BCD 코드를 확장한 코드체계로 256가지의 문자를 표현할 수 있다.

유니코드(Unicode)
• 2바이트 코드로 세계 각 나라의 언어를 표현할 수 있는 국제 표준 코드
• 한글의 경우 조합, 완성, 옛글자 모두 표현 가능함
• 16비트이므로 216인 65,536자까지 표현 가능함

2 다음 중 컴퓨터에서 사용하는 유니코드(Unicode)에 대한 설명으로 옳지 않은 것은?

① 세계 각국의 언어를 통일된 방법으로 표현할 수 있게 제안된 국제적인 코드 규약의 이름이다.
② 8비트 문자코드인 아스키(ASCII) 코드를 32비트로 확장하여 전 세계의 모든 문자를 표현하는 표준코드이다.
③ 한글은 조합형, 완성형, 옛글자 모두를 표현할 수 있다.
④ 최대 65,536자의 글자를 코드화할 수 있다.

ASCII 코드(미국 표준 코드) : Zone은 3비트, Digit는 4비트로 구성됨, 7비트로 128가지의 표현이 가능함, 일반 PC용 컴퓨터 및 데이터 통신용 코드, 대소문자 구별이 가능함

3 다음 중 전송 오류 검출 방식이 아닌 것은?

① CRC(순환 중복 검사) 방식
② 패리티 검사 방식
③ 정마크 부호 방식
④ CSMA/CD(매체접근 제어) 방식

CSMA/CD(Carrier Sence Multiple Access/Collision Detection) 방식 : '반송파 감지 다중 접근/충돌 검사'로 데이터의 충돌을 방지하기 위해 송신 데이터가 없을 때에만 데이터를 송신하고, 다른 장비가 송신 중일 때에는 송신을 멈추는 방식으로 전송 오류 검출 방식에 해당되지 않음

POINT 027 진법 변환

합격 강의

진법

컴퓨터는 0과 1로 구성된 2진법을 사용함

진법	설명	진법 나열
2진법	0, 1로 구성	0000, 0001, 0010, 0011 …
8진법	0~7 숫자로 구성	0, 1~6, 7, 10,11~16, 17, 20~27 …
16진법	0~9 숫자와 A~F(10~15) 문자로 구성	0, 1~8, 9, A, B~E, F, 10, 11~18, 19, 1A, 2A~2E, 2F …

22년 상시, 05년 7월, 03년 7월, 02년 9월

10진수를 2, 8, 16진수로 변환

• 정수 : 10진수의 값을 진수로 나누어지지 않을 때까지 나눈 후 나머지를 역순으로 나열한다.

예 33을 2진수로 변환

```
2 | 33
2 | 16 ········· 1
2 |  8 ········· 0
2 |  4 ········· 0
2 |  2 ········· 0
     1 ········· 0
```

정답 100001(2)

예 33을 8진수로 변환

```
8 | 33
     4 ········· 1
```

정답 41(8)

• 소수 : 10진수의 값을 진수로 곱한 값에서 소수 부분만 뽑아서 소수 자리가 나오지 않을 때까지 반복해서 진수를 곱한다.

예 10진수 0.625를 2진수로 변환

```
  0.625      0.25       0.5
×     2   ×     2   ×     2
   1.25       0.5         1
```

정답 0.101(2)

• 소수를 가지고 있는 실수 : 정수부와 소수부로 나눈 다음 따로 2진수로 변환 후 나열한다.

예 10진수 33.625를 2진수로 변환

33 → 100001(2)
0.625 → 0.101(2)

정답 100001.101(2)

개념 체크

1 10진수 $(47)_{10}$을 16진수로 올바르게 표현한 것은?

① $(2F)_{16}$ ② $(F2)_{16}$
③ $(A1)_{16}$ ④ $(1A)_{16}$

10진수 47를 16으로 몫이 안나눠질 때까지 나누어서 몫부터 나머지의 역순을 취하면 2F가 됨

```
16 |47
    2 ····· 15(F)
```

2 10진수 1,024(=2^{10})를 이진수로 올바르게 표현한 것은?

① 10000000000 ② 1111111111
③ 11111111111 ④ 1000000000

$1\times2^{10}+0\times2^9+0\times2^8+0\times2^7+0\times2^6+0\times2^5+0\times2^4+0\times2^3+0\times2^2+0\times2^1+0\times2^0=1,024$

POINT 028 중앙 처리 장치의 구성과 종류

합격 강의

24년 상시, 13년 10월

중앙 처리 장치(CPU)

- 입력 장치로부터 자료를 받아 처리한 후 그 결과를 출력 장치로 보내는 과정을 제어하고 저장한다.
- 중앙 처리 장치의 구성 : 제어 장치, 연산 장치, 레지스터

22년 상시, 19년 8월, 17년 3월, 16년 10월, 12년 3월, 09년 10월, 08년 5월, 05년 5월, …

레지스터(Register)*

- 중앙 처리 장치(CPU)에서 명령이나 연산 결과 값을 일시적으로 저장하는 임시 기억 장소이다.
- 레지스터의 크기는 한 번에 처리 가능한 데이터의 크기로 워드(Word) 크기 및 메모리 용량과 관계가 있다.
- 레지스터는 기본 소자인 플립플롭(Flip-Flop)이나 플립플롭의 기본 구성 요소인 래치(Latch)를 직렬이나 병렬로 연결한 구조이다.
- 메모리 중에서 레지스터가 가장 속도가 빠르다(레지스터 → 캐시 메모리 → 주기억 장치).

기적의 TIP 플립플롭(Flip-Flop)과 래치(Latch)

- 플립플롭(Flip-Flop) : 레지스터를 구성하는 기본 소자로 1비트(0또는 1)의 정보를 기억할 수 있는 최소의 기억 소자
- 플립플롭의 종류 : RS 플립플롭, JK 플립플롭, T 플립플롭, D 플립플롭, 주/종 플립플롭 등
- 래치(Latch) : 플립플롭의 기본 구성 요소로 한 비트의 정보를 상태가 바뀌기 전까지 계속 유지하는 회로

기적의 TIP 중앙 처리 장치(CPU)의 성능 평가 단위

- 클럭(Clock) : 컴퓨터는 전류가 흐르는 상태(ON)와 흐르지 않는 상태(OFF)가 반복되어 작동하는데, ON/OFF의 전류 흐름에 의해 CPU가 작동하고 이 전류의 흐름을 클럭 주파수(Clock Frequency)라 함(클럭 주파수가 높을수록 연산 속도가 빠름)
- 밉스(MIPS) : 1초에 몇 백만 개의 명령어를 처리할 수 있는지 나타냄
- 헤르츠(Hz) : 시스템의 클럭 속도, CPU가 1초에 발생시키는 주파수 사이클
- 플롭스(FLOPS) : 1초당 수행할 수 있는 부동 소수점 연산 횟수

개념 체크

1 다음 중 클럭 주파수에 대한 설명으로 옳지 않은 것은?

① 컴퓨터는 전류가 흐르는 상태(ON)와 흐르지 않는 상태(OFF)가 반복되어 작동하는데, ON/OFF의 전류 흐름에 의해 CPU는 작동한다. 이 전류의 흐름을 클럭 주파수(Clock Frequency)라 하고, 줄여서 클럭(Clock)이라고 한다.
② 클럭의 단위는 MHz를 사용하는데 1MHz는 1,000,000Hz를 의미하며, 1Hz는 1초 동안 1,000번의 주기가 반복되는 것을 의미한다.
③ CPU가 기본적으로 클럭 주기에 따라 명령을 수행한다고 할 때, 이 클럭 값이 높을수록 CPU는 빠르게 일을 하고 있는 것으로 볼 수 있다.
④ 클럭 주파수를 높이기 위해 메인보드로 공급되는 클럭을 CPU 내부에서 두 배로 증가시켜 사용하는 클럭 더블링(Clock Dubling)이란 기술이 486 이후부터 사용되었다.

1Hz는 1초 동안 1번의 주기가 반복되는 것을 의미함

2 다음 중 레지스터(Register)에 대한 설명 중 옳지 않은 것은?

① CPU 내부에서 처리할 명령어나 연산 결과 값을 일시적으로 저장하는 기억장치이다.
② 레지스터의 크기는 컴퓨터가 한 번에 처리할 수 있는 데이터의 크기를 나타낸다.
③ 펌웨어(Firmware)를 저장하는 비휘발성 메모리로 액세스 속도가 가장 빠른 기억 장치이다.
④ 구조는 플립플롭(Flip-Flop)이나 래치(Latch)를 직렬 또는 병렬로 연결한다.

펌웨어(Firmware) : 비휘발성 메모리인 ROM에 저장된 프로그램으로, 하드웨어의 교체 없이 소프트웨어의 업그레이드만으로 시스템의 성능을 높일 수 있음

3 다음 중 프로세서 레지스터에 대한 설명으로 옳은 것은?

① 하드디스크의 부트 레코드에 위치한다.
② 하드웨어 입출력을 전담하는 장치로 속도가 빠르다.
③ 주기억 장치보다 큰 프로그램을 실행시켜야 할 때 유용한 메모리이다.
④ 중앙 처리 장치에서 사용하는 임시 기억 장치로 메모리 중 가장 빠른 속도로 접근 가능하다.

레지스터(Register)
- 한 비트를 저장할 수 있는 플립플롭의 모임으로, 중앙 처리 장치 내에 있는 소규모의 임시 기억 장소임
- 레지스터의 크기는 워드(Word) 크기 및 메모리 용량과 관계가 있음
- 레지스터는 메모리 중에서 가장 속도가 빠름
- 접근 속도 : 레지스터(CPU) → 캐시메모리(SRAM) → 주기억 장치(DRAM) → 보조 기억 장치(자기 디스크→ 자기 테이프)

POINT 029 제어 장치와 연산 장치

합격 강의

24년 상시, 23년 상시, 20년 2월, 13년 10월, 12년 3월, 11년 3월

제어 장치(CU)

프로그램의 명령을 해독하여 각 장치에 보내고 처리하도록 지시하는 역할을 담당한다.

명령 레지스터(IR)	현재 수행 중인 명령어를 기억하는 레지스터
프로그램 카운터(PC)* (= 명령 계수기)	다음에 수행할 명령어의 번지를 기억하는 레지스터
메모리 주소 레지스터(MAR)	기억 장치로부터 오는 데이터의 주소를 기억하는 레지스터
메모리 버퍼 레지스터(MBR)	기억 장치로부터 오는 데이터 자체를 기억하는 레지스터
부호기(Encoder)	명령 해독기에서 전송된 명령어를 제어에 필요한 신호로 변환하는 회로
명령 해독기(Decoder)	명령 레지스터에 있는 명령어를 해독하는 회로

24년 상시, 23년 상시, 22년 상시, 18년 9월, 13년 3월, 12년 3월

연산 장치(ALU)

산술 논리 장치라고도 하며, 연산에 필요한 자료를 입력받아 산술 연산 및 논리 연산을 수행한다.

누산기(Accumulator)*	연산된 결과를 일시적으로 저장하는 레지스터
가산기(Adder)	두 개 이상의 수를 입력하여 합을 출력하는 레지스터
보수기(Complementor)	뺄셈을 수행하기 위하여 입력된 값을 보수로 변환하는 회로
상태 레지스터(Status Register)	모든 레지스터의 상태를 감독하는 레지스터

개념 체크

1 다음 중 CPU가 프로그램의 명령어를 수행하는 중에 산술 및 논리 연산의 결과를 일시적으로 저장하는 레지스터로 옳은 것은?

① 주소 레지스터(MAR)
② 누산기(AC)
③ 명령어 레지스터(IR)
④ 프로그램 카운터(PC)

누산기(AC) : 중간 연산 결과를 일시적으로 기억하는 레지스터

2 다음 중 프로그램 수행에 있어서 다음 순서에 실행할 명령어의 주소를 저장하는 레지스터는?

① 주소 레지스터(MAR)
② 프로그램 카운터(PC)
③ 명령어 레지스터(IR)
④ 버퍼 레지스터(MBR)

프로그램 카운터(PC) : 명령 계수기로 다음에 수행할 명령어의 주소를 기억하는 레지스터

24년 상시, 23년 상시, 18년 9월, 16년 10월, 14년 6월, …

POINT 030 마이크로프로세서

합격 강의

- 제어 장치(CU)와 연산 장치(ALU)가 하나로 통합된 집적 회로이다.
- 몇 개의 트랜지스터를 집적시켰느냐에 따라 기본적인 처리 속도가 결정된다.
- 설계 방식에 따라 CISC 방식과 RISC 방식으로 구분된다.
- 모바일 스마트 기기나 웨어러블(Wearable) 디바이스, 임베디드 시스템, 개인용 컴퓨터(PC), 소형(Mini) 컴퓨터, 대형(Main Frame) 컴퓨터, 슈퍼(Super) 컴퓨터 등 여러 분야에서 다양하게 응용되고 있다.
- 최초의 32Bit 처리 프로세서는 80386DX이다(내부, 외부 모두 32Bit 처리).

구분	CISC 마이크로프로세서	RISC 마이크로프로세서
명령어 수	많음	적음
목적	1개의 명령어로 최대의 동작	시간의 최소화
처리 속도	느림	빠름
전력 소모	많음	적음
프로그램 복잡도	단순함	복잡함
레지스터	적음	많음
용도	일반 PC	서버, 워크스테이션
생산 가격	고가	저가

개념 체크

1 다음 중 컴퓨터에서 사용하는 마이크로프로세서(Microprocessor)에 관한 설명으로 옳지 않은 것은?

① 제어 장치, 연산 장치, 주기억 장치가 하나의 반도체 칩에 내장된 장치이다.
② 클럭 주파수와 내부 버스의 Bit 수로 성능을 평가한다.
③ 트랜지스터의 집적도에 따라 기본적인 처리 속도가 결정된다.
④ 현재는 작은 규모의 임베디드 시스템이나 휴대용 기기에서부터 메인 프레임이나 슈퍼컴퓨터까지 사용된다.

제어 장치(CU)와 연산 장치(ALU)가 하나로 통합된 집적 회로임

2 다음 중 컴퓨터를 구성하는 CPU와 관련된 RISC 프로세서에 대한 설명으로 옳지 않은 것은?

① CISC 프로세서에 비해 주소 지정 모드와 명령어의 종류가 적다.
② CISC 프로세서에 비해 프로그래밍이 어려운 반면 처리속도가 빠르다.
③ CISC 프로세서에 비해 생산 가격이 비싸고 소비 전력이 높다.
④ 고성능의 워크스테이션이나 그래픽용 컴퓨터에 많이 사용된다.

RISC는 적은 명령어로 구현하므로 CISC 프로세서에 비해 생산 가격이 싸고 소비 전력이 낮음

POINT 031 주기억 장치(Main Memory)

합격 강의

24년 상시, 23년 상시, 22년 상시, 16년 6월, 15년 3월/10월, 12년 3월, 09년 2월, …

RAM(Random Access Memory)*

휘발성 메모리로 읽기와 쓰기가 가능하다.

항목	SRAM(Static RAM)	DRAM(Dynamic RAM)
주용도	캐시 메모리	주기억 장치
재충전	불필요	필요
집적도	낮음	높음
구조	복잡	단순
접근 속도	빠름	느림
가격	고가	저가
소비 전력	많음	적음

06년 9월, 05년 10월, 04년 5월, 03년 2월/9월

ROM(Read Only Memory)*

비휘발성 메모리로 읽기만 가능하다.

Mask ROM	제조 과정에서 미리 내용을 기억시킨 ROM으로, 사용자가 수정할 수 없음
PROM	사용자가 ROM Writer를 이용하여 한 번만 데이터를 기록할 수 있음
EPROM	기억된 내용을 자외선을 이용하여 여러 번 데이터를 수정하거나 기록할 수 있음
EEPROM	기억된 내용을 전기를 이용하여 여러 번 데이터를 수정하거나 기록할 수 있음

19년 8월, 15년 6월, 13년 3월, 09년 2월/7월, 08년 5월

펌웨어(Firmware)*

- 하드웨어와 소프트웨어의 중간적인 특성을 지닌다.
- ROM에 소프트웨어를 저장한 것으로 하드웨어의 교체없이 소프트웨어의 업그레이드만으로 시스템의 성능을 높이기 위한 목적으로 사용된다.

개념 체크

1 다음 중 컴퓨터에서 사용되는 펌웨어(Firmware)에 대한 설명으로 옳지 않은 것은?

① 하드웨어의 동작을 지시하는 소프트웨어이지만 하드웨어적으로 구성되어 하드웨어의 일부분으로도 볼 수 있는 제품을 말한다.
② 하드웨어 교체 없이 소프트웨어 업그레이드만으로 시스템의 성능을 높이기 위한 목적으로 사용된다.
③ 시스템의 효율을 높이기 위해 RAM에 저장되어 관리된다.
④ 기계어 처리, 데이터 전송, 부동 소수점 연산, 채널 제어 등의 처리 루틴을 가지고 있다.

펌웨어(Firmware) : 비휘발성 메모리인 ROM에 저장된 프로그램으로 하드웨어의 교체 없이 소프트웨어의 업그레이드만으로 시스템의 성능을 높일 수 있음

2 다음 중 컴퓨터 주기억 장치로 사용되는 SRAM과 DRAM에 관한 설명으로 옳지 않은 것은?

① SRAM은 주로 콘덴서로 구성되며, 재충전이 필요하다.
② SRAM은 DRAM 보다 전력 소모가 많으나, 접근 속도가 빠르다.
③ DRAM은 SRAM 보다 집적도가 높아 일반적인 주기억 장치로 사용된다.
④ SRAM은 전원이 공급되는 동안에는 기억 내용이 유지된다.

SRAM은 트랜지스터로 구성되며, 재충전이 필요 없음

오답 피하기

DRAM : 콘덴서(축전기)로 구성되며, 재충전이 필요함

POINT 032 보조 기억 장치

합격 강의

보조 기억 장치의 특징

- 주기억 장치의 한정된 기억 용량을 보조하기 위해 사용하는 메모리이다.
- 전원이 차단되어도 기억된 내용이 유지되는 비휘발성 매체로 반영구적으로 데이터를 기억시킬 수 있다.
- 주기억 장치에 비해 속도가 느리다.
- 대용량으로 구성되며, 단위당 가격이 저렴하다.

22년 상시, 20년 7월, 16년 10월, 11년 10월, 10년 10월, 04년 10월

하드디스크(Hard Disk)

- 자기 디스크를 이용한 저장 장치로, 개인용 컴퓨터에서 보조 기억 장치로 주로 사용된다.
- 저렴한 가격에 대용량을 이용할 수 있다.
- 전력 소비가 크며 발열이 심하다.
- 연결(Interface) 방식에 따라 IDE, EIDE, SCSI, RAID 방식으로 구분된다.
- 충격에 약하여 본체 내부에 고정시켜 사용하기 때문에 이동이 불편하다.
- 최근에는 이동이 편한 외장형 하드디스크가 개발되어 널리 사용되고 있다.

기적의 TIP 하드디스크의 파티션(Partition)
- 하드디스크는 논리적인 영역 확보를 위해 디스크 내부를 분할(파티션, Partition)하여 사용할 수 있음
- 파티션 작업을 실행한 후에는 반드시 포맷을 실행하여야 하드디스크를 사용할 수 있음
- 각 파티션 영역에는 다른 운영체제를 설치할 수 있음
- 하나의 파티션에 한 개의 파일 시스템만 사용할 수 있음
- 하나의 물리적인 하드디스크를 여러 개의 논리적 영역으로 분할하거나 다시 합치는 작업

22년 상시, 20년 7월, 18년 9월, 17년 3월, 16년 6월, 15년 3월, 14년 3월, 12년 3월, …

하드디스크 연결 방식*

IDE(Intelligent Drive Electronics)	• 저가에 안정적이지만 연결할 수 있는 주변 장치의 수가 2개로 한정됨 • 용량은 최대 528M까지 사용 가능함
EIDE (Enhanced IDE)	• IDE의 확장판으로, 종전의 단점을 보완하여 주변 기기를 4개까지 연결함 • LBA 모드를 지원하기 때문에 8.4GB 용량의 하드디스크의 사용이 가능함
SCSI (Small Computer System Interface)	• 시스템 구분 없이 주변 장치를 7개에서 최대 15개까지 연결함 • 빠른 전송 속도로 주변 장치의 데이터를 컴퓨터로 전달함 • 별도의 컨트롤러가 필요하며, 컨트롤러 자체에 프로세서가 장치되어 있어 CPU에 무리를 주지 않고 데이터 처리가 가능함
RAID (Redundant Array of Inexpensive Disks)	• 여러 드라이브의 집합을 하나의 저장 장치처럼 취급함 • 장애가 발생했을 때 데이터를 잃어버리지 않게 하며 각각에 대해 독립적으로 동작할 수 있도록 하는 시스템 • 여러 개의 HDD(하드디스크)를 하나의 Virtual Disk로 구성하므로 대용량 저장 장치 구축이 가능함

기적의 TIP RAID의 목적
전송 속도의 향상, 안전성 향상, 데이터 복구 용이

기적의 TIP RAID의 저장 방식
- 스트리핑(Striping) 방식 : 분산 저장 방식으로 하나의 자료를 여러 디스크에 분산시키므로 입출력은 빠르나 장애 시 복구가 어려움(RAID 0)
- 미러링(Mirroring) 방식 : 거울 저장 방식으로 같은 자료를 2개의 디스크에 동일하게 기록하므로 장애 시 복구가 용이하며 읽는 속도가 빠름(RAID 1)
- 패리티(Parity) 방식 : 스트리핑 방식에 패리티 정보를 따라 기록 저장하므로 장애 시 패리티를 사용하여 복구할 수 있으며 가장 많이 사용됨(RAID 5)

기적의 TIP SATA(Serial ATA)
- 직렬 ATA로 하드디스크 또는 광학 드라이브와의 전송을 위해 만들어진 버스의 한 종류이다.
- SATA 어댑터와 디바이스들은 직렬로 연결이 되고 CRC가 적용되어 속도와 신뢰도 면에서 효율적인 방식이다.
- Master/Slave 설정이 필요 없고 핫 플러그 인 기능이 있으며, 케이블이 얇아서 냉각 효과도 갖추고 있다.

23년 상시, 22년 상시, 20년 2월, 19년 8월, 16년 10월, 15년 10월, 14년 6월

SSD(Solid State Drive)*

- 하드디스크를 대체할 무소음, 저전력, 소형화, 경량화, 고효율의 속도를 지원하는 차세대 반도체 보조 기억 장치이다.
- 기억 매체로 플래시 메모리나 DRAM을 사용하나 DRAM은 제품 규격이나 휘발성, 가격 등의 문제로 많이 쓰이지는 않는다.
- HDD보다 외부로 부터의 충격에 강하며, 기계적인 디스크가 아닌 반도체 메모리에 데이터를 저장하므로 배드 섹터(Bad Sector)가 생기지 않는다.
- HDD에 비해 저장 용량 당 가격 면에서 SSD가 더 비싸다.

15년 3월, 11년 3월, 07년 10월

광 디스크(Optical Disk)

CD-ROM (Compact Disc Read Only Memory)	• 콤팩트 디스크(CD)에 기록되어 있는 데이터를 읽고 이들 데이터를 컴퓨터로 전송할 수 있도록 설계된 읽기 전용 디스크 드라이브 • 650MB 이상의 데이터를 저장할 수 있는 멀티미디어 저장 매체
CD-R (Compact Disk Recordable)	• 데이터를 한 번 기록할 수 있으며, 많은 양의 데이터를 백업할 때 사용함 • WORM(Write Once Read Memory) CD라고도 함
CD-RW (CD-Rewritable)	• 여러 번에 걸쳐 기록과 삭제를 할 수 있는 CD • 데이터를 담기 위해서는 CD-R/W 드라이브가 필요함
DVD (Digital Versatile Disk)	• 기존의 다른 매체와는 달리 4.7GB의 기본 용량(최대 17GB)을 가짐 • 1배속은 초 당 1,200KB의 전송 속도임

기적의 TIP 블루레이(Blu-ray) 디스크
- CD, DVD와 같은 크기로 짧은 파장을 갖는 레이저를 사용, 트랙의 폭이 가장 좁으며 단층 구조는 25GB, 듀얼 레이어는 50GB까지 데이터 저장이 가능하다.
- 최근에는 한 장의 블루레이 디스크에 3층, 4층으로 데이터 기록이 가능하여 100GB에서 128GB까지의 용량을 저장할 수 있다.

개념 체크 ✔

1 다음 중 컴퓨터에서 사용하는 하드디스크의 파티션에 관한 설명으로 옳지 않은 것은?

① 파티션 작업을 실행한 후에는 반드시 포맷을 실행하여야 하드디스크를 사용할 수 있다.
② 각 파티션 영역에는 다른 운영체제를 설치할 수 있다.
③ 하나의 파티션에 여러 개의 파일 시스템을 사용할 수 있다.
④ 하나의 물리적인 하드디스크를 여러 개의 논리적 영역으로 분할하거나 다시 합치는 작업이다.

하나의 파티션에 여러 개의 파일 시스템을 사용할 수 없음

2 다음 중 반도체를 이용한 컴퓨터 보조 기억 장치로 크기가 작고 충격에 강하며, 소음 발생이 없는 대용량 저장 장치에 해당하는 것은?

① HDD(Hard Disk Drive)
② DVD(Digital Versatile Disk)
③ SSD(Solid State Drive)
④ CD-RW(Compact Disc Rewritable)

SSD는 Solid State Drive(또는 Disk)의 약자로 HDD에 비해 속도가 빠르고, 발열 및 소음이 적으며, 소형화 · 경량화 할 수 있는 장점이 있음

3 다음 중 컴퓨터의 하드디스크와 관련하여 RAID(Redundant Array of Inexpensive Disks) 기술에 관한 설명으로 옳지 않은 것은?

① 여러 개의 하드디스크를 모아서 하나의 하드디스크처럼 사용할 수 있도록 하는 기술이다.
② 하드디스크의 모음뿐만 아니라 자동으로 복제해 백업 정책을 구현해 주는 기술이다.
③ 미러링과 스트라이핑 기술을 결합하여 안정성과 속도를 향상시킨 디스크 연결 기술이다.
④ 하드디스크, CD-ROM, 스캐너 등을 통합적으로 연결해 주는 기술이다.

SCSI(Small Computer System Interface)
- 시스템 구분 없이 주변 장치(하드디스크, CD-ROM, 스캐너 등)를 7개에서 최대 15개까지 통합적으로 연결함
- 빠른 전송 속도로 주변 장치의 데이터를 컴퓨터로 전달함

24년 상시, 23년 상시, 22년 상시, 20년 7월, 19년 3월, …

POINT 033 기타 기억 장치

합격 강의

캐시 메모리* (Cache Memory)	• CPU와 주기억 장치 사이에 존재하는 고속 메모리로서 메모리 참조의 국한성에 기반을 둠 • 빠른 처리 속도의 CPU와 상대적으로 느린 주기억 장치 사이의 병목 현상을 해결함 • CPU가 찾고자 하는 데이터가 L1 캐시에 없을 때 다음으로 L2 캐시에서 찾음
버퍼 메모리 (Buffer Memory)	동작 속도, 접근 속도 등에 차이가 나는 두 장치 사이에 위치하여 두 장치 간의 속도 차이를 줄일 때 사용하는 임시 기억 장치
가상 메모리 (Virtual Memory)	보조 기억 장치를 주기억 장치처럼 사용하여 주기억 장치 용량의 기억 용량을 확대하여 사용하는 방법
플래시 메모리 (Flash Memory)	• 전기적 성질을 이용하여 데이터의 기록 및 삭제를 수행할 수 있는 비휘발성 메모리(블록 단위로 기록) • 디지털 카메라, MP3 Player 등 디지털 기기에서 널리 사용함 • 플래시 메모리를 보다 발전시킨 기억 장치로는 스마트 미디어 카드, 멀티미디어 카드, 메모리 스틱 등이 있음
연관 메모리 (Associative Memory)	• 데이터를 가져올 때 주소 참조가 아닌 내용의 일부를 이용하여 데이터를 읽어오는 메모리 • 캐시 메모리에서 특정 내용을 찾는 방식 중 매핑 방식에 주로 사용됨

개념 체크 ✔

1 다음 중 한글 Windows에서 관리하는 가상 메모리는 실제로 어떤 장치를 사용하는가?

① 주기억 장치 ② 캐시 기억 장치
③ 프로세서 장치 ④ 하드디스크 장치

가상 메모리 : 보조 기억 장치의 일부, 즉 하드디스크의 일부를 주기억 장치처럼 사용하는 메모리 사용 기법으로, 기억 장소를 주기억 장치의 용량으로 제한하지 않고, 보조 기억 장치까지 확대하여 사용

2 다음 중 컴퓨터에서 사용하는 기억 장치에 관한 설명으로 옳지 않은 것은?

① 플래시(Flash) 메모리는 비휘발성 기억 장치로 주로 디지털 카메라나 MP3, 개인용 정보 단말기, USB 드라이브 등 휴대형 기기에서 대용량 정보를 저장하는 용도로 사용된다.
② 하드디스크 인터페이스 방식은 EIDE, SATA, SCSI 방식 등이 있다.
③ 캐시(Cache) 메모리는 CPU와 주기억 장치 사이에 위치하여 두 장치 간의 속도 차이를 줄여 컴퓨터의 처리속도를 빠르게 하기 위한 메모리이다.
④ 연관(Associative) 메모리는 보조 기억 장치를 마치 주기억 장치와 같이 사용하여 실제 주기억 장치 용량보다 기억 용량을 확대하여 사용하는 방법이다.

연관(Associative) 메모리 : 저장된 내용의 일부를 이용하여 기억 장치에 접근하여 데이터를 읽어오는 기억 장치

오답 피하기
④ : 가상 기억 장치(Virtual Memory)

3 다음 중 캐시(Cache) 메모리에 관한 설명으로 옳은 것은?

① 캐시 메모리로 DRAM이 사용되어 접근 속도가 매우 빠르다.
② 캐시 적중률이 높을수록 컴퓨터 시스템의 전체 처리 속도가 저하된다.
③ 캐시 메모리는 보조기억장치의 일부를 주기억 장치처럼 사용하는 메모리이다.
④ CPU와 주기억 장치 사이에서 처리 속도를 향상시키기 위한 일종의 버퍼 메모리 역할을 한다.

오답 피하기
- ① : 캐시 메모리는 주로 속도가 빠른 SRAM을 사용함
- ② : 캐시 적중률이 높을수록 컴퓨터 시스템의 전체 처리 속도가 높아짐
- ③ : 가상 메모리는 보조 기억 장치의 일부를 주기억 장치처럼 사용하는 메모리임

POINT 034 입출력 장치

합격 강의

24년 상시, 09년 7월, 07년 2월/5월, 05년 2월, 04년 5월

입출력 장치

입력 장치	키보드, 마우스, 카드 판독 장치, 광학 문자 판독 장치(OCR), 광학 마크 판독 장치(OMR), 자기 잉크 문자 판독 장치(MICR), 바코드 판독 장치(BCR), 터치스크린, 태블릿, 스캐너, 디지털 카메라
출력 장치	모니터, 프린터, 플로터, 마이크로 필름 출력 장치(COM), 스피커

24년 상시, 20년 2월/7월, 16년 6월, 11년 3월, 09년 7월, 07년 2월

표시 장치의 용어

픽셀(Pixel)	• 화면을 이루는 최소의 단위, 그림의 화소 • 픽셀 수가 많을수록 해상도가 높아짐
재생률 (Refresh Rate)	픽셀들이 밝게 빛나는 것을 유지하도록 하기 위한 1초당 재충전 횟수
점 간격(Dot Pitch)	픽셀들 사이의 공간을 나타내는 것으로 간격이 가까울수록 선명함
해상도 (Resolution)	모니터 화면의 선명도를 나타내는 것으로, 가로/세로 픽셀의 밀도를 표시함
화면의 크기	화면의 대각선의 길이를 인치(Inch) 단위로 표시함
백화 현상	주로 모니터의 AD보드나 액정상의 불량 문제로 백라이트만 켜지고 영상이 나타나지 않는 증세로 모니터의 화면이 하얗게 표시되는 현상을 의미함

※ 눈의 피로를 줄이기 위해서는 '깜박거림이 없는' 플리커 프리(Flicker Free)가 적용된 모니터가 좋음

기적의TIP 픽셀의 색상 표현
- 1bit는 픽셀이 담고 있는 정보를 검정과 흰색으로 나타낸다.
- 1픽셀의 색상 표현색 : 8bit는 256색상(=2^8), 24bit는 16,777,216색상(=2^{24})을 나타낸다.

※ DPI(Dots Per Inch) : 1인치에 인쇄되는 점의 수로 해상도 단위로 사용됨

개념 체크

1 다음 중 한글 Windows에서 출력 장치인 디스플레이 어댑터와 모니터에 관련된 용어의 설명으로 옳지 않은 것은?
① 픽셀(Pixel) : 화면을 이루는 최소 단위로 그림의 화소라는 뜻을 의미하며 픽셀 수가 많을수록 해상도가 높아진다.
② 해상도(Resolution) : 모니터 화면의 픽셀 수와 관련이 있으며 픽셀 수가 많을수록 표시할 수 있는 색상의 수가 증가한다.
③ 점 간격(Dot Pitch) : 픽셀들 사이의 공간을 나타내는 것으로 간격이 가까울수록 영상은 선명하다.
④ 재생률(Refresh Rate) : 1초 동안 전자총으로 모니터 표면에 빔을 쏘아 보내는 횟수로, 재생률이 높을수록 모니터의 깜빡임이 줄어든다.
픽셀 수가 많아질수록 해상도가 높아지며 색상의 수가 증가하지는 않음

2 다음 중 컴퓨터에서 사용하는 모니터에 관한 설명으로 옳지 않은 것은?
① 모니터 해상도는 픽셀(Pixel) 수에 따라 결정된다.
② 모니터 크기는 화면의 가로와 세로 길이를 더한 값이다.
③ 재생률(Refresh Rate)이 높을수록 모니터의 깜박임이 줄어든다.
④ 플리커 프리(Flicker Free)가 적용된 모니터의 경우 눈의 피로를 줄일 수 있다.
모니터 크기는 화면의 대각선의 길이를 인치(Inch) 단위로 표시함

09년 4월

POINT 035 메인보드(Mainboard)

ㅇ 컴퓨터를 구성하는 여러 가지 부품들을 하나로 이어주는 역할을 하는 주기판임

확장 슬롯(Slot)
- 카드형의 주변 장치를 장착하는 곳으로 지원되는 버스에 따라 구분한다.
- 버스 방식 발전 순서 : ISA → EISA → VESA LOCAL → PCI → AGP → PCI-Express

ㅇ 그래픽 카드에 주로 사용하는 슬롯

19년 8월, 13년 6월, 09년 4월

칩셋(Chipset)
메인보드에서 부품들 간의 데이터 흐름을 제어하는 것으로 메인보드에서 가장 중요한 역할을 담당한다.

23년 상시, 22년 상시, 20년 2월, 16년 6월, 14년 10월, 13년 6월, 10년 3월, 09년 4월/10월

롬 바이오스(ROM BIOS)
컴퓨터 전원을 켤 때 컴퓨터 제어와 기본 작업을 처리하는 프로그램으로, 컴퓨터의 부팅에 대한 방법이나 컴퓨터 운영의 기본 정보가 등록되어 있다.

22년 상시, 21년 상시, 16년 6월, 14년 10월, 13년 6월, 12년 3월/6월/9월, 10년 10월, …

포트(Port)*
ㅇ 컴퓨터와 주변 장치를 연결하기 위한 접속 부분

직렬 포트	• 한 번에 한 비트씩 전송하거나 수신하는 방식 • 마우스 또는 모뎀을 연결함
병렬 포트	• 한 번에 8비트씩 전송하거나 수신하는 방식 • 프린터 또는 Zip 드라이브를 연결함
USB 포트*	• 허브(Hub)를 사용하면 최대 127개의 주변기기 연결이 가능한 범용 직렬 버스 장치 • USB 방식의 마우스와 키보드, PC 카메라, 디지털 카메라, 모니터, 프린터 등이 연결되는 포트 • 직렬 포트나 병렬 포트보다 빠른 속도로 데이터를 전송함 • 핫 플러그 인, 플러그 앤 플레이를 지원함 • USB 1.0에서는 1.5Mbps, USB 1.1에서는 최대 12Mbps, USB 2.0에서는 최대 480Mbps, USB 3.0에서는 최대 5Gbps, USB 3.1에서는 최대 10Gbps로 빨라짐 • USB 2.0의 포트 색깔은 검정색 또는 흰색이며 USB 3.0의 포트 색깔은 파랑색임
IEEE 1394 포트	• 미국전기전자학회(IEEE)가 표준화한 매킨토시용 직렬 인터페이스(Serial Interface) • 컴퓨터 주변 장치 및 비디오 카메라, 오디오 제품, 텔레비전, VCR 등의 가전 기기를 PC에 접속하는 인터페이스를 사용함 • Firewire 또는 i.Link 라고도 함
PS/2 포트	6핀으로 구성되며 마우스와 키보드를 연결함

개념 체크

1 다음 중 Windows에서 사용하는 USB(Universal Serial Bus)에 대한 설명으로 옳은 것은?
① USB는 범용 병렬 장치를 연결할 수 있게 해 주는 컴퓨터 인터페이스이다.
② 핫 플러그인(Hot Plug In) 기능은 지원하지 않으나 플러그 앤 플레이(Plug & Play) 기능은 지원한다.
③ USB 3.0은 이론적으로 최대 5Gbps의 전송 속도를 가지며, PC 및 연결기기, 케이블 등의 모든 USB 3.0단자는 파랑색으로 되어 있어 이전 버전과 구분이 된다.
④ 허브를 이용하여 하나의 USB 포트에 여러 개의 주변기기를 연결할 수 있으며, 최대 256개까지 연결할 수 있다.

오답 피하기
- ① : USB는 범용 직렬 장치를 연결해 주는 컴퓨터 인터페이스임
- ② : 핫 플러그인(Hot Plug In), 플러그 앤 플레이(Plug & Play) 기능이 모두 지원됨
- ④ : 허브를 이용하여 하나의 USB 포트에 여러 개의 주변 기기를 연결할 수 있으며, 최대 127개까지 연결할 수 있음

2 다음 중 USB 규격의 버전별 최대 데이터 전송 속도로 옳지 않은 것은?
① USB 1.1 : 12Mbp ② USB 2.0 : 480Mbps
③ USB 3.0 : 1Gbps ④ USB 3.1 : 10Gbps
USB 3.0의 초당 데이터 전송 속도는 최대 5Gbps임

3 다음 중 CMOS와 BIOS에 대한 설명으로 옳지 않은 것은?
① 일반적으로 부팅 시 Delete 또는 F2를 눌러 CMOS 셋업 프로그램을 실행할 수 있다.
② BIOS는 POST, 시스템 초기화, 시스템 부트 등을 수행하는 제어 프로그램이다.
③ BIOS는 CMOS에 저장되어 있다.
④ CMOS는 부팅 시에 필요한 하드웨어 정보를 담고 있는 반도체이다.
BIOS는 ROM이나 플래시 메모리에 저장되어 있음

POINT 036 하드웨어 관련 용어

24년 상시, 23년 상시, 21년 상시, 19년 3월, 17년 9월, 12년 6월, 11년 7월/10월, …

채널(Channel)*
데이터 처리의 고속성을 위하여 입출력만을 목적으로 만든 처리기로 IOP(Input Output Processor)라고도 한다(CPU와 I/O 장치 사이의 속도 차이를 해결).

24년 상시, 22년 상시, 19년 8월, 15년 6월, 06년 5월, 04년 8월

인터럽트(Interrupt)*
- 컴퓨터에서 정상적인 프로그램을 처리하는 도중 특수한 상태가 발생하였을 때 현재 실행하고 있는 프로그램을 잠시 중지하고, 그 특수한 상태를 처리한 후 다시 원래의 프로그램을 처리하는 과정이다.
- 인터럽트 종류에는 외부 인터럽트, 내부 인터럽트, 소프트웨어 인터럽트가 있다.
- 외부 인터럽트는 입출력 장치, 전원 등 외부적인 요인에 의해 발생한다.
- 내부 인터럽트는 불법적 명령이나 데이터 사용할 때 발생하며 트랩(Trap)이라고도 한다.
- 소프트웨어 인터럽트는 프로그램 처리 중 명령의 요청에 의해 발생한다.

06년 7월, 04년 5월, 03년 9월

IRQ*

- 컴퓨터 주변 장치에서 CPU의 관심을 끌기 위해 발생하는 신호로서 장치 중 우선순위가 가장 높다.
- 두 개 이상의 하드웨어가 동일한 이것을 사용하면 충돌이 발생한다.

23년 상시, 09년 4월

DMA

CPU를 거치치 않으므로 주기억 장치와 입출력 장치 사이에서 데이터를 직접 주고받아 고속으로 대량의 데이터를 전송할 수 있으며, CPU의 부하를 줄여준다.

24년 상시, 21년 상시, 12년 9월, 08년 5월

데드락(Deadlock, 교착 상태)

동일한 자원을 공유하고 있는 두 개의 컴퓨터 프로그램들이 상대방이 자원에 접근하는 것을 서로 방해함으로써 두 프로그램 모두 기능이 중지되는 결과이다.

개념 체크 ✔

1 다음에서 설명하는 운영체제의 용어로 옳은 것은?

> 둘 이상의 프로세스들이 다른 프로세스가 차지하고 있는 자원을 서로 무한정 기다리고 있어서 결국 프로세스의 진행이 중단되는 상태

① 교착 상태(Dead Lock)
② 다중 스레딩(Multi Threading)
③ 상호 배제(Mutaul Exclusion)
④ 오류수정(Debugging)

데드락(Deadlock, 교착 상태) : 자원은 한정되어 있으나 각 프로세스들이 서로 자원을 차지하려고 무한정 대기하는 상태로, 해당 프로세스의 진행이 중단되는 상태를 의미함

2 다음 중 어떤 장치가 다른 장치의 일을 잠시 중단시키고 자신의 상태변화를 알려주는 것을 뜻하는 용어로 옳은 것은?

① 클라이언트/서버
② 인터럽트
③ DMA
④ 채널

인터럽트(Interrupt) : 컴퓨터에서 정상적인 프로그램을 처리하는 도중 특수한 상태가 발생했을 때 현재 실행하고 있는 프로그램을 일시 중지하고, 그 특수한 상태를 처리한 후 다시 원래의 프로그램으로 복귀하여 정상적으로 처리하는 것을 의미하며 하드웨어 인터럽트와 소프트웨어 인터럽트가 있음

오답 피하기

- 클라이언트/서버 : 분산 처리 시스템에서 네트워크상의 다른 컴퓨터나 프로그램(서버)으로 부터 서비스를 받는 컴퓨터나 프로그램을 클라이언트라하며 클라이언트의 자료를 처리하여 그 결과를 전송하는 기능을 담당하는 것을 서버라 함
- DMA : CPU 간섭 없이 주기억 장치와 입출력 장치 사이에서 직접 전송이 이루어지는 방법
- 채널 : CPU의 처리 효율을 높이고 데이터의 입출력을 빠르게 할 수 있게 만든 입출력 전용 처리기

3 다음 중 중앙 처리 장치와 입출력 장치 사이의 속도 차이로 인한 문제를 해결하기 위한 장치는?

① 범용 레지스터
② 터미널
③ 콘솔
④ 채널

채널 : CPU의 처리 효율을 높이고 데이터의 입출력을 빠르게 할 수 있게 만든 입출력 전용 처리기

24년 상시, 23년 상시, 22년 상시, 20년 7월, 17년 9월, …

POINT 037 저작권에 따른 소프트웨어

합격 강의

컴퓨터를 운영하거나 사용자가 편하게 이용할 수 있도록 개발된 프로그램

상용 소프트웨어	돈을 받고 판매하는 소프트웨어로 허가 없이 사용하면 안 됨
공개 소프트웨어(Freeware)	개발자가 무료로 자유로운 사용을 허용한 소프트웨어
셰어웨어*(Shareware)	일정 기간이나 일정한 기능을 무료로 사용할 수 있는 소프트웨어로 구매를 하면 기간이나 기능에 제한 없이 사용할 수 있음
알파 버전*(Alpha Version)	베타 테스트를 하기 전에 제작 회사 내에서 테스트할 목적으로 제작하는 프로그램
베타 버전*(Beta Version)	정식 버전의 소프트웨어가 출시되기 전 프로그램에 대한 일반인의 평가를 수행하고자 제작한 소프트웨어
데모 버전(Demo Version)	프로그램의 홍보를 위해 정식 소프트웨어의 일정한 기능만을 제공하는 소프트웨어
번들(Bundle)	특정한 소프트웨어나 하드웨어를 구매하였을 때 끼워 주는 소프트웨어
패치 프로그램*(Patch)	판매되거나 공개된 프로그램의 기능 향상을 위하여 프로그램의 일부분을 빠르게 수정하기 위한 프로그램
애드웨어(Adware)	광고가 소프트웨어에 포함되어 이를 보는 조건으로 무료로 사용할 수 있는 소프트웨어
트라이얼 버전(Trial Version)	상용 소프트웨어를 일정 기간 동안 사용해 볼 수 있는 체험판 소프트웨어

기적의 TIP 오픈 소스 소프트웨어(Open Source Software)
소스 코드가 오픈되어 수정 및 변경이 가능한 소프트웨어이다.

개념 체크 ✔

1 다음 중 소프트웨어의 사용권에 따른 분류에 대한 설명으로 옳지 않은 것은?

① 애드웨어 : 배너 광고를 보는 대가로 무료로 사용하는 소프트웨어이다.
② 셰어웨어 : 정식 버전이 출시되기 전에 프로그램에 대한 일반인의 평가를 받기 위해 제작된 소프트웨어이다.
③ 번들 : 특정한 하드웨어나 소프트웨어를 구매하였을 때 포함하여 주는 소프트웨어이다.
④ 프리웨어 : 돈을 내지 않고도 사용가능하고 다른 사람에게 전달해 줄 수 있는 소프트웨어이다.

셰어웨어 : 정식 프로그램의 구매를 유도하기 위해 기능이나 사용 기간에 제한을 두어 무료로 배포하는 프로그램

오답 피하기

베타 버전 프로그램 : 정식 버전이 출시되기 전에 프로그램에 대한 일반인의 평가를 받기 위해 제작된 소프트웨어

2 다음 중 컴퓨터 소프트웨어 개발 과정에서 제작되는 알파(Alpha) 버전에 관한 설명으로 옳은 것은?

① 정식 프로그램의 기능을 홍보하기 위해 기능 및 기간을 제한하여 배포하는 프로그램이다.
② 베타 테스트를 하기 전에 제작 회사 내에서 테스트할 목적으로 제작된 프로그램이다.
③ 정식 버전을 출시하기 전에 테스트 목적으로 일반인에게 공개하는 프로그램이다.
④ 오류 수정이나 성능 향상을 위해 이미 배포된 프로그램의 일부를 변경해 주는 프로그램이다.

오답 피하기

① : 데모 버전, ③ : 베타 버전, ④ : 패치 프로그램

3 다음 중 소프트웨어의 저작권에 따른 분류에서 데모 버전과 가장 유사한 분류에 해당하는 것은?

① 프리웨어(Freeware)
② 셰어웨어(Shareware)
③ 포스트카드웨어(Postcardware)
④ 상용 소프트웨어(Commercial Software)

데모(Demo) 버전과 셰어웨어(Shareware) 모두 사용 기간이나 기능을 제한하여 배포하며 데모버전은 홍보를 통하여 구매를 유도하는 점에서 정식 프로그램의 구매를 유도하기 위한 셰어웨어와 유사함

07년 5월/10월, 05년 2월

POINT 038 언어 번역 과정

▶ 합격 강의

언어 번역 과정

원시 프로그램	➡	목적 프로그램	➡	로드 모듈	➡	실행
사용자가 작성한 프로그램		기계어 번역		실행 가능한 프로그램		결과

번역(Compiler) 연계 편집(Linker) 적재(Loader)

원시 프로그램	사용자가 텍스트 형태로 작성하여 기계어로 번역하기 이전의 프로그램 형태
언어 번역기	특정 프로그래밍 언어로 작성된 내용을 컴퓨터가 이해할 수 있는 기계어로 바꾸어 주는 프로그램(Compiler, Assembler, Interpreter)
목적 프로그램	컴파일러를 통해 원시 프로그램을 컴퓨터가 이해할 수 있는 기계어로 번역한 것
연계 편집(Linker)	번역된 목적 프로그램을 실행 가능한 형태로 만드는 과정으로 링커라고도 함
로드 모듈	목적 프로그램을 실행 가능하게 만든 프로그램
적재(Loader)	프로그램을 실행하기 위해 주기억 장치에 적재하는 것

기적의 TIP 버그와 디버깅
- 버그(Bug) : 사용자가 프로그램을 작성해서 실행하는 도중에 문법상의 오류나 논리적인 오류가 발생되는 것
- 디버깅(Debugging) : 에러가 발생된 부분을 찾아내서 수정하는 과정

09년 10월, 08년 10월

언어 번역기

어셈블러(Assembler)	어셈블리어로 작성한 프로그램을 컴퓨터가 직접 해독할 수 있는 기계어로 변환하기 위한 프로그램
컴파일러(Compiler)	• 전체 프로그램을 한 번에 처리하여 목적 프로그램을 생성하는 번역기 • 기억 장소를 차지하지만 실행 속도가 빠름 • 컴파일러를 사용하는 언어에는 ALGOL, PASCAL, FORTRAN, COBOL, C, PL/I 등이 있음
인터프리터(Interpreter)	• 목적 프로그램을 생성하지 않고 필요할 때마다 기계어로 번역하여 실행하는 방식 • 인터프리터를 사용하는 언어에는 BASIC, LISP, APL 등이 있음

24년 상시, 23년 상시, 22년 상시

컴파일러와 인터프리터의 차이점

구분	컴파일러	인터프리터
번역 단위	프로그램 전체를 한 번에 번역	프로그램의 행 단위 번역
번역 속도	전체를 번역하므로 느림	행 단위 번역이므로 빠름
해당 언어	FORTRAN, COBOL, PL/1, PASCAL, C언어 등	BASIC, LISP, SNOBOL, APL 등
목적 프로그램	생성함	생성하지 않음
실행 속도	목적 프로그램이 생성되므로 빠름	느림

개념 체크 ✔

1 아래 보기 항목을 프로그램의 처리 순서에 맞게 나열한 것은?

〈보기〉

a. 원시 프로그램	b. 로더
c. 실행 가능한 프로그램	d. 컴파일러
e. 목적 프로그램	

① a–d–e–c–b
② a–d–e–b–c
③ b–a–d–e–c
④ d–a–e–b–c

a. 원시 프로그램 → d. 컴파일러 → e. 목적 프로그램 → c. 실행 가능한 프로그램 → b. 로더

2 다음 중 컴퓨터에서 프로그램을 개발하기 위하여 사용되는 컴파일러 언어와 인터프리터 언어의 차이점으로 옳은 것은?

① 컴파일러 언어는 전체 번역 과정을 따로 거치지 않고 프로그램의 각 명령문을 행 단위로 번역하고 처리하는 방식을 사용한다.
② 인터프리터 언어는 목적 프로그램과 실행형 프로그램을 생성하며, 대표적으로 BASIC 언어가 있다.
③ 컴파일러와 비교하여 인터프리터 언어는 대화식 처리가 가능하다.
④ 컴파일러 언어는 인터프리터 언어와 비교하여 일반적으로 속도가 느리다.

오답 피하기
- ① : 컴파일러 언어는 전체를 번역
- ② : 인터프리터 언어는 목적 프로그램을 생성하지 않음
- ④ : 컴파일러 언어는 인터프리터 언어와 비교하여 일반적으로 실행 속도가 빠름

POINT 039 웹 프로그래밍 언어

▶ 합격 강의

24년 상시, 21년 상시, 20년 2월, 19년 8월, 17년 3월, 14년 3월, 11년 7월, 10년 3월, …

객체 지향 프로그래밍(Object-Oriented Programming) 기법

- 프로그램에서 사용하는 데이터 구조의 데이터형과 사용하는 함수까지 정의하는 프로그래밍 기법이다.
- 객체 지향 언어에는 C++, Actor, SmallTalk, JAVA 등이 있다.
- 객체 지향 프로그래밍에서 공통적인 기능과 속성을 가진 객체를 클래스(Class)라 한다.
- 객체 지향 프로그래밍에서 객체가 수행하는 실제 기능을 기술한 코드를 메서드(Method)라 한다.
- 메서드의 상속과 재사용이 가능하고 시스템의 확장성이 높다.
- 객체 지향 프로그래밍에서 객체의 고유 성질이나 속성을 프로퍼티(Property)라 한다.
- 객체 지향 언어의 특징 : 추상화, 캡슐화, 계층성, 모듈성, 다형성(오버로딩), 정보 은폐, 상속성, 재사용성 등이 있다(단, 구조화는 아님).

24년 상시, 23년 상시, 22년 상시, 21년 상시, 19년 3월, 18년 3월/9월, 16년 6월, …

웹 프로그래밍 언어

HTML* (HyperText Markup Language)	홈페이지를 작성하는 데 사용되는 생성 언어로, 문자뿐만 아니라 화상이나 음성, 영상을 포함하는 페이지를 표현할 수 있는 구조화된 언어
DHTML (Dynamic HTML)	동적 HTML로 스타일 시트(Style Sheets)를 도입하여 텍스트의 폰트와 크기, 색상, 여백 형식 등 웹 페이지 관련 속성을 지정할 수 있음
VRML (Virtual Reality Modeling Language)	작성된 가상 현실 모델링 언어(VRML) 파일을 웹 서버에 저장하여 입체적인 이미지를 갖는 3차원의 가상적 세계를 인터넷상에 구축하는 언어
Perl (Practical Extraction and Reporting Language)	• 1980년대 초반에 Lary Wall에 의해 개발된 인터프리터 언어 • 사용하기 쉽고 크기가 작기 때문에 CGI 프로그램을 작성하는 데 널리 이용됨

CGI (Common Gateway Interface)	웹 서버에 있어 사용자의 요구를 응용 프로그램에 전달하고 그 결과를 사용자에게 되돌려 주기 위한 표준적인 방법으로 카운터, 방명록, 게시판과 같이 방문자 상호 간의 정보를 주고받는 기능을 추가함
SGML(Standard Generalized Markup Language)	• 국제 표준화 기구(ISO)에서 1986년 국제 표준으로 채택한 문서 생성 언어 • 인터넷의 월드 와이드 웹 홈페이지에 사용되는 하이퍼텍스트 생성 언어(HTML)의 바탕이 되었음
자바* (Java)	• 자바의 원시 코드를 고쳐 쓰거나 재컴파일할 필요가 없기 때문에 기종이나 운영체제와 무관한 응용프로그램의 개발 도구로 각광받고 있음 • 특정 컴퓨터 구조와 무관한 가상 바이트 머신 코드를 사용하므로 플랫폼이 독립적이고 바이트 머신 코드를 생성함
자바 스크립트 (Java Script)	• 스크립트 언어로, 웹 브라우저에서 실행하는 스크립트 언어를 기술함 • 스크립트는 HTML 문서 속에 직접 기술함
XML (eXtensible Markup Language)	• 기존 HTML 단점을 보완하여 문서의 구조적인 특성들을 고려하여 문서들을 상호 교환할 수 있도록 설계된 프로그래밍 언어 • 인터넷뿐만 아니라 전자 출판, 의학, 경영, 법률, 판매 자동화, 디지털 도서관, 전자상거래 등에서 이용하고 있음 • 사용자가 새로운 태그(Tag)를 정의할 수 있음
ASP* (Active Server Page)	• Windows 환경에서 동적인 웹 페이지를 제작할 수 있는 스크립트 언어 • HTML 문서에 명령어를 삽입하여 사용하며, 자바 스크립트와는 달리 서버 측에서 실행됨
PHP* (Professional Hypertext Preprocessor)	• 웹 서버에서 작동하는 스크립트 언어로, UNIX, Linux, Windows 등의 환경에서 작동함 • C, Java, Perl 등의 언어와 문법이 유사하고, 배우기가 쉽기 때문에 웹 페이지 제작에 많이 사용되며 다양한 데이터베이스와 연동할 수 있음
JSP (Java Server Page)	• ASP, PHP와 동일하게 웹 서버에서 작동하는 스크립트 언어 • Java의 장점을 그대로 수용하였기 때문에 강력한 기능을 제공함 • 자바 서블릿 코드로 변환되어 실행되며 여러 운영체제에서 실행 가능함 • HTML 문서 내에서는 <%…%>와 같은 형식으로 작성됨
UML(Unified Modeling Language)	객체 지향 방법론에서 분석 및 설계를 위해 사용하는 모델링 언어
WML (Wireless Markup Language)	무선 접속을 통하여 휴대폰이나 PDA 등에 웹 페이지의 텍스트와 이미지 부분이 표시될 수 있도록 해주는 웹 프로그래밍 언어

기적의 TIP HTML5

액티브X나 플러그인 등의 프로그램 설치 없이 동영상이나 음악 재생을 실행할 수 있는 웹 표준 언어이다.

개념 체크 ✓

1 다음 중 인터넷 문서를 작성할 때 사용되는 언어 중에서 HTML에 관한 설명으로 옳은 것은?

① 인터넷용 하이퍼텍스트 문서 제작에 사용된다.
② 구조화된 문서를 제작하기 위한 언어로 태그의 사용자 정의가 가능하다.
③ 서버 측에서 동적으로 처리되는 페이지를 만들기 위한 언어이다.
④ 웹상에서 3차원 가상공간을 표현하기 위한 언어이다.

HTML(HyperText Markup Language) : 인터넷의 정보 검색 시스템인 월드 와이드 웹(WWW)의 홈페이지를 작성하는 데 사용되는 생성 언어로, 문자뿐만 아니라 화상이나 음성, 영상을 포함하는 페이지로 표현할 수 있는 구조화된 언어로 하이퍼텍스트 문서 제작에 사용됨. 확장자는 *.html, *.htm임

2 다음 중 Java 언어에 대한 설명으로 옳지 않은 것은?

① 객체 지향 언어로 추상화, 상속화, 다형성과 같은 특징을 가진다.
② 인터프리터를 이용한 프로그래밍 언어로 특히 인공지능 분야에서 널리 사용되고 있다.
③ 네트워크 환경에서 분산 작업이 가능하도록 설계되었다.
④ 특정 컴퓨터 구조와 무관한 가상 바이트 머신 코드를 사용하므로 플랫폼이 독립적이다.

리스트 처리용 언어 및 인공지능 분야에서 널리 사용되고 있는 것은 LISP, SNOBOL 등이 있음

3 다음 중 컴퓨터 소프트웨어의 개발을 위한 객체 지향 언어에 관한 설명으로 옳지 않은 것은?

① 데이터와 그 데이터를 처리하는 함수를 객체로 묶어서 문제를 해결하는 언어이다.
② 상속, 캡슐화, 추상화, 다형성 등을 지원한다.
③ 시스템의 확장성이 높고 정보 은폐가 용이하다.
④ 대표적인 객체 지향 언어로 BASIC, Pascal, C언어 등이 있다.

객체 지향 언어에는 C++, Actor, SmallTalk, JAVA 등이 있음

15년 3월

POINT 040 PC 유지와 보수

합격 강의

17년 3월, 16년 3월, 14년 10월, 08년 8월

각종 증상과 문제 해결 방법*

하드디스크의 속도 저하	Windows의 디스크 조각 모음을 수행하여 분산된 파일들을 연속 공간으로 재배열함
하드디스크의 인식 불능	• 하드디스크의 정보를 CMOS Setup에서 설정 확인 또는 하드디스크 케이블 연결과 Master/Slave 점퍼 설정을 확인함 • 바이러스에 의한 CMOS의 변경일 경우, 백신 프로그램으로 바이러스를 치료함 • 하드디스크의 전원과 컨트롤러 연결 상태 및 점퍼 설정을 확인함 • CMOS SETUP에서 하드디스크 설정 상태를 확인함 • 하드디스크 파티션 설정 오류일 경우, FDISK로 하드디스크를 재설정함
CD-ROM 드라이브 인식 불능	운영체제에 맞는 구동 드라이브를 설치 또는 케이블의 연결 상태를 확인함

기적의 TIP CMOS 셋업 시 비밀번호를 잊어버린 경우

메인보드의 배터리를 뽑았다가 다시 장착함(CMOS 내용이 초기화됨)

17년 9월

전원 관리 장치

무정전 전원 공급 장치(UPS)	정전이 발생한 경우 사용자가 작업 중인 데이터를 잃어버리지 않도록 시스템에 일정 시간 동안 전원을 공급함
자동 전압 조절기(AVR)	입력 전압의 변동에 관계없이 항상 일정한 출력 전압을 유지함
정전압 정주파 장치(CVCF)	전압과 주파수를 항상 일정하게 유지함
서지 보호기(Surge Protector)	전압이나 전류의 갑작스런 증가에 의한 손상을 보호함

21년 상시, 18년 3월, 11년 7월, 07년 7월, 06년 5월/9월, 05년 7월, 03년 5월

PC 업그레이드(Upgrade)*

업그레이드란 컴퓨터를 구성하는 하드웨어나 소프트웨어를 변경하여 시스템의 성능을 높이는 모든 작업을 말한다.

• CPU 업그레이드 : 현재 사용 중인 메인보드가 교체하고자 하는 CPU를 지원하는지 확인한다.
• 램 업그레이드 : 메인보드의 램 소켓에 여유가 있는지 살펴보고, 램을 512MB로 구성할 때는 256MB짜리 램을 두 개 사용하는 것보다 512MB짜리 하나로 구성하도록 한다. 램(RAM)은 접근 속도의 단위인 ns(나노초)의 수치가 작을수록 성능이 좋다.
• 하드디스크 업그레이드 : 마스터와 슬레이브를 설정해준다(단, S-ATA 방식의 하드디스크는 설정하지 않음). 하드디스크는 RPM의 수치가 큰 것이 성능이 좋다.

개념 체크

1 CMOS 셋업 시 비밀번호를 잊어버린 경우에 해결하는 방법으로 가장 옳은 것은?

① 컴퓨터의 하드디스크를 포맷하고, 운영체제를 다시 설치하여야 한다.
② 시동 디스크를 이용하여 컴퓨터를 =다시 부팅한다.
③ 컴퓨터 본체의 리셋 단추를 눌러 다시 부팅한다.
④ 메인보드에 장착되어 있는 배터리를 뽑았다가 다시 장착한다.

메인보드의 배터리를 뽑았다가 다시 장착하면 CMOS 내용을 초기화할 수 있음

2 다음 중 PC 하드웨어의 업그레이드와 관련된 설명으로 옳지 않은 것은?

① 기존의 메인보드가 새로 교체할 CPU를 지원하지 않을 경우 메인보드도 함께 교체해야 한다.
② 램(RAM)은 접근 속도의 단위인 ns(나노 초)의 수치가 작을수록 성능이 좋다.
③ 하드디스크는 RPM의 수치가 작은 것이 성능이 좋다.
④ 하드웨어 업그레이드 시에는 반드시 전원을 끄고 작업한다.

RPM(Revolution Per Minute)은 컴퓨터 보조 기억 장치인 하드디스크 속도를 나타낼 때 사용하는 것으로 분당 회전수를 의미함. 따라서 RPM의 수치가 큰 것이 성능이 좋음

3 다음 중 추가로 설치한 하드디스크를 인식하지 못하는 경우에 대한 대책으로 적절하지 않은 것은?

① CMOS 셋업에서 하드디스크 타입이 일치하는지 확인한다.
② 하드디스크의 데이터 케이블 연결이나 전원 케이블 연결을 확인한다.
③ 부팅 디스크로 부팅한 후 디스크 검사로 부트 섹터를 복구한다.
④ 운영체제가 설치되어 있는 경우 재설치하고, 그 외에는 포맷한다.

추가로 설치한 하드디스크를 인식하지 못하는 경우, 운영체제의 재설치나 포맷은 불가능하므로 적절한 대책이 아님

POINT 041 Windows에서 PC 관리

합격 강의

22년 상시, 21년 상시, 19년 3월, 05년 7월, 03년 7월

디스크 검사

- 파일과 폴더 및 디스크의 논리적 · 물리적 오류를 검사, 수정한다.
- 잃어버린 클러스터, FAT, 오류 등 디스크의 논리적인 오류 및 디스크 표면을 검사하여 실제 드라이브의 오류나 불량 섹터를 검사한다.
- CD-ROM과 네트워크 드라이브는 디스크 검사를 할 수 없다.
- 드라이브를 검사하는 동안 드라이브를 계속 사용할 수 있으며 오류가 발견되면 수정 여부를 결정할 수 있다.
- [파일 탐색기]에서 검사할 드라이브의 바로 가기 메뉴 중 [속성]을 선택하여 [속성] 대화 상자를 표시한 다음 [도구] 탭의 오류 검사 항목에서 [검사]를 클릭한다.

22년 상시, 05년 7월, 03년 5월

디스크 포맷

- 하드디스크를 트랙과 섹터로 구성하는 작업이다.
- [파일 탐색기]에서 포맷할 드라이브를 선택한 다음 [관리] 탭-[관리] 그룹에서 [포맷]을 클릭하거나 바로 가기 메뉴의 [포맷]을 클릭한다.
- 용량, 파일 시스템, 할당 단위 크기, 장치 기본 값 복원, 볼륨 레이블, 빠른 포맷 등을 설정할 수 있다(단, 파티션 제거(볼륨 삭제), 볼륨 확장, 볼륨 축소 작업은 디스크 관리에서 실행함).

18년 9월, 17년 9월, 09년 7월, 08년 10월

시스템 최적화 관리

- Windows에서 제공하는 시스템 최적화를 위한 시스템 유지 관리 프로그램에는 디스크 정리, 디스크 조각 모음 및 최적화 등이 있다.
- 효율적인 컴퓨터 관리를 위해 가급적 불필요한 프로그램을 설치하지 않고, 정기적으로 시스템 최적화 프로그램으로 점검한다.

24년 상시, 23년 상시, 22년 상시, 21년 상시, 04년 10월

디스크 정리

- [시작(⊞)]-[Windows 관리 도구]-[디스크 정리]를 클릭하여 실행한다.
- Windows에서 디스크의 사용 가능한 공간을 늘리기 위하여 불필요한 파일들을 삭제하는 작업이다(디스크의 전체 크기와는 상관없음).
- 디스크 정리 대상에 해당하는 파일은 임시 파일, 휴지통에 있는 파일, 다운로드한 프로그램 파일, 임시 인터넷 파일, 오프라인 웹 페이지 등이다.

24년 상시, 23년 상시, 22년 상시, 21년 상시, 17년 3월, 12년 3월, 10년 10월, …

드라이브 조각 모음 및 최적화*

- [시작(⊞)]-[Windows 관리 도구]-[드라이브 조각 모음 및 최적화]를 클릭하여 실행한다.
- 디스크에 단편화되어 저장된 파일들을 모아서 디스크를 최적화한다.
- 비율이 10%를 넘으면 디스크 조각 모음을 수행해야 한다.
- 단편화를 제거하여 디스크의 수행 속도를 높여준다.
- 처리 속도면에서는 효율적이나 총 용량이 늘어나지는 않는다.
- CD-ROM 드라이브, 네트워크 드라이브, Windows가 지원하지 않는 형식의 압축 프로그램 등은 디스크 조각 모음을 할 수 없다.

개념 체크

1 다음 중 한글 Windows에서 하드디스크의 여유 공간이 부족할 경우의 해결 방법으로 옳지 않은 것은?

① [휴지통 비우기]를 수행한다.
② [디스크 정리]를 통해 임시 파일들을 지운다.
③ 시스템에서 사용하지 않는 응용 프로그램을 [프로그램 제거]를 이용하여 삭제한다.
④ [디스크 조각 모음]을 수행하여 하드디스크의 단편화를 제거한다.

디스크 조각 모음은 단편화를 제거하여 디스크의 수행 속도를 높여주는 것으로, 하드디스크의 속도 저하 시에 실행함

2 다음 중 디스크 조각 모음을 수행할 수 있는 대상으로 옳은 것은?

① CD-ROM 드라이브
② Windows가 지원하지 않는 형식의 압축 프로그램
③ 외장 하드디스크 드라이브
④ 네트워크 드라이브

CD-ROM 드라이브, Windows가 지원하지 않는 형식의 압축 프로그램, 네트워크 드라이브 등은 디스크 조각 모음을 수행할 수 없음

SECTION 04

1과목 컴퓨터 일반

인터넷 자료 활용

POINT 042 인터넷 주소 체계

합격 강의

24년 상시, 23년 상시, 22년 상시, 20년 2월, 19년 8월, 18년 3월/9월, 17년 3월, …

IP 주소(IP Address)*

- 인터넷에 연결된 컴퓨터의 고유한 주소이다.
- IPv4 주소 체계 : 32비트를 8비트씩 4부분으로 나누어 각 부분을 점(.)으로 구분하며, 10진 숫자로 표현하고 각 자리는 0부터 255까지의 숫자를 사용한다.
- A Class(국가나 대형 통신망), B Class(중대규모 통신망), C Class(소규모 통신망), D Class(멀티 캐스팅용), E Class(실험용)로 분류된다.
- IPv4의 32비트 주소 체계로는 전 세계의 증가하는 호스트에 주소를 할당하기 어렵기 때문에, 1994년부터 개발하기 시작한 128비트의 주소 체계 IPv6이 사용된다.
- IPv6 주소체계 : 128비트를 16비트씩 8부분으로 나누어 각 부분을 콜론(:)으로 구분한다.
- IPv6은 IPv4와 호환이 되며 16진수로 표기, 각 블록에서 선행되는 0은 생략할 수 있으며 연속된 0의 블록은 ::으로 한 번만 생략 가능하며 지원되는 주소 개수는 약 43억의 네제곱이다.
- IPv6 주소 체계는 일대일 통신의 유니캐스트(Unicast), 일대다 통신의 멀티캐스트(Multicast), 일대일 통신의 애니캐스트(Anycast)와 같이 할당되므로 주소의 낭비 요인을 줄일 수 있다.

14년 6월, 12년 6월, 06년 9월, 05년 7월, 04년 10월

도메인 네임(Domain Name)*

- 숫자로 구성된 IP 주소를 사람들이 기억하고 이해하기 쉽도록 문자로 바꾸어 표현한 것으로 전 세계적으로 고유하게 존재해야 한다.
- 영어 알파벳과 숫자 및 한글을 사용할 수 있다.
- 단어와 단어 사이는 dot(.)으로 구분한다.
- 인터넷에 연결된 컴퓨터를 네 자리로 구분된 문자로 표현한다.
- 사용자가 도메인 네임을 입력하면 도메인 네임 시스템(DNS)이 IP Address로 번역(매핑)해 준다.
  (도메인 네임 시스템(DNS): 도메인 네임을 컴퓨터가 인식할 수 있는 IP 주소로 변환해주는 컴퓨터 체계)
- 국내 도메인은 KRNIC에서 관리하지만 전 세계 IP 주소는 ICANN이 총괄해서 관리한다.

24년 상시, 19년 8월, 16년 10월, 14년 6월, 07년 5월, 06년 7월, 05년 5월/10월, …

URL(Uniform Resource Locator)*

- 인터넷상의 각종 자원에 접근하기 위한 표준 주소 체계로, 인터넷에 존재하는 정보 자원을 어떻게 접속할 수 있는지를 나타내는 방법이다.
- 형식 : "프로토콜://도메인네임[:포트번호]/디렉터리/파일명"
  (포트번호: HTTP는 80, FTP는 21, TELNET은 23, News는 119, Gopher는 70임)

개념 체크 ✔

1 다음 중 인터넷 주소 체계에서 IPv6에 대한 설명으로 옳지 않은 것은?

① 16비트씩 8부분으로 구성되며, 각 부분은 점(.)으로 구분한다.
② 각 부분은 4자리의 16진수로 표현하며, 앞자리의 0은 생략할 수 있다.
③ IPv4에 비해 등급별, 서비스별로 패킷을 구분할 수 있어 품질 보장이 용이하다.
④ 유니캐스트, 애니캐스트, 멀티캐스트 형태의 유형으로 할당하기 때문에 할당된 주소의 낭비 요인을 줄이고 간단하게 결정할 수 있다.

IPv6의 경우 128비트를 16비트씩 8개의 영역으로 구성되어 있으며, 각 부분은 콜론(:)으로 구분함

2 다음 중 인터넷에서 사용하는 표준 주소 체계인 URL(Uniform Resource Locator)의 4가지 구성 요소를 순서대로 옳게 나열한 것은?

① 프로토콜, 서버 주소, 포트 번호, 파일 경로
② 서버 주소, 프로토콜, 포트 번호, 파일 경로
③ 프로토콜, 서버 주소, 파일 경로, 포트 번호
④ 포트 번호, 프로토콜, 서버 주소, 파일 경로

표준 주소 체계인 URL(Uniform Resource Locator) : 프로토콜://서버 주소[:포트 번호]/파일 경로/파일명

POINT 043 인터넷 프로토콜

(프로토콜: 두 대 이상의 컴퓨터가 통신을 수행하기 위한 통신 규약 및 규칙)

합격 강의

24년 상시, 21년 상시, 20년 7월, 18년 3월/9월, 11년 7월, 10년 3월, 08년 8월

TCP/IP

- TCP/IP는 인터넷에 연결된 다른 종류의 컴퓨터끼리 상호 데이터를 주고받을 수 있도록 한 인터넷 표준 프로토콜이다.
- TCP/IP는 응용 계층(데이터 송수신), 전송 계층(신뢰성 있는 통신), 인터넷 계층(주소 지정, 경로 설정), 링크 계층(프레임 송수신)으로 구성된다.

TCP	데이터를 패킷(Packet)으로 나누고 묶는 역할을 수행함
IP	명령이 올바로 전송되도록 하며 전달되지 못한 패킷은 재전송함

24년 상시, 23년 상시, 13년 3월/6월, 11년 10월, 10년 3월/6월, 08년 5월/10월, …

기타 프로토콜

(하이퍼텍스트: 문서와 문서 간에 링크가 되어 관련 정보를 쉽게 찾을 수 있는 비선형 구조의 텍스트)

HTTP(HyperText Transfer Protocol)	인터넷상에서 하이퍼텍스트를 주고받기 위한 프로토콜
UDP(User Datagram Protocol)	인터넷상에서 정보를 주고받을 때 한쪽에서 일방적으로 보내는 방식의 프로토콜
SLIP/PPP	전화선이나 ISDN 등을 통해 인터넷에 연결할 때 필요한 프로토콜
ARP(Address Resolution Protocol)	이더넷에서 인터넷 주소(IP Address)를 물리적 하드웨어 주소(MAC Address)로 변환하는 프로토콜
RARP(Reverse Address Resolution Protocol)	근거리 통신망 내에 자신의 IP 주소를 알아내기 위한 확인 요청을 하는 데 사용되는 프로토콜
ICMP(Internet Control Message Protocol)*	TCP/IP에 접속된 컴퓨터나 네트워크 기기 간에 상태를 확인하기 위해 에러 메시지나 제어 메시지를 전송하는 프로토콜
SNMP(Simple Network Management Protocol)*	네트워크 장비를 관리 감시하기 위한 목적으로 TCP/IP 상에 정의된 응용 계층 프로토콜
DHCP (Dynamic Host Configuration Protocol)	• IP 주소를 자동으로 할당해 주는 동적 호스트 설정 통신 규약 • 어드레스 자동 취득 프로토콜을 의미하며 복잡한 설정 작업을 자동화하는 프로토콜 • 단말기 작동 시 동적으로 IP 어드레스를 할당함으로써 어드레스의 설정에 따라 작업상의 문제를 해결함

기적의TIP 통신 속도 단위

- BPS(Bits Per Second) : 초당 전송할 수 있는 비트 수를 의미함
- Baud : 초당 일어나는 신호 변환 속도를 의미하며 1초에 한 번의 신호 변환이 이루어진다면 BPS와 동일함
- CPS(Characters Per Second) : 초당 전송할 수 있는 문자 수를 의미하며 1CPS는 8BPS임

개념 체크

1 다음 중 컴퓨터 통신에서 사용하는 프로토콜 기능에 관한 설명으로 적절하지 않은 것은?

① 통신망에 전송되는 패킷의 흐름을 제어해서 시스템 전체의 안전성을 유지한다.
② 정보를 전송하기 위해 송·수신기 사이에 같은 상태를 유지하도록 동기화 기능을 수행한다.
③ 데이터 전송 도중에 발생하는 오류를 검출한다.
④ 네트워크에 접속된 다양한 단말장치를 자동으로 인식하고 호환성을 제공한다.

- 프로토콜(Protocol) : 네트워크에서 서로 다른 기종 간의 데이터 전송 시 원활한 정보 교환이 가능하도록 절차 등을 규정해 놓은 통신 규약
- 프로토콜 주요 기능 : 단편화와 재조합, 주소지정, 순서지정, 캡슐화, 연결 제어, 오류제어, 동기화, 데이터 흐름제어, 멀티플렉싱, 전송 서비스 등

2 다음 중 TCP/IP 통신에서 클라이언트가 인터넷을 사용할 수 있도록 하기 위해 동적인 IP 주소를 할당받도록 해주는 것은?

① WWW	② HTML
③ DHCP	④ WINS

DHCP(Dynamic Host Configuration Protocol) : 동적 호스트 설정 통신 규약으로 IP 주소를 자동으로 할당해 줌

14년 3월, 12년 9월

POINT 044 OSI 참조 모델*

합격 강의

- 개방형 시스템 간의 상호 접속을 위한 참조 모델이다.
- 1977년 국제 표준화 기구(ISO : International Standards Organization)에서 제정했다.
- 서로 다른 컴퓨터나 정보 통신 시스템들 간에 원활하게 정보를 교환하고 서로 연결하기 위한 표준화된 절차를 의미한다.

21년 상시, 17년 9월, 14년 3월, 10년 6월

물리 계층(Physical Layer) : 1계층

- 허브나 리피터 등의 전기적 신호를 재발생 시키는 장비로, 시스템 간의 물리적인 접속을 제어한다.
- ITU-T의 V.24, EIA의 RS-232C 통신 규격을 사용한다.
- 전송 방식, 데이터 부호화 방식, 케이블의 형태, 데이터 충돌 감지 방식, 신호 형식, 변조 방식 등을 정의한다.
- 기능적, 기계적, 전기적, 절차적인 특성으로 정의된다.

17년 9월, 14년 6월, 06년 9월

데이터 링크 계층(Data Link Layer) : 2계층

- 이웃한 통신 기기 사이의 연결 및 데이터 전송 기능과 관리를 규정한다.
- 동기화, 오류 제어, 흐름 제어 등의 기능을 사용한다.
- 데이터 블록을 인접 노드 간에 오류 없이 전송한다.
- 정보의 프레임화 및 순서 제어, 전송 확인, 오류 검출 및 복구, 흐름 제어, 데이터 링크의 접속과 단절 등의 기능을 수행한다.
- 데이터 링크 계층에서는 스위치, 랜 카드, 브리지 같은 장비가 사용된다.

기적의TIP 프로토콜의 기능

단편화와 재조합, 주소 지정, 순서 지정, 캡슐화, 연결 제어, 오류 제어, 동기화, 데이터 흐름 제어, 멀티플렉싱, 전송 서비스 등

17년 9월, 14년 6월/10월, 11년 10월

네트워크 계층(Network Layer) : 3계층

- 응용 프로세스가 존재하는 시스템 간 데이터의 교환 기능이다.
- 복수 망인 경우 중계 시스템에 대한 경로 선택 및 중계 기능을 제공한다.
- 패킷 관리와 경로 배정(Routing) 등의 기능을 수행한다(라우터).
- 네트워크 계층의 대표적 프로토콜 : ITU-T의 X.25

23년 상시

전송 계층(Transport Layer) : 4계층

- 종단 간 투명하고 신뢰성 있는 데이터의 전송을 제공한다.
- 상하위 계층 간의 중간 인터페이스 역할을 제공한다(게이트웨이).
- 데이터 전송에 대한 오류 검출, 오류 복구, 흐름 제어 등의 기능을 수행한다.

세션 계층(Session Layer) : 5계층

- 사용자와 전송 계층 간의 인터페이스를 위한 연결이다.
- 세션 접속 설정, 데이터 전송, 세션 접속 해제 등의 기능을 수행한다.
- 반이중과 전이중 통신 모드의 설정을 결정한다.

표현 계층(Presentation Layer) : 6계층

- 네트워크 내에서 응용 프로그램의 구문상 차이 없이 연결 가능하다.
- 데이터의 재구성, 코드 변환, 구문 검색 등의 기능을 수행한다.

09년 4월

응용 계층(Application Layer) : 7계층

- OSI 참조 모델의 최상위 레벨로 특정한 서비스(데이터베이스, 전자 사서함 등)를 제공한다.
- 응용 프로그램과의 인터페이스 기능(파일 처리, 파일 전송) 및 통신을 수행한다.

개념 체크

1 다음 중 정보통신과 관련하여 OSI 7계층 모델에서 Telnet, FTP, e-Mail 등의 프로토콜을 포함하는 계층으로 옳은 것은?

① 응용(Application) 계층
② 데이터 링크(Data Link) 계층
③ 물리(Physical) 계층
④ 트랜스포트(Transport) 계층

응용 계층(Application Layer) : 응용 프로그램과의 인터페이스 기능(파일 처리, 파일 전송) 및 통신을 수행함

2 다음 중 정보통신과 관련하여 OSI 7계층 참조 모델에서 네트워크 계층의 주요 기능에 관한 설명으로 옳은 것은?

① 정보 교환 및 중계 기능, 경로 설정 기능을 제공한다.
② 전송 매체에서의 전기 신호 전송 기능과 제어 및 클럭 신호를 제공한다.
③ 송수신 시스템 간의 논리적 안정과 균일한 서비스를 제공한다.
④ 응용 프로세스 간의 정보 교환, 파일 전송 등을 제공한다.

네트워크 계층(Network Layer) : 응용 프로세스가 존재하는 시스템 간 데이터의 교환 기능, 복수 망인 경우 중계 시스템에 대한 경로 선택 및 중계 기능을 제공함

3 다음 중 컴퓨터 통신의 OSI 7계층에서 사용되는 장비와 해당 계층의 연결이 옳지 않은 것은?

① 물리 계층 – 리피터(Repeater), 허브(Hub)
② 데이터 링크 계층 – 브릿지(Bridge), 스위치(Switch)
③ 네트워크 계층 – 라우터(Router)
④ 응용 계층 – 게이트웨이(Gateway)

게이트웨이(Gateway) : 전송 계층

POINT 045 웹 브라우저 사용법

17년 3월, 03년 5월/7월

웹 브라우저(Web Browser)

- 웹 서버와 HTTP 프로토콜로 통신하여 사용자가 요구한 홈페이지에 접근하여 웹 문서를 사용자에게 보여주는 프로그램이다.
- 별도의 플러그 인(Plug-In)을 설치하여 다양한 멀티미디어 데이터를 처리할 수 있다.
- 전자우편 발송 및 HTML 문서 편집이 가능하다.
- 최근에 접속한 사이트와 URL을 저장할 수 있는 '기록(History)' 기능을 지원한다.
- 자주 방문하는 URL을 저장 및 관리할 수 있는 '즐겨찾기' 기능을 지원한다.
- 웹 브라우저 프로그램 : 마이크로소프트 엣지, 크롬, 네이버 웨일, 인터넷 익스플로러, 넷스케이프, 파이어폭스, 사파리, 오페라, 핫 자바 등

> **기적의 TIP 쿠키(Cookie)**
> 인터넷 웹 사이트의 방문 정보를 기록하는 텍스트 파일로, 인터넷 사용자가 웹 사이트에 접속한 후 이 사이트 내에서 어떤 정보를 읽고 어떤 정보를 남겼는지에 대한 정보가 사용자의 PC에 저장되며, 고의로 사용자의 정보를 빼낼 수 있는 통로 역할을 할 수도 있다.

14년 5월/8월, 06년 9월, 03년 2월

인터넷 정보 검색

인터넷 검색 엔진은 로봇, 스파이더, 에이전트, 웜, 크롤러 등 정보 수집 프로그램을 이용해 대량으로 정보를 수집하고 하이퍼텍스트 기법을 통해 정보를 찾아갈 수 있도록 한다.

주제별 검색 엔진	예술, 정치, 경제, 스포츠 등 각 분야별로 분류되어 있는 항목을 마우스로 클릭하여 원하는 정보를 검색함
키워드형 검색 엔진	찾으려는 정보에 대한 키워드를 입력하여 정보를 검색함
메타 검색 엔진	로봇 에이전트를 이용하여 여러 검색 엔진을 참조해 정보를 검색함

개념 체크

1 다음 중 쿠키에 대한 설명으로 옳은 것은?

① 인터넷 사용 시 네트워크에 접속하기 위한 프로그램이다.
② 특정 웹 사이트 접속 시 반복적으로 사용되는 접속 정보를 가지고 있는 파일이다.
③ 웹 브라우저에서 기본으로 제공하지 않는 기능을 부가적으로 설치하여 구현되도록 한다.
④ 자주 사용하는 사이트의 자료를 저장한 후 다시 동일한 사이트 접속 시 자동으로 자료를 불러온다.

쿠키(Cookie) : 인터넷 웹 사이트의 방문 정보를 기록하는 텍스트 파일

2 다음 중 웹 브라우저를 이용하여 실행할 수 있는 기능에 대한 설명으로 옳지 <u>않은</u> 것은?

① 웹 페이지의 내용을 저장하거나 인쇄할 수 있다.
② 플러그인을 설치하여 비디오, 애니메이션과 같은 멀티미디어 파일을 재생할 수 있다.
③ HTML 및 XML 형태의 소스 파일을 볼 수 있다.
④ 원격의 컴퓨터에 접속하여 자신의 컴퓨터처럼 사용할 수 있다.

텔넷(TELNET : TELecommunication NETwork) : 원격지의 컴퓨터에 접속하기 위해서 지원되는 인터넷 표준 프로토콜 중 하나로, 원격지에 있는 컴퓨터에 접속하여 프로그램을 실행시키거나 시스템 관리 작업 등을 할 수 있는 서비스

21년 상시, 17년 9월, 16년 3월, 15년 6월, 14년 10월, …

POINT 046 인터넷 서비스

월드 와이드 웹(WWW)	하이퍼링크를 이용하여 인터넷상에 있는 정보를 통일된 방법으로 찾아볼 수 있도록 해주는 세계적인 인터넷망
전자우편(E-mail)	인터넷을 이용한 메시지의 송수신 서비스
텔넷(Telenet)	원격의 컴퓨터에 접속할 수 있도록 해주는 서비스
FTP	원격의 컴퓨터 간에 파일 송수신을 할 수 있도록 해주는 서비스
유즈넷(Usenet)	특정한 주제나 관심사에 대한 의견을 나눌 수 있는 인터넷 게시판 서비스
IRC*	인터넷을 통한 채팅 서비스
아키(Archie)*	익명 FTP 서버에 있는 파일을 검색하는 서비스
고퍼(Gopher)*	메뉴 선택 방식으로 각종 정보를 손쉽게 검색할 수 있도록 해주는 서비스
베로니카(Veronica)	고퍼 서버들을 검색해서 조건에 알맞은 자료만 찾아주는 서비스
웨이즈(WAIS)*	키워드를 이용한 데이터베이스를 검색함

개념 체크

1 다음 중 원격지에 있는 컴퓨터에 접속하여 프로그램을 실행시키거나 시스템 관리 작업 등을 할 수 있는 서비스는?

① FTP
② IRC
③ Telnet
④ Archie

Telnet : 멀리 있는 컴퓨터를 자신의 컴퓨터처럼 사용할 수 있는 시스템(원격 접속)

2 다음 중 각 인터넷 서비스에 대한 설명으로 옳지 <u>않은</u> 것은?

① IRC는 여러 사람들이 관심 있는 분야별로 채널에서 대화할 수 있는 서비스이다.
② WAIS는 여러 곳에 분산되어 있는 전문 주제 데이터베이스의 자료들을 키워드를 사용하여 검색할 수 있게 하는 서비스이다.
③ Usenet은 멀리 떨어져 있는 컴퓨터에 접속하여 자신의 컴퓨터처럼 사용할 수 있도록 하는 서비스이다.
④ E-Commerce는 컴퓨터에서 거래할 수 있도록 다양한 서비스를 제공한다.

Usenet : 관심 있는 분야끼리 그룹을 지어 자신의 의견을 주고 받을 수 있는 서비스

오답 피하기

텔넷(Telnet) : 멀리 떨어져 있는 컴퓨터에 접속하여 자신의 컴퓨터처럼 사용할 수 있도록 하는 서비스

24년 상시, 23년 상시, 22년 상시, 18년 3월, 17년 9월, …

POINT 047 전자우편(E-mail)*

합격 강의

인터넷을 통해 전 세계 어디든지 실시간으로 텍스트, 이미지, 사운드, 동영상, 문서 파일을 전송할 수 있는 기능

전자우편 서비스는 편지를 받는 컴퓨터(POP)와 편지를 보낼 때 사용하는 컴퓨터(SMTP)로 구성된다(형식 : ID@ 도메인 네임).

POP 서버	수신된 전자우편의 헤더와 본문을 모두 PC로 전송할 때 사용되는 프로토콜
SMTP 서버	한 컴퓨터에서 다른 컴퓨터로 전자우편 메시지를 전송할 때 사용되는 프로토콜
IMAP 방식	전자우편의 제목을 읽을 때 해당 내용을 전송하기 위해 사용하는 프로토콜
MIME	웹 브라우저가 지원하지 않은 각종 멀티미디어 파일의 내용을 확인하고 실행시켜 주는 프로토콜

기적의TIP 전자우편 용어
- 답장(Reply) : 메일을 보낸 발송자에게 메일을 전송하는 기능
- 전달(Forward) : 받은 메일을 원본 그대로 다른 이에게 전달하는 기능
- 첨부(Attachment) : 메일에 파일을 덧붙여 보내는 기능
- 동보(Broadcast) : 동일한 메일을 여러 사람에게 전송하는 기능

기적의TIP 불건전 메일
- Opt-In mail : 사전에 허가를 받고 보내는 광고성 이메일
- 스팸 메일 : 불특정 다수에게 동의 없이 보내는 광고성 메일, 정크 메일(Junk Mail)이라고도 함
- 폭탄 메일 : 상대방에게 지속적으로 크기가 큰 메일을 보내는 것으로, 메일 서버를 마비시킬 수도 있어 법적으로 처벌을 받게 됨

개념 체크 ✓

1 다음 중 인터넷과 관련하여 전자 우편에 쓰이는 프로토콜에 관한 설명으로 옳지 않은 것은?

① POP3는 메일 서버에 도착한 이메일을 사용자 컴퓨터로 가져올 수 있도록 메일 서버에서 제공하는 프로토콜이다.
② SMTP는 사용자의 컴퓨터에서 작성한 메일을 다른 사람의 계정이 있는 곳으로 전송해 주는 역할을 하는 프로토콜이다.
③ MIME은 웹 브라우저가 지원하지 않은 각종 멀티미디어 파일의 내용을 확인하고 실행시켜 주는 프로토콜이다.
④ IMAP은 분야별로 공통 관심사를 갖는 인터넷 사용자들이 같은 이메일 서버를 사용할 수 있도록 제공해 주는 프로토콜이다.

IMAP : 사용자가 메일 서버에서 메일을 관리하고 수신하기 위한 프로토콜로 전자우편의 헤더(머리글) 부분만 수신함

2 다음 중 전자 우편에 사용되는 프로토콜인 POP3(Post Office Protocol 3)에 관한 설명으로 옳은 것은?

① 사용자의 컴퓨터에서 작성한 메일을 다른 사람의 계정이 있는 곳으로 전송해 주는 역할을 한다.
② 메일 서버에 도착한 메일을 사용자 컴퓨터로 가져와 관리한다.
③ 웹 브라우저가 지원하지 않는 각종 멀티미디어 파일의 내용을 확인한 후 실행해 준다.
④ 메일을 패킷으로 나누어 패킷 주소를 해석하고 경로를 결정하여 메일 서버로 보낸다.

POP3 : 메일 서버에 도착한 E-mail을 사용자 컴퓨터로 가져올 수 있도록 메일 서버에서 제공하는 전자우편을 수신하기 위한 프로토콜

24년 상시, 22년 상시, 19년 3월, 15년 3월, 12년 3월/6월, …

POINT 048 파일 전송 프로토콜(FTP)

합격 강의

FTP(File Transfer Protocol)*

- 파일 전송 프로토콜로, 파일을 전송하거나 받을 때 사용하는 서비스이다.
- 파일 전송은 바이너리(Binary) 모드와 아스키(ASCII) 모드로 구분된다. 바이너리(Binary) 모드는 그림 파일, 동영상 파일이나 실행 파일의 전송에 이용되고, 아스키(ASCII) 모드는 아스키 코드의 텍스트 파일 전송에 이용된다.
- 파일의 업로드나 다운로드 서비스를 제공하는 컴퓨터를 FTP 서버, 파일을 제공 받는 컴퓨터를 FTP 클라이언트라고 한다.
- 계정(Account) 없이 FTP를 사용할 수 있는 서버를 Anonymous FTP 서버라 한다. 일반적으로 Anonymous FTP 서버의 아이디(ID)는 Anonymous 이며 비밀번호는 자신의 E-Mail 주소로 설정한다.

기적의TIP FTP 프로그램 수행 작업
서버로 파일 업로드, 서버에서 파일 다운로드, 서버의 파일 이름 바꾸기, 서버의 파일 삭제(단, 서버의 응용 프로그램의 실행은 수행 안됨)

개념 체크 ✓

1 다음 중 인터넷을 이용한 FTP(File Transfer Protocol)에 관한 설명으로 옳지 않은 것은?

① 멀리 떨어져 있는 컴퓨터로부터 파일을 전송 받거나 전송하는 서비스를 의미한다.
② 익명의 계정을 이용하여 파일을 전송할 수 있는 서버를 Anonymous FTP 서버라고 한다.
③ FTP 서버에 계정을 가지고 있는 사용자는 FTP 서버에 있는 프로그램을 다운로드 없이 실행시킬 수 있다.
④ 일반적으로 텍스트 파일의 전송을 위한 ASCII 모드와 실행 파일의 전송을 위한 Binary 모드로 구분하여 수행한다.

FTP 서버에 계정을 가지고 있는 사용자라도 FTP 서버에 있는 프로그램을 다운로드 없이 실행시킬 수는 없음

2 다음 중 인터넷 서비스와 관련하여 FTP 서비스에 관한 설명으로 옳지 않은 것은?

① FTP 서버에 파일을 전송 또는 수신, 삭제, 이름 바꾸기 등의 작업을 할 수 있다.
② FTP 서버에 있는 프로그램은 접속 후에 서버에서 바로 실행시킬 수 있다.
③ 익명(Anonymous) 사용자는 계정이 없는 사용자로 FTP 서비스를 이용할 수 있다.
④ 기본적으로 그림 파일은 Binary 모드로 텍스트 파일은 ASCII 모드로 전송한다.

FTP 서버에 있는 프로그램은 접속 후, 다운로드 받은 다음 실행시킬 수 있음

24년 상시, 22년 상시, 21년 상시, 20년 2월/7월, 19년 3월, …

POINT 049 인터넷 관련 용어

합격 강의

미러 사이트(Mirror Site)	특정 사이트에 동시에 많은 이용자들이 접속을 시도할 경우 다운되는 것을 방지하기 위해 동일한 내용을 복사해서 다수의 이용자가 보다 빨리 자료를 다운받을 수 있도록 해주는 사이트
인트라넷(Intranet)	• 기업의 내부 네트워크와 외부 인터넷을 하나로 연결하여 저렴한 비용으로 필요한 네트워크를 구축하는 것 • 외부의 허가받지 않은 사람이 내부 네트워크에 접근하는 것을 막기 위해 반드시 방화벽이 필요함
엑스트라넷(Extranet)	몇 개의 인트라넷이 연결되어 사업자들이 고객이나 다른 사업파트너와 정보를 공유할 수 있는 시스템
포털 사이트(Portal site)	인터넷에서 검색할 때 거쳐야 하는 관문 사이트로서 전자우편, 정보 검색 다양한 뉴스, 동호회 등 여러 가지 서비스를 한 번에 제공하는 종합 사이트
그룹웨어	기업 내에서 업무에 활용되는 전자결재, 전자우편, 게시판 등 네트워크 소프트웨어
웹 호스팅(Web Hosting)	서버의 일정 부분을 임대하여 사용자가 직접 웹 서버를 이용하여 웹사이트를 운영하는 것과 같은 효과를 낼 수 있도록 해주는 서비스
넷미팅(Netmeeting)	인터넷에 연결되어 있는 친구와 화상통신을 하며 정보를 주고받을 수 있도록 해주는 통신 서비스
아바타	가상사회에서 자신의 분신을 뜻하는 말로, 사이버 게임이나 인터넷 채팅에서 자신을 나타내는 애니메이션 인물
크래커(Cracker)	고의로 다른 사람의 컴퓨터 시스템에 침입하여 자료를 파괴하거나 불법적으로 자료를 가져가는 행위를 하는 사람
유비쿼터스(Ubiquitous)*	사용자가 컴퓨터나 네트워크를 의식하지 않고 장소에 관계없이 자유롭게 네트워크에 접속할 수 있는 환경
Web 2.0	• 사용자가 제공하는 데이터를 이용하여 다양한 서비스를 생산해 낼 수 있는 웹 환경 • 사용자들의 정보 제공과 참여를 통해 사용자 간에 정보를 공유하는 환경 • Web 2.0 대표적인 기술 : XML, RSS, AJAX • 대표적인 예 : 블로그 등을 이용하여 사용자와 정보 공유, 자료에 사용자가 입력한 태그 정보를 통한 검색, UCC를 이용한 사용자 간의 정보 참여
네티켓	인터넷상에서 지켜야 할 예의 범절
VoIP*	인터넷 프로토콜을 이용하여 데이터뿐 아니라 음성을 함께 전송할 수 있도록 지원하는 프로토콜(원거리 통화 시 PSTN보다 요금이 높지 않으며 일정 수준의 통화 품질이 보장되지 않음)
WLL*	무선 가입자 회선으로 전화국과 사용자 단말 사이를 무선으로 연결하여 구성하는 방식
블루투스* (Bluetooth)	무선 기기(이동 전화, 컴퓨터, PDA 등) 간 정보 전송을 목적으로 하는 근거리 무선 접속 프로토콜로 IEEE 802.15.1 규격을 사용하는 PANs(Personal Area Networks)의 산업 표준
지그비 (Zigbee)	저가, 저전력의 장점이 있는 무선 매쉬 네트워킹의 표준임, 반경 30m 내에서 데이터를 전송(20~250kbps)하며, 최대 255대의 기기를 연결함
텔레매틱스 (Telematics)	통신망을 통해 확보된 위치 정보를 기반으로 교통 안내, 긴급 구난, 물류 정보 등을 제공하는 이동형 정보 활용 서비스
RFID	전파를 이용하여 정보를 인식하는 기술로 출입 관리, 주차 관리, 제품 식별 등에 주로 사용(사물에 부착된 전자 태그를 감지하는 센서 기술)

개념 체크 ✔

1 다음 중 블루투스에 대한 설명으로 옳은 것은?

① IEEE 802.15.1 규격을 사용하는 PANs(Personal Area Networks)의 산업 표준이다.
② 컴퓨터 주변 기기에 다양한 규격의 커넥터들을 사용하는데 커넥터 간 호환되지 않는 문제를 해결하고자 개발되었다.
③ 기존의 통신 기기, 가전 및 사무실 기기들의 종류에 상관없이 하나의 표준 접속을 통하여 다양한 기능을 수행하도록 하기 위해 개발되었다.
④ 기존의 전화선을 이용한 고속 디지털 전송 기술 중 하나이다.

블루투스(Bluetooth) : 무선 기기 간 정보 전송을 목적으로 하는 근거리 무선 접속 프로토콜로 IEEE 802.15.1 규격을 사용하는 PANs(Personal Area Networks)의 산업 표준임

2 다음 중 통신 기술에 대한 설명으로 옳지 않은 것은?

① ALL-IP : PSTN과 같은 유선 전화망과 무선망, 패킷 데이터망과 같은 기존 통신망 모두가 하나의 IP 기반망으로 통합된다.
② UWB(Ultra-Wide Band) : 근거리에서 컴퓨터와 주변기기 및 가전제품 등을 연결하는 초고속 무선인터페이스로 개인 통신망에 사용한다.
③ 지그비(Zigbee) : 저전력, 저비용, 저속도와 2.4GHz를 기반으로 하는 홈 자동화 및 데이터 전송을 위한 무선 네트워크 규격으로 반경 1Km내에서 데이터 전송이 가능하다.
④ 와이브로(Wibro) : 무선과 광대역 인터넷을 통합한 의미로 휴대용단말기를 이용하여 정지 및 이동 중에 인터넷에 접속이 가능하다.

지그비(Zigbee) : 저가, 저전력의 장점이 있으며, 반경 30m 내에서 데이터를 전송(20~250kbps)하며, 최대 255대의 기기를 연결함

3 다음 중 유비쿼터스 센서 네트워크(USN)의 활용 분야에 속하는 것은?

① 테더링
② 텔레매틱스
③ 블루투스
④ 고퍼

오답 피하기

• 테더링 : 인터넷이 가능한 스마트기기의 통신 중계기 역할로 PC의 인터넷 접속을 가능하게 하고 모바일 데이터 연결을 공유함
• 블루투스 : 무선기기 간 정보 전송을 목적으로 하는 근거리 무선 접속 프로토콜
• 고퍼 : 인터넷에 있는 정보를 계층적 또는 메뉴 방식으로 찾아주는 서비스

1 ① 2 ③ 3 ②

SECTION 05

1과목 컴퓨터 일반

멀티미디어의 개념 및 운용

POINT 050 멀티미디어 개요

합격 강의

24년 상시, 19년 3월, 05년 7월

멀티미디어 기본 개념

- 문자, 그림, 음악, 이미지, 영상 등의 여러 가지 정보가 통합되어 하나의 정보로 전달되는 것을 말한다.
- Multi(다중)와 Media(매체)의 합성어로 다양한 매체를 통해 정보를 전달한다는 의미이다.
- 멀티미디어 데이터를 전송할 경우 비동기 전송(ATM) 방식이 적당하다.

22년 상시, 20년 2월, 16년 10월, 13년 10월, 12년 6월, 11년 10월, 10년 10월

멀티미디어의 특징*

통합성	문자, 그래픽, 사운드 등의 다양한 매체를 통합함
디지털화	다양한 데이터 형식을 컴퓨터가 인식하도록 디지털로 변환함
쌍방향성	사용자와 제공자 간에 서로 정보를 주고받음
비선형성	사용자의 선택에 따라 정보를 처리함

24년 상시, 23년 상시, 13년 3월, 11년 10월, 07년 10월, 06년 9월

멀티미디어의 활용

가상 현실(VR) (Virtual Reality)	컴퓨터를 이용하여 특정 상황을 설정하고 구현하는 기술인 모의실험(Simulation)을 통해 실제 주변 상황처럼 경험하고 상호 작용하는 것처럼 느끼게 할 수 있는 인터페이스 시스템
증강현실(AR)* (Augmented Reality)	사람이 눈으로 볼 수 있는 실세계와 관련된 3차원의 부가 정보를 제공받을 수 있는 기술
주문형 비디오(VOD)* (Video On Demand)	사용자의 주문에 의해 데이터베이스로 구축되어 있는 영화나 드라마, 뉴스 등의 비디오 정보를 실시간으로 즉시 전송해 주는 서비스
MOD(Music On Demand)	주문형 음악 서비스로 초고속 무선 인터넷의 발달로 다운로드 받지 않고도 스트리밍 방식으로 음악 파일이나 음원을 주문하여 실시간으로 들을 수 있음
화상 회의 시스템* (VCS : Video Conference System)	원거리에 있는 사람들끼리 TV 화면을 통한 화상을 통해 원격으로 회의를 할 수 있는 시스템
CAI(Computer Assisted Instruction)	컴퓨터를 응용한 학습 지원 시스템으로 많은 수의 사람을 동시에 교육할 수 있으며 개인에 따른 맞춤형 교육까지 가능한 자동 교육 시스템
키오스크(Kiosk)	'정보 안내기'로 특정한 정보의 전달에만 사용되는 컴퓨터이며 고속도로에 설치된 교통 안내, 건물의 입구에 설치되어 입주한 기업의 안내용으로 만들어진 컴퓨터 등이 대표적임

> **기적의 TIP 하이퍼미디어(Multimedia)와 하이퍼텍스트(Hypertext)**
> - 하이퍼미디어(Multimedia) : 하이퍼텍스트가 확장된 개념으로 월드 와이드 웹처럼 문자 외에 소리, 그래픽, 움직이는 영상으로 정지 영상 등을 링크하는 기능으로 비선형 구조임
> - 하이퍼텍스트(Hypertext) : 특정 문자, 그림 등에 마우스를 클릭하여 연관성 있는 페이지로 이동하는 기능임

24년 상시

멀티미디어 관련 기술

광 매체 기술	CD-ROM, DVD 등을 이용하여 대량의 데이터를 보다 저렴한 가격으로 저장할 수 있음
영상 압축 기술	• JPEG : 정지 영상을 압축하여 저장하기 위한 기술 • MPEG : 동영상을 압축하여 저장하기 위한 기술
사운드 압축 기술	MP3 기술이 대표적임
멀티미디어 데이터 전송 기술	스트리밍은 인터넷을 통해 전송받으면서 실시간으로 재생이 가능한 기술로, 데이터를 모두 다운로드하지 않고 몇 초간만 데이터를 버퍼링하면 바로 재생할 수 있다는 장점을 가짐 (예 *.ra, *.ram, *.viv, *.wmv, *.asf, *.asv)
코덱(CODEC)	아날로그 신호를 디지털 신호로 또는 디지털 신호를 아날로그 신호로 변환하는 장치
DMB	방송과 통신이 결합된 차세대 이동 멀티미디어 방송 서비스

> **기적의 TIP HCI 기술**
> - HCI는 인간과 컴퓨터의 상호작용을 연구하는 분야이다.
> - 컴퓨터 시스템 설계 시 인간의 요소를 고려하여 효율성을 높이기 위한 기술이다.
> - 문자 명령이 아닌 이미지를 이용한 입력 방식인 GUI 기술, 음성 인식 및 영상 인식 기술이 대표적인 예이다.
> Graphical User Interface

개념 체크

1 다음 중 멀티미디어의 특징으로 옳지 않은 것은?

① 디지털 데이터로 변환하여 통합 처리한다.
② 정보 제공자와 사용자 간의 상호 작용에 의해 데이터가 전달된다.
③ 데이터가 사용자 선택에 따라 순차적으로 처리되는 선형성의 특징을 가진다.
④ 문자, 그림, 사운드 등의 여러 미디어를 통합하여 처리한다.

사용자의 선택에 따라 정보를 처리하는 비선형선의 특징을 가짐

2 다음 중 사용자가 눈으로 보는 현실 화면이나 실제 영상에 문자나 그래픽과 같은 가상의 3차원 정보를 실시간으로 겹쳐 보여주는 새로운 멀티미디어 기술을 의미하는 용어로 옳은 것은?

① 가상 장치 인터페이스(VDI)
② 가상 현실 모델 언어(VRML)
③ 증강현실(AR)
④ 주문형 비디오(VOD)

증강현실(Augmented Reality) : 사람이 눈으로 볼 수 있는 실세계와 관련된 3차원의 부가 정보를 제공받을 수 있는 기술

POINT 051 멀티미디어 데이터

합격 강의

24년 상시, 21년 상시, 19년 8월, 16년 10월, 15년 10월, 14년 10월,12년 9월, …

사운드 파일 형식*

WAVE 형식	• 아날로그 신호를 디지털화하여 나타내는 것으로, 소리의 파장이 그대로 저장됨 • 직접 재생이 가능한 파일 형식 • 자연의 음향과 사람의 음성 표현이 가능함 • 음질이 뛰어나기 때문에 파일의 용량이 큼(MIDI보다 큼) • Windows의 오디오 파일 형식으로 사용 • 확장자 : *.wav
MIDI 형식	• Musical Instrument Digital Interface의 약어로, 전자 악기 사이의 데이터 교환을 위한 규약 • 음의 강도, 악기 종류 등과 같은 정보를 기호화하여 코드화한 방식 • 용량이 작으며 사람의 목소리나 자연음은 재생할 수 없음 • 확장자 : *.mid
MP3 형식	• Moving Picture Experts Group Audio Layer-3의 약어로, 오디오 데이터를 압축하기 위한 방식 • 기존 데이터를 음질의 저하 없이 약 1/10 정도로 압축할 수 있음 • CD에 저장된 음악 파일을 MP3 형식으로 변환할 수 있음 • MP3 파일을 재생하기 위해서는 별도의 전용 플레이어가 필요함 • 확장자 : *.mp3 • 파일 크기 : 표본 추출률(Hz), 샘플 크기(bit), 재생 방식(mono, stereo) 등의 요소에 의해 결정됨

24년 상시, 23년 상시, 22년 상시, 18년 3월, 17년 9월, 16년 6월/10월, 15년 3월/10월, …

▶ 그래픽 데이터의 표현 방식

비트맵(Bitmap)*	• 이미지를 점의 집합으로 표현하는 것으로, 이미지를 확대할 때 계단 현상(앨리어싱)이 발생함 • 고해상도 이미지를 표현하는데 편리함 • 확장자 : *.bmp, *.jpg, *.pcx, *.tif, *.png, *.gif
벡터(Vector)*	• 선분과 도형의 집합으로 이미지를 표현하는 것으로, 이미지를 확대해도 계단 현상은 발생하지 않음 • 고해상도 이미지를 표현하기에는 적합하지 않음 • 확장자 : *.wmf, *.eps, *.ai, *.cdr

24년 상시, 23년 상시, 20년 7월, 19년 3월, 18년 9월, 16년 6월, 15년 6월, 14년 3월, …

▶ 그래픽 파일 형식

BMP*	압축을 하지 않기 때문에 고해상도의 이미지를 표현할 수 있지만 용량이 커지는 단점이 있음
GIF	비손실 압축 방법을 사용하기 때문에 이미지의 손상은 없지만 압축률이 좋지 않음
JPEG*	정지 영상 압축 기술에 관한 표준화 규격으로, 비손실 압축과 손실 압축 모두 지원함
PNG	GIF와 JPEG의 장점만을 조합하여 만든 형식

24년 상시, 23년 상시, 22년 상시, 19년 3월/8월, 18년 9월, 17년 3월, 15년 3월, …

▶ 그래픽 관련 용어

인터레이싱*	이미지를 줄별로 서서히 나타나게 만드는 기법
디더링*	색상 표현을 할 수 없을 경우 컴퓨터 프로그램을 이용하여 다른 색상들을 섞어 비슷한 색상으로 표현하는 작업
안티앨리어싱	이미지의 가장자리 부분에 발생한 계단 현상을 제거하는 것
모핑*	어떤 화상에서 다른 화상으로 매끄럽게 변화시키는 기술
렌더링*	2차원 또는 3차원 물체의 모형에 색상, 농도, 명암, 그림자 등의 효과를 주어 사실감을 추가하는 기법
프로그레시브	이미지를 저해상도에서 고해상도로 서서히 나타나게 해주는 기법

24년 상시, 23년 상시, 22년 상시, 19년 3월, 17년 3월, 15년 6월, 14년 6월, 13년 10월, …

▶ 동영상 데이터

MPEG*	• 음성과 영상을 압축하여 실시간으로 재생이 가능한 동영상 표준 압축 기법으로, 일부 데이터가 손실되어도 이용 목적에 문제가 되지 않는 손실 압축 방법을 이용하여 최대 압축률은 50:1 정도임 • MPEG1, MPEG2, MPEG4, MPEG7, MPEG21이 존재함 • 확장자 : *.mpg
ASF	• 마이크로소프트사 통합 멀티미디어 형식으로 스트리밍을 위한 표준 기술 규격 • 확장자 : *.asf, *.wmv
DivX*	• 동영상 압축이 우수한 비규격 파일 형식으로 MPEG4 화질과 MP3 음질을 제공함 • 확장자 : *.avi
AVI*	• Windows의 표준 동영상 파일 형식으로, 화질이 우수하나 파일 크기가 큼 • 확장자 : *.avi
Quick Time Mov	• Apple 사에서 개발한 동영상 압축 기술로, JPEG 압축 방식을 사용함 • 확장자 : *.mov

24년 상시, 22년 상시, 21년 상시, 19년 3월, 17년 9월, 16년 6월, 13년 3월, …

▶ MPEG(Moving Picture Experts Group)의 규격*

1988년 설립된 동화상 전문가 그룹을 의미하는 Moving(Motion) Picture Experts Group의 약자로 동영상을 압축하는 방법을 연구하고 표준안을 제정하고 있다.

MPEG-1	• 비디오 CD나 CD-I의 규격 • 저장 매체나 CD 재생의 용도로 이용함 • 동영상과 음향을 최대 1.5Mbps로 압축하여 저장함
MPEG-2*	• 디지털 TV, 대화형 TV, DVD 등 높은 화질과 음질을 필요로 하는 분야의 압축 기술 • 디지털로 압축된 영상 신호의 데이터 구조를 정의한 것으로 상업 수준의 디지털 방송 및 DVD 영상에 주도적으로 사용함
MPEG-4*	• 멀티미디어 통신을 위해 만들어진 영상 압축 기술 • 낮은 전송률(매초 64Kbps, 19.2Kbps)로 동영상을 보내고자 개발된 데이터 압축과 복원 기술 • 동영상의 압축 표준안 중에서 IMT-2000 멀티미디어 서비스, 차세대 대화형 인터넷 방송의 핵심 압축 방식으로 비디오/오디오를 압축하기 위한 표준
MPEG-7*	• 인터넷상에서 멀티미디어 동영상의 정보 검색이 가능함 • 정보 검색 등을 효율적으로 사용하기 위한 콘텐츠 저장 및 검색을 위한 표준
MPEG-21*	MPEG 기술을 통합한 디지털 콘텐츠의 제작, 유통, 보안 등 모든 과정을 관리할 수 있는 규격
H.264	• 매우 높은 압축률이 지원되는 디지털 비디오 코덱 표준 기술 • 현재 국내 지상파 DMB 및 위성 DMB의 비디오 기술 표준임 • 높은 화질 및 음질의 지원으로 디지털 방송이나 모바일 동영상 플레이어에 효율적임 • MPEG-4 Part 10 또는 MPEG-4 AVC(Advanced Video Coding)라고도 함

기적의 TIP MHEG(Multimedia and Hypermedia information coding Experts Group)

멀티미디어 콘텐츠에서 각 객체의 배치나 출력의 타이밍, 사용자의 조작에 대한 응답 방법 등을 기술하는 언어의 표준을 책정하는 ISO의 전문가 위원회의 명칭 및 규격명

기적의 TIP 사운드의 압축 및 복원 관련 기술

FLAC(Free Lossless Audio Codec), AIFF(Audio Interchange File Format), WAV(WAVeform Audio Format) 등이 있음

종류	압축 여부	손실 여부	특징
FLAC	압축	무손실	• 압축 과정에서 오디오 스트림의 손실이 없음 • 자유 소프트웨어로 누구나 개발 가능
AIFF	비압축	무손실	• 고품질의 오디오 CD를 만들 수 있음 • 애플사의 매킨토시에서 사용됨
WAV	비압축	무손실	MS사의 Windows의 오디오 포맷 표준

개념 체크 ✔

1 다음 중 멀티미디어에 대한 설명으로 옳지 않은 것은?

① 멀티미디어와 관련된 표준안은 그래픽, 오디오, 문서 등 매우 다양하다.
② 대표적인 정지화상 표준으로는 손실, 무손실 압축 기법을 다 사용할 수 있는 JPEG과 무손실 압축 기법을 사용하는 GIF가 있다.
③ 국제 표준 규격인 MPEG은 Windows 표준 동영상 파일 형식으로 Windows에서 별도의 하드웨어 장치 없이 재생할 수 있다.
④ 스트리밍이 지원되는 파일 형식은 ASF, WMV, RAM 등이 있다.

국제 표준 규격인 MPEG은 Windows 표준 동영상 파일 형식으로 MPEG 동영상을 재생할 수 있는 MPEG 재생 보드가 필요함

2 다음 중 멀티미디어 그래픽과 관련하여 이미지 표현 방식에 관한 설명으로 옳지 않은 것은?

① 비트맵 방식은 이미지를 모니터 화면에 표시하는 속도가 벡터 방식에 비해 빠르다.
② 비트맵 방식은 다양한 색상을 사용하므로 사진과 같은 사실적 표현이 가능하고 여러 가지 특수효과를 쉽게 줄 수 있다.
③ 벡터 방식은 점, 직선, 도형 정보를 사용하여 수학적인 계산에 의해 이미지를 표현한다.
④ 벡터 방식의 대표적인 프로그램의 종류는 포토샵, 일러스트레이터, 플래시 등이 있다.

벡터 방식의 대표적인 프로그램의 종류는 일러스트레이터(Illustrator), CorelDraw, 플래시 등이 있음

오답 피하기

• 비트맵 방식의 대표적인 프로그램은 포토샵, 페인트 샵 프로 등이 있음
• 플래시(Flash) : 스트리밍 방식을 지원하며 홈페이지나 배너 광고 등을 제작하는 데 사용하고 멀티미디어 요소를 이용하여 역동적인 기능을 주며 확장자는 *.swf를 사용함

3 다음 중 동영상 압축 표준에 대한 설명으로 옳지 않은 것은?

① DivX : MPEG-4와 MP3를 재조합한 것으로 비표준 동영상 파일 형식이다.
② AVI : MS사가 개발한 Windows의 표준 동영상 파일 형식이다.
③ ASF : Apple사가 개발한 동영상 압축 기술로 JPEG 방식을 사용한다.
④ MPEG : 동영상뿐만 아니라 오디오도 압축할 수 있으며 프레임 간 연관성을 고려하여 중복 데이터를 제거하는 손실 압축 기법을 사용한다.

ASF(Active Streaming Format) : MS 사가 개발한 통합 멀티미디어 형식, 화질이 떨어지지만 용량이 작고 음질이 뛰어나 스트리밍 기술을 이용하여 영상을 전송하고, 재생할 수 있어 주로 스트리밍 서비스를 하는 인터넷 방송국에서 사용됨

SECTION 06

1과목 컴퓨터 일반

정보 통신 일반

23년 상시, 21년 상시, 17년 9월, 15년 3월, 14년 3월/6월, …

POINT 052 정보 통신망의 구성 형태와 특징

▶ 합격 강의

스타(Star)형*	• 허브에 모든 노드를 직접적으로 연결하는 가장 일반적인 방식 • 문제 파악과 수리가 쉽지만, 허브가 고장나면 네트워크가 마비됨
버스(Bus)형*	• 모든 네트워크 노드를 하나의 케이블로 연결함 • 케이블의 종단에는 종단 장치가 있어야 함
링(Ring)형*	• 모든 컴퓨터를 하나의 링으로 연결함 • 통신 제어가 간단하고 신뢰성이 높으나 문제 파악 및 수리가 어려움
트리(Tree)형	• 하나의 컴퓨터에 네트워크를 연결하여 확장하는 형태 • 네트워크 구축은 쉬우나 확장이 많을 경우 트래픽이 가중될 수 있음
망(Mesh)형	• 네트워크상의 노드들이 서로 간에 연결하는 방식으로 WAN에 주로 사용됨 • 특정 노드에 이상이 생겨도 전송이 가능하나 구축하기 어려움

기적의 TIP 정보 전송 방식
- 단방향 방식(Simplex) : 한쪽 방향으로만 송신 또는 수신이 가능한 형태(예 TV, 라디오)
- 반이중 방식(Half Duplex) : 양방향으로 송수신이 가능하며, 동시에 송수신은 불가능한 형태(예 무전기)
- 전이중 방식(Full Duplex) : 동시에 양방향으로 송수신이 가능한 형태(예 전화)

개념 체크

1 다음 중 네트워크의 구성(Topology)에서 성형(Star)에 관한 설명으로 옳지 않은 것은?

① Point-to-Point 방식으로 회선을 연결한다.
② 각 단말 장치는 중앙 컴퓨터를 통하여 데이터를 교환한다.
③ 하나의 단말 장치가 고장 나면 전체 통신망에 영향을 줄 수 있다.
④ 단말 장치의 추가와 제거가 쉽다.

중앙의 컴퓨터에서 모든 단말기들의 제어가 가능하지만, 중앙 컴퓨터의 고장 시 전체 시스템 기능이 마비됨

2 다음 중 네트워크 통신망의 구성 형태에 관한 설명으로 옳은 것은?

① 계층(Tree)형 : 한 개의 통신 회선에 여러 대의 단말 장치가 연결되어 있는 형태로 설치가 용이하고 통신망의 가용성이 높다.
② 버스(Bus)형 : 인접한 컴퓨터와 단말기를 서로 연결하여 양방향으로 데이터 전송이 가능한 형태로 단말기의 추가, 제거 및 기밀 보호가 어렵다.
③ 성(Star)형 : 모든 단말기가 중앙 컴퓨터에 연결되어 있는 형태로 고장 발견이 쉽고 유지 보수가 용이하다.
④ 링(Ring)형 : 모든 지점의 컴퓨터와 단말 장치를 서로 연결한 상태로 응답 시간이 빠르고 노드의 연결성이 높다.

오답 피하기
① : 버스(Bus)형, ② : 링(Ring)형 , ④ : 망(Mesh) 형

24년 상시, 23년 상시, 15년 10월, 11년 3월, 09년 4월, …

POINT 053 정보 통신망의 종류

▶ 합격 강의

구내망(PBX)	회사에 설치된 구내전화 교환기로서 교환원에 의해 수동으로 연결되는 방식
근거리 통신망* (LAN)	자원 공유를 목적으로 전송 거리가 짧은 학교, 연구소, 병원 등의 구내에서 사용하는 통신망으로 WAN보다 속도가 빠름
부가 가치 통신망* (VAN)	특정 서비스를 제공하는 통신망(Network)으로, 일반적인 공중 네트워크에서는 쉽게 찾을 수 없는 정보나 서비스를 유료로 제공하는 통신망
광역 통신망(WAN)	전 세계에 걸친 넓은 지역의 수많은 컴퓨터를 서로 연결하여 정보를 송수신할 수 있도록 해주는 통신망
도시 통신망(MAN)	도시 또는 지역으로 연결한 통신망
종합 정보 통신망 (ISDN)	문자, 음성, 동영상 등 다양한 데이터를 통합하여 디지털화된 하나의 통신 회선으로 전송하는 통신망
B-ISDN	광대역 네트워크에서 데이터, 음성, 고해상도의 동영상 등 다양한 서비스를 디지털 통신망을 이용해 제공하는 고속 통신망
IMT-2000	이동 통신의 문제점인 지역적 한계와 고속 전송에 대한 기술적 한계를 극복하고, 각 나라마다 다른 이동 통신 방식을 통일하여, 한 대의 휴대용 전화기로 전 세계 어디서나 통화할 수 있게 하는 규격
ADSL	전화 회선을 통해 높은 주파수 대역으로 고속으로 정보를 전송하는 기술로 다운로드와 업로드 속도가 다른 비대칭 구조를 가지며 같은 회선에 음성 데이터와 디지털 데이터를 동시에 보내는 서비스 기술

개념 체크

1 다음 중 데이터 통신망에 관한 설명으로 옳지 않은 것은?

① LAN은 자원 공유를 목적으로 작은 기관의 구내에서 사용하며 전송거리가 짧고 고속 전송이 가능하지만 WAN에 비해 에러 발생률이 높은 통신망이다.
② VAN은 기간 통신망 사업자로부터 회선을 빌려 기존의 정보에 새로운 가치를 부여하여 다수의 이용자에게 판매하는 통신망이다.
③ B-ISDN은 광대역 네트워크에서 데이터, 음성, 고해상도의 동영상 등의 다양한 서비스를 디지털 통신망을 이용해 제공하는 고속 통신망이다.
④ WLL은 전화국과 가입자 단말 사이의 회선을 유선 대신 무선 시스템을 이용하여 구성하는 통신망이다.

LAN은 수 km 이내의 거리에서 데이터 전송이 이루어지므로 WAN에 비해 에러 발생률이 낮음

24년 상시, 23년 상시, 22년 상시, 21년 상시, 20년 7월, …

POINT 054 네트워크 접속 장비*

▶ 합격 강의

노드가 늘어나면 데이터 충돌이 많아져 속도가 저하됨

허브(Hub)	근거리 통신망에서 여러 대의 단말기를 접속하는 장치
스위칭 허브* (Switching Hub)	여러 대의 컴퓨터를 연결하는 장치로, 더미 허브(Dummy Hub)와는 달리 노드가 늘어나도 속도에는 변화가 없음
라우터(Router)*	• 랜을 연결하여 정보를 주고받을 때 송신 정보에 포함된 수신처의 주소를 읽고 가장 적절한 통신통로를 이용하여 다른 통신망으로 전송하는 장치 • 서로 다른 프로토콜로 운영되는 인터넷을 접속할 때는 반드시 필요한 장비
게이트웨이* (Gateway)	서로 다른 네트워크를 상호 접속하거나 다른 프로토콜을 사용하는 경우에 변환 작업을 수행하는 장치
리피터(Repeater)*	디지털 방식의 통신 선로에서 전송 신호를 재생시키거나 출력 전압을 높여 전송하는 장치
브리지(Bridge)*	• 두 개의 근거리 통신망(LAN) 시스템을 이어주는 접속 장치 • 양방향으로 데이터의 전송만 해줄 뿐 프로토콜 변환 등 복잡한 처리는 불가능함 • 네트워크 프로토콜과는 독립적으로 작용하므로 네트워크에 연결된 여러 단말들의 통신 프로토콜을 바꾸지 않고도 네트워크를 확장할 수 있음

백본(Backbone)	등뼈 또는 척추의 뜻으로 브랜치 랜(Branch LAN) 사이를 연결하도록 설계한 고속 네트워크
네트워크 인터페이스 카드(NIC)	• 컴퓨터와 컴퓨터 또는 컴퓨터와 네트워크를 연결하는 장치 • 정보 전송 시 정보가 케이블을 통해 전송될 수 있도록 정보 형태를 변경함 • 이더넷 카드(LAN 카드) 혹은 어댑터라고 함

개념 체크 ✓

1 다음 중 인터넷 통신 장비인 게이트웨이(Gateway)의 기본적인 역할에 관한 설명으로 옳은 것은?

① 현재 위치한 네트워크에서 다른 네트워크로 연결할 때 사용된다.
② 인터넷 신호를 증폭하며 먼 거리로 정보를 전달할 때 사용된다.
③ 네트워크 계층의 연동장치로 경로 설정에 사용된다.
④ 문자로 된 도메인 이름을 숫자로 이루어진 실제 IP 주소로 변환하는데 사용된다.

게이트웨이(Gateway) : 서로 다른 프로토콜을 사용하는 네트워크를 연결할 때 사용하는 장치로 주로 LAN에서 다른 네트워크에 데이터를 보내거나 받아들이는 역할을 함

2 다음 중 데이터 전송에 사용되는 장비에 대한 설명으로 옳지 않은 것은?

① 데이터 전송의 정확성을 보장받기 위하여 라우터를 사용한다.
② 디지털 데이터의 감쇠현상을 방지하기 위해서 리피터를 사용한다.
③ 아날로그 데이터의 감쇠현상을 복원하기 위해서 증폭기를 사용한다.
④ 모뎀은 디지털 신호와 아날로그 신호를 상호 변환하는 기능을 가진다.

라우터(Router) : 데이터 전송을 위한 최적의 경로를 찾아 통신망에 연결하는 장치

24년 상시, 23년 상시, 21년 상시, 20년 7월, 19년 3월/8월, …

POINT 055 모바일 기기 관련 용어

합격 강의

• LTE(Long Term Evolution) : 3세대 이동통신(3G)과 4세대 이동통신(4G)의 중간에 해당하는 기술로, 최대 20MHz 대역폭에서 하향 링크 최대 전송 속도 100Mbps, 상향 링크 50Mbps의 전송 속도를 지원한다.
• m-VoIP : 무선 모바일 인터넷을 이용하여 휴대폰으로 인터넷 전화를 할 수 있는 기술이다.
• N 스크린(N-screen) : 하나의 콘텐츠를 스마트폰 · PC · 스마트TV · 태블릿 PC · 자동차 등 다양한 디지털 정보기기에서 공유할 수 있는 컴퓨팅 · 네트워크 서비스이다.
• NFC(Near Field Communication) : 무선태그(RFID) 기술 중 하나로 비접촉식 근거리 무선통신 모듈이며, 10cm 이내의 가까운 거리에서 다양한 무선 데이터를 주고받는 통신 기술이다.
• SNS(Social Networking Service) : 온라인상에서 이용자들이 관심사를 공유하고 친밀도를 높여 인맥을 확장할 수 있게 하는 서비스이다.
• UX(User Experience) : 사용자가 시스템, 제품, 서비스를 이용하면서 느끼고 생각하게 되는 총체적 경험으로 기술을 효용성 측면뿐만 아니라 사용자의 삶의 질을 향상시키는 방향으로 이해하려는 접근법이다.
• Wi-Fi(Wireless-Fidelity) : 2.4GHz대를 사용하는 무선 랜(WLAN) 표준으로 무선 접속 장치(AP : Access Point)가 설치된 곳에서 일정 거리 안에서 무선 인터넷을 할 수 있는 근거리 통신망이다.
• 블루투스(Bluetooth) : 휴대폰, 노트북, 이어폰, 헤드폰 등의 모바일 기기를 서로 연결하여 정보를 교환할 수 있게 하는 근거리 무선 기술 표준으로 주로 10미터 안팎의 최단 거리에서 사용한다.
• 앱스토어(App Store) : 애플리케이션 스토어(Application Store)의 준말로 스마트폰이나 태블릿 PC를 통해 다양한 애플리케이션(응용 프로그램)을 판매하는 모바일 콘텐츠 장터를 말한다.
• 와이브로(Wibro : Wireless Broadband Internet) : 무선 광대역 인터넷 서비스로 언제 어디서나 이동하면서 인터넷을 이용할 수 있다. 이론적으로 최대 전송 속도는 10Mbps, 최대 전송 거리는 1km이며, 시속 120km/h로 이동하면서 사용할 수 있다.
• 클라우드 서비스(Cloud Service) : 영화, 사진, 음악 등 미디어 파일 문서 주소록 등 사용자의 콘텐츠를 서버에 저장해 두고 스마트폰이나, 스마트TV를 포함한 어느 기기에서든 다운로드 후 사용할 수 있는 서비스이다.
• 핫스팟(Hot Spot) : 전파를 중계하는 무선 랜 기지국으로 초고속 데이터 전송속도를 내지만, 응답 반경이 최대 200m 정도밖에 되지 않아 사람이 많이 몰리는 도시의 중심가나 대학 도서관 등 한정된 지역을 중심으로 설치할 수밖에 없다.
• 테더링(Tethering) : 인터넷이 가능한 스마트기기의 통신 중계기 역할로 PC의 인터넷 접속을 가능하게 하고 모바일 데이터 연결을 공유한다.
• 사물 인터넷(IoT : Internet of Things) : 인간 대 사물, 사물 대 사물 간에 인터넷으로 연결되어 정보의 소통이 가능한 기술로서 개인별 맞춤형 스마트 서비스를 지향하며 정보 보안 기술의 적용이 중요하다. 개방형 아키텍처로 스마트 센싱 기술과 무선 통신 기술을 융합한 실시간 송수신 서비스를 제공한다(IoT 네트워크를 이용할 경우 사물마다 네트워크가 연결되므로 통신 비용이 증가하며 성능과 형태가 모두 다른 이기종 간의 사물인터넷마다 정보보안기술을 적용하기가 용이하지 않음).
• 3D 프린터(Printer) : X축(좌우), Y축(앞뒤), Z축(상하)을 이용하여 작성된 3D 도면을 이용하여 3차원의 입체물을 만들어내는 프린터이다. 잉크젯 프린터의 인쇄 원리와 같으며 제작 방식에 따라 층(레이어)으로 겹겹이 쌓아 입체 형상을 만들어내는 적층형과 큰 덩어리를 조각하듯이 깎아내는 절삭형으로 나뉜다.

개념 체크 ✓

1 다음 중 휴대폰을 모뎀처럼 활용하는 방법으로, 컴퓨터나 노트북 등의 IT 기기를 휴대폰에 연결하여 무선 인터넷을 사용할 수 있게 하는 기능은?

① 와이파이 ② 블루투스
③ 테더링 ④ 와이브로

테더링 : PC의 인터넷 접속을 가능하게 하고 모바일 데이터 연결을 공유함

2 다음 중 사물 인터넷에 대한 설명으로 옳지 않은 것은?

① IoT(Internet of Things)라고도 하며 개인 맞춤형 스마트 서비스를 지향한다.
② 사람을 제외한 사물과 공간, 데이터 등을 이더넷으로 서로 연결시켜주는 무선통신기술을 의미한다.
③ 스마트센싱기술과 무선통신기술을 융합하여 실시간으로 데이터를 주고받는 기술이다.
④ 사물 인터넷 기반 서비스는 개방형 아키텍처를 필요로 하기 때문에 정보 공유에 대한 부작용을 최소화하기 위한 정보보안기술의 적용이 중요하다.

사물 인터넷(IoT : Internet of Things) : 인간 대 사물, 사물 대 사물 간에 인터넷으로 연결되어 정보의 소통이 가능한 기술

3 다음 중 3D 프린터에 관한 설명으로 옳지 않은 것은?

① 입력한 도면을 바탕으로 3차원 입체 물품을 만들어 내는 프린터이다.
② 인쇄 방식은 레이어로 쌓아 입체 형상을 만드는 적층형과 작은 덩어리를 뭉쳐서 만드는 모델링형이 있다.
③ 인쇄 원리는 잉크를 종이 표면에 분사하여 2D 이미지를 인쇄하는 잉크젯 프린터의 원리와 같다.
④ 기계, 건축, 예술, 우주 등 많은 분야에서 응용되고 있으며, 의료 분야에서도 활발히 활용되고 있다.

제작 방식에 따라 층(레이어)으로 겹겹이 쌓아 입체 형상을 만들어내는 적층형과 큰 덩어리를 조각하듯이 깎아내는 절삭형으로 나뉨

SECTION 07

1과목 컴퓨터 일반

컴퓨터 시스템 보호

15년 10월, 09년 2월/4월

POINT 056 저작권 보호

합격 강의

10년 10월

저작권법

저작자의 권리와 이에 인접하는 권리를 보호하고 저작물의 공정한 이용을 도모함으로써 문화 및 관련 사업의 향상 발전에 이바지함을 목적으로 한다.

09년 4월

저작권의 보호 기간

• 저작 재산권은 저작자의 생존 기간과 사망 후 70년간 존속하는 것을 원칙으로 하고 있다.
• 공동저작물인 경우에는 맨 마지막으로 사망한 저작자를 기준으로 사후 70년간 존속한다(저작자의 사망 시점을 알 수 없는 경우에는 이러한 원칙을 적용할 수 없음).
• 무명 또는 이명 저작물인 경우, 업무상 저작물인 경우, 영상 저작물인 경우에 이에 해당된다. 이러한 경우에는 공표된 시점을 기준으로 70년간 존속한다.
• 이러한 저작재산권의 보호 기간은 저작자가 사망하거나 저작물을 공표한 다음해 1월 1일부터 기산한다.
• 저작 재산권 보호기간이 70년으로 연장되어 시행되는 시점은 2013년 7월 1일부터이다.

개념 체크

1 다음 중 저작권에 대한 설명으로 가장 적절하지 않은 것은?

① 저작 재산권은 저작자의 생존하는 동안과 저작 시점에 따라 사망 후 50년간 또는 70년간 존속한다.
② 저작권은 저작자의 권리를 보호함을 목적으로 한다.
③ 영리를 목적으로 하지 않는 공연 또는 방송인 경우 저작 재산권을 제한할 수 있다.
④ 프로그램을 작성하기 위하여 사용하고 있는 프로그램 언어, 규약 및 해법에도 저작권이 적용된다.

프로그램을 작성하기 위하여 사용하고 있는 프로그램 언어, 규약 및 해법은 저작권이 적용되지 않음

POINT 057 컴퓨터 범죄

합격 강의

22년 상시, 20년 2월, 19년 3월, 18년 9월, 16년 6월, 15년 3월/10월, 14년 3월/6월, …

인터넷 부정 행위*

도청(Wiretapping)	통신 회선상에서 전송 중인 자료나 정보를 몰래 빼내는 행위
스니핑(Sniffing)*	특정한 호스트에서 실행되어 호스트에 전송되는 정보(계정, 패스워드 등)를 엿보는 행위
스푸핑(Spoofing)*	'속임수'의 의미로 어떤 프로그램이 정상적으로 실행되는 것처럼 위장하는 것
웜(Worm)	• 감염 대상을 갖고 있지는 않으나 연속적으로 자신을 복제하여 시스템의 부하를 증가시키는 프로그램 • 바이러스 형태로 침입해서 시스템 성능을 저하시키고 다운시킴
트로이 목마 (Trojan Horse)	어떤 허가되지 않은 행위를 수행시키기 위해 시스템에 다른 프로그램 코드로 위장하여 침투시키는 행위로 '백오리피스'가 대표적인 프로그램임
백도어(Back Door)*	시스템 관리자의 편의를 위한 경우나 설계상 버그로 인해 시스템의 보안이 제거된 통로를 말하며, 트랩 도어(Trap Door)라고도 함

○ 사용자 정보를 빼내는 해킹 프로그램

DoS (Denial of Service)	일시에 대량의 데이터를 한 서버에 집중, 전송시켜 특정 서버를 마비시키는 것
DDoS* (Distributed Denial of Service)	• 분산 서비스 거부 공격 • 여러 분산된 형태로 동시에 DoS(서비스 거부) 공격을 하는 기법으로 공격의 근원지를 색출하기가 어려움
War Driving	차량으로 이동하면서 노트북을 이용하여 타인의 취약한 무선 구내 정보통신망에 불법으로 접속하는 행위
Key Logger*	악성 코드에 감염된 시스템의 키보드 입력을 저장 및 전송하여 개인 정보를 빼내는 크래킹 행위

24년 상시, 23년 상시, 22년 상시, 11년 3월, 08년 10월

데이터 보안 침해 형태

가로막기(Interruption)	• 데이터의 전달을 가로막아 수신자측으로 정보가 전달되는 것을 방해하는 행위 • 정보의 가용성(Availability)을 저해함
가로채기(Interception)*	• 전송되는 데이터를 가는 도중에 도청 및 몰래 보는 행위 • 정보의 기밀성(Secrecy)을 저해함
변조/수정(Modification)	• 원래의 데이터가 아닌 다른 내용으로 수정하여 변조시키는 행위 • 정보의 무결성(Integrity)을 저해함
위조(Fabrication)*	• 사용자 인증과 관계되어 다른 송신자로부터 데이터가 온 것처럼 꾸미는 행위 • 정보의 무결성(Integrity)을 저해함

기적의TIP 생체 인식 보안 시스템
지문, 홍채, 음성

개념 체크

1 다음 중 인터넷 상의 보안을 위협하는 행위에 대한 설명으로 옳은 것은?

① 어떤 프로그램이 정상적으로 실행되는 것처럼 속임수를 사용하는 것은 Sniffing이다.
② 네트워크 주변을 지나다니는 패킷을 엿보면서 아이디와 패스워드를 알아내는 것은 Spoofing이다.
③ 크래킹의 도구로 키보드의 입력을 문서 파일로 저장하거나 주기적으로 전송하여 ID나 암호 등의 개인 정보를 빼내는 것은 Key Logger이다.
④ 특정 사이트에 오버플로우를 일으켜서 시스템이 서비스를 거부하도록 만드는 것은 Trap Door이다.

오답 피하기
• ① : 어떤 프로그램이 정상적으로 실행되는 것처럼 속임수를 사용하는 것 → 스푸핑(Spoofing)
• ② : 네트워크 주변을 지나다니는 패킷을 엿보면서 아이디와 패스워드를 알아내는 것 → 스니핑(Sniffing)
• ④ : 특정 사이트에 오버플로우를 일으켜서 시스템이 서비스를 거부하도록 만드는 것 → DDoS(분산 서비스 거부 공격)
• Trap Door : 시스템 관리자의 편의를 위한 경우나 설계상 버그로 인해 시스템의 보안이 제거된 통로로 백도어(Back Door)라고도 함

2 다음 중 외부로부터의 데이터 침입행위에 관한 유형의 위조(Fabrication)에 대한 설명으로 옳은 것은?

① 자료가 수신 측으로 전달되는 것을 방해하는 행위
② 전송한 자료가 수신지로 가는 도중에 몰래 보거나 도청하는 행위
③ 원래의 자료를 다른 내용으로 바꾸는 행위
④ 자료가 다른 송신자로부터 전송된 것처럼 꾸미는 행위

오답 피하기
• ① : 자료가 수신 측으로 전달되는 것을 방해하는 행위 → 가로 막기
• ② : 전송한 자료가 수신지로 가는 도중에 몰래 보거나 도청하는 행위 → 가로 채기
• ③ : 원래의 자료를 다른 내용으로 바꾸는 행위 → 변조/수정

POINT 058 시스템 보안

합격 강의

24년 상시, 23년 상시, 22년 상시, 20년 7월, 19년 3월, 18년 3월/9월, 17년 3월/9월, …

방화벽(Firewall)*

- 방화벽은 인터넷의 보안 문제로부터 특정 네트워크를 격리시키는 데 사용되는 시스템으로, 내부망과 외부망 사이의 상호 접속이나 데이터 전송을 안전하게 통제하기 위한 보안 기능이다.
- 외부의 불법 침입으로부터 내부의 정보 자산을 보호하고 외부로부터 유해 정보 유입을 차단하기 위한 정책과 이를 지원하는 하드웨어 및 소프트웨어를 총칭한다.
- 외부에서 내부 네트워크로 들어오는 패킷은 내용을 엄밀히 체크하여 인증된 패킷만 통과시키는 구조이다.
- 외부로부터의 침입을 막을 수는 있지만 내부에서 일어나는 해킹은 막을 수 없다.
- 일반적으로 방화벽은 네트워크를 보호하기 위한 다양한 보안 장치의 구조와 보안 기능을 포괄적으로 나타내는 용어로 사용된다.
- 역추적 기능이 있어서 외부의 침입자를 역추적하여 흔적을 찾을 수 있다.

> **기적의 TIP 프록시(Proxy) 서버**
> 인터넷을 사용하는 기관 등에서 PC 사용자와 인터넷 사이의 중계자 역할을 수행하는 서버로 캐시와 방화벽의 기능을 가짐

개념 체크 ✓

1 다음 중 컴퓨터 보안 기법의 하나인 방화벽에 관한 설명으로 옳지 않은 것은?

① 전자 메일 바이러스나 온라인 피싱 등을 방지할 수 있다.
② 해킹 등에 의한 외부로의 정보 유출을 막기 위해 사용하는 보안 기법이다.
③ 외부 침입자의 역추적 기능이 있다.
④ 내부의 불법 해킹은 막지 못한다.

방화벽은 인터넷의 보안 문제로부터 특정 네트워크를 격리시키는 데 사용되는 시스템이지만 전자 메일 바이러스나 온라인 피싱 등을 방지할 수는 없음

2 다음 중 시스템 보안을 위해 사용하는 방화벽(Firewall)에 대한 설명으로 옳지 않은 것은?

① IP 주소 및 포트번호를 이용하거나 사용자 인증을 기반으로 접속을 차단하여 네트워크의 출입로를 단일화함으로써 보안 관리 범위를 좁히고 접근제어를 효율적으로 할 수 있다.
② '명백히 금지되지 않은 것은 허용한다'는 소극적 방어 개념이 아니라 '명백히 허용되지 않은 것은 금지한다'라는 적극적 방어 개념을 가지고 있다.
③ 방화벽을 운영하면 네트워크의 부하가 감소되며, 네트워크 트래픽이 게이트웨이로 집중된다.
④ 로그 정보를 통해 누가 외부에서 침입을 시도했는지 그 흔적을 찾아 역추적을 할 수 있다.

방화벽을 운영하면 네트워크의 부하가 증가되며, 네트워크 트래픽이 게이트웨이로 집중됨

POINT 059 암호화(Encryption)

합격 강의

데이터에 암호 알고리즘을 적용하여 허가 받지 않은 사람들이 정보를 쉽게 이해할 수 없도록 데이터를 암호문이라고 불리는 형태로 변환하는 기법을 말한다.

24년 상시, 23년 상시, 22년 상시, 21년 상시, 20년 2월, 18년 9월, 16년 3월/10월, …

암호화 기법*

비밀키 (대칭키, 단일키) 암호화	• 송신자와 수신자가 서로 동일(대칭)한 하나(단일)의 비밀키를 가짐 • 암호화와 복호화의 속도가 빠름 • 단일키이므로 알고리즘이 간단하고 파일의 크기가 작음 • 사용자가 많아지면 관리할 키의 개수가 늘어남 • 대표적인 방식은 DES가 있음
공개키 (비대칭키, 이중키) 암호화	• 암호화키와 복호화키가 서로 다른(비대칭) 두 개(이중키)의 키를 가짐 • 암호화와 복호화의 속도가 느림 • 암호화는 공개키로, 복호화는 비밀키로 함 • 이중키이므로 알고리즘이 복잡하고 파일의 크기가 큼 • 암호화가 공개키이므로 키의 분배가 쉽고, 관리할 키의 개수가 줄어듦 • 대표적인 방식으로는 RSA가 있음

07년 10월

암호화 시스템의 종류

DES(Data Encryption Standard)	• 데이터 암호화 표준(DES)은 비밀키 방식의 일종으로 56비트의 키를 사용하여 64비트의 평문 블록을 암호화하는 방식 • 동일키(단일키)를 이용하여 정보 암호화와 복호화를 수행함 • 대표적인 단일키(대칭키) 암호화 시스템
RSA(Rivest Shamir Adleman)	• 1978년에 MIT 공과 대학의 Rivest, Shamir, Adleman 등 3인이 공동 개발한 RSA법(RSA scheme)이라는 암호화 알고리즘을 사용함 • 공개키 암호 방식 • 암호화와 사용자 인증을 동시에 수행하는 대표적인 이중키(비대칭키) 암호 시스템

개념 체크 ✓

1 다음 중 정보보안을 위한 비밀키 암호화 기법에 대한 설명으로 옳지 않은 것은?

① 비밀키 암호화 기법의 안전성은 키의 길이 및 키의 비밀성 유지 여부에 영향을 많이 받는다.
② 암호화와 복호화 시 사용하는 키가 동일한 암호화 기법이다.
③ 알고리즘이 복잡하여 암호화나 복호화를 하는 속도가 느리다는 단점이 있다.
④ 사용자의 증가에 따라 관리해야 할 키의 수가 많아진다.

- 비밀키(대칭키, 단일키) 암호화 : 단일키이므로 알고리즘이 간단하여 암호화와 복호화의 속도가 빠름
- 공개키(비대칭키, 이중키) 암호화 : 이중키이므로 알고리즘이 복잡하여 암호화와 복호화의 속도가 느림

2 다음 중 정보보안을 위해 사용하는 공개키 암호화 기법에 대한 설명으로 옳지 않은 것은?

① 알고리즘이 복잡하며 암호화와 복호화 속도가 느리다.
② 키의 분배가 용이하고 관리해야 할 키의 수가 적다.
③ 비대칭 암호화 기법이라고도 하며 대표적으로 DES가 있다.
④ 데이터를 암호화할 때 사용하는 키를 공개하고 복호화할 때 키는 비밀로 한다.

공개키(비대칭키, 이중키) 암호화의 대표적인 방식으로는 RSA가 있음

24년 상시, 21년 상시, 19년 8월, 17년 3월, 05년 10월

POINT 060 바이러스 예방과 치료

합격 강의

컴퓨터 바이러스(Computer Virus)

컴퓨터에서 실행되는 일종의 프로그램으로, 사용자 몰래 자기 자신을 복제하고 디스크나 프로그램 등에 기생하면서 컴퓨터의 운영체제나 기타 응용 프로그램의 정상적인 수행을 방해하는 불법 프로그램을 말한다.

24년 상시, 22년 상시, 18년 3월, 05년 10월

바이러스 감염 시 나타나는 현상

- 부팅이 되지 않거나 평소보다 부팅 시간이 오래 걸린다.
- CMOS의 내용이 파괴되거나 삭제된다.
- 디스크의 볼륨 레이블이 변경되거나 불량 섹터가 발생한다.
- 파일의 전체 크기나 속성이 변경된다.
- 시스템이 느려지거나 갑자기 정지한다.
- 실행 파일의 속도가 현저히 느려진다.
- 사용할 수 있는 메모리의 공간이 줄어든다.
- 폴더나 파일이 새로 생성되거나 삭제된다.

기적의 TIP 바이러스(Virus)의 특징

복제 기능, 은폐 기능, 파괴 기능(단, 치료 기능은 없음)

기적의 TIP 파일 바이러스 종류

- 기생형 바이러스 : 프로그램의 손상 없이 프로그램의 앞, 뒤 부분에 위치(기생)하는 바이러스
- 겹쳐쓰기형 바이러스 : 프로그램의 일부분에 겹쳐 쓰기 되어 원파일을 파괴하는 바이러스
- 산란형 바이러스 : 확장자가 EXE인 실행 파일의 감염 없이 확장자가 COM인 같은 이름의 파일을 생성(산란)시키는 바이러스로 COM이 먼저 실행되어 바이러스가 실행됨
- 연결형 바이러스 : 파일 감염 없이 파일의 시작 위치를 바이러스의 시작 위치로 변경하는 바이러스로 파일 실행 시 바이러스 시작 위치로 연결됨

12년 9월, 11년 7월, 09년 4월/7월, 05년 10월

바이러스의 예방 및 치료*

- 프로그램 디스크에는 쓰기 방지를 설정한다.
- 다운로드 받은 프로그램은 반드시 바이러스 검사 후 실행한다.
- 최신 백신 프로그램으로 정기적인 바이러스 검사를 수행한다.
- 정품 소프트웨어를 사용하며, 출처가 불분명한 전자메일은 삭제한다.
- 중요한 자료들은 백업(Backup)하여 둔다.

기적의 TIP 악성 코드(Malicious Code)

- 말웨어(Malware, Malicious Software) 또는 악성 프로그램(Malicious Program)이라고도 함
- 백신 프로그램으로 제거할 수 없는 스파이웨어나 웜, 트로이 목마 같은 악의적인 코드

개념 체크

1 다음 중 컴퓨터 바이러스의 특징으로 옳지 않은 것은?

① 디스크의 부트 영역이나 프로그램 영역에 숨어 있다.
② 자신을 복제할 수 있으며, 다른 프로그램을 감염 시킬 수 있다.
③ 인터넷과 같은 통신 매체를 통해서만 감염된다.
④ 소프트웨어뿐만 아니라 하드웨어의 성능에도 영향을 미칠 수 있다.

인터넷과 같은 통신 매체를 이용하는 전자우편이나 파일 다운로드 등을 통한 감염 외에도 USB 메모리 등을 통해서도 감염됨

2 다음 중 컴퓨터 바이러스의 예방과 치료에 관한 설명으로 옳지 않은 것은?

① 다운로드한 파일이나 외부에서 가져온 파일은 반드시 바이러스 검사를 수행한 후에 사용한다.
② 네트워크를 통해 감염되는 것을 방지하기 위하여 공유 폴더의 속성을 숨김으로 설정한다.
③ 전자우편을 통해 감염될 수 있으므로 발신자가 불분명한 전자우편은 열어보지 않고 삭제한다.
④ 백신 프로그램의 업데이트를 통해 주기적으로 바이러스 검사를 수행한다.

공유 폴더의 속성을 숨김으로 하더라도 네트워크를 통한 감염을 방지할 수 없음

SECTION 08

2과목 스프레드시트 일반

스프레드시트 개요

24년 상시, 23년 상시, 22년 상시, 20년 2월/7월, 19년 8월, …

POINT 061 엑셀의 화면 구성

합격 강의

[파일] 탭	• [파일] 탭을 클릭하면 Microsoft Office Backstage 보기로 표시됨 • Backstage는 새로 만들기, 열기, 정보, 저장, 다른 이름으로 저장, 인쇄, 공유, 내보내기, 게시, 닫기, 계정, 피드백, 옵션 등의 기능을 제공
빠른 실행 도구 모음	실행을 빠르게 하기 위해 자주 사용하는 명령 단추를 모아 놓은 곳으로, 기본적으로 [저장], [취소], [다시 실행]이 있으며, [빠른 실행 도구 모음 사용자 지정]( ) 단추를 클릭하여 등록함
리본 메뉴 탭	• 리본은 기존의 메뉴와 도구 모음 기능을 대신하는 것으로 [파일], [홈], [삽입], [페이지 레이아웃], [수식], [데이터], [검토], [보기], [개발 도구], [Power Pivot] 탭으로 구성됨 • [파일] 탭–[옵션]–[Excel 옵션]에서 [리본 사용자 지정]–[개발 도구] 확인란을 체크하면 [개발 도구] 탭이 나타남 • [개발 도구] 탭–[추가 기능] 그룹의 [COM 추가 기능]을 실행한 다음 [COM 추가 기능] 대화 상자에서 [Microsoft Power Pivot for Excel] 확인란을 체크하면 [Power Pivot] 탭이 나타남
리본 메뉴 최소화/확장 아이콘	• 리본 메뉴에 탭 이름만 표시하여 최소화하거나 확장함(Ctrl+F1, ^) • [파일] 탭을 제외한 리본 탭을 마우스로 더블클릭하여 최소화하거나 확장할 수도 있음 • 각 탭에서 마우스 오른쪽 버튼 누른 다음 [리본 메뉴 축소]를 클릭함 • [제목 표시줄] 오른쪽의 [리본 메뉴 표시 옵션]( ) 단추를 클릭하여 [리본 메뉴 자동 숨기기], [탭 표시], [탭 및 명령 표시]를 실행할 수 있음
그룹	각 탭에 해당하는 유사한 기능들을 모아 놓아 도구들을 그룹화함
이름 상자	현재 선택한 셀의 주소나 이름을 표시함
수식 입력줄	사용자가 셀에 입력한 데이터 및 수식이 표시되는 영역
행 번호	행 머리글로 워크시트를 구성하고 있는 행을 아라비아 숫자로 표시한 것으로 1,048,576개의 행(1~1048576)이 있음
열 문자	열 머리글로 워크시트를 구성하고 있는 열을 알파벳 문자로 표시한 것으로 16,384개의 열(A~XFD)이 있음
셀(Cell)	행과 열이 만나서 이루는 사각형 모양의 작은 칸으로 사용자가 데이터나 수식을 입력하는 공간
워크시트	17,179,869,184개의 셀(1,048,576행×16,384열)로 이루어진 작업 공간(작업지)으로 엑셀 실행 시 1개의 워크시트가 기본적으로 표시됨
셀 포인터	여러 개의 셀 중에서 현재 작업 중인 셀을 활성 셀이라고 하며 셀 포인터(Cell Pointer)를 이동하여 활성 셀을 변경함
채우기 핸들*	• 셀 포인터의 오른쪽 밑의 작은 점으로 수식이나 데이터의 복사 시 이용함 • [파일]–[옵션]–[Excel 옵션]–[고급]–'채우기 핸들 및 셀 끌어서 놓기 사용'을 해제하면 채우기 핸들 기능이 사라짐
시트 탭 이동 단추	통합 문서에 포함되어 있는 시트가 많아 시트 탭에 이름이 모두 표시되지 않을 때 보이지 않는 시트 이름이 있는 곳으로 이동하기 위하여 사용함
시트 탭*	• 현재 통합 문서에 포함되어 있는 시트 이름을 표시하며 시트 이름을 클릭하여 작업할 시트를 선택함 • 시트의 이름 변경, 이동, 복사, 삽입, 삭제 등의 작업을 수행할 수 있음
워크시트 삽입 아이콘	현 워크시트 앞에 새로운 워크시트를 삽입함(바로 가기 키 : Shift+F11)
상태 표시줄*	• 현재 작업 상태에 대한 정보를 표시하는 곳으로 '준비', '입력' 등의 메시지와 Num Lock, Scroll Lock, Caps Lock 등의 상태를 표시함 • 마우스 오른쪽 단추를 클릭하여 나타나는 [상태 표시줄 사용자 지정] 메뉴에서 변경 및 설정 가능함 • 평균, 개수, 숫자 셀 수, 최소값, 최대값, 합계를 선택하면 자동으로 계산되어 나타남

개념 체크 ✔

1 다음 중 Excel의 리본 메뉴에 대한 설명으로 옳지 않은 것은?

① 리본 메뉴를 최소화하거나 원래 상태로 되돌리려면 Ctrl+F10을 누른다.
② 리본 메뉴를 빠르게 최소화하려면 활성 탭의 이름을 두 번 클릭하고 리본 메뉴를 원래 상태로 되돌리려면 탭을 다시 두 번 클릭한다.
③ 리본 메뉴는 탭, 그룹 및 명령의 세 요소로 구성되어 있다.
④ 리본 메뉴에 바로 가기 키를 나타내려면 Alt를 누른다.

Ctrl+F1 : 리본 메뉴에 탭 이름만 표시하여 최소화하거나 확장함

2 다음 중 셀 영역을 선택한 후 상태 표시줄의 바로 가기 메뉴인 [상태 표시줄 사용자 지정]에서 선택할 수 있는 자동 계산에 해당되지 않는 것은?

① 선택한 영역 중 숫자 데이터가 입력된 셀의 수
② 선택한 영역 중 문자 데이터가 입력된 셀의 수
③ 선택한 영역 중 데이터가 입력된 셀의 수
④ 선택한 영역의 합계, 평균, 최소값, 최대값

문자 데이터가 입력된 셀의 수는 해당되지 않음

오답 피하기

평균, 개수(데이터가 입력된 셀의 수), 숫자 셀 수, 최소값, 최대값, 합계를 선택하면 자동으로 계산되어 나타남

POINT 062 파일 열기/저장

합격 강의

파일 열기(Ctrl+O)

• 암호가 설정된 통합 문서의 경우 암호를 입력해야만 해당 문서를 열 수 있다.
• 여러 개의 파일을 선택한 다음 [열기] 단추를 클릭하면 선택한 파일들이 모두 열린다.

17년 3월, 16년 6월, 13년 6월, 11년 3월, 08년 5월/8월, 07년 7월, 06년 5월, 04년 8월, …

저장 가능한 파일 형식*

파일 형식	확장자	파일 형식	확장자
Excel 통합 문서	*.xlsx	Excel 97–2003 통합 문서	*.xls
서식 파일	*.xltx	유니코드 텍스트	*.txt
백업 파일	*.xlk	텍스트(공백으로 분리)	*.prn
기타 엑셀 파일	*.xlsm, *.xlsb, *.xml, *.xltm	텍스트(탭으로 분리)	*.txt
DIF(Data Interchange Format)	*.dif	CSV(쉼표로 분리)	*.csv
SYLK(Symbolic Link)	*.slk	웹 페이지 파일	*.htm, *.html

19년 8월, 17년 9월, 16년 6월, 14년 10월, 13년 10월, 03년 9월

파일 저장(Ctrl+S, Shift+F12)

- 새 통합 문서를 처음 저장할 경우 [파일]-[저장]을 실행한 다음 [다른 이름으로 저장] 대화 상자에서 저장 위치와 파일 이름, 형식 등을 지정한다.
- 한 번 이상 저장한 문서를 다른 이름으로 저장할 경우 [파일]-[다른 이름으로 저장]을 실행한 다음 이름을 변경해서 저장하면 된다.
- 저장 옵션 : [다른 이름으로 저장] 대화 상자에서 [도구]-[일반 옵션]을 클릭한 후 다음과 같은 저장 옵션을 설정할 수 있다.

백업 파일 항상 만들기	백업 파일의 확장자는 '*.xlk'가 됨
열기 암호	문서를 열 때 물어볼 암호를 지정함. 열기 암호가 지정된 파일은 암호를 모르면 문서를 열 수 없음
쓰기 암호	쓰기 암호를 모르더라도 파일은 열 수 있지만 수정한 내용은 같은 이름으로 저장할 수 없음
읽기 전용 권장	문서를 열 때 읽기 전용으로 열 것인지 물어봄

개념 체크

1 다음 중 엑셀에서 지원하는 파일 형식에 대한 설명으로 옳지 않은 것은?

① 통합 문서에 매크로나 VBA 코드가 없으면 '*.xlsx' 파일 형식으로 저장한다.
② Excel 2003 파일을 Excel 2021에서 열어 작업할 경우 파일은 자동으로 Excel 2021 형식으로 저장된다.
③ 통합 문서를 서식 파일로 사용하려면 '*.xltx' 파일 형식으로 저장한다.
④ 이전 버전의 Excel에서 만든 파일을 Excel 2021 파일로 저장하면 새로운 Excel 기능을 모두 사용할 수 있다.

자동으로 Excel 2021 형식으로 저장되지 않으므로 저장 시 파일 형식을 Excel 2021 통합 문서로 지정해 주어야 함

2 다음 중 엑셀의 확장자에 따른 파일 형식과 설명이 옳지 않은 것은?

① .xlsb – Excel 2021 바이너리 파일 형식이다.
② .xlsm – XML 기반의 Excel 2021 파일 형식으로 매크로를 포함할 수 있다.
③ .xlsx – XML 기반의 기본 Excel 2021 파일 형식으로 VBA 매크로 코드나 Excel 4.0 매크로 시트를 저장할 수 없다.
④ .xltx – Excel 서식파일의 기본 Excel 2021 파일형식으로 VBA 매크로 코드나 Excel 4.0 매크로 시트를 저장할 수 있다.

.xltx : Excel 서식 파일의 기본 Excel 2021 파일 형식으로서, VBA 매크로 코드나 Excel 4.0 매크로 시트(.xlm)를 저장할 수 없음

POINT 063 워크시트 작업

합격 강의

워크시트 기본

워크시트 탭 구성	기본적으로 1개의 워크시트(Sheet1)가 생성되며 사용자가 새로운 시트를 추가하거나 삭제할 수 있음
워크시트의 최대 개수	[파일]-[옵션]의 [일반] 탭에서 최대 255개까지 변경할 수 있음
워크시트의 셀 크기	1,048,576행과 16,384(XFD)열
워크시트 확대/축소 범위	10~400%

22년 상시, 19년 3월, 17년 9월, 16년 10월, 14년 3월

워크시트의 선택*

연속된 워크시트의 선택	Shift를 누른 채 클릭함
떨어져 있는 워크시트의 선택	Ctrl을 누른 채 클릭함
모든 시트 선택	시트 탭에서 마우스 오른쪽 단추를 클릭한 후 [모든 시트 선택]을 클릭함

23년 상시, 19년 3월, 15년 6월, 14년 10월

워크시트 그룹

- 여러 개의 시트를 선택하면 제목 표시줄의 파일 이름 옆에 [그룹] 표시가 나타난다.
- 여러 개의 시트를 선택하고 데이터 입력 및 편집 등의 명령을 실행하면 그룹으로 설정된 모든 시트에 동일하게 명령이 실행된다.
- 그룹으로 묶은 시트에서 복사하거나 잘라낸 모든 데이터는 다른 한 개의 시트에 붙여 넣을 수 없다.

19년 3월, 16년 10월, 15년 10월, 13년 10월

워크시트 추가

- 여러 개의 시트를 선택하고 바로 가기 메뉴에서 [삽입]-[워크시트]를 실행하면 선택된 개수만큼의 워크시트가 한번에 삽입된다.
- Shift+F11을 누르면 현재 시트의 앞에 비어 있는 시트가 바로 삽입된다.

17년 9월, 14년 3월

워크시트 삭제

삭제한 시트는 취소 명령으로 되살릴 수 없으므로 삭제 시 주의해야 한다.

방법 1	[홈] 탭-[셀] 그룹-[삭제]-[시트 삭제]를 실행함
방법 2	시트 탭 바로 가기 메뉴에서 [삭제]를 선택함

04년 10월

워크시트 숨기기/숨기기 취소

- 워크시트 숨기기 : 숨길 워크시트를 선택하고 [홈]-[셀]-[서식]-[숨기기 및 숨기기 취소]-[시트 숨기기]를 선택하거나 숨길 워크시트 탭의 바로 가기 메뉴에서 [숨기기]를 선택한다.
- 워크시트 숨기기 취소 : [홈]-[셀]-[서식]-[숨기기 및 숨기기 취소]-[시트 숨기기 취소]를 선택하거나 워크시트 탭의 바로 가기 메뉴에서 [숨기기 취소]를 선택한다.

개념 체크

1 다음 중 워크시트 사용에 관한 설명으로 옳지 않은 것은?

① 현재 워크시트의 앞이나 뒤의 시트를 선택할 때에는 Ctrl+Page Up과 Ctrl+Page Down을 이용한다.
② 현재 워크시트의 왼쪽에 새로운 시트를 삽입할 때에는 Shift+F11을 누른다.
③ 연속된 여러 개의 시트를 선택할 때에는 첫 번째 시트를 선택하고 Shift를 누른 채 마지막 시트의 시트 탭을 클릭한다.
④ 그룹으로 묶은 시트에서 복사하거나 잘라낸 모든 데이터는 다른 한 개의 시트에 붙여 넣을 수 있다.

그룹으로 묶여 있는 시트의 데이터를 복사하거나 잘라내어 붙여 넣기 할 때 그룹으로 묶여 있기 때문에 한 개의 시트에는 붙여 넣을 수 없음

2 다음 중 워크시트에 대한 설명 중 틀린 것은?

① 기본 워크시트는 1개의 시트로 구성되어 있다.
② 행과 열이 만나는 지점을 셀이라 한다.
③ 시트는 숨기기를 할 수 없다.
④ 여러 워크시트에 동시에 같은 자료를 입력할 수 있다.

[홈] 탭-[셀] 그룹-[서식]-[숨기기 및 숨기기 취소]-[시트 숨기기]를 실행하거나 시트 탭의 바로 가기 메뉴에서 [숨기기]를 선택함

POINT 064 시트 및 통합 문서 보호

합격 강의

24년 상시, 22년 상시, 20년 7월, 18년 3월, 15년 6월/10월, 08년 10월, 06년 9월, …

시트 보호

- 시트에 작성되어 있는 내용이나 차트 등을 변경할 수 없도록 보호하는 기능이다.
- 시트 보호 내용 : 잠긴 셀 선택, 잠기지 않은 셀 선택, 셀(열) 서식, 행(열) 서식, 행(열) 삽입, 하이퍼링크 삽입, 행(열) 삭제, 정렬, 자동 필터 사용, 피벗 테이블 보고서 사용, 개체 편집, 시나리오 편집
- 보호된 워크시트에는 행이나 열을 삽입하거나 삭제할 수 없다.
- [홈]-[셀]-[서식]-[시트 보호]를 실행하거나 [검토]-[보호]-[시트 보호]를 실행한다.

24년 상시, 23년 상시, 22년 상시, 20년 7월, 18년 3월, 16년 6월, 15년 6월/10월, …

통합 문서 보호*

- 통합 문서를 보호하는 것으로 시트에 관련된 작업을 할 수 없게 만든다.
- 보호할 대상으로는 구조가 있으며, 암호를 입력할 수 있다.
- [검토]-[보호]-[통합 문서 보호]-[구조 및 창 보호]를 실행한다.

개념 체크

1 다음 중 아래와 같이 통합 문서 보호를 설정한 경우 이에 대한 설명으로 옳지 않은 것은?

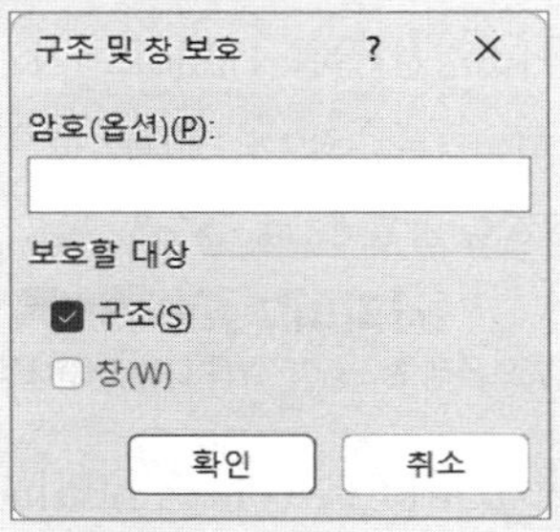

① 워크시트의 이동, 삭제, 숨기기, 워크시트의 이름 변경 등의 기능을 실행할 수 없다.
② 삽입되어 있는 차트를 다른 워크시트로 이동시킬 수 없다.
③ 시나리오 요약 보고서를 만들 수 없다.
④ 피벗 테이블 보고서에서 데이터 영역의 셀에 대한 원본 데이터를 표시하거나 별도 워크시트에 필드 페이지를 표시할 수 없다.

통합 문서의 구조를 보호하는 것으로 시트의 삽입, 삭제, 이름 변경, 이동, 숨기기, 숨기기 해제 등과 같은 작업을 할 수 없도록 함(단, 삽입되어 있는 차트를 다른 워크시트로 이동시킬 수 있음)

2 다음 중 아래 그림에서의 각 기능에 대한 설명으로 옳지 않은 것은?

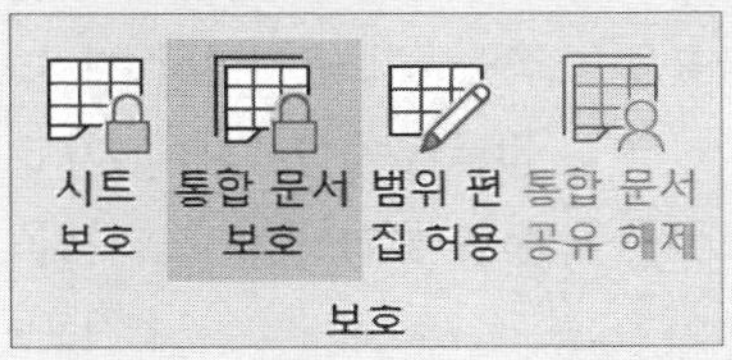

① [시트 보호]를 설정하면 기본적으로 셀의 선택만 가능하다.
② 시트 보호 시 특정 셀의 내용만 수정 가능하도록 하려면 해당 셀의 [셀 서식]에서 '잠금' 설정을 해제한다.
③ [통합 문서 보호]를 설정하면 포함된 차트, 도형 등의 그래픽 개체를 변경할 수 없다.
④ [범위 편집 허용]을 이용하면 보호된 워크시트에서 특정 사용자가 범위를 편집할 수 있도록 허용할 수 있다.

- [통합 문서 보호] : 통합 문서를 보호하기 위한 기능으로 구조(시트 삽입, 삭제, 이름 변경, 이동, 숨기기, 숨기기 해제 등과 같은 작업을 할 수 없도록 함)를 보호함
- [통합 문서 보호]를 설정하더라도 포함된 차트, 도형 등의 그래픽 개체를 변경할 수 있음

24년 상시, 23년 상시, 22년 상시, 20년 2월, 19년 3월, …

POINT 065 셀 포인터 이동*

합격 강의

바로 가기 키	기능
↑/↓/←/→	상하좌우 한 칸씩 이동함
Page Down, Page Up	한 화면 위, 아래로 셀 포인터를 이동함
Tab, Shift+Tab	한 셀 오른쪽, 왼쪽으로 셀 포인터를 이동함
Ctrl+(↑/↓/←/→)	현재 영역의 상하좌우 마지막 셀로 이동함
Home	해당 행의 [A] 열로 이동함
Ctrl+Home	워크시트의 시작 위치([A1] 셀)로 이동함
Ctrl+End	연속하여 입력된 데이터의 마지막 셀로 이동함
F5 또는 Ctrl+G	[이동] 대화 상자에서 이동할 셀 주소를 입력해서 이동함
Ctrl+Back Space	셀 포인터가 있는 화면으로 이동함(스크롤 막대로 이동한 경우)
Ctrl+Page Up / Ctrl+Page Down	활성 시트의 앞/뒤 시트로 이동함
Ctrl+F6, Ctrl+Tab	다음 통합 문서로 이동함
Ctrl+Shift+F6, Ctrl+Shift+Tab	이전 통합 문서로 이동함
Alt+Page Up / Alt+Page Down	한 화면 좌/우로 이동함

개념 체크

1 다음 중 엑셀에서 셀 포인터를 이동시키는 방법으로 옳지 않은 것은?

① 셀에 데이터를 입력하고 Ctrl+방향키(←)를 누르면 데이터 범위의 제일 왼쪽 셀로 셀 포인터를 이동시킨다.
② 셀에 데이터를 입력하고 Ctrl+Home을 누르면 [A1] 셀의 위치로 셀 포인터를 이동시킨다.
③ 셀에 데이터를 입력하고 Tab을 누르면 입력되던 셀의 오른쪽으로 셀 포인터를 이동시킨다.
④ 셀에 데이터를 입력하고 Alt를 누른 상태에서 Enter를 누르면 셀의 왼쪽으로 셀 포인터를 이동시킨다.

Alt+Enter : 한 셀에 두 줄 이상의 데이터를 입력

오답 피하기

- Tab : 셀의 오른쪽으로 셀 포인터를 이동
- Shift+Tab : 셀의 왼쪽으로 셀 포인터를 이동

2 다음 중 괄호( ) 안에 해당하는 바로 가기 키로 옳은 것은?

> 통합 문서 내에서 (㉠) 키는 다음 워크시트로 이동, (㉡) 키는 이전 워크시트로 이동할 때 사용한다.

① ㉠ Shift+Page Down, ㉡ Shift+Page Up
② ㉠ Ctrl+Page Down, ㉡ Ctrl+Page Up
③ ㉠ Ctrl+→, ㉡ Ctrl+←
④ ㉠ Shift+↑, ㉡ Shift+↓

- Ctrl+Page Down : 다음 워크시트로 이동(활성 시트의 뒤 시트)
- Ctrl+Page Up : 이전 워크시트로 이동(활성 시트의 앞 시트)

3 다음 중 [창 정렬]을 통해 배열된 다른 엑셀 통합 문서로 작업 화면을 전환할 때 사용되는 바로 가기 키로 옳은 것은?

① Shift+Tab
② Ctrl+Alt+Enter
③ Ctrl+Enter
④ Ctrl+Tab

Ctrl+F6, Ctrl+Tab : 다음 통합 문서로 이동함

SECTION 09

2과목 스프레드시트 일반

데이터 입력 및 편집

24년 상시, 23년 상시, 21년 상시, 19년 3월/8월, 18년 9월, …

POINT 066 데이터 입력*

합격 강의

문자 데이터*

- 기본적으로 셀의 왼쪽으로 정렬된다.
- 한 셀에 두 줄 이상의 데이터를 입력할 때는 Alt+Enter를 눌러 줄을 바꾼다.
- 범위로 설정한 모든 셀에 동일한 데이터를 입력할 때는 데이터를 입력하고 Ctrl+Enter를 누른다.
- 숫자 데이터 앞에 인용 부호(')를 입력하거나 숫자와 문자가 혼합된 데이터는 문자 데이터로 인식한다.

> **기적의 TIP** Enter와 Shift+Enter
> - Enter : 데이터를 입력하고 아래 행으로 셀 포인터를 이동
> - Shift+Enter : 데이터를 입력하고 윗 행으로 셀 포인터를 이동

숫자 데이터

- 기본적으로 셀의 오른쪽으로 정렬된다.
- 0~9까지의 숫자와 + − ( ) , ₩ $ % . E e 기호 등을 사용한 데이터이다.
- 분수의 경우 중간에 공백을 입력한다(예 1/2 입력 시 → 0 1/2).
- 음수 앞에는 − 기호를 입력하거나 괄호( )로 묶는다.
- 입력한 숫자가 열 너비보다 길면 지수 형식이나 '#####'로 표시된다.

24년 상시, 22년 상시, 20년 7월, 19년 8월, 14년 3월, 10년 6월/10월, 06년 2월, …

날짜/시간 데이터*

- 기본적으로 셀의 오른쪽으로 정렬된다.
- 날짜 데이터 : 하이픈(–)이나 슬래시(/)를 이용하여 연, 월, 일을 구분한다.
- 시간 데이터 : 콜론(:)을 이용하여 시, 분, 초를 구분한다.
- 연도를 두 자리로 입력하는 경우 연도가 30 이상이면 1900년대로, 연도가 29 이하이면 2000년대로 인식한다.
- 오늘 날짜는 Ctrl+;, 현재 시간은 Ctrl+Shift+;를 눌러 입력한다.
- 날짜의 경우 '일, 평일, 월, 연' 단위 채우기가 지원된다.

22년 상시, 21년 상시, 19년 3월, 15년 3월, 11년 7월, 10년 3월/10월, 08년 2월, …

수식*

- 수식을 입력할 때는 = 또는 + 기호를 먼저 입력한 후 입력해야 한다.
- [수식]–[수식 분석]–[수식 표시]를 선택하면 셀에 입력한 수식이 그대로 표시된다(Ctrl+~).

24년 상시, 14년 6월, 13년 3월, 08년 2월, 07년 7월/10월, 05년 2월

한자 및 특수 문자

- 한자 : 한글을 입력한 후 한자를 누른다.
- 특수 문자 : 한글의 자음을 입력하고 한자를 누르면 특수 문자 목록 상자가 하단에 표시된다.

> **기적의 TIP** 수식 입력 후 상수로 변환
> 수식 입력 후 결과 값을 수식이 아닌 상수로 변환하기 위해서는 수식 입력 후 F9를 누르면 됨

> **기적의 TIP** 드롭다운 목록에서 선택하여 입력(Alt+↓)
> 같은 열에 이미 입력된 데이터를 다시 입력하려면 마우스 오른쪽 단추를 클릭한 다음 [드롭다운 목록에서 선택]을 클릭한 후 입력할 데이터를 선택한다.

개념 체크

1 다음 중 엑셀의 데이터 입력에 대한 설명으로 옳지 않은 것은?

① 한 셀에 여러 줄의 데이터를 입력하려면 Alt+Enter를 사용한다.
② 셀에 데이터를 입력하고 Shift+Enter를 누르면 셀 입력이 완료되고 바로 아래의 셀이 선택된다.
③ 같은 데이터를 여러 셀에 한 번에 입력하려면 Ctrl+Enter를 사용한다.
④ 수식이 들어 있는 셀을 선택하고 채우기 핸들을 두 번 클릭하면 수식이 적용되는 모든 인접한 셀에 대해 아래쪽으로 수식을 자동 입력할 수 있다.

셀에 데이터를 입력하고 Shift+Enter를 누르면 셀 입력이 완료되고 바로 윗 셀이 선택됨

2 다음 중 자료 입력에 대한 설명으로 옳지 않은 것은?

① 한자를 입력하려면 한글을 입력한 후 키보드의 한자를 눌러 변환한다.
② 특수문자를 입력하려면 먼저 한글 자음을 입력한 후 키보드의 한/영을 눌러 원하는 특수문자를 선택한다.
③ 숫자 데이터를 문자 데이터로 입력하려면 숫자 데이터 앞에 문자 접두어(')를 입력한다.
④ 분수 앞에 정수가 없는 일반 분수를 입력하려면 '0'을 먼저 입력하고 Space Bar를 눌러 빈 칸을 한 개 입력 한 후 '3/8'과 같이 분수를 입력한다.

특수 문자를 입력하려면 먼저 한글 자음을 입력한 후 키보드의 한자를 눌러 원하는 특수 문자를 선택함

3 다음 중 아래 그림과 같이 하나의 셀에 두 줄 이상의 데이터를 입력하고자 할 때 줄을 바꾸기 위하여 사용하는 바로 가기 키는?

	A	B
1	우리나라 대한민국	
2		

① Ctrl+Enter
② Ctrl+Shift+Enter
③ Alt+Enter
④ Shift+Enter

Alt+Enter : 한 셀에 두 줄 이상의 데이터를 입력

POINT 067 데이터 수정/삭제

합격 강의

24년 상시, 21년 상시, 16년 3월, 14년 3월/6월, 12년 9월

[Excel 옵션] 대화 상자*

- [파일] 탭–[옵션]을 클릭하여 실행한다.
- 일반, 수식, 데이터, 언어 교정, 저장, 언어, 접근성, 고급, 리본 사용자 지정, 빠른 실행 도구 모음, 추가 기능, 보안 센터 등에 대한 옵션 설정이 가능하다.

일반	• Excel 작업에 대한 일반 옵션 • 선택 영역에 미니 도구 모음 표시, 실시간 미리 보기 사용 • Office 테마(색상형, 어두운 회색, 검정, 흰색, 시스템 설정 사용), 화면 설명 스타일, 다음 글꼴 사용, 글꼴 크기 • 새 시트의 기본 보기, 포함할 시트 수(1~255), 사용자 이름
수식	• 수식 계산, 성능 및 오류 처리 관련 옵션을 변경 • 통합 문서 계산(자동, 데이터 표만 수동, 수동), R1C1 참조 스타일 • 수식 자동 완성 사용, 수식에 표 이름 사용, 오류 검사, 오류 검사 규칙
고급	• Excel에서 사용하는 고급 옵션 • 편집 옵션, 잘라내기/복사/붙여넣기, 이미지 크기 및 품질, 인쇄, 차트, 표시, 이 통합 문서의 표시 옵션, 이 워크시트의 표시 옵션, 수식, 이 통합 문서의 계산 대상, 일반(사용자 지정 목록 편집), 데이터, Lotus 호환성, Lotus 호환성 설정 대상

리본 사용자 지정	• 리본 메뉴를 사용자가 지정함 • 리본 메뉴 사용자 지정 목록을 사용하여 탭, 그룹, 명령을 추가 및 제거하고 이름과 순서를 바꿀 수 있음 • 리본 메뉴에 사용자가 [새 탭], [새 그룹], [이름 바꾸기], [원래대로], [가져오기/내보내기]를 사용하여 설정함 • [개발 도구]를 선택하면 리본 메뉴에 [개발 도구] 탭이 표시됨 • [Power Pivot]을 선택하면 리본 메뉴에 [Power Pivot] 탭이 표시됨
보안 센터	• 문서 및 컴퓨터를 안전하고 보안이 유지된 상태로 관리함 • [보안 센터 설정]의 [매크로 설정]의 매크로 설정 선택 항목 – 알림이 없는 매크로 사용 안 함 – 알림이 포함된 VBA 매크로 사용 안 함 – 디지털 서명된 매크로를 제외하고 VBA 매크로 사용 안 함 – VBA 매크로 사용(권장 안 함, 위험한 코드가 시행될 수 있음)

• [일반] 탭

선택 영역에 미니 도구 모음 표시	텍스트를 선택할 때 미니 도구 모음을 표시
실시간 미리 보기 사용	워크시트에서 선택한 옵션(글꼴, 크기 등)의 효과를 실시간으로 미리보기 하여 나타내 줌
다음을 기본 글꼴로 사용	• 새 워크시트 및 통합 문서의 기본 글꼴로 사용할 글꼴을 선택함 • 엑셀을 다시 시작하고 워크시트나 통합 문서를 새로 만들 때 이 글꼴이 적용됨
글꼴 크기	기본 글꼴의 크기를 설정함
새 시트의 기본 보기	• 기본적으로 표시할 보기를 선택함 • 기본 보기, 페이지 나누기 미리 보기, 페이지 레이아웃 보기 등
포함할 시트 수	통합 문서를 새로 만들 때 사용할 워크시트 수(1~255)를 설정함
사용자 이름	엑셀에서 사용할 사용자 이름을 설정함

• [고급] 탭 24년 상시, 22년 상시, 16년 6월, 13년 3월/6월

편집 옵션	• 〈Enter〉 키를 누른 후 다음 셀로 이동(아래쪽, 오른쪽, 위쪽, 왼쪽), 소수점 자동 삽입(소수점 위치), 채우기 핸들 및 셀 끌어서 놓기 사용, 셀에서 직접 편집 허용 • 셀 내용을 자동 완성(단, 날짜는 자동으로 입력되지 않음) • IntelliMouse로 화면 확대/축소, 시스템 구분 기호 사용 등을 설정
차트	마우스가 위치하면 차트 요소 이름 표시 및 데이터 요소 값 표시 설정
표시	• 표시할 최근 통합 문서 수(0~50), 눈금자 단위(기본 단위, 인치, 센티미터, 밀리미터), 수식 입력줄 표시, 함수 화면 설명 표시 • 메모가 있는 셀 표시('메모와 표식 모두 표시 안 함', '표식만, 마우스가 위치하면 메모 표시', '메모와 표식'), 기본 방향(오른쪽에서 왼쪽, 왼쪽에서 오른쪽) 등을 설정
이 통합 문서의 표시 옵션	가로 스크롤 막대 표시, 세로 스크롤 막대 표시, 시트 탭 표시, 자동 필터 메뉴에서 날짜 그룹화, 개체 표시 등을 설정
이 워크시트의 표시 옵션	• 행 및 열 머리글 표시, 계산 결과 대신 수식을 셀에 표시, 시트 방향 바꾸기 • 페이지 나누기 표시, 0값이 있는 셀에 0 표시, 윤곽을 설정한 경우 윤곽 기호 표시, 눈금선 표시(눈금선 색 지정) 등을 설정
일반	정렬 및 채우기 순서에서 사용할 목록 만들기 : [사용자 지정 목록 편집]

기적의TIP 소수점 위치

• 양수를 입력하면 소수점이 왼쪽으로 이동 예 소수점 위치가 3인 경우 3000을 입력하면 결과는 3이고, 5를 입력하면 결과는 0.005가 됨
• 음수를 입력하면 소수점이 오른쪽으로 이동 예 소수점 위치가 -3인 경우 3을 입력하면 결과는 3000이고, 5를 입력하면 결과는 5000이 됨

18년 9월, 16년 10월, 14년 10월

데이터 수정

(수식 입력줄: 사용자가 셀에 입력한 데이터 및 수식이 표시되는 영역)

• F2를 누르거나 수식 입력줄에서 마우스로 클릭하여 커서를 표시한 후 데이터를 수정하고 Enter를 누른다.
• 여러 셀을 한번에 똑같은 데이터로 수정하려면 여러 셀을 선택하고 데이터를 입력한 후 Ctrl+Enter를 누른다.
• [파일]-[옵션]-[고급] 탭에서 '셀에서 직접 편집 허용'의 체크를 해제하면 마우스를 더블클릭하여 셀의 내용을 수정할 수 없다.
• 셀에 입력된 수식을 간단히 값으로 변경하려면 해당 셀의 편집 상태에서 F9를 누른다.

18년 3월

데이터 삭제

내용 지우기	[홈]-[편집]-[지우기]-[내용 지우기]를 선택하거나 Delete, ←를 눌러 셀에 입력된 내용만 지움
서식 지우기	[홈]-[편집]-[지우기]-[서식 지우기]를 선택하여 셀에 적용된 서식만 지움
모두 지우기	[홈]-[편집]-[지우기]-[모두 지우기]를 선택하여 셀 내용과 서식, 메모 등을 한 번에 지움

개념 체크

1 다음 중 [Excel 옵션]의 [일반]에서 설정 가능한 것은?

① 셀에 데이터를 입력한 후 Enter를 누를 때 포인터의 이동 방향을 오른쪽, 왼쪽, 아래쪽, 위쪽 중의 하나로 지정할 수 있다.
② 페이지 나누기 선의 표시 여부를 지정할 수 있다.
③ 눈금선 표시 여부를 지정할 수 있다.
④ 새 통합 문서를 열었을 때 적용할 기본 글꼴과 글꼴 크기, 포함할 시트 수 등을 지정할 수 있다.

오답 피하기
①, ②, ③ : [Excel 옵션]의 [고급]

2 다음 중 엑셀의 작업 환경 설정을 위한 [Excel 옵션]의 각 메뉴에 대한 설명으로 옳지 않은 것은?

① [일반]-[Excel 작업에 대한 일반 옵션] : '실시간 미리 보기 사용'을 선택하면 선택 사항을 커서로 가리킬 때 해당 기능이 문서에 어떻게 영향을 주는지 결과를 미리 보여 준다.
② [수식]-[수식 작업] : '수식에 표 이름 사용'을 선택하면 데이터가 입력된 범위에 행 또는 열 레이블이 있을 경우, 이 레이블을 정의된 이름처럼 수식에 이름으로 사용할 수 있다.
③ [저장]-[통합 문서 저장] : '다음 형식으로 파일 저장'에서 통합 문서의 기본 저장 파일 형식을 지정할 수 있다.
④ [고급]-[이 통합 문서의 계산 대상] : '다른 문서에 대한 링크 업데이트'를 선택하면 워크시트와 연결된 외부 문서에 포함된 결과 값의 복사본을 저장한다.

워크시트와 링크(연결)된 외부 문서에 포함된 결과 값이 변경될 때 같이 업데이트 됨

3 다음 중 셀의 내용을 편집할 수 있는 셀의 편집 모드로 전환하는 방법에 대한 설명으로 옳지 않은 것은?

① 편집하려는 데이터가 있는 셀을 더블 클릭한다.
② 편집하려는 셀을 클릭하고 수식 입력줄을 클릭한다.
③ 셀을 선택한 후 F2를 누르면 셀에 입력된 내용의 맨 앞에 삽입 포인터가 나타난다.
④ 새 문자를 입력하여 기존 문자를 즉시 바꿀 수 있도록 겹쳐 쓰기 모드를 활성화하려면 편집모드 상태에서 Insert를 누른다.

셀을 선택한 후 F2를 누르면 셀에 입력된 내용의 맨 뒤에 삽입 포인터가 나타남

22년 상시, 18년 9월, 16년 6월, 15년 3월, 13년 10월, …

POINT 068 선택하여 붙여넣기*

합격 강의

- 복사한 데이터를 여러 가지 옵션을 적용하여 붙여넣는 기능으로, [잘라내기]를 실행한 상태에서 실행할 수 없다.
- 데이터를 복사한 다음 바로 가기 메뉴의 [선택하여 붙여넣기]를 실행하거나 [파일]–[옵션]–[리본 사용자 지정] 메뉴에서 [선택하여 붙여넣기]를 '빠른 실행 도구 모음 사용자 지정'으로 추가한 다음 해당 도구를 클릭해 실행할 수 있다.
- 데이터를 복사한 후 붙여넣을 곳에서 [홈]–[클립보드] –[붙여넣기]–[선택하여 붙여넣기]를 선택한다(클립보드는 임시 기억 장소로 최대 24개 항목을 저장함).

붙여넣기	• 모두 : 원본 데이터를 그대로 복사함(일반 붙여넣기와 동일함) • 수식 : 서식은 제외하고, 수식만 복사함 • 값 : 서식은 제외하고, 화면에 표시된 값만 복사함 • 서식 : 입력된 데이터는 복사하지 않고 설정된 셀 서식만 복사함([서식 복사] 도구를 이용해 선택한 셀의 서식만 복사하거나 더블클릭해서 연속해서 서식을 적용시킬 수 있음) • 메모 : 삽입된 메모만 복사함 • 유효성 검사 : 설정된 유효성 검사만 복사함 • 원본 테마 사용 : 원본 데이터에 적용된 테마를 복사함 • 테두리만 제외 : 테두리만 제외하고 나머지는 전부 복사함 • 열 너비 : 복사한 셀에 적용되어 열 너비만 선택한 셀에 적용함 • 수식 및 숫자 서식 : 수식과 숫자 모두 복사함 • 값 및 숫자 서식 : 값과 숫자 모두 복사함
연산	복사한 데이터와 붙여넣고자 하는 셀에 입력되어 있는 데이터를 지정한 연산자로 연산한 후 결과를 표시함
내용 있는 셀만 붙여넣기	복사한 셀에 빈 셀이 포함되어 있을 때 붙여넣고자 하는 셀에 이미 데이터가 입력되어 있다면, 복사한 셀을 무시하고 기존의 셀 내용을 그대로 유지함
행/열 바꿈	여러 셀을 복사했을 때 행과 열을 바꾸어 붙여넣음
연결하여 붙여넣기	• 복사한 셀을 연결하여 붙여넣는 것으로 원래 셀의 내용이 변경되면 자동으로 붙여넣은 셀의 내용이 변하게 함 • [A1] 셀의 내용을 복사한 경우 =$A$1과 같이 붙여줌

개념 체크

1 다음 중 [홈] 탭 – [클립보드] 그룹의 [붙여넣기] 옵션에 대한 설명으로 옳은 것은?

① [테두리 없음]을 이용하면 복사한 셀에 적용된 셀 서식을 모두 제외하고 셀의 내용만 붙여넣는다.
② [연결하여 붙여넣기]를 이용하면 복사한 셀에 입력된 내용을 연결하여 셀 서식과 함께 붙여넣는다.
③ [바꾸기]를 이용하면 복사한 데이터의 열을 행으로 변경하고, 행을 열로 변경하여 표를 뒤집어서 붙인다.
④ [그림]을 이용하면 복사한 셀에 입력된 내용이 변경 되는 경우 그림에 표시되는 텍스트도 자동으로 변경된다.

오답 피하기
- ① [테두리만 제외] : 테두리 없이 서식과 셀의 내용만 붙여넣음
- ② [연결하여 붙여넣기] : 셀 서식은 제외하고 복사한 셀에 입력된 내용을 연결하여 붙여넣음
- ④ [그림] : 복사한 셀에 입력된 내용이 변경 되더라도 그림에 표시되는 텍스트는 자동으로 변경되지 않음

2 다음 중 셀을 이동하거나 복사하는 과정에 대한 설명으로 옳지 않은 것은?

① 셀을 이동하거나 복사하면 수식과 결과 값, 셀 서식 및 메모를 포함한 셀 전체가 이동되거나 복사된다.
② 선택 영역의 테두리를 클릭한 채 다른 위치로 드래그하면 해당 영역이 이동된다.
③ 선택한 복사 영역에 숨겨진 행이나 열이 있는 경우 숨겨진 영역도 함께 복사된다.
④ Ctrl+X를 이용하여 잘라내기 한 경우 [값 붙여넣기]를 실행할 수 있다.

Ctrl+X를 이용하여 잘라내기 한 경우 [선택하여 붙여넣기]가 반전되어 기능을 사용하지 못하므로 [값 붙여넣기]를 실행할 수 없음

24년 상시, 22년 상시, 21년 상시, 20년 2월, 17년 3월/9월, …

POINT 069 데이터 자동 채우기*

합격 강의

자동 채우기 기능은 채우기 핸들을 드래그하여 데이터를 입력하는 기능

문자 데이터	데이터가 복사됨
숫자 데이터	• 1개의 셀을 드래그하면 데이터가 복사됨 • 2개의 셀을 범위로 설정하여 드래그하면 두 셀의 차이 값만큼 증가함 • Ctrl을 누른 채 드래그하면 1씩 증가함
혼합 데이터 (문자+숫자)	문자는 복사되고 숫자는 1씩 증가함. 숫자가 2개 이상 섞여 있을 경우 마지막 숫자만 1씩 증가함 (Ctrl을 누른 채 드래그하면 복사됨)
날짜/시간 데이터	• 1개의 셀을 드래그하면 날짜는 1일 단위로, 시간은 1시간 단위로 증가함 • 2개의 셀을 범위로 설정하여 드래그하면 두 셀의 차이 값만큼 증가함
사용자 지정 목록 데이터	[파일]–[옵션]–[고급]–[사용자 지정 목록 편집]에 등록된 순서에 따라 채워짐

※ Ctrl+R : 왼쪽 셀의 내용과 서식을 복사
※ Ctrl+D : 위쪽 셀의 내용과 서식을 복사
※ Ctrl+Q : 빠른 분석(서식, 차트, 합계, 테이블, 스파크라인)

개념 체크

1 다음 중 아래 워크시트의 [A1] 셀에서 10.1을 입력한 후 Ctrl을 누르고 자동 채우기 핸들을 아래로 드래그한 경우 [A4] 셀에 입력되는 값은?

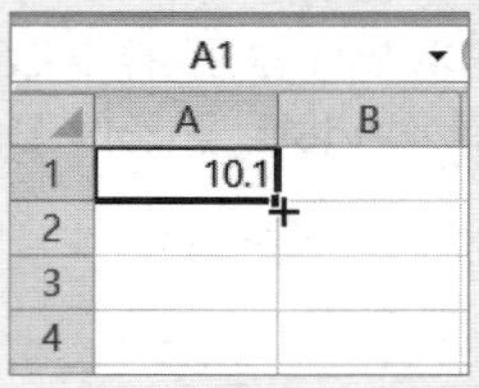

① 10.1 ② 10.4
③ 13.1 ④ 13.4

Ctrl을 누른 채 드래그하면 1씩 증가하므로 [A4] 셀에 입력되는 값은 13.1이 됨

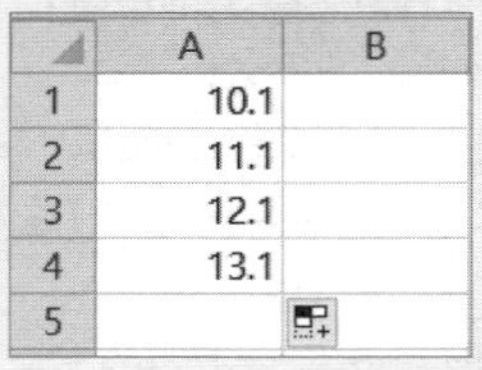

24년 상시, 23년 상시, 21년 상시, 17년 3월/9월, 15년 3월, …

POINT 070 데이터 찾기/바꾸기

합격 강의

데이터 찾기(Ctrl+F, Shift+F5)

[홈]–[편집]–[찾기 및 선택]–[찾기]를 실행하여 데이터를 검색한다.

찾을 내용	• 시트에서 찾고자 하는 내용을 입력하며 +, –와 같은 특수 문자도 찾을 수 있음 • *, ?와 같은 와일드 카드 문자를 사용할 수 있음
범위	시트인지 통합문서인지 검색 범위를 지정함
찾는 위치	'수식', '값', '메모'로 검색 위치를 지정함
기타 검색 조건	대/소문자 구분, 전체 셀 내용 일치, 전자/반자를 구분함

와일드 카드 문자 자체를 찾을 경우는 ~기호를 와일드 카드 문자 앞에 사용하면 됨

데이터 바꾸기(Ctrl+H)

- 찾을 내용을 검색해 내용에 입력한 값으로 바꾼다.
- 기본 옵션 설정은 찾기와 동일하다.

개념 체크 ✔

1 다음 중 [찾기 및 바꾸기] 대화 상자에 대한 설명으로 옳지 않은 것은?

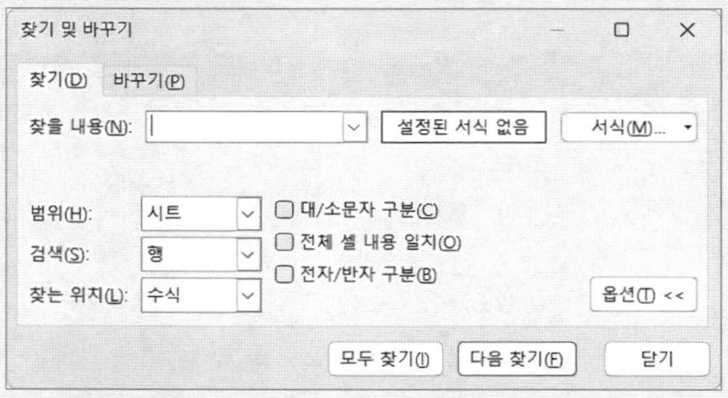

① 문서에서 '찾을 내용'에 입력한 내용과 일치하는 이전 항목을 찾으려면 Shift를 누른 상태에서 [다음 찾기] 단추를 클릭한다.
② '찾을 내용'에 입력한 문자만 있는 셀을 검색하려면 '전체 셀 내용 일치'를 선택한다.
③ 별표(*), 물음표(?) 및 물결표(~) 등의 문자가 포함된 내용을 찾으려면 '찾을 내용'에 작은따옴표(') 뒤에 해당 문자를 붙여 입력한다.
④ 찾을 내용을 워크시트에서 검색할지 전체 통합 문서에서 검색할지 등을 선택하려면 '범위'에서 '시트' 또는 '통합 문서'를 선택한다.

별표(*), 물음표(?) 및 물결표(~) 등의 문자가 포함된 내용을 찾으려면 '찾을 내용'에 물결표(~) 뒤에 해당 문자를 붙여 입력함

POINT 071 이름/메모/윗주/하이퍼링크

합격 강의

20년 2월, 11년 3월/10월, 10년 6월, 09년 10월, 03년 9월

이름 정의

- 셀 범위 이름을 정의하여 이동하거나 셀 범위 지정 및 수식에서 이름으로 사용한다.
- 영역을 지정하여 선택한 후 [수식]–[정의된 이름]–[이름 정의]를 실행하여 이름을 지정한다(절대 참조로 정의됨).
- 첫 글자는 문자(영문, 한글)나 밑줄 또는 '₩' 중 하나로 시작해야 하며 숫자로 시작될 수 없다.
- 공백을 포함할 수 없으며, 셀 주소의 형식이 될 수 없다.
- 최대 255자까지 지정할 수 있으며, 대소문자를 구분하지 않는다.
- 수식에 사용된 이름을 지우거나 인식할 수 없는 텍스트를 수식에 사용하면 오류(#NAME? 오류)가 발생한다.

24년 상시, 23년 상시, 16년 3월/10월, 14년 10월, 13년 3월/6월, 03년 9월

메모 입력(Shift+F2)

- 셀에 입력된 내용에 대한 보충 설명을 기록할 때 사용하며, 모든 셀에 입력할 수 있다.
- 셀의 위치가 변경되면 메모의 위치도 같이 변경된다.
- [검토]–[메모]–[새 메모] 또는 바로 가기 메뉴에서 [메모 삽입]을 실행해서 메모를 삽입한다.
- 메모가 삽입된 셀에는 빨간색 표식이 표시되며 셀에 마우스 포인터를 위치시키면 메모의 내용이 표시된다.
- [검토]–[메모]–[메모 표시/숨기기]에서 메모 표시 유무를 설정할 수 있다.
- 셀에 입력된 데이터를 삭제해도 메모는 삭제되지 않으므로, 메모를 삭제하려면 바로 가기 메뉴에서 [메모 삭제]를 선택하거나 [검토]–[메모]–[삭제]를 실행한다.

24년 상시, 23년 상시, 22년 상시, 19년 3월, 13년 3월, 10년 6월, 08년 5월, …

윗주 입력*

- 셀 데이터의 보충 설명으로, 문자 데이터에만 입력할 수 있다.
- [홈]–[글꼴]–[윗주 필드 표시/숨기기]–[윗주 편집]을 실행하여 윗주를 입력한다.
- [홈]–[글꼴]–[윗주 필드 표시/숨기기]를 실행해야 표시된다.
- 윗주가 표시되는 만큼 행의 높이도 조절된다.
- 윗주의 수평 맞춤 방식과 글꼴 서식을 변경할 수 있다.
- 윗주에 입력된 내용은 내용 전체에 대해서만 서식을 변경할 수 있다.
- 셀의 데이터를 삭제하면 윗주도 함께 사라진다.

07년 2월, 04년 5월

하이퍼링크 입력(Ctrl+K)

- 텍스트나 그래픽 개체에 차트나 다른 파일 또는 웹 페이지로 연결되게 하는 기능이다.
- 연결 대상에는 기존 파일/웹 페이지, 현재 문서, 새 문서 만들기, 전자메일 주소가 있다.
- 개체를 선택한 후 [삽입]–[링크]–[링크]를 실행한다.

개념 체크 ✔

1 다음 중 메모에 대한 설명으로 옳지 않은 것은?

① 새 메모를 작성하려면 바로 가기 키 Shift+F2를 누른다.
② 작성된 메모가 표시되는 위치를 자유롭게 지정할 수 있고, 메모가 항상 표시되도록 설정할 수 있다.
③ 피벗 테이블의 셀에 메모를 삽입한 경우 데이터를 정렬하면 메모도 데이터와 함께 정렬된다.
④ 메모의 텍스트 서식을 변경하거나 메모에 입력된 텍스트에 맞도록 메모 크기를 자동으로 조정할 수 있다.

피벗 테이블의 셀에 메모를 삽입한 경우 데이터를 정렬하더라도 메모는 데이터와 함께 정렬되지 않음

2 다음 중 아래의 빈칸 ㉠과 ㉡에 들어갈 내용으로 옳은 것은?

> [㉠]와/과 [㉡]은/는 엑셀의 연산이나 기타 기능에 상관없이 사용자에게 셀에 입력된 데이터의 추가정보를 제공하기 위해서 사용하는 것이다.
> 셀의 데이터를 삭제할 때 [㉠]은/는 함께 삭제되지 않으며, [㉡]은/는 함께 삭제된다.

① ㉠ : 메모, ㉡ : 윗주
② ㉠ : 윗주, ㉡ : 메모
③ ㉠ : 메모, ㉡ : 회람
④ ㉠ : 회람, ㉡ : 메모

- 셀에 입력된 데이터를 삭제해도 메모는 삭제되지 않음
- 셀에 입력된 데이터를 삭제하면 윗주도 함께 삭제됨

3 다음 중 [하이퍼링크 삽입] 대화 상자에 대한 설명으로 옳지 않은 것은?

① "표시할 텍스트"는 하이퍼링크를 설정하는 셀에 항상 표시되는 문자열이다.
② "화면 설명"은 하이퍼링크 위에 마우스 포인터를 놓았을 때 표시되는 문자열이다.
③ "책갈피"는 하이퍼링크를 만들 수 있는 파일 목록을 나타낸다.
④ "연결 대상"은 삽입할 하이퍼링크의 종류를 나타낸 아이콘이다.

책갈피 : 참조용으로 이름을 지정한 파일에서 텍스트의 위치 또는 선택 영역을 책갈피로 나중에 참조하거나 연결할 수 있도록 셀에 표시함

23년 상시, 09년 2월, 05년 7월, 04년 2월

POINT 072 일러스트레이션

합격 강의

도형 그리기

Shift	• 정사각형, 정원, 수평, 수직 • 45° 단위 간격선, 15° 단위 도형 회전 • 수평, 수직으로 도형 이동 가능	Ctrl	• 개체의 중심에서부터 도형 그리기 • 개체의 중심을 그대로 유지한 채 크기 조정 • 도형을 Ctrl+드래그하여 복사하기
		Alt	셀 눈금선에 맞게 그리기

그리기 개체 편집

개체 선택	• 단일 개체 : 마우스로 개체를 클릭하여 선택함 • 다중 개체 : 여러 개의 개체를 선택하려면 Shift나 Ctrl을 누른 채 선택하려는 개체를 차례로 클릭함 • 선택 취소 : Shift나 Ctrl을 누른 채 선택되어 있는 개체를 다시 클릭함 • 모든 개체의 선택을 취소할 때는 Esc를 누르거나 개체 밖의 아무 곳이나 클릭함
개체 이동	• 개체를 선택하고 마우스로 드래그함 • Shift를 누른 채 드래그하면 수평 또는 수직 방향으로만 이동할 수 있음
개체 복사	• Ctrl을 누른 채 선택한 개체를 드래그함 • Ctrl+Shift를 누른 채 드래그하면 수평 또는 수직 방향으로만 복사할 수 있음

그림 도구

• [삽입]–[일러스트레이션] 그룹에서 이 디바이스, 스톡 이미지, 온라인 그림, 도형, SmartArt, 스크린샷을 선택할 수 있다.
• [온라인 그림]을 선택하면 나타나는 [온라인 그림] 작업창에서 원하는 그림을 검색하여 찾을 수 있다.
• [도형]에서 [순서도]를 이용하면 일의 흐름을 작성하기 위한 플로우 차트를 그릴 수 있다.
• 기본 도형, WordArt는 회전 또는 대칭 기능을 사용할 수 있다.
• [삽입]–[텍스트] 그룹의 [WordArt]를 이용해서 다양한 글씨, 그림을 그릴 수 있다.

개념 체크 ✓

1 다음 중 도형 작성에 대한 설명으로 옳은 것은?

① Ctrl을 누른 채 수직/수평 방향이 아닌 다른 방향으로 마우스를 드래그하면 15° 간격으로 선이 그려진다.
② 원을 그릴 때 Shift를 누르고 그리면 반지름이 모두 같은 원이 그려진다.
③ Shift를 누른 채 도형을 그리면 셀의 크기에 도형이 맞추어져서 그려진다.
④ Alt를 누른 채 도형을 그리면 중심에서 바깥쪽으로 그려진다.

오답 피하기
• ① : Ctrl을 누른 채 수직/수평 방향이 아닌 다른 방향으로 마우스를 드래그하면 복사됨
• ③ : Alt를 누른 채 도형을 그리면 셀의 크기에 도형이 맞추어져서 그려짐
• ④ : Ctrl을 누른 채 도형을 그리면 중심에서 바깥쪽으로 그려짐

16년 3월, 11년 10월, 09년 10월

POINT 073 셀 서식★

합격 강의

[셀 서식]은 선택한 셀에 대한 표시 형식, 맞춤, 글꼴, 테두리 등의 속성을 지정함

[표시 형식] 탭

숫자	소수점 이하 자릿수, 1,000단위 구분 기호(콤마), 음수의 표기 형식을 설정하고 음수의 경우 빨간색으로 표시되게 하거나 괄호로 표시함 (예 소수 자릿수를 2로 지정 : 123456789 → 123456789.00)
통화	소수점 이하 자릿수, 통화 기호, 음수의 표시 형식을 설정함 (예 소수 자릿수를 3, 기호를 ₩로 지정 : 123456789 → ₩123,456,789.000)
회계	소수점 이하 자릿수와 통화 기호를 설정함 (예 소수 자릿수를 2, 기호를 ₩로 지정 : 123456789 → ₩ 123,456,789.00)
분수	셀에 입력된 소수를 분수 데이터로 표시하고자 할 때 사용함 (예 형식을 한 자릿수 분모로 지정 : 0.5 → 1/2)
텍스트	입력한 숫자에 텍스트 서식을 적용하여 입력한 그대로 표시함 (예 123456789 → 123456789)
기타	우편번호, 전화번호, 주민등록번호 등에 형식에 맞게 표시함 (예 형식을 전화번호 (국번3자리)로 지정 : 123456789 → (012) 345-6789)
사용자 지정	기존의 형식을 직접 수정해서 사용함

기적의TIP 통화 서식과 회계 서식
• 통화 서식과 회계 서식은 통화 기호의 표시 위치가 다르며 통화 서식만 음수의 표기 형식이 지원됨
• 0을 입력하고 통화 기호(₩)를 지정하면 0 앞에 ₩ 기호가 표시됨
• 0을 입력하고 회계 기호를 지정하면 0 대신 –(하이픈)으로 표시됨

24년 상시, 23년 상시, 22년 상시, 08년 10월, 06년 2월/9월, 03년 7월

[맞춤] 탭 – 텍스트 조정

자동 줄 바꿈	셀의 내용이 한 줄로 모두 표시되지 않을 경우 여러 줄로 나누어 표시함
셀에 맞춤	셀의 내용이 한 셀에 모두 표시되지 않는 경우 글자의 크기를 줄여 모든 내용이 셀 안에 표시되도록 설정함
셀 병합★	선택한 여러 셀을 하나의 셀로 병합함. 선택한 범위의 첫 번째 셀 또는 맨 위 셀의 데이터만 남고 나머지는 모두 지워짐

[글꼴] 탭

• 선택한 텍스트의 글꼴 종류, 스타일, 크기 및 기타 서식 옵션을 지정한다.
• [파일]–[옵션]–[일반] 탭에서 표준 글꼴과 크기를 설정할 수 있다.

기적의TIP 셀 서식 관련 바로 가기 키
• Ctrl+1 : 셀 서식
• Ctrl+2 : 굵게 적용 및 취소
• Ctrl+3 : 기울임꼴 적용 및 취소
• Ctrl+4 : 밑줄 적용 및 취소
• Ctrl+5 : 취소선 적용 및 취소

[테두리] 탭

• 선택한 셀의 외곽 테두리를 지정한다.
• 선의 종류와 색상을 선택한 후 테두리 단추나 미리 설정 단추를 클릭하여 테두리를 그린다.

[채우기] 탭

• 선택한 셀의 배경에 색 또는 무늬를 채운다.
• '색' 항목에서 셀의 배경에 채울 색을 선택하고 '무늬' 항목에서 배경 무늬와 배경 무늬 색을 지정한다.

[보호] 탭

• [검토]–[변경 내용]–[시트 보호]를 실행해서 시트 보호를 하기 전에 해당 셀의 잠금을 해제해 두어야 한다.
• 시트가 보호된 상태에서 Tab을 누르면 잠금이 해제된 다음 셀로 이동한다.

잠금	셀의 내용이나 서식의 변경, 셀 데이터의 이동 등을 할 수 없도록 설정함
숨김	수식 입력줄에 입력한 내용이 표시되지 않도록 설정함

개념 체크 ✓

1 다음 중 셀 서식 관련 바로 가기 키에 대한 설명으로 옳지 않은 것은?

① Ctrl+1 : 셀 서식 대화 상자가 표시된다.
② Ctrl+2 : 선택한 셀에 글꼴 스타일 '굵게'가 적용되며, 다시 누르면 적용이 취소된다.
③ Ctrl+3 : 선택한 셀에 밑줄이 적용되며, 다시 누르면 적용이 취소된다.
④ Ctrl+5 : 선택한 셀에 취소선이 적용되며, 다시 누르면 적용이 취소된다.

Ctrl+3 : 선택한 셀에 글꼴 스타일 '기울임꼴'이 적용되며, 다시 누르면 적용이 취소됨

오답 피하기

Ctrl+4 : 선택한 셀에 밑줄이 적용되며, 다시 누르면 적용이 취소됨

2 다음 중 [셀 서식] 대화 상자의 [맞춤] 탭에 '텍스트 방향'에서 설정할 수 없는 항목은?

① 텍스트 방향대로 ② 텍스트 반대 방향으로
③ 왼쪽에서 오른쪽 ④ 오른쪽에서 왼쪽

텍스트 방향 : 텍스트 방향대로, 왼쪽에서 오른쪽, 오른쪽에서 왼쪽

3 입력된 문자열이 셀의 너비보다 클 경우 입력 문자열의 글꼴 크기를 줄여 한 줄로 셀에 표시되게 하려면 셀 서식에서 어느 항목을 선택해 주어야 하는가?

① 자동 줄 바꿈 ② 셀에 맞춤
③ 셀 병합 ④ 균등 분할

셀에 맞춤
- 선택한 셀의 모든 데이터가 열에 맞게 표시되도록 글꼴의 문자 크기를 줄임
- 열 너비를 변경하면 문자 크기가 자동으로 조정됨
- 적용된 글꼴 크기는 바뀌지 않음

24년 상시, 22년 상시, 21년 상시, 20년 2월, 19년 3월, …

POINT 074 사용자 지정 서식

합격 강의

[홈]-[셀]-[서식]-[셀 서식]을 실행하고 [셀 서식] 대화 상자의 [표시 형식] 탭에서 [사용자 지정]을 선택하여 서식을 사용자가 직접 지정하여 사용할 수 있다.

24년 상시, 20년 2월/7월, 19년 8월, 18년 3월, 16년 3월/6월, 15년 3월/10월, …

숫자 서식*

#	하나의 자릿수를 의미하며 해당 자릿수에 숫자가 없을 경우는 표시하지 않음 (예 ##.## : 123.456 → 123.46)
0	하나의 자릿수를 의미하며 해당 자릿수에 숫자가 없을 경우는 0을 표시함 (예 000.00 : 12.3 → 012.30)
?	소수점 이하의 자릿수를 정렬하거나 분수 서식을 설정함 (예 ???.??? : 123 → 123.)
,	천 단위 구분 기호로 ,(쉼표) 이후에 더 이상 기호를 사용하지 않으면 천 단위 배수로 표시함(예 #,###, : 1234567 → 1,235)
%	숫자에 100을 곱한 다음 %를 붙임(예 % : 123 → 12300%)

07년 10월, 04년 2월

날짜 서식

연도	• yy : 연도를 끝 두 자리만 표시함(예 09) • yyyy : 연도를 네 자리로 표시함(예 2009)
월	• m : 월을 1에서 12로 표시함(예 8) • mm : 월을 01에서 12로 표시함(예 08) • mmm : 월을 Jan에서 Dec로 표시함(예 Aug) • mmmm : 월을 January에서 December로 표시함(예 August)
일	• d : 일을 1에서 31로 표시함(예 5) • dd : 일을 01에서 31로 표시함(예 05)
요일	• ddd : 요일을 Sun에서 Sat로 표시함(예 Wed) • dddd : 요일을 Sunday에서 Saturday로 표시함(예 Wednesday) • aaa : 요일을 월에서 일로 표시함(예 수) • aaaa : 요일을 월요일에서 일요일로 표시함(예 수요일)

경과된 시간은 [h], 경과된 분은 [m], 경과된 초는 [s]로 표시함

10년 3월, 05년 5월

시간 서식

시간	• h : 시간을 0부터 23으로 표시함(예 1) • hh : 시간을 00부터 23으로 표시함(예 01)
분	• m : 분을 0부터 59로 표시함(예 3) • mm : 분을 00부터 59로 표시함(예 03)
초	• s : 초를 0부터 59로 표시함(예 4) • ss : 초를 00부터 59로 표시함(예 04)
오전/오후	AM/PM : 시간을 12시간제로 표시함

12년 3월, 07년 5월

문자 서식

@	특정한 문자를 항상 붙여서 표기할 때 사용함
*	* 기호 다음에 있는 특정 문자를 셀의 너비만큼 반복하여 채움
_-	공백을 만듦. '_' 다음에 '-' 이외에 다른 기호를 사용해도 됨
[색상 이름]	글자의 색상을 지정함

09년 4월, 08년 8월, 05년 10월

기타 서식

입력 값	사용자 지정 서식	형식	결과
123	[DBNum1]	숫자(한자)	一百二十三
	[DBNum2]	숫자(한자-갖은자)	壹百貳拾參
	[DBNum3]	없음	百2十3
	[DBNum4]	숫자(한글)	일백이십삼

조건 지정

- 조건이 없을 경우 : '양수;음수;0값;문자' 순으로 네 가지의 표시 형식을 지정할 수 있다.
- 조건이 있을 경우 : 조건에 해당하는 표시 형식 순으로 지정된다(예 #,###;(#,###);0.00;@"개"→ 양수일 경우 세 자리에 콤마를 표시, 음수일 경우 괄호를 표시하고 세 자리에 콤마를 표시, '0'일 경우 '0.00'으로 표시, 문자일 경우 뒤에 '개'를 붙임).
- 조건이나 글꼴 색의 지정은 대괄호([ ]) 안에 입력한다.

개념 체크 ✓

1 다음 중 아래 조건을 처리하는 셀 서식의 사용자 지정 표시 형식으로 옳은 것은?

> 셀의 값이 1000이상이면 '파랑', 1000미만 500이상이면 '빨강', 500미만이면 색을 지정하지 않고, 각 조건에 대해 천 단위 구분 기호(,)와 소수 이하첫째 자리까지 표시한다. [표시 예 : 1234.56 → 1,234.6, 432 → 432.0]

① [파랑][>=1000]#,##0.0;[빨강][>=500]#,##0.0;#,##0.0
② [파랑][>=1000]#,###.#;[빨강][>=500]#,###.#;#,###.#
③ [>=1000]<파랑>#,##0.0;[>=500]<빨강>#,##0.0;#,##0.0
④ [>=1000]<파랑>#,###.#;[>=500]<빨강>#,###.#;#,###.#

- 글꼴 색과 조건 → 대괄호[ ] 안에 표기함
- 이상 → >=
- 셀의 값이 1000이상이면 '파랑' → [파랑][>=1000]
- 1000미만 500이상이면 '빨강' → [빨강][>=500]
- 500미만이면 색을 지정하지 않고, 각 조건에 대해 천 단위 구분 기호(,)와 소수 이하 첫째 자리까지 표시 → #,##0.0
- 각 구역은 세미콜론(;)으로 구분함 → ① [파랑][>=1000]#,##0.0;[빨강][>=500]#,##0.0;#,##0.0

2 다음 중 입력한 데이터에 지정된 사용자 지정 표시 형식의 결과가 옳지 않은 것은?

①

입력자료	엑셀
표시형식	@@@
결과	엑셀엑셀엑셀

②

입력자료	1
표시형식	#"0,000"
결과	10,000

③

입력자료	0.5
표시형식	[<1]0.??;#,###
결과	0.50

④

입력자료	2012-10-09
표시형식	mmm-dd
결과	Oct-09

코드	기능
대괄호([ ])	조건이나 글꼴색 지정
#	유효 자릿수만 나타내고 유효하지 않은 0은 표시하지 않음
0	유효하지 않은 자릿수를 0으로 표시함
?	유효하지 않은 0 대신 공백을 표시함
,	천 단위 구분 기호로 쉼표를 삽입함
;	서식 코드 구역 구분

- 표시형식 [<1]0.??;#,###에서 입력자료 0.5는 조건 [<1]에 의해 1보다 작은 값이므로 0.??이 적용됨(1이상인 경우는 #,###이 적용)
- 따라서, 0.5에 0.??이 적용되어서 결과는 0.5가 됨(문제의 보기처럼 0.50이 되려면 0.?0으로 수정하면 됨)

입력자료	0.5
표시형식	[<1]0.??;#,###
결과	0.5

오답 피하기

- ① : @는 문자 뒤에 특정한 문자열을 함께 나타나게 하는 기능으로 표시형식이 문자 없이 그냥 @@@이므로 입력자료 "엑셀"이 적용되면 "엑셀"이 세 번 반복되어 나타남
- ② : #은 유효 자릿수만 나타내고 유효하지 않은 0은 표시하지 않으므로 표시형식 #"0,000"에 입력자료 "1"이 적용되면 1 뒤에 "0,000"이 붙어서 10,000이 됨
- ④ : mmm은 월을 Jan~Dec로 표시하고, dd는 일을 01~31로 표시하므로 표시형식 mmm-dd에 입력자료 "2012-10-09"가 적용되면 연도는 표시되지 않고 Oct-09가 됨

POINT 075 기타 서식

합격 강의

24년 상시, 23년 상시, 22년 상시, 18년 9월, 16년 10월, 15년 3월/6월, 14년 6월, …

조건부 서식*

- 특정한 규칙을 만족하는 셀에 대해서만 각종 서식, 테두리, 셀 배경색 등의 서식을 설정한다(서식 스타일에는 데이터 막대, 색조, 아이콘 집합 등이 있음).
- [홈]–[스타일]–[조건부 서식]에서 선택하여 적용한다.
- 여러 개의 규칙이 모두 만족할 경우 지정한 서식이 충돌하지 않으면 규칙이 모두 적용되며, 서식이 충돌하면 우선순위가 높은 규칙의 서식이 적용된다.
- 규칙으로 설정된 해당 셀의 값들이 변경되어 규칙을 만족하지 않을 경우 적용된 서식이 해제된다.
- 규칙의 개수에는 제한이 없다.
- 서식이 적용된 규칙으로 셀 값 또는 수식을 설정할 수 있다. 규칙을 수식으로 입력할 경우 수식 앞에 반드시 등호(=)를 입력해야 한다.

표 서식

- 표 모양의 셀 범위에 빠르게 적용할 수 있도록 미리 만들어둔 서식이다.
- [홈]–[스타일]–[표 서식]에서 선택하여 적용한다.
- 사용자가 새로운 표 서식을 추가로 등록할 수 있고, 기존의 서식은 삭제할 수 없다.
- [테이블 디자인] 탭의 [표 스타일 옵션]과 [표 스타일] 그룹에서 옵션과 스타일을 변경할 수 있다.
- [데이터] 탭의 [정렬 및 필터] 그룹에서 필터를 설정하거나 해제할 수 있다.

20년 2월, 13년 6월, 09년 4월, 07년 2월, 04년 2월

셀 스타일

- 한 단계에서 여러 서식을 적용하고 셀의 서식이 일관되도록 하려면 셀 스타일을 사용한다.
- 셀 스타일은 글꼴과 글꼴 크기, 숫자 서식, 셀 테두리, 셀 음영 등의 정의된 서식 특성 집합이다.
- [홈] 탭–[스타일] 그룹에서 [스타일 갤러리]의 자세히 드롭다운 화살표(⊡)를 클릭하고 적용하려는 셀 스타일을 선택한다.
- 특정 셀을 다른 사람이 변경할 수 없도록 셀을 잠그는 셀 스타일을 사용할 수도 있다.
- 셀 스타일을 수정하거나 복제하여 사용자 지정 셀 스타일을 직접 만들 수도 있다.
- 사용 중인 셀 스타일을 수정한 경우 해당 셀에는 셀 스타일을 다시 적용하지 않아도 자동으로 수정한 서식이 반영된다.
- 미리 정의되거나 사용자 지정 셀 스타일을 삭제하여 사용 가능한 셀 스타일 목록에서 제거할 수 있다(셀 스타일을 삭제하면 서식이 지정된 모든 셀에서도 제거됨).
- 표준 셀 스타일은 삭제할 수 없다.

개념 체크 ✓

1 다음 중 조건부 서식에 대한 설명으로 올바르지 않은 것은?

① 규칙을 셀 값 또는 수식으로 입력할 수 있으며, 수식으로 입력할 경우 수식 앞에는 등호(=)를 입력한다.
② 지정한 규칙이 어느 것도 참이 아닐 경우 셀은 마지막 규칙의 서식이 적용된다.
③ 특정한 규칙을 만족하는 셀에 대해서만 각종 서식, 테두리, 셀 배경색 등의 서식을 설정한다.
④ 지정한 여러 개의 규칙이 모두 만족될 경우 지정한 서식이 충돌하지 않으면 규칙이 모두 적용된다.

규칙을 만족할 경우에만 서식이 적용됨

2 다음 중 셀 스타일에 대한 설명으로 옳지 않은 것은?

① 셀 스타일은 글꼴과 글꼴 크기, 숫자 서식, 셀 테두리, 셀 음영 등의 정의된 서식의 집합으로 셀 서식을 일관성 있게 적용하는 경우 편리하다.
② 기본 제공 셀 스타일을 수정하거나 복제하여 사용자 지정 셀 스타일을 직접 만들 수 있다.
③ 사용 중인 셀 스타일을 수정한 경우 해당 셀에는 셀 스타일을 다시 적용해야 수정한 서식이 반영된다.
④ 특정 셀을 다른 사람이 변경할 수 없도록 셀을 잠그는 셀 스타일을 사용할 수도 있다.

사용 중인 셀 스타일을 수정한 경우 해당 셀에는 셀 스타일을 다시 적용하지 않아도 자동으로 수정한 서식이 반영됨

SECTION 10

2과목 스프레드시트 일반

수식 활용

15년 3월

POINT 076 수식의 기본과 함수

합격 강의

10년 10월

수식

- 셀 안을 클릭한 다음 수식을 입력하여 구성한다.
- 먼저 =, + 기호를 입력하고 수식을 입력한다.
- 수식은 산술 연산자, 비교 연산자, 텍스트 연산자, 참조 연산자를 사용해서 계산한다.
- 문자열을 입력할 때는 큰따옴표(" ")로 묶어준다.

산술 연산자

+	더하기	−	빼기	*	곱하기
/	나누기	%	백분율	^	거듭제곱

비교 연산자

>	크다(초과)	>=	크거나 같다(이상)	=	같다
<	작다(미만)	<=	작거나 같다(이하)	<>	같지 않다

> **기적의 TIP** &(문자열 연산자)
>
> &는 두 개의 문자 데이터를 하나로 연결함(예 ="대한" & "민국" → 대한민국)

참조 연산자

셀 범위를 지정하거나 여러 개의 셀을 하나로 결합한다.

:(콜론)	범위 연산자	연속적인 범위 영역을 하나의 참조 영역으로 지정 예 A1:A5 → A1 셀에서 A5 셀까지를 의미함
,(쉼표)	구분 연산자	• 쉼표로 구분한 참조 영역을 하나의 참조 영역으로 지정함 • 함수 등에서 떨어진 범위를 참조할 때 사용 예 A1,A3,C1:C5 → A1 셀과 A3 셀, C1 셀부터 C5 셀까지를 의미함
공백	교점 연산자	두 참조 영역의 교차 지점에 있는 참조 영역을 지정 예 A1:A3 A2:B2 → 두 범위의 교차 지점 A2 셀을 참조함
#	분산 범위 연산자	• 동적 배열 수식에서 전체 범위를 참조하는 데 사용 • 분산 범위를 자동으로 선택함 예 =SUM(A2#) → [A2] 셀을 기준으로 분산 범위의 합계를 구함

24년 상시, 21년 상시, 20년 7월, 16년 3월, 12년 9월, 08년 2월, 07년 7월

수식 보기

- Ctrl+~를 눌러 수식 보기와 수식의 결과 보기 상태로 전환할 수 있다.
- [파일] 탭-[옵션]-[Excel 옵션]-[고급]-[이 워크시트의 표시 옵션]의 '계산 결과 대신 수식을 셀에 표시' 항목을 선택한다.
- [수식] 탭-[수식 분석] 그룹의 [수식 표시]를 선택하면 수식이 입력된 셀에 결과 값이 표시되는 대신 실제 수식 내용이 표시된다.
- [셀 서식] 대화 상자의 [보호] 탭에서 '숨김'을 선택하고 워크시트를 보호했을 경우에는 수식 입력줄에 원본 수식이 나타나지 않는다.
- 수식이 입력된 셀을 더블클릭한 다음 수식 일부를 블록으로 지정하고 F9를 누르면 선택한 부분의 결과를 미리 확인할 수 있으며 수식은 결과 값으로 변경된다.

24년 상시, 16년 3월/10월, 14년 6월/10월, 12년 6월, 08년 8월, 07년 2월, 06년 5월, …

셀 참조*

*수식에서 다른 셀에 입력된 데이터를 사용할 경우 실제 데이터 대신 셀 주소를 사용함

상대 참조	상대 참조로 입력된 셀 주소는 복사하면 원래의 셀에서 현재 셀까지의 거리만큼 참조된 셀의 주소가 자동으로 변경됨. 참조하는 셀과 수식이 입력되는 셀과의 관계를 상대적으로 나타내어 참조하는 것으로 단순히 셀의 주소만을 입력하는 것(예 F2)
절대 참조	셀 참조를 입력한 후 다른 셀로 복사해도 참조하고 있는 셀의 주소가 절대로 변경되지 않고 항상 고정되는 형태의 셀 참조(예 $F$2)
혼합 참조	수식에서 $A1과 같이 열만 절대 참조하는 경우와 A$1과 같이 행만 절대 참조하는 경우가 있음(예 $F2, F$2)
다른 워크시트의 셀 참조	• 셀 주소 앞에 워크시트 이름을 표시하고 워크시트 이름과 셀 주소 사이는 느낌표(!)로 구분함(예 =A5*Sheet2!A5) • 워크시트 이름이 공백을 포함하는 경우 워크시트 이름을 작은 따옴표(' ')로 감쌈(예 =A5*'성적 일람'!A5)
다른 통합 문서의 셀 참조	• 통합 문서의 이름을 대괄호([ ])로 둘러싸고, 워크시트 이름과 셀 주소를 입력함(예 =A5* [성적 일람표.xlsx]Sheet1!A5) • 통합 문서의 이름이 공백을 포함하는 경우 통합문서와 워크시트 이름을 작은 따옴표(' ')로 감쌈(예 =A5*'[성적 일람표.xlsx]Sheet1'!A5)
3차원 참조	• 통합 문서의 여러 워크시트에 있는 같은 위치의 셀이나 셀 범위를 참조함 • 예를 들어 "=SUM(Sheet1:Sheet5!A1)"은 Sheet1에서 Sheet5까지 포함되어 있는 모든 워크시트의 [A1] 셀의 합계를 구함 • 배열 수식에는 3차원 참조를 사용할 수 없음

> **기적의 TIP** F4 셀 주소 변환키
>
> - 셀 주소를 입력한 다음 F4를 누르면 키를 누를 때마다 자동으로 주소의 형태가 변경됨
> - 변경 순서 : A5→$A$5→A$5→$A5

20년 2월, 11년 3월/10월, 10년 6월, 09년 10월, 03년 9월

이름 사용

- 셀이나 특정 영역에 알아보기 쉬운 이름을 정의해 두고, 이 이름을 사용하여 수식을 작성하면 수식의 구성을 더욱 쉽게 알아볼 수 있다.
- 셀이나 범위 이외에 상수나 수식에도 이름을 정의할 수 있다.

이름 작성 규칙

- 이름의 첫 글자는 문자나 밑줄(_), ₩만 사용할 수 있다.
- 나머지 글자는 문자, 숫자, 마침표(.), 밑줄(_)을 사용할 수 있다.
- 셀 주소와 같은 형태의 이름은 사용할 수 없다.
- 공백을 사용할 수 없으며, 낱말을 구분하려면 밑줄이나 마침표를 사용한다.
- 최대 255자까지 지정할 수 있으며, 대/소문자를 구분하지 않는다.
- 같은 통합 문서에서 동일한 이름을 중복하여 사용할 수 없다.
- 이름은 기본적으로 절대 참조로 정의된다.

이름 정의하기

방법 1	• 이름을 정의할 영역을 범위로 지정한 후 이름 상자에 원하는 이름을 입력하고 Enter를 누름 • 이미 정의된 이름을 입력하면 해당 영역을 선택해 줌
방법 2	[수식] 탭-[정의된 이름] 그룹-[이름 정의]를 실행한 후 원하는 이름과 참조 영역을 지정하고 [확인]을 클릭하면 목록에 추가됨

> **기적의 TIP** Ctrl+F3
>
> [이름 관리자] 바로 가기 키로 [새로 만들기], [편집], [삭제], [필터] 등의 기능이 지원됨

24년 상시, 23년 상시, 22년 상시, 10년 10월, 09년 7월/10월, 08년 8월, …

수식의 오류 값*

정상적인 결과를 출력할 수 없을 때 발생한다.

#####	숫자 데이터의 길이가 셀보다 길 때
#NULL!	교차하지 않는 두 영역의 교점을 지정했을 때
#DIV/0!	특정한 숫자를 0으로 나누는 수식을 입력했을 때
#VALUE!	잘못된 인수 또는 피연산자를 사용했을 때
#REF!	유효하지 않은 셀 참조를 지정했을 때
#NAME?	인식할 수 없는 문자열을 수식에 사용했을 때 또는 참조하고 있는 이름을 삭제했을 때
#NUM!	수식이나 함수에 숫자와 관련된 문제가 있을 때
#N/A	함수나 수식에 사용할 수 없는 값을 지정했을 때
#SPILL!	동적 배열 수식에서 반환 셀 개수가 부족할 때 발생하며, 입력 값을 삭제하여 오류를 해결하면 됨
#CALC!	중첩 배열 오류는 두 번째 배열 제거로, 빈 배열 오류는 조건 변경이나 인수 추가로 해결할 수 있음

함수의 개념

- 이미 만들어진 수식에 의해 계산하는 것이다.
- 수식과 같이 등호(=)로 시작한다.
- 함수는 함수 이름, 괄호, 인수, 쉼표로 구성된다(예 =SUM(10,20)).
- 함수 안에 또 다른 함수를 사용하는 중첩 함수도 가능하다.
- 사용할 함수와 인수 값들을 직접 입력해도 되지만 함수 마법사를 사용하여 쉽게 함수를 이용할 수 있다.

※ 인수: 함수의 괄호에 입력되는 값으로, 함수의 규칙에 적합한 값을 입력해야 함. 인수를 사용하지 않는 함수도 있음

11년 10월

함수 마법사(Shift+F3)

- [수식]-[함수 라이브러리]-[함수 삽입]을 선택하거나 수식 입력줄의 [함수 삽입](fx)을 클릭하여 실행한다.
- 다양한 함수들이 범주에 따라 나누어져 있다.
- 함수를 선택하면 함수에 대한 설명과 필요한 인수에 대한 설명이 나온다.

개념 체크 ✔

1 다음 중 수식 작성 과정에 대한 설명으로 옳지 않은 것은?

① 셀 범위를 참조할 때에는 시작 셀 이름과 마지막 셀 이름 사이에 콜론(:)이 입력된다.
② 다른 워크시트의 값을 참조하는 경우 해당 워크시트의 이름에 사이 띄우기가 포함되어 있으면 워크시트의 이름은 큰따옴표("")로 묶인다.
③ 수식에 숫자를 입력할 때 화폐단위나 천 단위 구분 기호와 같은 서식 문자는 입력하지 않는다.
④ 외부 참조를 하는 경우 통합 문서의 이름과 경로가 포함되어야 한다.

다른 워크시트의 값을 참조하는 경우 해당 워크시트의 이름에 사이 띄우기가 포함되어 있으면 워크시트의 이름은 작은따옴표(')로 묶음

2 다음 중 셀에 수식을 입력하는 방법에 대한 설명으로 옳지 않은 것은?

① 수식에서 통합 문서의 여러 워크시트에 있는 동일한 셀 범위 데이터를 이용하려면 3차원 참조를 사용한다.
② 계산할 셀 범위를 선택하여 수식을 입력한 다음 Ctrl+Enter를 누르면 동일한 수식을 선택한 범위의 모든 셀에 빠르게 입력할 수 있다.
③ 수식을 입력한 후 결과 값이 수식이 아닌 상수로 입력되게 하려면 수식을 입력한 후 바로 Alt+F9를 누른다.
④ 배열 상수에는 숫자나 텍스트 외에 'TRUE', 'FALSE' 등의 논리 값 또는 '#N/A'와 같은 오류 값도 포함될 수 있다.

수식을 입력한 후 결과 값이 수식이 아닌 상수로 입력되게 하려면 수식을 입력한 후 바로 F9를 누름

3 다음 중 수식에서 발생하는 각 오류에 대한 원인으로 옳지 않은 것은?

① #NULL! – 배열 수식이 들어 있는 범위와 행 또는 열수가 같지 않은 배열 수식의 인수를 사용하는 경우
② #VALUE! – 수식에서 잘못된 인수나 피연산자를 사용한 경우
③ #NUM! – 수식이나 함수에 잘못된 숫자 값이 포함된 경우
④ #NAME? – 수식에서 이름으로 정의되지 않은 텍스트를 큰따옴표로 묶지 않고 입력한 경우

#NULL! : 교점 연산자(공백)를 사용했을 때 교차 지점을 찾지 못한 경우

24년 상시, 23년 상시, 22년 상시, 21년 상시, 19년 3월/8월, …

POINT 077 수학/삼각 함수*

합격 강의

=SUM(인수1, 인수2)	인수들의 합계를 구함
=SUMIF(검색 범위, 조건, 합계 범위)	• 검색 범위에서 조건을 검사하여 조건을 만족할 경우 합계 범위에서 대응하는 셀의 합계를 계산 • SUMIF 함수의 합계 범위를 생략하면 검색 범위와 동일하게 인식됨
=SUMIFS(합계 범위, 셀 범위1, 조건1, 셀 범위2, 조건2,…)	• 조건이 여러 개일 경우, 셀 범위1에서 조건1이 만족하고 셀 범위2에서 조건2가 만족되면 합계 범위에서 합을 산출함 • 조건은 최대 127개까지 지정 가능함
=ROUND(인수, 자릿수)	인수를 지정한 자릿수로 반올림함
=ROUNDUP(인수, 자릿수)	인수를 지정한 자릿수로 올림함
=ROUNDDOWN(인수, 자릿수)	인수를 지정한 자릿수로 내림함
=ABS(인수)	인수의 절대값을 구함
=INT(인수)	인수를 소수점을 버리고 가장 가까운 정수로 구함
=MOD(인수1, 인수2)	인수1을 인수2로 나눈 나머지를 구함
=QUOTIENT(피제수, 제수)	• 나눗셈 몫의 정수 부분을 반환, 나눗셈을 하고 나머지를 버릴 때 이 함수를 사용함 • #NAME? 오류가 생기는 경우 [Excel 옵션]-[추가 기능]을 이용하여 분석 도구를 추가해야 함
=RAND( )	0과 1 사이의 난수(정해져 있지 않은 수)를 구함
=RANDBETWEEN(최소 정수, 최대 정수)	지정한 두 수 사이의 임의의 수를 반환함
=PI( )	원주율 값(3.14159265358979)을 반환함
=EXP(수)	e(자연 로그의 밑)를 수만큼 거듭 제곱한 값(e=2.718281828)을 구함
=ODD(수)	주어진 수에 가장 가까운 홀수로, 양수인 경우 올림하고 음수인 경우 내림함
=EVEN(수)	주어진 수에 가장 가까운 짝수로, 양수인 경우 올림하고 음수인 경우 내림함
=SQRT(인수)	인수의 양의 제곱근을 구함
=POWER(인수, 제곱값)	인수의 거듭 제곱값을 구함
=FACT(인수)	인수의 계승값을 구함
=TRUNC(수1, 수2)	• 수1을 무조건 내림하여 자릿수(수2)만큼 반환함 • 수2를 생략하면 0으로 처리됨
=PRODUCT(인수1, 인수2, …)	인수를 모두 곱한 값을 구함
=SIGN(인수)	인수의 부호값(양수이면 1, 0이면 0, 음수이면 -1)을 구함

개념 체크

1 다음 중 수식과 그 실행 결과 값의 연결이 옳지 않은 것은?

① =ABS(INT(−7.9)) → 8
② =SUM(TRUNC(45.6), MOD(32, 3)) → 47
③ =POWER(ROUND(2.3, 0), SQRT(4)) → 9
④ =CHOOSE(3, SUM(10, 10), INT(30.50), 50) → 50

=POWER(ROUND(2.3, 0), SQRT(4)) → 4 : ROUND(2.3, 0)은 2.3이 반올림 수(2.5)가 아니므로 2가 되고, SQRT(4)는 양의 제곱근이므로 2가 되어 =POWER(2,2)에 의해 거듭제곱되어 4가 결과가 됨

오답 피하기

- ① =ABS(INT(−7.9)) → 8 : INT(−7.9)는 −7.9를 넘지 않는 최대 정수를 구하므로 −8이 되고 ABS는 절대값을 구하기 때문에 8이 됨
- ② =SUM(TRUNC(45.6), MOD(32, 3)) → 47 : TRUNC(45.6)은 자릿수가 생략된 형태로 무조건 내림되어 45가 되고, MOD(32, 3)는 32를 3으로 나눈 나머지를 구하므로 2가 되어 45와 2의 합(SUM) 47이 됨
- ④ =CHOOSE(3, SUM(10, 10), INT(30.50), 50) → 50 : SUM(10,10)은 합을 구하므로 20이 되고, INT(30.50)은 30.50을 넘지 않는 최대 정수이므로 30이 되어 =CHOOSE(3, 20, 30, 50)에서 CHOOSE의 3에 의해 세 번째 수인 50을 선택하므로 결과가 50이 됨

2 수학식 $\sqrt{16}\times(|-2|plus2^3)$을 엑셀 수식으로 바르게 표현한 것은?

① =POWER(16)*(ABS(−2)+SQRT(2,3))
② =SQRT(16)*(ABS(−2)+POWER(3,2))
③ =SQRT(16)*(ABS(−2)+POWER(2,3))
④ =POWER(16)*(ABS(−2)+SQRT(3,2))

- SQRT(수) : 양의 제곱근을 구함
- ABS(수) : 인수의 절대값을 구함
- POWER(인수, 숫자) : 인수를 숫자만큼 거듭 제곱한 값
- $\sqrt{16}\times(|-2|plus2^3)$: =SQRT(16)*(ABS(−2)+POWER(2,3)) = 4*(2+8)

24년 상시, 23년 상시, 21년 상시, 19년 3월, 17년 3월/9월, …

POINT 078 날짜/시간 함수*

합격 강의

=NOW( )	현재 컴퓨터 시스템의 날짜와 시간을 반환함
=TODAY( )	현재 컴퓨터 시스템의 날짜만 반환함
=DATE(연, 월, 일)	연, 월, 일에 해당하는 날짜 데이터를 반환함
=YEAR(날짜), =MONTH(날짜), =DAY(날짜)	날짜의 연도, 월, 일자 부분만 따로 추출함
=TIME(시, 분, 초)	시, 분, 초에 해당하는 시간 데이터를 반환함
=HOUR(시간), =MINUTE(시간), =SECOND(시간)	시간의 시, 분, 초 부분만 따로 추출함
=WEEKDAY (날짜, 반환 값의 종류)	날짜의 요일 번호를 반환함
=DAYS (종료 날짜, 시작 날짜)	두 날짜 사이의 일 수를 반환함
=EDATE (시작 날짜, 전후 개월 수)	• 시작 날짜를 기준으로 전, 후 개월 수를 반환함 • 월과 일이 같은 만기일이나 기한을 계산함
=EOMONTH (시작 날짜, 전후 개월 수)	• 시작 날짜를 기준으로 전, 후 개월의 마지막 날을 반환함 • 달의 마지막 날에 해당하는 만기일을 계산함
=NETWORKDAYS (시작 날짜, 끝 날짜, 휴일)	• 시작 날짜와 끝 날짜 사이의 작업 일수를 계산함(주말, 휴일 제외) • 작업한 날짜 수를 기초로 직원의 임금을 계산함
=WEEKNUM (해당주 날짜, 반환 유형)	• 해당주 날짜가 일 년 중 몇 번째 주인지 표시함 • 반환 유형 : 1(기본 값으로 일요일부터 주 시작), 2(월요일부터 주 시작)
=WORKDAY (시작 날짜, 전후 주말/휴일 제외 날짜 수, 휴일)	• 시작 날짜의 전후 날짜 수(주말, 휴일 제외한 평일)를 반환함 • 작업 일수, 배달일, 청구서 기한일 등을 계산함

기적의 TIP =WEEKDAY(날짜, 반환 값의 종류)

- 1 또는 생략 : 1(일요일)에서 7(토요일) 사이의 숫자
- 2 : 1(월요일)에서 7(일요일) 사이의 숫자
- 3 : 0(월요일)에서 6(일요일) 사이의 숫자
- 11 : 1(월요일)에서 7(일요일) 사이의 숫자
- 12 : 1(화요일)에서 7(월요일) 사이의 숫자
- 13 : 1(수요일)에서 7(화요일) 사이의 숫자
- 14 : 1(목요일)에서 7(수요일) 사이의 숫자
- 15 : 1(금요일)에서 7(목요일) 사이의 숫자
- 16 : 1(토요일)에서 7(금요일) 사이의 숫자
- 17 : 1(일요일)에서 7(토요일) 사이의 숫자

개념 체크

1 아래 시트에서 각 수식을 실행했을 때의 결과 값으로 옳지 않은 것은?

	A
1	2017년 3월 5일 일요일
2	2017년 3월 20일 월요일
3	2017년 4월 10일 월요일

① EOMONTH(A1,−3) → 2016−12−05
② DAYS(A3,A1) → 36
③ NETWORKDAYS(A1,A2) → 11
④ WORKDAY(A1,10) → 2017−03−17

① EOMONTH(A1,−3) → 2016−12−31
- 2017년 3월의 −3개월 마지막 날이므로 2016년 12월 31일이 됨
- EOMONTH(시작 날짜, 전후 개월 수)
- 시작 날짜를 기준으로 전, 후 개월의 마지막 날을 반환함
- 달의 마지막 날에 해당하는 만기일을 계산함

오답 피하기

- ② DAYS(A3,A1) → 36
  - 4월 10일과 3월 5일, 두 날짜 사이의 일 수를 구함
  - DAYS(종료 날짜, 시작 날짜)
- ③ NETWORKDAYS(A1,A2) → 11
  - 3월 5일부터 3월 20일까지 주말을 제외한 작업 일수를 구함
  - NETWORKDAYS(시작 날짜, 끝 날짜, 휴일)
  - 시작 날짜와 끝 날짜 사이의 작업 일수를 계산함(주말, 휴일 제외)
- ④ WORKDAY(A1,10) → 2017−03−17
  - 3월 5일은 일요일이므로 3월 6일부터 주말/휴일 제외 10일 후이므로 3월 17일이 됨
  - WORKDAY(시작 날짜, 전후 주말/휴일 제외 날짜 수, 휴일)
  - 시작 날짜의 전후 날짜 수(주말, 휴일 제외한 평일)를 반환함

2 다음 중 함수식과 그 실행 결과가 옳지 않은 것은?(단, 함수식의 결과가 날짜로 표시되어 있는 경우 셀의 표시 형식은 '날짜'로 설정되어 있는 것으로 한다)

① =EDATE("2012−1−1", −5) → 2011−08−01
② =EOMONTH("2012−1−1", 5) → 2012−06−01
③ =NETWORKDAYS("2012−1−1", "2012−1−10") → 7
④ =WORKDAY("2012−1−1", 5) → 2012−01−06

=EOMONTH("2012−1−1", 5) : 2012년 1월을 기준으로 5개월 후 마지막 날이므로 2012년 06월 30일이 됨

오답 피하기

- ① =EDATE("2012−1−1", −5) → 2011−08−01 : 시작 날짜를 기준으로 전, 후 개월 수를 반환하므로 2012년 01월 1일 기준으로 −5개월 즉, 2011년 8월 1일이 결과로 산출됨
- ③ =NETWORKDAYS("2012−1−1", "2012−1−10") → 7 : 시작 날짜와 끝 날짜 사이의 작업 일수를 계산(주말, 휴일 제외)하므로 1일(신정), 7일(토요일), 8일(일요일)을 제외한 2, 3, 4, 5, 6, 9, 10일이므로 결과는 7이 됨
- ④ =WORKDAY("2012−1−1", 5) → 2012−01−06 : 시작 날짜의 전후 날짜 수(주말, 휴일 제외한 평일)를 반환하므로 2012년 1월 1일부터 5일 후의 날짜인 2012년 01월 06일이 결과가 됨

24년 상시, 23년 상시, 22년 상시, 21년 상시, 20년 2월/7월, …

POINT 079 통계 함수*

합격 강의

=MAX(인수1, 인수2, …)	인수 중에서 최대값을 구함
=MIN(인수1, 인수2, …)	인수 중에서 최소값을 구함
=MAXA(수1, 수2, …)	• 인수 중에서 최대값을 구함(논리 값, 텍스트로 나타낸 숫자 포함) • TRUE : 1로 계산 • 텍스트나 FALSE : 0으로 계산
=MINA(수1, 수2, …)	• 인수 중에서 최소값을 구함(논리 값, 텍스트로 나타낸 숫자 포함) • TRUE : 1로 계산 • 텍스트나 FALSE : 0으로 계산
=AVERAGE(인수1, 인수2, …)	인수들의 평균을 구함
=AVERAGEA(인수1, 인수2, …)	수치가 아닌 셀을 포함하는 인수의 평균 값을 구함
=AVERAGEIF(조건 범위, 조건, 평균 범위)	조건을 만족하는 셀들의 평균을 구함
=AVERAGEIFS(평균 범위, 조건1 관련 범위, 조건1, 조건2 관련 범위, 조건2, …)	여러 조건을 만족하는 셀들의 평균을 구함
=COUNT(인수1, 인수2, …)	인수 중 숫자의 개수를 구함
=COUNTA(인수1, 인수2, …)	인수 중 비어 있지 않은 셀의 개수를 구함
=COUNTBLANK(범위)	범위 중 비어있는 셀의 개수를 구함
=COUNTIF(범위, 조건)	범위에서 조건을 만족하는 셀의 개수를 구함
=COUNTIFS(조건1 관련 범위, 조건1, 조건2 관련 범위, 조건2, …)	여러 조건을 만족하는 셀의 개수를 구함
=VAR.S(인수1, 인수2, …)	분산을 구함
=STDEV.S(인수1, 인수2, …)	표준 편차를 구함
=MEDIAN(인수1, 인수2, …)	인수 중 중간값을 구함
=MODE.SNGL(인수1, 인수2, …)	인수 중 가장 많이 발생한 값을 구함
=LARGE(범위, n번째)	범위에서 n번째로 큰 값을 구함
=SMALL(범위, n번째)	범위에서 n번째로 작은 값을 구함
=GEOMEAN(수1, 수2, …)	기하 평균을 구함
=HARMEAN(수1, 수2, …)	조화 평균을 구함

기적의 TIP RANK.EQ 함수(RANK 함수와 같음)

• 수치의 순위를 구함
• =RANK.EQ(순위 구할 수, 참조 범위, 순위 결정 방법)

순위 구할 수	순위를 구하려는 수
참조 범위	수 목록의 배열이나 참조 영역으로서, 숫자가 아닌 값은 무시됨(참조 범위는 절대 참조($)를 이용)
순위 결정 방법	• 순위 결정 방법을 정의하는 수 • 순위 결정 방법이 0이거나 생략되면 참조 범위가 내림차순으로 정렬된 목록처럼 순위를 부여함(예 높은 수치가 1등이 되는 경우 : 성적, 멀리 뛰기 등) • 순위 결정 방법이 0이 아니면 참조 범위가 오름차순으로 정렬된 목록처럼 순위를 부여함(예 낮은 수치가 1등이 되는 경우 : 달리기 기록 등)

C2 =RANK.EQ(B2,$B$2:$B$6)

	A	B	C	D	E	F
1	성명	점수	RANK.EQ			
2	김성근	100	1			
3	조윤진	100	1			
4	홍범도	60	5			
5	김선	70	4			
6	이예린	80	3			
7						

▲ 순위 결정 방법이 생략된 경우이므로 높은 점수가 상위 등수가 됨

• [C2] 셀 : =RANK.EQ(B2,$B$2:$B$6) → 김성근, 조윤진이 같은 순위이므로 높은 순위 1이 반환됨

D5 =RANK.EQ(C5,$C$4:$C$8,1)

	A	B	C	D	E	F
1	100미터 달리기 순위 현황					
2						
3	국가명	선수명	기록(초)	순위		
4	미국	벤존슨	11	2		
5	한국	이쑨살	10	1		
6	자메이카	너볼트	12	3		
7	중국	씨에씨에	13	4		
8	일본	아리가토	14	5		

▲ 순위 결정 방법이 0이 아닌 1이므로 100미터 기록이 가장 빠른 이쑨살 선수가 1등이 됨

• [D5] 셀 : =RANK.EQ(C5,$C$4:$C$8,1) → 100미터 달리기 기록(초)이므로 가장 빠른 10초가 가장 낮은 수치이지만 순위 결정 방법이 1이므로 1등이 됨

개념 체크

1 다음 중 아래 시트에서 각 수식을 실행했을 때의 결과 값으로 옳은 것은?

	A	B	C	D	E
1	이름	국어	영어	수학	평균
2	홍길동	83	90	73	82
3	이대한	65	87	91	81
4	한민국	80	75	100	85
5	평균	76	84	88	82.66667

① =SUM(COUNTA(B2:D4), MAXA(B2:D4)) → 102
② =AVERAGE(SMALL(C2:C4, 2), LARGE(C2:C4, 2)) → 75
③ =SUM(LARGE(B3:D3, 2), SMALL(B3:D3, 2)) → 174
④ =SUM(COUNTA(B2,D4), MINA(B2,D4)) → 109

③ =SUM(LARGE(B3:D3, 2), SMALL(B3:D3, 2)) → 174
• LARGE(B3:D3, 2) → 87 (B3:D3 범위에서 2번째로 큰 수를 구함)
• SMALL(B3:D3, 2) → 87 (B3:D3 범위에서 2번째로 작은 수를 구함)
• SUM(87,87) → 174 (인수로 지정한 숫자의 합계를 구함)

오답 피하기

① =SUM(COUNTA(B2:D4), MAXA(B2:D4)) → 109
• COUNTA(B2:D4) → 9 (B2:D4 범위에서 공백이 아닌 인수의 개수를 구함)
• MAXA(B2:D4) → 100 (B2:D4 범위의 인수 중에서 최대값을 구함)
• SUM(9,100) → 109 (인수로 지정한 숫자의 합계를 구함)
② =AVERAGE(SMALL(C2:C4, 2), LARGE(C2:C4, 2)) → 87
• SMALL(C2:C4, 2) → 87 (C2:C4 범위에서 2번째로 작은 수를 구함)
• LARGE(C2:C4, 2) → 87 (C2:C4 범위에서 2번째로 큰 수를 구함)
• AVERAGE(87,87) → 87 (인수로 지정한 숫자의 평균을 구함)
④ =SUM(COUNTA(B2,D4), MINA(B2,D4)) → 85
• COUNTA(B2,D4) → 2 (B2와 D4, 2개의 인수 개수를 구함)
• MINA(B2,D4) → 83 (B2셀의 값 83, D4셀의 값 100에서 작은 값을 구함)
• SUM(2,83) → 85

2 아래의 시트 [F2] 셀에서 '총점'에 대한 '순위'를 구한 후 채우기 핸들을 이용하여 [F2] 셀의 수식을 [F3:F5] 셀로 복사하려고 할 때 [F2] 셀의 올바른 수식은?

	A	B	C	D	E	F
1	성명	국어	영어	수학	총점	순위
2	홍길동	89	78	80	247	
3	김길동	60	70	89	219	
4	황길동	90	90	60	240	
5	김수동	79	67	77	223	

① =RANK.EQ(E2,$E$2:$E$5)
② =RANK.EQ($E$2,$E$2:$E$5)
③ =RANK.EQ(E2,E2:E5)
④ =RANK.EQ(E2,E2:$E$5)

오답 피하기

• ② =RANK.EQ($E$2,$E$2:$E$5) → $E$2가 절대 참조이므로 수식 복사 시 변하지 않으므로 올바른 수식이 아님
• ③ =RANK.EQ(E2,E2:E5) → E2:E5가 상대 참조이므로 수식 복사 시 변하므로 올바른 수식이 아님
• ④ =RANK.EQ(E2,E2:$E$5) → E2:$E$5에서 E2가 절대 참조로 표시되지 않았으므로 올바른 수식이 아님

3 다음 중 아래 수식의 결과와 동일한 결과를 반환하는 수식으로 옳은 것은?

```
=SUMPRODUCT((A1:A100=C1)*(B1:B100=D1))
```

① =SUMIFS(A1:A100,C1,B1:B100,D1)
② =COUNTIFS(A1:A100,C1,B1:B100,D1)
③ =AVERAGEIFS(A1:A100,C1,B1:B100,D1)
④ =SUBTOTAL(SUM,A1:A100,B1:B100)

- =SUMPRODUCT → 범위의 대응되는 값끼리 곱해서 그 합을 구해 줌
- =SUMPRODUCT((A1:A100=C1)*(B1:B100=D1)) → 각 범위 같은 행에서 C1, D1인 경우 TRUE(1)*TRUE(1) 즉, 1이 되고 아니면 0이 되고 둘 다 만족하는 1의 값이 더해짐
- =COUNTIFS(A1:A100,C1,B1:B100,D1) : 조건이 여러 개인 경우 각 범위 내에서 주어진 조건이 모두 맞는 셀의 개수를 구하므로 각 범위에서 C1, D1인 경우의 수를 구해줌

24년 상시, 23년 상시, 22년 상시, 21년 상시, 20년 2월, …

POINT 080 텍스트 함수*

합격 강의

=LEFT(문자열, 추출할 개수)	문자열의 왼쪽부터 추출할 개수만큼 문자열을 표시함
=RIGHT(문자열, 추출할 개수)	문자열의 오른쪽부터 추출할 개수만큼 문자열을 표시함
=MID(문자열, 시작 위치, 추출할 개수)	문자열의 지정된 시작 위치부터 추출할 개수만큼 문자열을 표시함
=LOWER(문자열)	문자열을 모두 소문자로 표시함
=UPPER(문자열)	문자열을 모두 대문자로 표시함
=PROPER(문자열)	문자열에 있는 각 단어의 첫 글자만 대문자로 표시하고 나머지는 모두 소문자로 표시함
=TRIM(문자열)	문자열에 포함된 공백 중 단어 사이에 있는 한 칸의 공백을 제외하고 모든 공백을 삭제함
=EXACT(텍스트1, 텍스트2)	• 텍스트1과 텍스트2를 비교하여 일치하면 TRUE, 그렇지 않으면 FALSE를 반환함 • 영문의 경우 대소문자를 구분함
=REPT (반복할 텍스트, 반복 횟수)	• 반복 횟수(정수)만큼 반복할 텍스트를 표시함 • 결과는 32,767자 이하까지만 허용되며, 그렇지 않으면 #VALUE! 오류 값을 반환함
=FIND(찾을 텍스트, 문자열, 시작 위치)	• 문자열에서 찾을 텍스트의 시작 위치를 반환함(시작 위치 생략 시 1로 간주함) • 찾을 텍스트가 없으면 #VALUE! 오류가 발생함 • 대소문자는 구분하나 와일드카드 문자(?, *)는 사용 못 함 • SBCS(싱글바이트 문자 집합)를 사용하는 언어에서 사용하며, 각 문자를 1로 계산함
=SEARCH(찾을 텍스트, 문자열, 시작 위치)	• 문자열에서 찾을 텍스트의 시작 위치를 반환함(시작 위치 생략 시 1로 간주함) • 찾을 텍스트가 없으면 #VALUE! 오류가 발생함 • 대소문자는 구분하지 않으나 와일드카드 문자(?, *)는 사용 가능함 • SBCS(싱글바이트 문자 집합)를 사용하는 언어에서 사용하며, 각 문자를 1로 계산함
=REPLACE(텍스트1, 시작위치, 바꿀개수, 텍스트2)	시작 위치의 바꿀 개수만큼 텍스트1의 일부를 다른 텍스트2로 교체함
=SUBSTITUTE(텍스트, 찾을 텍스트, 새로운 텍스트, 찾을 위치)	텍스트에서 찾을 위치의 텍스트를 찾아서 새로운 텍스트로 대체함
=LEN(텍스트)	텍스트의 길이를 숫자로 구함
=TEXT(값, 서식)	값을 주어진 서식에 맞게 변환함
=FIXED(숫자, 나타낼 소수점 자릿수나 콤마의 표시 유무)	숫자를 나타낼 소수점 자릿수나 콤마의 표시 유무에 맞게 나타냄
=CONCAT (텍스트1, 텍스트2, 텍스트3)	텍스트를 연결하여 나타냄
=VALUE(숫자 형태의 텍스트)	숫자 형태의 텍스트를 숫자로 변경함

개념 체크

1 다음 중 아래와 같이 워크시트에 데이터가 입력되어 있는 경우, 보기의 수식과 그 결과 값으로 옳지 <u>않은</u> 것은?

	A
1	
2	한국 대한민국
3	분기 수익
4	수익
5	아름다운 설악산
6	

① =MID(A5,SEARCH(A1,A5)+5,3) → '설악산'
② =REPLACE(A5,SEARCH("한",A2),5,"") → '설악산'
③ =MID(A2,SEARCH(A4,A3),2) → '대한'
④ =REPLACE(A3,SEARCH(A4,A3),2,"명세서") → '분기명세서'

④ =REPLACE(A3,SEARCH(A4,A3),2,"명세서") → '분기명세서'

- SEARCH : 문자열에서 찾을 텍스트의 시작 위치를 반환하는 함수
- 따라서 =SEARCH(A4,A3) → =SEARCH("수익","분기 수익")의 결과는 4가 됨
- REPLACE(텍스트1, 시작위치, 바꿀 개수, 텍스트2) : 시작 위치의 바꿀 개수만큼 텍스트1의 일부를 다른 텍스트2로 교체함
- =REPLACE(A3,4,2,"명세서") → =REPLACE("분기 수익",4,2,"명세서")의 결과는 4번째에서 2개를 "명세서"로 바꾸는 경우이므로 "분기 " 다음에 "명세서"가 붙음
- 따라서, 최종 결과는 =REPLACE(A3,SEARCH(A4,A3),2,"명세서") → '분기 명세서'가 되어야 함. 문제의 보기는 '분기명세서'로 붙어 있어서 틀림

오답 피하기

① =MID(A5,SEARCH(A1,A5)+5,3) → '설악산'

SEARCH(A1,A5)의 결과가 1이므로 1+5=6, =MID("아름다운 설악산",6,3)의 결과는 6번째에서 3개를 추출하므로 "설악산"이 됨(A1셀처럼 찾을 문자에 대한 제시가 없는 경우 결과가 1이 됨)

② =REPLACE(A5,SEARCH("한",A2),5,"") → '설악산'

SEARCH("한",A2)의 결과가 1이므로 =REPLACE("아름다운 설악산",1,5,"")의 결과는 1번째에서 5번째까지 ""(공백)으로 교체하므로 "설악산"이 됨

③ =MID(A2,SEARCH(A4,A3),2) → '대한'

SEARCH(A4,A3)의 결과가 4이므로 =MID("한국 대한민국",4,2)의 결과는 4번째에서 2개를 추출하므로 "대한"이 됨

2 아래 시트에서 [A2:A5] 영역의 데이터를 이용하여 [C2:C5] 영역처럼 표시하려고 할 때, [C2]에 입력할 수식으로 옳은 것은?

	A	B	C
1	주소	사원수	출신지
2	서귀포시	10	서귀포
3	여의도동	90	여의도
4	김포시	50	김포
5	保寧時	20	保寧

① =LEFT(A2, LEN(A2)−1)
② =RIGHT(A2, LENGTH(A2)) −1
③ =MID(A2, 1, VALUE(A2))
④ =LEFT(A2, TRIM(A2))−1

=LEFT(A2, LEN(A2)−1) : 문자열의 왼쪽에서 지정한 개수만큼 문자를 추출하므로 LEN으로 문자열의 길이를 구한 다음 −1한 만큼 왼쪽에서 문자열을 추출함

3 아래의 시트에서 주민등록번호로 성별을 나타내고자 할 때 [B2] 셀에 맞는 수식은?

	A	B
1	주민등록번호	성별
2	8607212118802	여자
3	8312211118802	남자

① =IF(LEFT(7,1)="1","남자","여자")
② =IF(MID(A2,7,1)="2","남자","여자")
③ =IF(RIGHT(A2,5)="1","남자","여자")
④ =IF(MID(A2,7,1)="1","남자","여자")

- =IF(조건식, 값1, 값2) : 조건식이 참이면 값1, 거짓이면 값2를 반환함
- =MID(문자열, 시작 위치, 개수) : 문자열의 시작 위치에서부터 지정한 개수만큼 문자를 추출함
- =IF(MID(A2,7,1)="1", "남자", "여자") : 주민등록번호 7번째에서 1자리를 추출하여 "1"이면 "남자", 아니면 "여자"로 결과를 반환함

24년 상시, 22년 상시, 20년 2월, 16년 3월/6월, 15년 6월, …

POINT 081 논리 함수*

=AND(인수1, 인수2, …)	인수가 모두 참(TRUE)이면 참을 표시함
=OR(인수1, 인수2, …)	인수 중 하나만이라도 참(TRUE)이면 참을 표시함
=IF(조건, 인수1, 인수2)	조건이 참(TRUE)이면 인수1, 거짓(FALSE)이면 인수2를 표시함
=IFS(조건식1, 참인 경우 값1, 조건식2, 참인 경우 값2, ……)	하나 이상의 조건이 충족되는지 확인하고 첫 번째 TRUE 조건에 해당하는 값을 반환함
=SWITCH(변환할 값, 일치시킬 값 1…[2-126], 일치하는 경우 반환할 값 1…[2-126], 일치하는 값이 없는 경우 반환할 값)	값의 목록에 대한 하나의 값(식이라고 함)을 계산하고 첫 번째 일치하는 값에 해당하는 결과를 반환함
=FALSE( )	논리 값 FALSE를 되돌림
=NOT(인수)	인수에 대한 논리 값의 반대값을 표시함
=TRUE( )	논리 값 TRUE를 되돌림
=IFERROR(수식, 오류 발생 시 표시 값)	수식의 결과가 오류 값일 때 다른 값(공백 등)으로 표시함

개념 체크

1 아래 워크시트의 [C3:C15] 영역을 이용하여 출신지역별로 인원수를 [G3:G7] 영역에 계산하려고 한다. 다음 중 [G3] 셀에 수식을 작성한 뒤 채우기 핸들을 사용하여 [G7] 셀까지 수식 복사를 할 경우 [G3] 셀에 입력할 수식으로 옳은 것은?

	A	B	C	D	E	F	G	H
1								
2		성명	출신지역	나이			인원	
3		김광철	서울	32		서울 지역	3	
4		김다나	경기	35		경기 지역	2	
5		고준영	서울	36		호남 지역	3	
6		성영주	호남	38		영남 지역	3	
7		김철수	경기	38		제주 지역	2	
8		정석중	호남	42				
9		이진주	영남	44				
10		박성수	제주	45				
11		최미나	영남	48				
12		강희수	제주	50				
13		조광식	서울	52				
14		원준배	호남	52				
15		지민주	영남	54				
16								

① =SUM(IF($C$3:$C$15=LEFT(F3,2),1,0))
② {=SUM(IF($C$3:$C$15=LEFT(F3,2),1,0))}
③ =SUM(IF($C$3:$C$15=LEFT(F3,2),1,1))
④ {=SUM(IF($C$3:$C$15=LEFT(F3,2),1,1))}

- =IF(조건, 참, 거짓)이므로 IF($C$3:$C$15=LEFT(F3,2),1,0)에서 조건은 $C$3:$C$15=LEFT(F3,2)이며 $C$3:$C$15(출신지역)와 F3 셀의 "서울 지역"의 왼쪽에서 2글자인 "서울"을 비교하여 같으면 참이므로 1, 같지 않으면 거짓인 0을 반환함
- SUM 함수에 의해 참인 1을 모두 더하면 출신지역이 "서울"인 인원이 산출됨
- 배열 수식이므로 Ctrl+Shift+Enter를 누르며 중괄호({ })가 수식 좌우에 생성됨 → {=SUM(IF($C$3:$C$15=LEFT(F3,2),1,0))}

2 다음 중 수식에 대한 설명으로 옳은 것은?

① =IF(AND(B2>=40, C2>=40, D2>=60), "합격", "불합격") 결과 : [B2] 셀과 [C2] 셀의 값이 40 이상이고 [D2] 셀의 값이 60이상이면 "합격"을 그렇지 않으면 "불합격"을 값으로 한다.
② =IF(OR(C2>=40, D2>=60), "합격", "불합격") 결과 : [C2] 셀의 값이 40 이상이고 [D2] 셀의 값이 60 이상이면 "합격"을 그렇지 않으면 "불합격"을 값으로 한다.
③ =IF(AND((B2,C2)>=40, D2>=60), "합격", "불합격") 결과 : B2 셀과 C2 셀의 값이 40 이상이고 D2 셀의 값이 60 이상이면 "합격"을 그렇지 않으면 "불합격"을 값으로 한다.
④ =AND(IF(B2>=40, C2>=40, D2>=60), "합격", "불합격") 결과 : B2 셀과 C2 셀의 값이 40 이상이거나 D2 셀의 값이 60 이상이면 "합격"을 그렇지 않으면 "불합격"을 값으로 한다.

- =IF(조건식, 값1, 값2) : 조건식이 참이면 값1, 거짓이면 값2를 반환함
- AND(조건1, 조건2,…) : 모든 조건이 참이면 TRUE, 나머지는 FALSE를 반환함(~이고, 그리고)
- OR(조건1, 조건2,…) : 조건 중 하나 이상이 참이면 TRUE, 나머지는 FALSE를 반환함(~이거나, 또는)

24년 상시, 23년 상시, 22년 상시, 21년 상시, 20년 2월, …

POINT 082 찾기/참조 함수*

=CHOOSE(찾을 인수의 번호, 인수 범위)	인수 범위에서 번호로 지정한 값을 찾음
=XLOOKUP(찾을 값, 찾을 범위, 반환 범위, 찾을 값 없을 때 텍스트, 일치 유형, 검색 방법)	"찾을 값"을 "찾을 범위"에서 찾아서 "반환 범위"의 값을 반환함
=VLOOKUP(찾을 값, 범위, 열 번호, 찾을 방법)	범위에서 찾을 값에 해당하는 행을 찾은 후 열 번호에 해당하는 셀의 값을 구함
=HLOOKUP(찾을 값, 범위, 행 번호, 찾을 방법)	범위에서 찾을 값에 해당하는 열을 찾은 후 행 번호에 해당하는 셀의 값을 구함
=INDEX(범위, 행 번호, 열 번호)	범위에서 행 번호와 열 번호에 해당하는 데이터를 구함
=MATCH(기준값, 범위, 옵션)	옵션에 따라 지정된 범위에서 기준값과 같은 데이터를 찾아 상대 위치를 표시함
=XMATCH(찾을 값, 찾을 범위, 일치 유형, 검색 방법)	• 배열 또는 셀 범위에서 지정된 항목을 검색한 다음 항목의 상대 위치를 반환함 • MATCH 함수와 기본 기능은 같으나 XMATCH 함수는 와일드 카드 문자를 사용할 수 있으며 검색 방법 기능이 추가됨
=OFFSET(범위, 행, 열, 높이, 너비)	범위에서 지정한 행과 열만큼 떨어진 위에 있는 값 영역의 데이터를 표시함
=TRANSPOSE(셀 범위나 배열)	• 세로 셀 범위를 가로 범위로, 가로 셀 범위를 세로 범위로 바꾸어 반환함 • 반드시 배열과 동일한 행과 열 수를 갖는 범위에 배열 수식(Ctrl+Shift+Enter)으로 입력함 • 워크시트에서 배열의 가로와 세로 방향을 바꿀 수 있음

개념 체크

1 다음 워크시트에 대해서 [A6] 셀과 [A7] 셀에 아래와 같이 입력하였다. [A6]과 [A7]의 결과 값을 순서대로 바르게 나타낸 것은?

	A	B	C
1	동호수	전력사용량	전기세
2	101-201	289	32000
3	101-202	300	34500
4	101-301	255	29000
5	101-302	400	58000

[A6] 셀 : =HLOOKUP("전기세",A1:C5,2,FALSE)
[A7] 셀 : =VLOOKUP("101-301",A2:C5,3,TRUE)

① 32000, 29000
② 255, 29000
③ 29000, 255
④ 29000, 32000

- HLOOKUP(값, 범위, 행 번호, 방법) : 범위의 첫 번째 행에서 값을 찾아 지정한 행에서 대응하는 값을 반환함
- =HLOOKUP("전기세", A1:C5, 2, FALSE) → 범위(A1:C5)의 첫 번째 행에서 "전기세"를 찾아 지정한 행, 2행 값을 반환하므로 결과는 32000이 됨(FALSE는 정확한 값을 찾음)
- VLOOKUP(값, 범위, 열 번호, 방법) : 범위의 첫 번째 열에서 값을 찾아 지정한 열에서 대응하는 값을 반환함
- =VLOOKUP("101-301", A2:C5, 3, TRUE) → 범위(A2:C5)의 첫 번째 열에서 "101-301"을 찾아 지정한 열, 3열 값을 반환하므로 결과는 29000이 됨(TRUE는 값이 없을 때 찾을 값의 아래로 근삿값을 찾음)

2 다음 중 아래의 워크시트에서 수식의 결과로 '부사장'을 출력하지 않는 것은?

	A	B	C	D
1	사원번호	성명	직함	생년월일
2	101	구민정	영업 과장	1980-12-08
3	102	강수영	부사장	1965-02-19
4	103	김진수	영업 사원	1991-08-30
5	104	박용만	영업 사원	1990-09-19
6	105	이순신	영업 부장	1971-09-20

① =CHOOSE(CELL("row",B3), C2, C3, C4, C5, C6)
② =CHOOSE(TYPE(B4), C2, C3, C4, C5, C6)
③ =OFFSET(A1:A6,2,2,1,1)
④ =INDEX(A2:D6,MATCH(A3, A2:A6, 0), 3)

① =CHOOSE(CELL("row",B3), C2, C3, C4, C5, C6)
- CHOOSE(인덱스번호, 인수1, 인수2, …) : 인덱스 번호에 의해 인수를 순서대로 선택함
- CELL(정보 유형, 참조 영역) : 참조 영역의 정보 유형을 반환함
- 정보 유형 "row" : 참조 영역 안에서 셀의 행 번호를 반환함
- CELL("row",B3) → [B3] 셀의 행 번호는 3
- =CHOOSE(3, C2, C3, C4, C5, C6) → 3이므로 세 번째의 C4 값인 "영업 사원"이 표시됨

3 아래 워크시트에서 부서명[E2:E4]을 번호[A2:A11] 순서대로 반복하여 발령부서[C2:C11]에 배정하고자 한다. 다음 중 [C2] 셀에 입력할 수식으로 옳은 것은?

	A	B	C	D	E	F
1	번호	이름	발령부서		부서명	
2	1	황현아	기획팀		기획팀	
3	2	김지민	재무팀		재무팀	
4	3	정미주	총무팀		총무팀	
5	4	오민아	기획팀			
6	5	김혜린	재무팀			
7	6	김윤중	총무팀			
8	7	박유미	기획팀			
9	8	김영주	재무팀			
10	9	한상미	총무팀			
11	10	서은정	기획팀			

① =INDEX($E$2:$E$4, MOD(A2,3))
② =INDEX($E$2:$E$4, MOD(A2,3)+1)
③ =INDEX($E$2:$E$4, MOD(A2-1,3)+1)
④ =INDEX($E$2:$E$4, MOD(A2-1,3))

- =INDEX($E$2:$E$4, MOD(A2–1,3)+1) : INDEX(범위, 행, 열)에서 열이 생략된 수식으로 부서명 범위($E$2:$E$4)에서 MOD(A2–1,3)+1의 결과에 따라 1인 경우 "기획팀", 2인 경우 "재무팀", 3인 경우 "총무팀"을 구함
- =INDEX($E$2:$E$4,1) → 기획팀
- =INDEX($E$2:$E$4,2) → 재무팀
- =INDEX($E$2:$E$4,3) → 총무팀
- INDEX 범위($E$2:$E$4)에서 해당 행의 값을 가져오기 위해 A2–1한 값에 MOD함수를 이용하여 3으로 나눈 나머지를 구하고 그 값에 +1을 함, 따라서 1, 2, 3이 순서대로 결과가 되어 "기획팀", "재무팀", "총무팀"이 순서대로 나타남

24년 상시, 23년 상시, 19년 3월, 15년 6월, 13년 6월/10월, …

POINT 083 데이터베이스 함수*

합격 강의

=DSUM(범위, 열 번호, 조건)	조건에 만족하는 데이터들의 합계를 구함
=DAVERAGE(범위, 열 번호, 조건)	조건에 만족하는 데이터들의 평균을구함
=DCOUNT(범위, 열 번호, 조건)	조건에 만족하는 데이터들 중 숫자의 개수를 구함
=DCOUNTA(범위, 열 번호, 조건)	조건에 만족하는 데이터들의 개수를구함
=DMAX(범위, 열 번호, 조건)	조건에 만족하는 데이터 중 최대값을 구함
=DMIN(범위, 열 번호, 조건)	조건에 만족하는 데이터 중 최소값을 구함
=DSTDEV(범위, 열 번호, 조건)	범위의 지정된 열에서 조건을 만족하는 값들의 표준 편차를 구함
=DPRODUCT(범위, 열 번호, 조건)	범위의 지정된 열에서 조건을 만족하는 값들의 곱을 구함
=DVAR(범위, 열 번호, 조건)	범위의 지정된 열에서 조건을 만족하는 값들의 분산을 구함
=DGET(범위, 열 번호, 조건)	범위의 지정된 열에서 조건을 만족하는 값들의 데이터를 추출함

개념 체크

1 다음 중 아래의 시트에서 수식 =DSUM(A1:D7, 4, B1:B2)을 실행했을 때의 결과 값으로 옳은 것은?

	A	B	C	D
1	성명	부서	1/4분기	2/4분기
2	김남이	영업1부	10	15
3	이지영	영업2부	20	25
4	하나미	영업1부	15	20
5	임진태	영업2부	10	10
6	현민대	영업2부	20	15
7	한민국	영업1부	15	20

① 10 ② 15
③ 40 ④ 55

- =DSUM(데이터베이스, 필드, 조건 범위) : 조건을 만족하는 필드의 합계를 구함
- 데이터베이스 → A1:D7, 필드 → 4(2/4분기), 조건 범위 → B1:B2(부서가 영업 1부)이므로 부서가 영업1부인 2/4분기 합을 구하므로 결과는 55가 됨

2 다음 중 아래 그림에서 수식 =DMIN(A1:C6,2,E2:E3)을 실행하였을 때의 결과 값으로 옳은 것은?

	A	B	C	D	E
1	이름	키	몸무게		
2	홍길동	165	67		몸무게
3	이대한	170	69		>=60
4	한민국	177	78		
5	이우리	162	58		
6	김상공	180	80		

① 165 ② 170
③ 177 ④ 162

=DMIN(A1:C6,2,E2:E3) : D함수(데이터베이스, 필드, 조건 범위)이므로 필드(키)가 2이므로 키에서 조건범위 E2:E3에 의해 몸무게가 60 이상인 경우 해당 키 중 DMIN 최소값이므로 165가 됨

24년 상시, 09년 4월/7월, 07년 7월/10월, 05년 7월/10월, …

POINT 084 재무 함수*

합격 강의

=FV(이자, 기간, 금액, 현재 가치, 납입 시점)	미래 가치를 구함
=PV(이자, 기간, 금액, 미래 가치, 납입 시점)	현재 가치를 구함
=NPV(할인율, 금액1, 금액2, …)	할인율과 앞으로의 지출과 수입을 사용하여 투자의 현재 가치를 계산함
=PMT(이자, 기간, 현재 가치, 미래 가치, 납입 시점)	정기적으로 상환할 금액을 구함

기적의 TIP 감가상각액

회사에서 업무를 위해 사용하는 기계나 물건, 설비 등은 사용되면서 소모가 되어 그 가치가 떨어지는데 그만큼의 감소분을 보전하기 위한 비용을 의미한다.

SLN	정액법을 사용하여 단위 기간 동안의 자산의 감가상각액을 반환함
SYD	지정된 감가상각 기간 중 자산의 감가상각액을 연수 합계법으로 계산함

개념 체크

1 다음 중 연이율 4.5%로 2년 만기로 매월 말 400,000원씩 저축할 경우, 복리 이자율로 계산하여 만기에 찾을 수 있는 금액을 구하기 위한 수식으로 옳은 것은?

① =FV(4.5%/12, 2*12,-400000)
② =FV(4.5%/12, 2*12,-400000,,1)
③ =FV(4.5%, 2*12, -400000,,1)
④ =FV(4.5%, 2*12, -400000)

- FV 함수 : Future Value, 즉 미래 가치를 구하는 함수, 일정 금액을 정기적으로 불입하고 일정한 이율을 적용하는 투자의 미래 가치를 계산함
- =FV(연이율/12, 투자 기간(년)*12, 불입액, 현재 가치, 납입 시점 유형) → =FV(4.5%/12, 2*12,-400000)
- 불입액은 만기 금액이 양수로 나오게 하기 위해 -400000로 하며 현재 가치는 0이므로 생략하고 납입 시점 유형도 매월 말은 0이므로 생략함

2 다음 중 아래의 데이터를 이용하여 계산할 현재가치 [D3]의 수식으로 옳은 것은?

	A	B	C	D
1	투자 금액의 현재 가치			
2	연이율	투자기간(년)	투자금액	현재가치
3	6%	3	3,000,000	

① =PV(A3/12,B3*12,,C3)
② =PV(A3/12,B3/12,,C3)
③ =PV(A3/12,B3,,C3)
④ =PV(A3,B3,,C3)

- PV 함수 : 투자액의 Present Value, 즉 현재 가치를 구하는 함수
- =PV(연이율/12, 투자 기간(년)*12,,투자금액) → =PV(A3/12,B3*12,,C3)

24년 상시, 20년 7월, 18년 9월, 17년 9월, 16년 6월, …

POINT 085 정보 함수*

합격 강의

=ISBLANK(값)	값이 빈 셀을 참조하는 경우 TRUE값을 반환함
=ISERROR(값)	값이 오류 값(#N/A, #VALUE!, #REF!, #DIV/0!, #NUM!, #NAME?, #NULL!)을 참조하는 경우 TRUE값을 반환함
=ISERR(값)	값이 #N/A를 제외한 오류 값을 참조할 때 TRUE값을 반환함
=ISLOGICAL(값)	값이 논리 값을 참조할 때 TRUE값을 반환함
=ISNUMBER(값)	값이 숫자를 참조할 때 TRUE값을 반환함
=ISTEXT(값)	값이 텍스트를 참조할 때 TRUE값을 반환함
=ISNONTEXT(값)	• 값이 텍스트가 아닌 항목을 참조할 때 TRUE 값을 반환함 • 값이 빈 셀을 참조할 때 TRUE를 반환함
=ISEVEN(숫자)	• 숫자가 짝수일 때 TRUE, 홀수이면 FALSE를 반환함 • 정수가 아닌 경우 소수점 이하를 버리고 정수로 변환함 • 숫자가 아니면 #VALUE! 오류 값을 표시함
=ISODD(숫자)	• 숫자가 홀수일 때 TRUE, 짝수이면 FALSE를 반환함 • 정수가 아닌 경우 소수점 이하를 버리고 정수로 변환함 • 숫자가 아니면 #VALUE! 오류 값을 표시함
=CELL (정보 유형, 참조 영역)	참조 범위에서 첫째 셀의 서식, 위치 또는 내용에 대한 정보를 반환함
=TYPE (숫자, 텍스트, 논리 값 등)	값의 유형을 반환해 줌(셀에 수식이 있는지 확인할 수는 없음)

개념 체크

1 아래 시트에서 수식을 실행했을 때 화면에 표시되는 결과가 다른 것은?

	A	B
1	상품	개수
2	바나나	1
3	오렌지	#N/A
4	사과	3
5	배	TRUE
6	귤	5

① =IFERROR(ISERR(B3),"ERROR")
② =IFERROR(ISERROR(B3),"ERROR")
③ =IFERROR(ISLOGICAL(B5),"ERROR")
④ =IF(ISNUMBER(B4), TRUE,"ERROR")

① =IFERROR(ISERR(B3),"ERROR") → FALSE
- =IFERROR(수식, 오류 발생 시 표시값) : 수식의 결과가 오류 값일 때 다른 값(공백 등)으로 표시함
- =ISERR(값) : 값이 #N/A를 제외한 오류 값을 참조할 때 TRUE를 반환함

오답 피하기
- ② =IFERROR(ISERROR(B3),"ERROR") → TRUE
  - =ISERROR(값) : 값이 오류 값(#N/A, #VALUE!, #REF!, #DIV/0!, #NUM!, #NAME?, #NULL!)을 참조하는 경우 TRUE값을 반환함
- ③ =IFERROR(ISLOGICAL(B5),"ERROR") → TRUE
  - =ISLOGICAL(값) : 값이 논리 값을 참조할 때 TRUE를 반환함
- ④ =IF(ISNUMBER(B4), TRUE,"ERROR") → TRUE
  - =ISNUMBER(값) : 값이 숫자를 참조할 때 TRUE를 반환함

24년 상시, 23년 상시, 22년 상시, 21년 상시, 20년 2월, …

POINT 086 배열 수식*

합격 강의

- 배열(Array) : 동일한 특성을 가지는 데이터들의 집합이다.
- 배열 상수가 두 개 이상으로 구성된다.
- 배열 상수는 각각 동일한 개수의 행과 열을 가져야 한다.
- 배열 수식을 입력할 때는 수식을 입력한 후 Ctrl+Shift+Enter를 눌러 수식 앞뒤에 중괄호({ })가 생기게 한다.
- 배열 상수에는 숫자, 텍스트, TRUE나 FALSE 등의 논리 값, #N/A와 같은 오류 값 사용이 가능하다.
- $, 괄호, %, 길이가 다른 행이나 열, 셀 참조는 배열 상수로 사용될 수 없다.
- 배열 상수를 입력 시에 열의 구분은 쉼표(,)이고 행의 구분은 세미콜론(;)이다.

기적의 TIP
- 엑셀 2021 버전에서는 배열 수식을 작성한 다음 Enter만 눌러도 실행 결과가 산출됨
- 단, Enter를 누르는 경우는 배열 수식의 앞, 뒤에 중괄호({ })가 생성되지 않음

개념 체크

1 아래 그림과 같이 워크시트에 배열상수 형태로 배열 수식이 입력되어 있을 때, [A5] 셀에서 수식 =SUM(A1, B2)를 실행하였다. 다음 중 그 결과로 옳은 것은?

	A	B	C
1	={1,2,3;4,5,6}	={1,2,3;4,5,6}	={1,2,3;4,5,6}
2	={1,2,3;4,5,6}	={1,2,3;4,5,6}	={1,2,3;4,5,6}

① 3 ② 6
③ 7 ④ 8

- 열은 콤마(,)를 사용하여 구분하고, 행은 세미콜론(;)을 사용하여 구분함

1	2	3
4	5	6

- 따라서, ={1,2,3;4,5,6}은 위와 같이 처럼 입력됨
- A1 셀의 값은 1, B2 셀의 값은 5이므로 =SUM(A1, B2)의 결과는 6이 됨

2 다음 중 아래의 워크시트에서 사원번호의 첫 번째 문자가 'G'인 매출액 [B2:B6]의 합계를 구하는 배열 수식은?

	A	B
1	사원번호	매출액
2	G1003	12548
3	T2005	7580
4	G2400	23587
5	M1233	23882
6	T3211	16839

① ={SUM(LEFT($A$2:$A$6,1="G")*$B$2:$B$6)}
② ={SUM((LEFT($A$2:$A$6,1)="G"),$B$2:$B$6)}
③ {=SUM(LEFT($A$2:$A$6,1="G"),$B$2:$B$6)}
④ {=SUM((LEFT($A$2:$A$6,1)="G")*$B$2:$B$6)}

사원번호 첫 번째 문자가 'G'인 경우이므로 LEFT함수를 이용하여 첫 글자를 추출하고 배열 수식을 이용하여 'G'인 경우 참(1)이 되는 것과 매출액을 곱(*)하여 그 합을 산출함. 배열 수식이므로 Ctrl+Shift+Enter를 누름

3 다음 중 아래 시트에서 자격증 응시자에 대한 과목별 평균을 구하려고 할 때, [C11] 셀에 입력해야 할 배열 수식으로 옳은 것은?

	A	B	C
1	자격증 응시 결과		
2	응시자	과목	점수
3	강선미	1과목	80
4		2과목	86
5	이수진	1과목	90
6		2과목	80
7	김예린	1과목	78
8		2과목	88
9			
10		과목	평균
11		1과목	
12		2과목	

① {=AVERAGE(IF(MOD(ROW(C3:C8),2)=0,C3:C8))}
② {=AVERAGE(IF(MOD(ROW(C3:C8),2)=1,C3:C8))}
③ {=AVERAGE(IF(MOD(ROWS(C3:C8),2)=0,C3:C8))}
④ {=AVERAGE(IF(MOD(ROWS(C3:C8),2)=1,C3:C8))}

- AVERAGE : 인수로 지정한 숫자의 평균을 구함
- IF(조건, 참, 거짓) : 조건에 따라 참, 거짓 값을 구함
- MOD(수1, 수2) : 수1을 수2로 나눈 나머지 값을 구함
- ROW : 행 번호를 구함
- MOD(ROW(C3:C8),2)=1 : C3:C8의 각각의 행 번호를 2로 나눈 나머지를 구함
- =AVERAGE(IF(MOD(ROW(C3:C8),2)=1,C3:C8)) : C3:C8에서 나머지가 1인 경우(홀수 행, 1과목)를 만족하는 값의 평균을 구함
- {=AVERAGE(IF(MOD(ROW(C3:C8),2)=1,C3:C8))} : Ctrl+Shift+Enter를 눌러서 중괄호{ }가 생성됨

오답 피하기
- ①, ③ : 나머지가 0과 같은 경우는 짝수 행이므로 2과목에 해당함
- ③, ④ ROWS : 행 수를 구하므로 =ROWS(C3:C8) → 6이 됨

24년 상시, 23년 상시, 22년 상시, 21년 상시, 19년 8월, …

POINT 087 배열 함수*

합격 강의

=MDETERM(배열)	배열의 행렬식을 구함
=MINVERSE(배열)	배열로 저장된 행렬에 대한 역행렬을 구함
=MMULT(배열1, 배열2)	배열의 행렬 곱을 구함
=PERCENTILE.INC(배열, k)	범위에서 k번째 백분위수 값을 구함
=FREQUENCY(배열, 구간 배열)	값의 범위 내에서 해당 값의 발생 빈도를 계산하여 세로 배열 형태로 나타냄
=SUMPRODUCT(배열1, 배열2, 배열3, …)	주어진 배열에서 해당 요소들을 모두 곱하고 그 곱의 합계를 구함

개념 체크

1 다음 배열 수식 및 배열 함수에 대한 설명으로 옳지 않은 것은?

① 배열 수식에서 사용되는 배열 상수의 숫자로는 정수, 실수, 지수 형식의 숫자를 사용할 수 있다.
② MDETERM 함수는 배열로 저장된 행렬에 대한 역행렬을 산출한다.
③ PERCENTILE.INC 함수는 범위에서 k번째 백분위수 값을 구하며, 이때 k는 0에서 1까지 백분위수 값 범위이다.
④ FREQUENCY 함수는 값의 범위 내에서 해당 값의 발생 빈도를 계산하여 세로 배열 형태로 나타낸다.

MDETERM 함수는 배열의 행렬식을 구하며, MINVERSE 함수가 배열의 역행렬을 산출함

2 아래 워크시트에서 매출액[B3:B9]을 이용하여 매출 구간별 빈도수를 [F3:F6] 영역에 계산하고자 한다. 다음 중 이를 위한 배열수식으로 옳은 것은?

	A	B	C	D	E	F	G
1							
2		매출액		매출구간		빈도수	
3		75		0	50	1	
4		93		51	100	2	
5		130		101	200	3	
6		32		201	300	1	
7		123					
8		257					
9		169					
10							

① {=PERCENTILE.INC(B3:B9,E3:E6)}
② {=PERCENTILE.INC(E3:E6,B3:B9)}
③ {=FREQUENCY(B3:B9,E3:E6)}
④ {=FREQUENCY(E3:E6,B3:B9)}

- FREQUENCY 함수 : 값의 범위 내에서 해당 값의 발생 빈도를 계산하여 세로 배열 형태로 나타내주는 함수
- 형식 : =FREQUENCY(배열, 구간배열)
  - 배열 : 빈도를 계산할 값의 집합 → B3:B9
  - 구간배열 : 배열에서 값을 분류할 간격 → E3:E6
- [F3:F6] 범위를 설정한 다음 =FREQUENCY(B3:B9,E3:E6) 입력하고 배열 수식이므로 Ctrl+Shift+Enter를 누르면 수식 앞뒤에 중괄호가({ })가 자동으로 표시되며 결과가 구해짐

F3 | {=FREQUENCY(B3:B9,E3:E6)}

	A	B	C	D	E	F	G
1							
2		매출액		매출구간		빈도수	
3		75		0	50	1	
4		93		51	100	2	
5		130		101	200	3	
6		32		201	300	1	
7		123					
8		257					
9		169					
10							

오답 피하기
=PERCENTILE.INC(배열, k) : 배열에서 k번째 백분위수 값을 구함

SECTION 11

2과목 스프레드시트 일반

데이터 관리 및 분석

24년 상시, 23년 상시, 22년 상시, 20년 2월, 18년 3월, …

POINT 088 데이터 정렬*

합격 강의

- 목록의 데이터를 특정 필드의 크기 순서에 따라 재배열하는 기능이다.
- 정렬 방식에는 오름차순과 내림차순이 있으며, 셀 값에 따라 정렬이 수행된다.
- 공백(빈 셀)은 정렬 순서와 관계없이 항상 마지막으로 정렬된다.

오름차순 정렬	숫자 – 기호 문자 – 영문 소문자 – 영문 대문자 – 한글 – 공백 순서로 정렬함(단, 대/소문자 구분하도록 설정했을 때)
내림차순 정렬	한글 – 영문 대문자 – 영문 소문자 – 기호 문자 – 숫자 – 공백 순서로 정렬함(단, 대/소문자 구분하도록 설정했을 때)

- 정렬 조건을 최대 64개까지 지정할 수 있어 다양한 기준으로 정렬할 수 있다.
- 특정한 셀 범위를 설정하고 정렬을 실행하면 해당 범위만 정렬된다.
- 셀 범위를 지정하지 않고 정렬을 실행하면 현재 셀 포인터를 기준으로 인접한 데이터를 모든 범위로 자동 지정한다.
- 머리글 행에 있는 필드명은 정렬에서 제외할 수 있다.
- [데이터]–[정렬 및 필터]–[정렬]을 선택하여 [정렬] 대화 상자에서 정렬 순서를 추가하거나 삭제할 수 있으며, [내 데이터에 머리글 표시]를 체크하면 데이터 범위의 첫 번째 행이 정렬에서 제외된다.
- [정렬 옵션] 대화 상자에서 대/소문자 구분과 정렬 방향(위쪽에서 아래쪽, 왼쪽에서 오른쪽)을 지정할 수 있다.

위쪽에서 아래쪽	데이터가 열을 기준으로 행 단위로 정렬
왼쪽에서 오른쪽	데이터가 행을 기준으로 열 단위로 정렬

- 직접 만든 사용자 지정 목록(예 크게, 보통, 작게)을 기준으로 또는 셀 색, 글꼴 색 또는 조건부 서식 아이콘 집합을 비롯한 서식을 기준으로 정렬할 수도 있다.
- 셀 색, 글꼴 색 또는 조건부 서식 아이콘의 기본 정렬 순서는 없다. 각 정렬 작업에 대해 원하는 순서를 정의해야 한다.
- 숨겨진 열이나 행은 정렬 시 이동되지 않는다. 따라서 데이터를 정렬하기 전에 숨겨진 열과 행을 표시하는 것이 좋다.
- 표에 병합된 셀들이 포함된 경우 정렬 작업을 수행하려면 셀의 크기가 동일해야 된다.

개념 체크 ✓

1 다음 중 데이터 정렬에 대한 설명으로 옳지 않은 것은?

① 정렬 조건을 최대 64개까지 지정할 수 있어 다양한 조건으로 정렬할 수 있다.
② 숨겨진 열이나 행은 정렬 시 이동되지 않으므로 데이터를 정렬하기 전에 숨겨진 열과 행을 표시하는 것이 좋다.
③ 정렬 기준을 글꼴 색이나 셀 색으로 선택한 경우의 기본정렬 순서는 오름차순의 경우 밝은 색에서 어두운 색 순으로 정렬된다.
④ 첫째 기준뿐만 아니라 모든 정렬 기준에서 사용자 지정 목록을 정렬 기준으로 사용할 수 있다.

글꼴 색 또는 셀 색, 조건부 서식 아이콘의 기본 정렬 순서는 없으므로 각 정렬 작업에 대해 원하는 순서를 정의해야 함

2 다음 중 엑셀에서 정렬 기준으로 사용할 수 없는 것은?

① 셀 색 ② 조건부 서식 아이콘
③ 글꼴 색 ④ 글꼴 크기

정렬 기준 : 셀 값, 셀 색, 글꼴 색, 조건부 서식 아이콘 등

24년 상시, 21년 상시, 20년 2월, 19년 3월/8월, 18년 3월, …

POINT 089 자동 필터*

합격 강의

	A	B	C	D	E	F	G	H
1	상반기 직원 평가 시험							
2								
3	번호	이름	소속부서	성별	회화	논술	컴퓨터	총점
4	1	김철윤	개발부	남	87	89	85	261
5	2	박한나	영업부	여	88	93	89	270
6	3	남기진	기술부	남	98	94	92	284
7	4	강미림	총무부	여	92	87	91	270

- 셀 내용이 일치한다거나 단순한 비교 조건을 지정하여 쉽게 검색한다.
- 표를 선택하고 [데이터]–[정렬 및 필터]–[필터]를 클릭해서 실행한다.
- 셀에 입력되어 있는 값이나 [사용자 지정] 대화 상자를 이용하여 보다 쉽게 필터를 적용할 수 있도록 해준다.
- 하나의 열에 필터가 설정되어 있는 상태에서 새로운 열에 필터를 설정하면 두 열에 설정된 필터를 모두 만족하는 데이터만 표시된다(AND 조건).
- 자동 필터가 설정되어 특정한 행의 데이터만 표시된 상태에서 인쇄하면 현재 표시된 데이터만 인쇄된다.
- 상위 10 : 숫자 데이터에만 사용할 수 있고, 항목이나 백분율을 기준으로 500까지 표시할 수 있으며 지정한 범위 안에 들어가는 레코드만 추출할 수 있다.
- 사용자 지정 필터 : 한 필드를 대상으로 두 가지의 조건을 지정할 때 사용한다. AND나 OR 연산자와 비교 연산자(〉, 〈, 〉=, 〈=, =, 〈〉)를 사용하여 조건에 만족하는 레코드만 표시할 수 있으며, 와일드카드(?, *)를 이용하여 검색할 수 있다.

개념 체크 ✓

1 다음 중 자동 필터에 관한 설명으로 옳지 않은 것은?

① 날짜가 입력된 열에서 요일로 필터링하려면 '날짜 필터' 목록에서 필터링 기준으로 사용할 요일을 하나 이상 선택하거나 취소한다.
② 두 개 이상의 필드에 조건을 설정하는 경우 필드 간에는 AND 조건으로 결합되어 필터링 된다.
③ 열 머리글에 표시되는 드롭다운 화살표에는 해당 열에서 가장 많이 나타나는 데이터 형식에 해당하는 필터 목록이 표시된다.
④ 자동 필터를 사용하면 목록 값, 서식 또는 조건 등 세 가지 유형의 필터를 만들 수 있으며, 각 셀의 범위나 표 열에 대해 한 번에 한 가지 유형의 필터만 사용할 수 있다.

'날짜 필터' 목록에서 필터링 기준으로 사용할 요일은 지원되지 않음

2 다음 중 자동 필터에 관한 설명으로 옳지 않은 것은?

① 데이터에 필터를 적용하면 지정한 조건에 맞는 행만 표시되고 나머지 행은 숨겨지며, 필터링된 데이터는 다시 정렬하거나 이동하지 않고도 복사, 찾기, 편집 및 인쇄를 할 수 있다.
② '상위 10 자동 필터'는 숫자 데이터 필드에서만 설정 가능하고, 텍스트 데이터 필드에서는 사용할 수 없다.
③ 한 열에 숫자 입력 셀이 5개 있고, 텍스트 입력 셀이 3개 있는 경우 자동 필터는 셀의 수가 적은 '텍스트 필터' 명령으로 표시된다.
④ 날짜 데이터는 연, 월, 일의 계층별로 그룹화되어 계층에서 상위 수준을 선택하거나 선택을 취소하는 경우 해당 수준 아래의 중첩된 날짜가 모두 선택되거나 선택 취소된다.

한 열에 숫자 입력 셀이 5개 있고, 텍스트 입력 셀이 3개 있는 경우 자동 필터는 셀의 수가 많은 '숫자 필터' 명령으로 표시됨

24년 상시, 23년 상시, 22년 상시, 21년 상시, 20년 2월, …

POINT 090 고급 필터*

합격 강의

- 사용자가 직접 추출하고자 하는 조건을 수식으로 설정하여 검색하며 조건 범위가 있어 자동 필터보다 향상된 필터가 가능하다.
- 필터의 결과를 다른 위치로 복사할 수 있다.
- [고급 필터]를 실행하기 전에 필터 조건을 워크시트에 먼저 입력해야 한다.
- 기준 범위에 사용된 필드 이름은 목록에 있는 필드 이름과 같아야 한다.
- 조건 입력 시 같은 행에 입력된 조건은 '그리고(AND)'로 결합되고 다른 행에 입력된 조건은 '또는(OR)'으로 결합된다.
- 한 필드에 2개 이상의 조건을 지정할 수 있다.
- 중복되지 않게 고유 레코드만 추출할 수 있다.
- 수식이 포함된 논리식을 이용하여 레코드를 검색한다.
- [데이터]–[정렬 및 필터]–[고급]을 선택하여 [고급 필터] 대화 상자를 실행한다.

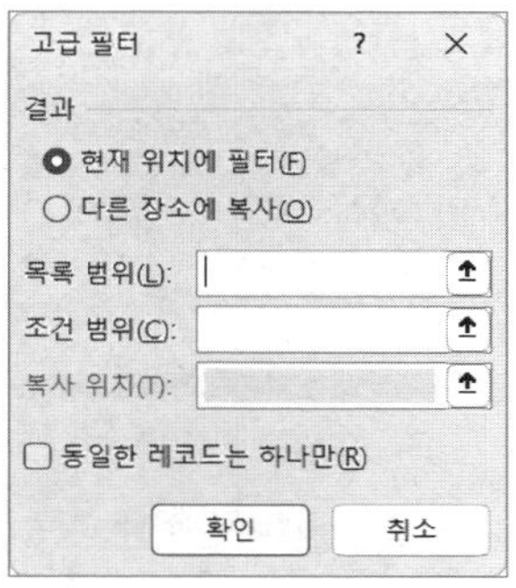

결과	결과를 원본 데이터와 같은 위치에 표시하거나 다른 위치로 표시할지를 선택함
목록 범위	필터를 설정할 원본 데이터가 입력되어 있는 범위를 선택함
조건 범위	조건이 입력되어 있는 범위를 설정함. 이때 열 제목(레이블)도 함께 설정해 주어야 함
복사 위치	결과를 복사할 위치를 선택함
동일한 레코드는 하나만	필터링 된 결과 중 중복되는 레코드가 있을 때는 하나만 표시할 때 설정함

개념 체크

1 다음 중 아래 시트에서 고급 필터 기능을 이용하여 수량이 전체 평균보다 크면서 거래일자가 1월 중인 데이터를 추출하려고 할 때, 고급필터의 조건식으로 옳은 것은?

	A	B	C	D	E	F	G
1	거래일자	거래처명	제품명	수량	단가	금액	
2	12-01-02	대한전자	LED TV	10	1,230,000	12,300,000	
3	12-01-05	현대전자	세탁기	15	369,000	5,535,000	
4	12-01-12	현대전자	전자 레인지	20	95,000	1,900,000	
5	12-01-15	대한전자	캠코더	25	856,000	21,400,000	
6	12-01-20	현대전자	세탁기	15	369,000	5,535,000	
7	12-01-25	한국전자	전자 레인지	10	139,000	1,390,000	
8	12-01-26	미래전자	LED TV	10	1,230,000	12,300,000	
9	12-02-03	한국전자	식기 세척기	30	369,000	11,070,000	
10	12-02-06	대한전자	캠코더	25	265,000	6,625,000	
11							

①

거래일자	수량
=MONTH($A2)=1	=$D2>AVERAGE($D$2:$D$10)

②

거래일자	수량
=MONTH($A2)=1	=$D2>AVERAGE(D2:D10)

③

거래월	평균
=MONTH($A2)=1	=$D2>AVERAGE(D2:D10)

④

거래월	평균
=MONTH($A2)=1	=$D2>AVERAGE($D$2:$D$10)

수식 조건
- 데이터 범위의 필드 이름과 다른 필드 이름을 사용(거래월, 평균)하고 등호(=)로 시작함
- 조건식이 데이터 범위의 값을 참조하는 경우 첫 번째 레코드의 셀($A2, $D2)을 참조함
- 평균을 구할 수량 전체 범위는 고정되어야 하므로 절대참조($D$2:$D$10)를 사용함
- 조건이 모두 만족해야하는 AND이므로 첫 행에 필드명(거래월, 평균)을 나란히 입력하고, 동일한 행에 조건을 입력함

21년 상시, 19년 8월, 18년 9월, 17년 3월/9월, 16년 3월, …

POINT 091 텍스트 나누기/외부 데이터 가져오기

합격 강의

텍스트 나누기

- 워크시트의 한 셀에 입력되어 있는 데이터를 여러 셀로 분리하는 기능이다.
- 범위에 포함되는 행 수는 제한을 두지 않지만, 열은 반드시 하나만 포함해야 된다.
- 선택한 열의 오른쪽에는 빈 열이 한 개 이상 있어야 하며, 없는 경우 선택한 열의 오른쪽에 있는 데이터가 덮어 써진다.
- [데이터]–[데이터 도구]–[텍스트 나누기]를 선택하면 [텍스트 마법사]가 실행되며, 3단계로 진행된다([데이터 미리 보기]에서 열의 순서를 변경할 수는 없음).

1단계	데이터 너비를 지정할 방법을 선택함
2단계	구분 기호 및 구분 영역을 설정함
3단계	구분된 각 열의 데이터 서식을 설정함

외부 데이터 가져오기

- 데이터베이스 파일(SQL, Access, Oracle 등)이나 텍스트 파일 등을 워크시트로 가져오거나 데이터베이스 파일을 쿼리의 형태로 변경할 때 사용한다.
- 외부 데이터를 가져온 경우 원본 데이터가 변경되면 가져온 데이터도 변경된다.
- Access, dBASE, FoxPro, Oracle, Paradox, SQL과 같은 데이터베이스 파일과 텍스트 파일, Excel 파일 등을 외부 데이터 가져오기를 이용하여 워크시트로 가져올 수 있다.
- 외부 데이터를 엑셀로 가져오려면 해당 데이터를 액세스할 수 있어야 한다.
- 외부 데이터베이스의 여러 테이블을 조인하여 데이터를 가져와야 할 경우 [Microsoft Query]를 이용한다.
- 외부 데이터베이스에서 가져올 데이터의 추출 조건을 쿼리로 만들어 조건에 만족하는 데이터만 가져올 수 있다.
- Query를 사용하여 관계형 데이터베이스, 텍스트 파일의 데이터를 엑셀에서 읽어 들이려면 ODBC 드라이버가 필요하다.
- 웹 쿼리를 사용하여 인트라넷 또는 인터넷에 저장된 데이터를 가져올 수 있다.
- 외부 데이터가 들어갈 위치를 기존에 데이터가 있는 셀로 지정할 경우 해당 셀의 데이터가 오른쪽으로 밀려난다.

개념 체크

1 다음 중 텍스트 나누기에 대한 설명으로 옳지 않은 것은?

① 한 셀에 입력되어 있는 데이터를 여러 셀로 분리시킬 수 있다.
② 워크시트에서 입력된 데이터를 범위로 지정한 후 [데이터] 탭–[데이터 도구] 그룹–[텍스트 나누기]를 선택한다.
③ 범위는 반드시 같은 행에 있어야 하지만 범위의 열 수에는 제한이 없다.
④ 원본 데이터 형식으로는 '구분 기호로 분리됨'과 '너비가 일정함'이 있다.

[텍스트 나누기]를 실행할 영역을 지정할 때 행의 개수는 상관없지만 열은 반드시 하나이어야만 실행이 됨

2 다음 중 외부 데이터의 [연결] 설정 기능에 대한 설명으로 옳지 않은 것은?

① [통합 문서 연결] 대화 상자에서 시트, 이름, 위치(셀, 범위, 개체에 대한 참조), 값, 수식 등 통합 문서에서 사용되는 연결 위치 정보가 제공된다.
② [연결 속성] 대화 상자에서 일정한 시간 간격으로 외부 데이터를 자동으로 새로 고치도록 설정할 수 있다.
③ [연결 속성] 대화 상자에서 통합 문서를 열 때 외부 데이터를 자동으로 새로 고치거나 외부 데이터를 새로 고치지 않고 즉시 통합 문서를 열도록 설정할 수 있다.
④ 연결을 제거하면 현재 통합 문서에 외부에서 연결하여 가져 온 데이터도 함께 제거된다.

연결을 제거하더라도 현재 통합 문서의 외부에서 연결하여 가져온 데이터가 함께 제거되지 않음

24년 상시, 23년 상시, 22년 상시, 21년 상시, 19년 8월, …

POINT 092 부분합*

합격 강의

- 워크시트에 입력된 자료들을 그룹별로 분류하고 해당 그룹별로 특정한 계산을 수행하는 기능이다.
- 부분합 기능은 실행하기 전 기준이 되는 필드가 반드시 오름차순이나 내림차순으로 정렬되어 있어야 한다.
- 개요 기호를 이용하여 하위 목록의 데이터들을 표시하거나 표시하지 않을 수 있다.
- 그룹별로 계산된 항목을 해당 그룹의 위쪽에 표시하도록 할 수 있다.
- 많은 양의 데이터 목록에서 다양한 종류의 요약을 만들 수 있다.
- [데이터]-[개요]-[부분합]을 선택하여 [부분합] 대화 상자를 실행한다.

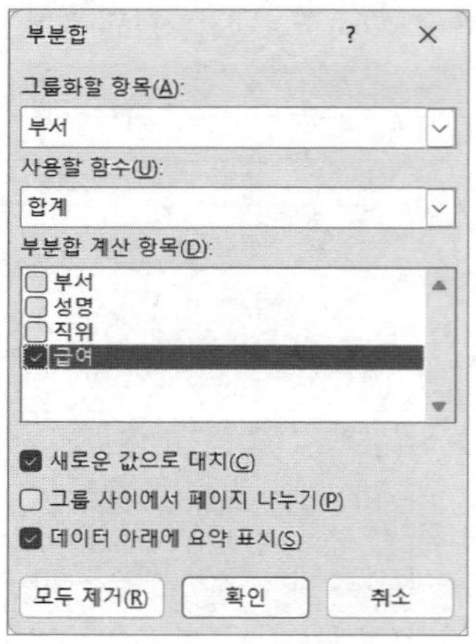

백분율, 중간값, 순위, 절대 표준 편차는 사용할 수 없음

그룹화할 항목	• 그룹으로 묶어 계산할 항목을 선택함 • 반드시 정렬의 기준이 된 열을 선택해야 함
사용할 함수	합계, 평균, 개수, 최대값, 최소값, 곱, 숫자 개수, 표본 표준 편차, 표준 편차, 표본 분산, 분산 중에서 선택할 수 있음
부분합 계산 항목	어떤 열을 계산할지 선택함
새로운 값으로 대치	부분합이 구해져 있는 상태에서 다시 부분합을 실행했을 경우 이전 값을 지우고 새로운 값으로 대치할지 여부를 선택함
그룹 사이에서 페이지 나누기	부분합이 적용된 각 그룹 사이에 페이지 나누기를 삽입하여 별도의 페이지로 분리할지 여부를 선택함
데이터 아래에 요약 표시	그룹별로 계산된 항목을 해당 그룹의 아래에 표시할지 여부를 선택함
모두 제거	부분합을 해제하고 원래의 목록으로 표시함

개념 체크

1 다음 중 부분합 실행 결과에 대한 설명으로 옳지 않은 것은?

	A	B	C	D
1	이름	분기	매출	
2	강호동	상반기	3,303,000	
3	강호동	하반기	3,062,850	
4	강호동 요약		6,365,850	
5	박명수	상반기	1,565,100	
6	박명수	하반기	2,691,100	
7	박명수 요약		4,256,200	
8	유재석	상반기	3,138,950	
9	유재석	하반기	1,948,500	
10	유재석 요약		5,087,450	
11	총합계		15,709,500	
12				

① 상반기와 하반기를 기준으로 항목이 그룹화되었다.
② 매출에 대하여 합계 함수가 사용되었다.
③ 데이터 아래에 요약 표시가 선택되었다.
④ 부분합 개요 기호 지우기가 실행되었다.

이름을 기준으로 항목이 그룹화 되어 있음

2 다음 중 부분합에 관한 설명으로 옳지 않은 것은?

① 여러 함수를 이용하여 부분합을 작성하려면 두 번째부터 실행하는 [부분합] 대화 상자에서 '새로운 값으로 대치'가 반드시 선택되어 있어야 한다.
② 부분합을 작성한 후 개요 기호를 눌러 특정한 데이터가 표시된 상태에서 차트를 작성하면 화면에 표시된 데이터만 차트에 표시된다.
③ 부분합을 실행하기 전에 그룹시키고자 하는 필드를 기준으로 정렬되어 있어야 올바른 결과를 얻을 수 있다.
④ 그룹별로 페이지를 달리하여 인쇄하기 위해서는 [부분합] 대화 상자에서 '그룹 사이에서 페이지 나누기'를 선택한다.

'새로운 값으로 대치'는 이미 부분합이 작성된 목록에서 이전 부분합을 지우고 현재 설정대로 새로운 부분합을 작성하여 삽입하므로, 여러 함수를 이용하여 부분합을 작성하려면 두 번째부터 실행하는 [부분합] 대화 상자에서 '새로운 값으로 대치'의 선택을 해제해야 함

24년 상시, 23년 상시, 22년 상시, 18년 9월, 15년 3월/6월, …

POINT 093 데이터 표*

합격 강의

- 워크시트에서 특정 데이터를 변화시켜 수식의 결과가 어떻게 변하는지 보여주는 기능이다.
- 데이터 표 기능을 이용하면 복잡한 형태의 상대 참조/혼합 참조 수식을 보다 편리하게 작성할 수 있다.
- 데이터 표를 실행한 후에 계산식이나 변화 값이 바뀌면 데이터 표의 내용도 갱신된다.
- 데이터 표의 결과는 일부분만 수정할 수 없다.
- [데이터]-[예측]-[가상 분석]-[데이터 표]를 선택하여 [데이터 표] 대화 상자를 실행한다.

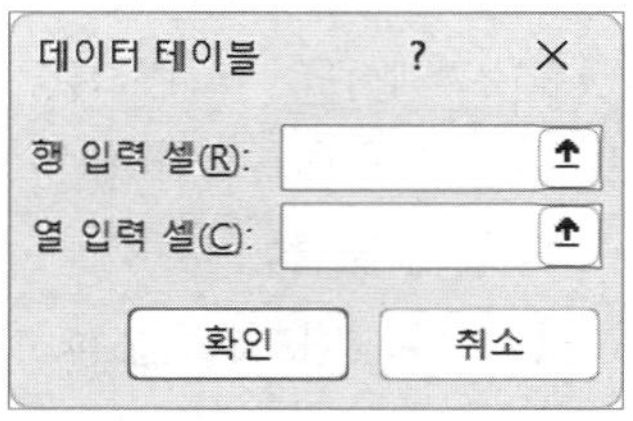

행 입력 셀	행에 입력되어 있는 변화 값에 해당하는 셀 주소
열 입력 셀	열에 입력되어 있는 변화 값에 해당하는 셀 주소

- 변화 값 계열이 하나일 경우 행 또는 열에 하나만 입력한다.
- 계산식에 사용된 셀 주소를 입력해야 한다.

개념 체크

1 아래 시트에서 [표1]의 할인율[B3]을 적용한 할인가 [B4]를 이용하여 [표2]의 각 정가에 해당하는 할인가 [E3:E6]를 계산하고자 한다. 다음 중 이때 가장 적합한 데이터 도구는?

	A	B	C	D	E
1	[표1] 할인 금액			[표2] 할인 금액표	
2	정가	₩10,000		정가	₩9,500
3	할인율	5%		₩10,000	
4	할인가	₩9,500		₩15,000	
5				₩24,000	
6				₩30,000	

① 통합 ② 데이터 표
③ 부분합 ④ 시나리오 관리자

데이터 표 : 워크시트에서 특정 데이터를 변화시켜 수식의 결과가 어떻게 변하는지 보여주는 셀 범위를 데이터 표라고 함

오답 피하기
- 통합 : 하나 이상의 원본 영역을 지정하여 하나의 표로 데이터를 요약
- 부분합 : 워크시트에 있는 데이터를 일정한 기준으로 요약하여 통계 처리를 수행
- 시나리오 관리자 : 변경 요소가 많은 작업표에서 가상으로 수식이 참조하고 있는 셀의 값을 변화시켜 작업표의 결과를 예측하는 기능

2 데이터 표에 대한 설명으로 틀린 것은?

① 표 기능을 이용하여 입력된 수식은 표 기능을 통해서만 입력할 수 있다.
② 표 기능을 통해 입력된 셀 중에서 표 범위의 일부분만 수정할 수 있다.
③ 표 기능을 이용하여 수식을 입력하는 방법에는 [열 입력 셀]만 지정하는 경우, [행 입력 셀]만 지정하는 경우, [행 입력 셀]과 [열 입력 셀]을 모두 지정하는 경우가 있다.
④ 표 기능은 수식이 입력될 범위를 설정한 후 표 기능을 실행해야 한다.

- 데이터 표 기능을 통해 입력된 셀의 일부분만 수정하거나 삭제할 수 없음
- 데이터 표 범위의 전체를 수정해야 함

24년 상시, 18년 9월, 15년 3월, 11년 3월, 10년 10월, …

POINT 094 데이터 통합*

합격 강의

- 통합(데이터 통합)은 여러 셀 범위를 통합하여 합계, 개수, 평균, 최대값, 최소값, 표준 편차 등을 계산할 수 있도록 해주는 기능이다.
- 통합(데이터 통합) 기능을 이용하면 여러 시트에 입력되어 있는 데이터들을 하나로 통합할 수 있으며, 다른 통합 문서에 입력되어 있는 데이터를 통합할 수도 있다.
- 사용할 데이터의 형태가 다르더라도 같은 이름표를 사용하면 항목을 기준으로 통합할 수 있다.
- 통합할 여러 데이터의 순서와 위치가 동일할 경우 위치를 기준으로 통합할 수 있다.
- [데이터]–[데이터 도구]–[통합]을 선택하여 [통합] 대화 상자를 실행한다.

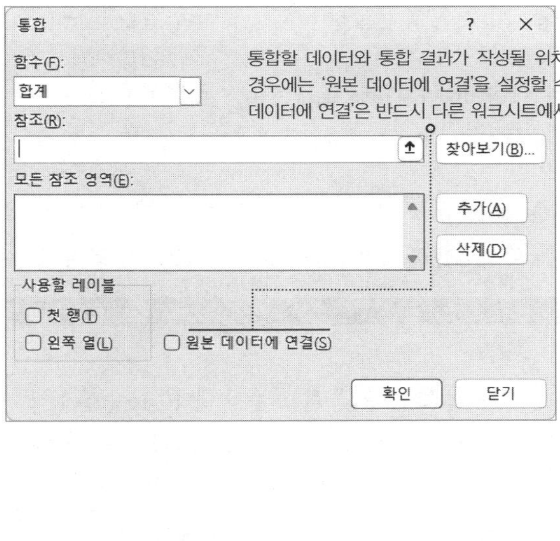

통합할 데이터와 통합 결과가 작성될 위치가 같은 워크시트인 경우에는 '원본 데이터에 연결'을 설정할 수 없음. 따라서 '원본 데이터에 연결'은 반드시 다른 워크시트에서 작업해야 함

함수	• 통합할 표와 계산할 함수를 선택함 • 지원 함수 : 합계, 개수, 평균, 최대값, 최소값, 곱, 숫자 개수, 표본 표준 편차, 표준 편차, 표본 분산, 분산
참조	통합할 값 영역을 설정함
모든 참조 영역	참조로 설정한 영역을 추가시킴
사용할 레이블	통합할 표에 함께 사용할 레이블 위치를 선택함
원본 데이터에 연결	원본 데이터에 연결할지를 지정함

개념 체크

1 다음 중 아래의 괄호( ) 안에 들어갈 기능으로 옳은 것은?

> (㉠)은/는 특정 값의 변화에 따른 결과 값의 변화 과정을 한 번의 연산으로 빠르게 계산하여 표의 형태로 표시해 주는 도구이고, (㉡)은/는 비슷한 형식의 여러 데이터의 결과를 하나의 표로 통합하여 요약해 주는 도구이다.

① ㉠ : 데이터 표 ㉡ : 통합
② ㉠ : 정렬 ㉡ : 시나리오 관리자
③ ㉠ : 부분합 ㉡ : 피벗 테이블
④ ㉠ : 해 찾기 ㉡ : 데이터 유효성 검사

- 데이터 표 : 워크시트에서 특정 데이터를 변화시켜 수식의 결과가 어떻게 변하는지 보여주는 셀 범위를 데이터 표라 하며 데이터 표의 수식은 데이터 표를 작성하기 위해 필요한 변수가 하나인지 두 개인지에 따라 수식의 작성 위치가 달라짐
- 통합 : 하나 이상의 원본 영역을 지정하여 하나의 표로 데이터를 요약하는 기능

2 다음 중 데이터 통합에 대한 설명으로 옳지 않은 것은?

① 데이터 통합은 여러 셀 범위를 통합하여 합계, 평균, 최대값, 최소값, 표준 편차 등을 계산할 수 있는 기능이다.
② 서로 다른 통합 문서에 분산 입력된 데이터를 통합하기 위해서는 모든 통합 문서를 열어 놓고 실행해야 한다.
③ 참조 영역의 범위에 열 이름표와 행 이름표를 복사할 것인지를 설정하려면 '사용할 레이블'에서 옵션을 체크한다.
④ '원본 데이터에 연결' 옵션을 선택하면 원본 데이터의 변경이 통합된 데이터에 즉시 반영된다.

통합 문서가 열려 있지 않아도 사용할 수 있음

24년 상시, 23년 상시, 22년 상시, 21년 상시, 20년 2월, …

POINT 095 피벗 테이블/피벗 차트*

합격 강의

- 많은 양의 자료를 효율적으로 분석하고 요약하는 기능으로, 피벗 차트를 함께 작성할 수 있다.
- 피벗 테이블 보고서는 각 필드에 다양한 조건을 지정할 수 있으며, 일정한 그룹별로 데이터 집계가 가능하다.
- 합계, 평균, 최대값, 최소값, 표준편차, 분산 등의 값을 구할 수 있다.
- 피벗 테이블은 행 레이블, 열 레이블, 보고서 필터 필드, 값 필드, 값 영역으로 구성된다.
- 한번 작성된 피벗 테이블의 필드 위치를 필요에 따라 삭제하거나 이동하여 재배치할 수 있다.
- '보고서 필터 필드'를 사용하면 전체 피벗 테이블 보고서를 필터링하여 한 개의 항목이나 모든 항목에 대해 데이터를 표시할 수 있다.
- 피벗 테이블로 작성된 목록에서 행 레이블을 열 레이블로 편집할 수 있다.
- 원본 데이터가 변경되었을 때 피벗 테이블에 반영하려면 [모두 새로 고침]을 실행해야 한다.
- 피벗 테이블 결과는 원본 데이터가 입력된 시트나 다른 시트 또는 새로운 시트에 작성할 수 있다.
- 피벗 테이블을 작성한 후에 사용자가 새로운 수식을 추가하여 표시할 수 있다.
- 먼저 피벗 테이블을 만든 후 나중에 피벗 차트를 추가할 수 있으며, 피벗 차트는 피벗 테이블을 만들지 않고는 만들 수 없다.

- 피벗 테이블과 피벗 차트를 함께 만든 후 피벗 테이블을 삭제하면 피벗 차트는 일반 차트로 변경된다.
- [피벗 테이블 옵션]에서 하위 수준 데이터의 확장/축소에 사용하는 [+], [−] 단추의 인쇄 여부를 설정할 수 있다.

개념 체크 ✓

1 다음 중 피벗 차트 보고서에 대한 설명으로 옳지 않은 것은?

① 피벗 차트 보고서에 필터를 적용하면 피벗 테이블 보고서에 자동 적용된다.
② 처음 피벗 테이블 보고서를 만들 때 자동으로 피벗 차트 보고서를 함께 만들 수도 있고, 기존 피벗 테이블 보고서에서 피벗 차트 보고서를 만들 수도 있다.
③ 피벗 차트 보고서를 정적 차트로 변환하려면 관련된 피벗 테이블 보고서를 선택한 후 [피벗 테이블 분석] 탭-[동작] 그룹의 [지우기]-[모두 지우기] 명령을 수행하여 피벗 테이블 보고서를 먼저 삭제한다.
④ 피벗 차트 보고서를 삭제해도 관련된 피벗 테이블 보고서는 삭제되지 않는다.

피벗 테이블 보고서를 선택한 후 [피벗 테이블 분석] 탭-[동작] 그룹의 [지우기]-[모두 지우기] 명령을 수행하면 피벗 테이블 보고서와 피벗 차트 보고서 모두 삭제됨

오답 피하기

피벗 차트 보고서를 정적 차트로 변환하려면 피벗 테이블을 삭제하면 됨

2 다음 중 피벗 테이블과 피벗 차트에 대한 설명으로 옳지 않은 것은?

① 새 워크시트에 피벗 테이블을 생성하면 보고서 필터의 위치는 [A1] 셀, 행 레이블은 [A3] 셀에서 시작한다.
② 피벗 테이블과 연결된 피벗 차트가 있는 경우 피벗 테이블에서 [모두 지우기] 명령을 사용하면 피벗 테이블과 피벗 차트의 필드, 서식 및 필터가 제거된다.
③ 하위 데이터 집합에도 필터와 정렬을 적용하여 원하는 정보만 강조할 수 있으나 조건부 서식은 적용되지 않는다.
④ [피벗 테이블 옵션] 대화 상자에서 오류 값을 빈 셀로 표시하거나 빈 셀에 원하는 값을 지정하여 표시할 수도 있다.

하위 데이터 집합에 대해 필터, 정렬, 그룹 및 조건부 서식을 적용하여 원하는 정보만 강조할 수 있음

24년 상시, 23년 상시, 22년 상시, 21년 상시, 17년 9월, …

POINT 096 목표값 찾기*

합격 강의

- 수식에서 원하는 결과 값은 알고 있지만 그 결과 값을 계산하기 위해 필요한 입력 값을 모를 경우 사용한다.
- 변수를 하나만 지정할 수 있으므로 결과에 영향을 미치는 변수가 하나일 때만 사용할 수 있다.
- [데이터]-[예측]-[가상 분석]-[목표값 찾기]를 선택하여 [목표값 찾기] 대화 상자를 실행한다.

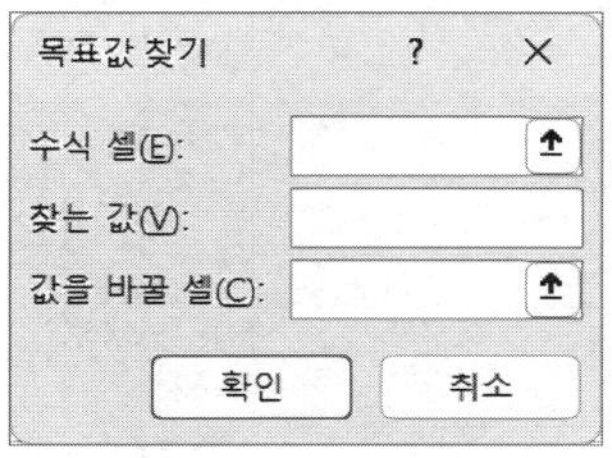

수식 셀	• 수식이 입력되는 셀로 값을 바꿀 셀을 참조하고 있는 수식이 입력되어 있는 셀을 선택해야 함 • 사용자가 직접 수식을 입력할 수는 없고, 수식이 입력되어 있는 셀만 지정할 수 있음
찾는 값	• 수식의 결과로 얻고자 하는 값을 입력함 • 특정한 셀 주소를 지정할 수는 없고, 사용자가 특정한 값을 직접 입력해야 함
값을 바꿀 셀	• 변수가 입력되어 있는 셀 • 수식 셀에 입력한 수식에서 참조하고 있는 셀을 지정함

개념 체크 ✓

1 국어, 영어, 수학의 각 점수가 70, 80, 90일 때, 평균이 90이 되기 위한 국어 점수를 구하고자 한다. 다음 중 어떤 기능을 이용하는 것이 가장 적절한가?

① 목표값 찾기
② 시나리오 분석
③ 데이터 통합
④ 부분합

목표값 찾기 : 수식의 결과 값은 알고 있으나 그 결과 값을 얻기 위한 입력 값을 모를 때 목표값 찾기 기능을 함

2 다음 중 아래 그림과 같이 목표값 찾기를 지정했을 때의 설명으로 옳은 것은?

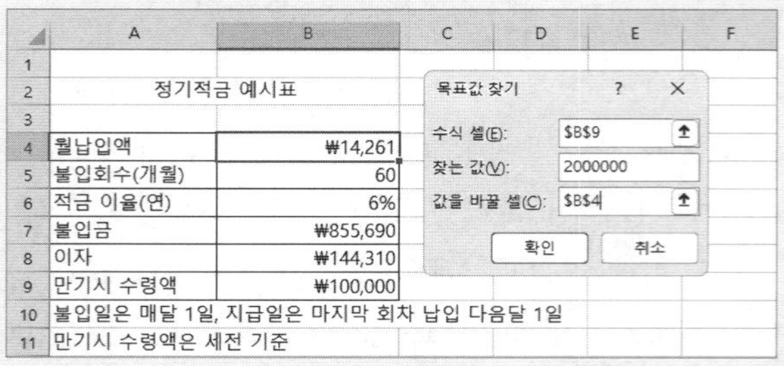

① 만기 시 수령액이 2,000,000원이 되려면 월 납입금은 얼마가 되어야 하는가?
② 만기 시 수령액이 2,000,000원이 되려면 적금 이율(연)이 얼마가 되어야 하는가?
③ 불입금이 2,000,000원이 되려면 만기 시 수령액은 얼마가 되어야 하는가?
④ 월 납입금이 2,000,000원이 되려면 만기 시 수령액은 얼마가 되어야 하는가?

- 목표값 찾기 : 수식의 결과 값은 알고 있으나 그 결과 값을 얻기 위한 입력 값을 모를 때 목표값 찾기 기능을 이용함
- 수식이 있는 수식 셀($B$9)의 만기 시 수령액 ₩1,000,000원이 찾는 값 20000000이 되려면 값을 바꿀 셀($B$4)의 월 납입액이 얼마가 되어야 하는가를 찾아 줌

24년 상시, 23년 상시, 22년 상시, 21년 상시, 20년 2월, …

POINT 097 시나리오

합격 강의

- 워크시트에 입력되어 있는 자료들에 대해 자료 값이 변함에 따라 그 결과를 분석하고 예측하는 기능이다.
- [데이터]-[예측]-[가상 분석]-[시나리오 관리자]를 선택하여 작성한다.
- 변경 요소가 되는 값의 그룹을 변경 셀이라고 하며, 하나의 시나리오에 최대 32개까지 변경 셀을 지정할 수 있다.
- 결과 셀은 변경 셀 값을 참조하는 수식으로 입력되어야 한다.
- 주가 분석, 손익분기점 분석, 원가 분석, 이자율 분석 등에 사용할 수 있으며 여러 가지 상황에 따른 차트를 쉽게 작성할 수 있다.
- 주로 수식에서 참조되고 있는 셀의 값을 변경시켜서 수식의 결과가 어떻게 변하는지 살펴보는 용도로 사용한다.
- 분석 내용을 시나리오 요약 또는 피벗 테이블 보고서로 만들 수 있다.

개념 체크 ✓

1 다음 중 시나리오에 대한 설명으로 옳지 않은 것은?

① 시나리오 관리자에서 시나리오를 삭제하면 시나리오 요약 보고서의 해당 시나리오도 자동으로 삭제된다.
② 특정 셀의 변경에 따라 연결된 결과 셀의 값이 자동으로 변경되어 결과 값을 예측할 수 있다.
③ 여러 시나리오를 비교하기 위해 시나리오를 피벗 테이블로 요약할 수 있다.
④ 변경 셀과 결과 셀에 이름을 지정한 후 시나리오 요약 보고서를 작성하면 결과에 셀 주소 대신 지정한 이름이 표시된다.

시나리오 관리자에서 시나리오를 삭제하더라도 시나리오 요약 보고서의 해당 시나리오는 자동으로 삭제되지 않음

SECTION 12

2과목 스프레드시트 일반

출력

22년 상시, 19년 8월, 17년 9월, 16년 10월, 13년 6월/10월, …

POINT 098 인쇄 미리 보기(Ctrl+P), (Ctrl+F2)*

합격 강의

- 인쇄 시 사용할 [머리글], [바닥글], [여백] 등을 확인할 수 있다.
- [파일]-[인쇄]에서 [여백 표시]( )를 선택하면 여백 경계선과 열 너비 경계선이 표시된다. 마우스로 드래그하여 여백과 열 너비를 조절하면 워크시트에도 그대로 적용된다.
- [페이지 설정]을 클릭하면 [페이지 설정] 대화 상자가 표시되는데 인쇄 제목 및 인쇄 영역에 관련된 사항은 설정할 수 없다.
- [페이지 확대/축소]( )를 클릭하면 화면을 일정한 비율로 확대하여 표시해주지만 인쇄 시에는 적용되지 않는다.
- 차트를 선택한 후 [파일]-[인쇄]를 선택하면 차트만 미리 볼 수 있다.
- 인쇄 미리 보기를 종료하려면 Esc를 누른다.

개념 체크

1 다음 중 [인쇄 미리 보기] 상태에서 설정할 수 있는 기능에 대한 설명으로 옳지 않은 것은?

① '여백 표시'가 되어 있는 경우 미리 보기로 표시된 워크시트의 열 너비를 조정할 수 있다.
② [페이지 설정]에서 '인쇄 영역'을 변경하여 인쇄할 수 있다.
③ [머리글/바닥글]로 설정한 내용은 매 페이지 상단이나 하단의 별도 영역에, 인쇄 제목의 반복할 행/열은 매 페이지의 본문 영역에 반복 출력된다.
④ [페이지 설정]에서 확대/축소 배율을 10%에서 최대 400%까지 설정하여 인쇄할 수 있다.

[인쇄 미리 보기]에서 [페이지 설정]을 클릭한 경우 [페이지 설정] 대화 상자의 [시트] 탭에서 '인쇄 영역', '반복할 행', '반복할 열'은 비활성 상태가 되므로 '인쇄 영역'을 변경하여 인쇄할 수 없음

2 다음 중 인쇄 기능에 대한 설명으로 옳지 않은 것은?

① 기본적으로 워크시트의 눈금선은 인쇄되지 않으나 인쇄 되도록 설정할 수 있다.
② [페이지 설정] 대화 상자의 [시트] 탭에서 '간단하게 인쇄'를 선택하면 셀의 테두리를 포함하여 인쇄할 수 있다.
③ Ctrl+F2를 누르면 [인쇄 미리 보기]가 실행된다.
④ [인쇄 미리 보기]에서 '여백 표시'를 선택한 경우 마우스로 여백을 변경할 수 있다.

간단하게 인쇄 : 테두리, 그래픽 등을 인쇄하지 않음

24년 상시, 23년 상시, 22년 상시, 21년 상시, 20년 2월, …

POINT 099 [페이지 설정] 대화 상자

합격 강의

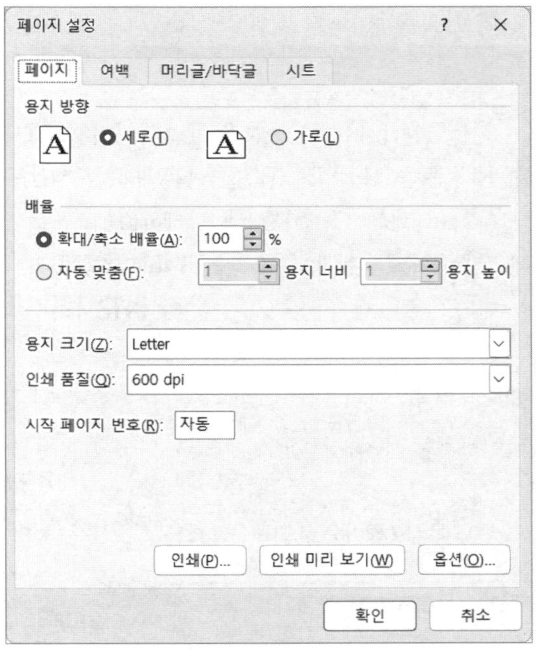

[페이지] 탭

용지 방향	용지를 세로 또는 가로 방향으로 선택하여 용지 방향을 설정함
확대/축소 배율	워크시트를 지정한 배율로 축소 또는 확대하여 인쇄함(10~400%)
자동 맞춤	지정한 용지 너비와 용지 높이에 맞추어 자동으로 인쇄함
용지 크기	인쇄 용지의 크기를 설정함
인쇄 품질	인쇄 품질을 높일수록 더 선명한 출력물을 얻을 수 있음
시작 페이지 번호	인쇄되는 첫 페이지의 페이지 번호를 지정하며, '자동'으로 설정하면 1 페이지부터 번호가 매겨짐
인쇄	[인쇄] 대화 상자가 나타남
인쇄 미리 보기	[인쇄 미리 보기]가 나타남
옵션	[프린터 등록 정보] 대화 상자가 나타남

기적의 TIP 모든 자료를 한 장에 인쇄하기
'자동 맞춤'을 선택하고 용지의 너비와 높이를 각각 1로 설정하면 모든 자료가 한 장에 인쇄됨

[여백] 탭

- 여백과 머리글 및 바닥글 공간을 지정한다.
- 머리글이 데이터와 겹치지 않게 하려면 머리글 상자의 값이 위쪽 상자의 값보다 작아야 한다.
- 페이지 가운데 맞춤 : 가로와 세로 방향으로 가운데에 페이지를 인쇄할지를 지정한다.

24년 상시, 23년 상시, 22년 상시, 18년 3월, 13년 6월, 11년 3월, 07년 2월, 04년 2월

[머리글/바닥글] 탭*

- 매 페이지의 상단이나 하단에 머리글/바닥글을 설정한다.
- 머리글/바닥글 편집 단추를 이용하여 페이지 번호, 날짜, 시간, 파일 경로, 파일 이름, 시트 이름 등을 코드로 입력하면 실제 인쇄될 때 해당되는 내용으로 바뀌어 인쇄된다.

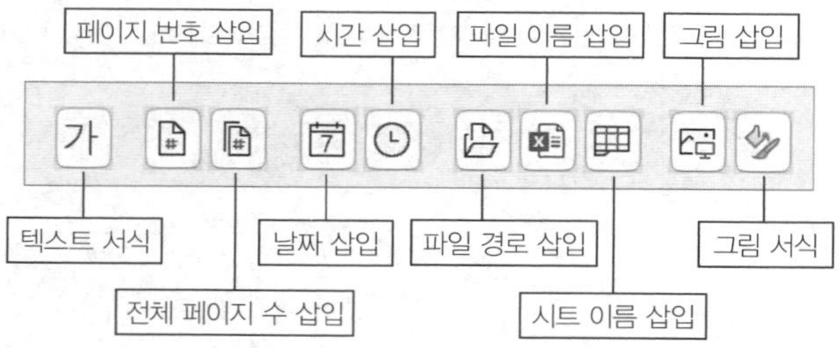

22년 상시, 21년 상시, 19년 3월, 16년 10월, 15년 3월/10월, 13년 3월, 12년 6월/9월, …

[시트] 탭*

인쇄 영역	인쇄할 영역을 지정함
인쇄 제목	• 반복할 행 : 매 페이지마다 반복해서 인쇄될 행을 지정함 • 반복할 열 : 매 페이지마다 반복해서 인쇄될 열을 지정함
눈금선	워크시트의 셀 구분선을 인쇄함
행/열 머리글	워크시트의 열문자와 행번호를 함께 인쇄함
간단하게 인쇄	셀 눈금선과 대부분의 그림 및 차트가 인쇄되지 않음
메모	• 시트에 표시된 대로 : 워크시트에 나타난 위치에 메모를 인쇄함 • 시트 끝 : 메모들을 워크시트 뒤에 모아서 인쇄함 • 없음 : 셀에 메모가 있더라도 인쇄되지 않음

개념 체크

1 다음 중 엑셀의 [페이지 설정] 대화 상자에 대한 설명으로 옳은 것은?

① 인쇄 배율을 수동으로 설정할 수 있으며, 배율은 워크시트 표준 크기의 10%에서 200%까지 설정 가능하다.
② [시트] 탭에서 머리글/바닥글과 행/열 머리글이 인쇄 되도록 설정할 수 있다.
③ [페이지] 탭에서 '자동 맞춤'의 용지 너비와 용지 높이를 각각 1로 지정하면 여러 페이지가 한 페이지에 인쇄된다.
④ 셀에 설정된 메모는 시트에 표시된 대로 인쇄할 수는 없으나 시트 끝에 인쇄되도록 설정할 수 있다.

[페이지] 탭에서 '자동 맞춤'의 용지 너비와 용지 높이를 각각 1로 지정하면 여러 페이지가 한 페이지에 인쇄됨

오답 피하기

- ① : 배율은 워크시트 표준 크기의 10%에서 400%까지 설정함
- ② : 머리글/바닥글은 [머리글/바닥글] 탭에서 설정함
- ④ : 셀에 설정된 메모는 '시트에 표시된 대로' 인쇄할 수 있음

2 다음 중 바닥글 영역에 페이지 번호를 인쇄하도록 설정된 여러 개의 시트를 출력하면서 전체 출력물의 페이지 번호가 일련번호로 이어지게 하는 방법으로 옳지 않은 것은?

① [인쇄] 대화 상자에서 '인쇄 대상'을 '전체 통합 문서 인쇄'로 선택하여 인쇄한다.
② 전체 시트를 그룹으로 설정한 후 인쇄한다.
③ 각 시트의 [페이지 설정] 대화 상자에서 '일련번호로 출력'을 선택한 후 인쇄한다.
④ 각 시트의 [페이지 설정] 대화 상자에서 '시작 페이지 번호'를 일련번호에 맞게 설정한 후 인쇄한다.

[페이지 설정] 대화 상자에서 '일련번호로 출력' 기능은 지원되지 않음

3 다음 중 워크시트의 셀 구분선을 그대로 인쇄하기 위한 설정 방법으로 옳은 것은?

① 페이지 설정 대화 상자의 [시트] 탭에서 '눈금선'을 선택한다.
② 페이지 설정 대화 상자의 [페이지] 탭에서 '눈금선'을 선택한다.
③ 페이지 설정 대화 상자의 [여백] 탭에서 '눈금선'을 선택한다.
④ 페이지 설정 대화 상자의 [머리글/바닥글] 탭에서 '눈금선'을 선택한다.

[시트] 탭에서 '눈금선'을 선택하고 인쇄를 하면 셀 구분선이 인쇄됨

23년 상시, 21년 상시, 20년 2월, 19년 3월/8월, 18년 3월, …

POINT 100 워크시트의 인쇄

합격 강의

인쇄 영역 설정

인쇄할 영역을 선택한 다음 [페이지 레이아웃]–[페이지 설정]–[인쇄 영역]–[인쇄 영역 설정]을 클릭해서 인쇄 영역을 설정할 수 있다.

페이지 나누기 미리 보기

- [보기]–[통합 문서 보기]–[페이지 나누기 미리 보기]를 클릭하면 설정된 인쇄 영역이나 페이지 구성을 화면에 표시해 준다(수동은 실선, 자동은 파선으로 표시됨).
- 페이지 나누기 선을 마우스로 드래그하여 인쇄 영역을 다시 설정할 수 있다.

페이지 나누기

- 사용자가 강제로 페이지를 구분하려면 페이지를 구분할 셀을 선택하고 [페이지 레이아웃]–[페이지 설정]–[나누기]–[페이지 나누기 삽입]을 실행한다.
- 삽입한 페이지 나누기를 삭제하려면 페이지 나누기를 삽입한 셀을 선택하고 [페이지 레이아웃]–[페이지 설정]–[나누기]–[페이지 나누기 제거]를 실행한다.
- 현재 워크시트에 설정되어 있는 모든 페이지 나누기를 취소하고 원래대로 되돌리려면 [페이지 레이아웃]–[페이지 설정]–[나누기]–[페이지 나누기 모두 원래대로]를 실행한다.
- 행 높이와 열 너비를 변경하면 자동 페이지 나누기 구분선의 위치도 같이 변경된다.

[파일]–[인쇄]

[파일]–[인쇄]를 선택하여 [인쇄]를 실행한다.

인쇄	• 인쇄 : 인쇄를 실행함 • 복사본 : 매 페이지를 몇 장씩 인쇄할 것인지 설정함
프린터	• 인쇄를 실행할 프린터를 선택함 • 파일로 인쇄 : 인쇄 파일로 만듦(확장자는 '*.prn')
설정	• 인쇄 범위 설정 : 인쇄할 대상을 선택 • 한 부씩 인쇄, 한 부씩 인쇄 안 함 • 용지 방향 설정 : 세로 방향, 가로 방향 • 용지 크기 설정 • 여백 설정 : 마지막 사용자 지정 설정, 기본, 넓게, 좁게, 사용자 지정 여백 설정 • 인쇄 배율 설정 : 현재 설정된 용지, 한 페이지에 시트 맞추기, 한 페이지에 모든 열 맞추기, 한 페이지에 모든 행 맞추기

기타 인쇄

- 도형을 제외한 인쇄 : 도형의 바로 가기 메뉴에서 [크기 및 속성]을 선택한 다음 [속성]에서 '개체 인쇄'를 해제한다.
- 차트만 인쇄 : 차트를 선택한 다음 인쇄를 실행한다.
- 숨기기를 실행한 영역은 인쇄되지 않는다.

개념 체크 ✔

1 다음 중 [페이지 나누기 미리 보기] 상태에서 설정할 수 있는 기능에 대한 설명으로 옳지 않은 것은?

① 행 높이와 열 너비를 변경하면 자동 페이지 나누기의 위치도 변경된다.
② 수동으로 삽입한 페이지 나누기를 제거하려면 페이지 나누기를 페이지 나누기 미리 보기 영역 밖으로 끌어다 놓는다.
③ [페이지 나누기 삽입] 기능은 선택한 셀의 아래쪽 행 오른쪽 열로 페이지 나누기를 삽입한다.
④ 수동 페이지 나누기를 모두 제거하려면 임의의 셀의 바로 가기 메뉴에서 [페이지 나누기 모두 원래대로]를 클릭한다.

[페이지 나누기 삽입] 기능은 선택한 셀의 윗 행 왼쪽 열로 페이지 나누기를 삽입함

2 페이지 레이아웃 및 인쇄 관련 설정에 대한 설명으로 옳지 않은 것은?

① [인쇄 미리 보기] 상태에서는 마우스를 이용하여 페이지 여백을 조정할 수 있다.
② [페이지 설정] 대화 상자의 [페이지] 탭에서 확대/축소 배율을 지정할 수 있다.
③ [보기] 탭 [통합 문서 보기] 그룹의 '페이지 나누기 미리 보기'를 클릭하면 머리글 및 바닥글을 쉽게 삽입할 수 있다.
④ '페이지 나누기 삽입'은 새 페이지가 시작되는 위치를 지정하는 것으로 선택 영역의 위쪽과 왼쪽에 페이지 나누기가 삽입된다.

'페이지 나누기 미리 보기'는 문서가 인쇄될 때 어디서 나눠지는지 표시하는 기능임

3 [보기] 탭의 [페이지 나누기 미리 보기]에 대한 설명으로 옳지 않은 것은?

① 페이지 나누기는 구분선을 이용하여 인쇄를 위한 페이지 나누기를 빠르게 조정하는 기능이다.
② 행 높이와 열 너비를 변경하면 자동 페이지 나누기의 위치도 변경된다.
③ [페이지 나누기 미리 보기]에서 수동으로 삽입된 페이지 나누기는 파선으로 표시되고 자동으로 추가된 페이지 나누기는 실선으로 표시된다.
④ 용지 크기, 여백 설정, 배율 옵션 등에 따라 자동 페이지 나누기가 삽입된다.

• 수동으로 삽입된 페이지 나누기 → 실선으로 표시됨
• 자동으로 추가된 페이지 나누기 → 파선으로 표시됨

20년 2월/7월, 18년 9월, 16년 3월/6월, 15년 10월, …

POINT 101 화면 제어

합격 강의

화면 확대/축소

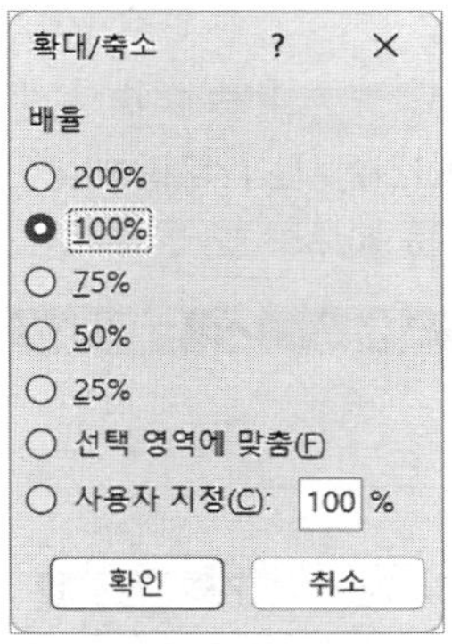

• 현재 워크시트를 확대 또는 축소시킨다.
• [보기]-[확대/축소]-[확대/축소]를 실행한 후 [확대/축소] 대화 상자에서 배율을 선택한다.
• '사용자 지정' 옵션을 선택하고 배율을 10~400%까지 직접 지정할 수 있다.

23년 상시

창 정렬

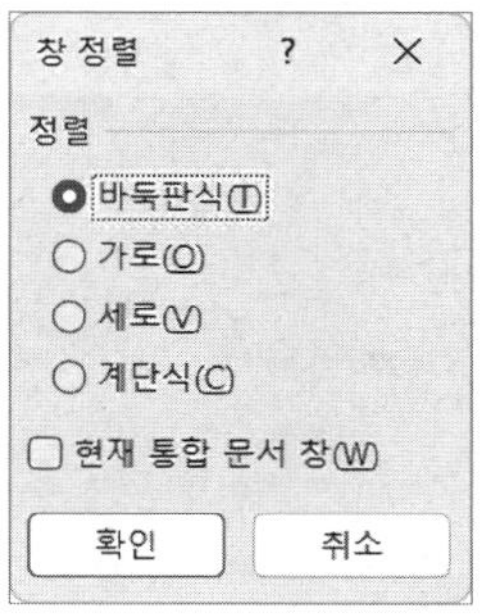

• 창 정렬은 여러 개의 통합 문서를 배열하여 비교하면서 작업할 수 있는 기능이다.
• [보기]-[창]-[모두 정렬]을 실행하여 정렬한다.
• 창을 정렬하는 방식은 4가지(바둑판식, 가로, 세로, 계단식)가 있다.

24년 상시, 20년 7월, 19년 3월, 18년 9월, 09년 7월

창 나누기*

	A	B	C	D	E	F	G
1							
2			국어	영어	수학	과학	기술
3		유은지	80	80	70	80	90
4		임수진	70	80	90	85	80
5		장한길	60	60	50	92	
6							
7							

• 워크시트의 내용이 많아 하나의 화면으로 모두 표시하기가 어려워 불편할 때 멀리 떨어져 있는 데이터를 한 화면에 표시할 수 있도록 분할하는 기능이다.
• [보기]-[창]-[나누기]를 실행하면 선택한 셀 좌측 상단을 기준으로 분할선이 표시된다(화면에 표시된 창 분할 형태는 인쇄 시 적용되지 않음).
• 현재 화면을 수평이나 수직 또는 수평/수직으로 나눈다. 최대 4개로 분할 가능하다.
• 분할선을 마우스로 드래그해서 이동할 수 있다.
• 분할선을 워크시트 바깥쪽으로 이동하거나 더블클릭하면 삭제된다.
• 창 나누기가 설정된 상태에서 [보기]-[창]-[나누기]를 클릭하면 원래의 상태로 돌아간다.

24년 상시, 23년 상시, 22년 상시, 19년 3월, 18년 9월, 17년 9월, 16년 3월/6월, …

틀 고정*

	A	B	C	D	E	F	G	H
1								
2			국어	영어	수학	과학	기술	
3		유은지	80	80	70	80	90	
4		임수진	70	80	90	85	80	
5		장한길	60	60	50	92		
6								
7								

• 워크시트에 입력된 내용이 많아 특정한 범위의 열 또는 행을 고정시켜 셀 포인터의 이동에 상관없이 항상 제목 행이나 제목 열을 화면에 표시하고자 할 때 사용한다.
• [보기]-[창]-[틀 고정]-[틀 고정]을 실행하면 선택한 셀 좌측 상단을 기준으로 행과 열을 동시에 고정시킬 수 있다.
• 틀 고정 위치는 틀 고정이 된 상태에서 수정할 수 없다. 따라서 틀고정 위치를 변경하려면 틀 고정 취소 후 다시 설정해야 한다.
• [보기]-[창]-[틀 고정]-[틀 고정 취소]를 실행하여 원래대로 되돌릴 수 있다.
• 화면에 틀이 고정되어 있어도 인쇄에는 영향을 끼치지 않는다.

창 숨기기

- [보기]–[창]–[숨기기]를 실행하여 현재 통합 문서를 보이지 않게 숨긴다.
- 숨기기를 실행하면 [시트] 탭들도 모두 사라진다.
- [보기]–[창]–[숨기기 취소]를 실행하여 숨긴 문서를 열 수 있다.
- 숨기기를 실행한 상태에서 엑셀을 종료해도 되돌릴 수 있다.

> **기적의TIP 실행 취소 불가**
> 창 정렬, 창 나누기, 틀 고정, 창 숨기기는 실행 취소를 할 수 없다.

개념 체크

1 다음 중 작업에 필요한 여러 개의 통합 문서를 한 화면에 함께 표시하여 비교하면서 작업하기에 편리한 기능은?

① 창 나누기
② 창 정렬
③ 틀 고정
④ 페이지 나누기

창 정렬 : 여러 개의 통합 문서를 배열하여 비교하면서 작업할 수 있는 기능

오답 피하기

- 창 나누기 : 워크시트의 내용이 많아 하나의 화면으로는 모두 표시하기가 어려워 불편할 때 멀리 떨어져 있는 데이터를 한 화면에 표시할 수 있도록 분할하는 기능
- 틀 고정 : 데이터 양이 많은 경우, 특정한 범위의 열 또는 행을 고정시켜 셀 포인터의 이동과 상관없이 화면에 항상 표시할 수 있도록 하는 기능
- 페이지 나누기 : 워크시트를 인쇄할 수 있도록 페이지 단위로 나누는 구분하는 기능

2 다음 중 엑셀의 틀 고정에 대한 설명으로 옳지 않은 것은?

① 화면에 표시되는 틀 고정 형태는 인쇄 시 적용되지 않는다.
② 틀 고정 구분선의 위치는 지우고 새로 만들기 전에는 마우스를 이용하여 변경할 수 없다.
③ 틀 고정을 수행하면 셀 포인터의 왼쪽과 위쪽으로 고정선이 표시되므로 고정하고자 하는 행의 아래쪽, 열의 오른쪽에 셀 포인터를 놓고 틀 고정을 수행해야 한다.
④ 틀 고정이 설정되어 있는 경우 나중에 복구할 수 있도록 모든 창의 현재 레이아웃이 작업 영역으로 저장된다.

틀 고정이 설정되어 있는 경우라도 나중에 복구할 수 있도록 모든 창의 현재 레이아웃이 작업 영역으로 저장되지 않음

3 다음 중 엑셀의 틀 고정에 대한 기능 설명으로 옳지 않은 것은?

① 틀 고정은 특정 행 또는 열을 고정할 때 사용하는 기능으로 주로 표의 제목 행 또는 제목 열을 고정한 후 작업할 때 유용하다.
② 선택된 셀의 왼쪽 열과 바로 위의 행이 고정된다.
③ 틀 고정 구분선을 마우스로 잡아끌어 틀 고정 구분선을 이동시킬 수 있다.
④ 틀 고정 방법으로 첫 행 고정을 실행하면 선택된 셀의 위치와 상관없이 첫 행이 고정된다.

틀 고정 구분선을 마우스로 잡아끌어 틀 고정 구분선을 이동시킬 수 없음

SECTION 13

2과목 스프레드시트 일반

차트 생성 및 활용

24년 상시, 21년 상시, 18년 3월, 15년 10월, 14년 3월, …

POINT 102 차트 작성

합격 강의

차트의 구성 요소*

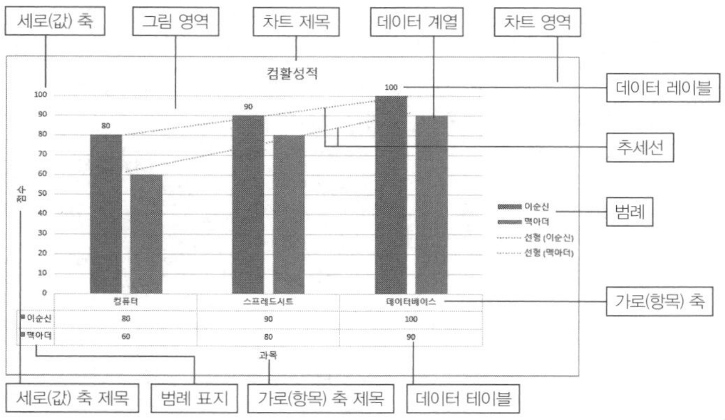

차트 영역	차트의 전체 영역을 의미하며 차트의 모든 구성 요소를 포함함
그림 영역	가로(항목) 축과 세로(값) 축으로 형성된 영역
차트 제목	차트의 제목을 표시함
데이터 계열	차트로 나타낼 값을 가진 항목으로 막대나 선으로 표현하며, 각 항목별 계열마다 서로 다른 색이나 무늬로 구분함
데이터 레이블	그려진 막대나 선이 나타내는 표식에 대한 데이터 요소 또는 값 등의 추가 정보를 표시함
가로(항목) 축	차트를 구성하는 데이터 항목을 나타냄
세로(값) 축	데이터의 계열을 포함하는 값을 숫자로 나타냄
범례	차트를 구성하는 데이터 계열의 무늬 및 색상과 데이터 계열의 이름을 표시함
데이터 테이블	차트의 원본 데이터를 표시함
추세선	데이터의 추세를 표시하는 선으로, 데이터를 분석하고 예측하는 데 사용됨

차트의 특징

- 워크시트에 입력된 데이터를 막대나 선, 도형, 그림 등을 사용하여 시각적으로 표현한 것으로 데이터의 상호 관계나 경향 또는 추세를 쉽게 분석할 수 있다.
- 차트는 2차원과 3차원 차트로 구분할 수 있다. 2차원 차트는 차트의 원근감, 상하 회전, 좌우 회전 등을 변경할 수 없고, 3차원 차트는 추세선 추가가 불가능하다.
- 차트는 현재 통합 문서에 있는 워크시트에 작성할 수 있고 새로운 차트 시트에 작성할 수도 있다.

차트 삽입(Alt+F1)

- 데이터 범위를 선택한 다음 [삽입]-[차트] 그룹에서 차트를 선택해 차트를 작성한다.
- 연속되지 않은 범위의 데이터로 차트를 작성하려면 Ctrl을 누르고 범위를 선택해야 한다.
- 차트를 작성할 데이터를 시트에 입력하지 않고 빈 차트를 삽입한 후 [데이터 원본 선택] 대화 상자에서 직접 모든 원본 데이터를 입력할 수도 있다.
- 숨겨진 셀은 차트에 표시되지 않는다.
- 원본 데이터가 바뀌면 차트에 자동으로 반영된다.
- 원본 데이터를 삭제하면 차트의 데이터 계열이 삭제되지만, 차트에서 데이터 계열을 삭제하면 원본 데이터에는 아무런 영향을 미치지 않는다.
- 차트에 두 개 이상의 차트 종류를 사용하여 혼합형 차트를 만들 수 있다.
- 차트를 선택하면 [차트 디자인], [서식] 탭이 표시된다.
- 값 영역을 선택하고 F11을 누르면 묶은 세로 막대형의 기본 차트가 별도의 차트 시트(Chart1, Chart2, … 등)에 만들어진다.
- 원통형 차트, 원뿔형 차트, 피라미드형 차트는 2차원 차트 모양으로는 만들 수 없고, 3차원 차트로만 만들 수 있다.
- 분산형 차트, 도넛형 차트, 주식형 차트는 3차원 차트로 작성할 수 없다.

개념 체크

1 다음은 엑셀의 차트 기능을 설명한 것이다. ⓐ~ⓒ에 들어갈 내용을 순서대로 나열한 것은?

> 차트를 작성하기 위해서는 원본 데이터를 선택한 후 (ⓐ)키를 누르면 (ⓑ)에 자동으로 차트가 생성되며, 별도로 설정하지 않았을 경우 기본 차트는 (ⓒ) 차트이다.

① F11 → 새로운 차트 시트 → 묶은 세로 막대형
② F11 → 현재 통합문서에 있는 워크시트 → 묶은 가로 막대형
③ F8 → 새로운 차트 시트 → 묶은 가로 막대형
④ F8 → 현재 통합문서에 있는 워크시트 → 묶은 가로 막대형

- 엑셀의 기본 차트는 세로 막대형 차트이며, 사용자가 기본 차트를 바꿀 수도 있음
- 기본 차트는 F11을 누르면 별도의 차트 시트에 삽입되고, Alt+F1을 누르면 현재 시트에 삽입됨

2 다음 중 차트 만들기에 관한 설명으로 옳지 않은 것은?

① 워크시트에 삽입된 차트는 [차트 이동] 기능을 이용하여 새 통합 문서의 차트 시트로 배치할 수 있다.
② 차트를 만들 데이터를 선택하고 F11을 누르면 별도의 차트 시트(Chart1)에 기본 차트가 만들어진다.
③ 차트에서 사용할 데이터가 들어있는 셀을 하나만 선택하고 차트를 만들면 해당 셀을 직접 둘러싸는 셀의 데이터가 모두 차트에 표시된다.
④ 차트로 만들 데이터를 선택하고 Alt+F1을 누르면 현재 시트에 기본 차트가 만들어진다.

워크시트에 삽입된 차트는 [차트 이동] 기능을 이용하는 경우 [현재 통합 문서]의 [차트 시트]로는 배치할 수 있으나 [새 통합 문서]의 [차트 시트]로 배치할 수는 없음

오답 피하기

[차트 디자인] 탭-[위치] 그룹의 [차트 이동]에서 [현재 통합 문서]의 [새 시트]나 [워크시트에 삽입]할 수 있음

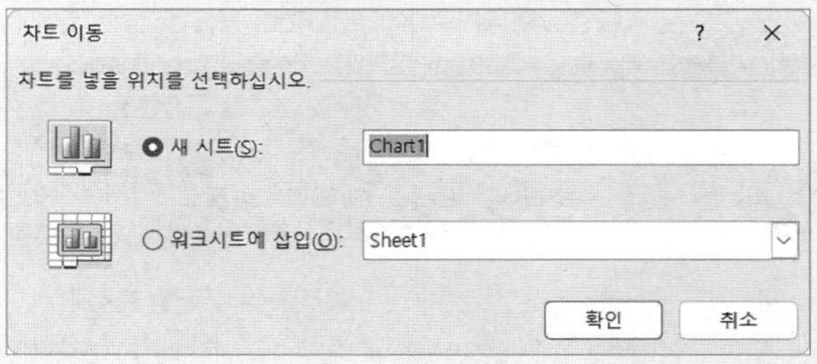

3 다음 중 차트 제목으로 [B1] 셀의 텍스트를 연결하는 과정으로 옳은 것은?

① 차트에서 차트 제목을 클릭한 후 등호(=)를 입력한 후 [B1] 셀을 선택한다.
② 차트에서 차트 제목을 클릭한 후 수식 입력줄에서 등호(=)를 입력한 후 [B1] 셀을 선택한다.
③ 차트에서 차트 제목을 클릭한 후 수식 입력줄에서 [B1] 셀을 선택한다.
④ 차트에서 차트 제목을 클릭한 후 수식 입력줄에서 '=TEXT(B1)'을 입력한다.

차트에서 차트 제목을 클릭한 후 수식 입력줄에서 등호(=)를 입력한 후 [B1] 셀을 선택하면 차트 제목으로 연결됨

정답 1 ① 2 ① 3 ②

24년 상시, 23년 상시, 22년 상시, 21년 상시, 20년 2월, …

POINT 103 차트 종류*

합격 강의

세로 막대형 차트*	• 일정 기간의 데이터 변화를 보여주고 각 항목들을 비교할 때 사용함 • 범주는 수평으로, 값은 수직으로 구성되어 시간에 따른 변화를 강조할 수 있음
가로 막대형 차트*	• 개별 항목들을 비교할 때 사용함 • 범주는 수직으로 구성되고 값은 수평으로 구성되어, 비교하는 값들을 강조하며 시간은 강조하지 않음
꺾은선형 차트*	• 일정한 기간의 데이터 추세를 나타낼 때 사용함 • 데이터 계열 하나가 하나의 선으로 표시됨
원형 차트*	• 데이터 계열을 구성하는 항목을 항목 합계에 대한 크기 비율로 표시함 • 항상 한 개의 데이터 계열만을 가지고 있으므로 축이 없고, 중요한 요소를 강조할 때 유용함 • 원형 대 원형 차트 : 원형 차트 중 다중 계열을 가지고 있음
분산형 차트*	• 여러 데이터 계열 값들의 관계를 보여 주고 두 개의 숫자 그룹을 xy 좌표로 이루어진 한 계열로 그림으로 표시함 • 데이터의 불규칙한 간격이나 묶음을 보여 주고 주로 과학 데이터에 사용됨
영역형 차트	꺾은선형 차트와 거의 같은 용도로 사용되며 꺾은선형 차트가 시간에 따른 변화나 추세를 선으로 표시하는데 비해 영역형 차트는 영역으로 표시함
도넛형 차트*	• 원형 차트를 개선한 것으로 원형 차트는 하나의 계열을 가지는데 비해 다중 계열을 가질 수 있음 • 3차원 차트로 작성할 수 없음
방사형 차트*	• 각 범주의 중간 지점에서 뻗어 나가는 자체 값 축이 있음 • 같은 계열의 값은 모두 선으로 연결됨
표면형 차트*	• 두 데이터 집합에서 최적의 조합을 찾을 때 유용함 • 지형 지도에서 색과 무늬는 같은 값 범위에 있는 지역들을 나타냄
거품형 차트*	• 세 값의 집합을 비교할 때 사용되는 차트 유형 • 거품형 차트는 xy(분산형) 차트의 한 종류이며 데이터 표식의 크기는 3번째 변수의 값을 나타냄 • 데이터를 정렬하려면 x 값을 한 열이나 행에 놓은 후 대응하는 y 값과 거품 크기를 인접한 행이나 열에 입력함
주식형 차트*	• 고가–저가–종가 차트는 주식 가격을 나타내는데 사용함 • 온도 변화와 같은 과학 데이터를 나타내는데 사용되기도 함 • 주식 차트를 만들려면 데이터를 정확한 순서로 구성해야 함
트리맵 차트	• 데이터를 계층 구조 보기로 제공하므로 다른 범주 수준을 비교하기 간편함 • 색과 근접성을 기준으로 범주를 표시하며 다른 차트 유형으로 표시하기 어려운 많은 양의 데이터를 쉽게 표시할 수 있음 • 트리맵 차트는 계층 구조 안에 빈(공백) 셀이 있는 경우에만 그릴 수 있으며 계층 안에서 비율을 비교하는 데 유용함
선버스트 차트	• 계층적 데이터를 표시하는 데 적합하며, 계층 구조 내에 빈 셀이 있는 경우 그릴 수 있음 • 하나의 고리 또는 원이 계층 구조의 각 수준을 나타내며 가장 안 쪽에 있는 원이 계층 구조의 가장 높은 수준을 나타냄 • 계층 구조가 없는(하나의 범주 수준) 선버스트 차트는 도넛형 차트와 모양이 유사함 • 범주 수준이 여러 개인 선버스트 차트는 외부 고리와 내부 고리의 관계를 보여줌 • 선버스트 차트는 하나의 고리가 어떤 요소로 구성되어 있는가를 보여주는 데 가장 효과적임
히스토그램 차트	• 데이터는 분포 내의 빈도를 나타냄 • 계급 구간이라고 하는 차트의 각 열을 변경하여 데이터를 보다 세부적으로 분석할 수 있음 • 히스토그램(빈도 계급 구간으로 그룹화된 데이터 분포를 보여줌)과 파레토 차트(내림차순으로 정렬된 열과 총 누적 백분율을 나타내는 선을 모두 포함하는 순차적 히스토그램 차트)가 있음
상자 수염 차트	• 데이터 분포를 사분위수로 나타내며 평균 및 이상값을 강조하여 표시함 • 상자에는 수직으로 확장되는 "수염"이라는 선이 포함될 수 있음 • 서로 특정 방식으로 관계가 있는 여러 데이터 집합이 있는 경우에 사용함
폭포 차트	• 값이 더하거나 뺄 때 재무 데이터의 누계 합계가 표시됨 • 초기 값이 양의 양수 및 음수 값에 영향을 주는 방식을 이해하는 데 유용함 • 막대는 색으로 구분되므로 양수와 음수를 빠르게 구분할 수 있음
혼합 차트	• 여러 열과 행에 있는 데이터를 혼합 차트로 그릴 수 있음 • 특히 데이터 범위가 광범위한 경우 데이터를 쉽게 이해할 수 있도록 만들기 위해 두 개 이상의 차트 종류를 결합함 • 종류 ▶ 묶은 세로 막대형 – 꺾은선형 ▶ 묶은 세로 막대형 – 꺾은선형, 보조 축 ▶ 누적 영역형 – 묶은 세로 막대형 ▶ 사용자 지정 조합

기적의 TIP 하위 차트 종류가 없는 차트

트리맵 차트, 선버스트 차트, 상자 수염 차트, 폭포 차트

개념 체크 ✓

1 다음 중 아래에서 설명하는 차트의 종류로 가장 적절한 것은?

• 가로 축의 값이 일정한 간격이 아닌 경우
• 가로 축의 데이터 요소 수가 많은 경우
• 데이터 요소 간의 차이점보다는 큰 데이터 집합 간의 유사점을 표시하려는 경우

① 주식형 차트
② 분산형 차트
③ 영역형 차트
④ 방사형 차트

분산형(XY 차트)
• 데이터의 불규칙한 간격이나 묶음을 보여주는 것으로, 데이터 요소 간의 차이점보다는 큰 데이터 집합 간의 유사점을 표시하려는 경우에 사용함
• 각 항목이 값을 점으로 표시함
• 두 개의 숫자 그룹을 XY 좌표로 이루어진 한 계열로 표시(XY 차트라고도 함)
• 주로 과학, 공학용 데이터 분석에서 사용함
• 3차원 차트로 작성할 수 없음
• 가로 축은 항목 축이 아닌 값 축 형식으로 나타남

2 다음 중 항목의 구성비를 표현하는 데 적합한 차트인 원형 차트 및 도넛형 차트에 대한 설명으로 옳지 않은 것은?
① 원형 차트의 모든 조각을 차트 중심에서 끌어낼 수 있다.
② 도넛형 차트는 원형 차트와 마찬가지로 전체에 대한 각 부분의 구성비를 보여 주지만 데이터 계열이 두 개 이상 포함될 수 있다는 점이 다르다.
③ 원형 차트는 첫째 조각의 각을 0도에서 360도 사이의 값을 이용하여 회전시킬 수 있으나 도넛형 차트는 첫째 조각의 각을 회전시킬 수 없다.
④ 도넛형 차트의 도넛 구멍 크기는 0%에서 90% 사이의 값으로 변경 할 수 있다.

도넛형 차트 : 첫째 조각의 각 0~360도 회전 가능

3 다음 중 차트에서 사용하는 축에 대한 설명으로 옳지 않은 것은?
① 방사형 차트와 거품형 차트에서는 기본 가로 축만 표시된다.
② 가로 (항목) 축에서 [축 위치] 옵션은 데이터 표시와 레이블이 축에 표시되는 방식에 영향을 주며 2차원 영역형 차트, 세로 막대형 차트 및 꺾은선형 차트에 사용할 수 있다.
③ 가로 (항목) 축이 날짜 값인 경우 [축 종류]에서 '날짜 축'을 선택하여 [기준 단위]를 '일', '월', '년' 중 선택하여 지정할 수 있다.
④ 3차원 꺾은선형 차트는 세 개의 축(가로, 세로, 깊이 축)에 따라 데이터 요소를 비교한다.

• 방사형 차트 : 각 항목마다 가운데 요소에서 뻗어 나온 값 축을 갖고, 선은 같은 계열의 모든 값을 연결하므로 가로, 세로축이 없음
• 거품형 차트 : 워크시트의 여러 열에 있는 데이터를 거품형 차트로 그릴 수 있으며 이때 첫 번째 열에 나열된 값이 x 값을 나타내고 인접한 열에 나열된 값은 해당 y 값과 거품 크기를 나타내므로 가로, 세로 축이 모두 표시됨

24년 상시, 23년 상시, 22년 상시, 21년 상시, 20년 2월, …

POINT 104 차트의 편집

합격 강의

차트 디자인

[차트 디자인] 탭에서 차트의 종류, 데이터, 차트 레이아웃, 차트 스타일, 위치 등을 선택할 수 있다.

종류	차트의 종류를 변경하거나 추천 차트를 선택할 수 있음
데이터	차트 데이터의 행과 열을 전환하거나 데이터의 범위를 선택할 수 있음
차트 레이아웃	차트 요소를 추가하거나 빠른 레이아웃을 선택할 수 있음
차트 스타일	차트를 구성하는 요소의 스타일이 적용되어 있는 차트 스타일 목록에서 선택할 수 있음
위치	차트의 위치를 새 시트나 워크시트로 이동할 수 있음

차트의 편집*

- 선택 : 차트를 클릭하고 차트를 구성하는 요소를 클릭해서 특정 요소만 선택할 수 있다.
- 위치 : 차트를 선택하고 마우스로 드래그해서 위치를 조절할 수 있다.
- 크기 : 차트를 선택하고 조절점을 마우스로 드래그해서 크기를 조절할 수 있다.
- 삭제 : 차트나 특정한 요소를 선택하고 Delete를 누르거나 [홈]–[편집]–[지우기]–[모두 지우기]를 선택한다.
- 데이터 계열을 선택해서 지울 수 있다(원본 데이터는 삭제되지 않음).
- 차트의 요소를 선택하고 [서식]–[현재 선택 영역]–[선택 영역 서식]을 클릭하면 나타나는 서식 대화 상자에서 요소의 속성을 변경할 수 있다.

기적의TIP

- 일부 데이터를 차트에 표시하지 않으려면 해당하는 열이나 행을 [숨기기]로 지정한다.
- Alt를 누른 상태에서 차트 크기를 조절하면 차트의 크기가 셀에 맞춰 조절된다.
- Ctrl을 누른 상태에서 차트 크기를 조절하면 차트의 중심을 그대로 유지한 채 크기가 조절된다.

차트의 종류 변경

- 차트를 선택하고 [차트 디자인]–[종류]–[차트 종류 변경]을 클릭하거나 차트 영역의 바로 가기 메뉴에서 [차트 종류 변경]을 선택한다.
- 특정한 데이터 계열을 선택하고 차트 종류를 변경하면 선택한 데이터 계열만 차트 종류가 변경된다.

이중 축 차트

- 이중 축 차트는 특정 계열의 값이 다른 계열과 크게 차이나는 경우에 주로 사용한다.
- 이중 축을 만들려면 특정한 데이터 계열을 선택한 후 바로 가기 메뉴에서 [데이터 계열 서식]을 선택하고 [계열 옵션]에서 '보조 축'을 지정하면 오른쪽의 세로 축으로 선택한 데이터 계열의 축이 설정되어 이중 축 차트가 만들어진다.

20년 2월

원본 데이터 범위 변경

- 차트를 선택하고 [차트 디자인]–[데이터]–[데이터 선택]을 클릭하거나, 차트 영역의 바로 가기 메뉴에서 [데이터 선택]을 선택한다.
- 추가할 데이터를 범위로 지정하여 복사한 다음 차트를 선택하여 차트 영역 위에서 붙여넣기 한다.

차트의 옵션 변경

- 차트를 클릭한 후 [차트 디자인]–[차트 레이아웃] 그룹에서 차트 제목, 축 제목, 범례, 데이터 레이블, 데이터 표의 표시 여부와 위치를 설정할 수 있다.
- [차트 디자인]–[차트 레이아웃]–[차트 요소 추가]–[눈금선]에서 가로나 세로 눈금선을 설정할 수 있다.

차트 이동

- 차트를 클릭한 후 [차트 디자인]–[위치]–[차트 이동]을 실행한다. 설정한 워크시트로 차트 이동을 할 수 있을 뿐 아니라 새 시트를 생성할 수 있다.
- 차트 전체를 선택한 후 바로 가기 메뉴에서 [잘라내기]를 실행한 후 다른 시트로 이동하여 [붙여넣기]를 실행한다.

19년 3월, 17년 3월, 16년 6월, 14년 3월, 11년 3월/10월, 08년 5월, …

추세선*

- 차트를 클릭한 후 [차트 디자인]–[차트 레이아웃]–[차트 요소 추가]–[추세선]을 실행한다.
- 특정 데이터 계열에 대한 변화 추세를 파악하기 위해 선으로 그린 것으로, 예측 문제 연구를 위해 사용되며 회귀 분석이라고도 한다.
- 추세선에 사용된 수식을 추세선과 함께 나타나게 할 수 있다.
- 추세선의 종류에는 선형, 로그, 다항식, 거듭 제곱, 지수, 이동 평균 등이 있다.

추세선을 사용할 수 있는 차트	꺾은선형, 분산형, 막대형, 영역형, 주식형, 거품형
추세선을 사용할 수 없는 차트	3차원, 표면형, 원형, 도넛형, 방사형

24년 상시, 20년 7월, 16년 3월/10월, 13년 10월

오차 막대

- 데이터 계열에 있는 각 데이터 표식의 잠정 오차나 불확실도를 그림으로 나타내는 막대이다.
- 2차원 영역형, 가로 막대형, 세로 막대형, 꺾은선형, 분산형, 거품형 차트 등의 데이터 계열에 Y 오차 막대를 추가할 수 있다.
- 3차원 차트는 오차 막대를 표시할 수 없다.

개념 체크

1 다음 중 아래 차트와 같이 X축을 위쪽에 표시하기 위한 방법으로 옳은 것은?

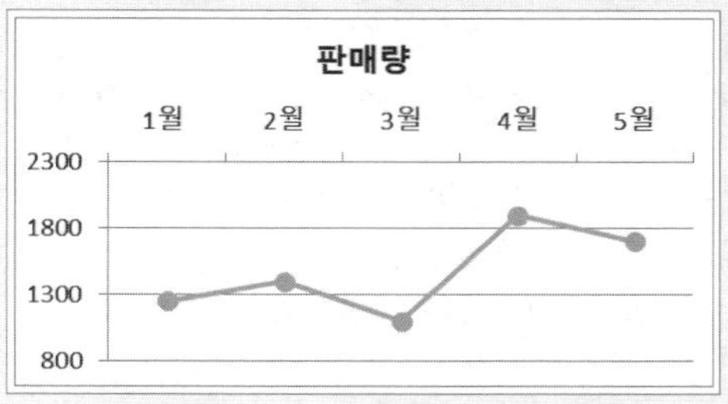

① 가로 축을 선택한 후 [축 서식]의 축 옵션에서 세로 축 교차를 '최대 항목'으로 설정한다.
② 가로 축을 선택한 후 [축 서식]의 축 옵션에서 '항목을 거꾸로'를 설정한다.
③ 세로 축을 선택한 후 [축 서식]의 축 옵션에서 가로 축 교차를 '축의 최대값'으로 설정한다.
④ 세로 축을 선택한 후 [축 서식]의 축 옵션에서 '값을 거꾸로'를 설정한다.

세로 축을 선택한 후 [축 서식]의 축 옵션에서 가로 축 교차를 '축의 최대값'으로 설정하면 가로 축 교차가 축의 최대값으로 위치하게 됨

2 다음 중 아래 차트와 같이 오차 막대를 표시하기 위한 오차 막대 서식 설정값으로 옳은 것은?

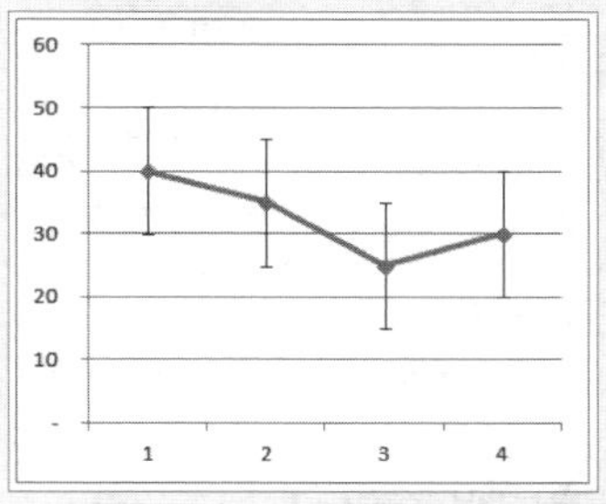

① 표시 방향(모두), 오차량(고정값 10)
② 표시 방향(모두), 오차량(표준편차 1.0)
③ 표시 방향(양의 값), 오차량(고정값 10)
④ 표시 방향(양의 값), 오차량(표준편차 1.0)

- 표기 방향은 기준점을 기준으로 양의 값, 음의 값 모두 표시됨 → 표시 방향(모두)
- 계열 1의 경우를 예로 40을 기준으로 음의 값 30, 양의 값 50이므로 오차량의 고정 값은 10이 됨 → 오차량(고정 값 10)

SECTION 14

2과목 스프레드시트 일반

매크로 및 프로그래밍

24년 상시, 23년 상시, 22년 상시, 21년 상시, 19년 3월/8월, …

POINT 105 매크로 기초

합격 강의

매크로 개념

- 자주 사용하는 명령이나 반복적인 작업을 매크로로 기록하여 쉽고, 빠르게 작업을 수행할 수 있다.
- 매크로는 Visual Basic 언어를 기반으로 한다.
- 통합 문서에 첨부된 모듈 시트로 하나의 Sub 프로시저로 기록된다. Sub로 시작하고 End Sub로 끝난다.

매크로를 기록할 때 기본적으로 절대 참조가 사용됨

매크로 기록하기

[개발 도구]-[코드]-[매크로 기록]을 실행한다.

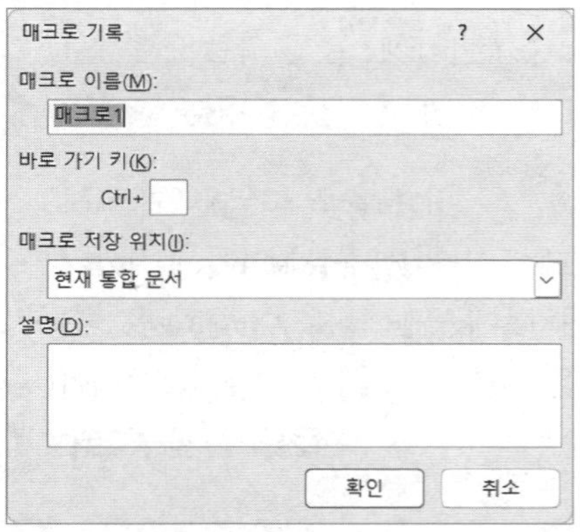

매크로 이름*	• 매크로 이름은 자동으로 부여되지만 이름을 변경할 수도 있음 • 매크로 이름에는 공백이 포함될 수 없으며 첫 글자는 항상 문자로 시작하여야 함(영문자의 경우 대/소문자를 구분하지 않음) • #, @, $, %, & 등과 같은 문자와 공백은 매크로 이름으로 사용할 수 없음
바로 가기 키	• 기본적으로 Ctrl이 지정되어 있으며 사용자는 조합키로 새로운 알파벳 문자를 지정할 수 있음 • 조합키로 대문자를 입력하면 자동으로 Shift가 앞에 덧붙여짐 • 매크로 실행 바로 가기 키가 엑셀의 바로 가기 키보다 우선됨
매크로 저장 위치*	• 개인용 매크로 통합 문서 : 'Personal.xlsb'에 저장되는데 'Personal.xlsb'는 엑셀을 실행할 때 자동으로 항상 열리므로 이 문서에서 저장된 매크로는 항상 실행할 수 있음(XLSTART 폴더에 저장) • 새 통합 문서 : 문서 창에 매크로를 저장함 • 현재 통합 문서 : 현재 작업하고 있는 통합 문서에만 적용시킬 때 사용함
설명	• 매크로 실행과는 직접적인 관계가 없으며 소스에서는 주석으로 표시됨 • 사용자가 임의로 수정할 수 있음

개념 체크

1 다음 중 매크로 기록에 관한 설명으로 옳지 않은 것은?

① 작업에 영향을 끼칠 수 있는 동작이 기록되며, 틀린 동작과 불필요한 동작까지 함께 기록된다.
② 기본적으로 상대 참조로 기록되므로 절대 참조를 해야 할 경우 '절대 참조로 기록'을 클릭하여 전환해야 한다.
③ 매크로의 작성에 소요된 시간은 기록되지 않는다.
④ 미리 어떤 동작, 어떤 기능을 기록할 것인지 순서를 정하여 두고 작업하는 것이 좋다.

매크로 기록은 기본적으로 절대 참조가 사용됨

2 다음 중 아래 그림의 [매크로 기록] 대화 상자에 대한 설명으로 옳지 않은 것은?

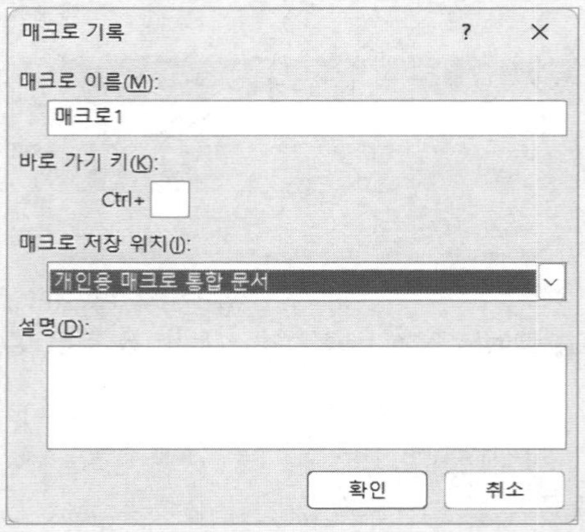

① 매크로 이름의 첫 글자는 문자, 숫자, 밑줄 등을 사용할 수 있으며, 공백은 사용할 수 없다.
② 바로 가기 키 상자에 사용할 문자는 @나 #과 같은 특수 문자와 숫자는 사용할 수 없으며, 영문 대소문자는 모두 입력할 수 있다.
③ 개인용 매크로 통합 문서에 저장된 매크로는 엑셀을 시작할 때마다 모든 통합 문서에서 사용할 수 있다.
④ 설명 상자에 매크로에 관한 설명을 입력할 수 있으며, 입력된 내용은 매크로 실행에 영향을 주지 않는다.

첫 글자는 반드시 문자이어야 하며, 나머지는 문자, 숫자, 밑줄 등을 사용할 수 있음

3 다음 중 매크로 작성 시 지정하는 바로 가기 키에 대한 설명으로 옳은 것은?

① 엑셀에 이미 지정되어 있는 바로 가기 키는 매크로의 바로 가기 키로 지정할 수 없다.
② 매크로 기록 시 바로 가기 키는 반드시 지정하여야 한다.
③ 매크로 작성 시 지정한 바로 가기 키는 추후에도 수정이 가능하다.
④ 바로 가기 키는 기본적으로 Ctrl과 영문 소문자로 조합하여 사용하나 대문자로 지정하면 Ctrl에 이어서 Alt가 자동으로 덧붙여 지정된다.

[개발 도구] 탭-[코드] 그룹-[매크로]의 [옵션]에서 바로 가기 키를 수정할 수 있음

24년 상시, 22년 상시, 21년 상시, 20년 7월, 18년 3월, …

POINT 106 매크로 실행과 편집(Alt+F8)*

합격 강의

매크로의 실행*

- [파일]-[옵션]-[리본 사용자 지정] 탭에서 '개발 도구' 항목을 선택하여 리본 메뉴에 [개발 도구] 탭을 표시한다.
- [개발 도구]-[코드]-[매크로]를 선택하여 [매크로] 대화 상자에서 매크로 이름을 선택한 후 실행한다.

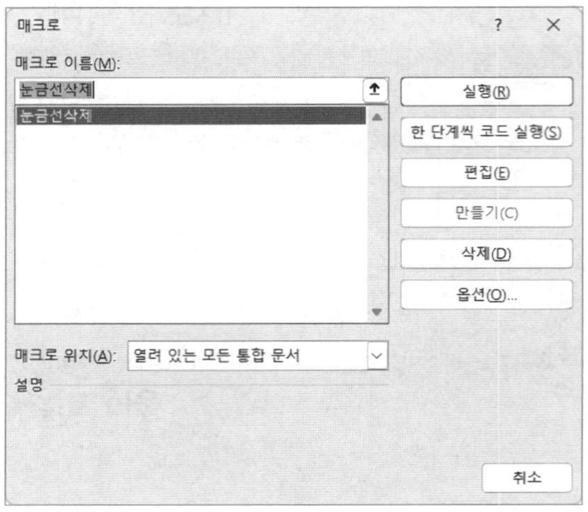

실행	엑셀 창에서 매크로를 실행함
한 단계씩 코드 실행	[Visual Basic Editor]가 실행되고 F8을 눌러한 단계씩 실행시킬 수 있음
편집	[Visual Basic Editor]를 실행하여 매크로 기록 내용을 편집할 수 있음
삭제	매크로를 삭제할 수 있으며, 한 번 삭제하면 다시 되살릴 수 없음
옵션	매크로의 바로 가기 키와 설명을 수정할 수 있음(단, 매크로 이름은 수정할 수 없음)

- 도형, 차트, 그림 등 워크시트에 삽입되어 있는 모든 개체에 매크로를 지정하여 실행한다.
- [빠른 실행 도구 모음 사용자 지정] 메뉴 항목에 작성한 매크로를 연결하여 실행한다.
- [개발 도구]-[코드]-[Visual Basic](Alt+F11)를 선택한 후 매크로 구문에 커서를 위치시키고 [매크로 실행](▶, F5)을 클릭하면 매크로가 바로 실행된다.
- 절대 참조로 기록된 매크로를 실행하면, 현재 셀의 위치에 상관없이 매크로를 기록할 때 지정한 셀에 매크로가 적용된다.

매크로의 편집

- 기록된 매크로는 비주얼 베이직 편집기(Visual Basic Editor)를 사용하여 편집한다.
- [개발 도구]-[코드]-[매크로]를 실행한 후 매크로를 선택하고 [편집]을 클릭하거나, [개발 도구]-[코드]-[Visual Basic]을 실행하여 [Microsoft Visual Basic] 창을 연다.
- 'Sub'와 'End' 사이에 VBA 명령어를 입력해서 작성한다.

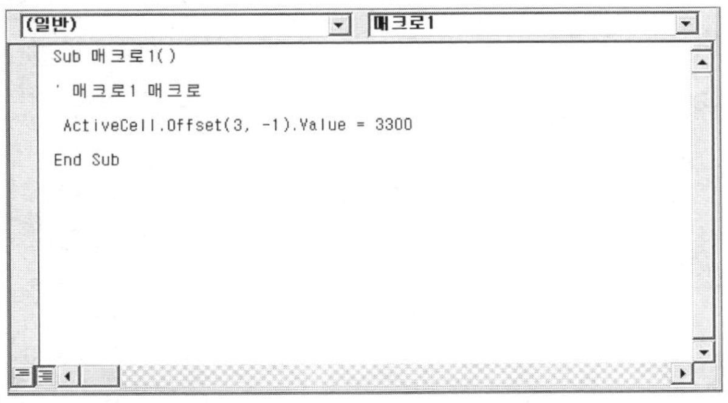

예
- ActiveCell.Offset(3,-1).Value = 3300 → 현재 셀에서 아래로 3, 왼쪽으로 1 셀로 이동한 위치에 3300을 입력함
- Cells(5,4) → 5행 4열(D5) 셀을 의미함
- Range("A1:A10,C1:C5") → [A1] 셀부터 [A10] 셀까지, [C1] 셀부터 [C5] 셀까지 두 개의 영역을 의미함
- ActiveCell.Comment.Visible=True → 현재 셀의 메모가 항상 표시되는 설정을 의미함

- 작은따옴표(')가 붙은 문장은 주석문으로 처리되어 매크로 실행에 영향을 주지 않는다.
- 매크로는 모듈 시트에 기록되며, 모듈 시트의 이름은 Module1, Module2, … 순서대로 자동 설정된다. 모듈 시트의 이름은 속성 창을 이용하여 변경할 수 있다.
- 하나의 모듈 시트에 여러 개의 매크로가 기록될 수 있다.

기적의 TIP Auto_Open과 Auto_Close
- Auto_Open : 통합 문서를 열 때마다 특정 작업이 자동으로 수행되는 매크로 이름
- Auto_Close : 파일을 닫을 때 자동으로 수행되는 매크로 이름

개념 체크 ✓

1 통합 문서를 열 때마다 특정 작업이 자동으로 수행되는 매크로를 작성하려고 한다. 이때 사용해야 할 매크로 이름으로 옳은 것은?

① Auto_Open
② Auto_Exec
③ Auto_Macro
④ Auto_Start

Auto_Open 매크로 이름을 사용하면 파일을 열 때 특정 작업이 자동으로 수행됨

2 다음 중 매크로 편집에 사용되는 Visual Basic Editor에 관한 설명으로 옳지 않은 것은?

① Visual Basic Editor는 단축키 Alt+F11을 누르면 실행된다.
② 작성된 매크로는 한 번에 실행되며, 한 단계씩 실행될 수는 없다.
③ Visual Basic Editor는 프로젝트 탐색기, 속성 창, 모듈 시트 등으로 구성되어 있다.
④ 실행하고자 하는 매크로 구문 내에 커서를 위치시키고 F5를 누르면 매크로가 바로 실행된다.

- [한 단계씩 코드 실행]에서 한 단계씩 실행 가능함
- 한 단계씩 코드 실행의 바로 가기 키 : F8

3 다음 중 [매크로] 대화 상자에 대한 설명으로 옳지 않은 것은?

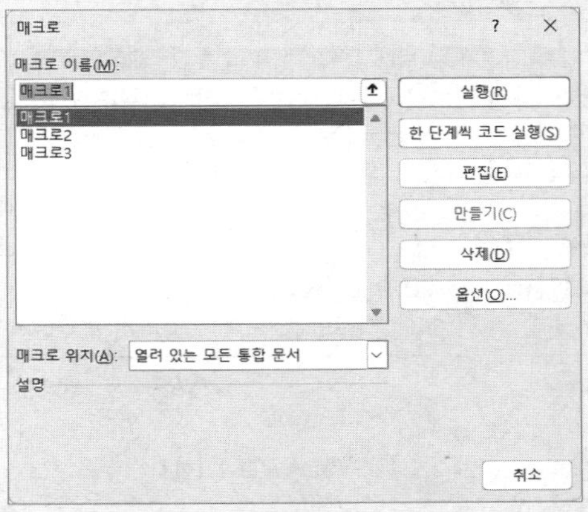

① 매크로 이름 상자에서는 매크로의 이름을 선택하여 변경할 수 있다.
② [한 단계씩 코드 실행] 단추를 클릭하면 선택한 매크로를 한 줄씩 실행한다.
③ [편집] 단추를 클릭하면 선택한 매크로를 수정할 수 있도록 VBA가 실행된다.
④ [옵션] 단추를 클릭하면 바로 가기 키를 설정하거나 변경할 수 있다.

매크로의 이름을 수정하기 위해서는 [편집] 단추를 클릭한 다음 VBA가 실행된 상태에서 이름을 수정함

오답 피하기
- [실행] 단추 : 선택한 매크로를 실행함
- [삭제] 단추 : 선택한 매크로를 삭제함

24년 상시, 23년 상시, 22년 상시, 21년 상시, 20년 2월, …

POINT 107 프로그래밍

합격 강의

VBA(Visual Basic Application)의 개념

- 매크로 작업 전용 언어이며, Visual Basic 언어와 동일한 문법을 사용한다.
- VBA는 Visual Basic 언어 성격이 강하지만 엑셀의 기능을 포함하고 있어 작업 범위가 폭넓다.
- VBE(Visual Basic Editor)를 사용하여 기록한다.

구성 요소

모듈	• 프로젝트를 구성하는 기본 단위 • 표준 모듈, 폼 모듈, 클래스 모듈로 구분함
프로시저	• 특정 기능을 수행하는 명령문들의 집합 • 사용자가 기록한 매크로가 하나의 프로시저 • Sub, Function, Property로 구분함
개체	• 작업 내용이 실제 적용되는 독립된 대상 • 통합 문서, 시트, 셀, 차트 및 폼을 구성하는 컨트롤 등을 의미함
속성	• 개체의 고유한 특성이나 기능 • 크기, 색, 위치와 같은 것
메서드	개체의 실제 동작이나 행위
이벤트	마우스 클릭이나 셀 이동과 같은 사건
컬렉션	개체들의 집합

기본 문법

① 제어문 : 특정 조건에 따라 프로그램의 순서를 변경(제어)하는 명령문이다.

If 조건식 Then
실행문
End If
	조건을 만족하면 실행함

If 조건식 Then
실행문1
Else
실행문2
End If
	조건을 만족하는 경우와 만족하지 않는 경우의 실행문

With 개체 이름* 실행문 End With	개체에 실행문을 적용해서 실행함
Select Case 수식 Case 조건1 실행문 Case 조건2 실행문 End Select	수식의 값에 알맞은 Case를 찾아 해당 실행문을 실행함

② 반복문 : 주어진 조건을 만족할 때까지 특정 부분을 반복, 처리하는 명령문이다.

Do While 조건식 실행문 Loop	조건식의 결과가 참인 동안 실행문을 반복 실행함
Do 실행문 Loop While 조건식	실행문을 실행한 후 조건식이 참인 동안 실행문을 반복 실행함
Do Until 조건식 실행문 Loop	조건식의 결과가 거짓인 동안 실행문을 반복 실행함
Do 실행문 Loop Until 조건식	실행문을 실행한 후 조건식이 거짓인 동안 반복 실행함
For 반복 변수 =* 시작값 To 최종값 [Step 증가값] 실행문 Next 반복 변수	시작값에서 최종값이 될 때까지 증가값 만큼씩 증가하면서 실행문을 반복 실행함
For Each 개체 변수 In 컬렉션 개체 실행문 Next 반복 변수	컬렉션 개체의 수만큼 명령 코드를 반복 실행함

기적의 TIP Visual Basic Editor에서 매크로를 실행하기 위한 바로 가기 키

- F5 : 매크로 실행
- F8 : 한 단계씩 코드 실행
- Shift+F8 : 프로시저 단위 실행
- Ctrl+F8 : 모듈 창의 커서 위치까지 실행

개념 체크

1 다음 중 VBA 프로그래밍 용어에 대한 설명으로 옳지 않은 것은?

① Object : 어떤 작업이나 처리를 할 때 그 대상이 되는 독립적인 성질을 갖는 하나의 사물이다.
② Method : 개체가 실행할 수 있는 동작 또는 행동으로 '개체명.메서드'의 형태로 사용한다.
③ Event : VBA 프로그래밍 용어에서 개체의 모음이다.
④ Property : 개체가 가지고 있는 고유한 성질이다.

Event : 클릭 같은 사건이나 조작을 의미하며, '개체명_이벤트'의 형식으로 표현함

오답 피하기

컬렉션(Collection) : 여러 개의 개체를 포함한 개체 모음을 의미하며, 숫자나 이름을 사용하여 컬렉션 안의 항목을 구별함

2 다음은 For문을 이용하여 1에서 100까지의 합을 구한 후 결과를 메시지 상자에 표시하기 위한 TEST프로시저를 작성한 것으로, 괄호 안에 들어갈 내용을 순서대로 올바르게 나열한 것은?

```
( ① ) TEST ()
    For index = 1 ( ② ) 100 ( ③ ) 1
      count =count + index
    Next
    MsgBox count
( ④ )
```

① Sub – To – Step – End Sub
② Property – Start – Stop – End Property
③ Property – Start – Step – End Property
④ Sub – Start – Stop – End Sub

- Sub 프로시저 : Sub 문으로 시작하여 End Sub 문으로 끝남
- For 구문(For ~ Next) : For문 안의 지정 횟수만큼 명령문을 반복 실행함
- 형식 :

```
For 변수 = 시작값 To 종료값 Step 단계값
   명령문
Next
```

- 변수의 값이 특정한 값에 도달할 때까지 변수를 증가시키거나 감소시키면서 특정한 명령문을 반복하여 실행(STEP 단계값은 생략 가능하며 생략하면 1로 간주함)

3 다음 중 아래 괄호( )에 해당하는 바로 가기 키의 연결이 옳은 것은?

> Visual Basic Editor에서 매크로를 한 단계씩 실행하기 위한 바로 가기 키는 (㉮)이고, 모듈 창의 커서 위치까지 실행하기 위한 바로 가기 키는 (㉯)이며, 매크로를 바로 실행하기 위한 바로 가기 키는 (㉰)이다.

① ㉮–F5 ㉯–Ctrl+F5 ㉰–F8
② ㉮–F5 ㉯–Ctrl+F8 ㉰–F8
③ ㉮–F8 ㉯–Ctrl+F5 ㉰–F5
④ ㉮–F8 ㉯–Ctrl+F8 ㉰–F5

- 한 단계씩 코드 실행 : F8
- 모듈 창의 커서 위치까지 실행 : Ctrl+F8
- 매크로 실행 : F5

POINT 108 VBA 기본 개체

합격 강의

21년 상시, 15년 3월, 14년 3월/10월, 13년 3월/6월/10월, 11년 7월, 07년 7월, …

WorkSheet 속성

Cells	워크시트의 모든 셀
Columns	워크시트의 모든 열
Range	워크시트의 셀이나 셀 범위
Rows	워크시트의 모든 행
EntireColumn	지정된 범위 내의 모든 열
EntireRow*	지정된 범위 내의 모든 행
Name	워크시트의 이름
Visible*	워크시트의 표시 여부를 지정함

21년 상시, 10년 6월, 06년 5월, 05년 2월

WorkSheet 메서드

Activate	해당 워크시트를 활성화함
Copy	워크시트를 복사함
Protect	워크시트를 보호함
Select	워크시트를 선택함
Unprotect	보호된 워크시트를 해제함

21년 상시, 17년 9월, 14년 6월/10월, 13년 3월/6월/10월, 12년 3월, 11년 3월, …

Range 속성

Address	참조하는 셀 주소
Cells	지정된 범위의 모든 셀
Count	지정된 범위의 셀 수
Currentregion	데이터가 있는 인접 영역의 범위
End	지정된 범위의 마지막 셀
Next	다음 시트나 셀
Offset	지정된 범위에서 떨어진 범위
Range	셀이나 영역 범위
Value	지정된 셀의 값

17년 3월, 11년 10월, 08년 2월, 04년 8월

Range 메서드

Delete	개체를 지움
AutoFill	자동 채우기를 함
Find	찾기를 실행함
FindNext	다음 찾기를 실행함
FindPrevious	이전 찾기를 실행함
Clear	내용을 삭제함
Select	개체를 선택함
ClearFormats	서식만 삭제함
Sort	정렬함
Copy	복사함

개념 체크

1 다음 중 WorkSheets 개체의 주요 속성과 메서드에 대한 설명으로 옳지 않은 것은?

① Protect : 워크시트를 수정하지 못하도록 한다.
② Range : 워크시트에서 셀이나 셀 범위를 나타낸다.
③ Activate : 워크시트의 표시 여부를 나타낸다.
④ EntireRow : 지정한 범위에 들어 있는 행 전체를 나타낸다.

Activate : 해당 워크시트를 활성화함

오답 피하기

Visible : 워크시트의 표시 여부를 나타냄

2 아래의 프로시저를 이용하여 [A1:C3] 영역의 서식만 지우려고 한다. 다음 중 괄호 안에 들어갈 코드로 옳은 것은?

```
Sub Procedure()
    Range("A1:C3")
    Selection.(          )
End Sub
```

① DeleteFormats
② FreeFormats
③ ClearFormats
④ DeactivateFormats

- ClearFormats 메서드 : 개체의 서식을 지움
- Range.ClearFormats 메서드 : 개체의 서식을 지움
- 구문 : expression.ClearFormats → expression : Range 개체를 나타내는 변수
- 예제 : Sheet1에 있는 셀 범위 A1:C3에 적용된 모든 서식을 지우는 예제
  → Worksheets("Sheet1").Range("A1:C3").ClearFormats

3 아래의 워크시트에서 [D2] 셀에 SUM 함수를 사용하여 총점을 계산한 후 채우기 핸들을 [D5] 셀까지 드래그하여 총점을 계산하는 '총점' 매크로를 생성하였다. 다음 중 아래 '총점' 매크로의 VBA 코드 창에서 괄호( ) 안에 해당하는 값을 올바르게 나열한 것은?

	A	B	C	D
1	성명	국어	영어	총점
2	강동식	81	89	
3	최서민	78	97	
4	박동수	87	88	
5	박두식	67	78	

```
Sub 총점()
  Range(" ⓐ ").Select
  ActiveCell.FormulaR1C1 = "=SUM( ⓑ )"
  Range("D2").Select
  Selection.AutoFill Destination:=Range(" ⓒ "), _
  Type:=xlFillDefault
  Range(" ⓓ ").Select
  Range("D6").Select
End Sub
```

① ⓐ D2, ⓑ (RC[−1]:RC[−1]), ⓒ D5, ⓓ D5
② ⓐ A6, ⓑ (RC[−1]:RC[−0]), ⓒ D2:D5, ⓓ D5
③ ⓐ D2, ⓑ (RC[−2]:RC[−0]), ⓒ D5, ⓓ D2:D5
④ ⓐ D2, ⓑ (RC[−2]:RC[−1]), ⓒ D2:D5, ⓓ D2:D5

VBA 코드	의미
Sub 총점( )	프로시저의 시작, 매크로 이름(총점)을 나타냄
Range("D2").Select	[D2] 셀 범위(Range)을 선택(Select)함
ActiveCell.FormulaR1C1 = "=SUM(RC[-2]:RC[-1])"	• 활성셀(ActiveCell)인 [D2] 셀에 [B2:C2] 셀의 합을 구하는 수식(FormulaR1C1)을 설정함 • R은 행(Row), C는 열(Column)을 의미함 • RC[-2]는 행은 그대로(2행)이며 열이 [-2]이므로 왼쪽으로 2열, [B2] 셀을 의미함 • RC[-1]은 행은 그대로(2행)이며 열이 [-1]이므로 왼쪽으로 1열, [C2] 셀을 의미함
Range("D2").Select	[D2]셀 범위(Range)을 선택(Select)함
Selection.AutoFill Destination:=Range("D2:D5"), _ Type:=xlFillDefault	• 선택(Selection)된 자동 채우기(AutoFill) 대상(Destination) 범위(Range) [D2:D5]에 [D2] 셀에 입력되어 있는 수식으로 채우기하여(Type:=xlFillDefault) 총점을 구함 • _(밑줄)은 명령줄의 연속 문자임
Range("D2:D5").Select	[D2:D5] 셀 범위(Range)을 선택(Select)함
Range("D6").Select	[D6] 셀 범위(Range)을 선택(Select)함
End Sub	프로시저의 끝

SECTION 15

3과목 데이터베이스 일반

데이터베이스 개요

14년 3월, 09년 10월, 06년 2월, 03년 5월

POINT 109 데이터베이스 정의

합격 강의

데이터베이스의 정의

• 한 조직에 있는 여러 응용 시스템들이 공용으로 소유하고 유지하며 이용하는 공용 데이터이다.
• 책장이나 파일, 캐비닛 등에 들어 있는 데이터가 아니라 디스크와 같이 컴퓨터에 접근하여 처리할 수 있는 저장 장치에 수록된 데이터이다.
• 단순한 데이터의 집합체가 아니라 한 조직의 고유 기능을 수행하기 위해 구성된 데이터의 집합이다.

데이터베이스의 특징

• 데이터를 여러 사람이나 프로그램이 공유할 수 있다.
• 프로그램과 독립적으로 데이터의 관리가 가능하다.
• 애플리케이션의 개발 및 유지 보수가 용이하다.
• 데이터의 중복을 최소화하여 데이터의 일관성 및 무결성을 유지할 수 있다.
• 특징 : 실시간 접근성, 계속적인 변화, 동시 공유, 내용에 의한 참조, 데이터의 독립성

개념 체크

1 다음 중 데이터베이스의 특징으로 옳지 않은 것은?

① 다수의 이용자들이 서로 상이한 목적으로 동일 데이터를 공유
② 데이터의 검색이나 갱신이 효율적으로 이루어질 수 있도록 데이터의 중복을 최대화
③ 특정 조직에서 필요한 정보를 얻기 위하여 필요한 데이터를 저장
④ 효과적인 데이터 처리를 위한 구조화

데이터의 검색이나 갱신이 효율적으로 이루어질 수 있도록 데이터의 중복을 최소화해야 함

24년 상시, 22년 상시, 21년 상시, 19년 8월, 17년 9월, …

POINT 110 데이터베이스 관리 시스템(DBMS)*

합격 강의

• 사용자 또는 응용 프로그램과 데이터베이스 사이에서 사용자가 원활하게 데이터를 공유하고 입출력할 수 있도록 관리해주는 소프트웨어이다.
• 기능 : 정의 기능, 조작 기능, 제어 기능
• 사용자들이 질의어를 통해 보다 용이하게 데이터에 접근할 수 있다.
• 데이터베이스 접근에 대한 권한을 제어할 수 있으므로 보안이 향상된다.
• 여러 사용자가 데이터베이스의 공유와 동시 접근이 가능하다.

DBMS의 장단점*

장점	단점
• 데이터 중복 최소화 • 데이터 공유 • 일관성, 무결성, 보안성 유지 • 최신의 데이터 유지 • 데이터의 표준화 가능 • 데이터의 논리적, 물리적 독립성 • 용이한 데이터 접근 • 데이터 저장 공간 절약	• 데이터베이스 전문가 필요 • 많은 비용 부담 • 데이터 백업과 복구가 어려움 • 시스템의 복잡함 • 액세스가 집중되면 과부하 발생 • 처리 속도 느림

개념 체크

1 다음 중 데이터베이스 관리 시스템(DBMS)의 장점에 해당하지 않는 것은?

① 데이터의 일관성 유지
② 데이터의 무결성 유지
③ 데이터의 보안 보장
④ 데이터 간의 종속성 유지

데이터의 논리적, 물리적 독립성이 장점에 해당함

2 다음 중 데이터베이스 시스템의 장점에 대한 설명으로 가장 거리가 먼 것은?

① 데이터 간의 종속성을 유지할 수 있다.
② 데이터를 여러 사람이나 응용 프로그램이 공유할 수 있다.
③ 데이터의 중복을 최소화할 수 있다.
④ 데이터의 일관성 및 무결성을 유지할 수 있다.

데이터베이스 시스템의 장점
• 중복을 최소화하여 자료의 일치를 기함
• 데이터의 물리적, 논리적 독립성을 유지함
• 단말기를 통해 요구된 내용을 즉시 처리함(실시간 접근)
• 데이터 보안을 유지하여 데이터의 손실을 방지함
• 최신 데이터를 유지하므로 데이터의 계속적인 변화에 적응함
• 데이터의 내용에 의한 액세스를 함
• 일관성, 무결성의 유지 및 데이터의 공유와 표준화가 가능함

3 다음 중 DBMS의 단점에 대한 설명으로 옳지 않은 것은?

① 하드웨어나 DBMS 구입비용, 전산화 비용 등이 증가함
② DBMS와 데이터베이스 언어를 조작할 수 있는 고급 프로그래머가 필요함
③ 데이터를 통합하는 중앙 집중 관리가 어려움
④ 데이터의 백업과 복구에 많은 비용과 시간이 소요됨

DBMS는 여러 응용 시스템 간에 공유가 가능하도록 통합, 저장된 운영 데이터의 집합을 관리함

24년 상시, 23년 상시, 22년 상시, 20년 2월, 16년 6월/10월, …

POINT 111 데이터베이스 시스템의 구성 요소

합격 강의

데이터베이스 언어*

데이터 정의 언어(DDL)	데이터베이스를 생성하거나 수정을 하기 위해 사용하며, 데이터베이스의 논리적 구조와 물리적 구조를 정의할 수 있음
데이터 조작 언어(DML)	데이터의 삽입, 삭제, 수정 등을 하기 위해 사용함
데이터 제어 언어(DCL)	데이터 보안, 데이터 무결성, 데이터 복구 등을 위해 사용하며, 주로 데이터베이스 관리자에 의해 사용됨

데이터베이스 종류

객체 지향형 데이터베이스(Object-Oriented DB)	데이터와 각종 절차들을 하나의 객체(Object) 또는 클래스(Class)로 묶어 다양한 방법으로 표현할 수 있게 하는 구조
계층적 데이터베이스(Hierarchical DB)	• 하나의 루트 레코드 타입과 종속된 레코드 타입으로 구성된 계층적 트리 구조 • 부모와 자식 레코드 사이의 관계는 항상 일대다(1 : N)로 유지하는 구조 • 구조가 간단하기 때문에 이해하기가 쉽고 자료 검색이 빠름 • 데이터 상호 간의 유연성이 부족하고 검색 경로가 한정되어 있어 비효율적임
네트워크 데이터베이스(Network DB)	• 계층적 데이터 모델이 확장된 것으로, 그래프 표현을 이용해 레코드 간의 관계를 다대다(N:M)로 표현할 수 있음 • 계층적 데이터베이스에 비해 접근이 다양하고 유연함 • 계층적 데이터베이스보다 구조가 복잡하므로 처리하는 조작어가 복잡함 • 변경하기 어려워 확장성이 거의 없음

관계형 데이터베이스 (Relational DB)	• 데이터와 데이터 간의 관계는 2차원 평면 구조의 테이블(Table)로 표시되고, 각 테이블 간에는 공통 속성(Attribute)을 통해 관계가 성립함 • 행과 열로 구성되므로 구조가 단순하고 다른 데이터베이스로의 변환이 쉬움 • 데이터의 추가, 삭제, 수정, 검색이 용이함 • 레코드 간의 관계를 1:1, 1:N, M:N으로 표현할 수 있음 • 각각의 데이터가 연결되어 있어 이해하기가 어려움 • 자료 검색이 다소 느리고, 인덱스 영역을 관리해야 하는 번거로움이 있음

데이터베이스 사용자

일반 사용자	질의어를 이용하여 데이터베이스에 접근하는 사용자
응용 프로그래머	호스트 프로그래밍 언어와 데이터 조작어(DML)를 사용하여 데이터베이스에 접근하는 컴퓨터 전문가
데이터베이스 관리자* (DBA : Database Administrator)	• 데이터베이스 시스템을 관리하고 운영에 관한 모든 것을 책임지는 사람 • 데이터 정의어(DDL)와 데이터 조작어(DML)를 사용함 • 구성 요소 결정, 스키마 정의, 저장 구조와 접근 방법 정의, 보안 및 권한 부여 설정 정의, 시스템 성능 분석 및 감사 등의 업무를 함

개념 체크

1 다음은 데이터베이스에 관한 설명이다. 옳지 않은 것은?

① 데이터베이스란 여러 응용 시스템들이 공유할 수 있도록 통합, 저장되어 운용되는 데이터 집합을 말한다.
② 데이터베이스 모델의 종류에는 계층형, 네트워크형, 관계형 등이 있다.
③ 데이터베이스를 생성하거나 수정하는데 사용되는 데이터베이스 언어를 데이터 제어어(DCL)라 한다.
④ 데이터베이스 관리자는 데이터베이스 시스템을 총체적으로 감시, 관리하는 책임과 권한을 갖는 사람 또는 그룹이다.

데이터 정의 언어(DDL) : 데이터베이스를 생성하거나 수정하는 데 사용되는 데이터베이스 언어

2 다음 중 데이터 보안 및 회복, 무결성, 병행 수행 제어 등을 정의하는 데이터베이스 언어로 데이터베이스 관리자가 데이터 관리를 목적으로 주로 사용하는 언어는?

① 데이터 제어어(DCL)
② 데이터 부속어(DSL)
③ 데이터 정의어(DDL)
④ 데이터 조작어(DML)

오답 피하기

• 데이터 정의어(DDL) : 데이터베이스 구조와 관계, 데이터베이스 이름을 정의함. 데이터 항목, 키 값의 고정, 데이터의 형과 한계를 규정함
• 데이터 조작어(DML) : 주 프로그램에 내장하여 데이터베이스를 실질적으로 운영 및 조작함. 데이터의 삽입, 삭제, 검색, 변경, 연산 등의 처리를 위한 연산 집합

3 다음은 데이터베이스 관리 시스템(DBMS)의 기능과 각 기능에 대한 설명이다. 바르게 짝지어진 것은?

ⓐ 조작 기능　　ⓑ 제어 기능　　ⓒ 정의 기능

㉮ 데이터의 정확성과 보안성을 유지하기 위한 무결성, 보안 및 권한 검사, 병행 제어 등의 기능을 정의하는 기능
㉯ 데이터 형(Type), 구조, 데이터를 이용하는 방식을 정의하는 기능
㉰ 데이터의 검색, 삽입, 삭제, 변경 등을 처리하기 위한 접근 수단을 정의하는 기능

① ⓐ－㉮, ⓑ－㉯, ⓒ－㉰
② ⓐ－㉰, ⓑ－㉮, ⓒ－㉯
③ ⓐ－㉮, ⓑ－㉰, ⓒ－㉯
④ ⓐ－㉯, ⓑ－㉮, ⓒ－㉰

• 정의 기능 : 데이터베이스와 응용프로그램 간의 상호 작용 수단을 제공하는 것, 물리적 저장 장치에 데이터베이스가 저장될 수 있게 물리적인 구조를 정의
• 조작 기능 : 데이터베이스와 사용자 간의 상호 작용 수단(데이터 요청, 변경 등)을 제공, 데이터의 처리를 위한 데이터의 삽입, 삭제, 검색, 갱신 등을 지원
• 제어 기능 : 데이터 간의 모순성이 발생하지 않도록 함, 데이터베이스의 내용을 항상 정확하게 유지하여 데이터의 무결성이 파괴되지 않도록 함

24년 상시, 22년 상시, 15년 3월/6월, 07년 7월, 04년 2월

POINT 112 데이터 모델링

합격 강의

정보를 컴퓨터로 표현하기 위해 단순화하고 체계화시킨 모형

개념적 데이터 모델

• 속성들로 기술된 개체 타입과 개체 타입들 간의 관계를 이용하여 데이터를 표현한다.
• 정보 모델링이라고도 하며 E-R 모델 등이 있다.

논리적 데이터 모델

• 레코드 구조를 이용하여 데이터를 표현하므로 레코드 기반 모델이라고 한다.
• 관계 모델(Relational Model), 네트워크 모델(Network Model), 계층 모델(Hierarchical Model) 등이 있다.

24년 상시, 23년 상시, 22년 상시, 21년 상시, 18년 3월, 16년 10월, 15년 3월, …

개체-관계 모델(E-R 모델)

• 개체를 구성하는 속성, 관계성 등을 기본 요소로 하여 E-R 도형(Diagram)으로 나타낸다.
• 개념적 모델인 E-R 모델을 데이터베이스로 구현하기 위해서는 논리적 데이터 모델로 변환해야 한다.
• E-R 모델에서 정의한 데이터를 관계형 데이터베이스에 저장하기 위해서는 E-R 모델에서의 각각의 개체를 각각의 테이블로 변환시켜야 한다.
• E-R 모델에서 하나의 속성은 관계형 데이터 모델에서 하나의 필드가 된다.

기적의 TIP E-R 도형 표기법

기호	의미	기호	의미
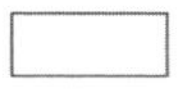	개체 타입		의존 개체 타입
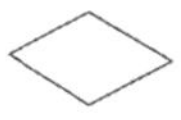	관계 타입	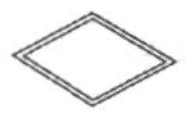	관계 타입 식별
	속성	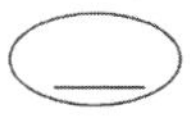	키 속성
	유도된 속성	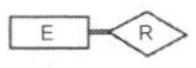	E(개체)는 R(관계)에 참여

관계형 모델(Relational Model)

• 기본 데이터 구조는 릴레이션(Relation)이라 부르는 2차원 테이블 구조이다.
• 데이터 독립성과 구조적 독립성을 지원한다.
• 구조가 단순하며 사용이 편리하다.
• 데이터의 다대다 관계(N:M)를 표현할 수 있다.
• 데이터 종속성과 구조적 종속성, 강력한 질의 처리 등을 해결하기 위해 하드웨어와 운영체제 등의 부담이 따른다.
• 다른 모델에 비해 DBMS 성능이 떨어진다.

개념 체크 ✔

1 다음 중 개체 관계 모델(Entity Relationship Model)에 관한 설명으로 옳지 않은 것은?

① 개념적 설계에 가장 많이 사용되는 모델로 개체 관계도(ERD)가 가장 대표적이다.
② 개체집합과 관계집합으로 나누어서 개념적으로 표시하는 방식으로 특정 데이터베이스 관리 시스템(DBMS)을 고려한 것은 아니다.
③ 데이터를 개체(Entity), 관계(Relationship), 속성(Attribute)과 같은 개념으로 표시한다.
④ 개체(Entity)는 가상의 객체나 개념을 의미하고, 속성(Attribute)은 개체를 묘사하는데 사용될 수 있는 특성을 의미한다.

개체(Entity)는 다른 것과 구분되는 개체로 단독으로 존재하는 실세계의 객체나 개념을 의미함

2 다음 중 E–R 다이어그램 표기법의 기호와 의미가 바르게 연결된 것은?

① 사각형 – 속성(Attribute) 타입
② 마름모 – 관계(Relationship) 타입
③ 타원 – 개체(Entity) 타입
④ 밑줄 타원 – 의존 개체 타입

오답 피하기
- ① 사각형 : 개체(Entity) 타입
- ③ 타원 : 속성(Attribute) 타입
- ④ 밑줄 타원 : 기본키 속성 타입
- 이중 사각형 : 의존 개체 타입

3 다음 중 다양한 사용자의 요구 사항을 분석하여 정보 구조를 표현한 관계도(ERD)를 생성하는 데이터베이스 설계 단계는?

① 데이터베이스 기획
② 개념적 설계
③ 논리적 설계
④ 물리적 설계

- 개체–관계 모델 : 개체 타입과 이들 간의 관계 타입을 이용해 현실 세계를 개념적으로 표현한 방법
- ERD(Entity Relationship Diagram) : 개체–관계 모델에 의해 작성된 설계도로 개체, 속성, 관계, 링크 등으로 구성됨
- 개념적 설계 단계 : 현실 세계에 대한 추상적인 개념(정보 모델링)으로 표현하는 단계

오답 피하기
- 요구 조건 분석 단계 : 데이터베이스 사용자의 요구 사항 및 조건 등을 조사하여 요구 사항을 분석하는 단계
- 논리적 설계 단계 : 개념 세계를 데이터 모델링을 거쳐 논리적으로 표현하는 단계
- 물리적 설계 단계 : 컴퓨터 시스템의 저장 장치에 저장하기 위한 구조와 접근 방법 및 경로 등을 설계하는 단계

24년 상시, 23년 상시, 22년 상시, 20년 7월, 19년 8월, …

POINT 113 관계형 데이터베이스(RDB) 구조

합격 강의

- 한 테이블에서 튜플들은 모두 상이한 데이터를 가지고 있어야 한다. (튜플: 테이블의 행(Row, Record))
- 도메인(데이터의 형식)을 벗어나는 값을 가진 튜플이 존재해서는 안 된다. (도메인: 속성이 가질 수 있는 값의 집합)
- 일반적으로 각각의 테이블은 레코드들을 유일하게 구별하는 기본키를 가지게 된다.
- 릴레이션 스키마(Schema)는 일정수의 속성의 집합으로 구성된다. (속성: 테이블의 열(Column))
- 릴레이션 인스턴스(Instance)는 어느 한 시점에 릴레이션 R이 가지는 튜플의 집합이다. (릴레이션: 관계형 데이터베이스에서의 테이블(Table))
- 릴레이션 R의 정의에서 속성의 개수를 R의 차수(Degree), 튜플의 개수를 기수(Cardinality)라고 한다.

▲ 릴레이션의 구조

※ 애트리뷰트(Attribute)는 테이블에서 열을 나타내는 말로 필드와 같은 의미이며 널(Null) 값을 가질 수 있음

개념 체크 ✔

1 다음 중 관계형 데이터베이스 관리 시스템(RDBMS)의 종류에 해당하지 않는 것은?

① MS–SQL Server ② 오라클(ORACLE)
③ MY–SQL ④ 파이썬(Python)

파이썬(Python) : 1991년 귀도 반 로섬(Guido van Rossum)이 발표한 대화형 인터프리터식 프로그래밍 언어

2 다음 중 릴레이션(Relation)에 대한 설명으로 옳지 않은 것은?

① 한 릴레이션에 포함된 튜플(Tuple)의 수를 인스턴스(Instance)라 한다.
② 연관된 속성의 집합으로 관계형 모델에서의 테이블(Table)을 의미한다.
③ 한 릴레이션을 구성하는 속성(Attribute)들 사이에는 순서가 없다.
④ 한 릴레이션에 포함된 튜플을 유일하게 식별하기 위한 속성들의 부분집합을 키(Key)로 설정한다.

기수(Cardinality) : 한 릴레이션(테이블)에서의 튜플(Tuple)의 개수

3 다음 중 관계형 데이터베이스에서 사용되는 용어에 대한 설명으로 옳은 것은?

① 도메인(Domain) : 테이블에서 행을 나타내는 말로 레코드와 같은 의미
② 튜플(Tuple) : 하나의 속성이 취할 수 있는 값의 집합
③ 속성(Attribute) : 테이블에서 열을 나타내는 말로 필드와 같은 의미
④ 차수(Degree) : 한 릴레이션에서의 튜플의 개수

오답 피하기
- 도메인(Domain) : 하나의 속성이 취할 수 있는 값의 집합
- 튜플(Tuple) : 테이블에서 행을 나타내는 말로 레코드와 같은 의미
- 차수(Degree) : 한 릴레이션(테이블)에서 속성(필드=열)의 개수

24년 상시, 23년 상시, 22년 상시, 21년 상시, 19년 3월, …

POINT 114 데이터베이스 키의 종류와 무결성

합격 강의

데이터베이스 키(Key) 종류*

후보키	• 릴레이션의 각 튜플들을 유일하게 구별할 수 있는 속성이나 속성들의 집합 • 유일성과 최소성을 만족해야 함
슈퍼키	후보키와 비교할 때 유일성만 가지는 키
기본키	• 테이블 내의 레코드를 유일하게 식별하기 위해 사용함 • 널(Null) 값을 가질 수 없으며 중복될 수 없음 • 두 개 이상의 필드를 묶어서 설정할 수 있음
대체키	기본키로 지정되지 않은 나머지 후보키
외래키, 외부키*	서로 관계를 맺고 있는 릴레이션 R1, R2에서 릴레이션 R2의 한 속성이나 속성의 조합이 릴레이션 R1의 기본키 필드를 참조하는 필드

(널(Null): 아무것도 없다는 의미로, 값 자체가 존재하지 않음)
(기본키로 사용된 필드의 값은 변경 가능함)

무결성 제약

개체 무결성	기본키에 속해 있는 속성은 널(Null) 값을 가질 수 없음
참조 무결성	관계는 참조할 수 없는 외래키 값을 가져서는 안 됨

널 값이 아니면서 참조된 관계의 어떤 기본키 값과도 일치하지 않는 값을 말함

개념 체크

1 다음 중 기본키(Primary Key)에 대한 설명으로 옳은 것은?

① 테이블에 기본키를 반드시 설정해야 한다.
② 액세스에서는 단일 필드 기본키와 일련번호 기본키만 정의 가능하다.
③ 데이터가 이미 입력된 필드도 기본키로 지정할 수 있다.
④ 여러 개의 필드를 합쳐 기본키로 지정할 수 없다.

오답 피하기

- 테이블에 기본키를 반드시 설정하지 않아도 됨
- 액세스에서는 두 필드를 합쳐서 슈퍼키(복합키, 연결키)를 만들 수 있음
- 여러 개의 필드를 합쳐 기본키로 지정할 수 있음

2 다음 중 서로 관계를 맺고 있는 릴레이션 R1과 R2 에서 릴레이션 R2의 한 속성이나 속성의 조합이 릴레이션 R1의 기본키인 것을 무엇이라고 하는가?

① 대체키(Alternate Key)
② 슈퍼키(Super Key)
③ 후보키(Candidate Key)
④ 외래키(Foreign Key)

외래키(FK, Foreign Key) : 한 테이블(릴레이션)에 속한 속성, 외래키(FK)가 다른 참조 테이블(릴레이션)의 기본키(PK)일 때 그 속성키를 외래키(Foreign Key)라고 함

오답 피하기

- 대체키(Alternate Key) : 후보키 중 기본키로 선택되지 않는 나머지 키(예 사원번호가 기본키일 때 주민등록번호)
- 슈퍼키(Super Key) : 한 릴레이션에서 어떠한 열도 후보키가 없을 때 두 개 이상의 열을 복합(연결)할 경우 유일성을 만족하여 후보키가 되는 키를 의미
- 후보키(Candidate Key) : 후보키 중에서 선정되어 사용되는 키(예 사원번호 – 인사관리), 기본키는 널(Null)이 될 수 없으며 중복될 수 없음

3 다음 중 관계형 데이터 모델에서 데이터의 정확성과 일관성을 보장하기 위한 것은?

① 릴레이션
② 관계 연산자
③ 무결성 제약 조건
④ 속성의 집합

참조 무결성 : 관련 테이블의 레코드 간 관계가 유효하고 사용자가 관련 데이터를 실수로 삭제 또는 변경하지 않았는지 확인하기 위해 사용하는 규칙으로 데이터의 정확성과 일관성이 보장됨

24년 상시, 23년 상시, 22년 상시, 21년 상시, 19년 3월, …

POINT 115 정규화(Normalization)*

합격 강의

정규화

데이터들이 불필요하게 중복되어 테이블을 조작할 때 발생하는 예기치 않은 현상

- 정규화는 중복되는 값을 일정한 규칙에 의해 정리하여 보다 단순한 형태를 가지는 여러 개의 테이블로 분리하는 작업이다.
- 데이터의 이상(Anomaly) 현상이 발생하지 않도록 하는 것이다.

삽입 이상	불필요한 데이터가 함께 삽입되는 현상
삭제 이상	필요한 데이터가 함께 삭제되는 현상
갱신 이상	데이터 수정할 때 데이터 중복으로 이상이 발생하는 현상

- 속성(Attribute) 수가 적은 릴레이션 스키마들로 분할하는 과정으로, 릴레이션의 속성들 사이의 종속성 개념에 기반을 두고 이러한 종속성을 제거한다.
  릴레이션을 항상 최상위 수준의 정규형으로 정규화해야 하는 것은 아님
- 테이블의 크기가 작아지므로 관리하기가 쉬워진다.
- 정규화를 수행해도 데이터의 중복을 완전히 제거할 수 없다.
- 데이터 분리가 많으면 데이터 연결이 복잡해져 효율성이 떨어진다.

정규형(NF : Normal Form)

비정규형 ➡ 제1정규형 ➡ 제2정규형 ➡ 제3정규형 ➡ 보이스–코드 정규형 ➡ 제4정규형 ➡ 제5정규형

제1정규형*	속성값이 다중값을 가지지 않고 원자값을 가진 경우 또는 기본키의 정보가 없어서 삽입하지 못하는 경우, 삽입 이상이 발생함
제2정규형*	기본키가 아닌 속성들이 기본키에 완전히 함수적으로 종속됨
제3정규형	기본키가 아닌 속성들이 기본키에 대하여 이행적 함수 종속성 관계를 가지지 않음
보이스–코드 정규형	릴레이션에서 결정자가 모두 후보키임
제4정규형	릴레이션에서 다치 종속 관계가 성립됨
제5정규형	릴레이션에서 조인 종속이 성립됨

개념 체크

1 다음 중 데이터베이스의 정규화에 관한 설명으로 가장 옳지 않은 것은?

① 테이블의 정규화는 불필요한 필드를 제거함으로써 데이터 공간의 낭비를 방지하기 위한 것이다.
② 이해하기 쉽고 확장하기 쉽도록 테이블을 구성하며, 무결성 제약 조건의 구현을 용이하게 한다.
③ 정규화는 여러 테이블에 중복적으로 존재하는 필드를 일정한 규칙에 의해 추출하여 보다 단순한 형태를 가지는 다수의 테이블로 분리하는 작업이다.
④ 정규화를 수행해도 데이터의 중복을 최소화하는 것이지 완전히 제거할 수 있는 것은 아니다.

관계형 데이터베이스를 설계할 때 데이터의 중복 최소화와 불일치를 방지하기 위해 릴레이션 스키마를 분해해 가는 과정으로 데이터 공간의 낭비를 방지하기 위한 것은 아님

2 다음 중 정규화에 대한 설명으로 옳지 않은 것은?

① 정규화를 통해 삽입, 삭제, 갱신 이상의 발생을 방지할 수 있다.
② 정규화를 통해 데이터 삽입 시 테이블 재구성의 필요성을 줄일 수 있다.
③ 정규화는 테이블 속성들 사이의 종속성을 최대한 배제하는 과정으로 볼 수 있다.
④ 정규화를 수행하여 데이터의 중복을 완전히 제거할 수 있다.

정규화를 수행하더라도 데이터 중복의 최소화는 가능하지만 데이터의 중복을 완전히 제거할 수는 없음

3 다음 중 정규화(Normalization)의 목적에 대한 설명으로 옳지 않은 것은?

① 테이블의 불일치 위험을 최소화하고 데이터 구조의 안정성을 최대화한다.
② 모든 릴레이션이 데이터베이스 내에서 모든 개체 간의 관계를 표현 가능하도록 한다.
③ 간단한 관계 연산에 의해 효율적인 정보 검색과 데이터 조작이 가능하다.
④ 데이터 중복을 최소화하기 위해 데이터베이스의 물리적 설계 단계에서 수행한다.

정규화는 데이터베이스의 논리적 설계 단계에서 수행됨

기적의 TIP 데이터베이스 암호 설정 및 제거

- 데이터베이스 암호를 설정하거나 제거하려면 데이터베이스를 단독 사용 모드로 열어야 함
- 데이터베이스를 단독 사용 모드로 열려면 데이터베이스를 닫은 다음 [파일] 탭–[열기] 명령을 사용하여 다시 연 다음 [열기] 대화 상자에서 [열기] 단추 옆에 있는 화살표를 클릭한 후 [단독으로 열기]를 선택함

SECTION 16

3과목 데이터베이스 일반

테이블 작성

24년 상시, 07년 5월, 03년 2월

POINT 116 테이블 작성

합격 강의

- 액세스(Access)에서 데이터를 입력할 수 있도록 테이블 구조를 설계하는 작업이다.
- 테이블 제작 시 필드 크기, 필드의 데이터 형식, 필드 이름을 고려한다.
- 데이터시트 보기, 디자인 보기, 테이블 서식 파일, 테이블 가져오기, 테이블 연결 등을 이용하여 작성할 수 있다.
- 필드 이름은 최대 64자까지 입력할 수 있다.
- . ! [ ]를 제외한 특수 기호, 공백, 숫자, 문자를 조합한 모든 기호를 사용할 수 있다.
- 필드 이름의 첫 글자는 공백을 사용할 수 없다.
- 테이블 이름과 필드 이름은 같아도 무관하지만, 테이블 내에 같은 이름의 필드가 존재하면 안 된다.

개념 체크

1 다음 중 액세스를 이용하여 테이블을 작성할 때 고려하지 않아도 될 사항은?

① 필드 크기
② 필드 이름
③ 필드의 데이터 형식
④ 레코드 수

테이블을 작성할 때 레코드 수는 고려하지 않아도 됨

2 다음 중 테이블의 이름을 지정하는 방법에 대한 설명으로 옳지 않은 것은?

① 테이블 이름과 쿼리 이름은 동일하게 설정할 수 없다.
② . ! [] 과 같은 특수문자는 사용할 수 없다.
③ 테이블 이름에 공백은 포함시킬 수 없다.
④ 테이블 이름과 필드 이름은 동일하게 설정할 수 있다.

테이블 이름의 첫 문자로 공백을 사용할 수 없지만, 테이블 이름에 공백은 포함시킬 수 있음

24년 상시, 23년 상시, 17년 3월, 13년 3월, 08년 8월, …

POINT 117 필드의 삽입/이동/삭제

합격 강의

필드 삽입	• 마우스 오른쪽 단추를 클릭 후 [필드 삽입]을 클릭하면 현재 선택되어 있는 필드 앞에 새로운 필드가 삽입됨 • [테이블 필드]-[추가 및 삭제]에서 원하는 필드 데이터 형식을 클릭하면 새로운 필드가 삽입됨 • 추가하려는 필드에 [추가하려면 클릭]을 선택하고 원하는 필드 데이터 형식을 클릭하면 필드가 삽입됨 • 필드의 이름은 'Field1, Field2'와 같이 표시되며 더블클릭하여 새로운 이름으로 변경할 수 있음
필드 이동	이동시킬 필드를 선택한 후 새로운 위치로 드래그 앤 드롭함
필드 삭제	• 삭제하려는 필드의 이름에서 마우스 오른쪽 단추를 클릭한 후 [필드 삭제]를 선택함 • [테이블 필드]-[추가 및 삭제]-[삭제]를 클릭함 • 한 번 삭제한 필드는 다시 되살릴 수 없으며, 필드를 삭제하면 필드 내에 입력된 모든 데이터도 함께 지워짐

개념 체크

1 다음 중 아래와 같은 <학생> 테이블에서 필드의 순서를 변경하기 위한 방법으로 옳지 않은 것은?

학번	성명	주소	취미	전화
1111	홍길동	서울시	변장술	111-2222
2222	이도령	남원시	태권도	222-3333

① 디자인 보기에서 <주소> 필드를 선택한 후 이동할 위치로 끌어다 놓는다.
② 디자인 보기에서 <주소> 필드를 선택한 후 Shift를 누른 상태에서 <전화> 필드를 선택하여 이동할 위치로 끌어다 놓으면 <주소, 취미, 전화> 필드가 이동된다.
③ 데이터시트 보기에서 <전화> 필드를 선택한 후 이동할 위치로 끌어다 놓는다.
④ 데이터시트 보기에서 <주소> 필드명을 선택한 후 Ctrl을 누른 상태에서 <전화> 필드를 선택하여 이동할 위치로 끌어다 놓으면 <주소, 전화> 필드만 이동된다.

데이터시트 보기에서는 Shift를 이용한 연속된 필드의 선택과 이동만 가능함

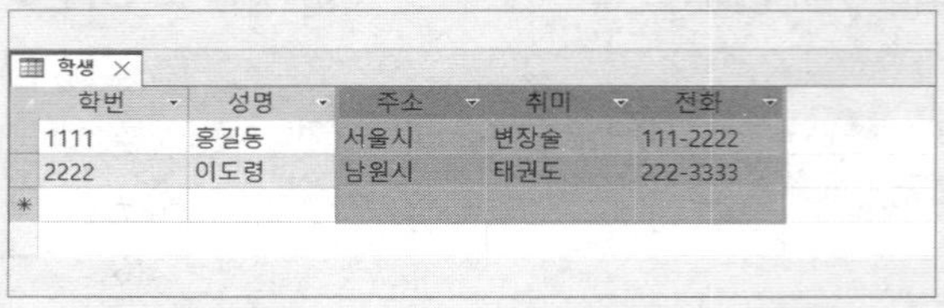

24년 상시, 23년 상시, 22년 상시, 21년 상시, 19년 3월/8월, …

POINT 118 필드 데이터 형식*

합격 강의

짧은 텍스트*	텍스트와 숫자를 임의로 조합하여 입력할 수 있으며, 필드 크기는 최대 255자임
긴 텍스트*	문자열과 숫자를 임의로 조합하여 63,999 문자까지 입력할 수 있음
숫자*	계산에 사용되는 숫자를 입력할 수 있음
날짜/시간*	날짜와 시간을 입력할 수 있는 형식으로 100년에서 9999년까지 입력할 수 있으며 할당 크기는 8byte임
통화*	소수점 위 15자리와 소수점 아래 4자리까지의 수를 저장할 수 있으며, 할당 크기는 8byte임
일련번호*	• 레코드가 추가될 때 자동으로 1씩 증가시키면서 숫자가 입력되도록 하는 데이터 형식임 • 필드 크기를 정수(Long)로 선택하면 4byte를 할당하고, 복제 ID로 선택하면 16byte를 할당함
Yes/No*	예/아니오(Yes/No), 참/거짓(True/False), On/Off와 같이 두 가지 상태 값만 입력할 수 있는 데이터 형식으로, 할당 크기는 1bit임(예 성별(남/여), 합격 여부(합격/불합격), 회원/비회원 구분)
OLE 개체*	• Microsoft Access 테이블에 연결되거나 포함된 Microsoft Excel 스프레드시트, Microsoft Word 문서, 그래픽, 소리 등 여러 가지 개체를 저장하기 위한 데이터 형식임 • 메모리 사이즈가 가장 큼
하이퍼링크	하이퍼링크 주소로 사용되는 텍스트나 텍스트와 숫자 조합을 입력할 수 있는 데이터 형식임
첨부 파일	사진, 문서, 스프레드시트, 차트 등의 파일을 첨부할 수 있음
계산	하나 이상의 필드에서 데이터를 사용하는 식을 만들 수 있음
조회 마법사*	• 필드에 값을 직접 입력하지 않고 다른 테이블에서 값을 선택할 때 사용함 • 콤보 상자를 사용하여 목록에서 값을 선택하는 필드를 만들 때 사용함

개념 체크 ✓

1 다음 중 필드의 각 데이터 형식에 대한 설명으로 옳지 않은 것은?

① 통화 형식은 소수점 이하 4자리까지의 숫자를 저장할 수 있으며, 기본 필드 크기는 8바이트이다.
② Yes/No 형식은 Yes/No, True/False, On/Off 등 두 값 중 하나만 입력하는 경우에 사용하는 것으로 기본 필드 크기는 1비트이다.
③ 일련번호 형식은 새 레코드를 만들 때 자동으로 생성되는 고유 값으로 저장된다.
④ 긴 텍스트 형식은 텍스트 및 숫자 데이터가 최대 255자까지 저장된다.

긴 텍스트 형식은 최대 63,999자까지 저장됨

2 다음 중 데이터 형식에 대한 설명으로 옳지 않은 것은?

① 숫자 형식을 선택하면 기본적으로 실수가 지정된다.
② Yes/No 형식은 '예' 값에는 '-1'이 사용되고, '아니요' 값에는 '0'이 사용된다.
③ 일련번호 형식의 필드는 사용자가 임의로 입력하거나 수정할 수 없다.
④ 짧은 텍스트 형식은 문자를 최대 255자까지 저장할 수 있다.

숫자 형식을 선택하면 기본적으로 정수가 지정됨

3 다음 중 테이블에서 각 데이터 형식의 필드 속성에 대한 설명으로 옳지 않은 것은?

① 짧은 텍스트의 필드 크기는 최대 255자까지 지정할 수 있다.
② 날짜/시간은 미리 정의된 형식을 선택하거나 사용자 지정 형식을 입력할 수 있다.
③ 숫자는 필드 크기 속성에서 바이트, 정수, 실수, 통화 중 선택할 수 있다.
④ 입력 마스크는 데이터 저장 시 입력 마스크 기호와 함께 저장할 것인지의 여부를 설정할 수 있다.

숫자에서는 통화를 선택할 수 없으며 화폐 계산은 반올림의 문제를 고려하여 숫자 대신 통화 필드를 사용함

24년 상시, 18년 9월, 09년 2월, 07년 2월/5월, 06년 5월, …

POINT 119 조회 속성 설정

▶ 합격 강의

- 디자인 보기 테이블에서 추가한 필드의 [조회] 탭을 클릭해서 조회 속성을 설정한다.
- 목록 상자, 콤보 상자, 텍스트 상자와 같은 컨트롤을 이용하여 값의 목록이나 다른 테이블에서 값을 선택할 수 있도록 만들어준다.
- 조회 속성을 설정하면 좀 더 빠른 시간에 데이터를 입력할 수 있으며, 관계가 설정된 테이블에서 입력할 데이터를 가져올 수도 있다.
- 콤보 상자와 목록 상자에 공통적으로 적용되는 속성 : 행 원본, 바운드 열, 열 개수
- 콤보 상자에만 적용되는 속성 : 행 수, 목록 너비, 목록 값만 허용

개념 체크 ✓

1 다음 중 콤보 상자의 속성에 대한 설명으로 옳지 않은 것은?

① 컨트롤 원본 : 목록으로 표시할 데이터를 SQL문이나 테이블명 등을 통해 지정한다.
② 행 원본 유형 : 목록으로 표시할 데이터 제공 방법을 '테이블/쿼리', '값 목록', '필드 목록' 중 선택한다.
③ 바운드 열 : 선택한 항목에서 몇 번째 열을 컨트롤에 저장할 것인지를 설정한다.
④ 목록 값만 허용 : '예'로 설정하면 목록에 제공된 데이터 이외의 값을 추가할 수 없다.

컨트롤 원본 : 목록으로 표시할 데이터를 SQL문, 쿼리, 테이블의 필드명을 통해 지정 가능함

2 다음 중 조회 속성에서 콤보 상자에 대한 설명으로 옳지 않은 것은?

① 바운드 열의 기본 값은 1이며, 열 개수보다 큰 숫자를 지정할 수는 없다.
② 행 원본 유형을 '값 목록'으로 설정한 경우 콤보 상자에 표시된 값만 입력할 수 있다.
③ 행 개수는 최대 255개까지 가능하다.
④ 실제 행 수가 지정된 행 개수를 초과하면 스크롤바가 표시된다.

콤보 상자의 행 원본 유형 속성이 '값 목록'으로 설정되어 있으면 폼 보기에서 폼이 열려 있을 때 값 목록을 편집할 수 있음

24년 상시, 23년 상시, 22년 상시, 21년 상시, 20년 2월, …

POINT 120 필드 속성

▶ 합격 강의

입력 마스크

- 필드에서 사용하는 데이터의 서식을 지정하여 필드에 입력할 수 있는 데이터를 제한한다.
- 구역을 세미콜론(;)으로 구분하여 세 개까지 포함할 수 있다.

₩(999₩) 999₩-9999 ; 0 ; *
❶ ❷ ❸

구역	설명
❶ 첫 번째	사용자 정의 기호를 사용하여 입력 마스크를 지정함
❷ 두 번째	데이터를 입력할 때 -, /, =와 같은 서식 문자가 테이블에 저장되는지를 지정함
❸ 세 번째	데이터시트 보기에서 데이터를 입력할 때 각 자리에 표시할 입력 마스크 기호를 지정함

기타 필드 속성

기본 값	새 레코드가 작성될 때 해당 필드에 기본적으로 입력될 값을 지정함
필수	해당 필드에 반드시 데이터가 입력되어야 하는지 여부를 지정함
빈 문자열 허용	짧은 텍스트, 긴 텍스트, 하이퍼링크 테이블 필드에만 적용되는 속성으로, 필드에 빈 문자열을 허용할지 여부를 지정함
유효성 검사 규칙*	특정 필드에 입력될 값의 종류나 범위를 지정한 다음 그 값 이외의 값이 입력되지 않도록 지정함
유효성 검사 텍스트*	유효성 검사 규칙에 어긋나는 데이터를 입력할 경우 나타나는 메시지를 표시하기 위한 속성

개념 체크 ✓

1 다음 중 테이블에 데이터가 입력되는 방식을 제어하기 위한 방법으로 적절하지 않은 것은?

① 유효성 검사 규칙을 설정하여 필드에 입력되는 데이터 값의 범위를 설정한다.
② 입력 마스크를 이용하여 필드의 각 자리에 입력되는 값의 종류를 제한한다.
③ 색인(Index)을 이용하여 해당 필드에 중복된 값이 입력되지 않도록 설정한다.
④ 기본키(Primary Key) 속성을 이용하여 레코드 추가 시 기본으로 입력되는 값을 설정한다.

필드 속성의 기본 값을 이용하여 새 레코드를 만들 때 필드에 자동으로 입력하는 값을 설정함

2 다음 중 필드 속성에 대한 설명으로 옳지 않은 것은?

① 입력 마스크는 텍스트, 숫자, 날짜/시간, 통화 형식에서 사용할 수 있다.
② 필드 값이 반드시 있어야 하는 경우, 필수 속성을 '예'로 설정하면 된다.
③ 'Yes/No'의 세부 형식은 'Yes/No'와 'True/False' 두 가지만을 제공한다.
④ 짧은 텍스트, 숫자, 일련번호 형식에서만 필드 크기를 지정할 수 있다.

'Yes/No'의 세부 형식은 'Yes/No'와 'True/False', 'On/Off' 세 가지가 제공됨

3 테이블에 잘못된 데이터가 입력되면 이후 많은 문제가 발생한다. 이런 문제를 해결하기 위한 방안으로 점검을 필요로 하는 필드에 요구 사항이나 조건 또는 입력이 가능한 데이터 등을 미리 지정한 후 데이터 입력 시 이를 점검하도록 하는 기능은 다음 중 어느 것인가?

① 기본 값
② 필수 여부
③ 빈문자열 허용
④ 유효성 검사 규칙

유효성 검사 규칙 : 레코드, 필드, 컨트롤 등에 입력할 수 있는 데이터 요구 사항을 지정할 수 있는 속성

24년 상시, 23년 상시, 22년 상시, 21년 상시, 19년 8월, …

POINT 121 기본키*

합격 강의

• 기본키(Primary Key)란 테이블에서 모든 레코드들을 유일하게 구분할 수 있는 필드 또는 필드 집합이다.
• 기본키로 지정된 필드는 다른 레코드와 중복되는 값을 가질 수 없다.
• 단일 필드를 기본키로 지정하면 인덱스 속성이 '예(중복 불가능)'로 설정된다.
• 이미 중복된 데이터가 입력되어 있는 필드를 기본키로 지정할 수 없다.
• 널(Null) 값을 입력할 수 없다.

개념 체크

1 다음 중 기본키(Primary Key)에 대한 설명으로 옳지 않은 것은?

① 기본키로 지정된 필드는 다른 레코드와 동일한 값을 가질 수 없다.
② 기본키 필드에 값이 입력되지 않으면 레코드가 저장되지 않는다.
③ 기본키가 설정되지 않아도 테이블은 생성된다.
④ 기본키는 하나의 필드에만 설정할 수 있다.

• 기본키는 두 개 이상의 필드에 설정할 수 있음
• 기본키 : 후보키 중에서 선정되어 사용되는 키
• 후보키 : 한 테이블에서 유일성과 최소성을 만족하는 키(예 주민번호, 사원번호 등)
• 슈퍼키 : 어떠한 열도 후보키가 없을 때 두 개 이상의 열을 복합(연결)할 경우 유일성을 만족하여 후보키가 되는 키(복합키, 연결키라고도 함)

24년 상시, 23년 상시, 22년 상시, 21년 상시, 16년 6월, …

POINT 122 인덱스(Index, 색인)*

합격 강의

• 테이블 정보의 검색 및 정렬 속도를 높이기 위해 테이블에 입력된 데이터를 정해진 기준에 따라 정렬한 별도의 표를 만드는 것이다.
• 인덱스는 여러 개의 필드에 설정할 수 있고 레코드를 변경하거나 추가, 삭제할 때 자동으로 업데이트된다.
• 테이블이 추가, 삭제, 업데이트될 때 인덱스도 같이 추가, 삭제, 업데이트되므로 데이터를 추가, 삭제, 업데이트하면 인덱스가 부여된 필드의 속도가 느려진다.
• 하나의 필드나 필드 조합에 인덱스를 만들어 레코드 찾기와 정렬을 효율적으로 수행할 수 있도록 한다.
• 색인을 많이 설정하면 테이블의 변경 속도가 저하될 수 있다.
• OLE 개체 형식에는 인덱스를 설정할 수 없다.
• 인덱스를 삭제해도 필드나 필드 데이터는 삭제되지 않는다.

개념 체크

1 다음 중 데이터베이스에서 인덱스를 사용하는 목적으로 가장 적절한 것은?

① 데이터 검색 및 정렬 작업 속도 향상
② 데이터의 추가, 수정, 삭제 속도 향상
③ 데이터의 일관성 유지
④ 최소 중복성 유지

인덱스(Index) : 키 값을 기초로 하여 테이블에서 검색 및 정렬 속도를 향상시키는 기능

2 다음 중 테이블에서 필드 속성으로 인덱스를 지정할 수 없는 것은?

① 검색을 자주 하는 필드
② OLE 개체 형식의 필드
③ 정렬의 기준이 자주 되는 필드
④ 기본키로 설정된 필드

OLE 개체 데이터 형식의 필드는 인덱스를 사용할 수 없음

3 다음 중 인덱스(Index)에 대한 설명으로 옳지 않은 것은?

① 일반적으로 검색을 자주 하는 필드에 대해 인덱스를 설정하는 것이 바람직하다.
② 인덱스를 설정하면 레코드의 조회는 물론 레코드의 갱신 속도가 빨라진다.
③ 한 테이블에서 여러 개의 인덱스를 생성할 수 있다.
④ 중복 불가능한 인덱스를 생성하면 동일한 값이 중복적으로 입력될 수 없다.

데이터들이 갱신될 때마다 인덱스 역시 업데이트되므로 갱신(추가, 수정, 삭제) 속도는 느려짐

24년 상시, 23년 상시, 22년 상시, 20년 2월, 16년 6월/10월, …

POINT 123 관계 설정

합격 강의

관계 개요

• 여러 개의 테이블을 모을 때 일정한 규칙에 의해 모으게 되는데 이를 '관계'라고 한다.
• 관계형 데이터베이스에서 둘 이상의 테이블들을 조합하는 규칙을 말한다.
• [데이터베이스 도구]-[관계]-[관계]를 실행한 다음, 관계를 설정할테이블 또는 쿼리를 불러와서 지정할 수 있다.

관계 종류

일대일(1:1) 관계	테이블 1에 있는 하나의 레코드가 테이블 2에 있는 하나의 레코드와 일치하는 관계
일대다(1:N) 관계 가장 일반적인 관계	테이블 1에 있는 각각의 레코드는 테이블 2에 있는 하나 이상의 레코드와 일치하지만 테이블 2에 있는 레코드는 테이블 1에 있는 레코드와 단지 하나만 일치하는 관계
다대다(N:M) 관계	테이블 1에 있는 각각의 레코드가 테이블 2에 있는 하나 이상의 레코드와 일치하고 테이블 2에 있는 레코드 역시 테이블 1에 있는 레코드와 하나 이상 일치하는 관계

개념 체크

1 다음 중 테이블 간의 관계 설정에서 일대일 관계가 성립하는 것은?

① 양쪽 테이블의 연결 필드가 모두 중복 불가능의 인덱스나 기본키로 설정되어 있는 경우
② 어느 한쪽의 테이블의 연결 필드가 중복 불가능의 인덱스나 기본키로 설정되어 있는 경우
③ 오른쪽 관련 테이블의 연결 필드가 중복 가능한 인덱스나 후보키로 설정되어 있는 경우
④ 양쪽 테이블의 연결 필드가 모두 중복 가능한 인덱스나 후보키로 설정되어 있는 경우

일대일 관계 성립 조건 : 양쪽 테이블의 연결 필드가 모두 중복 불가능의 기본키나 인덱스가 지정되어 있어야 함

2 다음 중 [관계 편집] 대화 상자에 대한 설명으로 옳지 않은 것은?
① 관계를 구성하는 어느 한 쪽의 테이블 또는 필드 및 쿼리를 변경할 수 있다.
② 조인 유형을 내부 조인, 왼쪽 우선 외부 조인, 오른쪽 우선 외부 조인 중에서 선택할 수 있다.
③ '항상 참조 무결성 유지'를 선택한 경우 '관련 필드 모두 업데이트'와 '관련 레코드 모두 삭제' 옵션을 선택할 수 있다.
④ 관계의 종류를 일대다, 다대다, 일대일 중에서 선택할 수 있다.

관계형 데이터베이스에서는 다대다(N:M) 관계를 직접 표현할 수 없기 때문에 3개의 테이블을 가지고 일대다(1:∞) 관계 2개를 이용하여 설정함

3 다음 중 테이블의 관계 설정에 관한 내용으로 옳지 않은 것은?
① 두 테이블을 직접 다대다 관계로 설정할 수 있다.
② 일대다 관계는 하나의 테이블에 저장된 대표 값을 다른 테이블에서 여러 번 참조하는 작업에 적합하다.
③ 일대일 관계에서 한 테이블의 각 레코드는 다른 테이블의 한 레코드에만 대응된다.
④ 참조 무결성 유지를 설정하면 기본 테이블의 기본키 필드에 없는 값은 관련된 테이블의 외래키 필드에 입력할 수 없다.

관계형 데이터베이스에서는 다대다 관계를 직접 표현할 수 없으며 3개의 테이블을 가지고 일대다 관계 2개를 이용함

24년 상시, 23년 상시, 22년 상시, 21년 상시, 18년 3월, …

POINT 124 참조 무결성의 설정 및 유지*

합격 강의

참조 무결성 개요
- 참조 무결성 : 관련된 테이블에 일치하는 레코드가 존재하면 레코드를 변경하거나 삭제하지 못하게 하는 규칙의 집합을 말한다.
- 관련 테이블에 있는 레코드 간의 관계가 올바른지 확인하고 관련된 데이터를 실수로 삭제하거나 변경하지 않도록 할 때 사용하는 규칙이다.
- 기본 테이블에서 사용할 필드가 기본키이거나 고유 인덱스가 설정되어야 한다.

항상 참조 무결성 유지 옵션
'항상 참조 무결성 유지' 옵션을 설정하면 관련 테이블의 필드에는 기본 테이블의 필드에 입력되어 있는 데이터 이외에 다른 데이터를 입력할 수 없다.

관련 필드 모두 업데이트 옵션
기본 테이블에서 기본키 값이 바뀔 때마다 관련 테이블의 해당 값이 자동으로 업데이트되도록 하려면 '항상 참조 무결성 유지'를 선택하고 '관련 필드 모두 업데이트'를 선택해야 한다.

관련 레코드 모두 삭제
- 관련 레코드 모두 삭제를 선택하는 경우 : 기본 테이블에서 레코드를 삭제할 때마다 관련 레코드들이 자동으로 삭제되도록 하려면 '항상 참조 무결성 유지'를 선택하고 '관련 레코드 모두 삭제'를 선택한다.
- 관련 레코드 모두 삭제를 선택하지 않는 경우 : 관련 테이블에 관련된 레코드가 있을 때 기본 테이블의 기본키 레코드를 삭제하지 못하게 하려면 '항상 참조 무결성 유지'를 선택하고 '관련 레코드 모두 삭제'의 선택을 취소한다.

개념 체크 ✔

1 다음 중 외래키 값을 관련된 테이블의 기본키 값과 동일하게 유지해 주는 제약 조건은?
① 동시 제어성
② 관련성
③ 참조 무결성
④ 동일성

참조 무결성 : 관련 테이블의 레코드 간 관계가 유효하고 사용자가 관련 데이터를 실수로 삭제 또는 변경하지 않았는지 확인하기 위해 사용되는 규칙

2 [성적] 테이블의 '과목코드' 필드와 [과목] 테이블의 '과목코드' 필드를 이용하여 두 테이블 간 관계가 설정되어 있다. 이 때 [성적] 테이블의 '과목코드' 필드를 무엇이라 부르며, 두 테이블 간에 준수되어야 할 제약을 무엇이라 하는가?(단, [과목] 테이블의 '과목코드' 필드는 기본키로 설정되어 있음)
① 외래키 – 참조 무결성 제약 조건
② 외래키 – 개체 무결성 제약 조건
③ 기본키 – 참조 무결성 제약 조건
④ 기본키 – 개체 무결성 제약 조건

- 두 테이블 간 관계 설정 시 기본키와 대응되는 키를 외래키라 할 수 있음
- [과목] 테이블의 '과목코드' 필드가 기본키이므로 [성적] 테이블의 '과목코드' 필드는 외래키가 되며, 외래키에 대해서는 '참조 무결성'이, 기본키에 대해서는 '개체 무결성'이 제약 조건으로 주어짐
- 참조 무결성 : 두 테이블의 연관된 레코드들 사이의 일관성을 유지하는데 사용함. 주어진 속성들의 집합에 대한 테이블의 한 값이 반드시 다른 테이블에 대한 속성 값으로 나타나도록 보장해야 함
- 개체 무결성 : 테이블에서 기본키를 구성하는 속성(열) 값은 널 값이나 중복 값을 가질 수 없음

3 관련 테이블의 필드에는 기본 테이블의 필드에 입력되어 있는 데이터 이외의 다른 데이터를 입력할 수 없도록 하려면 관계 편집 대화 상자에서 어떠한 옵션을 설정해야 하는가?
① 관련 필드 모두 업데이트
② 관련 레코드 모두 삭제
③ 두 테이블의 조인된 필드가 일치하는 행만 포함
④ 항상 참조 무결성 유지

기본 테이블의 일치 필드가 기본키이거나 고유 인덱스를 가진 경우, 관련 필드가 같은 데이터 형식을 가진 경우, 두 테이블이 같은 Access 데이터베이스에 저장된 경우가 모두 적용될 때 이 확인란에 체크하면 항상 참조 무결성을 유지함

24년 상시, 22년 상시, 20년 2월, 18년 3월, 17년 9월, …

POINT 125 외부 데이터 가져오기/데이터 내보내기

합격 강의

외부 데이터 가져오기(Import)*
- [외부 데이터] 탭-[가져오기 및 연결] 그룹의 명령을 이용하여 다른 액세스 데이터베이스 파일에 들어 있는 테이블, 엑셀 파일, HTML, 텍스트 파일, XML 파일 등을 현재 데이터베이스 파일 내로 불러올 수 있다.
- 가져온 데이터의 데이터 구조가 일치할 경우 기존 테이블에 가져온 데이터를 추가할 수 있다.

데이터 내보내기(Export)
- [외부 데이터] 탭-[내보내기] 그룹의 명령을 이용하여 액세스로 만든 테이블을 다른 액세스 데이터베이스 내의 테이블, 엑셀 파일, 텍스트 파일, XML 파일, PDF/XPS, HTML, 서식 있는 텍스트 파일(*.rtf), ODBC DataBases 파일 등으로 내보낼 수 있다.
- 개체별 내보낼 수 있는 파일 형식

구분	확장자
테이블/쿼리	accdb, xlsx, txt, HTML, rtf, xml, xps, pdf 등
폼	accdb, xlsx, txt, HTML, rtf, xml, xps, pdf 등
보고서	accdb, xlsx, txt, HTML, rtf, xml, xps, pdf 등

연결 테이블 만들기

- [외부 데이터] 탭–[가져오기 및 연결] 그룹–[새 데이터 원본]–[파일에서] 또는 [데이터베이스에서]–[Excel], [텍스트 파일], [Access] 등을 실행한 다음 [외부 데이터 가져오기] 대화 상자에서 '연결 테이블을 만들어 데이터 원본에 연결' 항목을 체크하여 액세스 데이터베이스, 엑셀 파일, 텍스트 파일 등을 연결할 수 있다.
- 테이블 연결은 외부 데이터를 가져오는 방법으로 다른 응용 프로그램의 데이터를 직접 가져오지 않고 단순히 연결만 하는 것이다.
- 연결된 테이블에서 데이터를 추가, 수정, 편집하면 원래의 데이터도 함께 변경된다.

개념 체크

1 액세스에서 작성한 보고서를 외부 파일로 내보내기를 할 때 작성할 수 없는 파일 종류는?

① 액세스 데이터베이스 파일(*.accdb)
② 엑셀 파일(*.xlsx)
③ HTML 파일(*.html, *htm)
④ 오라클 데이터베이스 파일(*.db)

오라클 데이터베이스 파일(*.db)로 내보내는 기능은 지원되지 않음

2 다음 중 액세스의 내보내기(Export) 기능에 대한 설명으로 옳지 않은 것은?

① 테이블이나 쿼리, 폼이나 보고서 등을 다른 형식으로 바꾸어 파일로 저장할 수 있다.
② 테이블을 Access 데이터베이스로 내보내는 경우 '정의 및 데이터'를 내보낼 것인지 '정의만' 내보낼 것인지 선택할 수 있다.
③ 쿼리를 엑셀이나 HTML 형식으로 내보내는 경우, 쿼리의 SQL문이 아니라 SQL문의 실행 결과가 저장된다.
④ 테이블은 내보내지 않고 보고서만 'Word'(*.rtf)로 내보내는 경우 원본 테이블이 없으므로 데이터는 표시되지 않는다.

테이블은 내보내지 않고 보고서만 'Word'(*.rtf)로 내보내는 경우 원본 테이블이 없어도 데이터는 표시됨

3 다음 중 외부 데이터로 Access 파일을 가져오는 경우에 관련된 설명으로 옳지 않은 것은?

① 테이블의 관계도 함께 복사할 수 있다.
② Access 개체는 테이블과 쿼리 개체만 복사할 수 있다.
③ 테이블의 정의만 가져오는 경우 데이터가 없는 빈 테이블이 만들어진다.
④ 원본 개체와 같은 이름의 개체가 대상 데이터베이스에 이미 있으면 가져오기 개체의 이름에 숫자(1, 2, 3 등)가 추가된다.

Access 개체는 테이블과 쿼리 개체 외에도 폼이나 보고서 등도 복사 가능함

SECTION 17

3과목 데이터베이스 일반

쿼리 작성

24년 상시, 23년 상시, 17년 9월, 14년 10월, 13년 3월, …

POINT 126 쿼리 기본

합격 강의

쿼리(Query)의 개념

- 테이블에서 데이터를 불러와 사용자가 원하는 형식으로 가공해서 보여주는 도구이다.
- 쿼리는 단순히 데이터를 보여주는 것 이외에 데이터베이스에서 데이터에 가하는 모든 조작을 수행할 수 있는 도구이다.
- 단순한 조회 이외에 데이터의 추가, 삭제, 수정을 수행할 수 있으며, 새로운 테이블을 생성할 수도 있다.
- 쿼리 작업을 위해 SQL문을 사용한다.

SQL문: 데이터베이스를 조작하기 위한 언어

쿼리의 종류

종류	설명
선택 쿼리	• 테이블에서 데이터를 검색하여 데이터시트로 표시함 • 레코드를 그룹으로 묶어 합계, 개수, 평균 등을 계산함
실행 쿼리	• 삭제 쿼리, 업데이트 쿼리, 삽입 쿼리, 테이블 만들기 쿼리로 구분함 • 테이블 내용을 변경하는 질의, 여러 개의 레코드를 한 번에 변경할 수 있음
SQL 쿼리	• SQL문(SELECT, INSERT, UPDATE, DELETE 등)을 사용하는 질의 • 통합 쿼리, 창구 쿼리, 정의 쿼리, 하위 쿼리 등이 있음
기타 쿼리	• 크로스탭 쿼리 : 테이블에서 특정한 필드의 합계, 평균, 개수와 같은 요약 값을 표시하고 그 값들을 그룹별로 데이터시트의 왼쪽(행)과 위쪽(열)에 나열해주는 쿼리 • 매개 변수 쿼리 : 쿼리를 실행할 때 특정한 필드 값을 입력받은 후 이를 조건으로 사용하여 쿼리를 실행해 주는 쿼리

SQL(Structured Query Language)문의 규칙

- 대/소문자를 구분하지 않는다.
- 마지막에 ';'를 입력해서 SQL문의 끝을 표시한다.

쿼리 작성

- [만들기] 탭의 [쿼리] 그룹에서 [쿼리 마법사]를 클릭하여 쿼리를 작성한다.
- [홈] 탭–[보기] 그룹–[보기]–[디자인 보기]에서 작성한 쿼리를 편집할 수 있다.

개념 체크

1 다음 중 쿼리에 대한 설명으로 옳지 않은 것은?

① 쿼리는 테이블의 데이터를 이용하여 사용자가 원하는 형식으로 가공하여 보여줄 수 있다.
② 테이블이나 다른 쿼리를 이용하여 새로운 쿼리를 생성할 수 있다.
③ 쿼리는 단순한 조회 이외에도 데이터의 추가, 삭제, 수정 등을 수행할 수 있다.
④ 쿼리를 이용하여 추출한 결과는 폼과 보고서에서만 사용할 수 있다.

폼이나 보고서, 다른 쿼리 등에서 쿼리를 레코드 원본으로 사용할 수 있음

2 다음 중 쿼리에 대한 설명으로 옳지 않은 것은?

① 선택 쿼리나 크로스탭 쿼리를 열면 쿼리가 실행되고 그 결과를 데이터시트 보기 형태로 표시한다.
② 실행 쿼리를 실행하면 데이터가 변경되며, 변경된 사항은 [실행 취소]를 통해 원래대로 되돌릴 수 있다.
③ 쿼리 속성에서 원본으로 사용하는 테이블 레코드 전체 또는 편집 중인 레코드만 잠금을 설정할 수 있다.
④ 선택 쿼리를 저장해 놓으면 그 쿼리의 결과를 테이블처럼 사용할 수 있다.

보통 테이블의 값을 동시에 갱신할 경우에 사용하며 실행 쿼리를 실행하면 데이터가 변경되고, 한 번 변경된 사항은 되돌릴 수 없음

3 아래의 설명 중 SQL문의 특징을 모두 고르시오.

ㄱ) 여러 줄에 나누어 입력 가능하다.
ㄴ) 문장 끝에는 콜론(:)을 붙인다.
ㄷ) Keyword는 대문자로 입력해야 한다.
ㄹ) Select 질의 시 정렬 순서의 기본 값은 오름차순이다.

① ㄱ, ㄴ
② ㄴ, ㄷ, ㄹ
③ ㄱ, ㄹ
④ ㄱ, ㄷ

SQL문의 특징
- 여러 줄에 나누어 입력 가능함
- 문자 끝에는 세미콜론(;) 기호를 입력함
- 여러 개의 필드를 나열할 때는 ,(콤마)로 구분함
- 대소문자를 구별하지 않음
- 정렬 시 기본 값은 오름차순임

24년 상시, 23년 상시, 22년 상시, 21년 상시, 20년 2월, …

POINT 127 SELECT 구문 *

합격 강의

SELECT 기본 구문

- 테이블에서 특정한 필드를 검색하기 위한 검색문이다.
- SELECT 옆에 DISTINCT라고 입력하면 중복되는 검색 결과를 한 번만 표시한다.

```
SELECT 필드 이름
FROM 테이블 이름;
```

WHERE절을 이용한 조건 지정

필드에서 특정한 조건을 만족하는 레코드셋만 반환할 때는 WHERE 절을 이용한다.

```
SELECT 필드 이름
FROM 테이블 이름
WHERE 조건;
```

ORDER BY절을 이용한 정렬*

ORDER BY절은 쿼리 결과로 반환된 레코드셋을 특정한 필드 기준으로 정렬하여 표시하고자 할 때 사용한다.

오름차순 정렬	내림차순 정렬
SELECT 필드 이름	SELECT 필드 이름
FROM 테이블 이름	FROM 테이블 이름
ORDER BY 필드 이름 ASC;	ORDER BY 필드 이름 DESC;

필드 이름 바꾸기

- AS문을 사용하여 필드 이름을 다른 이름으로 바꾸어서 표시한다.
- 테이블에서 필드 이름1을 필드 이름2로 바꾸어서 출력한다.

```
SELECT 필드 이름1 AS 필드 이름2
FROM 테이블 이름
```

개념 체크

1 다음 SQL문에서 DISTINCT의 의미는?

```
SELECT DISTINCT 학과 FROM 학생
```

① 중복되는 학과는 한 번만 표시
② 모든 학과를 표시
③ 학과 순서대로 정렬하여 표시
④ 중복적으로 존재하는 학과만 표시

DISTINCT : 검색 결과 값 중 중복된 결과 값(레코드)을 제거, 중복되는 결과 값은 한 번만 표시함

2 다음 중 아래 그림과 같은 결과를 표시하는 쿼리로 옳은 것은?

영화명	감독	장르	제작년도
베테랑	백감독	멜로	2013
베테랑	류승완	액션	2015
퇴마전	김휘	스릴러	2014
Mother	난니 모레티	멜로	2015

① SELECT * FROM movie ORDER BY 영화명, 장르;
② SELECT * FROM movie ORDER BY 영화명 DESC, 장르 DESC;
③ SELECT * FROM movie ORDER BY 제작년도, 장르 DESC;
④ SELECT * FROM movie ORDER BY 감독, 제작년도;

- ORDER BY : 검색 결과에 대한 정렬을 수행함
- ASC : 오름차순을 의미하며 생략하면 기본적으로 오름차순임
- DESC : 내림차순을 의미함
- ① SELECT * FROM movie ORDER BY 영화명, 장르; → 영화명, 장르 모두 정렬 방법이 생략되어 있으므로 오름차순으로 정렬됨

3 부서별 제품별 영업 실적을 관리하는 테이블에서 부서 별로 영업 실적이 1억 원 이상인 제품의 합계를 구하고자 한다. 다음 중 이를 위한 SQL문에서 반드시 사용해야 할 구문에 해당하지 않는 것은?

① SELECT 문
② GROUP BY 절
③ HAVING 절
④ ORDER BY 절

ORDER BY 절 : 검색 결과에 대한 정렬(오름차순, 내림차순)을 수행하는 명령으로 정렬에 대한 제시가 없으므로 해당되지 않음

오답 피하기
- ① SELECT 문 : 검색하고자 하는 열 리스트 → "제품의 합계"
- ② GROUP BY 절 : 그룹에 대한 쿼리 시 사용함 → "부서 별로"
- ③ HAVING 절 : 그룹에 대한 조건을 기술함 → "영업 실적이 1억 원 이상"

24년 상시, 23년 상시, 22년 상시, 21년 상시, 19년 3월, …

POINT 128 데이터베이스 주요 함수

합격 강의

DATEADD*	특정한 날짜에서 지정한 년도, 월, 일 등을 더한 날짜를 구함
DATEDIFF*	특정한 두 날짜 사이에 경과한 일 수, 월 수, 년 수 등을 구함
DATEPART	특정한 날짜에서 월, 일, 년을 잘라냄
NOW	오늘 날짜와 현재 시간을 표시함
YEAR	날짜 일련번호에서 네 자리의 연도를 추출함
INSTR*	문자열에서 특정한 문자 또는 문자열이 위치한 자릿수를 구함
LEFT*	문자열의 왼쪽에서 지정한 개수만큼 잘라서 표시함
MID*	문자열의 중간에서 지정한 개수만큼 잘라서 표시함
RIGHT*	문자열의 오른쪽에서 지정한 개수만큼 잘라서 표시함
TRIM	문자열 앞과 뒤에 있는 공백을 잘라내고 표시함
LEN*	문자열의 길이(개수)를 구함
LCASE	문자열을 모두 소문자로 전환함
UCASE	문자열을 모두 대문자로 전환함
REPLACE	문자열에 포함되어 있는 특정한 문자열을 다른 문자열로 바꿈
IIF*	지정한 논리식의 결과가 참일 경우에는 참일 때의 값으로 지정한 데이터를 표시해 주고, 논리식의 결과가 거짓일 경우에는 거짓일 때의 값으로 지정한 데이터를 표시함
CHOOSE	인수 범위에서 특정한 번째에 해당하는 인수를 결과로 구함
CDATE*	인수로 입력된 숫자나 숫자 형태의 문자열을 날짜 데이터로 변환함
VAL*	• 인수로 입력한 숫자 형태의 문자열을 숫자로 변환함 • 숫자 형태가 아닌 문자열을 인수로 입력하면 결과는 0으로 구함
STR	인수로 입력한 숫자 등을 문자열로 변환함
ISDATE	인수로 입력한 자료가 날짜가 맞을 때는 -1(TRUE), 날짜가 아닐 때는 0(FALSE)을 반환함
ISNULL*	인수로 입력한 자료가 널 값이 맞을 때는 -1(TRUE), 널 값이 아닐 때는 0(FALSE)을 반환함
ISNUMERIC	인수로 입력한 자료가 숫자가 맞을 때는 -1(TRUE), 숫자가 아닐 때는 0(FALSE)을 반환함
ISERROR	인수로 입력한 자료가 오류가 맞을 때는 -1(TRUE), 오류가 아닐 때는 0(FALSE)을 반환함
ROUND	인수로 입력한 숫자를 지정한 자릿수로 반올림함
ABS	절대값을 구함
INT	인수로 입력한 실수를 가까운 정수로 내림함
AVG(필드 이름)*	필드의 평균을 구함
SUM(필드 이름)*	필드의 합계를 구함
COUNT(필드 이름)*	필드의 레코드 수를 구함
MIN(필드 이름)	필드에서의 최소값을 구함
MAX(필드 이름)	필드에서의 최대값을 구함

개념 체크

1 다음 중 입사일이 '1990-03-02'인 사원의 현재까지 근무 연수를 출력하기 위한 SQL문으로 옳은 것은?

① select datediff("yyyy", '1990-03-02', date());
② select dateadd("yyyy", date(), '1990-03-02');
③ select datevalue("yy", '1990-03-02', date());
④ select datediff("yy", '1990-03-02', date());

- datediff : 날짜의 차를 구함
- date() : 현재 날짜를 구함
- datediff("yyyy", '1990-03-02', date()); → '1990-03-02'부터 현재까지 근무한 연수("yyyy")를 출력

오답 피하기
- dateadd : 날짜에 지정한 기간을 더함
- datevalue : 날짜(텍스트 형식)를 일련번호로 표시함

2 다음 중 쿼리 작성 시 사용하는 특수 연산자와 함수에 대한 설명으로 옳지 않은 것은?

① YEAR(DATE()) → 시스템의 현재 날짜 정보에서 연도 값만을 반환한다.
② INSTR("KOREA","R") → 'KOREA'라는 문자열에서 'R'의 위치 '3'을 반환한다.
③ RIGHT([주민번호],2)="01" → [주민번호] 필드에서 맨 앞의 두 자리가 '01'인 레코드를 추출한다.
④ LIKE "[ㄱ-ㄷ]*" → 'ㄱ'에서 'ㄷ' 사이에 있는 문자로 시작하는 필드 값을 검색한다.

RIGHT([주민번호],2)="01" → [주민번호] 필드에서 맨 뒤의 두 자리가 '01'인 레코드를 추출함

3 다음 중 각 연산식에 대한 결과 값이 옳지 않은 것은?

① IIF(1,2,3) → 결과 값: 2
② MID("123456",3,2) → 결과 값: 34
③ "A" & "B" → 결과 값: "AB"
④ 4 MOD 2 → 결과 값: 2

4 MOD 2 → 결과 값 : 0(4를 2로 나눈 나머지를 구하므로 결과는 0이 됨)

23년 상시, 22년 상시, 21년 상시, 17년 3월, 13년 3월, …

POINT 129 GROUP BY절과 HAVING절

합격 강의

GROUP BY절

필드에 입력되어 있는 데이터를 그룹으로 묶어 검색해 주며 주로 집단 함수를 이용하여 그룹별 계산을 수행할 때 사용한다.

```
SELECT 필드 이름
FROM 테이블 이름
GROUP BY 필드 이름;
```

HAVING절을 이용한 조건 지정

GROUP BY절을 이용하여 그룹별로 데이터를 검색할 때 특정한 조건을 지정하려면 HAVING절을 이용한다.

```
SELECT 필드 이름
FROM 테이블 이름
```

```
GROUP BY 필드 이름
HAVING 조건;
```

개념 체크

1 다음 중 SQL문에서 HAVING문을 사용하여 조건을 설정할 수 있는 것은?

① GROUP BY 절
② LIKE 절
③ WHERE 절
④ ORDER BY 절

- GROUP BY : 그룹에 대한 질의 시 사용
- GROUP BY 열리스트 [HAVING 조건]

2 다음 중 SQL문의 각 예약어에 대한 설명으로 옳지 않은 것은?

① SQL문에서 검색 결과가 중복되지 않게 표시하기 위해서 'DISTINCT'를 입력한다.
② ORDER BY문을 사용할 때에는 HAVING절을 사용하여 조건을 지정한다.
③ FROM절에는 SELECT문에 나열된 필드를 포함하는 테이블이나 쿼리를 지정한다.
④ 특정 필드를 기준으로 그룹화하여 검색할 때에는 GROUP BY문을 사용한다.

GROUP BY문을 사용할 때에는 HAVING절을 사용하여 조건을 지정함

3 데이터베이스 질의문에서 HAVING절과 WHERE절의 가장 큰 차이점으로 옳은 것은?

① 조건 지정 여부
② 그룹 여부
③ 정렬 여부
④ 함수 사용 여부

- WHERE : 검색 조건을 기술할 때 사용
- HAVING : 그룹에 대한 조건을 기술할 때 사용

24년 상시, 23년 상시, 22년 상시, 21년 상시, 20년 2월, …

POINT 130 데이터베이스 특수 연산

합격 강의

IN*	결과 값 중 연산자에 지정한 값과 일치하는 레코드만 구함 예 WHERE 필드 이름 IN(값1, 값2......)
BETWEEN	지정한 값 사이에 포함되는 레코드만 구함 예 WHERE 필드 이름 BETWEEN 값1 AND 값2
LIKE*	지정한 문자를 포함하는 레코드를 구함 예 WHERE 필드 이름 LIKE "문자"
NOT	지정한 연산을 구한 값을 제외한 레코드만 구함 예 WHERE 필드 이름 NOT 다른 연산
하위 질의*	• SELECT, UPDATE, DELETE, INSERT 안에 작성한 SELECT문 • 하위 질의를 반복해서 사용 가능함

날짜 데이터 형식인 경우는 앞, 뒤에 #를 붙여서 사용함(예 #2025-06-03#)

개념 체크

1 다음 중 아래 SQL문에 대한 설명으로 옳은 것은?

```
SELECT T1.품번, T2.제조사
FROM T1, T2
WHERE T2.소재지 IN('서울', '수원') AND T1.품번=T2.품번;
```

① 테이블 T1과 T2에서 품번이 일치하는 레코드들만 선택된다.
② 테이블 T2의 소재지가 서울 또는 수원인 레코드들만 선택된다.
③ 테이블 T1의 품번 필드와 T2의 소재지 필드만 SQL 실행 결과로 표시된다.
④ 테이블 T1의 품번 필드와 T2의 제조사 필드만 SQL 실행 결과로 표시된다.

- SELECT 다음은 검색하고자 하는 열 리스트이므로 T1의 품번 필드와 T2의 제조사 필드만 SQL 실행 결과로 표시됨
- IN(값1, 값2) : 값들의 목록 안에 들어 있는 결과를 검색함(OR)
- AND : 2개 이상의 조건을 연결 시 '그리고'의 조건

2 다음 중 아래 <PERSON> 테이블에 대한 쿼리의 실행 결과 값은?

<PERSON>

Full_name
오연서
이종민
오연수
오연서
김종오
오연수

<쿼리>

```
SELECT COUNT(Full_name)
FROM PERSON
WHERE Full_name Like "*" & "오";
```

① 1　② 2
③ 4　④ 5

- 형식 : SELECT 열 리스트 FROM 테이블명 WHERE 조건;
- COUNT(Full_name) : Full_name 필드의 이름 중 조건에 맞는 이름을 카운트함
- Like "*" & "오" : "오"로 끝나는 이름
- SELECT COUNT(Full_name) FROM PERSON WHERE Full_name Like "*" & "오";
  → PERSON 테이블에서 Full_name 필드의 이름 중에 "오"로 끝나는 이름을 카운트함
  → 조건에 맞는 "김종오"만 카운트되어 결과는 1이 됨

오답 피하기

Like "오" & "*" : "오"로 시작하는 이름 → 오연서, 오연수, 오연서, 오연수

3 도서명에 '액세스'라는 단어가 포함된 도서 정보를 검색하려고 할 때, 다음 SQL문의 WHERE절에 들어갈 조건으로 적당한 것은?

```
SELECT 도서명, 저자, 출판년도, 가격
FROM 도서 WHERE ________;
```

① 도서명 = "*액세스*"
② 도서명 IN "*액세스*"
③ 도서명 BETWEEN "*액세스*"
④ 도서명 LIKE "*액세스*"

LIKE 값 : 값으로 시작하는 결과 값을 검색함

23년 상시, 20년 2월, 19년 8월, 17년 9월, 16년 3월, …

POINT 131 조인

합격 강의

조인

- 조인(Join)이란 두 개 이상의 테이블을 연결하여 데이터를 검색하는 방법이다.
- 다중 테이블을 이용한 쿼리를 이용하기 위해서는 보통 양 테이블이 관계가 설정되어 있어야 한다.
- 두 개 이상의 테이블이나 쿼리에서 원하는 필드를 추출하여 추가하는 기능이다.
- 기본적인 조인 형식은 조인된 테이블이나 쿼리에서 조인된 필드 값이 같은 레코드만 선택한다.

내부 조인(Inner Join)*

두 테이블에서 조인된 필드가 일치하는 레코드만 포함하는 조인이다.

```
SELECT 필드 이름
FROM 테이블1 INNER JOIN 테이블2
ON 테이블1.필드=테이블2.필드;
```

외부 조인(Outer Join)

- 왼쪽 외부 조인 : 왼쪽 테이블은 모든 레코드를 포함하지만 오른쪽 테이블은 왼쪽 테이블과 일치하는 레코드만 표시되는 조인이다.
- 오른쪽 외부 조인 : 오른쪽 테이블은 모든 레코드를 포함하지만 왼쪽 테이블은 오른쪽 테이블과 일치하는 레코드만 표시되는 조인이다.

왼쪽 외부 조인	오른쪽 외부 조인
SELECT 필드 이름	SELECT 필드 이름
FROM 테이블1 LEFT OUTER JOIN 테이블2	FROM 테이블1 RIGHT OUTER JOIN 테이블2
ON 테이블1.필드=테이블2.필드;	ON 테이블1.필드=테이블2.필드;

기적의 TIP 카테이전 곱(Cartesian Procuct, Cross Join)*

- 카테이전 곱이란 조인된 두 테이블에서 모든 가능한 행들의 조합이 표시되는 것으로 첫 번째 테이블의 모든 행들은 두 번째 테이블의 모든 행들에게 조인된다.
- 카테이전 곱은 조인 조건을 생략한 경우, 조인 조건이 잘못된 경우, 첫 번째 테이블의 모든 행들이 두 번째 테이블의 모든 행과 조인이 되는 경우 발생한다.

개념 체크

1 다음 중 두 테이블에서 조인(Join)된 필드가 일치하는 레코드만 결합하는 조인일 때, 괄호( ) 안에 알맞은 것은?

```
SELECT  필드목록  FROM  테이블1 (        ) JOIN
테이블2 ON 테이블1.필드=테이블2.필드;
```

① INNER
② OUTER
③ LEFT
④ RIGHT

SELECT …… FROM 〈테이블명1〉 INNER JOIN 〈테이블명2〉 ON 〈테이블명1〉.〈열이름〉 = 〈테이블명2〉.〈열이름〉; 자연 조인은 한쪽 테이블에 있는 열의 값과 또 다른 한쪽의 테이블에 있는 열의 값이 똑같은 행을 연결하는 결합이며 등결합이라고도 함

2 다음 중 아래 쿼리에서 두 테이블에 조인된 필드가 일치하는 레코드만 결합하기 위해 괄호 안에 넣어야 할 조인 유형으로 옳은 것은?

```
SELECT 필드목록 FROM 테이블1 (        ) 테이블2 ON
테이블1.필드=테이블2.필드;
```

① INNER JOIN
② OUTER JOIN
③ LEFT JOIN
④ RIGHT JOIN

INNER JOIN : 내부 조인은 한쪽 테이블의 열의 값과 다른 한쪽의 테이블의 열의 값이 똑같은 행만을 결합하는 것으로, 가장 자주 사용하는 결합임

24년 상시, 23년 상시, 22년 상시, 21년 상시, 19년 3월/8월, …

POINT 132 실행 쿼리(Action Query)

합격 강의

INSERT문을 이용한 데이터 입력

테이블에 데이터를 직접 삽입(입력)하는 구문으로 테이블에 하나의 레코드로 추가된다.

```
INSERT INTO 테이블(필드_이름1, 필드_이름2, ...)
VALUES(필드 값_리스트);
```

DELETE문을 이용한 데이터 삭제

기존 테이블의 레코드를 삭제하는 구문이다.

```
DELETE FROM 테이블
WHERE 조건;
```

UPDATE문을 이용한 데이터 수정(갱신)*

기존 레코드의 필드에 입력되어 있는 값을 갱신하는 구문이다.

```
UPDATE 테이블 SET 필드_이름1=식1, 필드_이름2=식2, …
WHERE 조건;
```

개념 체크

1 다음 중 실행 쿼리의 삽입(INSERT)문에 대한 설명으로 옳지 않은 것은?

① 여러 개의 레코드를 한 번에 여러 개의 테이블에 동시에 추가할 수 있다.
② 필드 값을 직접 지정하거나 다른 테이블의 레코드를 추출하여 추가할 수 있다.
③ 레코드의 전체 필드를 추가할 경우 필드 이름을 생략할 수 있다.
④ 하나의 INSERT문을 이용해 여러 개의 레코드와 필드를 삽입할 수 있다.

여러 개의 레코드를 한 번에 여러 개의 테이블에 동시에 추가할 수 없음

2 다음 쿼리문에 대한 설명으로 가장 옳지 않은 것은?

```
DELETE * FROM 회원 WHERE 회원번호=300
```

① [회원] 테이블에서 회원번호가 300인 레코드를 삭제한다.
② WHERE절 이하 부분이 없으면 아무 레코드도 삭제하지 않는다.
③ 레코드를 삭제한 다음에는 삭제한 내용은 되돌릴 수 없다.
④ 질의문을 실행하는 경우 레코드 수에는 변화가 있을 수 있지만 필드 수에는 변화가 없다.

WHERE절 이하 부분이 없으면 [회원] 테이블에서 모든 레코드가 삭제됨

3 다음 중 사원 테이블에서 호봉이 6인 사원의 연봉을 3% 인상된 값으로 수정하는 실행 쿼리를 작성하고자 할 때, 아래의 각 괄호에 넣어야 할 구문을 순서대로 나열한 것은?

```
UPDATE 사원
(        ) 연봉=연봉*1.03
(        ) 호봉=6;
```

① FROM, WHERE
② SET, WHERE
③ VALUE, SELECT
④ INTO, VALUE

• 갱신문 : 테이블에 저장되어 있는 데이터를 갱신하며, UPDATE-SET-WHERE의 유형을 가짐
• 형식

```
UPDATE 테이블명
SET 필드이름1= 값1, 필드이름2=값2, …
WHERE 조건
```

오답 피하기

• 삽입문 : 테이블에 새로운 데이터(행)를 삽입하며, INSERT-INTO-VALUES의 유형을 가짐
• 삭제문 : 테이블에 저장되어 있는 행을 삭제하며, DELETE-FROM-WHERE의 유형을 가짐

24년 상시, 23년 상시, 22년 상시, 21년 상시, 19년 3월/8월, …

POINT 133 기타 쿼리

합격 강의

크로스탭 쿼리

• 테이블의 특정 필드의 요약을 표시하고 그 값들을 그룹별로 나열하는 질의이다.
• 열과 행 방향의 표 형태로 숫자 데이터의 집계를 구할 수 있다.
• 열 머리글에는 한 개의 필드를 지정할 수 있고, 행 머리글은 최대 3개까지 필드를 설정할 수 있다.

매개 변수 쿼리*

• 레코드 검색 조건이나 필드에 삽입할 값과 같은 정보를 대화 상자로 입력받아 질의에 사용하는 질의이다.
• 두 가지 이상의 정보를 물어보는 질의를 설정할 수 있다.
• 매개 변수 입력 시 []를 사용한다.

통합(Union) 쿼리*

• 비슷한 성격의 두 테이블이나 질의의 내용을 합쳐 하나의 테이블로 만드는 질의이다.
• 두 테이블의 열(필드)의 개수가 다르면 통합되지 않는다.
• 같은 레코드는 한번만 기록된다.
• 먼저 지정한 테이블의 필드 이름이 질의의 결과에 표시된다.

개념 체크

1 다음 중 크로스탭 쿼리에 관한 설명으로 옳지 않은 것은?

① 크로스탭 쿼리를 이용하여 특정한 필드의 합계, 평균, 개수와 같은 요약값을 표시할 수 있다.
② 열과 행 방향의 표 형태로 데이터의 집계를 할 수 있다.
③ 조건을 지정할 필드를 표시한 후 요약 행에 '조건'을 선택하고 크로스탭 행은 빈칸으로 남겨 둔 상태에서 조건란에 사용할 조건식을 입력하면 쿼리 결과 표시할 레코드를 제한할 수 있다.
④ 행 머리글은 한 개의 필드만 지정할 수 있지만 열 머리글은 여러 개의 필드를 지정할 수 있다.

행 머리글은 최대 3개까지 필드를 지정할 수 있음

2 다음 중 쿼리 실행 시 값이나 패턴을 묻는 메시지를 표시한 후 사용자에게 조건 값을 입력받아 사용하는 쿼리는?

① 선택 쿼리 ② 요약 쿼리
③ 매개 변수 쿼리 ④ 크로스탭 쿼리

매개 변수 쿼리
• 실행할 때 레코드 검색 조건이나 필드에 삽입할 값과 같은 정보를 물어보는 쿼리이며, 두 조건 이상의 쿼리 작성이 가능함
• 매개 변수 입력시 대괄호 [ ]를 사용함

3 '갑' 테이블의 속성 A가 1, 2, 3, 4, 5의 도메인을 가지고 있고, '을' 테이블의 속성 A가 0, 2, 3, 4, 6의 도메인을 가지고 있다고 가정할 때 다음 SQL구문의 실행 결과는?

```
SELECT A FROM 갑 UNION SELECT A FROM 을;
```

① 2, 3, 4
② 0, 1, 2, 3, 4, 5, 6
③ 1, 5, 6
④ 0

UNION(통합) 쿼리는 테이블이나 쿼리에서 대응되는 필드들을 결합하여 하나의 필드로 만들어 주는 쿼리이므로 그 결과는 0, 1, 2, 3, 4, 5, 6이 됨

SECTION 18

3과목 데이터베이스 일반

폼 작성

23년 상시, 19년 8월, 18년 3월, 15년 6월, 12년 9월, …

POINT 134 폼의 작성 및 실행

합격 강의

폼의 기본 개념

- 폼(Form) : 데이터의 입력, 편집 작업을 위한 일종의 인터페이스로 테이블이나 쿼리를 원본으로 사용하여 작성한다.
- 테이블보다 폼을 이용하면 여러 가지 다양한 컨트롤을 이용해 시각적으로 다양한 효과를 얻을 수 있고 데이터베이스의 보안성을 높일 수 있다.
- 폼은 데이터가 연결되어 있는지의 여부에 따라 바운드 폼(Bound Form)과 언바운드 폼(Unbound Form)으로 구분할 수 있다.

종류	설명
바운드 폼 (Bound Form)	• 테이블이나 쿼리의 레코드와 연결되어 있는 폼 • 데이터 표시 및 입력, 수정, 삭제 작업이 가능함
언바운드 폼 (Unbound Form)	• 테이블이나 쿼리의 레코드와 연결되어 있지 않은 폼 • 사용자 편의를 위한 프로그램 초기 화면, 검색 및 확인 화면에 주로 사용함

여러 가지 폼 형식

형식	설명
열 형식	한 화면에 하나의 레코드만 표시함
테이블 형식	한 화면에 여러 개의 레코드를 표시함
데이터시트	• 하나의 화면에 여러 개의 레코드를 표시함 • 폼을 마치 테이블의 데이터시트처럼 작성함
맞춤	화면에서 일정한 간격에 맞게 폼을 작성함

폼 작성하기*

- [탐색 창]의 [테이블] 메뉴에서 테이블을 선택한 다음 [만들기]–[폼]–[폼]을 클릭하면 폼을 만들 수 있다.
- [만들기]–[폼]–[새 폼]을 클릭하면 새로운 폼을 만들 수 있다.

개념 체크

1 다음 중 폼에 대한 설명으로 옳지 않은 것은?

① 입력 및 편집 작업을 위한 인터페이스이다.
② 폼을 작성하기 위한 원본으로는 테이블만 가능하다.
③ 폼을 이용하면 여러 개의 테이블에 데이터를 한 번에 입력할 수 있다.
④ 바운드(Bound) 폼과 언바운드(Unbound) 폼이 있다.

폼의 레코드 원본으로 쿼리도 사용할 수 있음

2 다음 중 [폼 마법사]를 이용한 폼 작성 시 선택 가능한 폼의 모양 중 각 필드가 왼쪽의 레이블과 함께 각 행에 표시되고 컨트롤 레이아웃이 자동으로 설정되는 것은?

① 열 형식　② 테이블 형식
③ 데이터시트　④ 맞춤

열 형식 : 한 레코드를 한 화면에 표시하며, 각 필드가 필드명과 함께 다른 줄에 표시되며, 일반적으로 가장 많이 사용됨

3 다음 중 폼을 작성할 수 있는 [만들기] 탭–[폼] 그룹에서 선택 가능한 명령에 해당하지 않는 것은?

① 폼 디자인　② 여러 항목
③ 매크로　④ 데이터시트

매크로(Macro) : 여러 개의 명령문을 하나로 묶어서 일련의 절차를 미리 정의하는 기능

24년 상시, 21년 상시, 19년 3월, 18년 3월, 16년 10월, …

POINT 135 하위 폼

합격 강의

하위 폼*

- 특정한 폼 안에 들어있는 또 하나의 폼을 말한다.
- 일대다 관계가 설정되어 있는 테이블과 쿼리에서 데이터를 효과적으로 표시할 수 있다.
- 사용할 수 있는 하위 폼의 개수에는 제한이 없다.
- 기본 폼의 현재 레코드와 관련된 레코드만 표시된다.
- 하위 폼은 단일 폼, 연속 폼, 데이터시트 형태로 표시할 수 있다.
- 데이터베이스 창에서 테이블, 쿼리, 폼 등을 폼 창으로 드래그 앤 드롭하여 하위 폼으로 삽입할 수 있다.
- 다중 테이블을 사용하여 데이터를 조회하거나 입력할 수 있다.
- 하위 폼은 주로 '일대다 관계'가 설정되어 있는 테이블/쿼리를 효과적으로 표시하기 위해 사용된다. 이때 기본 폼은 '일' 쪽 테이블/쿼리를 원본으로, 하위 폼은 '다' 쪽 테이블/쿼리를 원본으로 하여 작성한다.

기본 폼과 하위 폼 연결

- 연결 필드의 데이터 종류는 반드시 같아야 하며, 데이터 형식이나 필드 크기도 같거나 호환되어야 한다.
- 기본 폼과 하위 폼을 연결한 필드는 하위 폼 컨트롤의 속성 중 [데이터] 탭의 '하위 필드 연결'과 '기본 필드 연결'에서 변경할 수 있다.
- 여러 개의 연결 필드를 지정하려면 세미콜론으로 필드명을 구분하여 입력하거나, '하위 폼 필드 연결기' 창에서 필드를 선택한다.
- '하위 폼 필드 연결기' 창에서는 한꺼번에 기본 폼과 하위 폼의 연결 필드로 지정할 수 있다.

개념 체크

1 다음 중 하위 폼에 대한 설명으로 옳지 않은 것은?

① 하위 폼은 테이블, 쿼리나 다른 폼을 이용하여 작성할 수 있다.
② 연결된 기본 폼과 하위 폼 모두 연속 폼의 형태로 표시할 수 있다.
③ 사용할 수 있는 하위 폼의 개수에는 제한이 없으나, 하위 폼의 중첩은 7개 수준까지만 가능하다.
④ 기본 폼과 하위 폼을 연결할 필드의 데이터 형식은 같거나 호환되어야 한다.

기본 폼은 단일 폼으로만 표시할 수 있지만, 하위 폼은 데이터시트를 포함하거나 단일 폼 또는 연속 폼으로 표시할 수 있음

2 다음 중 하위 폼에 대한 설명으로 옳지 않은 것은?

① 하위 폼에서 여러 개의 연결 필드를 지정할 때에 사용되는 구분자는 세미콜론(;)이다.
② 하위 폼은 단일 폼, 연속 폼, 데이터 시트 형태로 표시할 수 있으며, 기본 폼은 단일 폼 또는 연속 폼 형태로 표시할 수 있다.
③ 기본 폼과 하위 폼을 연결할 필드의 데이터 형식은 같거나 호환되어야 한다.
④ [하위 폼 필드 연결기]를 이용하여 간단히 기본 폼과 하위 폼의 연결 필드를 지정할 수 있다.

기본 폼은 연속 폼 형태로 표시할 수 없음

3 다음 중 기본 폼과 하위 폼에 대한 설명으로 옳지 않은 것은?

① '일대다' 관계일 때 하위 폼에는 '일'에 해당하는 데이터가 표시되며, 기본 폼에는 '다'에 해당하는 데이터가 표시된다.
② 하위 폼은 연속 폼의 형태로 표시할 수 있지만 기본 폼은 연속 폼의 형태로 표시할 수 없다.
③ 기본 폼 내에 포함시킬 수 있는 하위 폼의 개수는 제한이 없으며, 최대 7 수준까지 하위폼을 중첩시킬 수 있다.
④ 테이블, 쿼리나 다른 폼을 이용하여 하위 폼을 작성할 수 있다.

'일대다' 관계일 때 하위 폼에는 '다'에 해당하는 데이터가 표시되며, 기본 폼에는 '일'에 해당하는 데이터가 표시됨

20년 2월, 18년 3월, 17년 9월, 14년 3월, 12년 9월, 10년 3월, …

POINT 136 폼 다루기

합격 강의

폼의 구역

본문 구역	레코드 원본을 표시하기 위한 구역으로 세부 구역이라고도 함
폼 머리글/* 바닥글 구역	• 폼의 제목이나 폼 사용 방법에 대한 설명 등을 입력하기 위한 구역 • 폼 보기에서는 폼 머리글은 상단, 폼 바닥글은 하단에 매 레코드마다 표시함 • [인쇄 미리 보기]를 클릭했을 때는 폼 머리글은 첫 페이지의 위쪽, 폼 바닥글은 마지막 페이지의 본문 구역 다음에 각각 한 번만 표시함
페이지 머리글/* 바닥글 구역	• 폼을 인쇄할 때 제목이나 특정한 메시지, 출력 날짜/시간 등을 출력하기 위한 구역 • 페이지 머리글은 각 페이지의 위쪽, 페이지 바닥글은 각 페이지의 아래쪽에 인쇄 정보를 표시함 • 폼 보기나 데이터시트 보기 상태에서는 표시되지 않고 [인쇄 미리 보기]를 클릭했을 때만 표시함

개념 체크 ✓

1 다음 중 폼의 구성 요소에 대한 설명으로 옳지 않은 것은?

① 폼 머리글은 인쇄할 때 모든 페이지의 상단에 매번 표시된다.
② 하위 폼은 폼 안에 있는 또 하나의 폼을 의미한다.
③ 폼 바닥글은 폼 요약 정보 등과 같이 각 레코드에 동일하게 표시될 정보가 입력되는 구역이다.
④ 본문은 사용할 실제 내용을 입력하는 구역으로 폼 보기 형식에 따라 하나의 레코드만 표시하거나 여러 개의 레코드를 표시한다.

폼 머리글은 첫 번째 페이지의 위쪽에 한 번만 표시됨

2 액세스에서 폼 작성 시 폼의 영역에 대한 설명으로 가장 옳지 않은 것은?

① 폼 머리글 : 폼의 제목과 같은 항목을 지정하는 구역으로 한번만 표시된다.
② 페이지 머리글 : 폼을 인쇄할 때 표시할 정보를 지정하는 구역으로 폼 보기 상태에서는 표시되지 않는다.
③ 폼 바닥글 : 모든 인쇄된 페이지의 아래쪽에 날짜나 페이지 번호 등의 부가 정보를 표시한다.
④ 본문 : 실제 레코드를 표시하기 위한 구역으로 하나의 레코드만 표시될 수도 있고 여러 레코드가 표시될 수도 있다.

폼 바닥글 : 각 레코드에 폼의 사용법이나 지시 사항, 명령 단추 등 각 레코드에 공통으로 적용되는 정보를 표시함

3 다음 중 폼의 각 구역(Section)에 대한 설명으로 옳지 않은 것은?

① 폼 머리글은 폼의 제목같이 모든 레코드에 대해 동일한 정보를 표시하며 인쇄할 때는 첫 페이지의 맨 위에 나타난다.
② 페이지 머리글은 제목이나 열 머리글과 같은 정보로 폼 보기 상태 및 인쇄 시에 표시된다.
③ 본문은 실제 데이터를 표시하는 부분으로 '연속 폼'의 경우 레코드에 따라 반복적으로 표시된다.
④ 페이지 바닥글은 날짜나 페이지 번호와 같은 정보가 인쇄된 모든 페이지의 아래에 표시된다.

페이지 머리글
• 각 페이지의 위쪽에 인쇄하는 정보(제목, 날짜, 페이지 번호, 삽입 그림 등)를 표시함
• [인쇄 미리 보기] 상태에서만 확인할 수 있음

22년 상시, 18년 9월, 15년 6월/10월, 13년 10월, 12년 6월, …

POINT 137 폼의 주요 속성

합격 강의

폼 속성

폼의 크기, 색, 화면 위치, 동작 등과 같은 폼의 전반적인 사항을 정의하는 것으로, 폼 전체 또는 구역별로 속성을 지정할 수 있으며, 폼의 속성은 디자인 보기 형식에서 설정할 수 있다.

실행 방법	설명
메뉴 이용	[양식 디자인]-[도구]-[속성 시트]를 선택함
바로 가기 메뉴	여백 또는 구역을 마우스 오른쪽 단추로 클릭한 다음 [속성]을 선택함
아이콘 클릭	눈금자 옆의 선택기 아이콘(■)을 더블 클릭함
바로 가기 키	F4나 Alt+Enter를 누름

24년 상시, 22년 상시, 18년 9월, 16년 6월, 12년 6월, 10년 6월, 05년 2월/7월

[형식] 탭 속성

속성	설명
캡션	제목 표시줄에 나타낼 텍스트
기본 보기	• 폼을 실행했을 때(폼 보기) 기본으로 표시될 보기 상태를 지정함 • 데이터시트 형식으로 작성된 폼을 실행시켰을 때 한 화면에 하나의 레코드만 표시함
스크롤 막대	폼 보기 상태에서 레코드의 모든 필드가 표시되지 않을 때 스크롤 막대의 표시 여부를 지정함
레코드 선택기	레코드 선택기의 표시 여부를 지정함
탐색 단추	탐색 단추와 레코드 번호 상자의 표시 여부를 지정함
자동 크기 조정	폼 보기 상태로 창을 열면 레코드를 모두 표시할 수 있도록 자동으로 창의 크기를 조작할 것인지 여부를 선택함
자동 가운데 맞춤	폼을 열 때 액세스 창의 가운데로 맞추어서 창을 표시할 것인지 여부를 선택함
테두리 스타일	폼 창의 테두리 스타일을 선택함
그림	폼의 배경으로 사용할 그림 파일을 지정함
그림 유형	폼의 배경으로 지정한 그림의 저장 방식을 선택함

24년 상시, 23년 상시, 18년 9월, 12년 3월, 07년 7월, 05년 2월, 04년 8월, 03년 5월

[데이터] 탭 속성*

속성	설명
레코드 원본	폼의 레코드 원본이 될 테이블이나 쿼리를 선택함
필터	폼 보기 상태에서 자동으로 표시할 필터를 선택함
필터 사용	폼 보기에서 필터를 사용할 수 있도록 할 것인지 여부를 선택함
정렬 기준	레코드를 정렬할 필드 이름을 지정함
편집 가능	폼 보기에서 레코드를 편집할 수 있도록 할 것인지 여부를 선택함
삭제 가능	폼 보기에서 레코드를 삭제할 수 있도록 할 것인지 여부를 선택함
추가 가능	폼 보기에서 새로운 레코드를 추가할 수 있도록 할 것인지 여부를 선택함
레코드 잠금	두 사용자가 동시에 레코드를 편집하려고 할 때 레코드를 잠그는 방법을 선택함

[기타] 탭 속성

속성	설명
팝업	폼을 팝업 폼으로 열 것인지 선택함
모달	폼을 모달 폼으로 열 것인지 선택함

개념 체크

1 다음 중 폼에서의 컨트롤 속성에 대한 설명으로 옳지 않은 것은?

① 우편번호를 검색할 수 있는 폼에서 텍스트 상자에 사용자가 검색어를 입력하고 Enter 를 누를 때 검색이 일어나게 하는 이벤트 속성은 'On Data Change'이다.
② 텍스트 상자의 '컨트롤 원본' 속성은 텍스트 상자와 테이블의 필드를 연결하는 역할을 한다.
③ '자동 고침 사용' 속성을 '예'로 설정한 경우에는 사용자가 잘못 입력한 영어 단어를 올바른 단어로 자동 정정한다.
④ 콤보 상자의 '바운드 열' 속성은 콤보 상자에 표시되는 열 중에서 '컨트롤 원본' 속성에 연결된 필드에 입력할 열을 지정한다.

Change 이벤트는 콤보 상자의 텍스트 부분 또는 텍스트 상자의 내용을 변경할 때 발생함

2 다음 중 [속성 시트] 창에서 하위 폼의 제목(레이블)을 변경하기 위한 방법으로 옳은 것은?

① [형식] 탭의 '캡션'을 수정한다.
② [데이터] 탭의 '표시'를 수정한다.
③ [이벤트] 탭의 '제목'을 수정한다.
④ [기타] 탭의 '레이블'을 수정한다.

[속성 시트] 창에서 하위 폼의 제목(레이블)을 변경하려면 [형식] 탭의 '캡션'을 수정하면 됨

24년 상시, 21년 상시, 20년 2월, 19년 8월, 18년 9월, …

POINT 138 탭 순서*

합격 강의

레이블 컨트롤과 이미지 컨트롤은 탭 순서에서 제외되며, 탭 정지 속성이 지원되지 않음

- 탭 순서는 Tab 을 눌렀을 때 컨트롤로 이동하는 순서를 말한다.
- 탭 순서는 폼에 컨트롤을 추가하여 작성한 순서대로 설정된다.
- 탭 순서를 설정하려면 각 컨트롤의 속성 창에서 [탭 정지] 속성을 '예'로 설정해야 한다.
- 폼 디자인 보기에서 [양식 디자인]-[도구]-[탭 순서]를 실행한다.

개념 체크

1 다음 중 폼에서 데이터를 입력받는 컨트롤의 순서를 정할 때 사용하는 속성은?

① 정렬 순서 ② 필터
③ 데이터 입력 ④ 탭 순서

탭 순서(Tab Order) : 폼 보기에서 Tab 을 눌렀을 때 각 컨트롤 사이에 이동되는 순서를 설정하는 것으로 탭 순서는 폼에 컨트롤을 추가하여 작성한 순서대로 설정됨

2 다음 중 폼 작업 시 탭 순서에서 제외되는 컨트롤로 옳은 것은?

① 레이블
② 언바운드 개체 틀
③ 명령 단추
④ 토글 단추

레이블 컨트롤과 이미지 컨트롤은 탭 순서에서 제외됨

3 다음 중 폼의 탭 순서(Tab Order)에 대한 설명으로 옳지 않은 것은?

① 기본으로 설정되는 탭 순서는 폼에 컨트롤을 추가하여 작성한 순서대로 설정된다.
② [탭 순서] 대화 상자의 [자동 순서]는 탭 순서를 위에서 아래로, 오른쪽에서 왼쪽으로 설정한다.
③ 폼 보기에서 Tab 을 눌렀을 때 각 컨트롤 사이에 이동되는 순서를 설정하는 것이다.
④ 탭 정지 속성의 기본 값은 '예' 이다.

[탭 순서] 대화 상자의 [자동 순서]는 탭 순서를 위에서 아래로, 왼쪽에서 오른쪽으로 설정함

컨트롤은 폼이나 보고서에서 데이터를 실행하고 매크로나 함수 등의 명령을 실행하는 데 사용되는 그래픽 개체로 바운드 컨트롤, 언바운드 컨트롤, 계산 컨트롤이 있음

24년 상시, 23년 상시, 21년 상시, 19년 8월, 16년 10월, …

POINT 139 컨트롤 종류

합격 강의

레이블*	• 제목이나 캡션, 간단한 설명 등, 폼에 텍스트를 표시할 수 있음 • 탭 순서의 포커스를 가질 수 없음
텍스트 상자*	• 레코드 원본의 데이터가 계산 컨트롤에 계산 결과를 표시해 주는 컨트롤이며, 사용자가 폼 보기에서 특정한 데이터를 입력할 수 있음 • 텍스트 상자는 바운드 컨트롤, 언바운드 컨트롤, 계산 컨트롤로 사용할 수 있음
옵션 그룹	확인란, 토글 단추, 옵션 단추 집합을 포함함
토글 단추	레코드 원본의 Yes/No 중 하나를 선택할 수 있음
옵션 단추	여러 개의 값 중 하나를 선택할 수 있음
확인란	여러 개의 값 중 여러 개를 선택할 수 있음
콤보 상자*	• 텍스트 상자와 목록 상자가 결합된 형태의 컨트롤로 적은 공간을 차지하면서 데이터 입력이나 검색에 유용함 • 목록의 값과 일치하는 문자열만 입력하도록 제어할 수 있음 • 목록에 나타나는 값을 다른 테이블에서 읽어오도록 할 수 있음
목록 상자*	목록에서 원하는 값을 선택할 수 있음
하위 폼/하위 보고서	하위 폼이나 하위 보고서를 추가하고자 할 때 사용함

개념 체크

1 다음 중 아래의 설명에 해당되는 컨트롤로 옳은 것은?

- 그룹 틀, 확인란, 옵션 단추, 토글 단추 등으로 구성
- 필드 크기가 정수인 숫자 데이터 형식이나 '예/아니오'로 설정된 필드에 설정
- 원하는 값을 클릭하여 쉽게 내용을 선택
- 몇 개의 컨트롤을 그룹으로 하여 제한된 선택 조합을 표시할 때 사용

① 콤보 상자
② 목록 상자
③ 옵션 그룹
④ 명령 단추

오답 피하기
- 콤보 상자 : 목록 상자와 텍스트 상자의 기능이 결합된 형태
- 목록 상자 : 값 목록을 표시하고 선택하는 컨트롤로 콤보 상자와 비슷함
- 명령 단추 : 클릭하기만 하면 매크로 함수를 수행하는 방법을 제공하며 텍스트나 그림을 표시할 수 있음

2 다음 중 제공된 항목에서만 값을 선택할 수 있으며 직접 입력할 수는 없는 컨트롤은?

① 텍스트 상자
② 레이블
③ 콤보 상자
④ 목록 상자

목록 상자 : 목록 상자는 목록을 항상 표시하고, 목록에 있는 값만 입력할 경우 유용함

3 다음 중 폼에 삽입된 텍스트 상자 컨트롤의 이름을 변경하는 방법으로 옳은 것은?

① 텍스트 상자 컨트롤의 바로 가기 메뉴에서 '변경'을 선택한 후 이름을 입력한다.
② 텍스트 상자 컨트롤에 연결된 레이블 컨트롤에 이름을 입력한다.
③ 텍스트 상자 컨트롤의 속성 창을 열고 이름 항목에 입력한다.
④ 텍스트 상자 컨트롤을 클릭한 다음 컨트롤 안에 이름을 입력한다.

텍스트 상자 컨트롤의 속성 창을 열고 이름 항목에 입력하는 경우 폼에 삽입된 텍스트 상자 컨트롤의 이름이 변경됨

21년 상시, 15년 3월/10월, 08년 10월, 06년 7월, …

POINT 140 컨트롤 사용

합격 강의

컨트롤 선택

마우스 클릭을 이용한 선택	• 폼에 작성된 컨트롤을 클릭하여 해당 컨트롤을 선택함 • Shift 를 누른 채 클릭함으로써 여러 개의 컨트롤을 한 번에 선택함
마우스 드래그를 이용한 선택	컨트롤이 있는 영역을 마우스로 드래그해서 선택함
눈금자를 이용한 선택	가로 눈금자 또는 세로 눈금자에서 특정한 지점을 클릭하면 가로선 또는 세로선이 표시되며 해당 선에 걸치는 컨트롤을 선택함

컨트롤 이동

• 컨트롤을 선택하고 마우스로 드래그 앤 드롭하여 컨트롤을 이동할 수 있다.
• 컨트롤을 클릭하고 Ctrl 을 누른 상태에서 방향키를 눌러 이동할 수 있다.

컨트롤 바운드

• 폼의 컨트롤을 특정 필드에 바운드시키려면 컨트롤 원본 속성을 이용한다.
• 필드 목록에서 특정 필드 이름을 끌어와 폼에 드롭시키면 자동적으로 해당 필드에 바운드된다.
• 컨트롤에 표시된 값을 수정하면 바운드된 필드 값도 변경된다.

컨트롤의 크기 조절

• 컨트롤을 선택한 상태에서 Shift 를 누른 채 방향키를 눌러 크기를 조절할 수 있다.
• [정렬]–[크기 및 순서 조정]–[크기/공간]–[자동]을 실행하면 내용에 맞추어 자동으로 크기가 조정된다.
• 여러 개의 컨트롤을 선택한 상태에서 [정렬]–[크기 및 순서 조정]–[크기/공간]을 선택하면 [가장 긴 길이에], [가장 짧은 길이에], [눈금에 맞춤], [가장 넓은 너비에], [가장 좁은 너비에]와 같은 하위 메뉴가 표시되며, 이를 이용하여 선택한 컨트롤의 크기를 동일하게 만들 수 있다.

개념 체크 ✔

1 작성된 컨트롤을 클릭한 후 Shift 를 누른 상태에서 → 을 눌렀을 때, 실행되는 작업은?

① 컨트롤 속성 대화 상자 표시
② 컨트롤 복사
③ 컨트롤 이동
④ 컨트롤 크기 조정

Shift 를 누른 상태에서 → 을 눌렀을 때 컨트롤의 크기가 조정됨

2 다음 중 컨트롤의 이동과 복사 방법에 대한 설명으로 옳은 것은?

① 다른 구역에서 복사하여 붙여넣으면 붙여넣기 구역의 오른쪽 위에 붙여진다.
② 같은 구역 내에서 복사하여 붙여넣으면 복사한 컨트롤의 바로 아래에 붙여진다.
③ Ctrl 을 누른 상태에서 이동하면 다른 컨트롤과 세로 및 가로 맞춤을 유지할 수 있다.
④ Shift 를 누른 상태에서 방향키를 눌러 컨트롤의 위치를 변경할 수 있다.

컨트롤을 선택한 경우 : 선택한 컨트롤 아래에 해당 컨트롤이 붙여짐

오답 피하기

• 구역을 선택한 경우 : 해당 구역의 왼쪽 위에 컨트롤이 붙여짐
• Shift 를 누른 상태에서 이동하면 다른 컨트롤과 세로 및 가로 맞춤을 유지할 수 있음
• Ctrl 을 누른 상태에서 방향키를 눌러 컨트롤의 위치를 변경할 수 있음

3 컨트롤 크기를 조절하려고 할 때 바르지 못한 방법은?

① 컨트롤을 선택한 후 조절점을 드래그하여 크기를 조절한다.
② 컨트롤을 선택한 후 Shift 를 누른 상태로 방향키를 눌러 크기를 조절한다.
③ [정렬]–[크기 및 순서 조정]–[크기/공간]–[자동]을 실행하면 내용에 맞추어 자동으로 크기가 조정된다.
④ 컨트롤을 선택한 후 Ctrl 을 누른 상태로 방향키를 눌러 크기를 조절한다.

Ctrl 을 누른 상태에서 방향키를 눌러 컨트롤의 위치를 변경할 수 있음

16년 6월, 15년 3월/6월, 08년 2월/8월, 05년 5월

POINT 141 컨트롤의 주요 속성

합격 강의

24년 상시, 20년 7월, 19년 8월, 07년 7월/10월, 06년 7월, 05년 2월, 03년 7월, …

형식 속성*

표시	컨트롤의 표시 여부를 지정함
형식	컨트롤의 데이터 표시 형식을 지정함
소수 자릿수	숫자 데이터의 경우 소수점 이하의 자릿수를 지정함
배경 스타일	컨트롤을 투명하게 표시할 것인지 여부를 지정함
배경색	컨트롤의 내부 채움 색을 지정함
특수 효과	컨트롤의 특정한 서식을 적용할 것인지 여부를 지정함
테두리 스타일*	컨트롤의 테두리를 표시하는 방법을 지정함
테두리 색	컨트롤의 테두리 색을 지정함
테두리 두께	컨트롤의 테두리 두께를 지정함
문자색	컨트롤에 표시되는 텍스트의 색상을 지정함
글꼴 이름	컨트롤에 표시되는 텍스트의 글꼴 이름을 지정함
텍스트 맞춤	컨트롤에 표시되는 텍스트의 수평 맞춤 방법을 지정함
캡션*	레이블과 명령 단추 컨트롤에 표시되는 텍스트를 지정함
글꼴 크기	컨트롤에 표시되는 텍스트의 글꼴 크기를 지정함
줄 간격	컨트롤에 표시되는 텍스트의 줄 간격을 지정함
글꼴 두께	컨트롤에 텍스트를 표시할 때 사용되는 두께를 지정함
글꼴 기울임꼴	텍스트에 기울임꼴로 표시할지 여부를 지정함
글꼴 밑줄	텍스트에 밑줄을 표시할지 여부를 지정함
열 개수	콤보 상자나 목록 상자에서 목록으로 표시할 열의 개수를 지정함

열 너비	콤보 상자나 목록 상자에서 목록이 여러 개의 열로 구성될 때 각 열의 너비를 지정함
중복 내용 숨기기	컨트롤 값이 이전 레코드의 컨트롤 값과 같은 경우 보고서에서 컨트롤을 숨길 수 있도록 지정함
확장 가능*	포함된 데이터를 모두 볼 수 있도록 컨트롤을 세로로 확장할지 여부를 지정함
축소 가능*	포함된 데이터에 맞추어 컨트롤을 세로로 축소할지 여부를 지정함

24년 상시, 20년 7월, 16년 3월, 15년 6월/10월, 09년 7월, 06년 2월/5월, 05년 2월, …

데이터 속성*

컨트롤 원본*	• 컨트롤에 연결할 데이터를 지정함 • 폼의 컨트롤을 특정 필드에 바운드시킬 때 사용함 • 명령 단추는 바운드할 수 없음
기본 값	새 레코드가 만들어질 때 컨트롤에 기본으로 입력될 값을 지정함
입력 마스크*	입력란 컨트롤에 입력할 값 형식과 서식을 설정함
유효성 검사 규칙*	컨트롤에서 입력할 수 있는 데이터 사양을 지정함
사용 가능	컨트롤이 포커스를 가질 수 있는지 여부를 지정함
잠금	컨트롤에 표시된 데이터의 편집 가능 여부를 지정함
행 원본*	콤보 상자나 목록 상자에서 목록으로 제공할 데이터를 지정함
행 원본 유형*	콤보 상자나 목록 상자에서 목록으로 표시할 데이터를 제공하는 방법을 지정함
바운드 열	콤보 상자나 목록 상자에서 선택한 항목을 저장할 열(필드)을 지정함

24년 상시, 20년 7월, 19년 3월, 18년 9월, 13년 3월, 07년 7월, 05년 2월

기타 속성

이름	컨트롤의 이름을 지정함
IME 모드*	컨트롤에 포커스가 들어왔을 때 입력 모드를 지정함
〈Enter〉키 기능	입력란 컨트롤에서 Enter 를 눌렀을 때 수행할 작업을 지정함
상태 표시줄 텍스트*	컨트롤에 포커스가 들어왔을 때 상태 표시줄에 표시할 메시지를 지정함
컨트롤 팁 텍스트	마우스 포인트를 컨트롤에 위치시켰을 때 스크린 팁으로 표시할 텍스트를 지정함
탭 정지	Tab 을 이용하여 포커스를 받을 수 있을지 여부를 지정함
탭 인덱스*	폼에서 해당 컨트롤의 탭 순서를 지정함
여러 항목 선택	목록 상자에서 한 번에 여러 항목을 선택할 수 있는지 여부와 선택 방법을 지정함

개념 체크

1 다음 중 조회 속성에서 콤보 상자에 대한 설명으로 옳지 않은 것은?

① 바운드 열의 기본 값은 1이며, 열 개수보다 큰 숫자를 지정할 수는 없다.
② 행 원본 유형을 '값 목록'으로 설정한 경우 콤보 상자에 표시된 값만 입력할 수 있다.
③ 행 개수는 최대 255개까지 가능하다.
④ 실제 행 수가 지정된 행 개수를 초과하면 스크롤 바가 표시된다.

콤보 상자의 행 원본 유형 속성이 '값 목록'으로 설정되어 있으면 폼 보기에서 폼이 열려 있을 때 값 목록을 편집할 수 있음

2 다음 중 콤보 상자 컨트롤의 각 속성에 대한 설명으로 옳지 않은 것은?

① 행 원본(Row Source) : 콤보 상자 컨트롤에서 사용할 데이터 설정
② 컨트롤 원본(Control Source) : 연결할(바운드 할) 데이터 설정
③ 바운드 열(Bound Column) : 콤보 상자 컨트롤에 저장할 열 설정
④ 사용 가능(Enabled) : 컨트롤에 입력된 데이터의 편집 여부 설정

잠금 : 컨트롤에 입력된 데이터의 편집 여부 설정

24년 상시, 23년 상시, 22년 상시, 21년 상시, 20년 2월, …

POINT 142 폼 작성 기타

합격 강의

테마
• [양식 디자인]-[테마]-[테마] 메뉴를 실행하여 액세스에서 제공하는 정의된 테마를 사용하는 것이다.
• 10개의 자동 테마를 제공하며 사용자가 추가 및 편집할 수 있다.

조건부 서식
• 서식을 적용할 컨트롤을 선택하고 [서식] 탭-[컨트롤 서식]-[조건부 서식]을 클릭해서 실행하면 나타나는 [조건부 서식 규칙 관리자] 대화 상자에서 [새 규칙]을 실행하여 조건에 맞는 특정 컨트롤 값에만 서식을 적용할 수 있다.
• 각 컨트롤 또는 컨트롤 그룹에 대해 최대 50개의 조건부 서식 규칙을 추가할 수 있다.

머리글/바닥글에 요약 정보 표시
• 폼 머리글/바닥글, 페이지 머리글/바닥글에 요약 정보를 표시한다.
• 컨트롤이나 컨트롤 원본 속성에 함수식을 입력해서 표시할 수 있다.
• 날짜와 시간은 [양식 디자인] 탭-[머리글/바닥글]-[날짜 및 시간]을 실행해서 표시한다.

도메인 계산 함수*

DAVG (expr, domain, criteria)	특정 레코드 집합의 평균을 구함
DSUM (expr, domain, criteria)	특정 레코드 집합의 합계를 구함
DCOUNT (expr, domain, criteria)	특정 레코드 집합의 레코드 개수를 구함
DMIN (expr, domain, criteria)	특정 레코드 집합의 최소값을 구함
DMAX (expr, domain, criteria)	특정 레코드 집합의 최대값을 구함
DLOOKUP (expr, domain, criteria)	특정 레코드 집합의 특정 필드에 입력된 값을 구함

개념 체크

1 폼의 머리글에 아래와 같은 도메인 함수 계산식을 사용하는 컨트롤을 삽입하였다. 다음 중 계산 결과 값에 대한 설명으로 옳은 것은?

=DLOOKUP("성명", "사원", "[사원번호] = 1")

① 성명 테이블에서 사원 번호가 1인 데이터의 성명 필드에 저장되어 있는 값
② 성명 테이블에서 사원 번호가 1인 데이터의 사원 필드에 저장되어 있는 값
③ 사원 테이블에서 사원 번호가 1인 데이터의 성명 필드에 저장되어 있는 값
④ 사원 테이블에서 사원 번호가 1인 데이터의 사원 필드에 저장되어 있는 값

• DLOOKUP : 특정 필드 값을 구할 때 사용하는 함수
• =DLOOKUP("구할 필드", "테이블명", "조건")이므로 → = DLOOKUP("성명", "사원", "[사원번호] = 1")

2 폼 바닥글에 [사원] 테이블의 '직급'이 '과장'인 레코드들의 '급여' 합계를 구하고자 한다. 다음 중 폼 바닥글의 텍스트 상자 컨트롤에 입력해야 할 식으로 옳은 것은?

① =DHAP("[사원]", "[급여]", "[직급]='과장'")
② =DHAP("[급여]", "[사원]", "[직급]='과장'")
③ =DSUM("[사원]", "[급여]", "[직급]='과장'")
④ =DSUM("[급여]", "[사원]", "[직급]='과장'")

• DSUM : 특정 필드 값의 합계를 구할 때 사용하는 함수
• =DSUM("구할 필드", "테이블명", "조건")이므로 → =DSUM("[급여]", "[사원]", "[직급]='과장'")

보고서 작성

24년 상시, 23년 상시, 22년 상시, 21년 상시, 19년 3월, …

POINT 143 보고서 작성과 인쇄

합격 강의

보고서(Report)의 개념*

- 테이블과 쿼리의 내용을 인쇄하기 위한 출력 양식이다.
- 보고서에는 열 형식 보고서, 테이블 형식 보고서, 차트, 레이블, 우편 양식, 업무 양식이 있다.
- 보고서에서는 컨트롤에 데이터를 입력할 수 없다.
- 컨트롤 원본을 사용해 특정 필드에 바운드시킬 수 있다.
- 이벤트 프로시저를 작성할 수 있다.

보고서 작성하기

① 보고서 작성하기

데이터시트 보기에서 [만들기]–[보고서]–[보고서]를 선택해 보고서를 만들거나 [만들기]–[보고서]–[새 보고서]를 이용해 새로운 보고서를 만들 수 있다.

② 마법사를 이용하여 보고서 작성하기

1단계	보고서에 표시할 필드를 선택함
2단계	레코드를 그룹으로 묶을 기준 필드를 선택함
3단계	정렬 순서를 지정
4단계	보고서의 모양과 용지 방향을 선택함
5단계	보고서의 제목을 지정함

※ 보고서 작업 시 필드 목록 창에서 선택한 필드를 본문 영역에 추가할 때 텍스트 상자 컨트롤이 자동으로 생성됨

보고서 인쇄*

페이지 설정	보고서를 인쇄하기 전에 용지 여백과 용지 방향, 용지의 크기, 열의 개수와 크기 등을 지정함
인쇄 미리 보기	인쇄하기 전 인쇄할 내용을 미리 살펴봄
레이아웃 미리 보기	레코드 원본으로 사용하는 테이블이나 쿼리에서 보고서 형태(레이아웃)를 확인할 수 있는 정도의 레코드만을 가져와 인쇄 모양을 표시함
인쇄 대화 상자	인쇄할 프린터, 파일로 인쇄, 인쇄 범위, 인쇄 매 수를 선택하거나 보고서를 인쇄함

※ [보고서 보기]는 인쇄 미리 보기와 비슷하지만 페이지의 구분 없이 한 화면에 보고서를 표시함

개념 체크

1 다음 중 Access의 보고서 개체에 대한 설명으로 옳지 않은 것은?

① 보고서는 테이블이나 쿼리의 내용을 화면이나 프린터로 인쇄하기 위한 개체이다.
② 보고서의 레코드 원본으로 테이블, 쿼리, SQL문을 사용한다.
③ 보고서에도 조건부 서식을 적용할 수 있다.
④ 보고서의 컨트롤을 이용하여 레코드 원본으로 사용된 테이블에 데이터를 입력하거나 수정할 수 있다.

보고서의 컨트롤을 이용하여 레코드 원본으로 사용된 테이블에 데이터를 입력하거나 수정할 수 없음

2 다음 중 보고서의 보기 형태에 대한 설명으로 옳지 않은 것은?

① '보고서 보기'는 인쇄 미리 보기와 비슷하지만 페이지의 구분 없이 한 화면에 보고서를 표시한다.
② '인쇄 미리 보기'에서는 페이지 레이아웃의 설정이 용이하며, 보고서가 인쇄되었을 때의 모양을 확인할 수 있다.
③ '디자인 보기'에서는 보고서에 삽입된 컨트롤의 속성, 맞춤, 위치 등을 설정할 수 있다.
④ '레이아웃 보기'는 '보고서 보기'와 '인쇄 미리 보기'를 혼합한 형태로 데이터를 임시로 변경하려는 경우 사용한다.

'레이아웃 보기'는 보고서를 수정하는 동안에도 데이터를 볼 수 있으므로 열 너비를 설정하거나, 그룹 수준을 추가하거나, 보고서의 모양을 변경하고 보고서를 읽기 쉽게 만드는 거의 모든 작업을 편리하게 수행할 수 있음

3 다음 중 보고서의 [페이지 설정] 대화 상자에 대한 설명으로 옳지 않은 것은?

① 여러 열로 구성된 보고서를 인쇄할 때에는 [열] 탭에서 열의 개수와 행 간격, 열의 너비, 높이 등을 설정한다.
② [인쇄 옵션] 탭에서 보고서의 위쪽, 아래쪽, 왼쪽, 오른쪽 여백을 밀리미터 단위로 설정할 수 있다.
③ [페이지] 탭에서 보고서의 인쇄할 범위로 인쇄할 페이지를 지정할 수 있다.
④ [인쇄 옵션] 탭의 '데이터만 인쇄'를 선택하여 체크 표시하면 컨트롤의 테두리, 눈금선 및 선이나 상자 같은 그래픽을 표시하지 않는다.

[페이지] 탭 : 용지 방향(세로, 가로), 용지 크기 및 원본, 기본 프린터 및 프린터 선택을 설정함

24년 상시, 23년 상시, 22년 상시, 21년 상시, 20년 2월, …

POINT 144 보고서 구역 및 그룹화

합격 강의

보고서 구역*

본문	레코드 원본의 레코드들이 인쇄되는 구역
보고서 머리글/바닥글	보고서를 인쇄할 때 보고서의 제목, 특정한 메시지 등을 출력하기 위한 구역
페이지 머리글/바닥글	각 페이지 상단/하단에 각 필드의 제목, 출력 날짜, 숫자 필드의 요약 정보 등을 표시하기 위한 구역

그룹화

① 레코드 정렬

보고서에서는 필드나 식을 사용하여 10개의 정렬 기준을 설정할 수 있다.

② 레코드 그룹화 설정

- 특정한 필드에 입력된 값을 기준으로 레코드를 묶어서 표시하는 것이다.
- 그룹으로 묶은 경우에는 그룹 머리글과 그룹별 요약 정보(합계, 평균 등)를 표시한다.
- 보고서에 필드나 식을 이용해 데이터를 그룹화한다.
- 숫자 데이터 : 간격을 기준으로 그룹화할 수 있다.
- 날짜 데이터 : 연도별, 분기별, 월별, 주별, 일별 등으로 그룹화할 수 있다.
- 문자열 데이터 : 접두 문자 기준으로 그룹화할 수 있다.
- 필드의 데이터 형식이 긴 텍스트나 하이퍼링크인 것은 그룹화할 수 없다.

③ 그룹 머리글 및 그룹 바닥글의 활용*

- 그룹 머리글/바닥글에는 텍스트뿐만 아니라 그룹별 합계, 평균, 개수 등과 같은 계산식을 입력할 수 있다.
- COUNT(*) 함수는 그룹 머리글/바닥글에서 사용하면 그룹별 레코드의 개수를 결과로 산출하고, 보고서 머리글/바닥글에서 사용하면 전체 레코드의 개수를 결과로 산출한다.

개념 체크

1 다음 중 보고서의 각 구역에 대한 설명으로 옳지 않은 것은?

① 보고서 머리글 : 보고서의 맨 앞에 한 번 출력되며, 일반적으로 로고나 제목 및 날짜 등의 정보를 표시할 때 사용한다.
② 페이지 바닥글 : 각 레코드 그룹의 맨 끝에 출력되며, 그룹에 대한 요약 정보를 표시할 때 사용한다.
③ 본문 : 레코드 원본의 모든 행에 대해 한 번씩 출력되며, 보고서의 본문을 구성하는 컨트롤이 여기에 추가된다.
④ 보고서 바닥글 : 보고서 총합계 또는 전체 보고서에 대한 기타 요약 정보를 표시할 때 사용한다.

그룹 바닥글 : 그룹 설정 시 반복하여 그룹 하단에 표시되며 그룹별 요약 정보를 표시함

오답 피하기

페이지 바닥글 : 보고서의 매 페이지의 하단에 표시되며 페이지 번호나 날짜 등의 항목을 삽입함

2 다음 중 "보고서 바닥글" 구역에 "=COUNT(*)"를 입력할 때 출력되는 결과로 올바른 것은?

① 그룹별 레코드의 개수
② 전체 레코드의 개수
③ 그룹별 최고값
④ 같은 값을 갖는 레코드의 개수

COUNT(*) 함수 : 그룹 머리글/바닥글에서 사용하면 그룹별 레코드의 개수를 결과로 산출하고, 보고서 머리글/바닥글에서 사용하면 전체 레코드의 개수를 결과로 산출함

24년 상시, 22년 상시, 21년 상시, 17년 3월, 16년 6월/10월, …

POINT 145 보고서 종류

합격 강의

새 보고서	새로운 보고서를 만듦
레이블	• 우편 발송용 레이블을 만드는 기능 • 주소 레이블 마법사를 이용하거나 사용자가 직접 디자인해서 만들 수도 있음 • 레이블 크기, 레이블 형식, 텍스트 모양, 사용 가능한 필드, 정렬 기준, 보고서 이름 등을 지정함 • 필드 이름 뒤에 '님께'와 같은 특정한 문자열을 입력할 수 있음
업무 문서 양식 마법사	거래 명세서, 세금 계산서의 업무 양식을 만듦
우편 엽서 마법사	우편 엽서 양식을 만듦

개념 체크

1 다음 중 레이블 보고서에 관한 설명으로 옳지 않은 것은?

① 레이블은 표준 레이블 또는 사용자 지정 레이블을 사용할 수 있다.
② 여러 개의 열로 이루어지고, 그룹 머리글과 그룹 바닥글, 세부 구역이 각 열마다 나타난다.
③ 레이블 형식에서 낱장 용지와 연속 용지를 선택할 수 있다.
④ 레이블에서 이름 필드의 값에 '귀하'를 붙여 출력하려면 '{이름}귀하'로 설정한다.

그룹 머리글과 그룹 바닥글은 각 열마다 나타나지 않음

2 다음 중 아래의 설명에 해당하는 보고서는 어느 것인가?

> • 여러 개의 열로 이루어진 보고서이다.
> • 그룹의 머리글과 바닥글, 세부 구역 등이 각각의 열마다 표시된다.

① 차트 보고서
② 크로스탭 보고서
③ 우편물 레이블 보고서
④ 폼 보고서

크로스탭 보고서 : 행과 열이 존재하고 이 두 가지 필드가 만나는 곳에 또 다른 자료가 표시됨

24년 상시, 23년 상시, 22년 상시, 21년 상시, 19년 3월, …

POINT 146 보고서 작성 기타

합격 강의

날짜와 페이지 번호 표시

① 날짜 표시

NOW	현재 날짜와 시간을 함께 출력함
DATE	오늘의 날짜만 출력함
TIME	현재 시간만 출력함

② 페이지 번호 출력✱ ─ 페이지 번호식을 이용하여 다양한 형식으로 페이지 번호를 출력할 수 있음

페이지 번호식	결과
=[Page] & '/' & [Pages] & '페이지'	1/5페이지
=[Pages] & '페이지 중에서' & [Page] & '페이지'	5페이지 중에서 1페이지
=Format([Page], "00") & '페이지'	01페이지

조건부 서식

• 특정한 조건에 만족되는 경우에만 서식이 적용되도록 하는 기능이다.
• 조건을 지정할 때 만능 문자(*, ?)를 사용하여 텍스트나 숫자를 나타낼 수는 없다.

개념 체크

1 보고서의 머리글 영역에 다음과 같이 현재의 날짜와 시간이 출력되도록 하고 싶다. 이 경우 사용해야 할 함수를 바르게 고른 것은?

> 05-01-23 오전 10:22:34

> ㉮ NOW ㉯ DATE ㉰ TIME ㉱ AVG

① ㉮
② ㉮, ㉯
③ ㉮, ㉯, ㉰
④ ㉮, ㉯, ㉰, ㉱

NOW는 현재 날짜와 시간, DATE는 오늘 날짜, TIME은 현재 시간 함수임

2 다음 중 보고서 작성 시 페이지 번호 출력을 위한 식과 그 결과의 연결이 옳지 않은 것은?(단, Page, Pages 변수 값은 각각 20과 80으로 설정되었다고 가정한다.)

① 식: =[Page] 결과 값 : 20
② 식: =[Page] & " Page" 결과 값 : 20 Page
③ 식: =Format([Page],"000") 결과 값 : 020
④ 식: =[Page/Pages] 결과 값 : 20/80

결과 값을 20/80처럼 나타내려면 =[Page] & "/" & [Pages]처럼 식을 설정해야 됨

3 다음 중 전체 페이지가 5페이지이고 현재 페이지가 2페이지인 보고서에서 표시되는 식과 결과가 올바른 것은?

① 식 =[Page] → 결과 2/5
② 식 =[Page] & "페이지" → 결과 2페이지
③ 식 =[Page] & "중 " & [Page] → 결과 5중 2
④ 식 =Format([Page], "000") → 결과 005

오답 피하기

• ① 식 =[Page] → 결과 2
• ③ 식 =[Page] & "중 " & [Page] → 결과 2중 2
• ④ 식 =Format([Page], "000") → 결과 002

SECTION 20

3과목 데이터베이스 일반

데이터베이스 프로그래밍

24년 상시, 23년 상시, 21년 상시, 20년 2월, 19년 3월/8월, …

POINT 147 매크로 작성

합격 강의

매크로와 매크로 함수

- 매크로(Macro)란 반복적인 작업을 자동화하는 것으로, 액세스는 하나 이상의 매크로 함수로 구성된다.
- [만들기]-[매크로 및 코드]-[매크로]를 실행하면 매크로를 작성할 수 있는 창이 표시된다.
- 매크로는 폼, 보고서, 컨트롤에 기능을 추가하는 데 사용한다.
- 각 매크로는 하위 매크로를 포함할 수 있으며 상자에 매크로를 실행할 때 사용할 바로 가기 키를 입력하고 매크로 함수와 인수를 지정한다.

매크로 실행

- **직접 실행** : 탐색 창에서 실행할 매크로를 더블 클릭하거나 [매크로 디자인]-[도구]-[실행]을 클릭한다.
- **컨트롤의 이벤트와 연결하기** : 폼이나 보고서의 디자인 보기에서 이벤트를 지정하여 매크로를 실행할 컨트롤을 작성한 후 이벤트 속성을 설정한다.
- 데이터베이스 창에서 매크로를 선택한 후 폼 디자인 보기로 드래그 앤 드롭하면 해당 매크로를 실행하는 명령 단추가 바로 작성된다.
- 매크로 이름을 'AutoExec'로 입력하면 매크로가 저장된 액세스 파일을 열 때 자동 실행된다.

개념 체크 ✓

1 다음 중 액세스의 매크로에 대한 설명으로 옳지 않은 것은?

① 반복적으로 수행되는 작업을 자동화하여 간단히 처리할 수 있도록 하는 기능이다.
② 매크로 함수 또는 매크로 함수 집합으로 구성되며, 각 매크로 함수의 수행 방식을 제어하는 인수를 추가할 수 있다.
③ 매크로를 이용하여 폼을 열고 닫거나 메시지 박스를 표시할 수도 있다.
④ 매크로는 주로 컨트롤의 이벤트에 연결하여 사용하며, 폼 개체 내에서만 사용할 수 있다.

매크로는 일반적으로 컨트롤의 이벤트에 연결하여 사용하며, 작업을 자동화하고 폼, 보고서 및 컨트롤에 기능을 추가하는 데 사용되는 도구임

2 다음 중 액세스에서 매크로에 대한 설명으로 옳지 않은 것은?

① 하나의 매크로 그룹에 여러 개의 매크로를 만들 수 있다.
② 하나의 매크로에 여러 개의 매크로 함수를 지정할 수 있다.
③ AutoExec이라는 특수한 매크로 이름을 사용하면 테이블이 열릴 때마다 자동으로 실행된다.
④ 매크로 실행 시에 필요한 정보, 즉 인수를 지정할 수 있다.

- 테이블이 열릴 때마다 자동으로 실행되지 않음
- 매크로 이름을 "AutoExec"로 하면 데이터베이스 파일을 열 때 매크로를 자동으로 실행시킴

3 다음 중 액세스에서의 매크로 기능에 대한 설명으로 가장 옳지 않은 것은?

① 엑셀에서와 같이 사용자가 수행하는 작업에 대한 매크로를 자동적으로 기록해 준다.
② 액세스에서 제공하는 기본적인 매크로 함수를 이용하여 매크로를 작성한다.
③ 데이터 베이스 파일을 열 때 매크로를 자동으로 실행 시키려면 매크로 이름을 'AutoExec'로 작성한다.
④ 매크로 이름 열에 지정한 바로 가기 키를 이용하여 매크로를 실행할 수 있다.

엑셀은 매크로 기록 기능이 지원되지만, 액세스는 매크로 기록 기능이 지원되지 않음

24년 상시, 22년 상시, 21년 상시, 20년 2월, 19년 3월/8월, …

POINT 148 주요 매크로 함수와 Access 개체

합격 강의

주요 매크로 함수

GoToControl	포커스를 현재 데이터시트나 폼에 있는 필드, 컨트롤 등으로 이동함
GoToRecord	지정한 레코드로 이동함
RunMenuCommand*	액세스의 메뉴 명령을 실행함
QuitAccess	액세스를 종료함
RunMacro	선택한 매크로를 실행함
RunSQL	실행 쿼리, 데이터 정의 쿼리에서 지정한 SQL 구문을 실행함
RunApplication	지정한 응용 프로그램을 실행함
DeleteObject	• 지정한 개체를 삭제함 • 삭제할 때 삭제 메시지는 표시하지 않음
CloseWindow	지정한 개체 창이나 현재 창을 닫음
OpenForm*	폼을 여러 보기 형식으로 로드함
OpenQuery	선택 쿼리나 크로스탭 쿼리를 열거나 실행 쿼리를 실행함
OpenReport*	보고서를 여러 보기 형식으로 열거나 인쇄함
OpenTable	테이블을 여러 보기 형식으로 로드함
PrintOut*	현재 선택한 데이터베이스 개체를 인쇄함
SetValue	폼, 보고서 등에서 컨트롤, 필드, 속성에 대한 값을 설정함
CopyObject	데이터베이스 개체를 복사함
ExportWithFormatting	데이터베이스 개체를 다른 형식으로 내보냄
ImportExportText	텍스트 파일을 내보내거나 가져오거나 연결함

Microsoft Access 매크로 함수를 Visual Basic에서 실행하기 위한 개체

Access 개체(DoCmd 개체)

Application 개체	Microsoft Access 응용 프로그램
Form 개체	현재 열려 있는 모든 폼
Report 개체	현재 열려 있는 모든 보고서
Controls 개체	폼, 보고서에 위치시킬 수 있는 입력란, 확인란, 명령 단추 등
DoCmd 개체	Microsoft Access의 매크로 함수를 Visual Basic에서 실행하기 위한 개체
CurrentProject 개체	Microsoft Access 프로젝트나 Microsoft Access 데이터베이스에 대한 프로젝트 원본 응용 프로그램에 의해 현재 데이터베이스에 저장된 개체
CurrentData 개체	원본 응용 프로그램에 의해 현재 데이터베이스에 저장된 개체

개체 이름에 구분점(.)을 이용하여 함수를 연결함

컨트롤 개체 함수

Requery	개체의 컨트롤 원본을 새로 고침
SetFocus	포커스를 다른 곳으로 이동함
SizeToFit	컨트롤의 크기를 컨트롤에 입력된 크기에 맞춤
Undo	값이 변경되었을 때 이전 상태로 되돌림

개념 체크

1 다음 보기의 매크로 함수 중 데이터를 내보내거나 가져오는 작업과 관련이 없는 함수는?

> ㉮ ExportWithFormatting
> ㉯ EMailDatabaseObject
> ㉰ RunApplication
> ㉱ ImportExportData

① ㉮　　② ㉯
③ ㉰　　④ ㉱

RunApplication : 응용 프로그램을 실행하는 실행 관련 매크로 함수

2 다음 중 매크로 함수와 그에 대한 설명으로 옳지 않은 것은?

① ApplyFilter : 필터, 쿼리, SQL WHERE절을 테이블, 폼, 보고서에 적용하여 테이블의 레코드, 폼이나 보고서의 원본이 되는 테이블이나 쿼리의 레코드를 제한하거나 정렬할 수 있다.
② FindRecord : 지정한 조건에 맞는 데이터의 첫째 인스턴스를 찾을 수 있다.
③ RunSQL : Microsoft Access 안에서 Microsoft Excel, Microsoft Word, Microsoft PowerPoint와 같은 Windows 기반 또는 MS-DOS 기반 응용 프로그램을 실행할 수 있다.
④ Requery : 현재 개체의 지정한 컨트롤의 데이터를 업데이트할 수 있으며, 컨트롤을 지정하지 않으면 개체 원본 자체를 다시 쿼리한다.

RunSQL은 해당 SQL문을 사용해 액세스 실행 쿼리를 실행하는 데 사용함

3 다음 중 아래의 이벤트 프로시저에서 [Command1] 단추를 클릭했을 때의 실행 결과로 옳은 것은?

```
Private Sub Command1_Click()
DoCmd.OpenForm "사원정보", acNormal
DoCmd.GoToRecord , , acNewRec
End Sub
```

① [사원정보] 테이블이 열리고, 가장 마지막 행의 새 레코드에 포커스가 표시된다.
② [사원정보] 폼이 열리고, 첫 번째 레코드의 가장 왼쪽 컨트롤에 포커스가 표시된다.
③ [사원정보] 폼이 열리고, 마지막 레코드의 가장 왼쪽 컨트롤에 포커스가 표시된다.
④ [사원정보] 폼이 열리고, 새 레코드를 입력할 수 있도록 비워진 폼이 표시된다.

- DoCmd : 메서드(특정 개체에 대해 실행되는 명령문이나 함수와 비슷한 프로시저)를 사용하여 매크로 함수를 실행함
- OpenForm : 폼을 여러 보기 형식으로 열기
- GoToRecord : 지정한 레코드로 이동
- acNormal : 폼 보기(기본 값)
- acNewRec : 새 레코드
- DoCmd.OpenForm "사원정보", acNormal → 폼 보기에서 [사원정보] 폼을 열어 줌
- DoCmd.GoToRecord , , acNewRec → 새 레코드로 옮김

자주 출제되는
기출문제
120선

CONTENTS

자주 출제되는 기출문제 120선

1과목 컴퓨터 일반

001 운영체제의 목적(성능 평가 요소)

합격 강의

처리 능력(Throughput)	시스템의 생산성을 나타내는 단위로, 일정 시간 동안 처리하는 일의 양
응답 시간(Turnaround Time)	작업 의뢰 후 시스템에서 결과가 얻어질 때까지의 시간
신뢰도(Reliability)	주어진 문제를 얼마나 정확하게 처리하는가의 정도
사용 가능도(Availability)	시스템을 얼마나 빠르게 사용할 수 있는가의 정도

11년 10월

1 다음 중 컴퓨터에서 사용하는 운영체제의 목적으로 옳지 않은 것은?

① 처리 능력(Throughput) 증가
② 반환 시간(Turnaround Time) 증가
③ 신뢰도(Reliability) 증가
④ 사용 가능도(Availability) 증가

18년 3월, 13년 6월

2 운영체제는 사용자 편의성과 시스템 생산성을 높이기 위한 프로그램이다. 다음 중 운영체제의 목적으로 가장 거리가 먼 것은?

① 처리 능력 증대
② 신뢰도 향상
③ 응답 시간 단축
④ 파일 전송

기적의TIP 성능 평가 요소 중 응답 시간은 짧은 것이 운영 체제의 목적입니다. 따라서 반환 시간 증가, 응답 시간의 최대화 등에 주의하면 됩니다.

002 바로 가기 키(Shortcut Key)

합격 강의

F2	선택한 항목 이름 바꾸기
F3	파일 탐색기에서 파일 또는 폴더 검색
F4	파일 탐색기의 주소 표시줄 목록 표시
F5	활성 창 새로 고침
F6	창이나 바탕 화면의 화면 요소들을 순환
F10	활성 앱의 메뉴 모음 활성화
Alt+F4	활성 항목을 닫거나 활성 앱을 종료
Alt+Tab	열려 있는 앱 간 전환
Alt+Esc	항목을 열린 순서대로 선택
Alt+Enter	선택한 항목의 속성 창을 표시
Ctrl+Esc	시작 화면 열기
Ctrl+Shift+Esc	작업 관리자 열기
Shift+F10	선택한 항목에 대한 바로 가기 메뉴 표시
Shift+Delete	휴지통에 버리지 않고 바로 삭제
⊞	시작 화면 열기 또는 닫기
⊞+Pause	시스템 속성 대화 상자 표시
⊞+L	PC를 잠그거나 계정을 전환
⊞+D	바탕 화면 표시 및 숨김
⊞+T	작업 표시줄의 앱을 순환
⊞+R	실행 대화 상자 열기
⊞+E	파일 탐색기 열기
Ctrl+F	파일 또는 폴더 검색

12년 3월

3 다음 중 한글 Windows에서 사용하는 바로 가기 키에 관한 설명으로 옳지 않은 것은?

① Alt+Enter : 선택된 개체의 속성 창을 표시한다.
② Shift+F10 : 선택한 항목에 대한 바로 가기 메뉴를 표시한다.
③ Ctrl+Tab : 실행 중인 여러 프로그램에서 활성화 전환을 한다.
④ Ctrl+Esc : 시작 화면을 표시한다.

15년 6월, 11년 10월

4 Windows에서 사용하는 바로 가기 키에 대한 설명으로 옳지 않은 것은?

① ⊞+L : 컴퓨터 잠금
② ⊞+R : 실행 대화 상자 열기
③ ⊞+Pause : 설정의 [시스템] 정보 표시
④ ⊞+E : 장치 및 프린터 추가

※ 윈도우 10의 기능 업데이트로 인해 ⊞+Pause가 제어판의 [시스템] 창 표시에서 설정의 [시스템] 정보 표시로 바뀌었습니다.

기적의TIP Windows 로고 키(⊞)에 대한 바로 가기 키의 꾸준한 출제가 예상됩니다. 실습을 통해 각 기능에 대해 반드시 익혀 두기 바랍니다.

003 휴지통

합격 강의

- 작업 도중 삭제된 자료들이 임시로 보관되는 장소로, 필요한 경우 복원이 가능함
- 각 드라이브마다 따로 설정이 가능
- 복원시킬 경우, 경로 지정을 하지 않아도 자동으로 원래 위치로 복원
- 휴지통 내에서의 데이터 실행 작업은 불가능
- **휴지통에 보관되지 않고 완전히 삭제되는 경우**
  - 플로피 디스크나 USB 메모리, DOS 모드, 네트워크 드라이브에서 삭제한 경우
  - 휴지통 비우기를 한 경우
  - Shift+Delete로 삭제한 경우
  - [휴지통 속성]의 [파일을 휴지통에 버리지 않고 삭제할 때 바로 제거]를 선택한 경우
  - 바로 가기 메뉴에서 Shift를 누른 채 [삭제]를 선택한 경우
  - 같은 이름의 항목을 복사/이동 작업으로 덮어 쓴 경우

12년 9월

5 다음 중 휴지통에 대한 설명으로 옳지 않은 것은?

① 플로피디스크, USB 메모리, 네트워크상에서 삭제된 경우는 휴지통에 보관되지 않고 영구적으로 삭제된다.
② 하드디스크가 분할되어 있거나 컴퓨터에 여러 개의 하드디스크를 가지고 있는 경우 각 휴지통의 크기를 다르게 지정할 수 있다.
③ 휴지통 내에 보관된 파일은 바로 사용할 수 없다.
④ Shift+Delete로 파일을 삭제하면 해당하는 파일이 휴지통에 일시적으로 저장되어 복원시킬 수 있다.

15년 10월

6 다음 중 Windows에서 사용하는 [휴지통]에 대한 설명으로 옳지 않은 것은?

① [명령 프롬프트] 창에서 삭제한 파일은 휴지통과 관계없이 영구히 삭제된다.
② 휴지통의 크기는 각각의 드라이브마다 다르게 지정할 수 있다.
③ USB 드라이브에서 삭제한 파일은 휴지통에서 복원 메뉴로 복원할 수 있다.
④ 휴지통의 최대 크기는 [휴지통 속성] 창에서 변경할 수 있다.

기적의TIP 휴지통의 기능과 특징, 휴지통에 보관되지 않고 완전히 삭제되는 경우에 대해 잘 기억해 두기 바랍니다.

004 설정

• 사용자 계정

계정 유형	기능
관리자 계정	• 컴퓨터에 대한 제어 권한이 가장 많으며 소프트웨어 및 하드웨어를 설치함 • 모든 파일에 액세스할 수 있으며 다른 사용자 계정도 변경 가능함
표준 계정	• 컴퓨터에 설치된 대부분의 프로그램을 사용할 수 있고 사용자 계정에 영향을 주는 설정을 변경할 수 있음 • 일부 소프트웨어 및 하드웨어를 설치 또는 제거할 수 없고 컴퓨터 작동에 필요한 파일은 삭제할 수 없음 • 다른 사용자나 컴퓨터 보안에 영향을 주는 설정은 변경할 수 없음

• 시스템 정보
- 실행 방법 : [설정]–[시스템]–[정보]를 클릭함, ⊞+X, Y
- [정보] : PC가 모니터링되고 보호되는 상황(바이러스 및 위협 방지, 방화벽 및 네트워크 보호, 웹 및 브라우저 컨트롤, 계정 보호, 장치 보안 등)에 대해 알 수 있음
- [장치 사양] : 디바이스 이름, 프로세서(CPU), 설치된 RAM, 장치 ID, 제품 ID, 시스템 종류(32/64비트 운영체제), 펜 및 터치 등에 대해 알 수 있음
- [이 PC의 이름 바꾸기] : 현재 설정되어 있는 PC의 이름을 변경할 수 있으며, 변경 후 시스템을 다시 시작해야 완전히 변경됨
- [Windows 사양] : 에디션, 버전, 설치 날짜, OS 빌드, 경험 등을 알 수 있음
- [제품키 변경 또는 Windows 버전 업그레이드] : 정품 인증 및 제품키 업데이트(제품키 변경), Microsoft 계정 추가를 할 수 있음

15년 3월

7 다음 중 Windows에서 [사용자 계정]에 관한 설명으로 옳지 않은 것은?

① 관리자 계정은 모든 파일에 접근이 가능하다.
② 관리자 계정은 다른 사용자 계정을 변경할 수 있다.
③ 표준 사용자 계정에서 컴퓨터 작동에 필요한 파일은 삭제할 수 없다.
④ 표준 사용자 계정은 소프트웨어나 하드웨어 설치 및 보안 설정 등을 수행할 수 있다.

관리자 계정에서 소프트웨어나 하드웨어 설치 및 보안 설정 등을 수행할 수 있음

15년 3월

8 다음 중 Windows에서 [설정]의 [시스템]–[정보]에 대한 설명으로 옳지 않은 것은?

① Windows의 버전과 CPU의 종류, RAM의 크기를 직접 변경할 수 있다.
② 현재 설정되어 있는 PC의 이름을 변경할 수 있다.
③ 컴퓨터 시스템의 종류와 제품 ID를 확인할 수 있다.
④ Windows의 정품 인증을 받을 수 있다.

Windows의 버전과 CPU의 종류, RAM의 크기를 알 수는 있지만 직접 변경할 수는 없음

기적의TIP 설정의 계정, 디스플레이, 시스템 정보 등은 자주 출제되는 항목이므로 기능과 특징에 대해 잘 숙지해 두어야 합니다.

005 네트워크 명령어

• ⊞+R [실행]에서 『CMD』를 입력하여 실행
• 명령어는 대 · 소문자 상관없이 사용할 수 있음

명령	기능
ipconfig	사용자 자신의 컴퓨터 IP 주소를 확인하는 명령
ping	네트워크의 현재 상태나 다른 컴퓨터의 네트워크 접속 여부를 확인하는 명령
tracert	네트워크에 연결된 컴퓨터의 경로(라우팅 경로)를 추적할 때 사용하는 명령

16년 6월, 12년 6월

9 다음 중 네트워크와 관련하여 Ping 서비스에 대한 설명으로 옳은 것은?

① 인터넷의 기원, 구성, 사용 가능한 인터넷 서비스 등 기초적인 정보를 제공하는 서비스이다.
② 웹 브라우저와 웹 서버 사이의 정보 전달을 위한 인터페이스를 제공해 주는 서비스이다.
③ DNS가 가지고 있는 특정 도메인의 IP 주소를 검색해 주는 서비스이다.
④ 지정된 호스트에 대해 네트워크층의 통신이 가능한지의 여부를 확인하는 서비스이다.

16년 10월, 13년 6월

10 다음 중 인터넷 서버까지의 경로를 추적하는 명령어인 'Tracert'의 실행 결과에 관한 설명으로 옳지 않은 것은?

① IP 주소, 목적지까지 거치는 경로의 수, 각 구간 사이의 데이터 왕복 속도를 확인할 수 있다.
② 특정 사이트가 열리지 않을 때 해당 서버가 문제인지 인터넷망이 문제인지 확인할 수 있다.
③ 인터넷 속도가 느릴 때 어느 구간에서 정체를 일으키는지 확인할 수 있다.
④ 현재 자신의 컴퓨터에 연결된 다른 컴퓨터의 IP 주소나 포트 정보를 확인할 수 있다.

arp나 netstat 명령어를 이용하여 현재 자신의 컴퓨터에 연결된 다른 컴퓨터의 IP 주소나 포트 정보를 확인할 수 있음

기적의TIP 네트워크 명령들의 기능을 묻는 문제가 자주 출제되므로 명령 프롬프트 창을 통한 실습으로 각 기능에 대해 잘 이해하고 숙지해 두어야 합니다.

006 문자 표현 코드

BCD 코드 (2진화 10진)	• Zone은 2비트, Digit는 4비트로 구성됨 • 6비트로 2^6=64가지의 문자 표현이 가능함 • 영문자의 대소문자를 구별하지 못함
ASCII 코드 (미국 표준)	• Zone은 3비트, Digit는 4비트로 구성됨 • 7비트로 2^7=128가지의 표현이 가능함 • 일반 PC용 컴퓨터 및 데이터 통신용 코드 • 대소문자 구별이 가능함 • 확장 ASCII 코드는 8비트를 사용하여 256가지의 문자를 표현함
EBCDIC 코드 (확장 2진화 10진)	• Zone은 4비트, Digit는 4비트로 구성됨 • 8비트로 2^8=256가지의 표현이 가능함 • 확장된 BCD 코드로 대형 컴퓨터에서 사용되는 범용 코드
유니코드(Unicode)	• 2바이트 코드로 세계 각 나라의 언어를 표현할 수 있는 국제 표준 코드 • 한글의 경우 조합, 완성, 옛 글자 모두 표현 가능함 • 16비트이므로 2^{16}인 65,536자까지 표현 가능함

※ 해밍 코드(Hamming Code) : 에러 검출과 교정이 가능한 코드로, 최대 2비트까지 에러를 검출하고 1비트의 에러 교정이 가능한 방식

14년 3월

11 다음 중 컴퓨터에서 데이터를 표현하기 위한 코드에 관한 설명으로 옳지 않은 것은?

① EBCDIC 코드는 4개의 Zone 비트와 4개의 Digit 비트로 구성되며, 256개의 문자를 표현할 수 있다.
② 표준 BCD 코드는 2개의 Zone 비트와 4개의 Digit 비트로 구성되며, 영문 대문자와 소문자를 포함하여 64개의 문자를 표현할 수 있다.
③ 해밍 코드(Hamming Code)는 잘못된 정보를 체크하고 오류를 검출하여 다시 교정할 수 있는 코드이다.
④ 유니코드는(Unicode)는 전 세계의 모든 문자를 2바이트로 표현하는 국제 표준 코드이다.

16년 10월, 12년 3월

12 다음 중 컴퓨터에서 문자를 표현하는 코드 체계에 대한 설명으로 옳지 않은 것은?

① BCD 코드 : 64가지의 문자를 표현할 수 있으나 영문 소문자는 표현 불가능하다.
② Unicode : 세계 각국의 언어를 4바이트 체계로 통일한 국제 표준 코드이다.
③ ASCII 코드 : 128가지의 문자를 표현할 수 있으며, 주로 데이터 통신용이나 PC에서 많이 사용된다.
④ EBCDIC 코드 : BCD 코드를 확장한 코드 체계로 256가지의 문자를 표현할 수 있다.

기적의TIP 문자 표현 코드는 매우 잘 출제되는 문제입니다. 코드별 기능과 특징에 대해 잘 기억해 두기 바랍니다.

007 제어 장치

합격 강의

구성 장치	기능
프로그램 카운터(Program Counter)	다음에 수행할 명령어의 번지(주소)를 기억하는 레지스터
명령 해독기(Instruction Decoder)	수행해야 할 명령어를 해석하여 부호기로 전달하는 회로
번지 해독기(Address Decoder)	명령 레지스터로부터 보내온 번지(주소)를 해석하는 회로
부호기(Encoder)	명령 해독기에서 전송된 명령어를 제어에 필요한 신호로 변환하는 회로
명령 레지스터(IR : Instruction Register)	현재 수행 중인 명령어를 기억하는 레지스터
번지 레지스터(MAR : Memory Address Register)	주소를 기억하는 레지스터
기억 레지스터(MBR : Memory Buffer Register)	내용(자료)을 기억하는 레지스터

13년 10월, 11년 3월

13 다음 중 프로그램 수행에 있어서 다음 순서에 실행할 명령어의 주소를 저장하는 레지스터는?

① 주소 레지스터(MAR)
② 프로그램 카운터(PC)
③ 명령어 레지스터(IR)
④ 버퍼 레지스터(MBR)

17년 3월

14 다음 중 컴퓨터의 제어 장치에 있는 레지스터에 관한 설명으로 옳지 않은 것은?

① 다음 번에 실행할 명령어의 번지를 기억하는 프로그램 계수기(PC)가 있다.
② 현재 실행 중인 명령어를 기억하는 명령 레지스터(IR)가 있다.
③ 명령 레지스터에 있는 명령어를 해독하는 명령 해독기(Decoder)가 있다.
④ 해독된 데이터의 음수 부호를 검사하는 부호기(Encoder)가 있다.

기적의TIP 제어 장치와 연산 장치의 구성 장치에 대한 구분과 기능에 관해 묻는 문제가 자주 출제됩니다. 장치별 기능을 반드시 암기해 두어야 합니다.

008 연산 장치

합격 강의

구성 장치	기능
가산기(Adder)	2진수 덧셈을 수행하는 회로
보수기(Complementer)	뺄셈을 수행하기 위하여 입력된 값을 보수로 변환하는 회로
누산기(ACCumulator)	중간 연산 결과를 일시적으로 기억하는 레지스터
데이터 레지스터(Data Register)	연산한 데이터를 기억하는 레지스터
프로그램 상태 워드(PSW : Program Status Word)	명령어 실행 중에 발생하는 CPU의 상태 정보를 저장하는 상태 레지스터(Status Register)

12년 3월

15 다음 중 컴퓨터의 연산 장치에 관한 설명으로 옳지 않은 것은?

① 연산 장치가 수행하는 연산에는 산술, 논리, 관계, 이동(Shift) 연산 등이 있다.
② 연산 장치에는 뺄셈을 수행하기 위하여 입력된 값을 보수로 변환하는 보수기(Complementer)와 2진수 덧셈을 수행하는 가산기(Adder)가 있다.
③ 누산기(Accmulator)는 연산된 결과를 일시적으로 저장하는 레지스터이다.
④ 연산 장치에는 다음번 연산에 필요한 명령어의 번지를 기억하는 프로그램 카운터(Program Counter)를 포함한다.

13년 3월

16 다음 중 CPU가 프로그램의 명령어를 수행하는 중에 산술 및 논리 연산의 결과를 일시적으로 저장하는 레지스터로 옳은 것은?

① 주소 레지스터(MAR)
② 누산기(AC)
③ 명령어 레지스터(IR)
④ 프로그램 카운터(PC)

기적의TIP 연산 장치의 기능과 역할에 관해 묻는 문제가 자주 출제됩니다. 장치별 기능을 반드시 암기해 두어야 합니다.

009 주기억 장치

합격 강의

- ROM(Read Only Memory)
  - 한 번 기록한 정보에 대해 오직 읽기만을 허용하도록 설계된 비휘발성 기억 장치
  - 수정이 필요 없는 기본 입출력 프로그램이나 글꼴 등의 펌웨어(Firmware)를 저장
- RAM(Random Access Memory)
  - 실행 중인 프로그램이나 데이터를 저장하며, 자유롭게 읽고 쓰기가 가능한 주기억 장치
  - 전원이 공급되지 않으면 기억된 내용이 사라지는 휘발성(소멸성) 메모리

종류	특징
SRAM(Static RAM)	• 정적인 램으로, 전원이 공급되는 한 내용이 그대로 유지됨 • 가격이 비싸고, 용량이 적으나 속도가 빨라 캐시(Cache) 메모리 등에 이용됨
DRAM(Dynamic RAM)	• 구조는 단순하지만 가격이 저렴하고 집적도가 높아 PC의 메모리로 이용됨 • 일정 시간이 지나면 전하가 방전되므로 재충전(Refresh) 시간이 필요함

15년 3월/10월

17 다음 중 RAM(Random Access Memory)에 대한 설명으로 옳은 것은?

① 주로 펌웨어(Firmware)를 저장한다.
② 주기적으로 재충전(Refresh)이 필요한 DRAM은 주기억 장치로 사용된다.
③ 전원이 꺼져도 기억된 내용이 사라지지 않는 비휘발성 메모리로 읽기만 가능하다.
④ 컴퓨터의 기본적인 입출력 프로그램, 자가진단 프로그램 등이 저장되어 있어 부팅 시 실행된다.

17년 3월

18 다음 중 컴퓨터의 내부 기억 장치에 관한 설명으로 옳은 것은?

① RAM은 일시적으로 전원 공급이 없더라도 내용은 계속 기억된다.
② SRAM이 DRAM보다 접근 속도가 느리다.
③ 주기억 장치의 접근 속도 개선을 위하여 가상 메모리가 사용된다.
④ ROM에는 BIOS, 기본 글꼴, POST 시스템 등이 저장되어 있다.

기적의TIP 주기억 장치인 ROM과 RAM은 매우 중요합니다. 각 장치별 특징과 역할, 종류에 대해 반드시 이해하고 암기해 두어야 합니다.

010 기타 기억 장치

▶ 합격 강의

- **캐시 메모리(Cache Memory)**
  - 휘발성 메모리로, 속도가 빠른 CPU와 상대적으로 속도가 느린 주기억 장치 사이에 있는 고속의 버퍼 메모리
  - 자주 참조되는 데이터나 프로그램을 메모리에 저장
  - 컴퓨터의 처리 속도를 향상시켜 메모리 접근 시간을 감소시키는 데 목적이 있음
  - 캐시 메모리는 SRAM 등이 사용되며, 주기억 장치보다 소용량으로 구성
- **버퍼 메모리(Buffer Memory)**
  - 읽거나 기록한 데이터를 일시적으로 기억할 수 있는 메모리
  - 두 개의 장치 사이에 위치하여 두 개의 장치가 데이터를 주고받을 때 생기는 속도 차이를 해결하기 위하여 중간에 데이터를 임시로 저장해 두는 공간
- **연관 메모리(Associative Memory)**
  - 저장된 내용의 일부를 이용하여 기억 장치에 접근하여 데이터를 읽어오는 기억 장치
  - 캐시 메모리에서 특정 내용을 찾는 방식 중 매핑 방식에 주로 사용됨
  - CAM(Content Addressable Memory)이라고도 함
  - 메모리에 기억된 정보를 찾는데 저장된 내용에 의하여 접근함(병렬 탐색 가능)
- **가상 메모리(Virtual Memory)**
  - 보조 기억 장치의 일부, 즉 하드디스크의 일부를 주기억 장치처럼 사용하는 메모리 사용 기법으로, 기억 장소를 주기억 장치의 용량으로 제한하지 않고, 보조 기억 장치까지 확대하여 사용함
  - 주기억 장치보다 큰 프로그램을 로드하여 실행할 경우 유용
  - 기억 공간의 확대에 목적이 있음(처리 속도 향상 아님)
  - 가상 기억 장치로는 임의 접근이 가능한 자기 디스크를 많이 사용함

10년 6월

19 다음 중 컴퓨터의 기억 장치에 관한 설명으로 옳지 않은 것은?

① 캐시 메모리(Cache Memory)는 CPU와 주기억 장치 사이에 위치하여 컴퓨터의 처리 속도를 향상시키는 역할을 하며 주로 동적 램(DRAM)을 사용한다.
② 가상 메모리(Virtual Memory)는 하드디스크의 일부를 주기억 장치처럼 사용하는 것으로 주기억 장치보다 큰 프로그램을 실행시킬 수 있다.
③ 버퍼 메모리(Buffer)는 두 개의 장치가 데이터를 주고받을 때 생기는 속도 차이를 해결하기 위하여 중간에 데이터를 임시로 저장해 두는 공간이다.
④ 연관 메모리(Associative Memory)는 저장된 내용의 일부를 이용하여 기억 장치에 접근하여 데이터를 읽어 오는 기억 장치이다.

16년 6월, 12년 3월

20 다음 중 컴퓨터에서 사용하는 기억 장치에 관한 설명으로 옳지 않은 것은?

① 플래시(Flash) 메모리는 비휘발성 기억 장치로 주로 디지털 카메라나 MP3, 개인용 정보 단말기, USB 드라이브 등 휴대형 기기에서 대용량 정보를 저장하는 용도로 사용된다.
② 하드디스크 인터페이스 방식은 EIDE, SATA, SCSI 방식 등이 있다.
③ 캐시(Cache) 메모리는 CPU와 주기억 장치 사이에 위치하여 두 장치 간의 속도 차이를 줄여 컴퓨터의 처리 속도를 빠르게 하기 위한 메모리이다.
④ 연관(Associative) 메모리는 보조 기억 장치를 마치 주기억 장치와 같이 사용하여 실제 주기억 장치 용량보다 기억 용량을 확대하여 사용하는 방법이다.

기적의TIP 각 장치의 기능에 대한 개념을 파악하고 특징과 쓰임새에 대해 반드시 숙지하여 장치의 역할을 혼동하지 않게 정리해 두어야 합니다. 특히, 캐시 메모리는 자주 출제되는 내용이므로 주의해야 합니다.

011 USB(Universal Serial Bus) 포트

▶ 합격 강의

- 허브(Hub)를 사용하면 최대 127개의 주변기기 연결이 가능하며, 기존의 직렬, 병렬, PS/2포트 등을 하나의 포트로 대체하기 위한 범용 직렬 버스 장치
- 직렬 포트나 병렬 포트보다 빠른 속도로 데이터를 전송함
- 핫 플러그 인, 플러그 앤 플레이를 지원함
- USB 1.0에서는 1.5Mbps, USB 1.1에서는 최대 12Mbps, USB 2.0에서는 최대 480Mbps, USB 3.0에서는 최대 5Gbps, USB 3.1에서는 최대 10Gbps로 빨라짐
- USB 2.0의 포트 색깔은 검정색 또는 흰색이며 USB 3.0의 포트 색깔은 파랑색임

14년 10월

21 다음 중 Windows에서 사용하는 USB(Universal Serial Bus)에 대한 설명으로 옳은 것은?

① USB는 범용 병렬 장치를 연결할 수 있게 해 주는 컴퓨터 인터페이스이다.
② 핫 플러그인(Hot Plug In) 기능은 지원하지 않으나 플러그 앤 플레이(Plug & Play) 기능은 지원한다.
③ USB 3.0은 이론적으로 최대 5Gbps의 전송 속도를 가지며, PC 및 연결기기, 케이블 등의 모든 USB 3.0 단자는 파란색으로 되어 있어 이전 버전과 구분이 된다.
④ 허브를 이용하여 하나의 USB 포트에 여러 개의 주변기기를 연결할 수 있으며, 최대 256개까지 연결할 수 있다.

16년 6월

22 다음 중 USB 규격의 버전별 최대 데이터 전송 속도로 옳지 않은 것은?

① USB 1.1 : 12Mbps　② USB 2.0 : 480Mbps
③ USB 3.0 : 1Gbps　④ USB 3.1 : 10Gbps

기적의TIP USB의 기능에 대한 이해와 최대 연결 기기 수와 버전별 속도에 대한 정확한 암기가 필요합니다.

012 저작권에 따른 소프트웨어의 구분

▶ 합격 강의

상용 소프트웨어 (Commercial Software)	정식 대가를 지불하고 사용하는 프로그램으로 해당 프로그램의 모든 기능을 사용할 수 있음
공개 소프트웨어 (Freeware)	개발자가 무료로 자유로운 사용을 허용한 소프트웨어
셰어웨어 (Shareware)	정식 프로그램의 구매를 유도하기 위해 기능이나 사용 기간에 제한을 두어 무료로 배포하는 프로그램
애드웨어 (Adware)	광고가 소프트웨어에 포함되어 이를 보는 조건으로 무료로 사용할 수 있는 소프트웨어
데모 버전 (Demo Version)	정식 프로그램의 기능을 홍보하기 위해 사용 기간이나 기능을 제한하여 배포하는 프로그램
트라이얼 버전 (Trial Version)	상용 소프트웨어를 일정 기간 동안 사용해 볼 수 있는 체험판 소프트웨어
알파 버전 (Alpha Version)	베타 테스트를 하기 전에 제작 회사 내에서 테스트할 목적으로 제작하는 프로그램
베타 버전 (Beta Version)	정식 프로그램을 발표하기 전에 테스트를 목적으로 일반인에게 공개하는 프로그램
패치 프로그램 (Patch Program)	이미 제작하여 배포된 프로그램의 오류 수정이나 성능 향상을 위하여 프로그램 일부를 변경해 주는 프로그램
번들 프로그램 (Bundle Program)	특정한 하드웨어나 소프트웨어를 구매하였을 때 끼워주는 소프트웨어

15년 6월

23 다음 중 소프트웨어의 사용권에 따른 분류에 대한 설명으로 옳지 않은 것은?

① 애드웨어 : 배너 광고를 보는 대가로 무료로 사용하는 소프트웨어이다.
② 셰어웨어 : 정식 버전이 출시되기 전에 프로그램에 대한 일반인의 평가를 받기 위해 제작된 소프트웨어이다.
③ 번들 : 특정한 하드웨어나 소프트웨어를 구매하였을 때 포함하여 주는 소프트웨어이다.
④ 프리웨어 : 돈을 내지 않고도 사용 가능하고 다른 사람에게 전달해 줄 수 있는 소프트웨어이다.

16년 3월, 13년 10월

24 다음 중 컴퓨터 소프트웨어 개발 과정에서 제작되는 알파(Alpha) 버전에 관한 설명으로 옳은 것은?

① 정식 프로그램의 기능을 홍보하기 위해 기능 및 기간을 제한하여 배포하는 프로그램이다.
② 베타 테스트를 하기 전에 제작 회사 내에서 테스트할 목적으로 제작된 프로그램이다.
③ 정식 버전을 출시하기 전에 테스트 목적으로 일반인에게 공개하는 프로그램이다.
④ 오류 수정이나 성능 향상을 위해 이미 배포된 프로그램의 일부를 변경해 주는 프로그램이다.

기적의TIP 저작권에 따른 소프트웨어는 영어 단어가 갖는 의미대로 소프트웨어의 목적과 특징을 유추하면 쉽게 이해하고 암기할 수 있습니다. 특히, 셰어웨어(Shareware)가 자주 출제되고 있는 점에 유의하면 됩니다.

013 웹 프로그래밍 언어

합격 강의

자바(Java)	• 자바의 원시 코드를 고쳐 쓰거나 재컴파일할 필요가 없기 때문에 기종이나 운영체제와 무관한 응용 프로그램의 개발 도구로 각광받고 있음 • 멀티스레드를 지원하고 각각의 스레드는 독립적으로 동시에 서로 다른 일을 처리함 • 특정 컴퓨터 구조와 무관한 가상 바이트 머신 코드를 사용하므로 플랫폼이 독립적임 • 바이트 머신 코드를 생성함
ASP (Active Server Page)	• Windows 환경에서 동적인 웹 페이지를 제작할 수 있는 스크립트 언어 • HTML 문서에 명령어를 삽입하여 사용하며, 자바스크립트와는 달리 서버 측에서 실행됨
PHP(Professional Hypertext Preprocessor)	웹 서버에서 작동하는 스크립트 언어로, UNIX, Linux, Windows 등의 환경에서 작동함
JSP (Java Server Page)	ASP, PHP와 동일하게 웹 서버에서 작동하는 스크립트 언어

13년 3월

25 다음 중 Java 언어에 대한 설명으로 옳지 않은 것은?

① 객체 지향 언어로 추상화, 상속화, 다형성과 같은 특징을 가진다.
② 인터프리터를 이용한 프로그래밍 언어로 특히 인공지능 분야에서 널리 사용되고 있다.
③ 네트워크 환경에서 분산 작업이 가능하도록 설계되었다.
④ 특정 컴퓨터 구조와 무관한 가상 바이트 머신 코드를 사용하므로 플랫폼이 독립적이다.

16년 6월, 13년 10월

26 다음 중 게시판 입력, 상품 검색, 회원 가입 등과 같은 데이터베이스 처리 작업을 수행하기 위해 사용하며, 웹 서버에서 작동하는 스크립트 언어들로만 모아 놓은 것은?

① HTML, XML, SGML
② Java, Java Applet, Java Script
③ Java Script, VB Script
④ ASP, JSP, PHP

기적의TIP 웹 프로그래밍 언어는 자주 출제되는 내용이므로 언어별 특징과 차이점에 대한 정확한 이해가 중요합니다. 특히 자바 언어와 웹 서버에서 작동하는 스크립트 언어들이 최근 자주 출제되는 경향을 보이고 있습니다.

014 IPv6 주소

합격 강의

• 인터넷에 연결된 컴퓨터의 고유한 주소
• IPv6 주소체계는 128비트를 16비트씩 8부분으로 나누어 각 부분을 콜론(:)으로 구분함
• IPv6은 IPv4와 호환이 되며 16진수로 표기, 각 블록에서 선행되는 0은 생략할 수 있으며 연속된 0의 블록은 ::으로 한 번만 생략 가능함
• IPv6의 주소 개수는 약 43억의 네제곱임
• 주소 체계는 유니캐스트(Unicast), 애니캐스트(Anycast), 멀티캐스트(Multicast) 등 세 가지로 나뉨
• 인증 서비스, 비밀성 서비스, 데이터 무결성 서비스를 제공함으로써 보안 문제를 해결할 수 있음

18년 3월, 16년 6월

27 다음 중 인터넷에서 사용하는 IPv6에 관한 설명으로 옳지 않은 것은?

① IPv4와의 호환성이 우수하다.
② 128비트의 주소를 사용하며, 주소의 각 부분은 .(Period)로 구분한다.
③ 실시간 흐름제어로 향상된 멀티미디어 기능을 지원한다.
④ 인증성, 기밀성, 데이터 무결성의 지원으로 보안 문제를 해결할 수 있다.

17년 3월, 10년 10월

28 다음 중 인터넷 주소 체계에서 IPv6에 대한 설명으로 옳지 않은 것은?

① 16비트씩 8부분으로 구성되며 각 부분은 점(.)으로 구분된다.
② 각 부분은 4자리의 16진수로 표현하며 앞자리의 0은 생략할 수 있다.
③ IPv4에 비해 등급별, 서비스별로 패킷을 구분할 수 있어 품질보장이 용이하다.
④ 유니캐스트, 애니캐스트, 멀티캐스트 형태의 유형으로 할당하기 때문에 할당된 주소의 낭비 요인을 줄이고 간단하게 주소를 결정할 수 있다.

기적의TIP IPv6의 주소 체계와 주소 개수, 목적 등에 대한 정확한 이해와 숙지가 필요합니다.

015 FTP(File Transfer Protocol)

합격 강의

• 파일 전송 프로토콜, 파일을 전송하거나 받을 때 사용하는 서비스
• 바이너리(Binary) 모드는 그림 파일, 동영상 파일이나 실행 파일의 전송에 이용됨
• 아스키(ASCII) 모드는 아스키 코드의 텍스트 파일 전송에 이용됨
• 파일의 업로드나 다운로드 서비스를 제공하는 컴퓨터를 FTP 서버, 파일을 제공받는 컴퓨터를 FTP 클라이언트라고 함
• 계정(Account) 없이 FTP를 사용할 수 있는 서버를 Anonymous FTP 서버라 함
• 일반적으로 Anonymous FTP 서버의 아이디(ID)는 Anonymous이며 비밀번호는 자신의 E-Mail 주소로 설정함

14년 10월

29 다음 중 인터넷을 이용한 FTP(File Transfer Protocol)에 관한 설명으로 옳지 않은 것은?

① 멀리 떨어져 있는 컴퓨터로부터 파일을 전송받거나 전송하는 서비스를 의미한다.
② 익명의 계정을 이용하여 파일을 전송할 수 있는 서버를 Anonymous FTP 서버라고 한다.
③ FTP 서버에 계정을 가지고 있는 사용자는 FTP 서버에 있는 프로그램을 다운로드 없이 실행시킬 수 있다.
④ 일반적으로 텍스트 파일의 전송을 위한 ASCII 모드와 실행 파일의 전송을 위한 Binary 모드로 구분하여 수행한다.

15년 3월

30 다음 중 인터넷 서비스와 관련하여 FTP 서비스에 관한 설명으로 옳지 않은 것은?

① FTP 서버에 파일을 전송 또는 수신, 삭제, 이름 바꾸기 등의 작업을 할 수 있다.
② FTP 서버에 있는 프로그램은 접속 후에 서버에서 바로 실행시킬 수 있다.
③ 익명(Anonymous) 사용자는 계정이 없는 사용자로 FTP 서비스를 이용할 수 있다.
④ 기본적으로 그림 파일은 Binary 모드로 텍스트 파일은 ASCII 모드로 전송한다.

기적의TIP FTP는 자주 출제되는 내용이므로 FTP의 사용 목적과 기능, 전송 모드, 익명(Anonymous) 사용자, 명령 등에 대해 정확히 암기해 두어야 합니다.

016 그래픽 데이터의 표현 방식

▶ 합격 강의

비트맵(Bitmap)	• 이미지를 점(Pixel, 화소)의 집합으로 표현하는 방식 • 고해상도를 표현하는 데 적합하지만 파일 크기가 커지고, 이미지를 확대하면 계단 현상이 발생함 • 다양한 색상을 이용하기 때문에 사실적 이미지 표현이 용이함 • Photoshop, Paint Shop Pro 등이 대표적인 소프트웨어임 • 비트맵 형식으로는 BMP, JPG, PCX, TIF, PNG, GIF 등이 있음
벡터(Vector)	• 이미지를 점과 점을 연결하는 직선이나 곡선을 이용하여 표현하는 방식 • 그래픽의 확대·축소 시 계단 현상이 발생하지 않지만 고해상도 표현에는 적합하지 않음 • Illustrator, CorelDraw, 플래시 등이 대표적인 소프트웨어 • 벡터 파일 형식으로는 WMF, AI, CDR 등이 있음

12년 3월

31 다음 중 컴퓨터 그래픽과 관련하여 이미지를 표현하는 방식 중 비트맵(Bitmap) 방식에 관한 설명으로 옳지 않은 것은?

① 점과 점을 연결하는 직선이나 곡선을 이용하여 이미지를 표현하는 방식이다.
② 다양한 색상을 이용하기 때문에 사실적 표현이 용이하다.
③ 이미지를 확대하면 테두리가 거칠게 표현된다.
④ 비트맵 파일 형식으로는 BMP, TIF, GIF, JPEG 등이 있다.

18년 3월, 16년 10월

32 다음 중 컴퓨터의 그래픽 데이터 표현에 사용되는 벡터 방식에 대한 설명으로 옳지 않은 것은?

① 이미지를 화소(Pixel)의 집합으로 표현하는 방식이다.
② 점과 점을 연결하는 직선과 곡선을 이용하여 이미지를 그린다.
③ 이미지를 확대하거나 축소하여도 계단 현상이 발생하지 않는다.
④ 파일 형식은 WMF, AI 등이 있다.

기적의TIP 비트맵과 벡터는 자주 출제되므로 특징과 쓰임새, 해당 소프트웨어, 파일 형식 확장자에 관해 혼동하지 않게 구분하여 정확히 암기해 두어야 합니다.

017 그래픽 관련 용어

▶ 합격 강의

렌더링(Rendering)	컴퓨터 그래픽에서 3차원 질감(그림자, 색상, 농도 등)을 줌으로써 사실감을 추가하는 과정
디더링(Dithering)	표현할 수 없는 색상이 존재할 경우, 다른 색상들을 섞어서 비슷한 색상을 내는 효과
인터레이싱(Interlacing)	화면에 이미지를 표시할 때 한 번에 표시하지 않고 천천히 표시되면서 선명해지는 효과
모핑(Morphing)	사물의 형상을 다른 모습으로 서서히 변화시키는 기법으로 영화의 특수 효과에서 많이 사용함
모델링(Modeling)	물체의 형상을 컴퓨터 내부에서 3차원 그래픽으로 어떻게 표현할 것인지를 정하는 과정
안티 앨리어싱(Anti-aliasing)	3D의 텍스처에서 몇 개의 샘플을 채취해서 사물의 색상을 변경함으로써 계단 부분을 뭉개고 곱게 이어지는 듯한 화질을 형성하게 하는 것

13년 6월

33 다음 중 한 이미지가 다른 이미지로 변형되어 가는 과정을 뜻하는 그래픽 기법으로 특히 영화 산업에서 주로 사용되는 특수 효과는?

① 로토스코핑 ② 셀 애니메이션
③ 모핑 ④ 입자 시스템

17년 3월

34 다음 중 멀티미디어 그래픽과 관련하여 렌더링(Rendering) 기법에 대한 설명으로 옳은 것은?

① 제한된 색상을 조합하여 새로운 색을 만드는 기술이다.
② 2개의 이미지를 부드럽게 연결하여 변환하는 기술이다.
③ 3차원 그래픽에서 화면에 그린 물체의 모형에 명암과 색상을 입혀 사실감을 더해 주는 기술이다.
④ 그림의 경계선을 부드럽게 처리해 주는 필터링 기술이다.

기적의TIP 그래픽 관련 기법에 대한 처리 기술과 쓰임새, 기법별 효과에 대해 혼동하지 않도록 정확히 암기해 두기 바랍니다.

018 네트워크 접속 장비

▶ 합격 강의

허브(Hub)	네트워크에서 연결된 각 회선이 모이는 집선 장치로서 각 회선을 통합적으로 관리하는 방식
라우터(Router)	데이터 전송을 위한 최적의 경로를 찾아 통신망에 연결하는 장치
브리지(Bridge)	독립된 두 개의 근거리 통신망(LAN)을 연결하는 접속 장치
리피터(Repeater)	장거리 전송을 위해 신호를 새로 재생시키거나 출력 전압을 높여 전송하는 장치
게이트웨이(Gateway)	네트워크에서 다른 네트워크로 들어가는 관문의 기능을 수행하는 지점을 말하며, 서로 다른 프로토콜을 사용하는 네트워크를 연결할 때 사용하는 장치

12년 3월

35 다음 중 정보 통신에 사용되는 네트워크 장비인 라우터(Router)에 관한 설명으로 옳은 것은?

① 네트워크를 구성할 때 각 회선을 통합적으로 관리하여 한꺼번에 여러 대의 컴퓨터를 연결하는 장치이다.
② 디지털 신호의 장거리 전송을 위해 수신한 신호를 재생시키거나 출력 전압을 높여주는 장치이다.
③ 네트워크에서 통신을 위해 가장 최적의 경로를 설정하여 전송하고 데이터의 흐름을 제어하는 장치이다.
④ 다른 네트워크로 데이터를 보내거나 받아들이는 역할을 하는 장치이다.

15년 6월

36 다음 중 인터넷 통신 장비인 게이트웨이(Gateway)의 기본적인 역할에 관한 설명으로 옳은 것은?

① 현재 위치한 네트워크에서 다른 네트워크로 연결할 때 사용된다.
② 인터넷 신호를 증폭하며 먼 거리로 정보를 전달할 때 사용된다.
③ 네트워크 계층의 연동장치로 경로 설정에 사용된다.
④ 문자로 된 도메인 이름을 숫자로 이루어진 실제 IP 주소로 변환하는 데 사용된다.

기적의TIP 네트워크 접속 장비의 기능과 역할에 대해 구분하여 정확히 암기해 두기 바랍니다.

019 방화벽(Firewall)

▶ 합격 강의

- 방화벽은 인터넷의 보안 문제로부터 특정 네트워크를 격리시키는 데 사용되는 시스템
- 내부망과 외부망 사이의 상호 접속이나 데이터 전송을 안전하게 통제하기 위한 보안 기능
- 외부의 불법 침입으로부터 내부의 정보 자산을 보호
- 외부로부터 유해 정보 유입을 차단하기 위한 정책과 이를 지원하는 하드웨어 및 소프트웨어를 총칭
- 외부에서 내부 네트워크로 들어오는 패킷은 내용을 엄밀히 체크하여 인증된 패킷만 통과시키는 구조
- 외부로부터의 침입을 막을 수는 있지만, 내부에서 일어나는 해킹은 막을 수 없음
- 역추적 기능이 있어서 외부의 침입자를 역추적하여 흔적을 찾을 수 있음

18년 3월, 15년 3월

37 다음 중 인터넷에서 방화벽을 사용하는 이유로 적절하지 않은 것은?

① 외부로부터 허가받지 않은 불법적인 접근이나 해커의 공격으로부터 내부의 네트워크를 효과적으로 보호할 수 있다.
② 방화벽의 접근제어, 인증, 암호화와 같은 기능으로 네트워크를 보호할 수 있다.
③ 역추적 기능이 있어서 외부의 침입자를 역추적하여 흔적을 찾을 수 있다.
④ 방화벽을 이용하면 외부의 보안이 완벽하며, 내부의 불법적인 해킹도 막을 수 있다.

17년 3월

38 다음 중 컴퓨터 보안 기법의 하나인 방화벽에 관한 설명으로 옳지 않은 것은?

① 전자 메일 바이러스나 온라인 피싱 등을 방지할 수 있다.
② 해킹 등에 의한 외부로의 정보 유출을 막기 위해 사용하는 보안 기법이다.
③ 외부 침입자의 역추적 기능이 있다.
④ 내부의 불법 해킹은 막지 못한다.

기적의TIP 방화벽의 개념과 필요성에 대해 이해하고 방화벽의 역할이 무엇인지 정확히 알아 두면 됩니다.

020 암호화 기법

▶ 합격 강의

비밀키 암호화 (대칭키, 단일키)	• 송신자와 수신자가 서로 동일(대칭)한 하나(단일)의 비밀키를 가짐 • 암호화와 복호화의 속도가 빠름 • 단일키이므로 알고리즘이 간단하고 파일의 크기가 작음 • 사용자가 많아지면 관리할 키의 개수가 늘어남 • 대표적인 방식은 DES가 있음
공개키 암호화 (비대칭키, 이중키)	• 암호화키와 복호화키가 서로 다른(비대칭) 두 개(이중키)의 키를 가짐 • 암호화와 복호화의 속도가 느림 • 암호화는 공개키로, 복호화는 비밀키로 함 • 이중키이므로 알고리즘이 복잡하고 파일의 크기가 큼 • 암호화가 공개키이므로 키의 분배가 쉽고, 관리할 키의 개수가 줄어듦 • 대표적인 방식으로는 RSA가 있음

20년 2월, 16년 3월

39 다음 중 정보보안을 위한 비밀키 암호화 기법에 대한 설명으로 옳지 않은 것은?

① 비밀키 암호화 기법의 안전성은 키의 길이 및 키의 비밀성 유지 여부에 영향을 많이 받는다.
② 암호화와 복호화 시 사용하는 키가 동일한 암호화 기법이다.
③ 알고리즘이 복잡하여 암호화나 복호화를 하는 속도가 느리다는 단점이 있다.
④ 사용자의 증가에 따라 관리해야 할 키의 수가 많아진다.

16년 10월

40 다음 중 정보보안을 위해 사용하는 공개키 암호화 기법에 대한 설명으로 옳지 않은 것은?

① 알고리즘이 복잡하며 암호화와 복호화 속도가 느리다.
② 키의 분배가 용이하고 관리해야 할 키의 수가 적다.
③ 비대칭 암호화 기법이라고도 하며 대표적으로 DES가 있다.
④ 데이터를 암호화할 때 사용하는 키를 공개하고 복호화할 때 키는 비밀로 한다.

기적의TIP 비밀키, 대칭키, 단일키가 같은 의미이며 공개키, 비대칭키, 이중키가 같은 의미인 것을 정확히 숙지하고 각 암호별 특징에 대해 혼동하지 않도록 정확히 구분지어 암기해 두면 됩니다.

2과목 스프레드시트 일반

021 데이터 입력 방법

합격 강의

Enter	다음 행으로 셀 포인터를 이동
Shift + Enter	윗 행으로 셀 포인터를 이동
Esc	입력 중인 데이터를 취소
강제로 줄 바꿈	• 데이터 입력 후 Alt + Enter 를 누르면 동일한 셀에서 줄이 바뀌며, 이 때 두 줄 이상의 데이터를 입력할 수 있음 • [셀 서식]의 [맞춤] 탭에서 [자동 줄 바꿈] 확인란을 선택하면 셀 너비에 맞추어 자동으로 줄이 바뀜
동일한 데이터 입력하기	범위를 지정하고 데이터 입력 후 Ctrl + Enter 나 Ctrl + Shift + Enter 를 누르면 선택 영역에 동일한 데이터가 한꺼번에 입력됨

13년 3월

41 다음 중 엑셀의 데이터 입력에 관한 설명으로 옳지 않은 것은?

① 한 셀에 여러 줄로 데이터를 입력하려면 Alt + Enter 를 누르면 된다.
② 데이터 입력 도중 입력을 취소하려면 Esc 나 [빠른 실행 도구 모음]의 [취소] 버튼을 클릭한다.
③ 여러 셀에 동일한 내용을 입력하려면 해당 셀을 범위로 지정한 후 데이터를 입력하고 Shift + Enter 를 누른다.
④ 특정 부분을 범위로 지정한 후 데이터를 입력하고 Enter 를 누르면 셀 포인터가 지정한 범위 안에서만 이동한다.

17년 3월

42 다음 중 엑셀의 데이터 입력에 대한 설명으로 옳지 않은 것은?

① 한 셀에 여러 줄의 데이터를 입력하려면 Alt + Enter 를 사용한다.
② 셀에 데이터를 입력하고 Shift + Enter 를 누르면 셀 입력이 완료되고 바로 아래의 셀이 선택된다.
③ 같은 데이터를 여러 셀에 한 번에 입력하려면 Ctrl + Enter 를 사용한다.
④ 수식이 들어 있는 셀을 선택하고 채우기 핸들을 두 번 클릭하면 수식이 적용되는 모든 인접한 셀에 대해 아래쪽으로 수식을 자동 입력할 수 있다.

기적의TIP 데이터 입력 방법은 자주 출제되는 내용이며 기본 작업에 해당하므로 반드시 실습을 통해 익혀 두기 바랍니다.

022 각종 데이터 입력

합격 강의

• 한자 입력 : 한자의 음을 한글로 입력한 다음 한자를 누르고 목록에서 원하는 한자를 선택함
• 특수 문자 : [삽입] 탭-[기호] 그룹-[기호]를 실행하거나 한글 자음(ㄱ,ㄴ,ㄷ,…,ㅎ) 중의 하나를 누르고 한자를 눌러 목록에서 원하는 특수 문자를 선택함
• 분수는 숫자와 공백으로 시작하여(한 칸 띄운 다음에) 입력(예 0 2/3)
• 숫자로만 된 데이터를 문자 데이터로 입력하려면 데이터 앞에 작은따옴표(')를 먼저 입력(예 '010, '007)

14년 6월

43 다음 중 자료 입력에 대한 설명으로 옳지 않은 것은?

① 한자를 입력하려면 한글을 입력한 후 키보드의 한자를 눌러 변환한다.
② 특수문자를 입력하려면 먼저 한글 자음을 입력한 후 키보드의 한/영을 눌러 원하는 특수문자를 선택한다.
③ 숫자 데이터를 문자 데이터로 입력하려면 숫자 데이터 앞에 문자 접두어(')를 입력한다.
④ 분수 앞에 정수가 없는 일반 분수를 입력하려면 '0'을 먼저 입력하고 Space Bar 를 눌러 빈 칸을 한 개 입력한 후 '3/8'과 같이 분수를 입력한다.

16년 6월

44 다음 중 데이터 입력에 대한 설명으로 옳지 않은 것은?

① 고정 소수점이 포함된 숫자를 입력하려면 [Excel 옵션]의 [고급] 편집 옵션에서 '소수점 자동 삽입' 확인란을 선택하고 소수점 위치를 설정한다.
② 셀에 입력하는 글자 중 처음 몇 자가 해당 열의 기존 내용과 일치하면 나머지 글자가 자동으로 입력되며, 텍스트나 텍스트/숫자 조합, 날짜가 입력되는 경우에만 자동으로 입력된다.
③ 두 개 이상의 셀을 선택하고 채우기 핸들을 끌 때 Ctrl 을 누르고 있으면 자동 채우기 기능을 해제할 수 있다.
④ 시간을 12시간제로 입력하려면 '9:00 pm'과 같이 시간 뒤에 공백을 입력하고 am 또는 pm을 입력한다.

날짜가 입력되는 경우는 자동으로 입력되지 않음

기적의TIP 문자, 숫자, 날짜/시간, 수식 데이터, 한자, 특수 문자의 입력 방법을 묻는 문제는 꾸준히 출제되고 있습니다. 각 데이터의 입력 방법에 대해 정확히 숙지해 두기 바랍니다.

023 사용자 지정 표시 형식

합격 강의

• ; : 양수, 음수, 0값을 세미콜론(;)으로 구분함
• # : 유효 자릿수만 나타내고 유효하지 않은 0은 표시하지 않음
• 0 : 유효하지 않은 자릿수를 0으로 표시함
• ? : 유효하지 않은 자릿수를 공백으로 표시함
• , : 천 단위 구분 기호로 쉼표를 삽입, ,(쉼표) 이후에 더 이상 코드가 없으면 천 단위 배수로 표시함
• [글꼴색] : 각 구역의 첫 부분에 지정하며 대괄호 안에 글꼴 색을 입력함
• [조건] : 조건과 일치하는 숫자에만 서식을 적용하고자 할 때 사용, 조건은 대괄호로 묶어 입력하며 비교 연산자와 값으로 이루어짐

20년 7월, 16년 6월, 15년 10월

45 다음 중 서식 코드를 셀의 사용자 지정 표시 형식으로 설정한 경우 입력 데이터와 표시 결과가 옳지 않은 것은?(단, 열 너비는 표준 열 너비이다.)

	서식 코드	입력 데이터	표시
ⓐ	# ???/???	3.75	3 3/4
ⓑ	0.00#,	-6789	-0.007
ⓒ	*-#,##0	6789	*----6789
ⓓ	▲#;▼#;0	-6789	▼6789

① ⓐ　② ⓑ
③ ⓒ　④ ⓓ

• 셀의 빈 열 폭 만큼 원하는 문자를 넣을 때 *를 이용하여 * 다음에 원하는 문자를 위치시키므로 ⓒ의 결과는 -----6,789로 표시됨
• ⓐ : #에 의해 3이 표시되며 0.75를 분수로 나타내어 3/4가 표시됨
• ⓑ : ,(쉼표) 이후 코드가 없으므로 -6789를 천 단위 배수로 표시하여 -6이 남고 반올림되어 -0.007이 표시됨
• ⓓ : -6789가 음수이므로 ▼#이 적용되어 ▼6789가 표시됨

16년 3월

46 다음 중 아래 조건을 처리하는 셀 서식의 사용자 지정 표시 형식으로 옳은 것은?

> 셀의 값이 1000 이상이면 '파랑', 1000 미만 500 이상이면 '빨강', 500 미만이면 색을 지정하지 않고, 각 조건에 대해 천 단위 구분 기호(,)와 소수 이하 첫째 자리까지 표시한다.
> [표시 예 1234.56 → 1,234.6, 432 → 432.0]

① [파랑][>=1000]#,##0.0;[빨강][>=500]#,##0.0;#,##0.0
② [파랑][>=1000]#,###.#;[빨강][>=500]#,###.#;#,###.#
③ [>=1000]<파랑>#,##0.0;[>=500]<빨강>#,##0.0;#,##0.0
④ [>=1000]<파랑>#,###.#;[>=500]<빨강>#,###.#;#,###.#

기적의TIP 사용자 지정 표시 형식은 매우 잘 출제되는 내용으로 숫자 서식을 응용한 여러 문제를 가지고 이해를 통한 반복적 학습이 필요합니다.

024 조건부 서식

▶ 합격 강의

- 특정한 규칙을 만족하는 셀에 대해서만 각종 서식, 테두리, 셀 배경색 등의 서식을 설정함
- [홈] 탭–[스타일] 그룹–[조건부 서식]에서 선택하여 적용함
- 조건부 서식은 기존의 셀 서식에 우선하여 적용됨
- 여러 개의 규칙이 모두 만족될 경우 지정한 서식이 충돌하지 않으면 규칙이 모두 적용되며, 서식이 충돌하면 우선순위가 높은 규칙의 서식이 적용됨
- 규칙의 개수에는 제한이 없음
- 서식이 적용된 규칙으로 셀 값 또는 수식을 설정할 수 있음. 규칙을 수식으로 입력할 경우 수식 앞에 등호(=)를 반드시 입력해야 함

11년 3월

47 다음 중 조건부 서식에 관한 설명으로 옳지 않은 것은?

① 셀에 입력된 값에 따라 데이터 막대를 표시할 수 있다.
② 셀 값이 규칙과 일치하거나 수식의 결과가 참일 때만 지정된 서식이 적용된다.
③ 해당 셀이 여러 개의 규칙을 동시에 만족하는 경우 마지막에 지정한 규칙의 서식으로 설정된다.
④ 조건을 만족하는 데이터가 있는 행 전체에 서식을 지정할 때는 규칙 입력 시 열 이름 앞에만 '$'를 붙인다.

15년 3월/10월

48 다음 중 아래의 [A1:E5] 영역에서 B열과 D열에만 배경색을 설정하기 위한 조건부 서식의 규칙으로 옳은 것은?

	A	B	C	D	E
1	자산코드	L47C	S22C	N71E	S34G
2	비품명	디스크	디스크	디스크	모니터
3	내용연수	4	3	3	5
4	경과연수	2	1	2	3
5	취득원가	550,000	66,000	132,000	33,000

① =MOD(COLUMNS($A1),2)=1
② =MOD(COLUMNS(A$1),2)=0
③ =MOD(COLUMN($A1),2)=0
④ =MOD(COLUMN(A$1),2)=0

COLUMN은 열 번호를 구해 주며 열을 2로 나눈 나머지를 MOD 함수로 구한 결과가 0인 경우 짝수 열이므로 [A1:E5] 영역일 경우 B열과 D열에만 배경색을 설정하기 위한 조건부 서식 규칙에 해당됨

기적의TIP 조건부 서식의 기능과 특징을 물어보는 문제에서 [수식을 사용하여 서식을 지정할 셀 결정]을 이용하는 문제까지 다양한 형태로 출제되는 경향을 보이고 있습니다. 실습을 병행한 학습이 필수입니다.

025 수학/통계 함수

▶ 합격 강의

ABS(수)	수의 절대값(부호 없는 수)을 구함
INT(수)	수를 가장 가까운 정수로 내린 값을 구함
SUM(수1, 수2,…)	인수로 지정한 숫자의 합계를 구함(인수는 1~255개까지 사용)
AVERAGE(수1,수2,…)	인수로 지정한 숫자의 평균을 구함
TRUNC(수1, 수2)	• 수1을 무조건 내림하여 자릿수(수2)만큼 반환함 • 수2를 생략하면 0으로 처리됨
MOD(수1, 수2)	수1을 수2로 나눈 나머지 값(수2가 0이면 #DIV/0! 오류 발생)을 구함
POWER(수1, 수2)	수1을 수2만큼 거듭 제곱한 값을 구함
ROUND(수1, 수2)	수1을 반올림하여 자릿수(수2)만큼 반환함
SQRT(수)	수의 양의 제곱근(인수에 음수를 지정하면 #NUM! 오류 발생)을 구함
CHOOSE(인덱스 번호, 인수1, 인수2,…)	인덱스 번호에 따라 값이나 작업을 선택할 때 사용되는 인수로 254개까지 지정할 수 있음
COUNTA(인수1, 인수2 …)	공백이 아닌 인수의 개수를 구함
MAXA(수1, 수2, …)	• 인수 중에서 최대값을 구함(논리 값, 텍스트로 나타낸 숫자 포함) • TRUE : 1로 계산, 텍스트나 FALSE : 0으로 계산
MINA(수1, 수2, …)	• 인수 중에서 최소값을 구함(논리 값, 텍스트로 나타낸 숫자 포함) • TRUE : 1로 계산, 텍스트나 FALSE : 0으로 계산
SMALL(배열, k)	인수로 지정한 숫자 중 k번째로 작은 값을 구함
LARGE(배열, k)	인수로 지정한 숫자 중 k번째로 큰 값을 구함

11년 10월

49 다음 중 수식과 그 실행 결과 값의 연결이 옳지 않은 것은?

① =ABS(INT(−7.9)) → 8
② =SUM(TRUNC(45.6), MOD(32,3)) → 47
③ =POWER(ROUND(2.3,0), SQRT(4)) → 9
④ =CHOOSE(3, SUM(10,10), INT(30.50),50) → 50

③ =POWER(ROUND(2.3,0), SQRT(4)) → 4
- ROUND(2.3,0) → 2 (반올림한 값을 구함)
- SQRT(4) → 2 (양의 제곱근을 구함)
- POWER(2,2) → 4 (거듭 제곱한 값을 구함)

17년 3월, 13년 10월

50 다음 중 아래 시트에서 각 수식을 실행했을 때의 결과 값으로 옳은 것은?

	A	B	C	D	E
1	이름	국어	영어	수학	평균
2	홍길동	83	90	73	82
3	이대한	65	87	91	81
4	한민국	80	75	100	85
5	평균	76	84	88	82.66667

① =SUM(COUNTA(B2:D4), MAXA(B2:D4)) → 102
② =AVERAGE(SMALL(C2:C4, 2), LARGE(C2:C4, 2)) → 75
③ =SUM(LARGE(B3:D3, 2), SMALL(B3:D3, 2)) → 174
④ =SUM(COUNTA(B2,D4), MINA(B2,D4)) → 109

③ =SUM(LARGE(B3:D3, 2), SMALL(B3:D3, 2)) → 174
- LARGE(B3:D3, 2) → 87 (B3:D3 범위에서 2번째로 큰 수를 구함)
- SMALL(B3:D3, 2) → 87 (B3:D3 범위에서 2번째로 작은 수를 구함)
- SUM(87,87) → 174 (인수로 지정한 숫자의 합계를 구함)

기적의TIP 수학/통계 함수는 실무에서도 많이 사용되고 시험에도 자주 출제되는 함수이므로 실습을 병행하여 이해를 통한 숙지가 중요합니다. 특히, 여러 함수가 중첩되어 결과를 묻는 문제에 잘 대비하기 바랍니다.

026 논리/텍스트 함수

▶ 합격 강의

- IF(조건, 참, 거짓) : 조건이 맞으면 '참', 틀리면 '거짓'의 값 추출
- LEFT : 왼쪽에서 텍스트 추출
- RIGHT : 오른쪽에서 텍스트 추출
- IFS : 하나 이상의 조건이 충족되는지 확인하고 첫 번째 TRUE 조건에 해당하는 값을 반환하며 여러 중첩된 IF문 대신 사용할 수 있으며 최대 127개까지 조건을 줄 수 있음
- SWITCH : 값의 목록에 대한 하나의 값(식이라고 함)을 계산하고 첫 번째 일치하는 값에 해당하는 결과를 반환함
- REPLACE : 시작 위치의 바꿀 개수만큼 텍스트1의 일부를 다른 텍스트2로 교체함
- SUBSTITUTE : 텍스트에서 찾을 위치의 텍스트를 찾아서 새로운 텍스트로 대체함
- CONCAT : 텍스트를 연결하여 나타냄

12년 9월

51 [A1] 셀의 값 "TR-A-80"을 [B1] 셀에 "TR-A80"으로 바꾸어 표시하고자 할 때, 다음 수식 중 옳지 않은 결과가 나오는 것은?

① =REPLACE(A1,5,1,"")
② =CONCAT(LEFT(A1,4),MID(A1,6,2))
③ =SUBSTITUTE(A1,"-","",5)
④ =LEFT(A1,4)&RIGHT(A1,2)

③ =SUBSTITUTE(A1,"-","",5) : "TR-A-80"에서 5번째 '-'를 찾아서 공백으로 만듦. '-'는 두 개밖에 없기 때문에 5번째 '-'는 없으므로 데이터가 그대로 표시됨. 즉, SUBSTITUTE(A1,"-","",2)로 수정해야 두 번째 '-'를 찾아서 공백으로 만들어 "TR-A80"으로 표시할 수 있음

13년 3월

52 다음 워크시트에서 [A] 열의 사원코드 중 첫 문자가 A이면 50, B이면 40, C이면 30의 기말수당을 지급하고자 할 때 수식으로 옳은 것은?

	A	B
1	사원코드	기말수당
2	A101	50
3	B101	40
4	C101	30
5	* 수당단위는 천원임	

① =IF(LEFT(A2,1)="A",50,IF(LEFT(A2,1)="B",40,30))
② =IF(RIGHT(A2,1)="A",50,IF(RIGHT(A2,1)="B",40,30))
③ =IF(LEFT(A2,1)='A',50,IF(LEFT(A2,1)='B',40,30))
④ =IF(RIGHT(A2,1)='A',50,IF(RIGHT(A2,1)='B',40,30))

① =IF(LEFT(A2,1)="A",50,IF(LEFT(A2,1)="B",40,30))
→ A2 셀의 텍스트 데이터 "A101"의 왼쪽에서 1자리를 추출하여 "A"와 같으면 50, "B"이면 40 아니면 30을 결과로 나타냄

기적의TIP 논리 함수는 텍스트 함수와 중첩되어 자주 출제되며 꾸준한 출제가 예상됩니다. 함수의 기능에 대한 정확한 이해와 숙지가 필요합니다.

027 찾기, 참조 함수

▶ 합격 강의

- XLOOKUP(찾을 값, 찾을 범위, 반환 범위, 찾을 값 없을 때 텍스트, 일치 유형, 검색 방법) : "찾을 값"을 "찾을 범위"에서 찾아서 "반환 범위"의 값을 반환함
- VLOOKUP(값, 범위, 열 번호, 방법) : 범위의 첫 번째 열에서 값을 찾아 지정한 열에서 대응하는 값을 반환함
- HLOOKUP(값, 범위, 행 번호, 방법) : 범위의 첫 번째 행에서 값을 찾아 지정한 행에서 대응하는 값을 반환함
- CHOOSE(인덱스번호, 인수1, 인수2, …) : 인덱스 번호에 의해 인수를 순서대로 선택함
- CELL(정보 유형, 참조 영역) : 참조 영역의 정보 유형을 반환함
- 정보 유형 "row" : 참조 영역 안에서 셀의 행 번호를 반환
- TYPE(숫자, 텍스트, 논리 값 등) : 값의 유형을 반환함

값(Value)	TYPE 결과
숫자	1
텍스트	2
논리 값	4
오류 값	16
배열	64

- OFFSET(기준 셀 범위, 행 수, 열 수, 구할 셀 높이, 구할 셀 너비) : 셀 범위에서 지정한 행 수와 열 수인 범위에 대한 참조를 구함. 행 수는 양수는 아래 방향, 음수는 위 방향, 열 수는 양수는 오른쪽 방향, 음수는 왼쪽 방향을 의미함
- INDEX(셀 범위, 행 번호, 열 번호) : 셀 범위에서 행, 열 번호 값을 산출함
- MATCH(검색 자료, 셀 범위, 검색 유형) : 셀 범위에서 검색 자료의 상대 위치(몇 번째 행) 또는 열을 표시함
- XMATCH : 배열 또는 셀 범위에서 지정된 항목을 검색한 다음 항목의 상대 위치를 반환함. MATCH 함수와 기본 기능은 같으나 XMATCH 함수는 와일드카드 문자를 사용할 수 있으며 검색 방법 기능이 추가됨

11년 3월

53 다음 시트의 데이터를 이용하여 =HLOOKUP("1분기실적", A2:C7, 3) 수식의 결과 값으로 옳은 것은?

	A	B	C
1			(단위:천만원)
2	지점	1분기실적	2분기실적
3	서울	359	1,580
4	부산	1,274	982
5	인천	335	352
6	대구	294	321
7	광주	310	365

① 335　② 1,580
③ 1,274　④ 982

=HLOOKUP("1분기실적", A2:C7, 3) : [A2:C7]에서 '1분기실적'이 있는 열을 찾아 같은 열 3행의 값을 반환함 → 1,274

16년 6월

54 다음 중 아래의 워크시트에서 수식의 결과로 '부사장'을 출력하지 않는 것은?

	A	B	C	D
1	사원번호	성명	직함	생년월일
2	101	구민정	영업 과장	1980-12-08
3	102	강수영	부사장	1965-02-19
4	103	김진수	영업 사원	1991-08-03
5	104	박용만	영업 사원	1990-09-19
6	105	이순신	영업 부장	1971-09-20

① =CHOOSE(CELL("row",B3), C2, C3, C4, C5, C6)
② =CHOOSE(TYPE(B4), C2, C3, C4, C5, C6)
③ =OFFSET(A1:A6,2,2,1,1)
④ =INDEX(A2:D6,MATCH(A3, A2:A6, 0), 3)

- CELL("row",B3) → [B3] 셀의 행 번호는 3
- =CHOOSE(3, C2, C3, C4, C5, C6) → 3이므로 세 번째의 C4 값인 "영업 사원"이 표시됨

오답 피하기

- TYPE(B4) → B4가 "김진수", 텍스트이므로 2가 산출됨
- =CHOOSE(2, C2, C3, C4, C5, C6) → 2이므로 두 번째의 C3 값인 "부사장"이 표시됨
- =OFFSET(A1:A6,2,2,1,1) → A1을 기준으로 아래로 2행, 오른쪽으로 2열, 셀 높이, 너비가 1이므로 "부사장"이 표시됨
- MATCH(A3, A2:A6, 0) → A3 셀의 값 102를 A2:A6에서 찾아서 102의 위치값 2를 구함
- =INDEX(A2:D6, 2, 3) → A2:D6에서 2행 3열의 값이므로 "부사장"이 표시됨

기적의TIP 찾기, 참조 함수는 이해하기 어렵고 까다로운 함수이므로 문제 예를 가지고 실습을 통해 함수의 중첩을 분리하여 결과를 확인하는 학습이 중요합니다.

028 D 함수

합격 강의

- DSUM(데이터베이스, 필드, 조건 범위) : 조건을 만족하는 필드의 합계를 구함
- DAVERAGE(데이터베이스, 필드, 조건 범위) : 조건을 만족하는 필드의 평균을 구함
- DCOUNT(데이터베이스, 필드, 조건 범위) : 조건을 만족하는 필드의 개수(수치)를 구함
- DCOUNTA(데이터베이스, 필드, 조건 범위) : 조건을 만족하는 모든 필드의 개수를 구함
- DMAX(데이터베이스, 필드, 조건 범위) : 조건을 만족하는 필드의 최대값을 구함
- DMIN(데이터베이스, 필드, 조건 범위) : 조건을 만족하는 필드의 최소값을 구함

13년 6월

55 다음 중 아래 그림에서 수식 =DMIN(A1:C6,2,E2:E3)을 실행하였을 때의 결과 값으로 옳은 것은?

	A	B	C	D	E
1	이름	키	몸무게		
2	홍길동	165	67		몸무게
3	이대한	170	69		>=60
4	한민국	177	78		
5	이우리	162	58		
6	김상공	180	80		

① 165 ② 170
③ 177 ④ 162

=DMIN(A1:C6,2,E2:E3) : D함수(데이터베이스, 필드, 조건 범위)에서 필드가 2이므로 키에서 조건 범위 [E2:E3]에 의해 몸무게가 60 이상인 경우 해당 키 중 DMIN 최소값이므로 165가 됨

15년 6월

56 다음 중 아래의 시트에서 수식 =DSUM(A1:D7, 4, B1:B2)을 실행했을 때의 결과 값으로 옳은 것은?

	A	B	C	D
1	성명	부서	1/4분기	2/4분기
2	김남이	영업1부	10	15
3	이지영	영업2부	20	25
4	하나미	영업1부	15	20
5	임진태	영업2부	10	10
6	현민대	영업2부	20	15
7	한민국	영업1부	15	20

① 10 ② 15
③ 40 ④ 55

=DSUM(A1:D7, 4, B1:B2) : 조건 범위가 [B1:B2]이므로 부서가 '영업1부'인 경우 필드가 4인 2/4분기의 합을 구하므로 결과는 55가 됨(15+20+20)

기적의TIP D 함수는 데이터베이스에서 조건 범위에 따른 필드의 D 함수 결과를 얻는 개념 파악만 하면 어렵지 않게 풀 수 있는 문제입니다.

029 배열과 배열 수식/배열 함수

합격 강의

- 열은 콤마(,)를 사용하여 구분하고, 행은 세미콜론(;)을 사용하여 구분함
- Ctrl+Shift+Enter를 누르면 수식은 자동으로 중괄호({ })로 둘러싸이며 배열 수식임을 표시함
- 배열 수식은 기본적으로 행과 열이 서로 대응하는 원소끼리 수행함
- MDETERM : 배열의 행렬식을 구함
- MINVERSE : 배열로 저장된 행렬에 대한 역행렬을 구함
- MMULT : 배열의 행렬 곱을 구함
- PERCENTILE.INC : 범위에서 k번째 백분위수 값을 구함
- FREQUENCY : 값의 범위 내에서 해당 값의 발생 빈도를 계산하여 세로 배열 형태로 나타내 줌

14년 6월, 12년 9월

57 아래 시트에서 배열 수식을 이용하여 한 번에 금액 [D2:D5]을 구하려고 한다. 다음 중 [D2] 셀에 입력할 배열 수식으로 옳은 것은?(단, 금액 = 수량*단가)

	A	B	C	D
1	제품명	수량	단가	금액
2	디지털카메라	10	350,000	
3	전자사전	15	205,000	
4	모니터	20	155,000	
5	태블릿	5	550,000	

① {=B2*C2}
② {=B2:B5*C2:C5}
③ {=B2*C2:B5*C5}
④ {=SUMPRODUCT(B2:B5,C2:C5)}

16년 6월

58 다음 중 배열 수식 및 배열 함수에 대한 설명으로 옳지 않은 것은?

① 배열 수식에서 사용되는 배열 상수에는 숫자, 텍스트, TRUE나 FALSE 등의 논리 값 또는 #N/A와 같은 오류 값이 포함될 수 있다.
② MDETERM 함수는 배열로 저장된 행렬에 대한 역행렬을 산출한다.
③ PERCENTILE.INC 함수는 범위에서 k번째 백분위수 값을 구하며, 이때 k는 0에서 1까지 백분위수 값 범위이다.
④ FREQUENCY 함수는 값의 범위 내에서 해당 값의 발생 빈도를 계산하여 세로 배열 형태로 나타낸다.

기적의TIP 배열과 배열 수식, 배열 함수는 1급에서 자주 출제되는 부분이므로 개념 파악과 이해가 중요합니다. 아울러 배열 함수에 대한 기능을 묻는 문제가 출제되는 경향이 있으므로 혼동하지 않게 잘 숙지해 두기 바랍니다.

030 정렬

합격 강의

- 오름차순 정렬은 숫자일 경우 작은 값에서 큰 값 순서로 정렬되며, 내림차순 정렬은 그 반대로 재배열됨
- 영문 대/소문자를 구분하여 정렬하는 기능을 제공하며, 오름차순 정렬 시 소문자가 우선순위를 갖음
- 오름차순 정렬 : 숫자 – 기호 문자 – 영문 소문자 – 영문 대문자 – 한글 – 빈 셀 (단, 대/소문자 구분하도록 설정했을 때)
- 내림차순 정렬 : 한글 – 영문 대문자 – 영문 소문자 – 기호 문자 – 숫자 – 빈 셀 (단, 대/소문자 구분하도록 설정했을 때)
- 정렬 전에 숨겨진 행 및 열 표시 : 숨겨진 열이나 행은 정렬 시 이동되지 않음
- 최대 64개의 열을 기준으로 정렬할 수 있음

18년 3월, 14년 10월

59 다음 중 데이터 정렬 기능에 대한 설명으로 옳지 않은 것은?

① 원칙적으로 숨겨진 행이나 열에 있는 데이터는 정렬에 포함되지 않는다.
② 정렬은 기본적으로 왼쪽에서 오른쪽으로 열 단위로 정렬한다.
③ 영문자는 대/소문자를 구분하여 정렬할 수 있다.
④ 빈 셀은 오름차순/내림차순 정렬 방법에 상관없이 항상 가장 마지막으로 정렬된다.

16년 3월

60 다음 중 엑셀의 정렬 기능에 대한 설명으로 옳지 않은 것은?

① 오름차순 정렬과 내림차순 정렬 모두 빈 셀은 항상 마지막으로 정렬된다.
② 영숫자 텍스트는 왼쪽에서 오른쪽 방향으로 문자 단위로 정렬된다.
③ 사용자가 [정렬 옵션] 대화 상자에서 대/소문자를 구분하도록 변경하여, 오름차순으로 정렬하면 대문자가 소문자보다 우선순위를 갖는다.
④ 공백으로 시작하는 문자열은 오름차순 정렬일 때 숫자 바로 다음에 정렬되고, 내림차순 정렬일 때는 숫자 바로 앞에 정렬된다.

기적의TIP 정렬은 매회 출제되는 매우 중요한 내용입니다. 개념과 기능을 확실히 알아두기 바랍니다.

031 필터

▶ 합격 강의

- 자동 필터 : 자동 필터를 이용하여 추출한 데이터는 항상 레코드(행) 단위로 표시, 같은 열에 여러 개의 항목을 동시에 선택하여 데이터를 추출할 수 있음
- 고급 필터 : 조건 범위와 복사 위치는 고급 필터 명령을 실행하기 전에 설정해 놓아야 함, 결과를 '현재 위치에 필터'로 선택한 경우 복사 위치를 지정할 필요가 없으며, [자동필터]처럼 현재 데이터 범위 위치에 고급 필터 결과를 표시함
- 단일 조건 : 첫 행에 필드명을 입력하고, 필드명 아래에 검색할 값을 입력
- AND 조건 : 첫 행에 필드명을 나란히 입력하고, 동일한 행에 조건을 입력
- OR 조건 : 첫 행에 필드명을 나란히 입력하고, 서로 다른 행에 조건을 입력
- 복합 조건(AND, OR 결합) : 첫 행에 필드명을 나란히 입력하고, 동일한 행에 조건을 입력, 그리고 다음 동일한 행에 두 번째 조건을 입력
- 고급 필터에서 조건 범위를 만들 때 만능 문자(?, *)를 사용할 수 있음

15년 10월

61 직원현황 표에서 이름이 세 글자이면서 '이'로 시작하고 TOEIC 점수가 600점 이상 800점 미만인 직원이거나, 직급이 대리이면서 연차가 3년 이상인 직원의 데이터를 추출하고자 한다. 다음 중 이를 위한 [고급 필터]의 검색 조건으로 옳은 것은?

①

이름	TOEIC	TOEIC	직급	연차
이??	>=600	<800		
			대리	>=3

②

이름	TOEIC	TOEIC	직급	연차
이**	>=600		대리	
		<800		>=3

③

이름	TOEIC	TOEIC	직급	연차
이??	>=600		대리	
		<800		>=3

④

이름	TOEIC	TOEIC	직급	연차
이**	>=600	<800		
			대리	>=3

16년 6월

62 다음 중 자동 필터에 관한 설명으로 옳지 않은 것은?

① 날짜가 입력된 열에서 요일로 필터링하려면 '날짜 필터' 목록에서 필터링 기준으로 사용할 요일을 하나 이상 선택하거나 취소한다.
② 두 개 이상의 필드에 조건을 설정하는 경우 필드 간에는 AND 조건으로 결합되어 필터링된다.
③ 열 머리글에 표시되는 드롭다운 화살표에는 해당 열에서 가장 많이 나타나는 데이터 형식에 해당하는 필터 목록이 표시된다.
④ 자동 필터를 사용하면 목록 값, 서식 또는 조건 등 세 가지 유형의 필터를 만들 수 있으며, 각 셀의 범위나 표 열에 대해 한 번에 한 가지 유형의 필터만 사용할 수 있다.

'날짜 필터' 목록에서 필터링 기준으로 사용할 요일은 지원되지 않음

기적의TIP 필터는 자동 필터와 고급 필터 모두 꾸준히 출제되고 있으며 특히, 고급 필터에서 검색 조건과 만능 문자, 수식을 이용한 조건을 사용하여 검색하는 문제가 자주 출제되고 있습니다. 실습을 통한 정확한 이해가 필요합니다.

032 부분합

▶ 합격 강의

- 워크시트에 있는 데이터를 일정한 기준으로 요약하여 통계 처리를 수행함
- 기준이 될 필드(열)로 먼저 정렬(오름차순 또는 내림차순)해야 함
- 그룹화할 항목 : 부분합을 계산할 기준 필드
- 사용할 함수 : 합계, 개수, 평균, 최대값, 최소값, 곱, 숫자 개수, 표본 표준 편차, 표준 편차, 표본 분산, 분산 등 계산 항목에서 선택한 필드를 계산할 방식을 지정함
- 새로운 값으로 대치 : 이미 부분합이 작성된 목록에서 이전 부분합을 지우고 현재 설정대로 새로운 부분합을 작성하여 삽입함
- 모두 제거 : 목록에 삽입된 부분합이 삭제되고, 원래 데이터 상태로 돌아감

13년 6월

63 다음 중 부분합에 대한 설명으로 옳지 않은 것은?

① 부분합은 SUBTOTAL 함수를 사용하여 합계나 평균 등의 요약 값을 계산한다.
② 첫 행에는 열 이름표가 있어야 하며, 데이터는 그룹화할 항목을 기준으로 정렬되어 있어야 한다.
③ 항목 및 하위 항목별로 데이터를 요약하며, 사용자 지정 계산과 수식을 만들 수 있다.
④ 부분합을 제거하면 부분합과 함께 표에 삽입된 개요 및 페이지 나누기도 제거된다.

14년 10월, 12년 9월

64 다음 중 부분합에 대한 설명으로 옳지 않은 것은?

① 부분합을 작성하려면 첫 행에는 열 이름표가 있어야 하며, 그룹화할 항목을 기준으로 반드시 정렬해야 제대로 된 결과를 얻을 수 있다.
② 그룹화를 위한 데이터의 정렬을 오름차순으로 할 때와 내림차순으로 할 때의 그룹별 부분합의 결과는 서로 다르다.
③ 부분합을 제거하면 부분합과 함께 표에 삽입된 개요 및 페이지 나누기도 모두 제거된다.
④ 부분합 대화 상자에서 '새로운 값으로 대치'를 해제하지 않고 부분합을 실행하면 이전에 작성한 부분합은 삭제되고 새롭게 작성한 부분합만 표시된다.

기적의TIP 부분합은 정렬 작업이 선행되어야 하는 점에 유의하고 부분합의 기능별 특징에 대해 정확히 숙지해 두기 바랍니다.

033 데이터 표

▶ 합격 강의

- 워크시트에서 특정 데이터를 변화시켜 수식의 결과가 어떻게 변하는지 보여 주는 셀 범위를 데이터 표라고 함
- 데이터 표 범위를 지정한 다음 [데이터] 탭-[예측] 그룹-[가상 분석]을 클릭한 후 [데이터 표] 메뉴를 실행하고, '행 입력 셀'과 '열 입력 셀'을 지정하여 작성함
- 데이터 표의 수식은 데이터 표를 작성하기 위해 필요한 변수가 하나인지 두 개인지에 따라 수식의 작성 위치가 달라짐
- 데이터 표 기능을 통해 입력된 셀의 일부분만 수정하거나 삭제할 수 없음(데이터 표 범위의 전체를 수정해야 함)

11년 7월/10월

65 다음 중 데이터 표에 관한 설명으로 옳지 않은 것은?

① 데이터 표 기능을 통해 입력된 셀의 일부분만 수정하거나 삭제할 수 있다.
② 수식이 입력될 범위를 반드시 먼저 설정한 후 데이터 표 기능을 실행해야 올바른 결과를 얻을 수 있다.
③ 데이터 표 기능을 이용하여 계산된 결과는 참조하고 있는 셀의 데이터가 수정되면 자동으로 갱신된다.
④ '열 입력 셀'만 지정되는 경우는 수식에서 참조되어야 하는 데이터가 하나의 열에 입력되어 있는 경우이다.

15년 6월, 13년 10월

66 아래 시트에서 [표1]의 할인율 [B3]을 적용한 할인가 [B4]를 이용하여 [표2]의 각 정가에 해당하는 할인가 [E3:E6]를 계산하고자 한다. 다음 중 이 때 가장 적합한 데이터 도구는?

	A	B	C	D	E
1	[표1] 할인 금액			[표2] 할인 금액표	
2	정가	₩10,000		정가	₩9,500
3	할인율	5%		₩10,000	
4	할인가	₩9,500		₩15,000	
5				₩24,000	
6				₩30,000	

① 통합
② 데이터 표
③ 부분합
④ 시나리오 관리자

기적의TIP 데이터 표는 이론적으로는 이해가 어렵기 때문에 실습을 통해 기능을 이해하는 것이 좋습니다.

034 피벗 테이블/피벗 차트 보고서

합격 강의

- 피벗 테이블은 방대한 양의 자료를 빠르게 요약하여 보여 주는 대화형 테이블
- 피벗 테이블 보고서는 각 필드에 다양한 조건을 지정할 수 있으며, 일정한 그룹별로 데이터 집계가 가능함
- 피벗 차트 작성 시 자동으로 피벗 테이블도 함께 만들어짐. 즉, 피벗 테이블을 만들지 않고는 피벗 차트를 만들 수 없음
- 피벗 테이블과 피벗 차트를 함께 만든 후에 작성된 피벗 테이블을 삭제하면 피벗 차트는 일반 차트로 변경됨
- 데이터 새로 고침 : 피벗 테이블은 원본 데이터와 연결되어 있지만 원본 데이터가 변경될 때 자동으로 피벗 테이블 내용을 변경하지 못함

20년 2월, 16년 6월

67 다음 중 피벗 테이블과 피벗 차트에 대한 설명으로 옳지 <u>않은</u> 것은?

① 새 워크시트에 피벗 테이블을 생성하면 보고서 필터의 위치는 [A1] 셀, 행 레이블은 [A3] 셀에서 시작한다.
② 피벗 테이블과 연결된 피벗 차트가 있는 경우 피벗 테이블에서 [모두 지우기] 명령을 사용하면 피벗 테이블과 피벗 차트의 필드, 서식 및 필터가 제거된다.
③ 하위 데이터 집합에도 필터와 정렬을 적용하여 원하는 정보만 강조할 수 있으나 조건부 서식은 적용되지 않는다.
④ [피벗 테이블 옵션] 대화 상자에서 오류 값을 빈 셀로 표시하거나 빈 셀에 원하는 값을 지정하여 표시할 수도 있다.

하위 데이터 집합에 대해 필터, 정렬, 그룹 및 조건부 서식을 적용하여 원하는 정보만 강조할 수 있음

17년 3월

68 다음 중 피벗 차트 보고서에 대한 설명으로 옳지 <u>않은</u> 것은?

① 피벗 차트 보고서에 필터를 적용하면 피벗 테이블 보고서에 자동 적용된다.
② 처음 피벗 테이블 보고서를 만들 때 자동으로 피벗 차트 보고서를 함께 만들 수도 있고, 기존 피벗 테이블 보고서에서 피벗 차트 보고서를 만들 수도 있다.
③ 피벗 차트 보고서를 정적 차트로 변환하려면 관련된 피벗 테이블 보고서를 선택한 후 [피벗 테이블 분석] 탭–[동작] 그룹의 [지우기]–[모두 지우기] 명령을 수행하여 피벗 테이블 보고서를 먼저 삭제한다.
④ 피벗 차트 보고서를 삭제해도 관련된 피벗 테이블 보고서는 삭제되지 않는다.

기적의TIP 피벗 테이블/피벗 차트 보고서의 개념과 구성 요소, 레이아웃, 도구 모음에 대한 전반적인 숙지가 필요합니다. 특히, 새로 고침에 대한 부분은 반드시 숙지해 두기 바랍니다.

035 목표값 찾기

합격 강의

- 수식의 결과 값은 알고 있으나 그 결과 값을 얻기 위한 입력 값을 모를 때 목표값 찾기 기능을 이용함
- 수식에서 참조한 특정 셀의 값을 계속 변화시켜 수식의 결과 값을 원하는 값으로 찾음
- [데이터] 탭–[예측] 그룹–[가상 분석]을 클릭한 후 [목표값 찾기] 메뉴를 선택하여 수식 셀, 찾는 값, 값을 바꿀 셀을 지정함
- 찾는 값 : 수식 셀의 결과로, 원하는 특정한 값을 숫자 상수로 입력함

12년 6월

69 다음 중 목표값 찾기에 관한 설명으로 옳지 <u>않은</u> 것은?

① 목표값 찾기는 수식이 사용된 셀에서 수식으로 구하려는 결과 값은 알고 있으나 그 결과 값을 얻기 위해 필요한 수식 입력 값을 모르는 경우에 사용하는 기능이다.
② 여러 개의 변수를 조정하여 특정한 목표값을 찾을 때는 '해 찾기'를 이용한다.
③ 변경할 입력 값에 제한 조건을 지정하여 가장 효과적인 입력 값을 구할 수 있다.
④ 목표값 찾기에서 결과 값으로 사용되는 셀은 반드시 다른 셀을 참조하는 수식으로 구성되어 있어야 한다.

16년 3월

70 다음 중 아래 그림과 같이 목표값 찾기를 지정했을 때의 설명으로 옳은 것은?

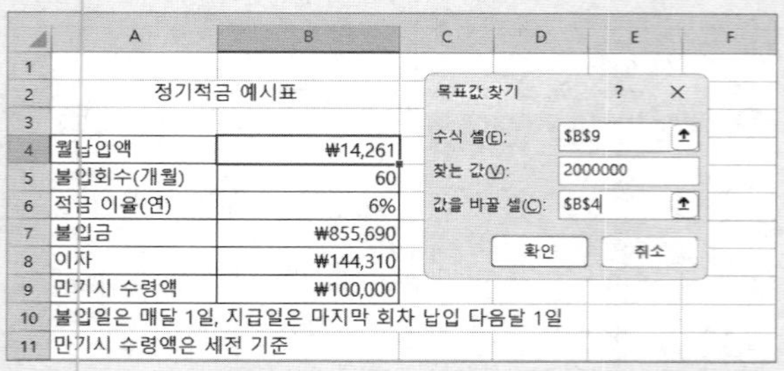

① 만기 시 수령액이 2,000,000원이 되려면 월 납입금은 얼마가 되어야 하는가?
② 만기 시 수령액이 2,000,000원이 되려면 적금 이율(연)이 얼마가 되어야 하는가?
③ 불입금이 2,000,000원이 되려면 만기 시 수령액은 얼마가 되어야 하는가?
④ 월 납입금이 2,000,000원이 되려면 만기 시 수령액은 얼마가 되어야 하는가?

기적의TIP 목표값 찾기의 쓰임새에 대한 이해와 기능을 정확히 파악하고 찾는 값에 숫자 상수가 입력되어야 하는 점에 주의하기 바랍니다.

036 시나리오

합격 강의

- 변경 요소가 많은 작업표에서 가상으로 수식이 참조하고 있는 셀의 값을 변화시켜 작업표의 결과를 예측하는 기능
- 변경 요소가 되는 값의 그룹을 '변경 셀'이라고 하며, 하나의 시나리오에 최대 32개까지 변경 셀을 지정할 수 있음
- 변경 셀로 지정한 셀에 계산식이 포함되어 있으면 자동으로 상수로 변경되어 시나리오가 작성됨
- '결과 셀'은 변경 셀 값을 참조하는 수식으로 입력되어야 함
- 병합 : 열려 있는 다른 통합 문서의 워크시트에서 시나리오를 가져와 현재 시트의 시나리오에 추가함

15년 3월

71 다음 중 아래 [시나리오 관리자] 대화 상자의 각 버튼에 대한 설명으로 옳지 않은 것은?

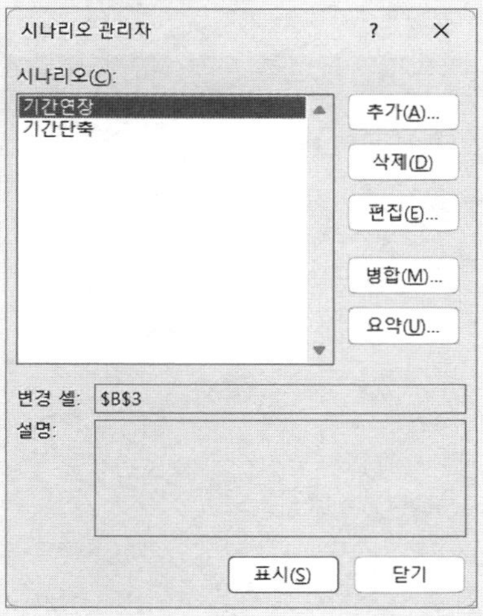

① 표시 : 선택한 시나리오에 대해 결과를 표시한다.
② 편집 : 선택한 시나리오를 변경한다.
③ 병합 : 다른 워크시트의 시나리오를 통합하여 함께 관리한다.
④ 요약 : 시나리오에 대한 요약 보고서나 피벗 테이블을 작성한다.

17년 3월

72 아래는 연이율 6%의 대출금 5,000,000원을 36개월, 60개월, 24개월로 상환 시 월상환액에 따른 시나리오 요약 보고서를 작성한 것이다. 다음 중 이에 관한 설명으로 옳지 않은 것은?

	A	B
1	원금	5,000,000
2	연이율	6%
3	기간	36
4		
5	월 상환액	₩152,110
6	총 상환액	₩5,475,948.74
7		

➡

시나리오 요약				
		현재 값:	기간연장	기간단축
변경 셀:				
	기간	36	60	24
결과 셀:				
	월상환액	₩152,110	₩96,664	₩221,603

① 시나리오 추가 시 사용된 [변경 셀]은 [B3] 셀이다.
② [B3] 셀은 '기간'으로 [B5] 셀은 '월상환액'으로 이름이 정의되어 있다.
③ 일반적으로 시나리오를 만들 때 [변경 셀]에는 사용자가 값을 입력할 수는 있으나 여러 개의 셀을 참조할 수는 없다.
④ [B5] 셀은 시나리오 요약 시 [결과 셀]로 사용되었으며, 수식이 포함되어 있다.

기적의TIP 시나리오는 사용 목적에 대해 이해하고 목표값 찾기와 혼동하지 않도록 차이점을 파악해 두기 바랍니다.

037 페이지 설정

▶ 합격 강의

- [페이지] 탭에서 '자동 맞춤'의 용지 너비와 용지 높이를 각각 1로 지정하면 여러 페이지가 한 페이지에 인쇄됨
- 배율은 워크시트 표준 크기의 10%에서 400%까지 설정함
- 머리글/바닥글은 [머리글/바닥글] 탭에서 설정함
- 셀에 설정된 메모는 '시트에 표시된 대로' 인쇄할 수 있음

15년 3월

73 다음 중 [페이지 설정] 대화 상자의 [시트] 탭에 대한 설명으로 옳지 않은 것은?

① 인쇄 영역을 지정하지 않으면 기본적으로 워크시트의 모든 내용을 인쇄한다.
② 반복할 행은 "$1:$3"과 같이 행 번호로 나타낸다.
③ 메모의 인쇄 방법을 '시트 끝'으로 선택하면 원래 메모가 속한 각 페이지의 끝에 모아 인쇄된다.
④ 여러 페이지가 인쇄될 경우 열 우선을 선택하면 오른쪽 방향으로 인쇄를 마친 후에 아래쪽 방향으로 진행된다.

'시트 끝'을 선택하면 각 페이지의 메모가 문서의 마지막에 한꺼번에 인쇄됨

17년 3월, 14년 3월

74 다음 중 엑셀의 [페이지 설정] 대화 상자에 대한 설명으로 옳은 것은?

① 인쇄 배율을 수동으로 설정할 수 있으며, 배율은 워크시트 표준 크기의 10%에서 200%까지 설정 가능하다.
② [시트] 탭에서 머리글/바닥글과 행/열 머리글이 인쇄되도록 설정할 수 있다.
③ [페이지] 탭에서 '자동 맞춤'의 용지 너비와 용지 높이를 각각 1로 지정하면 여러 페이지가 한 페이지에 인쇄된다.
④ 셀에 설정된 메모는 시트에 표시된 대로 인쇄할 수는 없으나 시트 끝에 인쇄되도록 설정할 수 있다.

기적의TIP 페이지 설정의 각 탭의 기능을 묻는 문제가 자주 출제됩니다. 기능별 특징에 대해 정확히 숙지해 두기 바랍니다.

038 차트

▶ 합격 강의

- 분산형(XY 차트)
  - 데이터의 불규칙한 간격이나 묶음을 보여주는 것으로, 데이터 요소 간의 차이점보다는 큰 데이터 집합 간의 유사점을 표시하려는 경우에 사용함
  - 각 항목이 값을 점으로 표시함
  - 두 개의 숫자 그룹을 XY 좌표로 이루어진 한 계열로 표시(XY 차트라고도 함)
  - 주로 과학, 공학용 데이터 분석에서 사용함
  - 3차원 차트로 작성할 수 없음
  - 가로 축은 항목 축이 아닌 값 축 형식으로 나타남
- 주식형 차트 : 주식 가격, 온도 변화와 같은 과학 데이터를 나타내는 데 사용하며 3차원 차트로 작성할 수 없음
- 영역형 차트 : 일정한 시간에 따라 데이터의 변화 추세(데이터 세트의 차이점을 강조)를 표시, 데이터 계열값의 합계를 표시하여 전체 값에 대한 각 값의 관계를 표시함
- 방사형 차트 : 많은 데이터 계열의 합계 값을 비교할 때 사용하며 각 항목마다 가운데 요소에서 뻗어 나온 값 축을 갖고, 선은 같은 계열의 모든 값을 연결, 3차원 차트로 작성할 수 없음

17년 3월, 14년 6월, 13년 6월

75 다음 중 아래에서 설명하는 차트의 종류로 가장 적절한 것은?

- 가로 축의 값이 일정한 간격이 아닌 경우
- 가로 축의 데이터 요소 수가 많은 경우
- 데이터 요소 간의 차이점보다는 큰 데이터 집합 간의 유사점을 표시하려는 경우

① 주식형 차트
② 분산형 차트
③ 영역형 차트
④ 방사형 차트

17년 3월

76 다음 중 차트에서 3차원 막대그래프에 적용할 수 없는 기능은?

① 상하 회전
② 원근감 조절
③ 추세선
④ 데이터 테이블 표시

추세선이 추가된 데이터 계열의 차트 종류를 3차원으로 바꾸면 추세선이 사라짐

기적의TIP 차트의 기본 개념과 구성 요소, 차트 종류별 사용 용도에 대해 정확히 숙지해 두어야 합니다. 아울러 차트 선택 및 차트 도구와 추세선에 대한 부분도 자주 출제되오니 반드시 기능과 특징에 대해 파악해 두기 바랍니다.

039 매크로

합격 강의

- 자주 사용하는 명령, 반복적인 작업 등을 매크로로 기록하여 해당 작업이 필요할 때마다 바로 가기 키(단축 키)나 실행 단추를 클릭하여 쉽고, 빠르게 작업을 수행할 수 있음
- 매크로는 해당 작업에 대한 일련의 명령과 함수를 Microsoft Visual Basic 모듈로 저장한 것으로 Visual Basic 언어를 기반으로 함
- 매크로 이름 : 기록할 매크로 이름을 지정하는 것으로 기본적으로는 매크로1, 매크로2와 같이 붙여짐. 첫 글자는 반드시 문자이어야 하며, 나머지는 문자, 숫자, 밑줄 등을 사용하여 입력할 수 있음
- 매크로 이름에 공백이나 #, @, $, %, & 등의 기호 문자를 사용할 수 없음
- 매크로 편집 : Alt+F11
- 한 단계씩 코드 실행 : F8
- 모듈 창의 커서 위치까지 실행 : Ctrl+F8
- 매크로 실행 : F5

16년 3월

77 다음 중 아래 괄호( )에 해당하는 바로 가기 키의 연결이 옳은 것은?

> Visual Basic Editor에서 매크로를 한 단계씩 실행하기 위한 바로 가기 키는 (㉮)이고, 모듈 창의 커서 위치까지 실행하기 위한 바로 가기 키는 (㉯)이며, 매크로를 바로 실행하기 위한 바로 가기 키는 (㉰)이다.

① ㉮-F5, ㉯-Ctrl+F5, ㉰-F8
② ㉮-F5, ㉯-Ctrl+F8, ㉰-F8
③ ㉮-F8, ㉯-Ctrl+F5, ㉰-F5
④ ㉮-F8, ㉯-Ctrl+F8, ㉰-F5

17년 3월

78 다음 중 매크로 편집에 사용되는 Visual Basic Editor에 관한 설명으로 옳지 않은 것은?

① Visual Basic Editor는 단축키 Alt+F11을 누르면 실행된다.
② 작성된 매크로는 한 번에 실행되며, 한 단계씩 실행될 수는 없다.
③ Visual Basic Editor는 프로젝트 탐색기, 속성 창, 모듈 시트 등으로 구성되어 있다.
④ 실행하고자 하는 매크로 구문 내에 커서를 위치시키고 F5를 누르면 매크로가 바로 실행된다.

[한 단계씩 코드 실행]에서 한 단계씩 실행 가능함

기적의TIP 매크로는 매회 시험에 출제되는 부분입니다. 매크로 이름과 바로 가기 키, 저장 위치, 실행, 편집 등에 대한 전반적인 학습이 필요합니다.

040 VBA 프로그래밍

합격 강의

- VBA 구문은 한 가지 종류의 수행, 선언, 정의 등을 표현할 수 있는 명령문
- 한 줄에 두 개 이상의 명령문을 입력할 때는 콜론(:)을 사용함
- 명령문이 길어져서 두 줄 이상 나누어 입력할 때 공백과 밑줄(_)을 줄 연속 문자로 사용함
- Range("A1").Formula = 3*4 → [A1] 셀에 3*4의 결과 12가 입력됨, 수식이 그대로 셀에 나타나려면 Range("A1").Formula = "=3*4"로 하고 해당 셀이 텍스트 표시 형식이어야 함
- ClearFormats 메서드 : 개체의 서식을 지움
- Range.ClearFormats 메서드 : 개체의 서식을 지움
- 구문 : expression.ClearFormats → expression : Range 개체를 나타내는 변수
- 예제 : Sheet1에 있는 셀 범위 A1:C3에 적용된 모든 서식을 지우는 예제 → Worksheets("Sheet1").Range("A1:C3").ClearFormats

16년 10월, 14년 6월

79 다음 중 각 VBA 코드에 대한 설명으로 옳지 않은 것은?

① Range("A5").Select ⇒ [A5] 셀로 셀 포인터를 이동한다.
② Range("C2").Font.Bold = "True" ⇒ [C2] 셀의 글꼴 스타일을 '굵게'로 설정한다.
③ Range("A1").Formula = 3*4 ⇒ [A1] 셀에 수식 '=3*4'가 입력된다.
④ Workbooks.Add ⇒ 새 통합 문서를 생성한다.

17년 3월

80 아래의 프로시저를 이용하여 [A1:C3] 영역의 서식만 지우려고 한다. 다음 중 괄호 안에 들어갈 코드로 옳은 것은?

```
Sub Procedure()
    Range("A1:C3")
    Selection.(          )
End Sub
```

① DeleteFormats
② FreeFormats
③ ClearFormats
④ DeactivateFormats

기적의TIP VBA에 대한 기본 내용과 프로그램의 결과를 묻는 문제가 자주 출제되고 있습니다. 기출문제를 이용하여 논리적으로 코드를 분석하고 결과를 도출할 수 있도록 학습하기 바랍니다.

3과목 데이터베이스 일반

041 데이터베이스의 장 · 단점

합격 강의

장점	• 중복을 최소화하여 자료의 일치를 기함 • 데이터의 물리적, 논리적 독립성을 유지함 • 단말기를 통해 요구된 내용을 즉시 처리하는 실시간 접근이 가능함 • 데이터 보안을 유지하여 데이터의 손실을 방지함 • 최신 데이터를 유지하므로 데이터의 계속적인 변화에 적응함 • 데이터의 내용에 의한 액세스를 함 • 일관성, 무결성의 유지 및 데이터의 공유와 표준화가 가능함
단점	• 운영 비용 면에서 부담이 크며, 전산 비용이 증가되고 복잡함 • 자료의 처리 방법이 복잡함 • 시스템의 취약성이 있음 • 예비(Backup)와 회복(Recovery) 기법이 어려워짐

10년 6월

81 다음 중 데이터베이스를 이용하는 경우의 장점으로 가장 옳은 것은?

① 데이터 간의 종속성을 유지할 수 있다.
② 데이터 관리 비용을 절감할 수 있다.
③ 데이터의 일관성 및 무결성을 유지할 수 있다.
④ 데이터를 중복적으로 관리하므로 시스템에 문제가 발생하더라도 복구가 쉽다.

15년 6월

82 다음 중 DBMS의 단점에 대한 설명으로 옳지 않은 것은?

① 하드웨어나 DBMS 구입비용, 전산화 비용 등이 증가함
② DBMS와 데이터베이스 언어를 조작할 수 있는 고급 프로그래머가 필요함
③ 데이터를 통합하는 중앙 집중 관리가 어려움
④ 데이터의 백업과 복구에 많은 비용과 시간이 소요됨

기적의TIP 데이터베이스의 정의와 개념, 장점과 단점에 대해 정확히 이해하고 숙지해 두도록 하세요.

042 데이터베이스의 언어(DBL)

합격 강의

데이터 정의어(DDL : Data Definition Language)	• 데이터베이스 구조와 관계, 데이터베이스 이름을 정의함 • 데이터 항목, 키 값의 고정, 데이터의 형과 한계를 규정함 • 데이터 액세스 방법 등을 규정함
데이터 조작어(DML : Data Manipulation Language)	• 주 프로그램에 내장하여 데이터베이스를 실질적으로 운영 및 조작함 • 데이터의 삽입, 삭제, 검색, 변경, 연산 등의 처리를 위한 연산 집합
데이터 제어어(DCL : Data Control Language)	• 데이터베이스를 공용하기 위하여 데이터 제어를 정의 및 기술함 • 데이터 보안, 무결성, 회복, 병행 수행 등을 제어함

13년 6월

83 다음은 데이터베이스 관리 시스템(DBMS)의 기능과 각 기능에 대한 설명이다. 바르게 짝지어진 것은?

ⓐ 조작 기능　ⓑ 제어 기능　ⓒ 정의 기능

㉮ 데이터의 정확성과 보안성을 유지하기 위한 무결성, 보안 및 권한 검사, 병행 제어 등의 기능을 정의하는 기능
㉯ 데이터 형(type), 구조, 데이터를 이용하는 방식을 정의하는 기능
㉰ 데이터의 검색, 삽입, 삭제, 변경 등을 처리하기 위한 접근 수단을 정의하는 기능

① ⓐ–㉮, ⓑ–㉯, ⓒ–㉰
② ⓐ–㉰, ⓑ–㉮, ⓒ–㉯
③ ⓐ–㉮, ⓑ–㉰, ⓒ–㉯
④ ⓐ–㉯, ⓑ–㉮, ⓒ–㉰

20년 2월, 16년 6월, 14년 3월

84 다음 중 데이터 보안 및 회복, 무결성, 병행 수행 제어 등을 정의하는 데이터베이스 언어로 데이터베이스 관리자가 데이터 관리를 목적으로 주로 사용하는 언어는?

① 데이터 제어어(DCL)
② 데이터 부속어(DSL)
③ 데이터 정의어(DDL)
④ 데이터 조작어(DML)

기적의TIP 데이터 정의어(DDL), 데이터 조작어(DML), 데이터 제어어(DCL)의 종류와 역할에 대하여 묻는 문제가 출제됩니다. 혼동하지 않도록 정확하게 숙지해 두기 바랍니다.

043 키의 종류

합격 강의

- 후보키 : 한 테이블에서 유일성과 최소성을 만족하는 키(예 주민번호, 사원번호 등)
- 기본키(PK : Primary Key) : 후보키 중에서 선정되어 사용되는 키(기본키는 두 개 이상의 필드에 설정할 수 있음)
- 슈퍼키 : 어떠한 열도 후보키가 없을 때 두 개 이상의 열을 복합(연결)할 경우 유일성을 만족하여 후보키가 되는 키(복합키, 연결키라고도 함)
- 외래키(FK : Foreign Key) : 외래키(FK)가 다른 참조 테이블(릴레이션)의 기본키(PK)일 때 그 속성키를 외래키라고 함

12년 6월

85 다음 중 키의 개념에 대한 설명으로 옳지 않은 것은?

① 후보키(Candidate Key)는 유일성과 최소성을 만족한다.
② 슈퍼키(Super Key)는 유일성은 가지지만 최소성을 가지지 않는 키이다.
③ 기본키(Primary Key)로 지정된 속성은 모든 튜플에 대해 널(Null)값을 가질 수 없다.
④ 외래키(Foreign Key)는 후보키 중에서 기본키로 정의되지 않은 나머지 후보키들을 말한다.

18년 3월, 17년 3월

86 다음 중 기본키(Primary Key)에 대한 설명으로 옳지 않은 것은?

① 기본키로 지정된 필드는 다른 레코드와 동일한 값을 가질 수 없다.
② 기본키 필드에 값이 입력되지 않으면 레코드가 저장되지 않는다.
③ 기본키가 설정되지 않아도 테이블은 생성된다.
④ 기본키는 하나의 필드에만 설정할 수 있다.

기적의TIP 키의 종류와 개념, 각 키의 기능과 특징에 대해 묻는 문제가 출제됩니다. 단어가 갖는 의미대로 기능하므로 혼동하지 않게 학습해 두기 바랍니다.

044 정규화(Normalization)

▶ 합격 강의

- 관계형 데이터베이스를 설계할 때 데이터의 중복 최소화와 불일치를 방지하기 위해 릴레이션 스키마를 분해해 가는 과정
- 데이터베이스의 논리적 설계 단계에서 수행됨
- 정규형(NF : Normal Form)에는 제1정규형(1NF), 제2정규형(2NF), 제3정규형(3NF), BCNF형, 제4정규형(4NF), 제5정규형(5NF) 등이 있음
- 정규화를 수행하더라도 데이터 중복의 최소화는 가능하지만 데이터의 중복을 완전히 제거할 수는 없음

14년 6월

87 다음 중 정규화(Normalization)의 목적에 대한 설명으로 옳지 않은 것은?

① 테이블의 불일치 위험을 최소화하고 데이터 구조의 안정성을 최대화한다.
② 모든 릴레이션이 데이터베이스 내에서 모든 개체 간의 관계를 표현 가능하도록 한다.
③ 간단한 관계 연산에 의해 효율적인 정보 검색과 데이터 조작이 가능하다.
④ 데이터 중복을 최소화하기 위해 데이터베이스의 물리적 설계 단계에서 수행한다.

17년 3월

88 다음 중 정규화에 대한 설명으로 옳지 않은 것은?

① 정규화를 통해 삽입, 삭제, 갱신 이상의 발생을 방지할 수 있다.
② 정규화를 통해 데이터 삽입 시 테이블 재구성의 필요성을 줄일 수 있다.
③ 정규화는 테이블 속성들 사이의 종속성을 최대한 배제하는 과정으로 볼 수 있다.
④ 정규화를 수행하여 데이터의 중복을 완전히 제거할 수 있다.

기적의TIP 정규화의 목적, 설계 단계, 개념의 옳고 그름을 묻는 유형으로 출제됩니다. 중복의 최소화는 가능하지만 데이터의 완전한 중복 제거는 어려운 점에 유의하기 바랍니다.

045 데이터 형식의 종류

▶ 합격 강의

- 일련번호
  - 레코드 추가 시 자동으로 고유 번호를 부여할 때 사용함
  - 번호가 부여되면 변경하거나 삭제할 수 없음
  - 기본키를 설정하는 필드에서 주로 사용함
- Yes/No
  - True/False, Yes/No, On/Off처럼 두 값 중 하나만을 선택하는 경우에 사용함
  - Null 값을 허용하지 않음
  - 기본 필드 크기 : 1비트

13년 3월

89 다음 중 레코드가 추가될 때마다 시스템에서 자동으로 값을 입력해 주며 업데이트나 수정이 불가능한 데이터 형식은?

① 짧은 텍스트
② 숫자
③ 일련번호
④ Yes/No

14년 10월

90 다음 중 테이블에서 사원들이 부모님과 함께 살고 있는지의 여부를 입력받고자 할 때, 설정할 데이터 형식으로 가장 적절한 것은?

① 긴 텍스트
② Yes/No
③ 일련번호
④ 하이퍼링크

기적의TIP 데이터 형식의 종류와 각 특징에 대해 옳고 그름을 묻는 형식으로 출제됩니다. 혼동하지 않도록 학습해 두기 바랍니다.

046 유효성 검사 규칙

▶ 합격 강의

- 유효성 검사 규칙은 레코드, 필드, 컨트롤 등에 입력할 수 있는 데이터 요구 사항을 지정할 수 있는 속성임
- 유효성 검사 규칙과 유효성 검사 텍스트 속성은 옵션 그룹에 있는 확인란, 옵션 단추 또는 토글 단추 컨트롤에는 적용되지 않고 옵션 그룹 자체에만 적용됨
- 일련번호나 OLE 개체에서는 유효성 검사 규칙이 지원되지 않음

15년 6월

91 [직원] 테이블의 '급여' 필드는 데이터 형식이 숫자이고, 필드 크기가 정수(Long)로 설정되어 있다. 다음 중 '급여' 필드에 입력 가능한 숫자를 백만 원 이상, 오백만 원 이하로 설정하기 위한 유효성 검사 규칙으로 옳은 것은?

① <= 1000000 Or <= 5000000
② >= 1000000 And <= 5000000
③ >= 1000000, <= 5000,000
④ 1,000,000 <= And <= 5,000,000

16년 10월

92 다음 중 〈학생〉 테이블의 '성적' 필드에 성적을 입력하는 경우 0에서 100 사이의 숫자만 입력 가능하도록 설정하기 위한 필드 속성은?

① 필드 크기
② 필수
③ 유효성 검사 규칙
④ 기본 값

기적의TIP 유효성 검사 규칙과 유효성 검사 텍스트는 자주 출제되므로 반드시 숙지해 두도록 하세요.

047 인덱스(Index)

▶ 합격 강의

- 인덱스는 테이블 검색 및 정렬 속도를 높여 줌
- 테이블의 기본키는 자동으로 인덱스됨
- OLE 개체 데이터 형식의 필드는 인덱스를 지정할 수 없음
- 인덱스는 테이블당 32개까지 허용됨

14년 10월

93 다음 중 테이블에서 필드 속성으로 인덱스를 지정할 수 없는 것은?

① 검색을 자주 하는 필드
② OLE 개체 형식의 필드
③ 정렬의 기준이 자주 되는 필드
④ 기본키로 설정된 필드

16년 6월

94 다음 중 데이터베이스에서 인덱스를 사용하는 목적으로 가장 적절한 것은?

① 데이터 검색 및 정렬 작업 속도 향상
② 데이터의 추가, 수정, 삭제 속도 향상
③ 데이터의 일관성 유지
④ 최소 중복성 유지

기적의TIP 인덱스를 사용하는 목적과 인덱스로 지정할 수 없는 OLE 개체 데이터 형식에 대한 문제가 자주 출제됩니다. 아울러 인덱스의 허용 개수도 잘 알아두기 바랍니다.

048 참조 무결성

▶ 합격 강의

- 참조 무결성 : 두 테이블의 연관된 레코드들 사이의 일관성을 유지하는 데 사용하고 주어진 속성들의 집합에 대한 테이블의 한 값이 반드시 다른 테이블에 대한 속성 값으로 나타나도록 보장해야 함
- 개체 무결성 : 테이블에서 기본키를 구성하는 속성(열) 값은 널 값이나 중복 값을 가질 수 없음

10년 10월

95 [성적] 테이블의 '과목코드' 필드와 [과목] 테이블의 '과목코드' 필드를 이용하여 두 테이블 간 관계가 설정되어 있다. 이 때 [성적] 테이블의 '과목코드' 필드를 무엇이라 부르며, 두 테이블 간에 준수되어야 할 제약을 무엇이라 하는가?(단, [과목] 테이블의 '과목 코드' 필드는 기본키로 설정되어 있음)

① 외래키–참조 무결성
② 외래키–개체 무결성
③ 기본키–참조 무결성
④ 기본키–개체 무결성

16년 6월

96 다음 중 외래키 값을 관련된 테이블의 기본키 값과 동일하게 유지해 주는 제약 조건은?

① 동시 제어성
② 관련성
③ 참조 무결성
④ 동일성

기적의TIP 참조 무결성은 시험에 자주 출제되는 내용입니다. 기능을 정확히 익혀두세요.

049 SQL문–SELECT(검색문)

▶ 합격 강의

SELECT [ALL | DISTINCT] 열 리스트
FROM 테이블 리스트
[WHERE 조건]SQL문–SELECT(검색문)
[GROUP BY 열 리스트 [HAVING 조건]]
[ORDER BY 열 리스트 [ASC | DESC]];

SELECT	검색하고자 하는 열 리스트를 선택함
ALL	검색 결과 값의 모든 레코드를 검색함
DISTINCT	검색 결과 값 중 중복된 결과 값(레코드)을 제거, 중복되는 결과 값은 한 번만 표시함
FROM	대상 테이블명
WHERE	검색 조건을 기술할 때 사용함
GROUP BY	그룹에 대한 쿼리 시 사용함
HAVING	그룹에 대한 조건을 기술함(반드시 GROUP BY와 함께 사용)
ORDER BY	검색 결과에 대한 정렬을 수행함
ASC	오름차순을 의미하며 생략하면 기본적으로 오름차순임
DESC	내림차순을 의미함

14년 10월

97 [평균성적] 테이블에서 '평균' 필드 값이 90 이상인 학생들을 검색하여 '학년' 필드를 기준으로 내림차순, '반' 필드를 기준으로 오름차순 정렬하여 표시하고자 한다. 다음 중 아래 SQL문의 각 괄호 안에 넣을 예약어로 옳은 것은?

```
SELECT 학년, 반, 이름
FROM 평균성적
WHERE 평균 >= 90 ( ㉠ ) 학년 ( ㉡ ) 반 ( ㉢ );
```

① ㉠ GROUP BY, ㉡ DESC, ㉢ ASC
② ㉠ GROUP BY, ㉡ ASC, ㉢ DESC
③ ㉠ ORDER BY, ㉡ DESC, ㉢ ASC
④ ㉠ ORDER BY, ㉡ ASC, ㉢ DESC

16년 10월

98 다음 중 〈사원〉 테이블에서 주소가 '서울'인 사원의 이름과 부서를 입사년도가 오래 된 사원부터 최근인 사원의 순서로 검색하기 위한 SQL문으로 옳은 것은?

① SELECT 이름, 부서 FROM 사원 ORDER BY 주소='서울' ASC WHERE 입사년도;
② SELECT 이름, 부서 FROM 사원 ORDER BY 입사년도 DESC WHERE 주소='서울';
③ SELECT 이름, 부서 FROM 사원 WHERE 입사년도 ORDER BY 주소='서울' DESC;
④ SELECT 이름, 부서 FROM 사원 WHERE 주소='서울' ORDER BY 입사년도 ASC;

기적의TIP SELECT문은 매회 출제되므로 명령 구문에 대한 완벽한 학습이 필수입니다. 명령이 갖는 사전적 의미가 명령의 역할이자 기능임에 유의해서 공부하면 기억하는 데 좋습니다.

050 연산자의 사용

▶ 합격 강의

- BETWEEN 〈값1〉 AND 〈값2〉 : 〈값1〉 이상, 〈값2〉 이하의 조건을 검색함
- IN(〈값1〉, 〈값2〉, …) : IN 연산자 뒤에 이어지는 값들의 목록 안에 들어 있는 결과를 검색함
- LIKE 〈값1〉* : 〈값1〉로 시작하는 결과를 검색함
- INSTR : 문자열을 검색하여 위치한 자릿수를 구함

14년 3월

99 다음 중 도서명에 '액세스'라는 단어가 포함된 도서 정보를 검색하려고 할 때, 아래 SQL문의 WHERE절에 들어갈 조건으로 옳은 것은?

```
SELECT 도서명, 저자, 출판연도, 가격
FROM 도서
WHERE ________________ ;
```

① 도서명 = "*액세스*"
② 도서명 IN "*액세스*"
③ 도서명 BETWEEN "*액세스*"
④ 도서명 LIKE "*액세스*"

16년 3월, 13년 10월

100 다음 중 쿼리 작성 시 사용하는 특수 연산자와 함수에 대한 설명으로 옳지 <u>않은</u> 것은?

① YEAR(DATE()) → 시스템의 현재 날짜 정보에서 연도 값만을 반환한다.
② INSTR("KOREA","R") → 'KOREA'라는 문자열에서 'R'의 위치 '3'을 반환한다.
③ RIGHT([주민번호],2)="01" → [주민번호] 필드에서 맨 앞의 두 자리가 '01'인 레코드를 추출한다.
④ LIKE "[ㄱ–ㄷ]*" → 'ㄱ'에서 'ㄷ' 사이에 있는 문자로 시작하는 필드 값을 검색한다.

기적의TIP 연산자의 사용 방법과 결과를 묻는 문제가 자주 출제됩니다. 연산자의 기능에 대해 정확히 익혀두면 됩니다.

051 INSERT문

▶ 합격 강의

- 삽입문 : 테이블에 새로운 데이터(행)를 삽입하며, INSERT–INTO–VALUES의 유형을 가짐
- 형식

```
INSERT INTO 테이블명(필드이름1, 필드이름2, …)
VALUES (값1, 값2, …)
```

11년 10월

101 다음 SQL문의 INSERT를 이용해서 [학생] 테이블에 학번 : "200878", 이름 : "정몽주", 학년 : "1"인 자료를 삽입하려고 한다. (ⓐ) 안에 들어갈 내용으로 옳은 것은?

```
INSERT INTO 학생(학번,이름,학년) ( ⓐ ) ("200878","정몽주","1");
```

① VALUES ② INTO
③ WHERE ④ FROM

16년 3월, 14년 6월

102 다음 중 실행 쿼리의 삽입(INSERT)문에 대한 설명으로 옳지 않은 것은?

① 한 개의 INSERT문으로 여러 개의 레코드를 여러 개의 테이블에 동일하게 추가할 수 있다.
② 필드 값을 직접 지정하거나 다른 테이블의 레코드를 추출하여 추가할 수 있다.
③ 레코드의 전체 필드를 추가할 경우 필드 이름을 생략할 수 있다.
④ 하나의 INSERT문을 이용해 여러 개의 레코드와 필드를 삽입할 수 있다.

기적의TIP INSERT 구문의 형식과 기능에 대해 정확히 기억해 두어야 합니다. 기출문제를 활용하면 학습하는 데 도움이 됩니다.

052 UPDATE문

▶ 합격 강의

- 갱신문 : 테이블에 저장되어 있는 데이터를 갱신하며, UPDATE–SET–WHERE의 유형을 가짐
- 형식

```
UPDATE 테이블명
SET 필드이름1= 값1, 필드이름2=값2, …
WHERE 조건
```

14년 6월

103 다음 중 사원 테이블(사원번호, 이름, 직급, 급여, 부서명)에서 직급이 관리자인 사원의 급여를 20%씩 인상하는 SQL문으로 옳은 것은?

① update from 사원 set 급여=급여*1.2 where 직급='관리자'
② update 사원 set 급여=급여*1.2 where 직급='관리자'
③ update 급여 set 급여*1.2 from 사원 where 직급='관리자'
④ update 급여=급여*1.2 set 사원 where 직급='관리자'

17년 3월, 14년 3월

104 다음 중 사원 테이블에서 호봉이 6인 사원의 연봉을 3% 인상된 값으로 수정하는 실행 쿼리를 작성하고자할 때, 아래의 각 괄호에 넣어야 할 구문을 순서대로 나열한 것은?

```
UPDATE 사원
(          ) 연봉=연봉*1.03
(          ) 호봉=6;
```

① FROM, WHERE ② SET, WHERE
③ VALUE, SELECT ④ INTO, VALUE

기적의TIP UPDATE 구문의 형식과 기능에 대해 정확히 기억해 두어야 합니다. 형식 자체를 그대로 묻는 문제가 출제됩니다.

053 폼의 개념

▶ 합격 강의

- 폼은 테이블이나 쿼리를 레코드 원본으로 사용하는 개체
- 폼은 테이블이나 쿼리 데이터의 입력, 수정 및 편집 작업을 편리하고 쉽게 할 수 있도록 도와주는 개체
- 폼에서 데이터를 입력 및 수정할 경우 연결된 테이블이나 쿼리에 그 변경된 내용이 반영됨
- 폼은 보고서, 매크로, 모듈 등과 연결시켜 해당 작업을 자동화할 수 있음
- 폼은 데이터베이스의 보안성을 높여줌
- 폼은 테이블이나 쿼리와는 달리 이벤트를 설정할 수 있음
- 폼은 테이블이나 쿼리의 데이터와 연결되어 있는 바운드 폼(Bound Form)과 그렇지 않은 언바운드 폼(Unbound Form)으로 나눔
- 바운드 컨트롤 : 테이블이나 쿼리의 필드를 데이터 원본으로 사용하는 컨트롤로 데이터베이스에 있는 필드의 값(짧은 텍스트, 날짜, 숫자, Yes/No 값, 그림 또는 그래프)을 표시할 수 있음
- 언바운드 컨트롤 : 데이터 원본(예 필드 또는 식)이 없는 컨트롤로 정보, 그림, 선 또는 직사각형을 표시할 때 사용함
- 계산 컨트롤 : 필드 대신 식을 데이터 원본으로 사용하는 컨트롤로 식을 정의하여 컨트롤의 데이터 원본으로 사용할 값을 지정함
- 레이블 컨트롤 : 제목이나 캡션 등의 설명 텍스트를 표시할 때 사용하는 컨트롤로 필드나 식의 값을 표시할 수 없음

12년 9월

105 다음 중 폼에 대한 설명으로 옳지 않은 것은?

① 입력 및 편집 작업을 위한 인터페이스이다.
② 폼을 작성하기 위한 원본으로는 테이블만 가능하다.
③ 폼을 이용하면 여러 개의 테이블에 데이터를 한 번에 입력할 수 있다.
④ 바운드(Bound) 폼과 언바운드(Unbound) 폼이 있다.

17년 3월

106 다음 중 폼이나 보고서에서 테이블이나 쿼리의 필드를 컨트롤 원본으로 사용하는 컨트롤을 의미하는 것은?

① 언바운드 컨트롤 ② 바운드 컨트롤
③ 계산 컨트롤 ④ 레이블 컨트롤

기적의TIP 폼의 개념을 이해하고, 바운드와 언바운드의 차이점에 대해 익혀두기 바랍니다. 특히, 폼의 구성 요소와 폼의 종류, 폼의 속성에 대한 전반적인 학습이 필요합니다.

054 탭 순서

▶ 합격 강의

- 탭 순서는 폼 보기에서 [Tab]이나 [Enter]를 눌렀을 때 각 컨트롤 사이에 이동되는 순서를 설정함
- 탭 순서는 폼에 컨트롤을 추가하여 작성한 순서대로 설정됨
- 탭 정지 속성의 기본 값은 '예'이며, '아니요'를 선택하면 [Tab]을 눌러도 커서가 오지 않음
- 단, 레이블 컨트롤과 이미지 컨트롤은 탭 순서에서 제외되며, 탭 정지 속성이 지원되지 않음

12년 3월

107 다음 중 폼 작업 시 탭 순서에서 제외되는 컨트롤로 옳은 것은?

① 레이블 ② 언바운드 개체 틀
③ 명령 단추 ④ 토글 단추

14년 10월

108 다음 중 폼에서의 탭 순서(Tab Order) 지정에 관한 설명으로 옳지 않은 것은?

① 폼 보기에서 [Tab]이나 [Enter]를 눌렀을 때 포커스(Focus)의 이동 순서를 지정하는 것이다.
② 키보드를 이용하여 컨트롤 간 이동을 신속하게 할 수 있는 기능이다.
③ 레이블 컨트롤을 포함한 모든 컨트롤에 탭 순서를 지정할 수 있다.
④ 해당 컨트롤의 '탭 정지' 속성을 '아니요'로 지정하면 탭 순서에서 제외된다.

기적의TIP 탭의 필요성과 개념에 대해 이해하고 제외되는 컨트롤에 대해 반드시 기억해 두기 바랍니다.

055 하위 폼

▶ 합격 강의

- 하위 폼은 폼 안에 들어 있는 또 하나의 폼
- 폼/하위 폼의 조합을 계층형 폼 또는 마스터 폼/세부 폼, 상위/하위 폼이라고도 함
- 하위 폼을 사용하면 일대다 관계에 있는 테이블이나 쿼리 데이터를 효과적으로 표시할 수 있음
- 기본 폼은 관계의 '일'쪽에 있는 데이터를 표시하며, 하위 폼은 관계의 '다'쪽에 있는 데이터를 표시함
- 기본 폼은 단일 폼으로만 표시할 수 있지만, 하위 폼은 데이터시트로 표시하거나 단일 폼 또는 연속 폼으로 표시할 수 있음
- 기본 폼이 포함할 수 있는 하위 폼의 수에는 제한이 없다. 또한 하위 폼을 7개 수준까지 중첩시킬 수도 있음

13년 3월

109 다음 중 하위 폼에서 새로운 레코드를 추가하려고 할 때 설정해야 할 폼 속성은?

① '필터 사용'을 예로 설정한다.
② '추가 가능'을 예로 설정한다.
③ '편집 가능'을 예로 설정한다.
④ '삭제 가능'을 예로 설정한다

16년 10월

110 다음 중 기본 폼과 하위 폼을 연결하기 위한 기본 조건에 대한 설명으로 옳지 않은 것은?

① 기본 필드와 하위 필드의 데이터 형식과 필드의 크기는 같거나 호환되어야 한다.
② 중첩된 하위 폼은 최대 2개 수준까지 만들 수 있다.
③ 테이블 간에 관계가 설정되어 있지 않은 경우에도 하위 폼으로 연결할 수 있다.
④ 하위 폼의 '기본 필드 연결' 속성은 기본 폼을 하위 폼에 연결해 주는 기본 폼의 필드를 지정하는 속성이다.

기적의TIP 하위 폼의 개념 및 용도와 특징을 잘 익혀두세요. 자주 시험에 출제됩니다.

056 도메인 함수

▶ 합격 강의

- 테이블이나 쿼리, SQL식에 의해 정의된 레코드 집합을 이용하여 통계 계산을 구할 때 사용하는 함수
- 도메인 계산 함수는 폼이나 보고서의 계산 컨트롤, 쿼리 조건식, 매크로, 모듈에서 사용할 수 있음
- =도메인 계산 함수(인수, 도메인, 조건식)
- DSum(합계), DAvg(평균), DCount(개수), DMin(최소값), DMax(최대값), DLookUp(특정 필드 값) 등

13년 6월

111 다음 중 [학생] 테이블에서 '점수'가 60 이상인 학생들의 인원수를 구하는 식으로 옳은 것은?(단, '학번' 필드는 [학생] 테이블의 기본키이다.)

① =DCount("[학생]", "[학번]", "[점수]>= 60")
② =DCount("[학번]", "[학생]", "[점수]>= 60")
③ =DLookUp("[학생]", "[학번]", "[점수]>= 60")
④ =DLookUp("*", "[학생]", "[점수]>= 60")

15년 6월

112 폼 바닥글에 [사원] 테이블의 '직급'이 '과장'인 레코드들의 '급여' 합계를 구하고자 한다. 다음 중 폼 바닥글의 텍스트 상자 컨트롤에 입력해야 할 식으로 옳은 것은?

① =DHAP("[사원]", "[급여]", "[직급]='과장'")
② =DHAP("[급여]", "[사원]", "[직급]='과장'")
③ =DSUM("[사원]", "[급여]", "[직급]='과장'")
④ =DSUM("[급여]", "[사원]", "[직급]='과장'")

기적의TIP 도메인 함수는 조건에 맞는 함수 사용 예의 구분을 묻는 문제가 출제됩니다. 함수 형식과 각 함수의 역할에 대해 잘 기억해 두세요.

057 보고서

▶ 합격 강의

- 보고서는 데이터베이스에 저장된 테이블이나 쿼리의 내용을 화면이나 프린터로 출력하기 위한 개체
- 보고서는 데이터 원본으로 테이블, 쿼리, SQL문을 사용하며 제목이나 날짜, 페이지 번호 같은 나머지 정보는 보고서 디자인에 저장됨
- 보고서는 폼과는 달리 컨트롤에 데이터를 입력하거나 수정할 수 없음
- 보고서는 그룹과 페이지에 데이터별 평균, 합계와 같은 요약 정보를 인쇄할 수 있음

13년 3월

113 다음 중 보고서의 원본으로 사용할 수 없는 것은?

① 폼 ② 쿼리
③ 테이블 ④ SQL 구문

15년 6월

114 다음 중 Access의 보고서 개체에 대한 설명으로 옳지 않은 것은?

① 보고서는 테이블이나 쿼리의 내용을 화면이나 프린터로 인쇄하기 위한 개체이다.
② 보고서의 레코드 원본으로 테이블, 쿼리, SQL문을 사용한다.
③ 보고서에도 조건부 서식을 적용할 수 있다.
④ 보고서의 컨트롤을 이용하여 레코드 원본으로 사용된 테이블에 데이터를 입력하거나 수정할 수 있다.

기적의TIP 보고서를 만드는 방법과 종류에 대한 문제가 출제되므로 실습을 통해 정확히 학습해 두기 바랍니다.

058 보고서의 구성

▶ 합격 강의

- 보고서는 보고서 머리글/바닥글, 페이지 머리글/바닥글, 그룹 머리글/바닥글, 본문 등의 여러 구역으로 구성됨
- 보고서의 머리글/바닥글, 페이지의 머리글/바닥글 구역은 숨기거나 나타낼 수 있으며 그룹이 설정되어 있는 경우 그룹 머리글과 그룹 바닥글이 표시됨

14년 10월

115 다음 중 보고서의 각 구역에 대한 설명으로 옳지 않은 것은?

① '페이지 머리글'은 인쇄 시 모든 페이지의 맨 위에 출력되며, 모든 페이지에 특정 내용을 반복하려는 경우 사용한다.
② '보고서 머리글'은 보고서의 맨 앞에 한 번 출력되며, 일반적으로 그룹별 요약 정보를 표시할 때 사용한다.
③ '그룹 머리글'은 각 새 레코드 그룹의 맨 앞에 출력되며, 그룹 이름이나 그룹별 계산 결과를 표시할 때 사용한다.
④ '본문'은 레코드 원본의 모든 행에 대해 한 번씩 출력되며, 보고서의 본문을 구성하는 컨트롤이 추가된다.

보고서 머리글 : 보고서의 첫 페이지 상단에 한 번만 표시됨(페이지 머리글 위에 인쇄됨), 로고, 보고서 제목, 인쇄일 등의 항목을 삽입함, 그룹별 요약 정보는 그룹 바닥글을 사용함

15년 3월

116 다음 중 보고서의 각 구역에 관한 설명으로 옳지 않은 것은?

① 보고서 머리글은 보고서의 맨 앞에 한 번 출력되며, 일반적으로 로고나 제목 및 날짜와 같이 표지에 나타나는 정보를 추가한다.
② 그룹 머리글은 각 새 레코드 그룹의 맨 앞에 출력되며, 그룹 이름을 출력하려는 경우에 사용한다.
③ 본문은 레코드 원본의 모든 행에 대해 한 번씩 출력되며, 보고서의 본문을 구성하는 컨트롤이 여기에 추가된다.
④ 보고서 바닥글은 모든 페이지의 맨 끝에 출력되며, 페이지 번호 또는 페이지별 정보를 표시하려는 경우에 사용한다.

- 페이지 바닥글 : 보고서의 매 페이지의 하단에 표시됨, 페이지 번호나 날짜 등의 항목을 삽입함
- 보고서 바닥글 : 보고서의 맨 마지막 페이지에 한 번만 표시됨, 보고서 총계나 안내 문구 등의 항목을 삽입함, 보고서 디자인의 마지막 구역이지만 인쇄된 보고서의 마지막 페이지에서 페이지 바닥글 앞에 표시됨

기적의TIP 보고서의 영역은 매번 출제되는 매우 중요한 내용입니다. 구역별 기능을 정확히 이해하고, 사용되는 용도를 반드시 알아 두세요.

059 페이지 번호 출력

합격 강의

- =[Page] → 1, 2
- =[Page] & "페이지" → 1페이지, 2페이지
- =[Page] & "/"& [Pages] & "페이지" → 1/10페이지, 2/10페이지
- =[Pages] & "페이지 중" & [Page] & "페이지" → 10페이지 중 1페이지, 10페이지 중 2페이지
- =Format([Page], "000") → 001, 002

13년 3월

117 다음과 같이 페이지 번호를 출력하고자 할 때의 수식으로 옳은 것은?

7 페이지 중 1

① =[Page]& 페이지 중& [Pages]
② =[Pages]& 페이지 중& [Page]
③ =[Page]& "페이지 중" & [Pages]
④ =[Pages]& "페이지 중" & [Page]

15년 6월

118 다음 중 보고서 페이지 번호를 표시하는 컨트롤에 입력된 컨트롤 원본과 그 결과가 맞게 연결된 것을 모두 고른 것은?(단, 전체 페이지는 5페이지임)

	컨트롤 원본	결과
ⓐ	="Page" & [Page] & "/" & [Pages]	1/5 Page
ⓑ	=[Page] & "페이지"	1페이지
ⓒ	=[Page] & "/" & [Pages] & "Page"	Page1/5
ⓓ	=Format([Page], "00")	01

① ⓐ, ⓑ, ⓒ
② ⓑ, ⓒ, ⓓ
③ ⓐ, ⓒ
④ ⓑ, ⓓ

기적의TIP 페이지 번호 출력은 결과를 묻는 유형으로 자주 출제되고 있습니다. 페이지 식의 결과를 정확히 구할 수 있도록 공부해 두세요.

060 매크로

합격 강의

- 매크로(Macro)는 여러 개의 명령문을 하나로 묶어서 일련의 절차를 미리 정의하는 기능
- 반복적으로 수행되는 작업을 자동화하기 위한 것
- 매크로 함수를 이용하면 작업 순으로 묶어 하나의 명령어로 저장할 수 있으므로 반복 작업을 쉽게 처리할 수 있음
- 엑셀은 매크로 기록 기능이 지원되지만, 액세스는 매크로 기록 기능이 지원되지 않음

10년 6월

119 다음 중 액세스에서의 매크로 기능에 대한 설명으로 가장 옳지 않은 것은?

① 엑셀에서와 같이 사용자가 수행하는 작업에 대한 매크로를 자동적으로 기록해 준다.
② 액세스에서 제공하는 기본적인 매크로 함수를 이용하여 매크로를 작성한다.
③ 데이터베이스 파일을 열 때 매크로를 자동으로 실행시키려면 매크로 이름을 'AutoExec'로 작성한다.
④ 매크로 이름 열에 지정한 바로 가기 키를 이용하여 매크로를 실행할 수 있다.

20년 2월, 16년 3월

120 다음 중 액세스의 매크로에 대한 설명으로 옳지 않은 것은?

① 반복적으로 수행되는 작업을 자동화하여 간단히 처리할 수 있도록 하는 기능이다.
② 매크로 함수 또는 매크로 함수 집합으로 구성되며, 각 매크로 함수의 수행 방식을 제어하는 인수를 추가할 수 있다.
③ 매크로를 이용하여 폼을 열고 닫거나 메시지 박스를 표시할 수도 있다.
④ 매크로는 주로 컨트롤의 이벤트에 연결하여 사용하며, 폼 개체 내에서만 사용할 수 있다.

매크로는 일반적으로 컨트롤의 이벤트에 연결하여 사용하며, 작업을 자동화하고 폼, 보고서 및 컨트롤에 기능을 추가하는 데 사용되는 도구임

기적의TIP 매크로의 개념과 주요 매크로 함수의 종류 및 기능을 묻는 문제가 출제됩니다. 매크로 함수는 단어의 사전적 의미대로 기능을 하므로 사전적 의미를 연관지어 학습하면 기억하는 데 좋습니다.

해설과 함께 보는

상시 기출문제

CONTENTS

- 각 문항을 문제의 난이도 등급에 따라 상 중 하로 분류하였습니다.
- 중요 ✓ 표시가 있는 문제는 출제 빈도가 높은 문제입니다.
- 문제의 이해도에 따라 ○△✕ 체크하여 완벽하게 정리하세요.

해설과 함께 보는 2022년 상시 기출문제 01회

합격 강의

SELF CHECK | 제한시간 60분 | 소요시간 분 | 전체 문항 수 60문항 | 맞힌 문항 수 문항

1과목 컴퓨터 일반

중요✓ 난이도 중 문제 진단 ○△×

01 다음은 기억 장치의 접근 속도를 빠른 순에서 느린 순으로 나열한 것이다. 다음 중 괄호 안에 알맞은 것은?

합격 강의

(ⓐ) → 캐시 메모리 → (ⓑ) → 보조 기억 장치

① ⓐ 연관 메모리, ⓑ 가상 메모리
② ⓐ 주기억 장치, ⓑ 레지스터
③ ⓐ 레지스터, ⓑ 주기억 장치
④ ⓐ 가상 메모리, ⓑ 연관 메모리

기억 장치의 접근 속도(빠른 순 → 느린 순)
레지스터 → 캐시 메모리 → 주기억 장치 → 보조 기억 장치

난이도 하 문제 진단 ○△×

02 다음 중 아래의 설명이 의미하는 것은?

㉠ 1999년 3월 26일에 발견된 최초의 매크로 바이러스이다.
㉡ 전자우편을 열람하면 사용자 주소록의 50개 주소에 자동으로 전염시킨다.

① 멜리사 바이러스
② 트로이 목마 바이러스
③ 부트 바이러스
④ 랜섬웨어(Ransomware)

오답 피하기
- 트로이 목마 바이러스 : 사용자 몰래 데이터나 프로그램을 파괴하는 바이러스로 감염 능력이나 복제 능력은 없음
- 부트 바이러스 : 컴퓨터를 부팅했을 때 먼저 실행되는 부분인 부트 섹터에 감염되는 바이러스
- 랜섬웨어(Ransomware) : 몸값과 소프트웨어의 합성어로 데이터를 암호화하거나 시스템을 잠가 사용할 수 없도록 하고 금전이나 비트코인 등을 요구하는 악성 프로그램을 뜻함

난이도 중 문제 진단 ○△×

03 다음 중 전자우편 프로토콜에 해당하지 않는 것은?

합격 강의

① SMTP(Simple Mail Transfer Protocol)
② POP3(Post Office Protocol 3)
③ SLIP/PPP(Serial Line Internet Protocol/Point to Point Protocol)
④ IMAP(Internet Message Access Protocol)

SLIP/PPP : 모뎀과 전화선을 이용해서 인터넷에 접속할 때 사용하는 프로토콜

오답 피하기
- SMTP : 전자우편을 송신하기 위한 프로토콜
- POP3 : 전자우편을 수신하기 위한 프로토콜
- IMAP : 메일을 수신하기 위한 프로토콜로 전자우편의 헤더(머릿글) 부분만 수신함

난이도 중 문제 진단 ○△×

04 다음 중 "특정한 하드웨어나 소프트웨어를 구매하였을 때 끼워주는 소프트웨어"는?

① 상용 소프트웨어
② 번들 프로그램(Bundle Program)
③ 데모 버전
④ 공개 소프트웨어

번들 프로그램(Bundle Program) : Bundle은 '묶음'이란 뜻으로 하드웨어나 소프트웨어를 판매할 때 무료로 제공하는 소프트웨어를 뜻함

오답 피하기
- 상용 소프트웨어 : 정식 대가를 지불하고 사용하는 프로그램으로 해당 프로그램의 모든 기능을 사용할 수 있음
- 데모 버전 : 정식 프로그램의 기능을 홍보하기 위해 사용 기간이나 기능을 제한하여 배포하는 프로그램
- 공개 소프트웨어 : 개발자가 무료로 자유로운 사용을 허용한 소프트웨어

난이도 중 문제 진단 ○△×

05 다음은 컴파일러와 인터프리터를 비교한 것이다. 다음 중 옳지 않은 것은?

합격 강의

	구분	컴파일러	인터프리터
①	번역 단위	프로그램 전체	프로그램의 행 단위
②	번역 속도	느림	빠름
③	실행 속도	느림	빠름
④	목적 프로그램	생성	생성하지 않음

실행 속도는 컴파일러가 목적 프로그램을 사용하므로 실행 속도가 빠름

난이도 중 문제 진단 ○△×

06 다음 중 인터넷에서 사용하는 DNS에 관한 설명으로 옳지 않은 것은?

① DNS는 Domain Name Server 또는 Domain Name System의 약자로 쓰인다.
② DNS 서버는 IP 주소를 이용하여 패킷의 최단 전송 경로를 선택하는 장치이다.
③ 문자로 만들어진 도메인 이름을 숫자로 된 IP 주소로 바꾸는 시스템이다.
④ DNS에서는 모든 호스트를 각 도메인별로 계층화시켜서 관리한다.

라우터(Router) : 네트워크 계층에서 망을 연결하며, 다양한 전송 경로 중 가장 효율적인 최적의 경로를 선택하여 패킷을 전송하는 장치

ANSWER 01 ③ 02 ① 03 ③ 04 ② 05 ③ 06 ②

중요✓ 난이도 상 문제 진단 ○△X

07 다음 중 컴퓨터에서 사용하는 캐시 메모리에 대한 설명으로 옳지 않은 것은?

① 캐시 메모리는 주로 속도가 빠른 SRAM을 사용한다.
② 캐시 메모리에는 데이터뿐만 아니라 프로그램도 들어간다.
③ 캐시 적중률이 낮아야 캐시 메모리의 성능이 우수하다고 할 수 있다.
④ 캐시 메모리에 있는 데이터와 메인 메모리에 있는 데이터가 항상 일치하지는 않는다.

캐시 메모리의 효율성은 적중률(Hit Ratio)로 나타내며, 적중률이 높을수록 시스템의 전체적인 속도가 향상되므로 적중률이 높아야 캐시 메모리의 성능이 우수하다고 할 수 있음

난이도 중 문제 진단 ○△X

08 다음 중 국제 표준화 기구(ISO)가 규정한 잉크젯 프린터의 속도 측정 방식으로 일반(보통) 모드에서 출력 속도를 측정, 1분 동안 출력할 수 있는 흑백/컬러 인쇄의 최대 매수를 의미하는 것은?

합격 강의

① CPS ② IPM
③ LPM ④ PPM

IPM(Images Per Minute) : ISO(국제 표준화 기구)에서 규정한 잉크젯 속도 측정 방식으로 각 프린터 업체의 자체 기준에 맞춘 고속 모드로 출력된 PPM과는 달리 일반(보통) 모드에서 ISO 규격 문서를 측정함

오답 피하기

- CPS(Characters Per Second) : 1초당 인쇄되는 문자 수(도트 매트릭스 프린터, 활자식 프린터 등)
- LPM(Lines Per Minute) : 1분당 인쇄되는 라인 수(활자식 프린터, 잉크젯 프린터 등)
- PPM(Pages Per Minute) : 1분당 인쇄되는 페이지 수(잉크젯 프린터, 레이저 프린터 등)

난이도 중 문제 진단 ○△X

09 다음 중 모든 사물에 전자 태그 및 센서 노드, 컴퓨팅 및 통신 기능을 탑재하여 언제 어디서나 정보를 처리, 제공할 수 있도록 지원하는 유비쿼터스 서비스는?

① USN
② 텔레매틱스
③ 블록체인
④ 고퍼

USN(Ubiquitous Sensor Network) : 유비쿼터스 센서 네트워크로 각종 센서를 통해 정보를 수집하고 관리할 수 있도록 구성된 네트워크

오답 피하기

- 텔레매틱스(Telematics) : 텔레커뮤니케이션(Telecommunication)과 인포매틱스(Informatics)의 합성어이며 자동차에 무선 통신 기술을 접목한 것으로 '차량 무선 인터넷 서비스'라고 함
- 블록체인(Block Chain) : 분산형 데이터 저장 기술로 블록 단위로 데이터를 저장하여 체인처럼 연결하는 방식으로 '공공 거래 장부'라고도 함
- 고퍼(Gopher) : 인터넷에 있는 정보를 계층적 또는 메뉴 방식으로 찾아주는 서비스

난이도 중 문제 진단 ○△X

10 다음 중 코드에 대한 설명으로 옳지 않은 것은?

① BCD 코드는 영문자의 대소문자를 구별하지 못한다.
② ASCII 코드는 세계 각 나라의 언어를 표현할 수 있는 국제 표준 코드이다.
③ 유니코드는 2바이트 코드이다.
④ EBCDIC 코드는 Zone은 4비트, Digit는 4비트로 구성된다.

유니코드(Unicode) : 2바이트 코드로 세계 각 나라의 언어를 표현할 수 있는 국제 표준 코드

오답 피하기

ASCII 코드는 일반 PC용 컴퓨터 및 데이터 통신용 코드임

난이도 상 문제 진단 ○△X

11 다음 중 Windows의 [장치 관리자]에 대한 기능 및 설명으로 옳지 않은 것은?

① 디스크에 단편화되어 저장된 파일들을 모아서 디스크를 최적화한다.
② [시작] 단추(■)에서 마우스 오른쪽 버튼을 클릭한 다음 [장치 관리자]를 클릭하여 실행한다.
③ 드라이버 소프트웨어 및 컴퓨터에 설치된 디바이스 하드웨어 설정을 관리한다.
④ 문제가 있거나 불필요한 하드웨어 장치를 제거할 수 있다.

드라이브 조각 모음 및 최적화

- 디스크에 단편화되어 저장된 파일들을 모아서 디스크를 최적화함
- 단편화를 제거하여 디스크의 수행 속도를 높여줌
- 처리 속도 면에서는 효율적이나 총 용량이 늘어나지는 않음

오답 피하기

장치 관리자

- 컴퓨터의 하드웨어가 올바르게 작동하는지 확인할 수 있고, 문제가 있거나 불필요한 하드웨어 장치를 제거할 수 있음
- 바로 가기 메뉴에서 [드라이버 업데이트], [디바이스 사용 안 함], [디바이스 제거], [하드웨어 변경 사항 검색], [속성] 등의 작업을 수행할 수 있음

난이도 중 문제 진단 ○△X

12 TCP/IP 프로토콜의 설정에 있어 서브넷 마스크(Subnet Mask)의 역할은?

① 호스트의 수를 식별
② 사용자의 수를 식별
③ 네트워크 ID 부분과 호스트 ID 부분을 구별
④ 도메인 명을 IP 주소로 변환해 주는 서버를 지정

서브넷 마스크(Subnet Mask)

- 네트워크 ID와 호스트 ID를 구분해 주는 역할을 함
- Subnet은 여러 개의 LAN에 접속하는 경우 하나의 LAN을 의미함
- Subnet Mask는 IP 수신자에게 제공하는 32비트 주소
- 대부분 255.255.255.0의 C 클래스(Class)로 정의함

ANSWER 07 ③ 08 ② 09 ① 10 ② 11 ① 12 ③

중요✓ 난이도 상 문제 진단 ○△×

13 다음 중 네트워크 장비와 기능에 대한 연결이 옳지 않은 것은?

합격 강의

㉮ 모뎀 ㉯ 브리지 ㉰ 라우터 ㉱ 리피터

ⓐ 네트워크에서 연결된 각 회선이 모이는 집선 장치로서 각 회선을 통합적으로 관리하는 방식
ⓑ 데이터 전송을 위한 최적의 경로를 찾아 통신망에 연결하는 장치
ⓒ 독립된 두 개의 근거리 통신망(LAN)을 연결하는 접속 장치
ⓓ 디지털 신호를 아날로그 신호로 변환하는 변조 과정과 아날로그 신호를 디지털 신호로 변환하는 복조 과정을 수행하는 장치

① ㉮–ⓓ ② ㉯–ⓒ
③ ㉰–ⓑ ④ ㉱–ⓐ

ⓐ의 기능은 허브(Hub) 장치의 기능임

오답 피하기

리피터(Repeater)
- 네트워크에서 디지털 신호를 일정한 거리 이상으로 전송하면 신호가 감쇠하는 성질이 있음
- 장거리 전송을 위해 신호를 새로 재생하거나 출력 전압을 높여 전송하는 장치

난이도 하 문제 진단 ○△×

14 다음 중 바이러스 감염 시 나타나는 현상으로 옳지 않은 것은?

① 부팅 시간이 오래 걸린다.
② 실행 속도가 빨라진다.
③ 폴더나 파일이 새로 생성되거나 삭제된다.
④ CMOS의 내용이 파괴되거나 삭제된다.

바이러스에 감염되면 실행 속도가 느려짐

난이도 중 문제 진단 ○△×

15 다음 중 [그림판]에 대한 설명으로 옳지 않은 것은?

① 레이어 기능을 이용하여 정교하게 그림을 그릴 수 있다.
② 그림을 그린 다음 다른 문서에 붙여넣거나 바탕 화면 배경으로 사용할 수 있다.
③ JPG, GIF, BMP와 같은 그림 파일도 그림판에서 작업할 수 있다.
④ 선택한 영역의 색을 [색 채우기] 도구를 이용하여 다른 색으로 변경할 수 없다.

그림판에서는 포토샵에서 제공되는 레이어 기능은 지원되지 않음

난이도 중 문제 진단 ○△×

16 다음 중 Windows의 파일 탐색기에서 사용하는 바로 가기 키의 기능이 옳지 않은 것은?

① F11 : 현재 창 최대화
② Alt+Enter : 선택한 항목에 대한 속성 대화 상자 열기
③ Ctrl+N : 새 폴더 만들기
④ Ctrl+E : 검색 창 선택

Ctrl+N : 새 창 열기

오답 피하기

Ctrl+Shift+N : 새 폴더 만들기

난이도 중 문제 진단 ○△×

17 다음 중 레지스트리(Registry)에 대한 설명으로 옳은 것은?

① Windows에서 사용하는 환경 설정 및 각종 시스템과 관련된 정보가 저장된 계층 구조식 데이터베이스이다.
② CPU의 처리 효율을 높이고 데이터의 입출력을 빠르게 할 수 있게 만든 입출력 전용 처리기이다.
③ 휘발성 메모리로, 속도가 빠른 CPU와 상대적으로 속도가 느린 주기억 장치 사이에 있는 고속의 버퍼 메모리이다.
④ 하드디스크의 일부를 주기억 장치처럼 사용하는 메모리 사용 기법이다.

레지스트리(Registry)
- Windows에서 사용하는 환경 설정 및 각종 시스템과 관련된 정보가 저장되어 있는 계층 구조식 데이터베이스
- 레지스트리 키와 레지스트리 값을 추가 및 편집하고, 백업으로부터 레지스트리를 복원함
- 레지스트리에 이상이 있을 경우 Windows 운영체제에 치명적인 손상이 생길 수 있음

오답 피하기
- ② : 입출력 채널(I/O Channel)
- ③ : 캐시 메모리(Cache Memory)
- ④ : 가상 메모리(Virtual Memory)

난이도 중 문제 진단 ○△×

18 다음 중 외부로부터의 데이터 침입 행위에 관한 유형의 위조(Fabrication)에 대한 설명으로 옳은 것은?

① 자료가 수신측으로 전달되는 것을 방해하는 행위
② 전송한 자료가 수신지로 가는 도중에 몰래 보거나 도청하는 행위
③ 원래의 자료를 다른 내용으로 바꾸는 행위
④ 자료가 다른 송신자로부터 전송된 것처럼 꾸미는 행위

위조(Fabrication) : 사용자 인증과 관계되어 다른 송신자로부터 데이터가 온 것처럼 꾸미는 것

오답 피하기

①은 가로막기, ②는 가로채기, ③은 변조/수정에 대한 설명임

중요✓ 난이도 중 문제 진단 ○△×

19 다음 중 레지스터(Register)에 대한 설명 중 옳지 않은 것은?

① CPU 내부에서 처리할 명령어나 연산 결과 값을 일시적으로 저장하는 기억 장치이다.
② 레지스터의 크기는 컴퓨터가 한 번에 처리할 수 있는 데이터의 크기를 나타낸다.
③ 펌웨어(Firmware)를 저장하는 비휘발성 메모리로 액세스 속도가 가장 빠른 기억 장치이다.
④ 구조는 플립플롭(Flip–Flop)이나 래치(Latch)를 직렬 또는 병렬로 연결한다.

펌웨어(Firmware)는 비휘발성 메모리인 ROM에 저장됨

난이도 하 문제 진단 ○△×

20 다음 중 일정한 방향으로 순차적으로 처리되는 것이 아닌 사용자의 선택에 따라 정보를 처리하는 멀티미디어의 특징은?

① 비선형성 ② 디지털화
③ 쌍방향성 ④ 통합성

오답 피하기
- 디지털화 : 다양한 데이터 형식을 컴퓨터가 인식하도록 디지털로 변환함
- 쌍방향성 : 사용자와 제공자 간에 서로 정보를 주고받음
- 통합성 : 문자, 그래픽, 사운드 등의 다양한 매체를 통합함

ANSWER 13 ④ 14 ② 15 ① 16 ③ 17 ① 18 ④ 19 ③ 20 ①

2과목 스프레드시트 일반

중요✓ 난이도 중 문제 진단 ○△✕

21 **다음 중 셀 영역을 선택한 후 상태 표시줄의 바로 가기 메뉴인 [상태 표시줄 사용자 지정]에서 선택할 수 있는 자동 계산에 해당되지 않는 것은?**

① 선택한 영역 중 숫자 데이터가 입력된 셀의 수
② 선택한 영역 중 문자 데이터가 입력된 셀의 수
③ 선택한 영역 중 데이터가 입력된 셀의 수
④ 선택한 영역의 합계, 평균, 최소값, 최대값

> 문자 데이터가 입력된 셀의 수는 해당되지 않음
>
> 오답 피하기
>
> 평균, 개수(데이터가 입력된 셀의 수), 숫자 셀 수, 최소값, 최대값, 합계를 선택하면 자동으로 계산되어 나타남

중요✓ 난이도 상 문제 진단 ○△✕

22 **고급 필터에서 다음과 같은 조건을 설정하였을 때, 이 조건에 의해 선택되는 데이터들로 옳은 것은?**

합격 강의

급여	연도	인원
>=300	2023	
		>=500

① 급여가 300 이상이고 연도가 2023인 데이터이거나 인원이 500 이상인 데이터
② 급여가 300 미만인 데이터 중에서 연도가 2023이고 인원이 500 이하인 데이터
③ 인원이 500 이상인 데이터 중에서 급여가 300 미만이거나 연도가 2023인 데이터
④ 급여가 300 이상이거나 연도가 2023인 데이터 모두와 인원이 500 이상인 데이터

> • AND 조건(이고, 그리고) : 첫 행에 필드명을 나란히 입력하고, 동일한 행에 조건을 입력함
> • OR 조건(이거나, 또는) : 첫 행에 필드명을 나란히 입력하고, 서로 다른 행에 조건을 입력함

난이도 중 문제 진단 ○△✕

23 **다음 아래의 왼쪽 시트에서 번호 열의 3행을 삭제하더라도 오른쪽 시트처럼 번호 순서가 1, 2, 3, 4, 5처럼 유지되게 하는 방법으로 옳은 것은?**

합격 강의

	A	B
1	번호	
2	1	
3	2	
4	3	
5	4	
6	5	
7	6	
8		

➡

	A	B
1	번호	
2	1	
3	2	
4	3	
5	4	
6	5	
7		
8		

① [A2] 셀에 =row( )를 입력하고 채우기 핸들을 [A7] 셀까지 복사한다.
② [A2] 셀에 =column( )을 입력하고 채우기 핸들을 [A7] 셀까지 복사한다.
③ [A2] 셀에 =row( )-1을 입력하고 채우기 핸들을 [A7] 셀까지 복사한다.
④ [A2] 셀에 =column( )-1을 입력하고 채우기 핸들을 [A7] 셀까지 복사한다.

> • ROW(행 번호를 구할 셀) : 참조의 행 번호를 반환함
> • [A2] 셀에 =row( )-1을 입력하고 채우기 핸들을 [A7] 셀까지 복사하면 해당 행 번호에서 1을 뺀 결과가 번호가 되므로 3행을 삭제하더라도 번호 1, 2, 3, 4, 5가 유지됨

난이도 중 문제 진단 ○△✕

24 **다음 중 시나리오에 대한 설명으로 옳지 않은 것은?**

① 여러 시나리오를 비교하기 위해 시나리오를 피벗 테이블로 요약할 수 있다.
② 변경 셀과 결과 셀에 이름을 지정한 후 시나리오 요약 보고서를 작성하면 결과에 셀 주소 대신 지정한 이름이 표시된다.
③ 시나리오 관리자에서 시나리오를 삭제하면 시나리오 요약 보고서의 해당 시나리오도 자동적으로 삭제된다.
④ 특정 셀의 변경에 따라 연결된 결과 셀의 값이 자동으로 변경되어 결과 값을 예측할 수 있다.

> 시나리오 관리자에서 시나리오를 삭제하더라도 시나리오 요약 보고서의 해당 시나리오가 자동적으로 삭제되지 않음

중요✓ 난이도 상 문제 진단 ○△✕

25 **다음 시트에서 =SUM(INDEX(B2:C6,4,2),LARGE (B2:C6,2))의 결과 값으로 옳은 것은?**

합격 강의

	A	B	C
1	지원자명	필기	실기
2	이상공	67	76
3	홍범도	90	88
4	엄지홍	50	60
5	신정미	80	100
6	김민서	69	98

① 190　　② 198
③ 200　　④ 210

> • INDEX(B2:C6,4,2) : [B2:C6] 범위에서 4행 2열의 값 → 100
> • LARGE(B2:C6,2) : [B2:C6] 범위에서 2번째로 큰 값 → 98
> • =SUM(100,98) : 합을 구함 → 198

난이도 중 문제 진단 ○△✕

26 **다음 아래의 시트에서 채우기 핸들을 [F1] 셀까지 드래그했을 때 [F1] 셀의 결과로 옳은 것은?**

	A	B	C	D	E	F
1	1		3			
2						

① 6　　② 7
③ 8　　④ 9

	A	B	C	D	E	F	G
1	1		3	5		7	
2							

> 두 개 이상의 셀을 범위로 지정하여 채우기 핸들을 끌면 데이터 사이의 차이에 의해 증가 또는 감소하면서 채워짐

ANSWER 21 ② 22 ① 23 ③ 24 ③ 25 ② 26 ②

난이도 중 문제 진단 ○△✕

27 다음 아래와 같은 경우에 사용할 수 있는 차트로 적합한 것은?

- 가로 축의 눈금 간격을 변경하려는 경우
- 가로 축의 값이 일정한 간격이 아닌 경우
- 가로 축의 데이터 요소 수가 많은 경우
- 데이터 요소 간의 차이점보다는 큰 데이터 집합 간의 유사점을 표시하려는 경우

① 주식형 차트
② 영역형 차트
③ 분산형 차트
④ 방사형 차트

분산형 차트(XY 차트)
- 데이터의 불규칙한 간격이나 묶음을 보여주는 것으로, 데이터 요소 간의 차이점보다는 큰 데이터 집합 간의 유사점을 표시하려는 경우에 사용함
- 각 항목이 값을 점으로 표시함
- 두 개의 숫자 그룹을 XY 좌표로 이루어진 한 계열로 표시(XY 차트라고도 함)
- 주로 과학, 공학용 데이터 분석에서 사용함
- 3차원 차트로 작성할 수 없음
- 가로 축은 항목 축이 아닌 값 축 형식으로 나타남

오답 피하기
- 주식형 차트 : 주가 변동을 나타내는 데 사용(과학 데이터도 사용 가능)함
- 영역형 차트 : 시간의 흐름에 대한 변동의 크기를 강조하여 표시. 합계 값을 추세와 함께 분석할 때 사용함
- 방사형 차트 : 여러 열이나 행에 있는 데이터를 차트로 표시. 여러 데이터 계열의 집계 값을 비교함

난이도 중 문제 진단 ○△✕

28 다음 중 피벗 테이블에 대한 설명으로 옳지 않은 것은?

① 열/행 단추를 클릭하여 레이블 필터나 값 필터를 설정할 수 있다.
② 값 영역에 추가된 필드가 2개 이상이면 Σ 값 필드가 열 또는 행 영역에 추가된다.
③ [피벗 테이블 필드]에서 보고서에 추가할 필드 선택 시 데이터 형식이 텍스트이거나 논리 값인 필드를 선택하여 '행' 영역에 추가한다.
④ 피벗 테이블 보고서를 작성한 후 원본 데이터를 수정하면 피벗 테이블 보고서에 자동으로 반영된다.

- 피벗 테이블 보고서를 작성한 후 원본 데이터를 수정하면 피벗 테이블 보고서에 자동으로 반영되지 않음
- [피벗 테이블 도구]-[분석] 탭-[데이터] 그룹-[새로 고침]의 [새로 고침]이나 [모두 새로 고침]을 클릭하면 수정된 데이터가 반영됨

중요✓ 난이도 상 문제 진단 ○△✕

29 다음 중 아래 시트에서 사원명이 두 글자이면서 실적이 전체 실적의 평균을 초과하는 데이터를 검색할 때, 고급 필터의 조건으로 옳은 것은?

	A	B
1	사원명	실적
2	유민	15,030,000
3	오성준	35,000,000
4	김근태	18,000,000
5	김원	9,800,000
6	정영희	12,000,000
7	남궁정훈	25,000,000
8	이수	30,500,000
9	김용훈	8,000,000

①

사원명	실적조건
="=??"	=$B2>AVERAGE($B$2:$B$9)

②

사원명	실적
="=??"	=$B2&">AVERAGE($B$2:$B$9)"

③

사원명	실적
=LEN($A2)=2	=$B2>AVERAGE($B$2:$B$9)

④

사원명	실적
="=**"	=$B2>AVERAGE($B$2:$B$9)

- 사원명이 두 글자인 사원을 필터하기 위한 조건 : ="=??" → =??
- 조건을 =??로 나타내야 하므로 ="=??"처럼 " " 안에 =를 하나 더 입력함
- ?는 한 글자를 의미하므로 두 글자의 경우 ??처럼 입력함
- 수식을 조건으로 하는 경우 필드명을 다르게 해야 함 : 실적조건
- 실적이 전체 실적의 평균을 초과하는 데이터를 검색 : =$B2>AVERAGE($B$2:$B$9) → FALSE

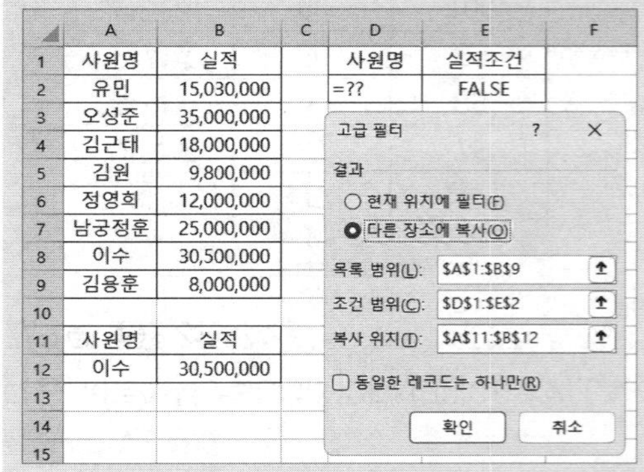

- 사원명이 두 글자이면서 실적 평균인 19,166,251을 초과하는 '이수, 30500,000'이 필터링 됨

난이도 중 문제 진단 ○△✕

30 다음 중 배열 상수의 특징에 대한 설명으로 잘못된 것은?

① 배열 상수로 숫자, 텍스트, TRUE나 FALSE와 같은 논리 값, #N/A와 같은 오류 값 등을 사용할 수 있다.
② 같은 배열 상수에 다른 종류의 값을 사용할 수 없다.
③ 배열 상수에 정수, 실수, 지수형 서식의 숫자를 사용할 수 있다.
④ 배열 상수 값은 수식이 아닌 상수이어야 한다.

같은 배열 상수에 다른 종류의 값을 사용할 수 있음

ANSWER 27 ③ 28 ④ 29 ① 30 ②

난이도 중 문제 진단 ○△X

31 다음 중 아래 〈조건〉을 만족하는 사용자 정의 서식으로 옳은 것은?

> 1) 양수와 음수 모두 앞에 ₩기호를 표시하고 천 단위마다 콤마 표시
> 2) 소수점 첫째 자리까지만 표시하고, 소수점 첫째 자리에 값이 없을 때는 무조건 0이 표시되도록 함(단, 소수점 둘째 자리에서 반올림)
> 3) 0은 숫자 0 대신 – 기호로 표시
> 4) 음수는 빨강으로 표시

① ₩#,##0.0;–;[빨강]₩#,##0.0
② [빨강]{₩#,##0.0};₩#,##0.0;–
③ ₩#,##0.0;[빨강]₩#,##0.0;–
④ ₩#,##0.0;₩–;[빨강]₩#,##0.0

사용자 지정 서식의 순서 : 양수;음수;0값;텍스트
- 조건 1 : ₩#,#
- 조건 2 : ₩#,#0.0
- 조건 3 : 0일 경우 '–' 기호를 표시함
- 조건 4 : [빨강]₩#,##0.0

난이도 상 문제 진단 ○△X

32 다음 중 아래와 같이 워크시트에 데이터가 입력된 경우, 보기의 수식과 그 결과 값으로 옳지 않은 것은?

	A
1	
2	한국 대한민국
3	분기 수익
4	수익
5	아름다운 설악산
6	

① =MID(A5,SEARCH(A1,A5)+5,3) → '설악산'
② =REPLACE(A5,SEARCH("한",A2),5,"") → '설악산'
③ =MID(A2,SEARCH(A4,A3),2) → '대한'
④ =REPLACE(A3,SEARCH(A4,A3),2,"명세서") → '분기명세서'

④ =REPLACE(A3,SEARCH(A4,A3),2,"명세서") → '분기명세서'
- SEARCH : 문자열에서 찾을 텍스트의 시작 위치를 반환하는 함수
- 따라서 =SEARCH(A4,A3) → =SEARCH("수익","분기 수익")의 결과는 4가 됨
- REPLACE(텍스트1, 시작위치, 바꿀 개수, 텍스트2) : 시작 위치의 바꿀 개수만큼 텍스트1의 일부를 다른 텍스트2로 교체함
- =REPLACE(A3,4,2,"명세서") → =REPLACE("분기 수익",4,2,"명세서")의 결과는 4번째에서 2개를 "명세서"로 바꾸는 경우이므로 "분기 " 다음에 "명세서"가 붙음
- 따라서, 최종 결과는 =REPLACE(A3,SEARCH(A4,A3),2,"명세서") → '분기 명세서'가 되어야 함. 문제의 보기는 '분기명세서'로 붙어 있어서 틀림

오답 피하기

① =MID(A5,SEARCH(A1,A5)+5,3) → '설악산'
- SEARCH(A1,A5)의 결과가 1이므로 1+5=6, =MID("아름다운 설악산",6,3)의 결과는 6번째에서 3개를 추출하므로 "설악산"이 됨(A1셀처럼 찾을 문자에 대한 제시가 없는 경우 결과가 1이 됨)

② =REPLACE(A5,SEARCH("한",A2),5,"") → '설악산'
- SEARCH("한",A2)의 결과가 1이므로 =REPLACE("아름다운 설악산",1,5,"")의 결과는 1번째에서 5번째까지 ""(공백)으로 교체하므로 "설악산"이 됨

③ =MID(A2,SEARCH(A4,A3),2) → '대한'
- SEARCH(A4,A3)의 결과가 4이므로 =MID("한국 대한민국",4,2)의 결과는 4번째에서 2개를 추출하므로 "대한"이 됨

난이도 중 문제 진단 ○△X

33 다음 아래의 차트에서 선택된 [레이블 옵션]으로 모두 옳은 것은?

합격 강의

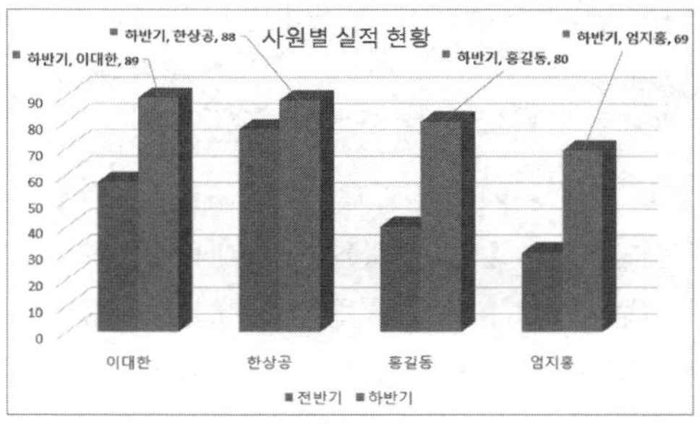

① 계열 이름, 가로 항목 이름, 값, 메모
② 계열 이름, 항목 이름, 값, 지시선 표시, 범례 표지
③ 계열 이름, 항목 이름, 구분 기호(,), 범례, 윗주
④ 축 제목, 항목 이름, 백분율, 구분 기호(,)

[레이블 옵션]으로 계열 이름(하반기), 항목 이름(이대한, 한상공, 홍길동, 엄지홍), 값(89, 88, 80, 69), 지시선 표시, 범례 표지가 선택된 상태임

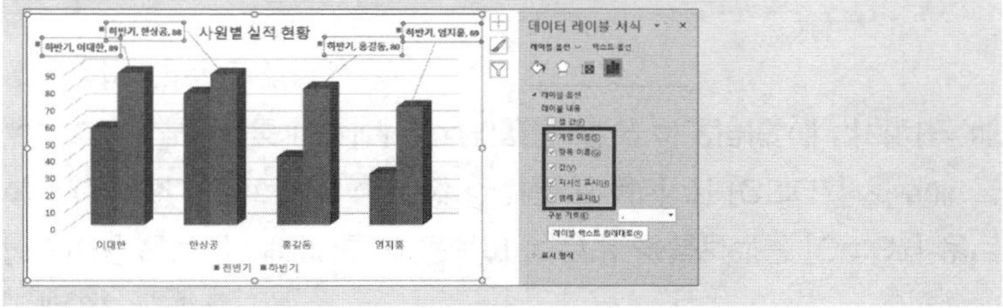

난이도 하 문제 진단 ○△X

34 다음 중 매크로의 저장 위치로 옳지 않은 것은?

① 사용자 지정 통합 문서
② 현재 통합 문서
③ 새 통합 문서
④ 개인용 매크로 통합 문서

매크로 저장 위치 : 개인용 매크로 통합 문서, 새 통합 문서, 현재 통합 문서

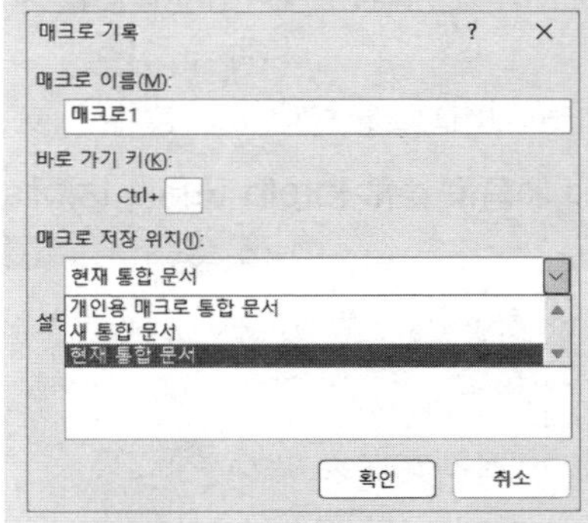

난이도 중 문제 진단 ○△X

35 다음 중 [Excel 옵션]–[고급]에서 [소수점 자동 삽입]의 [소수점 위치]를 –2로 설정한 다음 시트에서 1을 입력하는 경우 그 결과로 옳은 것은?

합격 강의

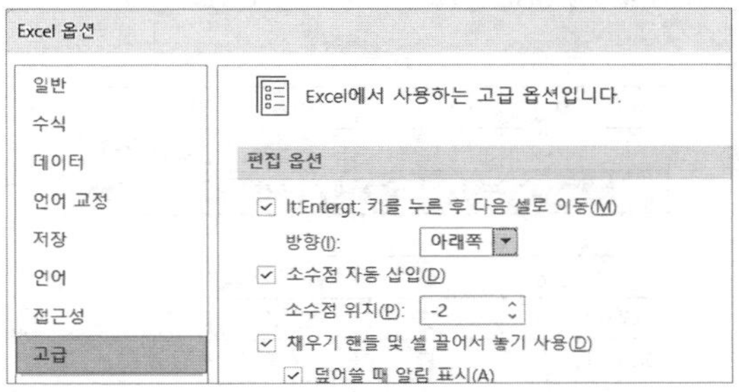

① 0.01
② 0.001
③ 100
④ 1000

소수점의 위치가 –2인 경우 1을 입력하면 결과는 100이 됨

오답 피하기

소수점의 위치가 2인 경우 1을 입력하면 결과는 0.01이 됨

ANSWER 31 ③ 32 ④ 33 ② 34 ① 35 ③

난이도 상 문제 진단 ○△✕

36 콤보 상자의 목록으로 현재 통합 문서에 포함된 시트들의 이름을 추가하는 프로시저를 작성하려고 한다. 다음 중 (가), (나), (다)의 식으로 옳은 것은?(단, 콤보 상자의 이름은 'CB1'이며 사용자의 폼의 이름은 UForm이다.)

```
Private Sub UForm_Initialize()
  Dim NN As Integer
  NN = (가).ActiveWorkbook.Sheets.Count
  Do While (나) > 0
       CB1.(다) Application.ActiveWorkbook.
       sheets(NN).Name
       NN = NN – 1
  Loop
End Sub
```

① (가) Application
(나) Workbook.Sheets.Count
(다) CB1
② (가) ActiveDocument
(나) Sheet.Count
(다) CB1.ItemCount
③ (가) Application
(나) NN
(다) AddItem
④ (가) Excel
(나) CB1.ItemCount
(다) NN

- (가) : Application은 최상위 개체로서 Application.ActiveWorkBook.Sheets라고 입력하여 열려 있는 시트들을 의미함
- (나) : Do While 문에서 워크시트의 개수가 입력된 NN 변수의 크기만큼 반복 실행하기 위해서 NN > 0이라고 조건을 입력함
- (다) : CB1의 이름을 가지는 콤보 상자에 항목을 추가하기 위해서 CB1.AddItem이라고 표시함

난이도 중 문제 진단 ○△✕

37 다음 중 정렬에 관한 설명으로 옳지 않은 것은?

① 정렬의 기준은 최대 64개까지 지정할 수 있다.
② 숨겨진 열이나 행은 정렬 시 이동되지 않는다.
③ 정렬 옵션에서 대/소문자 구분과 정렬 방향 등을 지정한다.
④ 정렬 기준은 값만 사용할 수 있다.

정렬 기준으로 값, 셀 색, 글꼴 색, 셀 아이콘을 사용할 수 있음

난이도 상 문제 진단 ○△✕

38 제품코드 [A3:A5]의 첫 글자가 제품기호 [B8:D8]이고 판매금액은 판매단가*판매수량일 때 판매금액 [D3]을 계산하는 수식으로 옳은 것은?

	A	B	C	D	E
1	[표1] 제품코드				
2	제품코드	제품명	판매수량	판매금액	
3	P-3456	TV	7	4,550,000	
4	D-1234	DVD	6	720,000	
5	E-5678	노트북	3	2,550,000	
6					
7	[표2] 제품별 단가표				
8	제품기호	E	D	P	
9	판매단가	850,000	120,000	650,000	
10					

① =VLOOKUP(LEFT(A3,1),$B$8:$D$9,2,0)*C3
② =HLOOKUP(LEFT(A3,1),$B$8:$D$9,2,0)*C3
③ =VLOOKUP(MID(A3,1),$B$8:$D$9,2,0)*C3
④ =HLOOKUP(MID(A3,1),$B$8:$D$9,2,0)*C3

=HLOOKUP(LEFT(A3,1),$B$8:$D$9,2,0)*C3
- [A3] 셀에서 첫 번째 문자인 'P'를 추출한 후 [B8:D9] 영역에서 추출한 문자를 찾아 찾은 행 [D8] 셀에서 행 번호(2)로 이동한 [D9] 셀에 있는 값을 표시함
- [C3] 셀의 판매수량과 곱하여 판매금액을 산출함

난이도 중 문제 진단 ○△✕

39 엑셀의 다양한 데이터 입력 방법에 대한 설명으로 옳지 않은 것은?

① 셀에 입력된 수식의 결과가 아닌 수식 자체를 보기 위해서는 Alt+~를 누른다.
② 선택한 범위에 동일한 데이터를 한 번에 입력할 때에는 입력 후 바로 Ctrl+Enter를 누른다.
③ 배열 수식을 작성할 때는 수식 입력 후 Ctrl+Shift+Enter를 누른다.
④ 하나의 셀에 여러 줄을 입력할 때는 Alt+Enter를 눌러 줄 바꿈을 한다.

셀에 입력된 수식의 결과가 아닌 수식 자체를 보기 위해서는 Ctrl+~를 누름

난이도 상 문제 진단 ○△✕

40 [C2:C9] 영역의 데이터를 이용하여 지점별 총불입액을 [G4:G7] 영역에 계산하려고 한다. [G4] 셀에 수식을 작성한 뒤 [G5:G7] 영역에 복사하고 셀 포인터를 [G4]에 위치시켰을 때 수식 입력줄에 나타나는 배열 수식으로 옳은 것은?

	A	B	C	D	E	F	G
1		성명	지점명	월불입액			
2		구승원	서울	120,000			
3		이선훈	충청	80,000			총불입액
4		이상영	호남	105,000		강원	
5		기상서	강원	35,000		서울	
6		최권일	호남	180,000		영남	
7		지유환	영남	745,000		충청	
8		김건호	서울	352,000			
9		김기춘	영남	210,000			

① {=SUM(IF($C$2:$C$9=$F4,$D$2:$D$9,0))}
② =SUM(IF($C$2:$C$9=$F4,$D$2:$$D$9,1))
③ =SUM(IF($C$2:$C$9=$F4,$D$2:$$D$9,0))
④ {=SUM(IF($C$2:$C$9=$F4,$D$2:$D$9,1))}

- 지점명($C$2:$C$9)에서 해당 지점명([$F4])과 같다면 해당 행에 있는 월불입액($D$2:$D$9)의 값을 표시하고, 같지 않으면 '0'을 표시함
- IF(조건,A,B) : 조건이 참이면 A를 실행하고 아니면 B를 실행함
- [$C$2:$C$9], [$D$2:$D$9] 셀 영역은 행 방향으로 고정해야 하고 [F4] 셀은 행 방향으로 고정하면 안됨

ANSWER 36 ③ 37 ④ 38 ② 39 ① 40 ①

3 과목 데이터베이스 일반

난이도 중 문제 진단 ○△✕

41 다음 아래의 테이블에서 ⓐ차수(Degree)와 ⓑ기수(Cardinality)가 모두 옳은 것은?

합격 강의

성명	컴퓨터	스프레드시트	데이터베이스
신정미	100	100	100
김민서	90	95	98
이대한	56	75	69

① ⓐ 3, ⓑ 3
② ⓐ 3, ⓑ 4
③ ⓐ 4, ⓑ 3
④ ⓐ 4, ⓑ 4

- 차수(Degree) : 한 릴레이션(테이블)에서 속성(필드=열)의 개수이므로 4가 됨
- 기수(Cardinality) : 한 릴레이션(테이블)에서 튜플(레코드=행)의 개수이므로 3이 됨(제목 행 제외)

난이도 하 문제 진단 ○△✕

42 컴활(성명, 컴일반, 엑셀, 액세스) 테이블에서 점수 필드에 0 이상 100 이하의 값이 입력되도록 범위를 지정하고자 할 때에 사용되는 필드 속성은 어느 것인가?

① 입력 마스크
② 기본 값
③ 캡션
④ 유효성 검사 규칙

유효성 검사 규칙 : 필드에 입력할 값을 제한하는 규칙

중요✓ 난이도 중 문제 진단 ○△✕

43 프로시저는 연산을 수행하거나 값을 계산하는 일련의 명령문과 메서드로 구성된다. 다음 예제 중 메서드에 해당되는 것은?

```
Private Sub OpenOrders_Click( )
DoCmd.OpenForm "Orders"
End Sub
```

① OpenOrders
② DoCmd
③ OpenForm
④ Orders

OpenForm : OpenForm 매크로 함수(폼을 여러 보기 형식으로 열기)를 실행하는 메서드

오답 피하기

② DoCmd : 액세스의 매크로 함수를 Visual Basic에서 실행하기 위한 개체로, 메서드를 이용하여 매크로를 실행할 수 있음

중요✓ 난이도 상 문제 진단 ○△✕

44 [학사관리] 테이블에서 다음과 같은 SQL문을 실행했을 때, 결과에 나타나는 레코드는 몇 개인가?

```
SELECT DISTINCT 학점
FROM 학사관리;
```

학사관리

과목번호	과목명	학점	담당교수
C001	컴퓨터일반	3	김선
C002	스프레드시트	3	왕정보
C003	데이터베이스	3	최영진
C004	영상편집	2	김나운
C005	그래픽	2	김혜빈
C006	연출기법	2	김희준
*		0	

레코드: 7/7 필터 없음 검색

① 2 ② 3
③ 4 ④ 6

DISTINCT는 중복된 값을 한 번만 표시하게 해주므로 학점 필드에 2와 3, 두 개의 레코드가 출력됨

쿼리1

학점
2
3

난이도 중 문제 진단 ○△✕

45 다음 중 보고서에서 [페이지 번호] 대화 상자를 이용한 페이지 번호 설정에 대한 설명으로 옳지 않은 것은?

① 첫 페이지에만 페이지 번호가 표시되거나 표시되지 않도록 설정할 수 있다.
② 페이지 번호의 표시 위치를 '페이지 위쪽', '페이지 아래쪽', '페이지 양쪽' 중 선택할 수 있다.
③ 페이지 번호의 형식을 'N 페이지'와 'N/M 페이지' 중 선택할 수 있다.
④ [페이지 번호] 대화 상자를 열 때마다 페이지 번호 표시를 위한 수식이 입력된 텍스트 상자가 자동으로 삽입된다.

페이지 번호의 표시 위치는 '페이지 위쪽[머리글]', '페이지 아래쪽[바닥글]'만 있음

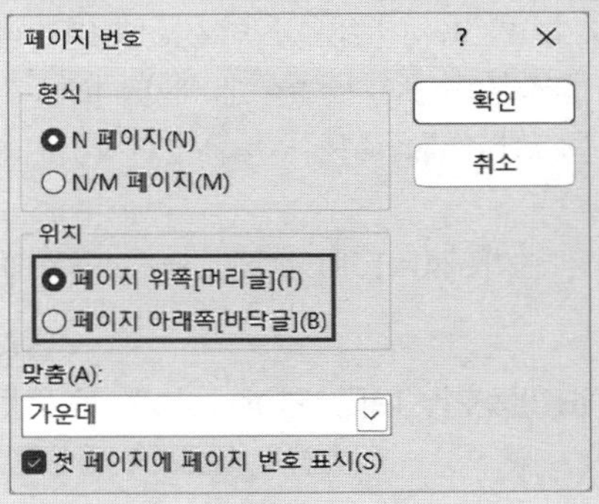

난이도 중 문제 진단 ○△✕

46 [직원] 테이블에서 '점수'가 80 이상인 사원의 인원수를 구하는 예로 적절한 것은?(단, '사번' 필드는 [직원] 테이블의 기본키이다.)

합격 강의

① =Dcount("[직원]","[사번]","[점수]>80")
② =Dcount("[사번]","[직원]","[점수]>=80")
③ =Dlookup("[직원]","[사번]","[점수]>=80")
④ =Dlookup("*","[사번]","[점수]>=80")

=Dcount("필드명","테이블명","조건") : 테이블에서 조건에 맞는 레코드 중 필드명에 해당하는 레코드의 개수를 구함

ANSWER 41 ③ 42 ④ 43 ③ 44 ① 45 ② 46 ②

난이도 중 문제 진단 ○△×

47 다음 중 SQL 질의에 대한 설명으로 옳지 않은 것은?

① ORDER BY절 사용 시 정렬 방식을 별도로 지정하지 않으면 기본 값은 'DESC'로 적용된다.
② GROUP BY절은 특정 필드를 기준으로 그룹화하여 검색할 때 사용한다.
③ FROM절에는 테이블 또는 쿼리 이름을 지정하며, WHERE절에는 조건을 지정한다.
④ SELECT DISTINCT문을 사용하면 중복 레코드를 제거할 수 있다.

ORDER BY절 사용 시 정렬 방식을 별도로 지정하지 않으면 기본 값은 오름차순인 'ASC'로 적용됨

난이도 중 문제 진단 ○△×

48 다음 중 위쪽 구역에 데이터시트를 표시하는 열 형식의 폼을 만들고, 아래쪽 구역에 선택한 레코드에 대한 정보를 수정하거나 입력할 수 있는 데이터시트 형식의 폼을 자동으로 만들어 주는 도구는?

① 폼　② 폼 분할
③ 여러 항목　④ 폼 디자인

폼 분할 : 위쪽 구역에 데이터시트를 표시하는 분할 폼을 만들고 아래쪽 구역에 데이터시트에서 선택한 레코드에 대한 정보를 입력하는 폼을 만듦

오답 피하기
- ① 폼 : 한 번에 한 개의 레코드에 대한 정보를 입력할 수 있는 폼을 만듦
- ③ 여러 항목 : 여러 개의 레코드가 표시되는 폼을 만듦
- ④ 폼 디자인 : 디자인 보기에서 새 양식을 만듦

난이도 중 문제 진단 ○△×

49 다른 테이블을 참조하는 외래키(FK)에 대한 다음 설명 중 가장 옳은 것은?

① 외래키 필드의 값은 유일해야 하므로 중복된 값이 입력될 수 없다.
② 외래키 필드의 값은 널 값일 수 없으므로, 값이 반드시 입력되어야 한다.
③ 한 테이블에서 특정 레코드를 유일하게 구별할 수 있는 속성이다.
④ 하나의 테이블에는 여러 개의 외래키가 존재할 수 있다.

서로 관계를 맺고 있는 릴레이션 R1, R2에서 릴레이션 R2의 한 속성이나 속성의 조합은 릴레이션 R1의 기본키 필드를 참조하는 필드로서 하나의 테이블에는 여러 개의 외래키가 존재할 수 있음

오답 피하기
①, ②, ③은 기본키에 대한 설명임

중요✓ 난이도 중 문제 진단 ○△×

50 다음과 같이 페이지 번호를 출력하고자 할 때의 수식으로 옳은 것은?

합격 강의

100 페이지 중 1

① =[Page]& 페이지 중 & [Pages]
② =[Pages]& 페이지 중 & [Page]
③ =[Page]& "페이지 중" & [Pages]
④ =[Pages]& "페이지 중" & [Page]

[Pages] : 전체 페이지, [Page] : 현재 페이지

난이도 중 문제 진단 ○△×

51 다음 중 인덱스(Index)에 대한 설명으로 옳지 않은 것은?

합격 강의

① 일반적으로 검색을 자주하는 필드에 대해 인덱스를 설정하는 것이 바람직하다.
② 인덱스를 설정하면 레코드의 조회는 물론 레코드의 갱신 속도가 빨라진다.
③ 한 테이블에서 여러 개의 인덱스를 생성할 수 있다.
④ 중복 불가능한 인덱스를 생성하면 동일한 값이 중복적으로 입력될 수 없다.

인덱스를 설정하면 검색과 쿼리 속도를 향상시킬 수 있지만 데이터를 추가하거나 업데이트할 때는 속도가 느려짐

난이도 하 문제 진단 ○△×

52 다음 중 데이터베이스 관리 시스템(DBMS)에 대한 설명으로 옳지 않은 것은?

① 응용 프로그램과 데이터베이스 사이에 위치하여 데이터베이스를 관리한다.
② 파일 시스템의 단점인 데이터의 중복성과 종속성의 문제를 해결하기 위해 제안된 시스템이다.
③ DBMS의 기능은 정의 기능, 조작 기능 및 제어 기능으로 나뉜다.
④ 순차적인 접근을 지원하여 백업과 회복의 절차가 간단하다.

DBMS 도입 시 시스템 고장에 대한 예비 조치와 데이터 유실 시 파일 회복이 어렵다는 단점이 있음

중요✓ 난이도 상 문제 진단 ○△×

53 다음 중 아래와 같은 이벤트 프로시저를 실행하는 Command1 단추를 클릭했을 때 실행 결과로 옳은 것은?

```
Private Sub Command1_Click()
DoCmd.OpenForm "사원정보", acNormal
DoCmd.GoToRecord , , acNewRec
End Sub
```

① 사원정보 테이블이 열리고 새 레코드를 입력할 수 있도록 비워진 테이블이 열린다.
② 사원정보 폼이 열리고 첫번째 레코드의 가장 왼쪽 컨트롤에 포커스가 표시된다.
③ 사원정보 폼이 열리고 마지막 레코드의 가장 왼쪽 컨트롤에 포커스가 표시된다.
④ 사원정보 폼이 열리고 새 레코드를 입력할 수 있도록 비워진 폼이 표시된다.

DoCmd 개체는 액세스의 매크로 함수를 실행할 수 있는 개체임. OpenForm은 여러 보기 모드에서 폼을 열고, GoToRecord는 지정한 레코드로 이동하는 매크로 함수를 수행함. 따라서 'OpenForm "사원정보"'로 사원정보 폼을 폼 보기(acNormal)로 열고, 새 레코드(acNewRec)로 이동하는(GoToRecord) 이벤트 프로시저를 수행함

난이도 중 문제 진단 ○△×

54 다음 중 릴레이션(Relation)에 대한 설명으로 옳지 않은 것은?

합격 강의

① 한 릴레이션에서 모든 속성은 원자 값이다.
② 한 릴레이션을 구성하는 튜플들 사이에는 순서가 있다.
③ 한 릴레이션을 구성하는 속성들 사이에는 순서가 없다.
④ 한 릴레이션에 포함된 튜플들은 모두 다르다.

한 릴레이션을 구성하는 튜플들 사이에는 순서가 없음

ANSWER 47 ① 48 ② 49 ④ 50 ④ 51 ② 52 ④ 53 ④ 54 ②

난이도 중 문제 진단 ○△✕

55 다음 중 액세스에서 사용되는 데이터 형식에 대한 설명으로 옳지 않은 것은?

① 숫자 형식 중 실수(Single)의 경우 할당되는 크기는 4바이트이다.
② 통화 형식은 소수점 아래 7자리까지의 숫자를 저장할 수 있으며, 할당되는 크기는 8바이트이다.
③ 일련번호 형식의 필드는 업데이트되지 않으며, 일단 필드에 데이터를 입력한 후에는 데이터 형식을 일련번호로 변경할 수 없다.
④ 긴 텍스트 형식은 텍스트와 숫자를 임의로 조합하여 63,999자까지 입력할 수 있다.

통화 형식은 소수점 위 15자리, 소수점 아래 4자리까지 표시할 수 있음

난이도 중 문제 진단 ○△✕

56 다음은 보고서의 영역에 대한 설명으로 가장 옳지 않은 것은?

① 보고서의 제목과 같이 보고서의 첫 페이지만 나오는 내용을 주로 표시하는 구역이 보고서 머리글이다.
② 페이지 번호나 출력 날짜 등을 주로 표시하는 구역이 페이지 바닥글이다.
③ 수치를 가진 필드나 계산 필드의 총합계나 평균 등을 주로 표시하는 구역은 본문이다.
④ 주로 필드의 제목과 같이 매 페이지의 윗부분에 나타날 내용을 표시하는 구역은 페이지 머리글이다.

본문은 보고서의 레코드 원본에 해당하는 내용이 반복적으로 표시되는 부분이며, 수치를 가진 필드나 계산 필드의 총합계나 평균 등을 표시하는 구역은 주로 보고서 바닥글임

난이도 중 문제 진단 ○△✕

57 다음 중 이벤트 프로시저에서 쿼리를 실행 모드로 여는 명령은?

① DoCmd.OpenQuery
② DoCmd.SetQuery
③ DoCmd.QueryView
④ DoCmd.QueryTable

- DoCmd 개체 : 액세스의 매크로 함수를 Visual Basic에서 실행하기 위한 개체로 메서드를 이용하여 매크로를 실행함
- OpenQuery : 선택 쿼리를 여러 보기 형식으로 열기를 실행함

난이도 중 문제 진단 ○△✕

58 다음 중 서류 봉투에 초대장을 넣어 발송하려는 경우 우편물에 사용할 수신자의 주소를 프린트하기에 가장 적합한 보고서는?

① 업무 문서 양식 보고서
② 우편 엽서 보고서
③ 레이블 보고서
④ 크로스탭 보고서

우편물 레이블 보고서 : 우편 발송을 위해 편지 봉투에 붙일 주소 레이블을 작성하는 보고서

오답 피하기

- 업무 문서 양식 보고서 : 업무 문서 양식 마법사를 사용하여 거래 명세서, 세금 계산서를 작성하는 보고서
- 우편 엽서 보고서 : 우편 엽서 마법사를 사용하여 우편 발송을 위해 우편 엽서에 붙일 레이블을 작성하는 보고서
- 크로스탭 보고서 : 여러 개의 열로 이루어진 보고서로, 열마다 그룹의 머리글과 바닥글, 세부 구역 등이 각 열마다 표시됨

난이도 상 문제 진단 ○△✕

59 다음 중 주어진 [학생] 테이블을 참조하여 아래의 SQL문을 실행한 결과로 옳은 것은?

```
SELECT AVG(나이) FROM 학생
WHERE 전공 NOT IN ('수학', '회계');
```

[학생] 테이블

학번	전공	학년	나이
100	국사	4	21
150	회계	2	19
200	수학	3	30
250	국사	3	31
300	회계	4	25
350	수학	2	19
400	국사	1	23

① 25
② 23
③ 21
④ 19

- SELECT AVG(나이) FROM 학생 WHERE 전공 NOT IN ('수학', '회계'); : 학생 테이블에서 전공이 '수학'과 '회계'가 아닌 나이의 평균(AVG)을 구함
- 따라서 21, 31, 23의 평균인 25가 결과가 됨

오답 피하기

- SELECT 열리스트 FROM 테이블명 WHERE 조건 : 테이블에서 조건에 만족하는 열을 검색
- IN(값1, 값2, …) : 목록 안에 값(값1, 값2, …)을 검색
- NOT : 부정, '~이 아니다'를 의미
- AVG(필드명) : 필드의 평균을 구함

난이도 중 문제 진단 ○△✕

60 다음 중 [관계 편집] 대화 상자에 대한 설명으로 옳지 않은 것은?

① 관계를 구성하는 어느 한쪽의 테이블 또는 필드 및 쿼리를 변경할 수 있다.
② 조인 유형을 내부 조인, 왼쪽 우선 외부 조인, 오른쪽 우선 외부 조인 중에서 선택할 수 있다.
③ '항상 참조 무결성 유지'를 선택한 경우 '관련 필드 모두 업데이트'와 '관련 레코드 모두 삭제' 옵션을 선택할 수 있다.
④ 관계의 종류를 일대다, 다대다, 일대일 중에서 선택할 수 있다.

관계형 데이터베이스에서는 다대다(N:M) 관계를 직접 표현할 수 없기 때문에 3개의 테이블을 가지고 일대다(1:∞) 관계 2개를 이용하여 설정함

ANSWER 55 ② 56 ③ 57 ① 58 ③ 59 ① 60 ④

해설과 함께 보는 2022년 상시 기출문제 02회

합격 강의

SELF CHECK | 제한시간 60분 | 소요시간 분 | 전체 문항 수 60문항 | 맞힌 문항 수 문항

1과목 컴퓨터 일반

난이도 중 | 문제 진단 ○△×

01 다음 중 영상 신호와 음향 신호를 압축하지 않고 통합하여 전송하는 고선명 멀티미디어 인터페이스로 S-비디오, 컴포지트 등의 아날로그 케이블보다 고품질의 음향 및 영상을 감상할 수 있는 것은?

합격 강의

① DVI ② HDMI
③ USB ④ IEEE-1394

HDMI(High-Definition Multimedia Interface)
- 고선명 멀티미디어 인터페이스로 비압축 방식이므로 영상이나 음향 신호 전송 시 소프트웨어나 디코더 칩(Decoder Chip) 같은 별도의 디바이스가 필요 없음
- 기존의 아날로그 케이블보다 고품질의 음향이나 영상을 전송함

오답 피하기
- DVI : 디지털 TV를 만들기 위해 개발되었던 것을 인텔에서 인수하였으며, 동영상 압축 기술(최대 144:1정도)로 개발됨
- USB : 기존의 직렬, 병렬, PS/2 포트 등을 하나의 포트로 대체하기 위한 범용 직렬 버스 장치, 허브(Hub)를 사용하면 최대 127개의 주변기기 연결이 가능함
- IEEE-1394 : 컴퓨터 주변 장치뿐만 아니라 비디오 카메라, 오디오 제품, TV, VCR 등의 가전 기기를 개인용 컴퓨터에 접속하는 인터페이스로 개발됨

난이도 중 | 문제 진단 ○△×

02 인터넷 기술을 이용하여 기업 내부의 업무를 해결하려는 네트워크 환경으로, 인터넷과 동일한 TCP/IP 프로토콜을 사용한 LAN 기반 네트워크를 무엇이라고 하는가?

① 원거리 통신망(WAN)
② 인트라넷(Intranet)
③ 부가가치통신망(VAN)
④ MAN(Metropolitan Area Network)

인트라넷(Intranet)
- 인터넷의 기술을 기업 내 정보 시스템에 적용한 것
- 전자우편 시스템, 전자 결재 시스템 등을 인터넷 환경으로 통합하여 사용하는 것

오답 피하기
- 원거리 통신망(WAN) : 하나의 국가 등 매우 넓은 네트워크 범위를 갖는 통신망
- 부가가치통신망(VAN) : 통신 회선을 직접 보유하거나 통신 사업자의 회선을 임차하여 이용하는 형태(하이텔, 천리안, 유니텔 등)
- MAN(Metropolitan Area Network) : LAN과 WAN의 중간 형태로, 대도시와 같은 넓은 지역에 데이터, 음성, 영상 등의 서비스를 제공하는 통신망

난이도 중 | 문제 진단 ○△×

03 7bit ASCII 코드에 1bit 홀수 패리티(Odd Parity) 비트를 첨부하여 데이터를 송신하였을 경우 수신된 데이터에 에러가 발생한 것은 어느 것인가?(단, 우측에서 첫 번째 비트가 패리티 비트이다)

① 10101110 ② 10111011
③ 00110111 ④ 00110100

패리티 체크 비트(Parity Check Bit)
- 원래 데이터 1비트를 추가하여 에러 발생 여부를 검사하는 체크 비트
- 홀수 체크법(Odd Check) : 1의 개수가 홀수 개인지 체크(=기수 검사)
- 짝수 체크법(Even Check) : 1의 개수가 짝수 개인지 체크(=우수 검사)

중요✓ 난이도 상 | 문제 진단 ○△×

04 다음 중 마우스 끌기에 대한 설명으로 가장 옳지 않은 것은?

합격 강의

① 특정한 파일이나 폴더를 동일한 드라이브 내의 다른 폴더로 드래그하면 해당 파일이나 폴더가 옮겨진다.
② Alt+Shift를 누른 채 특정한 파일이나 폴더를 다른 폴더로 드래그하면 해당 파일이나 폴더에 대한 바로 가기가 생성된다.
③ Shift를 누른 채 특정한 파일이나 폴더를 다른 폴더로 드래그하면 해당 파일이나 폴더가 옮겨진다.
④ 동일한 드라이브 내에서 Ctrl을 누른 채 특정한 파일이나 폴더를 드래그 하면 해당 파일이나 폴더가 복사된다.

바탕 화면에 바로 가기 아이콘을 만드는 바로 가기 키 : [파일 탐색기]에서 바로 가기를 만들 항목을 Ctrl+Shift를 누른 상태로 바탕 화면으로 드래그 앤 드롭함

중요✓ 난이도 중 | 문제 진단 ○△×

05 다음 중 RAM(Random Access Memory)의 설명으로 가장 옳지 않은 것은?

① 전원이 꺼지고 나면 기억된 내용이 모두 사라지는 휘발성 메모리이다.
② 일반적으로 주기억 장치라고 하면 RAM을 의미하는 경우가 많다.
③ RAM은 재충전 여부에 따라 DRAM과 SRAM으로 구분할 수 있다.
④ 제조 과정에서 필요한 내용을 미리 기억시키므로 사용자가 임의로 수정할 수 없다.

- ④ : ROM(Read Only Memory)에 대한 설명임
- ROM(Read Only Memory) : 한 번 기록한 정보에 대해 오직 읽기만을 허용하도록 설계된 비휘발성 기억 장치로, 수정이 필요 없는 기본 입출력 프로그램이나 글꼴 등의 펌웨어(Firmware)를 저장하는 데 사용함

오답 피하기

RAM(Random Access Memory)
- 실행 중인 프로그램이나 데이터를 저장하며, 자유롭게 읽고 쓰기가 가능한 주기억 장치
- 전원이 공급되지 않으면 기억된 내용이 사라지는 휘발성(소멸성) 메모리
- 임의의 위치에 있는 자료를 시간 차이 없이 입출력할 수 있는 메모리이며, 자료가 저장된 위치는 주소(Address)로 구분함

난이도 중 | 문제 진단 ○△×

06 다음 중 Java 언어에 대한 설명으로 옳지 않은 것은?

① 객체 지향 언어로 추상화, 상속화, 다형성과 같은 특징을 가진다.
② 리스트 처리용 프로그래밍 언어로 수식처리를 비롯하여 기호 처리 분야에 사용되고 있으며 특히 인공 지능 분야에서 널리 사용되고 있다.
③ 네트워크 환경에서 분산 작업이 가능하도록 설계되었다.
④ 특정 컴퓨터 구조와 무관한 가상 바이트 머신 코드를 사용하므로 플랫폼이 독립적이다.

②는 LISP 언어에 대한 설명임

ANSWER 01 ② 02 ② 03 ② 04 ② 05 ④ 06 ②

난이도 상 문제 진단 ○△✕

07 다음 중 Windows의 [폴더 옵션] 창에서 설정할 수 있는 작업으로 옳지 않은 것은?

① 알려진 파일 형식의 파일 확장명을 숨기도록 설정할 수 있다.
② 숨김 파일이나 폴더의 표시 여부를 지정할 수 있다.
③ 폴더에서 시스템 파일을 검색할 때 색인의 사용 여부를 선택할 수 있다.
④ 탐색 창, 미리 보기 창, 세부 정보 창의 표시 여부를 선택할 수 있다.

파일 탐색기의 [보기] 탭-[창] 그룹에서 탐색 창, 미리 보기 창, 세부 정보 창의 표시 여부를 선택할 수 있음

난이도 중 문제 진단 ○△✕

08 다음은 어떤 그래픽 기법을 설명한 것인가?

그림 파일을 표시할 때 이미지의 대략적인 모습을 먼저 보여준 다음 점차 자세한 모습을 보여주는 기법

① 인터레이싱(Interlacing)
② 필터링(Filtering)
③ 메조틴트(Mezzotint)
④ 모핑(Morphing)

오답 피하기
- 필터링(Filtering) : 이미지 파일에 여러 효과나 변화를 주어 다양한 형태로 바꿔주는 기술
- 메조틴트(Mezzotint) : 동판화를 찍은 효과를 내는 것으로 이미지에 많은 점을 이용하는 기법
- 모핑(Morphing) : 사물의 형상을 다른 모습으로 서서히 변화시키는 기법으로 영화의 특수 효과에서 많이 사용함

중요✓ 난이도 중 문제 진단 ○△✕

09 다음 중 운영체제에 대한 설명으로 옳지 않은 것은?

① 초기 컴퓨터 시스템에는 운영체제가 없었다.
② 운영체제의 종류로는 매크로 프로세서, 어셈블러, 컴파일러 등이 있다.
③ 운영체제란 하드웨어를 사용 가능하도록 소프트웨어나 펌웨어(Firmware)로 구현된 프로그램이다.
④ 운영체제의 주된 역할은 프로세서, 기억 장치, 입출력 장치, 통신 장치, 데이터 등과 같은 자원의 관리이다.

운영체제의 종류 : MS-DOS, UNIX, Linux, OS/2, Windows 95/98, Windows NT, Windows Me, Windows XP, Windows Vista, Windows 7, Windows 8, Windows 10, Windows 11 등이 있음

난이도 중 문제 진단 ○△✕

10 네트워크를 통해 전송되는 멀티미디어 데이터 파일의 용량이 크기 때문에 생겨난 기술로, 사용자가 전체 파일을 다운받을 때까지 기다릴 필요 없이 전송되는 대로 재생시키는 기술을 무엇이라고 하는가?

① MPEG 기술
② 디더링(Dithering) 기술
③ VOD(Video On Demand) 기술
④ 스트리밍(Streaming) 기술

스트리밍(Streaming)
- 오디오 및 비디오 파일을 모두 다운받기 전이라도 다운을 받으면서 파일을 재생할 수 있는 기술로, 멀티미디어의 실시간 처리가 가능함
- 스트리밍을 적용한 기술 : 인터넷 방송, 원격 교육 등
- 스트리밍 방식 지원 프로그램 : 스트림웍스(Streamworks), 리얼 오디오(Real Audio), 비디오 라이브(VDOLive) 등
- 재생 가능한 데이터 형식 : *.ram, *.asf, *.wmv 등

오답 피하기
- MPEG 기술 : 동화상 전문가 그룹에서 제정한 동영상 압축 기술에 관한 국제 표준 규격으로, 동영상뿐만 아니라 오디오 데이터도 압축할 수 있음
- 디더링(Dithering) 기술 : 표현할 수 없는 색상이 존재할 경우, 다른 색상들을 섞어서 비슷하거나 새로운 색상을 내는 효과
- VOD(Video On Demand) 기술 : 사용자의 주문에 의해 데이터베이스로 구축된 영화나 드라마, 뉴스 등의 비디오 정보를 실시간으로 즉시 전송해 주는 서비스

난이도 중 문제 진단 ○△✕

11 다음 중 컴퓨터에서 사용하는 기억 장치에 관한 설명으로 옳지 않은 것은?

① 하드디스크 인터페이스 방식은 EIDE, SATA, SCSI 방식 등이 있다.
② RAM은 읽고 쓰기가 가능한 반도체 메모리로 DRAM과 SRAM으로 구분된다.
③ 캐시(Cache) 메모리는 CPU와 주기억 장치 사이에 위치하여 두 장치 간의 속도 차이를 줄여 컴퓨터의 처리 속도를 빠르게 하기 위한 메모리이다.
④ 연관(Associative) 메모리는 보조 기억 장치를 마치 주기억 장치와 같이 사용하여 실제 주기억 장치 용량보다 기억 용량을 확대하여 사용하는 방법이다.

- ④는 가상 메모리(Virtual Memory)에 대한 설명임
- 연관(Associative) 메모리는 저장된 내용의 일부를 이용하여 기억 장치에 접근하여 데이터를 읽어오는 기억 장치임

난이도 중 문제 진단 ○△✕

12 다음은 인터넷 보안을 위한 해결책으로 사용되는 암호화 기법에 대한 설명이다. 다음 설명 중 옳지 않은 것은?

① 비밀키 암호화 기법은 동일한 키로 데이터를 암호화하고 복호화한다.
② 비밀키 암호화 기법은 대칭키 기법 또는 단일키 암호화 기법이라고도 하며, 대표적으로 DES(Data Encryption Standard)가 있다.
③ 공개키 암호화 기법은 비대칭 암호화 기법이라고도 하며, 대표적인 암호화 방식으로 RSA(Rivest, Shamir, Adleman)이 있다.
④ 공개키 암호화 기법에서는 암호화할 때 사용하는 키는 비밀로 하고, 복호화할 때 사용하는 키는 공개하는 방식을 사용하여, 키의 분배가 용이하고 관리해야 하는 키의 개수가 작다는 장점을 가진다.

공개키(비대칭키, 이중키) 암호화
- 암호화키와 복호화키가 서로 다른(비대칭) 두 개(이중키)의 키를 가짐
- 암호화와 복호화의 속도가 느림
- 암호화는 공개키로, 복호화는 비밀키로 함
- 이중키이므로 알고리즘이 복잡하고 파일의 크기가 큼
- 암호화가 공개키이므로 키의 분배가 쉽고, 관리할 키의 개수가 줄어듦
- 대표적인 방식으로는 RSA가 있음

ANSWER 07 ④ 08 ① 09 ② 10 ④ 11 ④ 12 ④

중요 ✓ 난이도 중 문제 진단 ○△X

13 컴퓨터가 현재 실행하고 있는 명령을 끝낸 후 다음에 실행할 명령의 주소를 기억하고 있는 레지스터는?

① 명령 레지스터(Instruction Register)
② 명령 계수기(Program Counter)
③ 부호기(Encoder)
④ 명령 해독기(Instruction Decoder)

오답 피하기
- 명령 레지스터(Instruction Register) : 현재 수행 중인 명령어를 보관
- 부호기(Encoder) : 명령 해독기에서 전송된 명령어를 제어에 필요한 신호로 변환하는 회로
- 명령 해독기(Instruction Decoder) : 수행해야 할 명령어를 해석하여 부호기로 전달하는 회로

난이도 상 문제 진단 ○△X

14 다음 중 32비트 및 64비트 버전의 Windows OS에 관한 설명으로 옳지 않은 것은?

① 64비트 버전의 Windows에서는 대용량 RAM을 32비트 시스템보다 효과적으로 처리한다.
② 64비트 버전의 Windows 10을 설치하려면 64비트 버전의 Windows를 실행할 수 있는 CPU가 필요하다.
③ 64비트 버전의 Windows에서 하드웨어 장치가 정상적으로 동작하려면 64비트용 장치 드라이버가 필요하다.
④ 프로그램이 64비트 버전의 Windows 용으로 설계된 경우 호환성 유지를 위해 32비트 버전의 Windows에서도 작동되도록 설계되어 있다.

프로그램이 64비트 버전의 Windows 용으로 설계된 경우 32비트 버전과의 호환성 유지 기능은 지원되지 않음

난이도 중 문제 진단 ○△X

15 다음 중 디지털 콘텐츠의 생성 · 거래 · 전달 · 관리 등 전체 과정을 관리할 수 있는 기술로 멀티미디어 프레임워크의 MPEG 표준은?

① MPEG-1
② MPEG-3
③ MPEG-7
④ MPEG-21

MPEG-21 : MPEG 기술을 통합한 디지털 콘텐츠의 제작, 유통, 보안 등 모든 과정을 관리할 수 있는 규격

오답 피하기
- MPEG-1 : 비디오 CD나 CD-I의 규격, 저장 매체나 CD 재생의 용도로 이용함
- MPEG-3 : HDTV 방송(고선명도의 화질)을 위해 고안되었으나 MPEG-2 표준에 흡수, 통합되어 현재는 존재하지 않는 규격임
- MPEG-7 : 인터넷상에서 멀티미디어 동영상의 정보 검색이 가능, 정보 검색 등을 효율적으로 사용하기 위한 콘텐츠 저장 및 검색을 위한 표준

난이도 중 문제 진단 ○△X

16 다음 중 IPv6 주소에 관한 설명으로 옳지 않은 것은?

① 16비트씩 8부분으로 총 128비트로 구성된다.
② 각 부분은 10진수로 표현되며, 세미콜론(;)으로 구분한다.
③ 주소 체계는 유니캐스트, 멀티캐스트, 애니캐스트로 나누어진다.
④ 실시간 흐름 제어로 향상된 멀티미디어 기능을 지원한다.

IPv6 주소의 각 부분은 16진수로 표현되며, 콜론(:)으로 구분함

난이도 중 문제 진단 ○△X

17 다음 중 컴퓨터에서 정상적인 프로그램을 처리하고 있는 도중에 특수한 상태가 발생했을 때 현재 실행하고 있는 프로그램을 일시 중단하고, 그 특수한 상태를 처리한 후 다시 원래의 프로그램을 처리하는 과정을 무엇이라 하는가?

합격 강의

① 채널(Channel) ② 인터럽트(Interrupt)
③ 데드락(Deadlock) ④ 스풀(Spool)

오답 피하기
- 채널(Channel) : 입출력 전용 데이터 통로이며, CPU를 대신해서 입출력 조작을 수행하는 장치이므로, CPU는 입출력 작업을 수행하는 대신 연산을 동시에 할 수 있음
- 데드락(Deadlock) : 동일한 자원을 공유하고 있는 두 개의 컴퓨터 프로그램들이 상대방이 자원에 접근하는 것을 사실상 서로 방해함으로써 두 프로그램 모두 기능이 중지되는 교착 상태
- 스풀(Spool) : 저속의 입출력 장치를 중앙 처리 장치와 병행하여 작동시켜 컴퓨터 전체의 처리 효율을 높이는 기능

난이도 중 문제 진단 ○△X

18 다음 중 블루투스에 대한 설명으로 옳은 것은?

합격 강의

① IEEE 802.15.1 규격을 사용하는 PANs(Personal Area Networks)의 산업 표준이다.
② 컴퓨터 주변 기기에 다양한 규격의 커넥터들을 사용하는 데 커넥터 간 호환되지 않는 문제를 해결하고자 개발되었다.
③ 기존의 통신 기기, 가전 및 사무실 기기들의 종류에 상관없이 하나의 표준 접속을 통하여 다양한 기능을 수행하도록 하기 위해 개발되었다.
④ 기존의 전화선을 이용한 고속 디지털 전송 기술 중 하나이다.

블루투스(Bluetooth)
무선 기기(이동 전화, 컴퓨터, PDA 등) 간 정보 전송을 목적으로 하는 근거리 무선 접속 프로토콜로 IEEE 802.15.1 규격을 사용하는 PANs(Personal Area Networks)의 산업 표준임

난이도 하 문제 진단 ○△X

19 다음 중 정보 전송 방식에 대한 설명으로 옳지 않은 것은?

합격 강의

① 전송 모드는 병렬과 직렬 전송이 있다.
② 단방향 방식은 라디오나 TV 방송 등이 해당된다.
③ 정보의 전송 방식은 전송 방향, 전송 모드, 전송 동기에 따라 구분된다.
④ 전이중 방식은 동시 전송이 불가능한 무전기가 해당된다.

반이중(Half Duplex) 방식 : 양쪽 방향에서 데이터를 전송하지만 동시 전송은 불가능함(예 무전기)

오답 피하기
전이중(Full Duplex) 방식 : 양쪽 방향에서 동시에 데이터를 전송함(예 전화)

난이도 중 문제 진단 ○△X

20 다음 중 컴퓨터 그래픽과 관련하여 벡터(Vector) 이미지에 관한 설명으로 옳지 않은 것은?

① 이미지의 크기를 확대하여도 화질에 손상이 없다.
② 점과 점을 연결하는 직선이나 곡선을 이용하여 이미지를 구성한다.
③ 대표적으로 WMF 파일 형식이 있다.
④ 픽셀로 이미지를 표현하며 레스터(Raster) 이미지라고도 한다.

비트맵(Bitmap) : 이미지를 점(Pixel, 화소)의 집합으로 표현하는 방식(래스터(Raster) 이미지라고도 함)

ANSWER 13 ② 14 ④ 15 ④ 16 ② 17 ② 18 ① 19 ④ 20 ④

2과목 스프레드시트 일반

중요✓ 난이도 상 문제 진단 ○△✕

21 다음 중 배열 수식을 이용하여 1학년 학생의 실습1 평균을 구하는 수식으로 옳은 것은?

	A	B	C	D	E	F
1	학년	성명	실습1	실습2	실습3	
2	1학년	이대한	80	77	69	
3	2학년	한상공	75	88	67	
4	1학년	엄지홍	60	90	100	
5	2학년	홍범도	88	45	89	
6						
7	1학년 실습1 평균					
8						

① {=AVERAGE(A2:A5="1학년",C2:C5)}
② {=AVERAGE(IF(A2:A5=1학년,C2:C5))}
③ {=AVERAGE(IF(A2:A5="1학년",C2:C5))}
④ {=IF(AVERAGE(A2:A5="1학년",C2:C5))}

C7 | {=AVERAGE(IF(A2:A5="1학년",C2:C5))}

	A	B	C	D	E	F	G
1	학년	성명	실습1	실습2	실습3		
2	1학년	이대한	80	77	69		
3	2학년	한상공	75	88	67		
4	1학년	엄지홍	60	90	100		
5	2학년	홍범도	88	45	89		
6							
7	1학년 실습1 평균		70				
8							

{=AVERAGE(IF(A2:A5="1학년",C2:C5))}

학년 [A2:A5] 범위에서 "1학년" 학생의 실습1 점수만으로 평균을 구하며, 배열 수식이므로 Ctrl+Shift+Enter를 누르면 자동으로 중괄호({ })가 앞, 뒤로 생성되며 결과(70)가 구해짐

난이도 중 문제 진단 ○△✕

22 다음 중 아래의 입력 데이터별 결과처럼 100 이상이면 파랑색의 ▲, 60 미만이면 빨강색의 ▼을 나타내고 그렇지 않은 경우는 입력된 데이터를 그대로 나타내는 사용자 지정 표시 형식으로 올바른 것은?

합격 강의

입력 데이터	결과
120	파랑색 ▲
100	파랑색 ▲
99	99
60	60
59	빨강색 ▼
0	빨강색 ▼

① [파랑][<=100]"▲";[빨강][>60]"▼";0
② [파랑][>=100]"▲";[빨강][<60]"▼";0
③ [빨강][>=100]"▲";[파랑][<60]"▼";0
④ [파랑][>=100]"▼";[빨강][<60]"▲";0

[파랑][>=100]"▲";[빨강][<60]"▼";0

- 조건과 색상은 [ ]로 표시하며 각 구역은 세미콜론(;)으로 구분함
- [파랑][>=100]"▲" → 100 이상(>=)이면 파랑색 ▲ 표시
- [빨강][<60]"▼" → 60 미만(<)이면 빨강색 ▼ 표시
- 0 → 100 이상 60 미만이 아닌 경우(60~99) 입력 데이터 그대로 표시

난이도 중 문제 진단 ○△✕

23 다음 중 통합 문서에 대한 설명으로 옳지 않은 것은?

① 시트 보호는 통합 문서 전체가 아닌 특정 시트만을 보호한다.
② 공유된 통합 문서는 여러 사용자가 동시에 변경 및 병합할 수 있다.
③ 사용자가 워크시트를 추가, 삭제하거나 숨겨진 워크시트를 표시하지 못하도록 통합 문서의 구조를 잠글 수 있다.
④ 통합 문서 보호 설정 시 암호를 지정하면 워크시트에 입력된 내용을 수정할 수 없다.

통합 문서 보호 설정 시 암호를 지정하더라도 워크시트에 입력된 내용을 수정할 수 있음

난이도 중 문제 진단 ○△✕

24 다음 중 아래의 내용에 맞는 차트로 옳은 것은?

- 세 개의 값의 집합이 있어야만 유용하게 사용할 수 있는 차트이다.
- 범주 축을 사용하지 않으며, 가로 및 세로 축은 모두 값 축이다.
- 차트는 x 값, y 값 및 z(크기) 값을 나타낸다.
- z(크기) 값은 특정 값을 시각적으로 강조하는 데 유용하다.
- 재무 데이터를 제시하는 데 자주 사용한다.

① 분산형 ② 표면형
③ 영역형 ④ 거품형

거품형 차트
- 분산형 차트의 한 종류로 데이터 계열 간의 항목 비교에 사용됨
- 세 개의 데이터 계열이 필요함
- 분산형 차트와 비슷하지만 두 값이 아닌 세 집합을 비교함
- 세 번째 데이터를 거품 크기로 표시함
- 다른 차트와 혼합하여 표현할 수 없음

오답 피하기
- 분산형 : 데이터의 불규칙한 간격이나 묶음을 보여주는 것으로, 데이터 요소 간의 차이점보다는 큰 데이터 집합 간의 유사점을 표시하려는 경우에 사용
- 표면형 : 두 개의 데이터 집합에서 최적의 조합을 찾을 때 사용
- 영역형 : 일정한 시간에 따라 데이터의 변화 추세(데이터 세트의 차이점을 강조)를 표시

난이도 상 문제 진단 ○△✕

25 다음 중 [A1] 셀에 수식 =SUMPRODUCT({1,2,3}, {4,5,6}) 입력하고 Enter를 눌렀을 때의 결과로 옳은 것은?

① 21 ② 32
③ 38 ④ 70

- 주어진 배열에서 해당 요소들을 모두 곱하고 그 곱의 합계를 구함
- {1,2,3},{4,5,6} : (1×4)+(2×5)+(3×6)=32

난이도 중 문제 진단 ○△✕

26 다음 중 윗주에 대한 설명으로 옳지 않은 것은?

① 윗주는 셀에 대한 주석을 설정하는 것으로 문자열 데이터가 입력되어 있는 셀에만 표시할 수 있다.
② 윗주는 삽입해도 바로 표시되지 않고 [홈]-[글꼴]-[윗주 필드 표시]를 선택해야만 표시된다.
③ 윗주에 입력된 텍스트 중 일부분의 서식을 별도로 변경할 수 있다.
④ 셀의 데이터를 삭제하면 윗주도 함께 삭제된다.

윗주는 [홈]-[글꼴]-[윗주 설정]을 선택하여 글꼴 속성을 변경할 수 있으며 글자 전체에 속성이 설정됨

ANSWER 21 ③ 22 ② 23 ④ 24 ④ 25 ② 26 ③

난이도 중 문제 진단 ○△X

27 다음 중 [창]-[틀 고정]에 대한 기능 설명으로 옳지 않은 것은?

① 틀 고정 기준은 마우스로 위치를 조정할 수 있다.
② 데이터 양이 많은 경우, 특정한 범위의 열 또는 행을 고정시켜 셀 포인터의 이동과 상관없이 화면에 항상 표시할 수 있도록 하는기능이다.
③ 화면에 틀이 고정되어 있어도 인쇄에는 적용되지 않는다.
④ 틀 고정을 수행하면 셀 포인터의 왼쪽과 위쪽으로 틀 고정선이 표시된다.

틀 고정 구분선은 창 나누기와는 달리 마우스로 잡아끌어 틀 고정 구분선을 조정할 수 없음

중요✓ 난이도 상 문제 진단 ○△X

28 다음 중 아래의 워크시트에서 작성한 수식으로 결과 값이 다른 것은?

	A	B	C
1	10	30	50
2	40	60	80
3	20	70	90

① =SMALL(B1:B3, COLUMN(C3))
② =SMALL(A1:B3, AVERAGE({1;2;3;4;5}))
③ =LARGE(A1:B3, ROW(A1))
④ =LARGE(A1:C3, AVERAGE({1;2;3;4;5}))

• AVERAGE({1;2;3;4;5}) : 평균 값을 구하므로 결과는 3이 됨
• =SMALL(A1:B3, 3) : [A1:B3] 범위에서 3번째로 작은 값을 구하므로 결과는 30이 됨

오답 피하기

• ① COLUMN(C3) : [C3] 셀의 열 번호를 구하므로 결과는 3이 됨
• =SMALL(B1:B3, 3) : [B1:B3] 범위에서 3번째로 작은 값을 구하므로 결과는 70이 됨
• ③ ROW(A1) : [A1] 셀의 행 번호를 구하므로 결과는 1이 됨
• =LARGE(A1:B3, 1) : [A1:B3] 범위에서 1번째로 큰 값을 구하므로 결과는 70이 됨
• ④ AVERAGE({1;2;3;4;5}) : 평균 값을 구하므로 결과는 3이 됨
• =LARGE(A1:C3, 3) : [A1:C3] 범위에서 3번째로 큰 값을 구하므로 결과는 70이 됨

난이도 중 문제 진단 ○△X

29 다음 중 인쇄 기능에 대한 설명으로 옳지 않은 것은?

① 기본적으로 워크시트의 눈금선은 인쇄되지 않으나 인쇄 되도록 설정할 수 있다.
② [페이지 설정] 대화 상자의 [시트] 탭에서 '간단하게 인쇄'를 선택하면 셀의 테두리를 포함하여 인쇄할 수 있다.
③ [인쇄 미리 보기 및 인쇄] 화면을 표시하는 바로 가기 키는 Ctrl +F2이다.
④ [인쇄 미리 보기 및 인쇄]에서 '여백 표시'를 선택한 경우 마우스로 여백을 변경할 수 있다.

간단하게 인쇄 : 인쇄 시 테두리나 그래픽 등을 생략하고 데이터만 인쇄함

난이도 중 문제 진단 ○△X

30 다음 중 매크로 기록 및 실행과 관련된 설명으로 옳지 않은 것은?

① Excel을 실행할 때마다 매크로를 사용하려면 매크로 저장 위치를 개인용 매크로 통합 문서로 지정한다.
② '상대 참조로 기록'을 클릭하면 Excel을 종료하거나 '상대 참조로 기록'을 다시 클릭할 때까지 상대 참조로 매크로가 기록된다.
③ 매크로를 실행할 때 셀을 선택하면 매크로는 절대 참조로 기록하므로 기록할 때 선택한 셀은 무시하고 현재 선택한 셀을 이용한다.
④ 매크로를 실행할 때 선택한 셀의 위치를 무시하고 매크로가 셀을 선택하도록 하려면, 절대 참조로 기록하도록 매크로 기록기를 설정한다.

절대 참조로 기록하면 기록할 때 선택한 셀이 유지되고 바뀌지 않음

난이도 상 문제 진단 ○△X

31 다음 중 [Before] 차트를 [After] 차트와 같이 변경하기 위한 축 옵션으로 옳은 것은?(단,차트에 표시할 데이터 계열의 요소 간 값의 차이가 큰 경우 [Before] 차트와 같이 그 차이를 차트에 표시하기가 어려운데, [After] 차트처럼 변경하면 값의 차이를 표시할 수 있게 된다.)

합격 강의

[Before] 차트

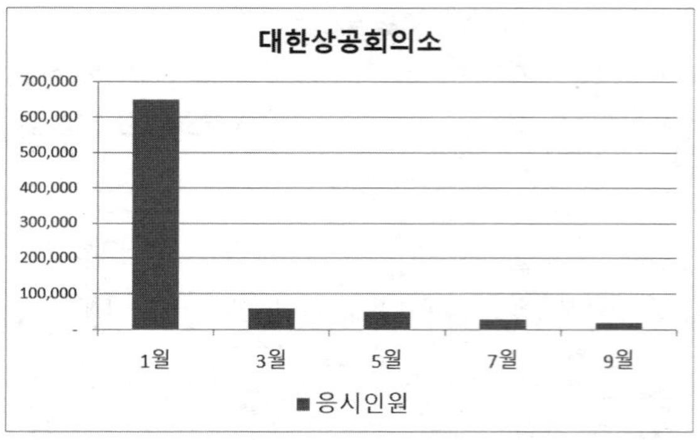

[After] 차트

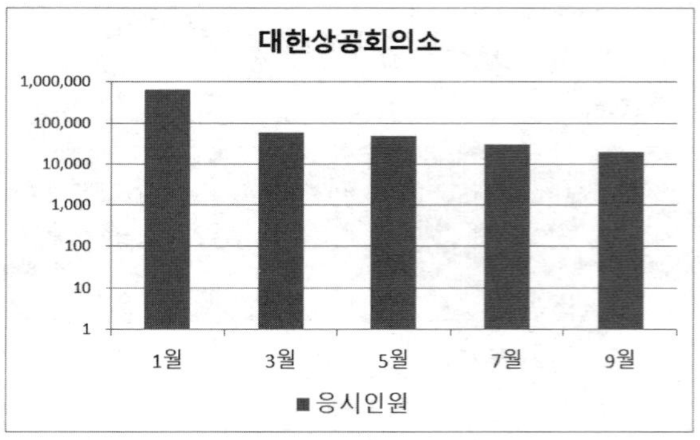

① 표시 단위를 백만으로 설정한다.
② 최소값과 최대값을 각각 1과 1,000,000으로 설정한다.
③ 주 단위를 1,000,000으로 설정한다.
④ 로그 눈금 간격을 10으로 설정한다.

데이터 계열의 요소 간 값의 차이가 큰 경우 [축 옵션]의 [로그 눈금 간격]을 '10'으로 설정하면 값의 차이를 표시할 수 있게 됨

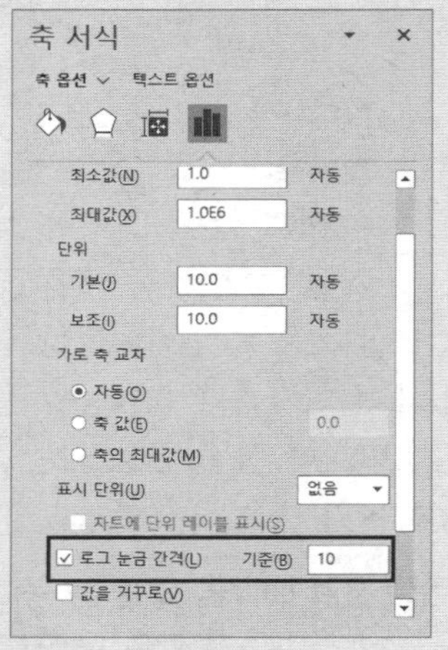

ANSWER 27 ① 28 ② 29 ② 30 ③ 31 ④

중요✓ 난이도 상 문제 진단 ○△✕

32 다음 중 [A1:F6] 영역에 대해 아래 시트와 같이 배경색을 설정하기 위한 조건부 서식의 규칙으로 옳은 것은?

합격 강의

	A	B	C	D	E	F
1	성명	점수	성명	점수	성명	점수
2	이대한	67	지유환	98	김기춘	77
3	한상공	50	이상영	97	권병선	88
4	김홍일	88	구승원	68	김건호	91
5	조승현	34	이선훈	35	조윤진	69
6	권중호	55	지용훈	66	신정미	100

① =MOD(COLUMN(A1),2)=1
② =MOD(COLUMNS(A1),2)=1
③ =MOD(COLUMN($A1),2)=1
④ =MOD(COLUMNS($A1),2)=1

- MOD(수1, 수2) : 수1을 수2로 나눈 나머지 값을 구함
- COLUMN(열 번호를 구하려는 셀) : 참조의 열 번호를 반환함
- =MOD(COLUMN(A1),2)=1 : COLUMN(A1)에 의해 A열의 열 번호 1을 2로 나눈 나머지가 1이면 참이 되므로 조건부 서식이 적용됨. 따라서 C열(열 번호 3), E열(열 번호 5)도 2로 나눈 나머지가 1이 되어 조건부 서식이 적용됨

오답 피하기

COLUMNS(배열이나 배열 수식 또는 열 수를 구할 셀 범위에 대한 참조) : 배열이나 참조에 들어 있는 열의 수를 반환함

중요✓ 난이도 상 문제 진단 ○△✕

33 다음 중 1부터 10까지의 짝수 합을 구하는 VBA 모듈로 옳지 않은 것은?

합격 강의

①
```
no = 0
sum = 0
Do While no < 10
  sum = sum + no
  no = no + 2
Loop
MsgBox sum
```

②
```
sum = 0
For no = 0 To 10 Step 2
  sum = sum + no
Next
MsgBox sum
```

③
```
no = 0
sum = 0
Do
  sum = sum + no
  no = no + 2
Loop While no <= 10
MsgBox sum
```

④
```
no = 0
sum = 0
Do While no <= 10
  sum = sum + no
  no = no + 2
Loop
MsgBox sum
```

① : Do While에서 조건이 no < 10 이기 때문에 1부터 8까지의 짝수 합 20이 결과로 구해지며 1부터 10까지의 짝수 합을 구하기 위해서는 Do While no <= 10이 되어야 함

오답 피하기

- 반복 제어문 Do While ~ Loop와 Do ~ Loop While 명령 모두 조건이 no <= 10처럼 되어야 1부터 10까지의 짝수 합 30을 구함
- 반복 제어문 For ~ Next는 no = 0 To 10 Step 2에 의해 0부터 10까지의 짝수 합 30이 구해짐

난이도 중 문제 진단 ○△✕

34 다음 중 데이터 유효성 검사에서 유효성 조건의 제한 대상으로 '목록'을 설정하였을 때의 설명으로 옳지 않은 것은?

① 목록의 원본으로 정의된 이름의 범위를 사용하려면 등호(=)와 범위의 이름을 입력한다.
② 유효하지 않은 데이터를 입력할 때 표시할 메시지 창의 내용은 [오류 메시지] 탭에서 설정한다.
③ 드롭다운 목록의 너비는 데이터 유효성 설정이 있는 셀의 너비에 의해 결정된다.
④ 목록 값을 입력하여 원본을 설정하려면 값을 세미콜론(;)으로 구분하여 입력한다.

목록 값을 입력하여 원본을 설정하려면 값을 콤마(,)로 구분하여 입력함

난이도 중 문제 진단 ○△✕

35 다음 중 현재 작업하고 있는 통합 문서의 시트 'Sheet1', 'Sheet2', 'Sheet3'의 [A1] 셀의 합을 구하고자 할 때 참조 방법이 옳지 않은 것은?

① =SUM(Sheet1!A1:Sheet3!A1)
② =SUM(Sheet1:Sheet3!A1)
③ =SUM(Sheet1!A1,Sheet2!A1,Sheet3!A1)
④ =SUM(Sheet1:Sheet2!A1,Sheet3!A1)

- 워크시트 이름과 셀 주소 사이는 느낌표(!)로 구분함
- 워크시트 이름과 워크시트 이름 사이는 콜론(:)으로 구분함
- =SUM(Sheet1!A1:Sheet3!A1) → #VALUE! : 셀 주소와 워크시트 이름이 콜론으로 연결됨

난이도 중 문제 진단 ○△✕

36 다음 중 엑셀의 각종 데이터 입력에 관한 설명으로 옳지 않은 것은?

합격 강의

① 오늘 날짜를 간단히 입력하기 위해서는 TODAY 함수나 Ctrl+;(세미콜론)을 누르면 된다.
② 시간 데이터는 콜론(:)으로 시, 분, 초를 구분하여 입력한다.
③ 범위를 지정하고 데이터를 입력한 후 Ctrl+Alt+Enter를 누르면 동일한 데이터가 한 번에 입력된다.
④ 날짜 데이터 입력 시 연도를 생략하고 월, 일만 입력하면 자동으로 올해의 연도가 추가되어 입력된다.

범위를 지정하고 데이터를 입력한 후 Ctrl+Enter를 눌러야 동일한 데이터가 한 번에 입력됨

난이도 중 문제 진단 ○△✕

37 다음 [목표값 찾기] 대화 상자에 대한 설명으로 옳지 않은 것은?

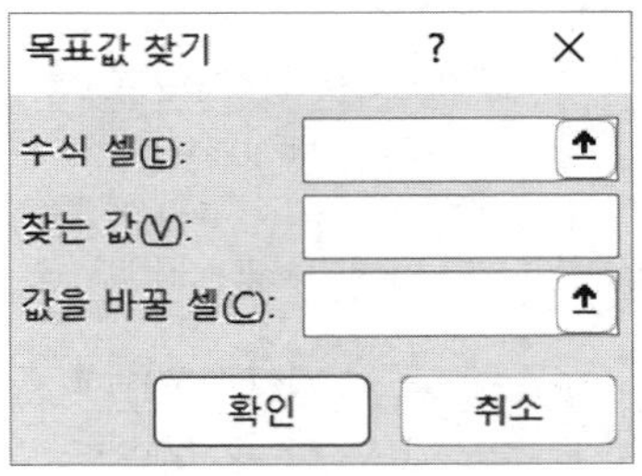

① [찾는 값]에는 구할 목표값을 입력한다.
② [수식 셀]에는 [값을 바꿀 셀]이 참조하고 있는 수식이 들어있는 셀을 선택한다.
③ [값을 바꿀 셀]에는 하나 이상의 셀을 입력할 수 있다.
④ [찾는 값]에는 셀 주소를 입력할 수 없다.

[목표값 찾기] 대화 상자의 [값을 바꿀 셀]에는 하나의 셀만 입력할 수 있음

ANSWER 32 ① 33 ① 34 ④ 35 ① 36 ③ 37 ③

난이도 하 문제 진단 ○△✕

38 다음 시트와 같이 [C1:C4] 셀에 입력된 문자열을 [C5] 셀에서 목록으로 표시하여 입력하기 위한 키 조작으로 올바른 것은?

	A	B	C	D
1	사원명	부서코드	부서명	
2	이대한	S	영업부	
3	한상공	I	인사부	
4	신정미	C	전산부	
5	엄지홍	S		
6	홍범도	C		
7	이순신	I		
8				
9				

(목록: 부서명 / 영업부 / 인사부 / 전산부)

① Tab+↓ ② Shift+↓
③ Ctrl+↓ ④ Alt+↓

드롭다운 목록에서 선택하여 입력 : Alt+↓를 누르면 선택한 셀에 같은 열에 있고 연달아 입력된 내용이 목록으로 표시됨

난이도 중 문제 진단 ○△✕

39 다음과 같은 [매크로] 대화 상자를 불러오는 바로 가기 키로 옳은 것은?

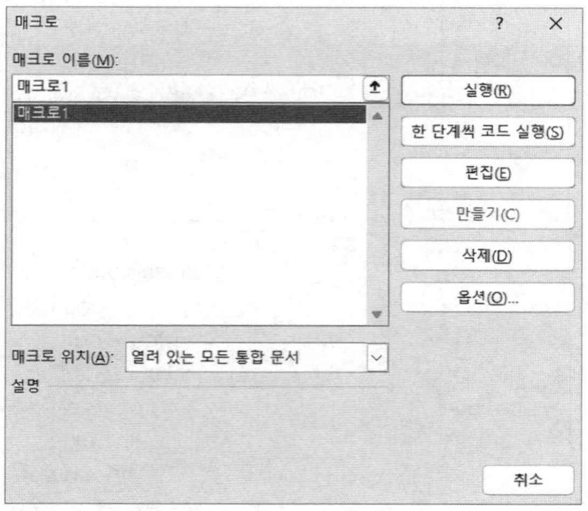

① Ctrl+F8
② Ctrl+F9
③ Alt+F8
④ Alt+F9

Alt+F8 : [매크로] 대화 상자를 실행하는 바로 가기 키

난이도 중 문제 진단 ○△✕

40 다음 중 엑셀의 상태 표시줄에 대한 설명으로 옳지 않은 것은?

① 상태 표시줄은 현재의 작업 상태에 대한 기본적인 정보가 표시되는 곳이다.
② 상태 표시줄의 바로 가기 메뉴를 이용하여 셀의 특정 범위에 대한 이름을 정의할 수 있다.
③ 상태 표시줄에는 확대/축소 슬라이더가 기본적으로 표시된다.
④ 상태 표시줄에서 워크시트의 보기 상태를 기본 보기, 페이지 레이아웃 보기, 페이지 나누기 미리 보기 중 선택하여 변경할 수 있다.

이름 상자에서 셀의 특정 범위에 대한 이름을 정의할 수 있음

3과목 데이터베이스 일반

난이도 하 문제 진단 ○△✕

41 다음 중 다양한 사용자의 요구 사항을 분석하여 정보 구조를 표현한 관계도(ERD)를 생성하는 데이터베이스 설계 단계는?

합격 강의

① 데이터베이스 기획
② 개념적 설계
③ 논리적 설계
④ 물리적 설계

- 개체–관계 모델 : 개체 타입과 이들 간의 관계 타입을 이용해 현실 세계를 개념적으로 표현한 방법
- ERD(Entity Relationship Diagram) : 개체–관계 모델에 의해 작성된 설계도로 개체, 속성, 관계, 링크 등으로 구성됨
- 개념적 설계 단계 : 현실 세계에 대한 추상적인 개념(정보 모델링)으로 표현하는 단계

오답 피하기

- 요구 조건 분석 단계 : 데이터베이스 사용자의 요구 사항 및 조건 등을 조사하여 요구 사항을 분석하는 단계
- 논리적 설계 단계 : 개념 세계를 데이터 모델링을 거쳐 논리적으로 표현하는 단계
- 물리적 설계 단계 : 컴퓨터 시스템의 저장 장치에 저장하기 위한 구조와 접근 방법 및 경로 등을 설계하는 단계

난이도 상 문제 진단 ○△✕

42 [매출 실적 관리] 폼의 'txt평가' 컨트롤에는 'txt매출수량' 컨트롤의 값이 1,000 이상이면 우수, 500 이상이면 보통, 그 미만이면 저조라고 표시하고자 한다. 다음 중 'txt평가'의 컨트롤 원본으로 옳지 않은 것은?

① =IIf([txt매출수량]<500,"저조",IIf(txt매출수량>=1000,"우수","보통"))
② =IIf([txt매출수량]>=500,IIf([txt매출수량]<1000,"보통","우수"),"저조")
③ =IIf([txt매출수량]>=1000,"우수",IIf([txt매출수량]>=500,"보통","저조"))
④ =IIf([txt매출수량]<500,"저조",IIf(txt매출수량>=500,"보통","우수"))

=IIf([txt매출수량]<500,"저조",IIf (txt매출수량>=500 "보통","우수"))

500 미만의 경우 "저조"로 표시가 되지만 500 이상이면 "보통"이 되므로 1000 이상의 경우 해당하는 조건이 존재하지 않음

ANSWER 38 ④ 39 ③ 40 ② 41 ② 42 ④

중요 ✓ 난이도 상 문제 진단 ○△✕

43 다음 중 주어진 [Customer] 테이블을 참조하여 아래의 SQL문을 실행한 결과로 옳은 것은?

```
SELECT Count(*)
FROM (SELECT Distinct City From Customer);
```

Customer

City	Age	Hobby
부산	30	축구
서울	26	영화감상
부산	45	낚시
서울	25	야구
대전	21	축구
서울	19	음악감상
광주	19	여행
서울	38	야구
인천	53	배구
*	0	

레코드: 1/9 필터 없음 검색

① 3
② 5
③ 7
④ 9

- SELECT Count(*) FROM (SELECT Distinct City From Customer); : Customer 테이블에서 중복되는 레코드를 제거, 중복되는 City는 한 번만 표시하고 개수를 구함
- 따라서 "부산, 서울, 대전, 광주, 인천"을 Count하므로 결과는 5가 됨

오답 피하기
- Count(*) : 행(튜플)의 개수를 구함
- Distinct : 검색 결과 중 중복된 결과 값(레코드)을 제거, 중복되는 결과 값은 한 번만 표시함

난이도 중 문제 진단 ○△✕

44 다음 중 보고서에서 '텍스트 상자' 컨트롤의 속성 설정에 대한 설명으로 옳지 않은 것은?

① '상태 표시줄 텍스트' 속성은 컨트롤을 선택했을 때 상태 표시줄에 표시할 메시지를 설정한다.
② '중복 내용 숨기기' 속성은 데이터가 이전 레코드와 같을 때 컨트롤의 숨김 여부를 설정한다.
③ '사용 가능' 속성은 컨트롤에 포커스를 이동시킬 수 있는지의 여부를 설정한다.
④ '컨트롤 원본' 속성에서 함수나 수식 사용 시 문자는 작은따옴표('), 필드명이나 컨트롤 이름은 큰따옴표(")를 사용하여 구분한다.

'컨트롤 원본' 속성에서 함수나 수식 사용 시 문자는 큰따옴표("), 필드명이나 컨트롤 이름은 [ ]를 사용하여 구분함

난이도 하 문제 진단 ○△✕

45 다음 데이터 형식 중에서 검색과 쿼리 속도의 향상을 위한 인덱스(Index)를 설정할 수 없는 것은?

가. 짧은 텍스트	나. OLE 개체
다. Yes/No	라. 날짜/시간

① 가
② 나
③ 다
④ 라

OLE 개체 데이터 형식의 필드에는 인덱스를 설정할 수 없음

난이도 중 문제 진단 ○△✕

46 폼이나 보고서의 특정 컨트롤에서 '=[단가]*[수량]*(1-[할인율])'과 같은 계산식을 사용하고자 한다. 이 때 계산 결과를 소수점 이하 첫째 자리까지 표시하기 위한 함수는?

① Clng( )
② Val( )
③ Format( )
④ DLookUp( )

Format( ) : 숫자, 날짜, 시간, 텍스트의 표시 및 인쇄 방법을 사용자 지정함

오답 피하기
- Clng(숫자) : 숫자 값을 Long 형식으로 변환
- Val(문자열) : 숫자 형태의 문자열을 숫자 값으로 변환
- DLookUp(인수, 도메인, 조건식) : 레코드 집합(도메인)의 특정 필드 값을 구함

난이도 중 문제 진단 ○△✕

47 다음 중 테이블의 기본키(Primary Key)의 특성으로 가장 거리가 먼 것은?

① 관계 설정 창에서 '관련 필드 모두 업데이트'가 선택되어 있을 경우, 외래키에 의해 참조되고 있는 기본키 필드의 값은 수정될 수 없다.
② 기본키 필드는 반드시 값을 입력해야 한다.
③ 기본키는 전체 레코드에 걸쳐 중복된 값이 없는 유일한 값들을 가져야 한다.
④ 테이블에 반드시 기본키 필드가 있어야 하는 것은 아니다.

'관련 필드 모두 업데이트'란 외래키에 의해 참조되고 있는 기본키 필드의 값이 바뀌면, 이를 참조하는 외래키 필드 값도 바뀌게 됨을 의미함. 외래키에 의해 참조되고 있는 기본키 필드의 값은 수정될 수 있음

ANSWER 43 ② 44 ④ 45 ② 46 ③ 47 ①

난이도 상 문제 진단 ○△×

48 아래와 같이 관계가 설정된 데이터베이스에 [Customer] 테이블에는 고객번호가 1004인 레코드만 있고, [Artist] 테이블에는 작가이름이 CAT인 레코드만 있을 경우, 다음 중 이 데이터베이스에서 실행 가능한 SQL문은?(단, SQL문에 입력되는 데이터 형식은 모두 올바르다고 간주함)

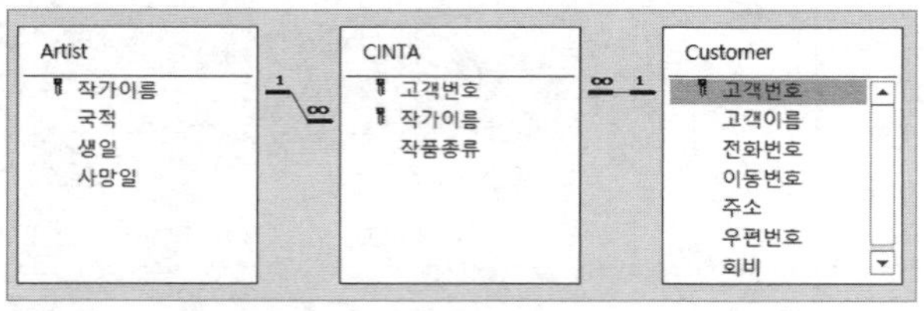

① INSERT INTO Artist VALUES ('ACE', '한국', Null, Null);
② INSERT INTO CINTA (고객번호, 작가이름) VALUES (1004, 'ACE');
③ INSERT INTO Customer (고객번호, 고객이름) VALUES (1004, 'ACE');
④ INSERT INTO CINTA VALUES (1234, 'CAT', '유화');

INSERT INTO(삽입문)
- 테이블에 레코드를 한 개 또는 여러 개 추가함(쿼리 추가)
- 형식

```
INSERT INTO 테이블명(필드이름1, 필드이름2, …)
VALUES (값1, 값2, …)
```

- 여러 개의 테이블이 아닌 하나의 테이블에만 추가할 수 있음
- 레코드 전체 필드를 추가하는 경우 필드 이름을 생략할 수 있음
- ① INSERT INTO Artist VALUES ('ACE', '한국', Null, Null); → Artist 테이블에 작가이름 'ACE', 국적 '한국', 생일 'Null', 사망일 'Null'을 추가함

오답 피하기

② INSERT INTO CINTA (고객번호, 작가이름) VALUES (1004, 'ACE');
→ Artist 테이블과 일대다 관계(항상 참조 무결성 유지)이므로 Artist 테이블에 작가이름 'ACE'가 입력되어 있어야 실행됨
※ (주의) 보기 ① 명령을 실행한 후에는 보기 ②도 실행됨

③ INSERT INTO Customer (고객번호, 고객이름) VALUES (1004, 'ACE');
→ CINTA 테이블과 일대다 관계(항상 참조 무결성 유지)이며 기본키는 중복될 수 없으므로 Customer 테이블에 이미 입력되어 있는 고객번호 1004 레코드를 삭제한 후에는 실행됨

④ INSERT INTO CINTA VALUES (1234, 'CAT', '유화');
→ Customer 테이블과 일대다 관계(항상 참조 무결성 유지)이므로 Customer 테이블에 고객번호 1234가 입력되어 있어야 실행됨

중요✓ 난이도 중 문제 진단 ○△×

49 [직원] 테이블의 '급여' 필드는 데이터 형식이 숫자이고, 필드 크기가 정수(Long)로 설정되어 있다. 다음 중 '급여' 필드에 입력 가능한 숫자를 백만 원 이상, 오백만 원 이하로 설정하기 위한 유효성 검사 규칙으로 옳은 것은?

합격강의

① <= 1000000 Or <= 5000000
② >= 1000000 And <= 5000000
③ >= 1000000, <= 5000,000
④ 1,000,000 <= And <= 5,000,000

입력 가능한 숫자를 백만 원 이상(>=1000000), 오백만 원 이하(<=5000000)로 설정하기 위한 유효성 검사 규칙은 And를 사용함 → >= 1000000 And <= 5000000

난이도 중 문제 진단 ○△×

50 다음 중 보고서의 그룹화 및 정렬에 대한 설명으로 옳지 않은 것은?

① '그룹'은 머리글과 같은 소계 및 요약 정보와 함께 표시되는 레코드의 모음으로 그룹 머리글, 세부 레코드 및 그룹 바닥글로 구성된다.
② 그룹화할 필드가 날짜 데이터이면 전체 값(기본), 일, 주, 월, 분기, 연도 중 선택한 기준으로 그룹화할 수 있다.
③ Sum 함수를 사용하는 계산 컨트롤을 그룹 머리글에 추가하면 현재 그룹에 대한 합계를 표시할 수 있다.
④ 필드나 식을 기준으로 최대 5단계까지 그룹화할 수 있으며, 같은 필드나 식은 한 번씩만 그룹화할 수 있다.

보고서에서는 필드나 식을 최대 10단계까지 그룹화할 수 있음

난이도 하 문제 진단 ○△×

51 다음 중 폼이 다음과 같은 형태로 표시되는 경우 설정된 폼의 '기본 보기' 속성의 값으로 옳은 것은?

① 단일 폼
② 연속 폼
③ 데이터 시트
④ 분할 표시 폼

연속 폼 : 본문 영역에 여러 개의 레코드를 표시하고 매 레코드마다 폼 머리글과 폼 바닥글이 표시되지 않고 폼의 처음과 끝에 한 번만 표시됨

난이도 중 문제 진단 ○△×

52 '갑' 테이블의 속성 A가 1, 2, 3, 4, 5의 도메인을 가지고 있고, '을' 테이블의 속성 A가 0, 2, 3, 4, 6의 도메인을 가지고 있다고 가정할 때 다음 SQL 구문의 실행 결과는?

```
SELECT A FROM 갑 UNION SELECT A FROM 을;
```

① 2, 3, 4
② 0, 1, 2, 3, 4, 5, 6
③ 1, 5, 6
④ 0

UNION(통합 쿼리)은 테이블을 결합할 때 중복 레코드는 반환되지 않음

ANSWER 48 ① 49 ② 50 ④ 51 ② 52 ②

난이도 중 문제 진단 ○△×

53 다음 중 폼의 모달 속성에 관한 설명으로 옳지 않은 것은?

합격 강의

① 폼이 열려 있는 경우 다른 화면을 선택할 수 있다.
② VBA 코드를 이용하여 대화 상자의 모달 속성을 지정할 수 있다.
③ 폼이 모달 대화 상자이면 디자인 보기로 전환 후 데이터 시트 보기로 전환이 가능하다.
④ 사용자 지정 대화 상자의 작성이 가능하다.

모달 폼 : 현재 모달 폼을 닫기 전까지 다른 창을 사용할 수 없음

난이도 중 문제 진단 ○△×

54 다음 중 특정 필드에 입력 마스크를 '09#L'로 설정하였을 때의 입력데이터로 옳은 것은?

합격 강의

① 123A ② A124
③ 12A4 ④ 12AB

문자	설명	09#L로 설정한 경우
0	필수요소, 0~9까지의 숫자	② A124 → 첫 글자가 A라 틀림
9	선택요소, 숫자나 공백	
#	선택요소, 숫자나 공백	③ 12A4, ④ 12AB → 세 번째 글자가 A라 틀림
L	필수요소, A~Z, 한글	

난이도 하 문제 진단 ○△×

55 다음 중 DoCmd 개체에서 사용할 수 있는 메서드로 옳지 않은 것은?

① Close ② Undo
③ OpenForm ④ Quit

Undo : Control 개체에서 값이 변경된 컨트롤을 원래 상태로 되돌리며 Form 개체에서는 값이 변경된 폼이나 컨트롤을 원래 상태로 되돌림

오답 피하기

DoCmd 개체 : 액세스의 매크로 함수를 Visual Basic에서 실행하기 위한 개체로 메서드를 이용하여 매크로를 실행함

중요✓ 난이도 중 문제 진단 ○△×

56 다음 중 보고서에 대한 설명으로 옳지 않은 것은?

① 보고서에 포함할 필드가 모두 한 테이블에 있는 경우 해당 테이블을 레코드 원본으로 사용한다.
② 둘 이상의 테이블을 이용하여 보고서를 작성하는 경우 쿼리를 만들어 레코드 원본으로 사용한다.
③ '보고서' 도구를 사용하면 정보를 입력하지 않아도 바로 보고서가 생성되므로 매우 쉽고 빠르게 보고서를 만들 수 있다.
④ '보고서 마법사'를 이용하는 경우 필드 선택은 여러 개의 테이블 또는 하나의 쿼리에서만 가능하며, 데이터 그룹화 및 정렬 방법을 지정할 수도 있다.

'보고서 마법사'를 이용하는 경우 필드 선택은 여러 개의 테이블 또는 여러 개의 쿼리에서 가능함

중요✓ 난이도 상 문제 진단 ○△×

57 다음 중 직원 테이블에서 호봉이 10인 사원의 연봉을 3% 인상된 값으로 수정하는 실행 쿼리를 작성하고자 할 때, 아래의 각 괄호에 넣어야 할 용어를 순서대로 나열한 것으로 옳은 것은?

합격 강의

```
UPDATE 직원 (    ) 연봉=연봉*1.03 (    ) 호봉=10;
```

① FROM – WHERE
② SET – WHERE
③ VALUE – SELECT
④ INTO – VALUE

- UPDATE(갱신문) : 갱신문으로 테이블에 저장되어 있는 데이터를 갱신함
- UPDATE 테이블명 SET 필드이름1=값1, 필드이름2=값2, … WHERE 조건

난이도 중 문제 진단 ○△×

58 다음 중 테이블에 데이터가 입력되는 방식을 제어하기 위한 방법으로 적절하지 않은 것은?

① 유효성 검사 규칙을 설정하여 필드에 입력되는 데이터 값의 범위를 설정한다.
② 입력 마스크를 이용하여 필드의 각 자리에 입력되는 값의 종류를 제한한다.
③ 색인(Index)을 이용하여 해당 필드에 중복된 값이 입력되지 않도록 설정한다.
④ 기본키(Primary Key) 속성을 이용하여 레코드 추가 시 기본으로 입력되는 값을 설정한다.

필드 속성의 기본 값을 이용하여 새 레코드를 만들 때 필드에 자동으로 입력하는 값을 설정함

난이도 중 문제 진단 ○△×

59 폼 바닥글에 [사원] 테이블의 '직급'이 '과장'인 레코드들의 '급여' 합계를 구하고자 한다. 다음 중 폼 바닥글의 텍스트 상자 컨트롤에 입력해야 할 식으로 옳은 것은?

① =DHAP("[사원]", "[급여]", "[직급]='과장'")
② =DHAP("[급여]", "[사원]", "[직급]='과장'")
③ =DSUM("[사원]", "[급여]", "[직급]='과장'")
④ =DSUM("[급여]", "[사원]", "[직급]='과장'")

- DSUM : 특정 필드 값의 합계를 구할 때 사용하는 함수
- =DSUM("구할 필드", "테이블명", "조건")이므로 → =DSUM("[급여]", "[사원]", "[직급]='과장'")

난이도 중 문제 진단 ○△×

60 다음 중 테이블 연결을 통해 연결된 테이블과 가져오기 기능을 통해 생성된 테이블과의 차이점에 대한 설명으로 옳지 않은 것은?

① 연결된 테이블의 데이터를 삭제하면 연결된 원본 데이터베이스의 데이터도 삭제된다.
② 연결된 테이블을 삭제해도 원본 테이블은 삭제되지 않는다.
③ 가져오기 기능을 통해 생성된 테이블을 삭제해도 원본 테이블은 삭제되지 않는다.
④ 연결된 테이블을 이용하여 폼이나 보고서를 생성할 수 있다.

테이블 연결은 연결된 테이블의 내용을 변경하면 그 원본 내용도 함께 변경되며, 연결된 테이블을 삭제하면 Access 테이블을 여는 데 사용하는 정보만 삭제하므로 원본 테이블은 삭제되지 않음

ANSWER 53 ① 54 ① 55 ② 56 ④ 57 ② 58 ④ 59 ④ 60 ①

해설과 함께 보는

2022년 상시 기출문제 03회

합격 강의

SELF CHECK | 제한시간 60분 | 소요시간 분 | 전체 문항 수 60문항 | 맞힌 문항 수 문항

1과목 컴퓨터 일반

난이도 중 | 문제 진단 ○△×

01 다음 중 인터넷 부정 행위에 대한 설명으로 옳지 않은 것은?

합격 강의

① 스니핑(Sniffing)은 특정한 호스트에서 실행되어 호스트에 전송되는 정보(계정, 패스워드 등)를 엿보는 행위를 의미한다.
② DDoS는 MS-DOS 운영체제를 이용하여 어떤 프로그램이 정상적으로 실행되는 것처럼 위장하는 것이다.
③ 키로거(Key Logger)는 악성 코드에 감염된 시스템의 키보드 입력을 저장 및 전송하여 개인 정보를 빼내는 크래킹 행위이다.
④ 트로이 목마는 자기 복제를 하지 않는다는 점에서 바이러스와는 구별되며, 상대방의 컴퓨터 화면을 볼 수도 있고, 입력 정보 취득, 재부팅, 파일 삭제 등을 할 수 있다.

DDoS(Distributed Denial of Service)
- 분산 서비스 거부 공격
- 여러 분산된 형태로 동시에 DoS(서비스 거부) 공격을 하는 기법으로 공격의 근원지를 색출하기가 어려움

오답 피하기

스푸핑(Spoofing) : '속임수'의 의미로 어떤 프로그램이 정상적으로 실행되는 것처럼 위장하는 것

중요 ✓ | 난이도 중 | 문제 진단 ○△×

02 다음 중 IPv4와 IPv6를 비교한 것으로 옳지 않은 것은?

합격 강의

		IPv4	IPv6
①	크기	32비트 (8비트씩 4부분)	256비트 (32비트씩 8부분)
②	표현	10진수	16진수
③	주소 개수	약 43억	약 43억의 네제곱
④	구분	점(.)	콜론(:)

IPv6는 128비트(16비트씩 8부분)를 사용함

난이도 중 | 문제 진단 ○△×

03 다음 중 연결 프로그램에 대한 설명으로 옳지 않은 것은?

① 연결 프로그램은 파일을 열어서 보여주는 해당 프로그램을 의미한다.
② 서로 다른 확장명의 파일들이 하나의 연결 프로그램에 지정될 수 있고, 필요에 따라 연결 프로그램을 바꿀 수 있다.
③ 파일의 확장명에 따라 연결 프로그램이 자동으로 결정된다.
④ 연결 프로그램을 삭제하면 연결된 데이터 파일도 함께 삭제된다.

연결 프로그램을 삭제하더라도 연결된 데이터 파일은 삭제되지 않음

난이도 중 | 문제 진단 ○△×

04 다음 중 아래의 내용과 같은 기능을 수행하는 것으로 옳은 것은?

- 네트워크에서 다른 네트워크로 들어가는 관문의 기능을 수행하는 지점을 의미한다.
- 서로 다른 프로토콜을 사용하는 네트워크를 연결할 때 사용하는 장치이다.
- 주로 LAN에서 다른 네트워크에 데이터를 보내거나 받아들이는 역할을 한다.

① 라우터 ② 게이트웨이
③ 스위칭 허브 ④ 모뎀

오답 피하기

- 라우터(Router) : 네트워크 계층에서 망을 연결하며, 다양한 전송 경로 중 가장 효율적인 경로를 선택하여 패킷을 전송하는 장치
- 스위칭 허브(Switching Hub) : 네트워크에서 연결된 각 회선이 모이는 집선 장치로서 각 회선을 통합적으로 관리하는 방식으로 집선 장치가 많아져도 그 속도가 일정하게 유지됨
- 모뎀(MODEM) : 변복조 장치로 디지털 신호를 아날로그 신호로 변환하는 변조 과정과 아날로그 신호를 디지털 신호로 변환하는 복조 과정을 수행하는 장치

난이도 중 | 문제 진단 ○△×

05 다음 중 한글 Windows에서 프린터를 이용한 인쇄 기능의 설명으로 옳지 않은 것은?

① 현재 인쇄 중인 문서가 인쇄가 완료되기 전에 다른 문서의 인쇄가 있을 경우 현재의 인쇄 작업은 중단되거나 취소된다.
② 인쇄 대기열에는 인쇄 대기 중인 문서가 표시되며, 목록의 각 항목에는 인쇄 상태 및 페이지 수와 같은 정보가 제공된다.
③ 문서가 인쇄되는 동안 프린터 아이콘이 알림 영역에 표시되며, 인쇄가 완료되면 아이콘이 사라진다.
④ 인쇄 대기열에서 프린터의 작동을 일시 중지하거나 계속할 수 있으며, 인쇄 대기 중인 모든 문서의 인쇄를 취소할 수 있다.

현재 인쇄 중인 문서가 인쇄가 완료되기 전에 다른 문서의 인쇄가 있을 경우 인쇄 대기열에 쌓이게 됨

난이도 중 | 문제 진단 ○△×

06 다음 중 바이오스(ROM BIOS)에 대한 설명으로 옳지 않은 것은?

① 펌웨어(Firmware)라고도 부르며 주변 장치들을 초기화하기 위해 하드디스크에 저장된다.
② 부팅(Booting)과 운영에 대한 기본적인 정보가 들어 있으며 컴퓨터의 기본 입출력 시스템이다.
③ POST라는 자체 진단 프로그램이 시스템을 점검한다.
④ OS와 주변 장치 간의 데이터 흐름을 관리한다.

BIOS는 EPROM이나 플래시 메모리 등에 저장되어 있음

ANSWER 01 ② 02 ① 03 ④ 04 ② 05 ① 06 ①

난이도 중 문제 진단 ○△✕

07 다음 중 프로그래밍 언어에 대한 설명으로 옳지 않은 것은?

합격 강의

① HTML5는 액티브X나 플러그인 등의 프로그램 설치 없이 동영상이나 음악 재생을 실행할 수 있는 웹 표준 언어이다.
② 자바(Java)는 HTML 문서 속에 내장시켜서 사용할 수 있다.
③ ASP는 Windows 환경에서 동적인 웹 페이지를 제작할 수 있는 스크립트 언어이다.
④ WML은 무선 접속을 통하여 웹 페이지의 텍스트와 이미지 부분이 표시될 수 있도록 해주는 웹 프로그래밍 언어이다.

> 자바 스크립트(Java Script) : 스크립트는 HTML 문서 속에 직접 기술하며, 'Script'라는 꼬리표를 사용함

난이도 하 문제 진단 ○△✕

08 다음 중 컴퓨터의 효율적인 관리로 옳지 않은 것은?

① 디스크 검사를 통해 파일과 폴더 및 디스크의 논리적, 물리적인 오류를 검사하고 수정한다.
② 백업(Backup)은 불의의 사고로부터 데이터를 유지하고 보호하기 위해 사용한다.
③ 드라이브 조각 모음 및 최적화를 통해 디스크에 단편화되어 저장된 파일들을 모아서 디스크를 최적화한다.
④ Windows에서 디스크의 사용 가능한 공간을 늘리기 위하여 불필요한 파일들을 삭제하는 작업은 디스크 포맷이다.

> **디스크 정리**
> • Windows에서 디스크의 사용 가능한 공간을 늘리기 위하여 불필요한 파일들을 삭제하는 작업
> • 디스크의 전체 크기와는 상관없음

중요✓ 난이도 중 문제 진단 ○△✕

09 다음 중 Windows의 휴지통에 대한 설명으로 옳지 않은 것은?

① 복원은 모든 항목 복원과 선택한 항목 복원 중에서 선택할 수 있다.
② 휴지통 이름을 다른 이름으로 변경할 수 있다.
③ 휴지통을 비우거나 하드디스크의 파일을 삭제하면 주기억 장치의 용량 문제를 해결할 수 있다.
④ 휴지통 내에서의 파일의 실행 작업과 항목의 이름 변경은 불가능하다.

> 휴지통을 비우거나 하드디스크의 파일을 삭제하더라도 주기억 장치의 용량 문제는 해결되지 않음

난이도 중 문제 진단 ○△✕

10 다음 내용이 설명하는 정보 처리 방식으로 옳은 것은?

하나의 컴퓨터에 여러 개의 중앙 처리 장치(CPU)를 설치하여 주기억 장치나 주변 장치들을 공유하여 신뢰성과 연산 능력을 향상시키는 시스템

① 분산 처리 시스템　　② 시분할 시스템
③ 다중 처리 시스템　　④ 다중 프로그래밍 시스템

> 다중 처리 시스템(Multi-Processing System) : 두 개 이상의 CPU로 동시에 여러 개의 프로그램을 처리하는 기법
>
> **오답 피하기**
> • 분산 처리 시스템 : 각 지역별로 발생된 자료를 분산 처리하는 방식으로 시스템의 과부하를 방지할 수 있으며 시스템의 안전성, 유연성, 신뢰성, 확장성 등에서 유리함, 클라이언트/서버(Client/Server) 시스템 등이 있음
> • 시분할 시스템 : CPU의 빠른 처리 속도를 이용하여 하나의 컴퓨터에서 여러 사용자의 작업을 다중으로 처리하는 방식
> • 다중 프로그래밍 시스템 : 여러 개의 프로그램을 동시에 처리하는 방식으로, CPU가 입출력 시간을 이용하여 여러 프로그램을 순환 수행

난이도 중 문제 진단 ○△✕

11 다음 중 비트맵(Bitmap) 이미지에 관한 설명으로 옳은 것은?

① 이미지의 크기를 확대하여도 화질에 손상이 없다.
② 점과 점을 연결하는 직선이나 곡선을 이용하여 이미지를 구성한다.
③ 픽셀로 이미지를 표현하며 레스터(Raster) 이미지라고도 한다.
④ 대표적으로 WMF, AI 파일 형식이 있다.

> **비트맵(Bitmap)**
> • 이미지를 점(Pixel, 화소)의 집합으로 표현하는 방식(래스터(Raster) 이미지라고도 함)
> • 고해상도를 표현하는 데 적합하지만 파일 크기가 커지고, 이미지를 확대하면 계단 현상이 발생함
> • 다양한 색상을 이용하기 때문에 사실적 이미지 표현이 용이함
> • Photoshop, Paint Shop Pro 등이 대표적인 소프트웨어임
> • 비트맵 형식으로는 BMP, JPG, PCX, TIF, PNG, GIF 등이 있음
>
> **오답 피하기**
> ①, ②, ④ : 벡터(Vector) 방식에 대한 설명임

중요✓ 난이도 중 문제 진단 ○△✕

12 다음 중 한글 Windows에서 사용할 수 있는 USB 포트에 관한 설명으로 옳지 않은 것은?

① PnP와 핫 플러그 인을 지원한다.
② 한 번에 16비트씩 전송하며 매우 빠른 전송 속도를 가진 병렬 포트이다.
③ 주변 장치를 최대 127개까지 연결할 수 있다.
④ 컴퓨터를 종료하거나 다시 시작하지 않아도 장치를 연결하거나 연결을 끊을 수 있다.

> USB(Universal Serial Bus : 범용 직렬 버스) 포트는 기존의 직렬, 병렬, PS/2 포트를 통합한 직렬 포트의 일종으로, 직렬 포트나 병렬 포트보다 빠른 속도로 데이터를 전송함
>
> **오답 피하기**
> 병렬 포트 : 한 번에 8비트의 데이터가 동시에 전송되는 방식으로, 주로 프린터 등의 연결에 사용함

난이도 중 문제 진단 ○△✕

13 다음 중 시스템 보안을 위해 사용하는 방화벽(Firewall)에 대한 설명으로 적절하지 않은 것은?

① 로그 정보를 통해 외부 침입의 흔적을 찾아 역추적 할 수 있다.
② '명백히 허용되지 않은 것은 금지한다.'라는 적극적 방어 개념을 가지고 있다.
③ 방화벽을 운영하면 바이러스와 내/외부의 새로운 위험에 효과적으로 대처할 수 있다.
④ IP 주소 및 포트 번호를 이용하거나 사용자 인증을 기반으로 접속을 차단하여 네트워크의 출입로를 단일화한다.

> • 방화벽은 외부의 침입으로부터 내부의 정보 자산을 보호함
> • 외부로부터의 침입을 막을 수는 있지만 내부에서 일어나는 해킹은 막을 수 없으므로 내부의 새로운 위험에 대해서는 효과적으로 대처할 수 없음

ANSWER 07 ② 08 ④ 09 ③ 10 ③ 11 ③ 12 ② 13 ③

난이도 중 문제 진단 ○△✕

14 다음 중 패치(Patch) 버전 소프트웨어에 관한 설명으로 옳은 것은?

① 정식으로 대가를 지불하고 사용하는 소프트웨어이다.
② 홍보용으로 사용 기간이나 기능에 제한을 둔 소프트웨어이다.
③ 오류 수정이나 성능 향상을 위해 프로그램 일부를 변경해주는 소프트웨어이다.
④ 정식 프로그램 출시 전에 테스트용으로 제작되어 일반인에게 공개하는 소프트웨어이다.

패치(Patch) 프로그램 : 이미 제작되어 배포된 프로그램의 오류 수정이나 성능 향상을 위하여 프로그램의 일부를 변경해주는 프로그램

오답 피하기
- ① : 상용 소프트웨어(Commercial Software)
- ② : 데모 버전(Demo Version)
- ④ : 베타 버전(Beta Version)

난이도 상 문제 진단 ○△✕

15 다음 중 수의 표현에 있어 진법에 대한 설명으로 옳지 않은 것은?

① 2진수, 8진수, 16진수를 10진수 실수(Float)로 변환 하려면 정수 부분과 소수 부분을 나누어서 변환하려는 각 진수의 자릿값과 자리의 지수승을 곱한 결과 값을 모두 더하여 계산한다.
② 8진수를 16진수로 변환하려면 8진수를 뒤에서부터 2자리씩 자른 후 각각 16진수를 1자리로 계산한다.
③ 10진수(Decimal) 정수를 2진수, 8진수, 16진수로 변환 하려면 10진수 값을 변환할 진수로 나누어 더 이상 나눠지지 않을 때까지 나누고, 몫을 제외한 나머지를 역순으로 표시한다.
④ 16진수(Hexadecimal)는 0~9까지의 숫자와 A~F까지 문자로 표현하는 진법으로 한 자리수를 표현하는 데 4개의 비트가 필요하다.

8진수를 16진수로 변환하는 방법
① 8진수를 먼저 2진수로 변환함
② 2진수를 뒤에서부터 4자리씩 자름(만약 소수점이 있는 경우는 정수 부분은 오른쪽부터, 소수 부분은 왼쪽부터 4자리씩 자름)
③ 4자리에 가중치 8421를 적용시켜서 각각 16진수를 1자리로 계산함

난이도 중 문제 진단 ○△✕

16 다음 중 MPEG 규격과 그 기능이 잘못 짝지어진 것은?

합격 강의

㉮ MPEG-2	㉯ MPEG-4
㉰ MPEG-7	㉱ MPEG-21

ⓐ 디지털 TV, 대화형 TV, DVD 등 높은 화질과 음질을 필요로 하는 분야의 압축 기술
ⓑ 동영상의 압축 표준안 중에서 IMT-2000 멀티미디어 서비스, 차세대 대화형 인터넷 방송의 핵심 압축 방식으로 비디오/오디오를 압축하기 위한 표준
ⓒ 인터넷상에서 멀티미디어 동영상의 정보 검색이 가능, 정보 검색 등을 효율적으로 사용하기 위한 콘텐츠 저장 및 검색을 위한 표준
ⓓ 비디오 CD나 CD-I의 규격, 저장 매체나 CD 재생의 용도로 이용하며 동영상과 음향을 최대 1.5Mbps로 압축하여 저장함

① ㉮ – ⓐ
② ㉯ – ⓑ
③ ㉰ – ⓒ
④ ㉱ – ⓓ

ⓓ는 MPEG-1에 대한 기능임

오답 피하기
MPEG-21 : MPEG 기술을 통합한 디지털 콘텐츠의 제작, 유통, 보안 등 모든 과정을 관리할 수 있는 규격

난이도 하 문제 진단 ○△✕

17 다음 중 유비쿼터스 센서 네트워크(USN)의 활용 분야에 속하는 것은?

① 테더링
② 고퍼
③ 블루투스
④ 텔레매틱스

- USN(Ubiquitous Sensor Network) : 유비쿼터스 센서 네트워크로 각종 센서를 통해 정보를 수집하고 관리할 수 있도록 구성된 네트워크
- **텔레매틱스(Telematics)**
  – 통신(Telecommunication)과 정보과학(Informatics)의 합성어로 자동차에 무선 통신 기술을 접목시킨 것을 의미하며 '차량 무선 인터넷 서비스'라고 함
  – 통신망을 통해 확보된 위치 정보를 기반으로 교통 안내, 긴급 구난, 물류 정보 등을 제공하는 이동형 정보 활용 서비스

오답 피하기
- 테더링 : 인터넷이 가능한 스마트기기의 통신 중계기 역할로 PC의 인터넷 접속을 가능하게 하고 모바일 데이터 연결을 공유함
- 고퍼 : 인터넷에 있는 정보를 계층적 또는 메뉴 방식으로 찾아주는 서비스
- 블루투스 : 무선기기 간 정보 전송을 목적으로 하는 근거리 무선 접속 프로토콜

중요✓ 난이도 중 문제 진단 ○△✕

18 다음 중 아래의 내용에 해당하는 저장 장치는?

합격 강의

- 움직임이 없는 내부 구조로 무수히 배열된 셀(Cell)이라고 하는 작은 칸에 0이나 1을 저장하는 방식의 '플래시 메모리' 기법을 사용
- 반도체를 이용한 컴퓨터 보조 기억 장치로 크기가 작고 충격에 강하며, 소음 발생이 없는 대용량 저장 장치

① HDD(Hard Disk Drive)
② DVD(Digital Versatile Disk)
③ CD-RW(Compact Disc Rewritable)
④ SSD(Solid State Drive)

SSD(Solid State Drive)
- 하드디스크를 대체할 무소음, 저전력, 소형화, 경량화, 고효율의 속도를 지원하는 차세대 반도체 보조 기억 장치
- HDD보다 외부의 충격에 강하며 기계적인 디스크가 아닌 반도체 메모리에 데이터를 저장하므로 배드 섹터(Bad Sector)가 생기지 않음

오답 피하기
- HDD(Hard Disk Drive) : 디스크 표면을 전자기적으로 변화시켜 대량의 데이터를 저장하고 비교적 빠르게 접근할 수 있는 보조 기억 장치
- DVD(Digital Versatile Disk) : 디지털 다기능 디스크로 4.7GB의 기본 용량(최대 17GB)을 가짐
- CD-RW(Compact Disc Rewritable) : 여러 번에 걸쳐 기록과 삭제가 가능한 CD

난이도 중 문제 진단 ○△✕

19 다음 중 FTP 서비스에 관한 설명으로 옳지 않은 것은?

① get 명령은 한 개의 파일을 다운받을 때 사용하고, put 명령은 한 개의 파일을 업로드할 때 사용한다.
② FTP 서버에 파일을 전송 또는 수신, 삭제, 이름 바꾸기 등의 작업을 할 수 있다.
③ FTP 서버에 있는 프로그램은 접속 후에 서버에서 바로 실행할 수 있다.
④ 기본적으로 텍스트 파일은 ASCII 모드로 그림 파일은 Binary 모드로 전송한다.

FTP 서버에 있는 프로그램은 접속하여 다운로드받은 다음 실행할 수 있음

ANSWER 14 ③ 15 ② 16 ④ 17 ④ 18 ④ 19 ③

난이도 하 문제 진단 ○△×

20 다음 중 동영상 데이터 파일 형식으로 옳지 않은 것은?

① DXF ② DVI
③ ASF ④ AVI

DXF(Drawing eXchange Format) : 서로 다른 도면 프로그램 간에 도면 파일을 교환하기 위한 파일 형식

오답 피하기

- DVI : 디지털 TV를 만들기 위해 개발되었던 것을 인텔에서 인수하여 동영상 압축 기술로 개발됨
- ASF : MS사가 개발한 통합 멀티미디어 형식, 화질이 떨어지지만 용량이 작고 음질이 뛰어나 스트리밍 기술을 이용하여 영상을 전송하고, 재생할 수 있어 스트리밍 서비스를 하는 인터넷 방송국에서 사용됨
- AVI : Windows의 표준 동영상 형식의 디지털 비디오 압축 형식

2과목 스프레드시트 일반

난이도 중 문제 진단 ○△×

21 다음 아래의 시트에서 채우기 핸들을 [F1] 셀까지 드래그했을 때 [F1] 셀의 결과로 옳은 것은?

	A	B	C	D	E	F
1	5		1			
2						

① 3 ② 7
③ −3 ④ −7

두 개 이상의 셀을 범위로 지정하여 채우기 핸들을 끌면 데이터 사이의 차이에 의해 증가 또는 감소하면서 채워짐

	A	B	C	D	E	F	G
1	5		1		-3		-7
2							

중요✓ 난이도 상 문제 진단 ○△×

22 다음 시트에서 1과목에 대한 합계를 구하기 위한 수식으로 ㉮배열 수식을 사용한 경우와 ㉯배열 수식을 사용하지 않은 경우로 옳은 것은?

합격 강의

	A	B	C	D
1	성명	과목	점수	
2	이대한	1과목	50	
3	최상공	2과목	40	
4	엄지홍	1과목	100	
5	신정미	2과목	70	
6	김설련	1과목	60	
7				
8	과목	점수		
9	1과목			
10	2과목			
11				

① ㉮ {=SUMIF($B$2:$B$6=1과목,$C$2:$C$6))}
㉯ =SUM(IF($B$2:$B$6,1과목,$C$2:$C$6))
② ㉮ {=SUM(IF(A9,$B$2:$B$6,$C$2:$C$6))}
㉯ =SUMIF(A9,$B$2:$B$6,$C$2:$C$6)
③ ㉮ {=SUM(IF($B$2:$B$6=A9,$C$2:$C$6))}
㉯ =SUMIF($B$2:$B$6,A9,$C$2:$C$6)
④ ㉮ =SUMIF($B$2:$B$6=A9,$C$2:$C$6)
㉯ {=SUM(IF($B$2:$B$6,A9,$C$2:$C$6))}

㉮ 배열 수식을 사용한 경우 → {=SUM(IF($B$2:$B$6=A9,$C$2:$C$6))}

- =IF문에 의해 과목 범위[$B$2:$B$6]에서 [A9](1과목) 셀과 같은 경우, 점수 범위 [$C$2:$C$6]에서 해당하는 점수(1과목)의 합(SUM)을 구함
- 배열 수식이므로 Ctrl+Shift+Enter를 누르면 중괄호({ })가 자동으로 수식의 앞뒤에 생성됨

㉯ 배열 수식을 사용하지 않은 경우 → =SUMIF($$2:$B$6,A9, $C$2:$C$6)

- =SUMIF(범위, 조건, 합을 구할 범위) : 범위에서 조건에 맞는 경우의 점수만 합계를 산출함
- =SUMIF문에 의해 과목 범위[$B$2:$B$6]에서 [A9](1과목) 셀과 같은 경우, 점수 범위 [$C$2:$C$6]에서 해당하는 점수(1과목)의 합을 구함
- 배열 수식이 아니므로 Enter를 누름

난이도 중 문제 진단 ○△×

23 다음 중 SmartArt에 대한 설명으로 옳지 않은 것은?

합격 강의

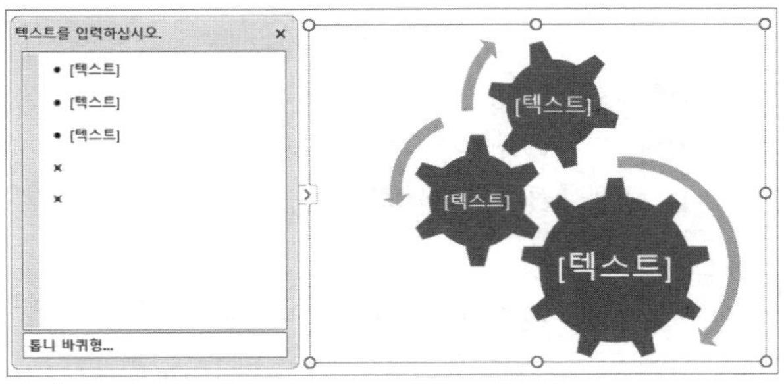

① SmartArt는 정보와 아이디어를 시각적으로 표현할 수 있는 기능을 지원하며 목록형, 프로세스형, 주기형, 계층 구조형, 관계형, 행렬형, 피라미드형, 그림 등의 형식을 선택할 수 있다.
② 텍스트 창에서 콘텐츠를 추가하고 편집하면 셰이프가 자동으로 업데이트되고 필요한 경우 셰이프가 추가되거나 제거되며, 텍스트 창이 보이지 않을 경우 SmartArt 그래픽의 왼쪽에 있는 화살표(<) 컨트롤을 클릭하면 된다.
③ 입력할 텍스트의 개수가 셰이프의 최대 수를 초과하는 경우 텍스트 창의 빨간색 ×로 표시된 모든 내용은 저장되지만 SmartArt 그래픽에 표시되지는 않는다.
④ SmartArt 그래픽에 변경한 서식을 모두 취소하거나 이동, 크기 조정 또는 삭제할 수 있는 도형으로 변환할 수 있다.

텍스트 창의 빨간색 ×로 표시된 모든 내용은 SmartArt 그래픽에 표시되지 않고 저장되지 않음

난이도 중 문제 진단 ○△×

24 다음 중 셀 서식에 대한 설명으로 옳지 않은 것은?

① 병합된 셀의 셀 참조는 처음에 선택한 범위에서 왼쪽 위에 있는 셀이다.
② 문자열의 길이가 길어 하나의 셀 안에 표시되지 않을 경우 글자 길이에 맞춰 셀의 열 너비가 자동으로 조절되게 설정할 수 있다.
③ 텍스트의 방향은 −90에서 90의 범위 내에서 설정이 가능하다.
④ 특정 위치에서 텍스트의 줄을 바꾸려면 줄을 바꿀 위치를 클릭한 다음 Alt+Enter를 누른다.

문자열의 길이가 길어 하나의 셀 안에 표시되지 않을 경우 글자 길이에 맞춰 셀의 열 너비가 자동으로 조절되게 설정할 수 없으며 열의 너비를 늘려주면 정상적으로 표시됨

ANSWER 20 ① 21 ④ 22 ③ 23 ③ 24 ②

난이도 중 문제 진단 ○△×

25 다음과 같이 [B8] 셀에 '=B4+B5'를 입력하여 결과를 확인한 후 5번째 행을 삭제했을 때 [B7] 셀의 결과 값으로 옳은 것은?

B8 | =B4+B5

	A	B	C
1	분기	매출액	
2	1사분기	237,765	
3	2사분기	56,789	
4	3사분기	785,600	
5	4사분기	69,000	
6			
7	1, 2사분기 합계	294,554	
8	3, 4사분기 합계	854,600	
9			

① #REF!
② #####
③ #VALUE!
④ 785,600

#REF! : 셀 참조를 잘못 사용한 경우에 나타나는 오류

B7 | =B4+#REF!

	A	B	C
1	분기	매출액	
2	1사분기	237,765	
3	2사분기	56,789	
4	3사분기	785,600	
5			
6	1, 2사분기 합계	294,554	
7	3, 4사분기 합계	#REF!	
8			

오답 피하기
- ##### : 데이터나 수식의 결과를 셀에 모두 표시할 수 없는 경우
- #VALUE! : 수치를 사용해야 할 장소에 다른 데이터를 사용하는 경우

난이도 하 문제 진단 ○△×

26 다음 중 원형 차트에서 '데이터 레이블'의 레이블 내용으로 설정할 수 없는 것은?

① 값
② 항목 이름
③ 백분율
④ 차트 제목

- 차트 제목을 데이터 레이블의 레이블 내용으로 설정할 수 없음
- 레이블 내용 : 셀 값, 계열 이름, 항목 이름, 값, 백분율, 지시선 표시, 범례 표지

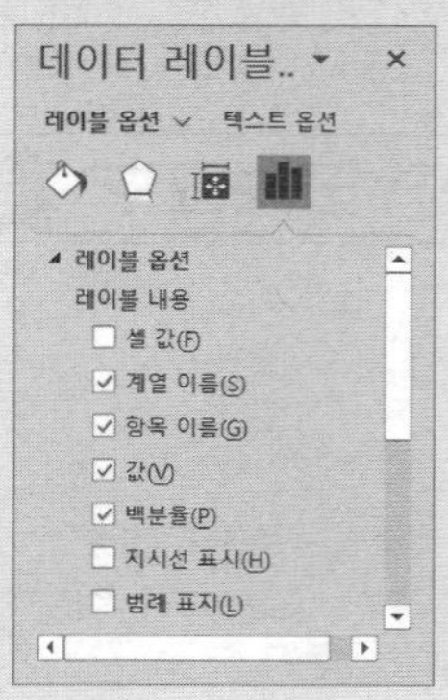

난이도 중 문제 진단 ○△×

27 다음 중 데이터를 분석하기 위한 부분합에 대한 설명으로 틀린 것은?

① 같은 열에 있는 자료에 대하여 여러 개의 함수를 중복 사용할 수 없다.
② 첫 행에는 열 이름표가 있어야 하며 부분합을 구하려는 항목을 기준으로 정렬한다.
③ 부분합을 제거하면 부분합과 함께 표에 삽입된 윤곽 및 페이지 나누기도 제거된다.
④ 부분합은 SUBTOTAL 함수를 사용하여 합계나 평균 등의 요약 함수를 계산한다.

부분합을 실행한 후 '새로운 값으로 대치'를 해제하고 다시 부분합을 실행하면 여러 개의 함수를 중복하여 사용할 수 있음

중요✓ 난이도 중 문제 진단 ○△×

28 다음 중 고급 필터를 실행한 후 추출된 결과로 옳지 않은 것은?

	A	B	C
1	근무지역	평균점수	평균점수
2	서울	>=75	<90
3	부산	>75	<=89

① 근무지역이 부산이고 평균점수가 76 이상 89 이하인 경우의 자료
② 근무지역이 서울이고 평균점수가 75 이상 89 이하인 경우의 자료
③ 근무지역이 부산이고 평균점수가 75 이상 89 이하인 경우
④ 근무지역이 서울이고 평균점수가 75 이상 90 미만인 경우의 자료

- 근무지역이 서울, 평균점수가 75 이상(>=)이고 90 미만(<)이거나 근무지역이 부산, 평균점수가 75를 초과(>)하고 89 이하(<=)인 경우
- AND 조건 : 첫 행에 필드명을 나란히 입력하고, 동일한 행에 조건을 입력(그리고, 이고)
- OR 조건 : 첫 행에 필드명을 나란히 입력하고, 서로 다른 행에 조건을 입력(또는, 이거나)

난이도 중 문제 진단 ○△×

29 다음과 같이 '표' 기능을 사용하여 이자율에 따른 이자액을 산출하려고 한다. 이때 실행하여야 할 작업 내용에 대한 설명으로 옳지 않은 것은?

	A	B	C	D	E	F
1	이자율에 따른 이자액 산출					
2			이자율			
3		0	5%	10%	15%	20%
4	원금	2,000	100	200	300	400
5		3,500	175	350	525	700
6		4,000	200	400	600	800
7		5,500	275	550	825	1,100

① 수식이 입력되어야 하는 [C4] 셀을 선택하고 수식 '=A2*B2'를 입력한다.
② 표의 범위([B3:F7])를 설정한 후 [데이터] 탭-[예측] 그룹-[가상 분석]을 클릭한 후 [데이터 표] 메뉴를 실행한다.
③ [표] 대화 상자가 표시되면 '행 입력 셀'은 [A2] 셀과, '열 입력 셀'은 [B2] 셀을 지정한 후 [확인]을 선택한다.
④ 자동으로 결과가 구해진 셀을 하나 선택해서 살펴보면 '{=TABLE(A2,B2)}'와 같은 배열 수식이 들어 있다.

[B3] 셀에 수식 "=A2*B2"를 입력해야 함

B3 | =A2*B2

	A	B	C	D	E	F
1	이자율에 따른 이자액 산출					
2			이자율			
3		0	5%	10%	15%	20%
4	원금	2,000	100	200	300	400
5		3,500	175	350	525	700
6		4,000	200	400	600	800
7		5,500	275	550	825	1,100

ANSWER 25 ① 26 ④ 27 ① 28 ③ 29 ①

난이도 하 문제 진단 ○△X

30 다음 중 다른 엑셀 통합 문서로 작업 화면을 전환할 때 사용되는 바로 가기 키로 옳은 것은?

① Shift+Tab　　② Home
③ Ctrl+Enter　　④ Ctrl+Tab

Ctrl+Tab : 다른 통합 문서로 이동(=Ctrl+F6)

오답 피하기
- Shift+Tab : 왼쪽 셀로 이동
- Home : 해당 행의 A열로 이동
- Ctrl+Enter : 동일한 데이터 입력

난이도 중 문제 진단 ○△X

31 다음 중 [페이지 설정] 대화 상자의 [시트] 탭에 대한 설명으로 옳지 않은 것은?

① 반복할 행은 '$1:$3'과 같이 행 번호로 나타낸다.
② 메모의 인쇄 방법을 '시트 끝'으로 선택하면 원래 메모가 속한 각 페이지의 끝에 모아 인쇄된다.
③ 인쇄 영역을 지정하지 않으면 기본적으로 워크시트의 모든 내용을 인쇄한다.
④ 여러 페이지가 인쇄될 경우 열 우선을 선택하면 오른쪽 방향으로 인쇄를 마친 후에 아래쪽 방향으로 진행된다.

'시트 끝'을 선택하면 각 페이지의 메모가 문서의 마지막에 한꺼번에 인쇄됨

중요✓ 난이도 상 문제 진단 ○△X

32 다음 워크시트에서 보고서 점수 [C2:C6]을 기본점수 [E2] 셀의 값을 더한 값으로 변경하고자 한다. 다음 중 기능을 순서대로 올바르게 나열한 것은?

합격 강의

	A	B	C	D	E
1	성명	반	보고서 점수		기본점수
2	이대한	1	80		10
3	한상공	2	65		
4	홍길동	1	45		
5	신정미	3	77		
6	이순신	4	69		

㉮ 바로 가기 메뉴의 [선택하여 붙여넣기]를 실행
㉯ 기본점수를 추가해서 더할 셀 [C2:C6]을 선택
㉰ [E2] 셀을 선택하고 바로 가기 메뉴의 [복사]를 실행
㉱ '연산' 항목의 '더하기'를 선택하고 [확인]을 클릭

① ㉮ → ㉯ → ㉰ → ㉱　　② ㉰ → ㉯ → ㉮ → ㉱
③ ㉯ → ㉮ → ㉱ → ㉰　　④ ㉱ → ㉰ → ㉯ → ㉮

㉰ [E2] 셀을 선택하고 바로 가기 메뉴의 [복사]를 실행 → ㉯ 기본점수를 추가해서 더할 셀 [C2:C6]을 선택 → ㉮ 바로 가기 메뉴의 [선택하여 붙여넣기]를 실행 → ㉱ '연산' 항목의 '더하기'를 선택하고 [확인]을 클릭함

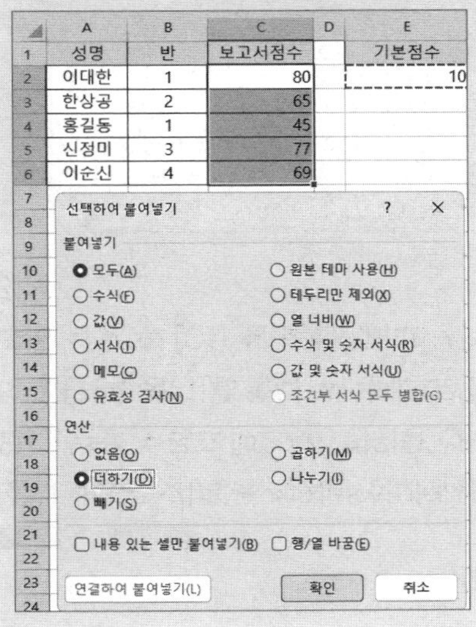

중요✓ 난이도 상 문제 진단 ○△X

33 다음 중 아래의 시트처럼 평가점수를 기준으로 회사별 평가점수 순위를 구하기 위해 [B3] 셀에 입력할 수식으로 옳은 것은?(단, 평가점수는 동점이 없음)

합격 강의

	A	B	C	D	E
1	회사별 평가점수 순위				
2	순위	회사명		회사명	평가점수
3	1	준기정보		대한테크	53
4	2	엄지Tech		상공ENG	61
5	3	첨단영진		엄지Tech	90
6				첨단영진	88
7				기적INFO	70
8				준기정보	100

① =MATCH($D$3:$D$8,INDEX(LARGE($E$3:$E$8,A3),$E$3:$E$8,0))
② =MATCH($E$3:$E$8,INDEX(LARGE($D$3:$D$8,A3),$E$3:$E$8,0))
③ =INDEX($E$3:$E$8,MATCH(LARGE($D$3:$D$8,A3),$E$3:$E$8,0))
④ =INDEX($D$3:$D$8,MATCH(LARGE($E$3:$E$8,A3),$E$3:$E$8,0))

B3 =INDEX($D$3:$D$8,MATCH(LARGE($E$3:$E$8,A3),$E$3:$E$8,0))

	A	B	C	D	E	F
1	회사별 평가점수 순위					
2	순위	회사명		회사명	평가점수	
3	1	준기정보		대한테크	53	
4	2	엄지Tech		상공ENG	61	
5	3	첨단영진		엄지Tech	90	
6				첨단영진	88	
7				기적INFO	70	
8				준기정보	100	

=INDEX($D$3:$D$8,MATCH(LARGE($E$3:$E$8,A3),$E$3: $E$8,0))

- LARGE 함수로 [$E$3:$E$8] 범위에서 첫 번째([A3] 셀의 값이 1)로 큰 값을 찾음
- MATCH 함수로 [$E$3:$E$8] 범위에서 찾는 방법 0에 의해 찾을 값과 동일한 첫 번째 값을 찾아 위치 번호 6을 산출함
- 위치 번호 6을 INDEX 함수의 행 번호로 사용하고, 열 번호가 생략되었으므로 1로 간주하여 [$D$3:$D$8] 범위에서 해당 행인 6행을 찾으므로 "준기정보"가 결과로 표시됨

난이도 하 문제 진단 ○△X

34 다음 중 자동 계산이 해제된 경우 열려 있는 전체 통합 문서를 지금 다시 계산하는 바로 가기 키로 옳은 것은?

① F1　　② F2
③ F5　　④ F9

F9 : 열려 있는 통합 문서의 모든 워크시트를 재계산함

오답 피하기
- F1 : 도움말
- F2 : 활성 셀 편집
- F5 : 이동 대화 상자

난이도 중 문제 진단 ○△X

35 다음 중 이름 상자에 대한 설명으로 옳지 않은 것은?

① 수식을 작성 중인 경우 최근 사용한 함수 목록이 표시된다.
② Ctrl을 누르고 여러 개의 셀을 선택한 경우 마지막 선택한 셀 주소가 표시된다.
③ 차트가 선택되어 있는 경우 차트의 종류가 표시된다.
④ 셀이나 셀 범위에 이름을 정의해 놓은 경우 이름이 표시된다.

차트가 선택되어 있는 경우 차트가 만들어진 순서대로 "차트 1", "차트 2", …처럼 표시되며 차트의 종류가 표시되지는 않음

ANSWER 30 ④ 31 ② 32 ② 33 ④ 34 ④ 35 ③

난이도 중 문제 진단 ○△✕

36 '상대 참조로 기록'을 설정한 상태에서 [매크로 기록] 대화 상자의 [확인] 단추를 누르고 [A2:A6] 범위를 선택한 후 글꼴 스타일을 굵게 지정하고 [기록 중지]를 눌러 '서식매크로'를 작성, 완료하였다. 다음 중 매크로 작성 후 [C1] 셀을 선택하고 '서식매크로'를 실행한 결과로 옳은 것은?

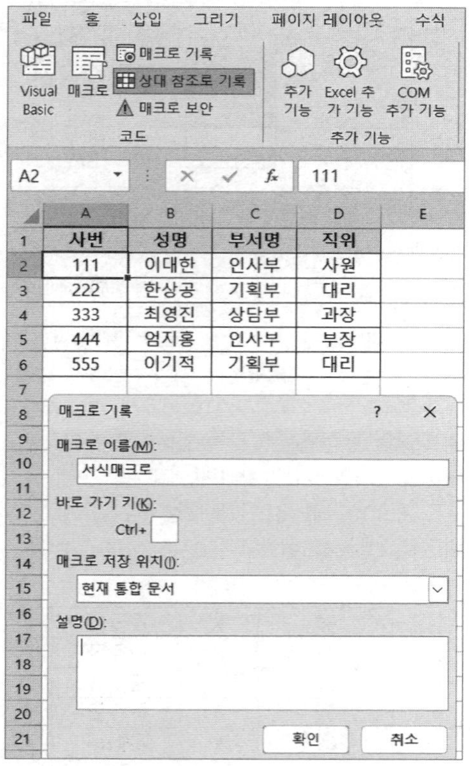

① [A2:A6] 영역의 글꼴 스타일이 굵게 지정된다.
② [A1] 셀만 글꼴 스타일이 굵게 지정된다.
③ [C2:C6] 영역의 글꼴 스타일이 굵게 지정된다.
④ [C1] 셀만 글꼴 스타일이 굵게 지정된다.

상대 참조로 기록되어 [C1] 셀을 선택하고 '서식매크로'를 실행하면 [C2:C6] 영역의 글꼴 스타일이 굵게 지정됨

난이도 중 문제 진단 ○△✕

37 다음 중 아래 그림과 같은 시나리오 요약 보고서에 대한 설명으로 옳지 않은 것은?

시나리오 요약				
		현재 값:	호황	불황
변경 셀:				
	냉장고판매	2%	4%	-2%
	세탁기판매	3%	6%	-3%
	$C$5	5%	10%	-5%
결과 셀:				
	예상판매금액	516,600,000	533,200,000	483,400,000

① 원본 데이터에서 변경 셀의 현재 값을 수정하면 시나리오 요약 보고서가 자동으로 업데이트된다.
② 원본 데이터에 '냉장고판매', '세탁기판매', '예상 판매금액'으로 이름을 정의한 셀이 있다.
③ '호황'과 '불황' 두 개의 시나리오로 작성한 시나리오 요약 보고서는 새 워크시트에 표시된다.
④ 시나리오 요약 보고서 내의 모든 내용은 수정 가능하며, 자동으로 설정된 윤곽도 지울 수 있다.

- 원본 데이터에서 변경 셀의 현재 값을 수정해도 시나리오 요약 보고서가 자동으로 업데이트되지 않음
- 시나리오의 값을 변경해도 해당 변경 내용이 기존 요약 보고서에 자동으로 다시 계산되어 표시되지 않으므로 시나리오 요약 보고서를 다시 작성해야 함

난이도 중 문제 진단 ○△✕

38 다음 중 아래 차트에 대한 설명으로 옳지 않은 것은?

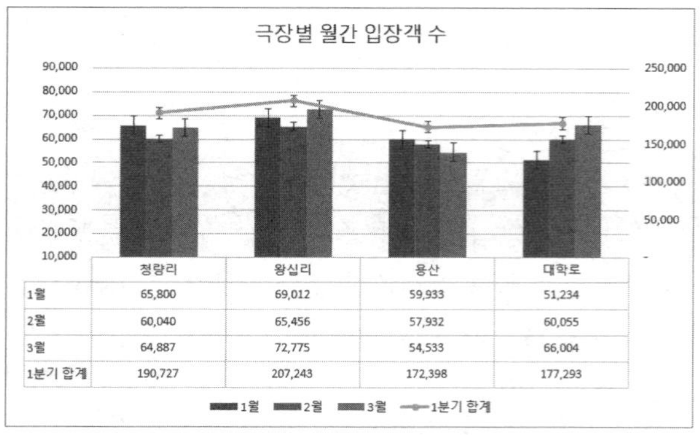

① '1분기 합계' 계열은 '보조 축'으로 지정되어 있다.
② '1월', '2월', '3월' 계열에 오차 막대가 표시되어 있다.
③ 범례 표지 없이 데이터 테이블이 표시되어 있다.
④ 계열 옵션에서 '간격 너비'가 0%로 설정되어 있다.

- 계열 옵션에서 '간격 너비'가 0%로 설정되어 있지 않음
- 계열 옵션에서 '간격 너비'가 0%로 설정되어 있는 경우 아래처럼 표시됨

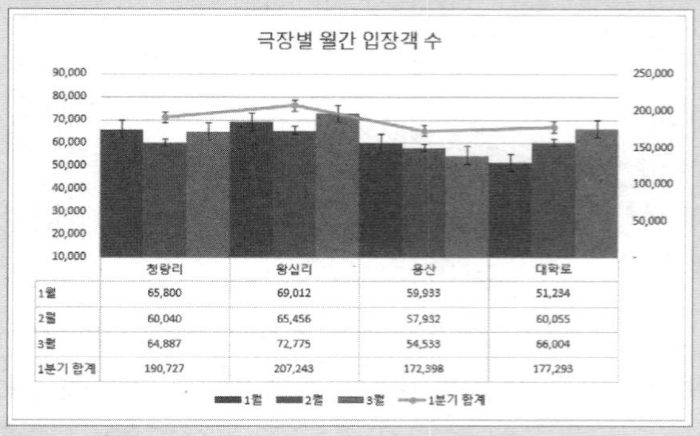

오답 피하기

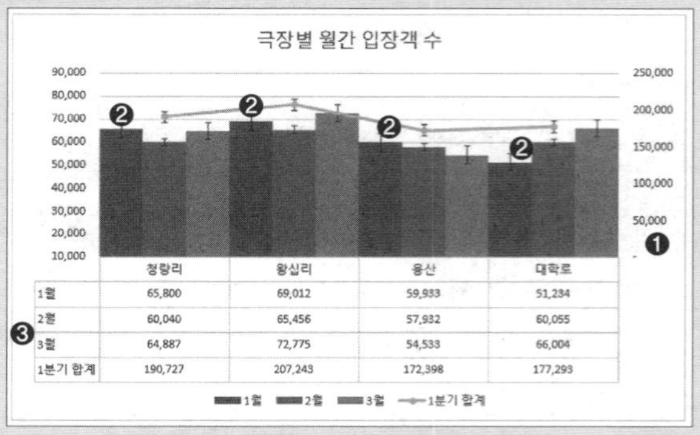

- ① : '1분기 합계' 계열은 '보조 축'으로 지정되어 있음
- ② : '1월', '2월', '3월' 계열에 오차 막대가 표시되어 있음
- ③ : 범례 표지 없이 데이터 테이블이 표시되어 있음

ANSWER 36 ③ 37 ① 38 ④

난이도 중 문제 진단 ○△×

39 **다음 중 워크시트에 대한 설명으로 옳은 것은?**

합격 강의

① 워크시트 복사는 Shift 를 누르면서 원본 워크시트 탭을 마우스로 드래그 앤 드롭하면 된다.

② 시트를 삭제하려면 시트 탭에서 마우스 오른쪽 단추를 클릭한 후 표시되는 [삭제] 메뉴를 선택하면 되지만, 삭제된 시트는 되살릴 수 없으므로 유의하여야 한다.

③ 연속된 여러 개의 시트를 선택할 때는 첫 번째 시트를 선택하고 Ctrl 을 누른 상태에서 마지막 워크시트의 시트 탭을 클릭하면 된다.

④ 떨어져 있는 여러 개의 시트를 선택할 때는 먼저 Shift 를 누른 상태에서 원하는 워크시트의 시트 탭을 차례로 누르면 된다.

삭제한 시트는 최소 명령으로 되살릴 수 없으므로 삭제 시 주의해야 함

오답 피하기

- ① : 워크시트 복사는 Ctrl 을 누르면서 원본 워크시트 탭을 마우스로 드래그 앤 드롭하면 됨
- ③ : 연속된 여러 개의 시트를 선택할 때는 첫 번째 시트를 선택하고 Shift 를 누른 상태에서 마지막 워크시트의 시트 탭을 클릭함
- ④ : 떨어져 있는 여러 개의 시트를 선택할 때는 먼저 Ctrl 을 누른 상태에서 원하는 워크시트의 시트 탭을 차례로 누르면 됨

난이도 중 문제 진단 ○△×

40 **다음 중 피벗 차트 보고서에 대한 설명으로 옳지 않은 것은?**

① 피벗 차트 보고서는 주식형, 분산형, 거품형, 트리맵, 선버스트 등 다양한 차트로 변경할 수 있다.

② 피벗 차트 보고서를 삭제해도 관련된 피벗 테이블 보고서는 삭제되지 않는다.

③ 피벗 차트에는 표준 차트와 마찬가지로 데이터 계열, 범주, 데이터 표식, 축이 표시된다.

④ 피벗 차트 보고서에 필터를 적용하면 피벗 테이블 보고서에 자동 적용된다.

피벗 차트 보고서가 변경될 수 없는 차트 : 주식형, 분산형, 거품형, 트리맵, 선버스트, 히스토그램, 상자 수염 폭포 차트 등

3 과목 데이터베이스 일반

난이도 하 문제 진단 ○△×

41 **다음 중 마법사를 사용하여 보고서를 작성할 때 보고서 마법사가 지원하는 모양으로 옳지 않은 것은?**

① 열 형식

② 테이블 형식

③ 맞춤

④ 피벗 테이블 형식

열 형식, 테이블 형식, 맞춤 등 3개의 선택 항목이 있음

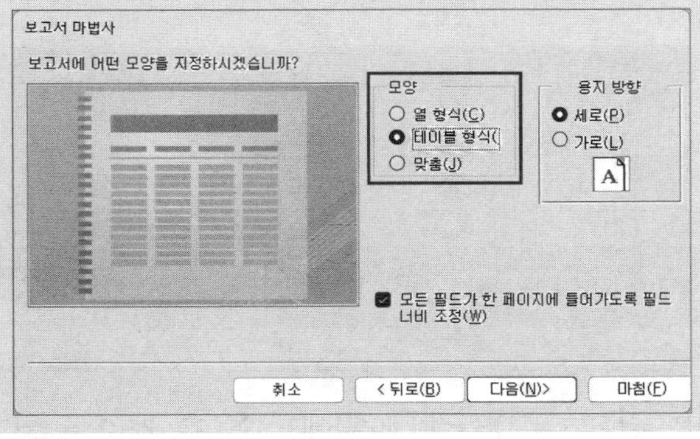

난이도 중 문제 진단 ○△×

42 **다음 중 아래의 내용에 해당하는 언어는?**

> 데이터 보안 및 회복, 무결성, 병행 수행 제어 등을 정의하는 데이터베이스 언어로 데이터베이스 관리자가 데이터 관리를 목적으로 주로 사용하는 언어

① 데이터 조작어(DML)

② 데이터 정의어(DDL)

③ 데이터 제어어(DCL)

④ 데이터 부속어(DSL)

데이터 제어어(DCL : Data Control Language)

- 데이터베이스를 공용하기 위하여 데이터 제어를 정의 및 기술함
- 데이터 보안, 무결성, 회복, 병행 수행 등을 제어함
- 종류 : GRANT(권한 부여), REVOKE(권한 해제), COMMIT(갱신 확정), ROLLBACL(갱신 취소)

오답 피하기

- 데이터 조작어(DML) : 주 프로그램에 내장하여 데이터베이스를 실질적으로 운영 및 조작함
- 데이터 정의어(DDL) : 데이터베이스 구조와 관계, 데이터베이스 이름을 정의함
- 데이터 부속어(DSL) : 호스트(Host) 프로그램(JAVA, PHP, C++ 등)에 데이터 조작어(DML)가 삽입되어 포함되어 있을 때 이를 데이터 부속어(DSL)라고 하며 데이터베이스에 접근하는 기능을 제공함

중요✓ 난이도 중 문제 진단 ○△×

43 **다음 중 각 데이터 형식에 대한 설명으로 옳지 않은 것은?**

① 조회 마법사는 필드에 값을 직접 입력하지 않고 다른 테이블에서 값을 선택할 때 사용한다.

② Yes/No 형식은 Yes/No, True/False, On/Off 등 두 값 중 하나만 입력하는 경우에 사용하는 것으로 기본 필드 크기는 1비트이다.

③ 설명, 참고 사항 등 255자를 초과해서 저장할 때는 긴 텍스트 데이터 형식을 사용한다.

④ 일련번호는 번호가 부여된 후 변경하거나 삭제할 수 있으며 크기는 2바이트이다.

일련번호는 번호가 부여되면 변경하거나 삭제할 수 없으며 크기는 4바이트임

난이도 하 문제 진단 ○△×

44 **다음 중 필드에 입력되는 값이 'S'로 시작하는 것만 입력되도록 하기 위한 유효성 검사 규칙으로 옳은 것은?**

① Like "S*"

② ="S"

③ ="S??"

④ Equal "S??"

- 어떤 값이 포함되어 검색되어야 할 경우, 유효성 검사 규칙에 Like 연산자를 사용함
- Like "S*"는 'S'로 시작하는 경우이고, Like "*S"는 'S'로 끝나는 경우를 의미하며, *는 임의의 문자수에 대응함

ANSWER 39 ② 40 ① 41 ④ 42 ③ 43 ④ 44 ①

중요✓ 난이도 상 문제 진단 ○△✕

45 다음 중 아래 <학생> 테이블에 대한 SQL문의 실행 결과로 옳은 것은?

학번	전공	학년	나이
1002	영문	SO	19
1004	통계	SN	23
1005	영문	SN	21
1008	수학	JR	20
1009	영문	FR	18
1010	통계	SN	25

```
SELECT AVG([나이]) FROM 학생
WHERE 학년="SN" GROUP BY 전공
HAVING COUNT(*) >= 2;
```

① 21 ② 22
③ 23 ④ 24

- SELECT : 검색하고자 하는 열 리스트
- FROM : 대상 테이블명
- WHERE : 검색 조건을 기술
- GROUP : 그룹에 대한 쿼리 시 사용
- HAVING : 그룹에 대한 조건을 기술함(반드시 GROUP BY와 함께 사용)
- AVG() : 평균 값을 구함
- COUNT(*) : 행을 카운트함

SELECT AVG([나이]) FROM 학생	학생 테이블에서 [나이]의 평균을 구하라.
WHERE 학년="SN" GROUP BY 전공	학년이 "SN"이고 전공별로 그룹화 했을 때 같은 전공이 2개 이상인 경우 → 통계과의 학번이 1004와 1010인 경우가 해당됨
HAVING COUNT(*) >= 2;	

- 통계과에서 학번 1004의 나이는 23세, 1010의 나이는 25세이므로 평균(AVG)을 구하게 되면 24세가 됨

난이도 중 문제 진단 ○△✕

46 다음 중 테이블 간의 관계 설정에서 일대일 관계가 성립하는 것은?

① 어느 한쪽의 테이블의 연결 필드가 중복 불가능의 인덱스나 기본키로 설정되어 있는 경우
② 양쪽 테이블의 연결 필드가 모두 중복 불가능의 인덱스나 기본키로 설정되어 있는 경우
③ 오른쪽 관련 테이블의 연결 필드가 중복 가능한 인덱스나 후보키로 설정되어 있는 경우
④ 양쪽 테이블의 연결 필드가 모두 중복 가능한 인덱스나 후보키로 설정되어 있는 경우

일대일 관계 성립 조건 : 양쪽 테이블의 연결 필드가 모두 중복 불가능의 기본키나 인덱스가 지정되어 있어야 함

난이도 중 문제 진단 ○△✕

47 다음 중 전체 페이지가 10페이지이고 현재 페이지가 8페이지인 보고서에서 표시되는 식과 결과가 올바른 것은?

① =[Page] → 결과 : 8/10
② =[Page] & "페이지" → 결과 : 8페이지
③ =[Page] & "중" & [Page] → 결과 : 10중 8
④ =Format([Page], "000") → 결과 : 010

오답 피하기
- ① =[Page] → 결과 : 8
- ③ =[Page] & "중 " & [Page] → 결과 : 8중 8
- ④ =Format([Page], "000") → 결과 : 008

중요✓ 난이도 상 문제 진단 ○△✕

48 다음 중 회원 중에서 가입일이 2023년 6월 3일 이전인 준회원을 정회원으로 변경하고자 할 때 SQL문으로 옳은 것은?(단, 회원 테이블에는 회원번호, 성명, 가입일, 연락처, 등급 등의 필드가 있으며, 회원의 등급은 '등급' 필드에 저장되어 있다.)

합격 강의

① update 회원 set 등급 = '정회원' where 가입일 <= #2023-6-3# and 등급 = '준회원'
② update 회원 set 등급 = '정회원' where 가입일 <= "2023-6-3" and 등급 = '준회원'
③ update 회원 set 등급 = '정회원' where 가입일 <= #2023-6-3#
④ update 회원 set 등급 = '정회원' where 가입일 <= "2023-6-3"

- update 테이블명 set 열이름1=값1, 열이름2=값2, … where 조건 : 갱신문으로 테이블에 저장된 데이터를 갱신함
- update 회원 set 등급 = '정회원' where 가입일 <= #2023-6-3# and 등급 = '준회원'
- <= #2023-6-3# : 2023년 6월 3일 이전을 의미, 날짜는 앞뒤에 #를 붙임

난이도 중 문제 진단 ○△✕

49 [일반] 탭에서 '유효성 검사 규칙'과 '유효성 검사 텍스트'를 설정하였다. 다음 중 이에 대한 설명으로 옳은 것은?

합격 강의

일반 | 조회

필드 크기	10
형식	
입력 마스크	
캡션	
기본값	
유효성 검사 규칙	Like "S??"
유효성 검사 텍스트	유효성 확인입니다.
필수	아니요
빈 문자열 허용	아니요
인덱스	예(중복 불가능)
유니코드 압축	아니요
IME 모드	영숫자 반자
문장 입력 시스템 모드	없음
텍스트 맞춤	일반

① 입력되는 값은 반드시 S로 시작하면서 3자 이내이어야 하고, 규칙에 맞는 값이 입력된 경우에는 "유효성 확인입니다."라는 메시지가 나타난다.
② 입력되는 값은 반드시 S로 시작하면서 3자 이내이어야 하고, 규칙에 맞지 않는 값이 입력된 경우에는 "유효성 확인입니다."라는 메시지가 나타난다.
③ 입력되는 값은 반드시 S로 시작하면서 3자이어야 하고, 규칙에 맞는 값이 입력된 경우에는 "유효성 확인입니다."라는 메시지가 나타난다.
④ 입력되는 값은 반드시 S로 시작하면서 3자이어야 하고, 규칙에 맞지 않는 값이 입력된 경우에는 "유효성 확인입니다."라는 메시지가 나타난다.

- 유효성 검사 규칙 Like "S??" : S로 시작하는 3자의 입력 값
- 유효성 검사 텍스트 : 규칙에 맞지 않을 경우 "유효성 확인입니다." 표시

난이도 중 문제 진단 ○△✕

50 다음 중 테이블의 이름을 지정하는 방법에 대한 설명으로 옳지 않은 것은?

합격 강의

① 테이블 이름과 쿼리 이름은 동일하게 설정할 수 없다.
② 마침표(.), 느낌표(!), 악센트 기호(`), 대괄호([ ])를 제외한 특수 문자 및 문자, 숫자, 공백 등을 조합하여 포함할 수 있다.
③ 테이블 이름은 선행 공백으로 시작할 수 있다.
④ 테이블 이름과 필드 이름은 동일하게 설정할 수 있으며 최대 64자까지 입력할 수 있다.

테이블 이름은 선행 공백으로 시작할 수 없지만, 테이블 이름에 공백은 포함할 수 있음

ANSWER 45 ④ 46 ② 47 ② 48 ① 49 ④ 50 ③

난이도 중 문제 진단 ○△X

51 다음 중 보고서의 각 구역에 관한 설명으로 옳지 않은 것은?

① 보고서 머리글은 보고서의 맨 앞에 한 번 출력되며, 일반적으로 로고나 제목 및 날짜와 같이 표지에 나타나는 정보를 추가한다.
② 그룹 머리글은 각 새 레코드 그룹의 맨 앞에 출력되며, 그룹 이름을 출력하려는 경우에 사용한다.
③ 본문은 레코드 원본의 모든 행에 대해 한 번씩 출력되며, 보고서의 본문을 구성하는 컨트롤이 여기에 추가된다.
④ 보고서 바닥글은 모든 페이지의 맨 끝에 출력되며, 페이지 번호 또는 페이지별 정보를 표시하려는 경우에 사용한다.

페이지 바닥글 : 보고서의 매 페이지의 하단에 표시됨. 페이지 번호나 날짜 등의 항목을 삽입함

오답 피하기

보고서 바닥글 : 보고서의 맨 마지막 페이지에 한 번만 표시됨. 보고서의 총계나 안내 문구 등의 항목을 삽입함

난이도 중 문제 진단 ○△X

52 다음 중 테이블의 기본키(Primary Key)의 특성으로 가장 거리가 먼 것은?

① 후보키 중에서 선정되어 사용되는 키이다.
② 기본키는 널(Null)이 될 수 없으며 중복될 수 없다.
③ 관계 설정 창에서 '관련 필드 모두 업데이트'가 선택되어 있을 경우, 외래키에 의해 참조되고 있는 기본키 필드의 값은 수정될 수 없다.
④ 테이블에 반드시 기본키 필드가 있어야 하는 것은 아니다.

관련 필드 모두 업데이트

- 외래키에 의해 참조되고 있는 기본키 필드의 값이 바뀌면, 이를 참조하는 외래키 필드 값도 바뀌게 됨을 의미함
- 외래키에 의해 참조되고 있는 기본키 필드의 값은 수정될 수 있음

중요✓ 난이도 상 문제 진단 ○△X

53 다음 중 아래 SQL문으로 생성된 테이블에서의 레코드 작업에 대한 설명으로 옳지 않은 것은?(단, 고객과 계좌 간의 관계는 1:M이다.)

```
CREATE TABLE 고객
(고객ID    CHAR(20) NOT NULL,
고객명     CHAR(20) NOT NULL,
연락번호   CHAR(12),
PRIMARY KEY (고객ID)
);
CREATE TABLE 계좌
(계좌번호  CHAR(10) NOT NULL,
고객ID     CHAR(20) NOT NULL,
잔액       INTEGER DEFAULT 0,
PRIMARY KEY (계좌번호),
FOREIGN KEY (고객ID) REFERENCES 고객
);
```

① <고객> 테이블에서 '고객ID' 필드는 동일한 값을 입력할 수 없다.
② <계좌> 테이블에서 '계좌번호' 필드는 반드시 입력해야 한다.
③ <고객> 테이블에서 '연락번호' 필드는 원하는 값으로 수정하거나 생략할 수 있다.
④ <계좌> 테이블에서 '고객ID' 필드는 동일한 값을 입력할 수 없다.

- CREATE TABLE : 테이블 생성
- CHAR(자릿수) : 문자형 변수 선언 및 크기(자릿수) 지정
- NULL : 아무것도 없음, 값 자체가 존재하지 않음
- NOT NULL : 값이 반드시 있어야 됨
- INTEGER : 정수형(소숫점이 없는) 변수 선언
- DEFAULT : 기본 값 지정
- PRIMARY KEY : 기본키 지정
- FOREIGN KEY : 외래키 지정
- REFERENCES : 참조 테이블 지정

기본키(PK : Primary Key)
• 후보키 중에서 선정되어 사용되는 키(예 : 주민등록번호, 사원번호, 학번, 군번 등) • 기본키는 널(NULL)이 될 수 없으며 중복될 수 없음
외래키(FK : Foreign Key)
• 외래키가 다른 참조 테이블의 기본키일 때 그 속성키를 외래키라고 함 • 하나의 테이블에는 여러 개의 외래키가 존재할 수 있음

- ④ <계좌> 테이블에서 '고객ID' 필드는 기본키가 아닌 외래키이므로 동일한 값을 입력할 수 있음
- 한 고객이 여러 개의 계좌를 개설할 수 있으므로 <계좌> 테이블에서 '고객ID' 필드는 중복 가능함

오답 피하기

- ①, ② : <고객> 테이블에서 '고객ID' 필드와 <계좌> 테이블에서 '계좌번호' 필드는 기본키(PRIMARY KEY)이므로 반드시 입력(NOT NULL)해야 하며 동일한 값을 입력할 수 없음
- ③ : <고객> 테이블에서 '연락번호' 필드는 기본키에 해당되지 않고 NOT NULL이 아니므로 원하는 값으로 수정하거나 생략할 수 있음

난이도 하 문제 진단 ○△X

54 다음 중 입력 마스크에서 사용되는 기호 문자에 대한 설명으로 옳은 것은?

① & : 필수 요소로서 모든 문자나 공백을 입력
② 9 : 필수 요소로서 0~9까지의 숫자를 입력
③ # : 선택 요소로서 A~Z까지의 영문자를 입력
④ 0 : 선택 요소로서 숫자나 공백을 입력

오답 피하기

- ② 9 : 선택 요소로서 숫자나 공백을 입력함. 덧셈 기호와 뺄셈 기호를 사용할 수 없음
- ③ # : 선택 요소로서 숫자나 공백을 입력함. 덧셈 기호와 뺄셈 기호를 사용할 수 있음
- ④ 0 : 필수 요소로서 0~9까지의 숫자를 입력함

ANSWER 51 ④ 52 ③ 53 ④ 54 ①

난이도 중 문제 진단 ○△X

55 어떤 릴레이션 R에 존재하는 모든 속성들은 원자 값만을 가지며, 기본키에 속하지 않는 각 속성은 기본키에 완전하게 함수적으로 종속된다. 이 릴레이션 R은 어떤 정규형의 릴레이션인가?

① 제4정규형 ② 제3정규형
③ 보이스-코드 정규형 ④ 제2정규형

• 정규화(Normalization) : 관계형 데이터베이스를 설계할 때 데이터의 중복 최소화와 불일치를 방지하기 위해 릴레이션 스키마를 분해해 가는 과정
• **정규형(NF; Normal Form)의 종류**

제1정규형(1NF)	• 원자 값 • 최소한의 값 • 반복되는 열이 없음
제2정규형(2NF)	• 키를 결정하면 다른 열의 값이 결정 • 기본키에 완전 함수적 종속(=부분 함수 종속 제거)
제3정규형(3NF)	• 기본키 열 외의 열의 값에 따라 다른 열의 값이 결정되는 일이 없음 • 서로간의 독립적(기본키에 이행적 종속이 아니면)(이행 함수 종속 제거)
BCNF Boyce & Codd NF	• 엄격한 3차 정규형 • 모든 결정자가 후보키가 아닌 함수 종속을 제거 (=결정자를 모두 후보키로)
제4정규형(4NF)	두 개의 상호 독립적인 다중 값 속성을 서로 다른 두 릴레이션으로 분리(다른 종속 제거)
제5정규형(5NF)	후보키를 통하지 않은 조인 종속 제거

난이도 중 문제 진단 ○△X

56 다음의 수식을 보고서를 이용하여 인쇄할 경우 표시되는 결과로 옳은 것은?

=Left("부산 사하구 사하동", InStr("서울특별시 시흥구", "시"))

① 부산 사하
② 사하구 사하동
③ 서울특별시
④ 부산 사하구

• =InStr("서울특별시 시흥구","시") : '서울특별시 시흥구' 문자에서 왼쪽에서부터 '시' 문자가 있는 문자 위치 번호를 출력함 → 5
• =Left("부산 사하구 사하동", 5) : '부산 사하구 사하동' 문자에서 왼쪽에서 공백 포함하여 5번째까지의 문자를 출력함 → 부산 사하

난이도 중 문제 진단 ○△X

57 다음 중 폼의 탭 순서(Tab Order)에 대한 설명으로 옳지 않은 것은?

① 탭 정지 속성의 기본 값은 '예'이다.
② [탭 순서] 대화 상자의 [자동 순서]는 탭 순서를 위에서 아래로, 오른쪽에서 왼쪽으로 설정한다.
③ 폼 보기에서 Tab을 눌렀을 때 각 컨트롤 사이에 이동되는 순서를 설정하는 것이다.
④ 기본으로 설정되는 탭 순서는 폼에 컨트롤을 추가하여 작성한 순서대로 설정된다.

[탭 순서] 대화 상자의 [자동 순서]는 탭 순서를 위에서 아래로, 왼쪽에서 오른쪽으로 설정함

난이도 중 문제 진단 ○△X

58 폼의 머리글에 아래와 같은 도메인 함수 계산식을 사용하는 컨트롤을 삽입하였다. 다음 중 계산 결과 값에 대한 설명으로 옳은 것은?

합격 강의

=DLOOKUP("성명", "사원", "[사원번호] = 123")

① 성명 테이블에서 사원 번호가 123인 데이터의 성명 필드에 저장되어 있는 값
② 성명 테이블에서 사원 번호가 123인 데이터의 사원 필드에 저장되어 있는 값
③ 사원 테이블에서 사원 번호가 123인 데이터의 성명 필드에 저장되어 있는 값
④ 사원 테이블에서 사원 번호가 123인 데이터의 사원 필드에 저장되어 있는 값

• DLOOKUP : 특정 필드 값을 구할 때 사용하는 함수
• =DLOOKUP("구할 필드", "테이블명", "조건")이므로
→ =DLOOKUP("성명", "사원", "[사원번호] = 123")

난이도 하 문제 진단 ○△X

59 다음 중 데이터베이스에서 인덱스를 사용하는 목적으로 가장 적절한 것은?

① 일관성 유지
② 중복성 제거
③ 레코드 검색 속도 향상
④ 데이터 독립성 유지

인덱스(Index) : 색인으로 키 값을 기초로 하여 테이블에서 검색 및 정렬 속도를 향상시키는 기능

난이도 중 문제 진단 ○△X

60 다음 중 [관계 편집] 대화 상자에 대한 설명으로 옳지 않은 것은?

합격 강의

① 관계형 데이터베이스에서는 다대다(N:M) 관계를 직접 표현할 수 없기 때문에 3개의 테이블을 가지고 일대다(1:∞) 관계 2개를 이용하여 설정한다.
② 조인 유형은 왼쪽 우선 내부 조인, 오른쪽 우선 내부 조인 중에서 선택할 수 있다.
③ '항상 참조 무결성 유지'를 선택한 경우 '관련 필드 모두 업데이트'와 '관련 레코드 모두 삭제' 옵션을 선택할 수 있다.
④ 관계를 구성하는 어느 한쪽의 테이블 또는 필드 및 쿼리를 변경할 수 있다.

조인 유형을 내부 조인, 왼쪽 우선 외부 조인, 오른쪽 우선 외부 조인 중에서 선택할 수 있음

ANSWER 55 ④ 56 ① 57 ② 58 ③ 59 ③ 60 ②

해설과 함께 보는 2022년 상시 기출문제 04회

합격 강의

SELF CHECK | 제한시간 60분 | 소요시간 분 | 전체 문항 수 60문항 | 맞힌 문항 수 문항

1과목 컴퓨터 일반

중요✓ 난이도 중 문제 진단 ○△✕

01 운영체제는 컴퓨터 시스템의 각종 하드웨어적인 자원과 소프트웨어적인 자원을 효율적으로 운영, 관리하기 위한 프로그램이다. 다음 중 운영체제의 목적으로 가장 거리가 먼 것은?

① 처리 능력의 향상
② 신뢰도 향상
③ 응답 시간의 최대화
④ 사용 가능도의 향상

응답 시간은 빠를수록 좋으므로 응답 시간의 최소화가 운영체제의 목적임

오답 피하기

운영체제의 목적(성능 평가 요소) : 처리 능력, 응답 시간, 신뢰도, 사용 가능도

중요✓ 난이도 중 문제 진단 ○△✕

02 다음 중 3D 프린터에 대한 설명으로 옳지 않은 것은?

합격 강의

① 입력한 도면을 바탕으로 3차원의 입체적인 공간에 물품을 만들어 내는 프린터이다.
② 2D 이미지를 인쇄하는 잉크젯 프린터의 인쇄 원리와 같으며 제작 방식에 따라 층(레이어)으로 겹겹이 쌓아 입체 형상을 만들어 내는 적층형과 큰 덩어리를 조각하듯이 깎아내는 절삭형으로 나뉜다.
③ 기계, 건축, 예술, 우주 등 많은 분야에서 응용되고 있으며, 의료 분야에서도 활발히 활용되고 있다.
④ 출력 속도의 단위는 LPM, PPM, IPM 등이 사용된다.

3D 프린터의 출력 속도의 단위는 MMS가 사용되며, MMS(MilliMeters per Second)는 '1초에 이동하는 노즐의 거리'를 의미함

오답 피하기

- LPM(Lines Per Minute) : 1분당 인쇄되는 라인 수(활자식 프린터, 잉크젯 프린터 등)
- PPM(Pages Per Minute) : 1분당 인쇄되는 페이지 수(잉크젯 프린터, 레이저 프린터 등)
- IPM(Images Per Minute) : ISO(국제 표준화 기구)에서 규정한 잉크젯 속도 측정 방식으로 각 프린터 업체의 자체 기준에 맞춘 고속 모드로 출력된 PPM과는 달리 일반(보통) 모드에서 ISO 규격 문서를 측정함

난이도 중 문제 진단 ○△✕

03 둘 이상의 프로세스들이 자원을 점유한 상태에서 서로 다른 프로세스가 점유하고 있는 자원을 서로 사용하기를 원해서 시스템이 정지되는 상황을 무엇이라 부르는가?

합격 강의

① LOCK
② DEADLOCK
③ UNLOCK
④ BLOCK

데드락(Deadlock) : 교착 상태로 자원은 한정되어 있으나 각 프로세스들이 서로 자원을 차지하려고 무한정 대기하는 상태

난이도 중 문제 진단 ○△✕

04 컴퓨터에서 취급되는 데이터에 따른 분류 중 그 설명이 옳지 않은 것은?

① 아날로그(Analog) 컴퓨터는 아날로그 신호를 사용하며 그 특성 요소에는 진폭, 파장, 위상 등이 있다.
② 하이브리드(Hybrid) 컴퓨터는 디지털 컴퓨터와 아날로그 컴퓨터의 특징 중 좋은 점만을 모아 사용된다.
③ 디지털(Digital) 컴퓨터는 숫자나 문자가 입출력 요소로 사용되며 논리 회로를 사용하여 사칙 연산 등을 처리한다.
④ 아날로그(Analog) 컴퓨터는 증폭 회로를 사용, 미적분 연산에 이용되며 연산 속도는 디지털 컴퓨터에 비해 느리나 정밀도는 필요한 한도까지 정확하게 산출할 수 있다.

아날로그(Analog) 컴퓨터는 프로그램이 필요 없으므로 연산 속도가 빠르나 정밀도는 제한적(0.01%까지)임

난이도 중 문제 진단 ○△✕

05 다음 중 TELNET에 대한 설명으로 가장 적절한 것은?

① 인터넷상에서 파일을 전송하기 위해 사용되는 서비스이다.
② 원격 접속용으로 사용되며, 원격지에 있는 컴퓨터에 접속하여 프로그램을 실행시키거나 시스템 관리 작업 등을 할 수 있는 서비스이다.
③ 인터넷 사용자끼리 전자우편을 보낼 때 사용하는 프로토콜이다.
④ 관심 있는 분야끼리 그룹을 지어 자신의 의견을 주고받을 수 있는 서비스이다.

오답 피하기

① : FTP, ③ : SMTP, ④ 유즈넷(Usenet)

중요✓ 난이도 중 문제 진단 ○△✕

06 다음 중 운영체제에서 관리하는 가상 메모리는 실제로 어떤 장치에 존재하는가?

① 하드디스크 장치
② 주기억 장치
③ 프로세서 장치
④ 캐시 기억 장치

가상 메모리(Virtual Memory) : 보조 기억 장치의 일부, 즉 하드디스크의 일부를 주기억 장치처럼 사용하는 메모리 사용 기법으로, 기억 장소를 주기억 장치의 용량으로 제한하지 않고 보조 기억 장치까지 확대하여 사용함

난이도 중 문제 진단 ○△✕

07 다음 중 암호화 기법에 대한 설명으로 옳지 않은 것은?

① 비밀키는 단일키이므로 알고리즘이 간단하다.
② 비밀키의 대표적인 방식은 DES가 있다.
③ 공개키는 사용자가 많아지면 관리할 키의 개수가 늘어난다.
④ 공개키는 암호화가 공개키이므로 키의 분배가 쉽다.

공개키는 암호화가 공개키이므로 키의 분배가 쉽고, 관리할 키의 개수가 줄어듦

오답 피하기

비밀키 : 송신자와 수신자가 서로 동일(대칭)한 하나(단일)의 비밀키를 가지므로 사용자가 많아지면 관리할 키의 개수가 늘어남

ANSWER 01 ③ 02 ④ 03 ② 04 ④ 05 ② 06 ① 07 ③

난이도 중 문제 진단 ○△✕

08 다음 중 URL(Uniform Resource Locator) 형식으로 옳지 않은 것은?

합격 강의

① http://www.korcham.net
② mailto://kcci@korcham.net
③ ftp://ftp.korcham.net
④ telnet://tel.korcham.net/

'mailto:메일주소' 형식은 전자우편을 보내기 위한 형식임

난이도 하 문제 진단 ○△✕

09 다음 중 HDD의 인터페이스 표준에 해당하지 않는 것은?

① VESA
② EIDE
③ SCSI
④ SATA

VESA 방식 : 그래픽 카드의 속도를 개선한 486 시스템에서 사용하기 시작한 32비트 버스

오답 피하기
- EIDE : IDE의 확장판으로 주변 기기를 4개까지 연결함
- SCSI : 주변 장치를 7개에서 최대 15개까지 연결 가능하며 별도의 컨트롤러가 필요함
- SATA : 직렬 ATA로 하드디스크 또는 광학 드라이브와의 전송을 위해 만들어진 버스의 한 종류

난이도 상 문제 진단 ○△✕

10 다음 내용이 설명하는 운영체제의 운영방식으로 옳은 것은?

- 각 지역별로 발생된 자료를 분산 처리하는 방식이다.
- 시스템의 과부하를 방지할 수 있다.
- 시스템의 안전성, 유연성, 신뢰성, 확장성 등에서 유리하다.
- 클라이언트/서버(Client/Server) 시스템 등이 있다.

① 다중 프로그래밍 시스템
② 시분할 시스템
③ 다중 처리 시스템
④ 분산 처리 시스템

오답 피하기
- 다중 프로그래밍 시스템 : 하나의 CPU로 동시에 여러 개의 프로그램을 처리하는 기법
- 시분할 시스템 : 한 CPU를 여러 사용자가 사용하는 경우 사용권을 일정 시간(Time Slice) 동안 할당하여 혼자 독점하여 사용하는 것처럼 하는 기법
- 다중 처리 시스템 : 두 개 이상의 CPU로 동시에 여러 개의 프로그램을 처리하는 기법

중요✓ 난이도 중 문제 진단 ○△✕

11 다음 중 Windows의 [휴지통]에 관한 설명으로 옳지 않은 것은?

① 휴지통에 지정된 최대 크기를 초과하면 보관된 파일 중 가장 용량이 큰 파일부터 자동 삭제된다.
② 휴지통에 보관된 실행 파일은 복원은 가능하지만 휴지통에서 실행하거나 이름을 변경할 수는 없다.
③ 휴지통 속성에서 파일이나 폴더가 삭제될 때마다 삭제 확인 대화상자가 표시되지 않도록 설정할 수 있다.
④ 휴지통의 파일이 실제 저장된 폴더 위치는 일반적으로 C:₩$Recycle.Bin이다.

휴지통에 지정된 최대 크기를 초과하면 보관된 파일 중 가장 오래된 파일부터 자동 삭제됨

난이도 중 문제 진단 ○△✕

12 다음 내용이 설명하는 코드로 옳은 것은?

세계 각국의 다양한 현대 언어로 작성된 텍스를 상호 교환, 처리, 표현하기 위한 코드로 16비트(2바이트) 체계로 이루어져 있다.

① BCD 코드
② ASCII 코드
③ EBCDIC 코드
④ UNI 코드

유니코드(Unicode)
- 2바이트 코드로 세계 각 나라의 언어를 표현할 수 있는 국제 표준 코드
- 한글의 경우 조합, 완성, 옛 글자 모두 표현 가능함
- 16비트이므로 2^{16}인 65,536자까지 표현 가능함
- 한글은 초성 19개, 중성 21개, 종성 28개가 조합된 총 11,172개의 코드로 모든 한글을 표현함

오답 피하기
- BCD 코드 : 6비트로 64가지의 문자 표현이 가능하고 영문자의 대소문자를 구별하지 못함
- ASCII 코드 : 7비트로 128가지의 표현이 가능하고 일반 PC용 컴퓨터 및 데이터 통신용 코드
- EBCDIC 코드 : 8비트로 256가지의 표현이 가능하고 확장된 BCD 코드로 대형 컴퓨터에서 사용되는 범용 코드

난이도 중 문제 진단 ○△✕

13 다음 중 이미지 표현 방식에 대한 설명으로 옳지 않은 것은?

① 비트맵 방식은 그림을 픽셀(Pixel)이라고 하는 여러 개의 점으로 표시하는 방식이다.
② 비트맵 방식으로 저장된 이미지는 벡터 방식에 비해 메모리를 적게 차지하며, 화면에 보여주는 속도가 느리다.
③ 벡터 방식은 점과 점을 연결하는 직선이나 곡선을 이용하여 이미지를 표현하는 방식이다.
④ 벡터 방식은 그림을 확대 또는 축소할 때 화질의 손상이 거의 없다.

비트맵(Bitmap) : 고해상도를 표현하는 데 적합하지만 파일 크기가 커지고 확대 시 계단 현상이 발생하는 단점이 있음

난이도 하 문제 진단 ○△✕

14 다음 중 무선 랜(WLAN) 시스템을 구성하기 위한 주요 구성 요소에 해당하지 않는 것은?

합격 강의

① 리피터(Repeater)
② 무선 랜 카드
③ 안테나(Antenna)
④ AP(Access Point)

무선 랜(WLAN ; Wireless Local Area Network) 장비의 종류
- 무선 랜 카드 : 무선으로 네트워크에 연결하기 위한 기본 장비로 전송 속도와 인터페이스 규격에 따라 여러 종류가 있음
- 안테나(Antenna) : 무선 랜을 사용할 수 있는 도달 영역을 확장하기 위해 모든 방향으로 전파를 확장하는 무지향성 확장 안테나와 특정 지점 사이를 연결하기 위한 지향성 안테나가 있음
- AP(Access Point) : 기존 유선 네트워크와 무선 네트워크 사이에서 중계기 역할을 담당하는 기기로 송수신을 위한 내장 안테나가 내장되어 있으며 확장 안테나로 전송 거리를 확장할 수 있음

오답 피하기
리피터(Repeater) : 장거리 전송을 위해 신호를 새로 재생시키거나 출력 전압을 높여 전송하는 장치

ANSWER 08 ② 09 ① 10 ④ 11 ① 12 ④ 13 ② 14 ①

난이도 하 문제 진단 ○△×

15 다음 중 Windows 10에서 파일의 검색 기능을 향상하기 위한 기능은?

① 색인 ② 압축
③ 복원 ④ 백업

색인 : 파일 검색 시 속도를 향상하는 기능

난이도 중 문제 진단 ○△×

16 다음 중 사물 인터넷에 대한 설명으로 옳지 않은 것은?

① IoT(Internet of Things)라고도 하며 개인 맞춤형 스마트 서비스를 지향한다.
② 사람을 제외한 사물과 공간, 데이터 등을 이더넷으로 서로 연결하는 무선 통신 기술을 의미한다.
③ 스마트센싱 기술과 무선 통신 기술을 융합하여 실시간으로 데이터를 주고받는 기술이다.
④ 사물 인터넷 기반 서비스는 개방형 아키텍처를 필요로 하기 때문에 정보 공유에 대한 부작용을 최소화하기 위한 정보 보안 기술의 적용이 중요하다.

사물 인터넷(IoT : Internet of Things) : 인간 대 사물, 사물 대 사물 간에 인터넷으로 연결되어 정보의 소통이 가능한 기술

난이도 중 문제 진단 ○△×

17 다음 중 멀티미디어 그래픽과 관련하여 렌더링(Rendering) 기법에 대한 설명으로 옳은 것은?

① 제한된 색상을 조합하여 새로운 색을 만드는 기술이다.
② 2개의 이미지를 부드럽게 연결하여 변환하는 기술이다.
③ 3차원 그래픽에서 화면에 그린 물체의 모형에 명암과 색상을 입혀 사실감을 더해주는 기술이다.
④ 그림의 경계선을 부드럽게 처리해주는 필터링 기술이다.

렌더링(Rendering) : 컴퓨터 그래픽에서 3차원 질감(그림자, 색상, 농도 등)을 줌으로써 사실감을 추가하는 과정

오답 피하기

- ① 디더링(Dithering) : 표현할 수 없는 색상이 존재할 경우, 다른 색상들을 섞어서 비슷하거나 새로운 색상을 내는 효과
- ② 모핑(Morphing) : 사물의 형상을 다른 모습으로 서서히 변화시키는 기법으로 영화의 특수 효과에서 많이 사용함
- ④ 안티 앨리어싱(Anti-aliasing) : 3D의 텍스처에서 몇 개의 샘플을 채취해서 사물의 색상을 변경하므로 계단 부분을 뭉개고 곧게 이어지는 듯한 화질을 형성하게 만드는 것

난이도 중 문제 진단 ○△×

18 다음 중 데이터 전송에 사용되는 장비에 대한 설명으로 옳지 않은 것은?

합격 강의

① 데이터 전송의 정확성을 보장받기 위하여 라우터를 사용한다.
② 디지털 데이터의 감쇠 현상을 방지하기 위해서 리피터를 사용한다.
③ 아날로그 데이터의 감쇠 현상을 복원하기 위해서 증폭기를 사용한다.
④ 모뎀은 디지털 신호와 아날로그 신호를 상호 변환하는 기능을 가진다.

라우터(Router) : 네트워크 계층에서 망을 연결하며, 다양한 전송 경로 중 가장 효율적인 경로를 선택하여 패킷을 전송하는 장치

난이도 중 문제 진단 ○△×

19 다음 중 컴퓨터에서 사용하는 소프트웨어에서 셰어웨어(Shareware)에 관한 설명으로 옳은 것은?

① 해당 프로그램의 모든 기능을 사용할 수 있으며, 정식 대가를 지불하고 사용하는 프로그램이다.
② 정식 프로그램의 구매를 유도하기 위해 기능이나 사용 기간에 제한을 두어 무료로 배포하는 프로그램이다.
③ 이미 제작 배포된 프로그램의 오류 수정이나 성능 향상을 위해 일부 파일을 변경해 주는 프로그램이다.
④ 제작 회사에서 테스트할 목적으로 제작하는 프로그램이다.

오답 피하기

① : 상용 소프트웨어, ③ : 패치 프로그램, ④ : 알파 버전

난이도 중 문제 진단 ○△×

20 다음 중 한글 Windows에서 시스템에 설치되어 있는 [글꼴]에 대한 설명으로 옳지 않은 것은?

① 글꼴 파일은 png 또는 txt의 확장자를 가지고 있다.
② C:₩Windows₩Fonts 폴더에 글꼴이 설치되어 있다.
③ 설치되어 있는 글꼴을 폴더에서 제거할 수 있다.
④ 트루타입 글꼴 파일도 있고 여러 가지 트루타입의 글꼴을 모아놓은 글꼴 파일도 있다.

- txt : 텍스트 파일 확장자
- png : 이미지 파일 확장자

오답 피하기

글꼴 파일의 확장자는 ttf, ttc, fon 등이 있음

2 과목 스프레드시트 일반

중요✓ 난이도 상 문제 진단 ○△×

21 다음 중 아래의 워크시트에서 사원번호의 첫 번째 문자가 'S'인 매출액 [B2:B6]의 합계를 구하는 배열 수식으로 옳은 것은?

합격 강의

	A	B
1	사원번호	매출액
2	S0603	12500
3	F2005	7500
4	S0117	30000
5	F1233	56450
6	T3211	17990

① ={SUM(LEFT($A$2:$A$6,1="S")*$B$2:$B$6)}
② ={SUM((LEFT($A$2:$A$6,1)="S"),$B$2:$B$6)}
③ {=SUM(LEFT($A$2:$A$6,1="S"),$B$2:$B$6)}
④ {=SUM((LEFT($A$2:$A$6,1)="S")*$B$2:$B$6)}

- 사원번호 첫 번째 문자가 'S'인 경우이므로 LEFT 함수를 이용하여 첫 글자를 추출함 → LEFT($A$2:$A$6,1)
- 배열 수식을 이용하여 'S'인 경우 참(1)이 되는 것과 매출액을 곱(*)하여 그 합을 산출함 → =SUM((LEFT($A$2:$A$6,1)="S")*$B$2:$B$6)
- 배열 수식이므로 Ctrl+Shift+Enter를 누르면 수식 앞, 뒤로 중괄호({ })가 생성됨 → {=SUM((LEFT($A$2:$A$6,1)="S")*$B$2:$B$6)}

ANSWER 15 ① 16 ② 17 ③ 18 ① 19 ② 20 ① 21 ④

난이도 중 문제 진단 ○△X

22 다음 VBA 배열 선언문에 대한 설명으로 옳지 않은 것은?

```
Option Base 1
Dim No(3, 4, 2) As Integer
```

① 배열은 3차원 배열이고, 요소는 모두 24개이다.
② 배열의 첫 번째 요소는 No(0, 0, 0)이다.
③ 배열 요소의 데이터 형식은 모두 Integer이다.
④ 배열은 4행 2열의 테이블이 3면으로 되어 있다.

배열 선언 시 처음에 Option Base를 '1'로 설정한 경우 배열의 첨자가 1부터 시작하므로 첫 번째 요소는 No(1, 1, 1)이 됨

난이도 하 문제 진단 ○△X

23 아래의 시트처럼 [A1] 셀에 입력된 문자열 '컴퓨터활용능력'이 셀의 너비보다 클 경우 글꼴 크기를 줄여 셀에 표시되게 하려면 셀 서식에서 어느 항목을 선택해 주어야 하는가?

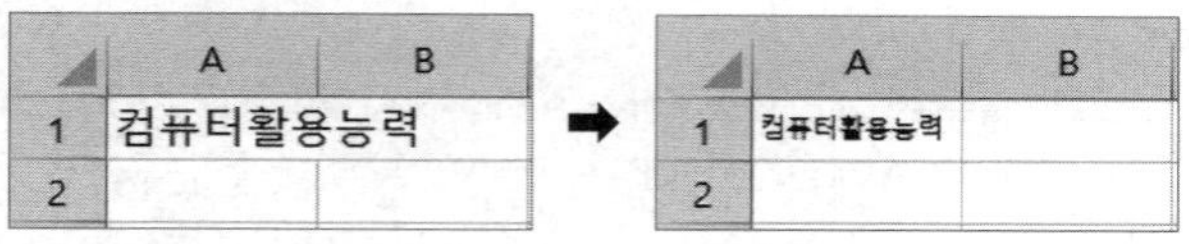

① 자동 줄 바꿈
② 셀에 맞춤
③ 셀 병합
④ 텍스트 방향

셀에 맞춤
- 선택한 셀의 모든 데이터가 열에 맞게 표시되도록 글꼴의 문자 크기를 줄임
- 열 너비를 변경하면 문자 크기가 자동으로 조정됨
- 적용된 글꼴 크기는 바뀌지 않음

오답 피하기
- 자동 줄 바꿈 : 셀에서 텍스트를 여러 줄로 표시함
- 셀 병합 : 선택한 두 개 이상의 셀을 하나의 셀로 결합함
- 텍스트 방향 : 읽는 순서와 맞춤을 지정하려면 방향 상자에서 옵션(텍스트 방향대로, 왼쪽에서 오른쪽, 오른쪽에서 왼쪽)을 선택함

난이도 중 문제 진단 ○△X

24 다음 중 셀 스타일에 대한 설명으로 옳지 않은 것은?

① 셀 스타일은 글꼴과 글꼴 크기, 숫자 서식, 셀 테두리, 셀 음영 등의 정의된 서식의 집합으로 셀 서식을 일관성 있게 적용하는 경우 편리하다.
② 기본 제공 셀 스타일을 수정하거나 복제하여 사용자 지정 셀 스타일을 직접 만들 수 있다.
③ 사용 중인 셀 스타일을 수정한 경우 해당 셀에는 셀 스타일을 다시 적용해야 수정한 서식이 반영된다.
④ 특정 셀을 다른 사람이 변경할 수 없도록 셀을 잠그는 셀 스타일을 사용할 수도 있다.

사용 중인 셀 스타일을 수정한 경우 해당 셀에는 셀 스타일을 다시 적용하지 않아도 자동으로 수정한 서식이 반영됨

난이도 하 문제 진단 ○△X

25 다음 중 아래 그림의 리본 메뉴에 대한 설명으로 옳지 않은 것은?

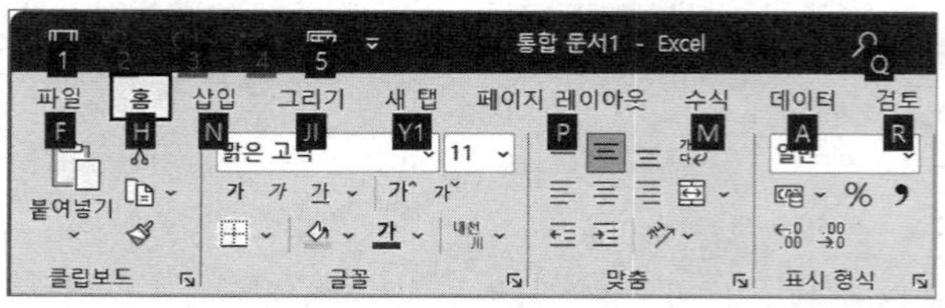

① 그림과 같이 리본 메뉴에 바로 가기 키를 나타내려면 Shift+F10을 누른다.
② 오른쪽 방향키(→)를 누르면 활성화된 탭이 [홈] 탭에서 [삽입] 탭으로 변경된다.
③ [탭] 및 [명령] 간에 이동할 때도 키보드를 사용할 수 있으며, 그림과 같은 상태에서 N을 누르면 [삽입] 탭으로 변경된다.
④ [빠른 실행 도구 모음]에 명령이 추가되면 일련번호로 바로 가기 키가 부여된다.

그림과 같이 리본 메뉴에 바로 가기 키를 나타내려면 Alt나 /를 누름

난이도 중 문제 진단 ○△X

26 다음 중 항목의 구성비를 표현하는 데 적합한 차트인 원형 차트 및 도넛형 차트에 대한 설명으로 옳지 않은 것은?

① 원형 차트의 모든 조각을 차트 중심에서 끌어낼 수 있다.
② 도넛형 차트는 원형 차트와 마찬가지로 전체에 대한 각 부분의 구성비를 보여주지만 데이터 계열이 두 개 이상 포함될 수 있다는 점이 다르다.
③ 원형 차트는 첫째 조각의 각을 0도에서 360도 사이의 값을 이용하여 회전시킬 수 있으나 도넛형 차트는 첫째 조각의 각을 회전시킬 수 없다.
④ 도넛형 차트의 도넛 구멍 크기는 0%에서 90% 사이의 값으로 변경할 수 있다.

도넛형 차트 : 첫째 조각의 각을 0~360도 회전 가능함

중요✓ 난이도 중 문제 진단 ○△X

27 다음 프로시저가 실행된 후 Total 값으로 옳은 것은?

합격 강의

```
Sub KSTotal()
  For j = 1 To 10 Step 3
    Total = Total + j
  Next j
MsgBox "총 " & Total & "입니다."
End Sub
```

① 17　　② 22
③ 12　　④ 10

- For ~ Next : 반복 명령문, MsgBox : 대화 상자로 결과를 출력
- For 변수 = 초기값 To 최종값 Step 증가값
- For j = 1 To 10 Step 3 → 1, 4, 7, 10
- Total = Total + j → j에 1, 4, 7, 10를 차례대로 대입시킴

① Total(1)=Total(0)+j(1) → 제일 처음 중간 Total은 0이며 j에 1을 대입시켜서 더한 값(1)을 Total 변수에 넣음
② Total(5)=Total(1)+j(4) → 중간 Total은 1이며 j에 4를 대입시켜서 더한 값(5)을 Total 변수에 넣음
③ Total(12)=Total(5)+j(7) → 중간 Total은 5이며 j에 7을 대입시켜서 더한 값(12)을 Total 변수에 넣음
④ Total(22)=Total(12)+j(10) → 중간 Total은 12이며 j에 10을 대입시켜서 더한 값(22)을 Total 변수에 넣음

ANSWER 22 ② 23 ② 24 ③ 25 ① 26 ③ 27 ②

중요✓ 난이도 중 문제 진단 ○△✕

28 다음 중 그림과 같이 [A1] 셀에 10을 입력하고 [A3] 셀까지 자동 채우기 한 후 나타나는 [자동 채우기] 옵션에 대한 설명으로 옳지 않은 것은?

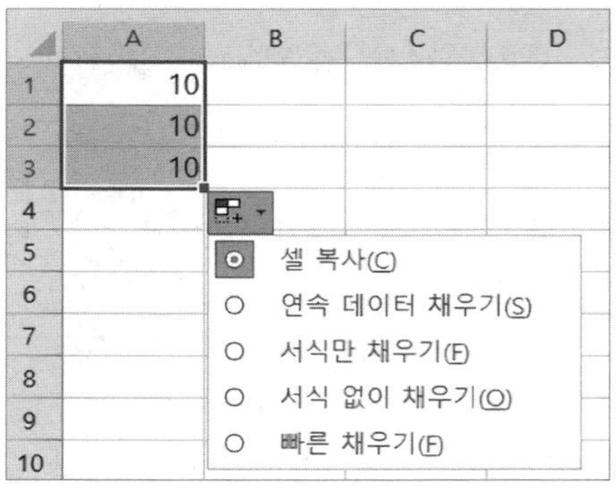

① 셀 복사 : [A1] 셀의 값 10이 [A2] 셀과 [A3] 셀에 복사되고, [A1] 셀의 서식은 복사되지 않는다.
② 연속 데이터 채우기 : [A1] 셀의 서식과 함께 [A2] 셀에는 값 11, [A3] 셀에는 값 12가 입력된다.
③ 서식만 채우기 : [A2] 셀과 [A3] 셀에 [A1] 셀의 서식만 복사되고 값은 입력되지 않는다.
④ 서식 없이 채우기 : [A2] 셀과 [A3] 셀에 [A1] 셀의 서식은 복사되지 않고 [A1] 셀의 값 10이 입력된다.

- 셀 복사 : 셀의 값과 서식 모두 복사됨
- 따라서, [A1] 셀의 값 10이 [A2] 셀과 [A3] 셀에 복사되고, [A1] 셀의 서식도 복사됨

난이도 하 문제 진단 ○△✕

29 다음 중 아래의 빈칸 ㉠과 ㉡에 들어갈 내용으로 옳은 것은?

> (㉠)와/과 (㉡)은/는 엑셀의 연산이나 기타 기능에 상관없이 사용자에게 셀에 입력된 데이터의 추가정보를 제공하기 위해서 사용하는 것이다.
> 셀의 데이터를 삭제할 때 (㉠)은/는 함께 삭제되지 않으며, (㉡)은/는 함께 삭제된다.

① ㉠ : 메모, ㉡ : 윗주
② ㉠ : 윗주, ㉡ : 메모
③ ㉠ : 메모, ㉡ : 회람
④ ㉠ : 회람, ㉡ : 메모

- 셀의 데이터를 삭제할 때 [메모]는 함께 삭제되지 않으며, [윗주]는 함께 삭제됨
- [검토]–[메모]–[새 메모], [홈]–[글꼴]–[윗주 필드 표시/숨기기]–[윗주 편집]

중요✓ 난이도 상 문제 진단 ○△✕

30 다음 중 수식의 결과가 옳지 않은 것은?

합격 강의

① =FIXED(3456.789,1,FALSE) → 3,456.8
② =EOMONTH(DATE(2023,2,25),1) → 2023-03-31
③ =CHOOSE(ROW(A3:A6), "동","서","남", 2023) → 남
④ =REPLACE("February",SEARCH("U", "Seoul-Unesco"), 5,"") → Febru

=REPLACE("February",SEARCH("U","Seoul-Unesco"),5,"") → Feb

- SEARCH("U","Seoul-Unesco") : "Seoul-Unesco"에서 "U"를 찾음(대소문자를 구분하지 않으므로 4번째의 소문자 u를 찾아서 위치 결과는 4가 됨)
- =REPLACE("February",4,5,"") : "February"의 4번째에서 5개를 공백("")으로 교체하므로 결과는 Feb가 됨

오답 피하기

- =FIXED(3456.789,1,FALSE) : 수를 고정 소수점 형태의 텍스트로 바꿈, FALSE는 쉼표를 표시함 → 3,456.8
- =EOMONTH(DATE(2023,2,25),1) : 시작 날짜를 기준으로 1개월 후의 마지막 날을 반환 → 2023-03-31
- =CHOOSE(ROW(A3:A6),"동", "서", "남", 2023) : ROW(A3:A6)의 값이 3이므로 CHOOSE에 의해 세 번째 값인 "남"이 선택됨 → 남

난이도 중 문제 진단 ○△✕

31 다음 중 [찾기 및 바꾸기] 대화 상자에 대한 설명으로 옳지 않은 것은?

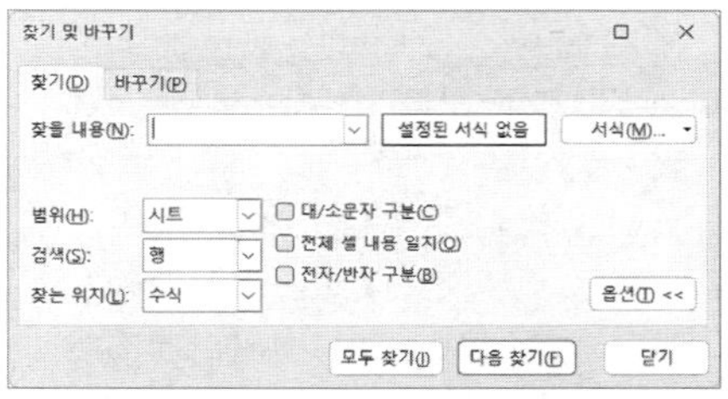

① 문서에서 '찾을 내용'에 입력한 내용과 일치하는 이전 항목을 찾으려면 Shift를 누른 상태에서 [다음 찾기] 단추를 클릭한다.
② '찾을 내용'에 입력한 문자만 있는 셀을 검색하려면 '전체 셀 내용 일치'를 선택한다.
③ 별표(*), 물음표(?) 및 물결표(~) 등의 문자가 포함된 내용을 찾으려면 '찾을 내용'에 작은따옴표(') 뒤에 해당 문자를 붙여 입력한다.
④ 찾을 내용을 워크시트에서 검색할지 전체 통합 문서에서 검색할지 등을 선택하려면 '범위'에서 '시트' 또는 '통합 문서'를 선택한다.

별표(*), 물음표(?) 및 물결표(~) 등의 문자가 포함된 내용을 찾으려면 '찾을 내용'을 입력할 때 물결표(~) 뒤에 해당 문자를 붙여서 입력함(예 : ~*, ~?, ~~)

난이도 중 문제 진단 ○△✕

32 다음 중 시나리오 요약 보고서에 대한 설명으로 옳지 않은 것은?

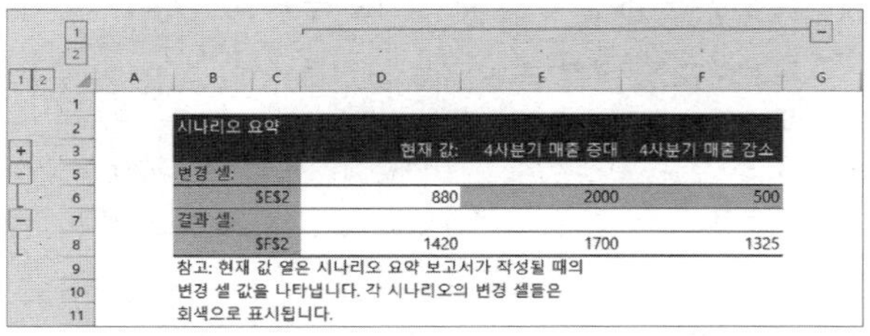

① 변경 요소가 되는 값의 그룹을 '변경 셀'이라고 하며, 하나의 시나리오에 최대 32개까지 변경 셀을 지정할 수 있다.
② 시나리오 보고서는 자동으로 다시 계산되므로 시나리오의 값을 변경하면 이러한 변경 내용이 기존 요약 보고서에 표시된다.
③ 시나리오 요약 보고서를 생성하려면 결과 셀이 필요하지 않지만, 피벗 테이블 보고서 시나리오에서는 필요하다.
④ 기본적으로 요약 보고서는 셀 참조를 사용하여 변경 셀 및 결과 셀을 식별하고 요약 보고서를 실행하기 전에 셀에 대해 명명된 범위를 만드는 경우 보고서에 셀 참조 대신 이름이 포함된다.

- 시나리오 보고서는 자동으로 다시 계산되지 않음
- 시나리오의 값을 변경하면 이러한 변경 내용이 기존 요약 보고서에 표시되지 않지만 새 요약 보고서를 만드는 경우 표시됨

ANSWER 28 ① 29 ① 30 ④ 31 ③ 32 ②

난이도 중 문제 진단 ○△✕

33 다음 중 아래의 차트에 대한 설명으로 옳지 않은 것은?

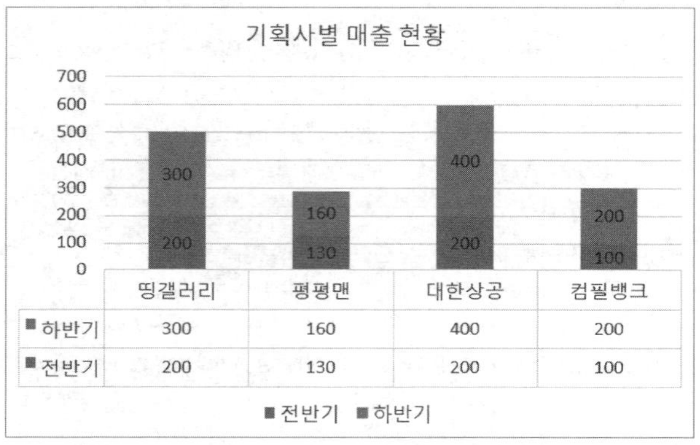

① 레이블 내용으로 값이 표시되어 있다.
② 범례 표지를 포함한 데이터 테이블이 나타나도록 설정되어 있다.
③ 범례는 아래쪽으로 설정되어 있다.
④ 누적 트리맵 차트로 데이터를 계층 구조 보기로 제공하므로 다른 범주 수준을 비교하는 간편한 방법으로 사용된다.

누적 세로 막대형 차트로 개별 요소를 전체적인 관점에서 비교할 때 사용함

오답 피하기

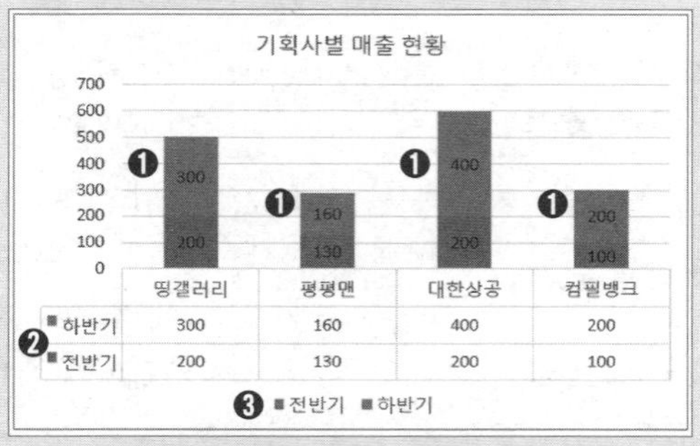

- ① : 레이블 내용으로 값이 표시되어 있음
- ② : 범례 표지를 포함한 데이터 테이블이 나타나도록 설정되어 있음
- ③ : 범례는 아래쪽으로 설정되어 있음

난이도 상 문제 진단 ○△✕

34 아래 시트에서 수식을 실행했을 때 화면에 표시되는 결과가 다른 것은?

합격 강의

	A	B
1	상품	수량
2	노트북	10
3	컴퓨터	#N/A
4	마이크	13
5	태블릿	TRUE
6	프린터	5

① =IFERROR(ISERR(B3),"ERROR")
② =IFERROR(ISERROR(B3),"ERROR")
③ =IFERROR(ISLOGICAL(B5),"ERROR")
④ =IF(ISNUMBER(B4), TRUE,"ERROR")

- =IFERROR(ISERR(B3),"ERROR") → FALSE
- =IFERROR(ISERROR(B3),"ERROR") → TRUE
- =IFERROR(ISLOGICAL(B5),"ERROR") → TRUE
- =IF(ISNUMBER(B4), TRUE,"ERROR") → TRUE

오답 피하기
- =IFERROR(수식, 오류 발생 시 표시 값) : 수식의 결과가 오류 값일 때 다른 값(공백 등)으로 표시함
- =ISERR(값) : 값이 #N/A를 제외한 오류 값을 참조할 때 TRUE를 반환함
- =ISERROR(값) : 값이 오류 값(#N/A, #VALUE!, #REF!, #DIV/0!, #NUM!, #NAME?, #NULL!)을 참조하는 경우 TRUE 값을 반환함
- =ISLOGICAL(값) : 값이 논리 값을 참조할 때 TRUE를 반환함
- =ISNUMBER(값) : 값이 숫자를 참조할 때 TRUE를 반환함

난이도 중 문제 진단 ○△✕

35 다음 중 [페이지 설정] 대화 상자에 대한 설명으로 옳은 것은?

① 인쇄 배율을 수동으로 설정할 수 있으며, 배율은 워크시트 표준 크기의 10%에서 200%까지 설정 가능하다.
② [시트] 탭에서 머리글/바닥글과 행/열 머리글이 인쇄되도록 설정할 수 있다.
③ [페이지] 탭에서 '자동 맞춤'의 용지 너비와 용지 높이를 각각 1로 지정하면 여러 페이지가 한 페이지에 인쇄된다.
④ 셀에 설정된 메모는 시트에 표시된 대로 인쇄할 수는 없으나 시트 끝에 인쇄되도록 설정할 수 있다.

[페이지] 탭에서 '자동 맞춤'의 용지 너비와 용지 높이를 각각 1로 지정하면 여러 페이지가 한 페이지에 인쇄됨

오답 피하기
- ① : 배율은 워크시트 표준 크기의 10%에서 400%까지 설정함
- ② : 머리글/바닥글은 [머리글/바닥글] 탭에서 설정함
- ④ : 셀에 설정된 메모는 '시트에 표시된 대로' 인쇄할 수 있음

난이도 중 문제 진단 ○△✕

36 다음 중 목표값 찾기에 관한 설명으로 옳지 않은 것은?

① 수식에서 원하는 결과를 알고 있지만 그 결과를 얻는 데 필요한 입력 값이 확실하지 않은 경우 목표값 찾기 기능을 사용한다.
② 여러 개의 변수를 조정하여 특정한 목표값을 찾을 때 사용한다.
③ 찾는 값은 수식 셀의 결과로, 원하는 특정한 값을 숫자 상수로 입력한다.
④ 값을 바꿀 셀은 찾는 값(목표값)에 입력한 결과를 얻기 위해 데이터를 조절할 단일 셀로서, 반드시 수식에서 이 셀을 참조하고 있어야 한다.

목표값 찾기는 하나의 변수 입력 값만 사용함

난이도 하 문제 진단 ○△✕

37 다음 중 화면 제어에 관한 설명으로 옳지 않은 것은?

① 틀 고정은 행 또는 열, 열과 행으로 모두 고정이 가능하다.
② 창 나누기는 워크시트를 여러 개의 창으로 분리하는 기능으로 최대 4개까지 분할할 수 있다.
③ [창] 그룹–[틀 고정]을 실행하면 현재 셀의 위쪽과 왼쪽에 틀 고정선이 나타난다.
④ 틀 고정선은 마우스를 드래그하여 위치를 변경할 수 있다.

창 나누기의 경우에는 구분된 선을 마우스로 드래그하여 경계선을 이동할 수 있지만 틀 고정선은 마우스를 드래그하여 위치를 변경할 수 없음

ANSWER 33 ④ 34 ① 35 ③ 36 ② 37 ④

난이도 중 문제 진단 ○△X

38 다음 아이콘 표시가 번호 순서대로 바르게 나열된 것은?

합격 강의

❶ ❷ ❸ ❹ ❺ ❻ ❼ ❽ ❾ ❿

① 텍스트 서식, 전체 페이지 수 삽입, 페이지 번호 삽입, 날짜 삽입, 시간 삽입, 시트 이름 삽입, 파일 이름 삽입, 파일 경로 삽입, 그림 삽입, 그림 서식
② 전체 페이지 수 삽입, 페이지 번호 삽입, 날짜 삽입, 시간 삽입, 파일 이름 삽입, 시트 이름 삽입, 그림 삽입, 그림 서식, 파일 경로 삽입, 텍스트 서식
③ 페이지 번호 삽입, 텍스트 서식, 전체 페이지 수 삽입, 날짜 삽입, 시간 삽입, 시트 이름 삽입, 파일 이름 삽입, 그림 서식, 파일 경로 삽입, 그림 삽입
④ 텍스트 서식, 페이지 번호 삽입, 전체 페이지 수 삽입, 날짜 삽입, 시간 삽입, 파일 경로 삽입, 파일 이름 삽입, 시트 이름 삽입, 그림 삽입, 그림 서식

① 텍스트 서식, ② 페이지 번호 삽입, ③ 전체 페이지 수 삽입, ④ 날짜 삽입, ⑤ 시간 삽입, ⑥ 파일 경로 삽입, ⑦ 파일 이름 삽입, ⑧ 시트 이름 삽입, ⑨ 그림 삽입, ⑩ 그림 서식

난이도 중 문제 진단 ○△X

39 다음 중 아래 괄호( )에 해당하는 바로 가기 키의 연결이 옳은 것은?

> Visual Basic Editor에서 매크로를 한 단계씩 실행하기 위한 바로 가기 키는 (㉮)이고, 모듈 창의 커서 위치까지 실행하기 위한 바로 가기 키는(㉯)이며, 매크로를 바로 실행하기 위한 바로 가기 키는 (㉰)이다.

① ㉮ F5, ㉯ Ctrl+F5, ㉰ F8
② ㉮ F5, ㉯ Ctrl+F8, ㉰ F8
③ ㉮ F8, ㉯ Ctrl+F5, ㉰ F5
④ ㉮ F8, ㉯ Ctrl+F8, ㉰ F5

- 한 단계씩 코드 실행 : F8
- 모듈 창의 커서 위치까지 실행 : Ctrl+F8
- 매크로 실행 : F5

난이도 중 문제 진단 ○△X

40 엑셀에서 데이터를 정렬하려는데 다음과 같은 정렬 경고 대화 상자가 표시될 때, 다음 중 옳지 않은 것은?

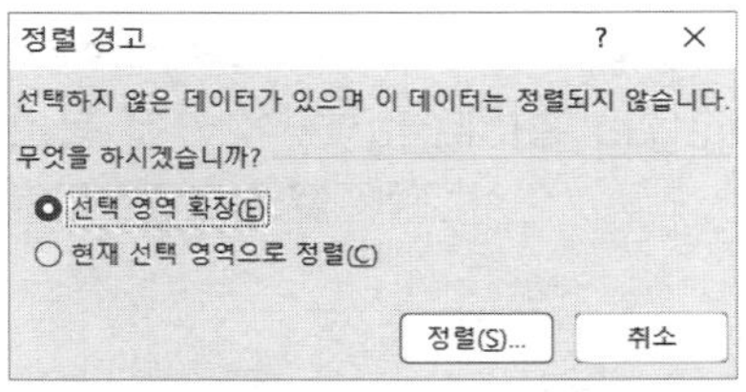

① 이 정렬 경고 대화 상자는 표 범위에서 하나의 열만 범위로 선택한 경우에 발생한다.
② 인접한 데이터를 포함하기 위해 선택 영역을 늘리려면 '선택 영역 확장'을 선택한다.
③ 이 정렬 경고 대화 상자는 셀 포인터가 표 범위 내에 있지 않기 때문에 발생한다.
④ '현재 선택 영역으로 정렬'을 선택하면 현재 설정한 열만을 정렬 대상으로 선택한다.

셀 포인터가 표 범위 내에 있지 않을 때는 다음과 같이 범위 내에서 셀 하나를 선택한 다음 명령을 다시 실행하라는 경고 창이 열림

3 과목 데이터베이스 일반

난이도 하 문제 진단 ○△X

41 관계형 데이터베이스에서 사용되는 용어에 대한 설명으로 옳은 것은?

① 도메인(Domain) : 테이블에서 행을 나타내는 말로 레코드와 같은 의미
② 튜플(Tuple) : 하나의 속성이 취할 수 있는 값의 집합
③ 속성(Attribute) : 테이블에서 열을 나타내는 말로 필드와 같은 의미
④ 차수(Degree) : 한 릴레이션에서의 튜플의 개수

오답 피하기
- 도메인(Domain) : 하나의 속성이 취할 수 있는 값의 집합
- 튜플(Tuple) : 테이블에서 행을 나타내는 말로 레코드와 같은 의미
- 차수(Degree) : 한 릴레이션(테이블)에서 속성(필드=열)의 개수
- 기수(Cardinality) : 한 릴레이션(테이블)에서의 튜플의 개수

난이도 중 문제 진단 ○△X

42 입사 지원자의 정보를 DB화하기 위해 테이블을 설계하고자 한다. 다음 중 한 명의 지원자가 여러 개의 이력이나 경력 사항을 갖는 경우 가장 적절한 테이블 구조는?

① 지원자(지원자ID, 이름, 성별, 생년월일, 연락처)
경력(경력ID, 회사, 직무, 근무기간)
② 지원자(지원자ID, 이름, 성별, 생년월일, 연락처)
경력(경력ID, 지원자ID, 회사, 직무, 근무기간)
③ 지원자(지원자ID, 이름, 성별, 생년월일, 연락처, 회사, 직무, 근무기간)
④ 지원자(지원자ID, 이름, 성별, 생년월일, 연락처, 회사1, 직무1, 근무기간1, 회사2, 직무2, 근무기간2, 회사3, 직무3, 근무기간3)

한 명의 지원자가 여러 개의 이력이나 경력 사항을 갖는 경우이므로 각각 '지원자ID'를 기본키로 하는 [지원자] 테이블과 '경력ID'를 기본키로 하고 '지원자ID'를 외래키로 하는 [경력] 테이블이 필요함

중요✓ 난이도 상 문제 진단 ○△X

43 다음 SQL문의 실행 결과로 옳은 것은?

합격 강의

```
select 사원명 from 사원
  where 부서 = '영업부' and 거주지 in (select 거주지 from 사원 where 부서
  = '개발부');
```

① 영업부 사원들과 다른 거주지에 사는 개발부 사원명
② 개발부 사원들과 다른 거주지에 사는 영업부 사원명
③ 영업부 사원들과 같은 거주지에 사는 개발부 사원명
④ 개발부 사원들과 같은 거주지에 사는 영업부 사원명

- Select 열리스트 From 테이블명 Where 조건
- and : 논리연산자로 '그리고'의 조건을 의미
- in : 조건을 지정하는 문자 연산자(~안의)
- 개발부 사원들과 같은 거주지에 사는 영업부 사원명을 결과로 나타냄

ANSWER 38 ④ 39 ④ 40 ③ 41 ③ 42 ② 43 ④

난이도 중 문제 진단 ○△✕

44 보고서의 매 페이지마다 같은 내용을 인쇄하려고 한다. 다음 중 보고서의 어떤 영역에 넣어야 하는가?

① 보고서 머리글 영역
② 본문 영역
③ 그룹 머리글 영역
④ 페이지 머리글 영역

페이지 머리글 영역 : 매 페이지마다 같은 내용을 인쇄하고자 할 때 사용

오답 피하기
- 보고서 머리글 영역 : 보고서 시작 부분에 한 번만 인쇄하고자 할 때 사용
- 본문 영역 : 레코드 원본의 각 레코드들이 인쇄되는 구역
- 그룹 머리글 영역 : 보고서를 그룹으로 묶은 경우에만 표시되며 그룹의 이름이나 요약 정보를 표시하기 위해 사용

난이도 하 문제 진단 ○△✕

45 다음 중 Access의 테이블 디자인에서 필드 속성의 입력 마스크가 'L&A'로 설정되어 있을 때 입력 가능한 데이터는?

① 123
② 1AB
③ AB
④ A1B

- L : 필수 요소로, A부터 Z까지의 영문자나 한글 입력 → A
- & : 필수 요소로 모든 문자나 공백을 입력 → 1
- A : 필수 요소로 영문자나 한글, 숫자를 입력 → B

오답 피하기
- ① 123 : 첫 글자가 숫자이므로 입력 가능한 데이터가 아님
- ② 1AB : 첫 글자가 숫자이므로 입력 가능한 데이터가 아님
- ③ AB : 세 글자 모두 필수 요소이므로 입력 가능한 데이터가 아님

난이도 상 문제 진단 ○△✕

46 [수강] 테이블의 '수강학생' 필드는 [학생] 테이블의 '학번' 필드를 참조한다. 다음 중 참조 무결성 규칙을 위반한 작업으로 옳은 것은?

[학생] 테이블

학번	성명
123	홍길동
246	김갑동
357	박동식

[수강] 테이블

번호	수강학생	수강과목
1	123	영어회화
2	246	미적분학
3	123	일반화학
4	123	컴퓨터 개론
5	246	전기회로

① [학생] 테이블의 '학번'과 '성명'에 각각 '468'과 '김해성'을 추가했다.
② [수강] 테이블의 '수강학생' 필드에 '987', '수강과목' 필드에 '물리실험'을 추가했다.
③ [수강] 테이블에서 첫 번째 레코드의 '수강학생' 필드 값을 '123'에서 '357'로 변경했다.
④ [학생] 테이블의 '학번' 필드 '357'에 해당하는 레코드에서 '성명' 필드의 '박동식'을 '이황'으로 변경했다.

- [학생] 테이블과 [수강] 테이블은 일대다 관계이므로 [학생] 테이블에 없는 데이터를 [수강] 테이블에 추가할 경우 참조 무결성 규칙을 위반하는 경우가 됨
- 따라서 [학생] 테이블의 '학번' 필드에 없는 학번을 [수강] 테이블에 입력하면 안 됨

난이도 상 문제 진단 ○△✕

47 [학사관리] 테이블에서 다음과 같은 SQL문을 실행했을 때, 결과에 나타나는 레코드는 몇 개인가?

```
SELECT DISTINCT 학점
FROM 학사관리;
```

학사관리

과목번호	과목명	학점	담당교수
C001	컴퓨터일반	3	김선
C002	스프레드시트	3	왕정보
C003	데이터베이스	3	최영진
C004	영상편집	2	김나운
C005	그래픽	2	김혜빈
C006	연출기법	2	김희준
*		0	

레코드: 7/7 필터 없음 검색

① 2　　② 3
③ 4　　④ 6

DISTINCT는 중복된 값을 한 번만 표시하게 해주므로 학점 필드에 2와 3, 두 개의 레코드가 출력됨

쿼리1

학점
2
3

중요✓ 난이도 상 문제 진단 ○△✕

48 아래의 기본 테이블을 이용한 질의의 결과 레코드가 3개인 것은 무엇인가?(단, 테이블에는 화면에 표시된 7개의 데이터만 들어있음)

판매현황

성명	부서	성별	판매액
지유환	영업부	남	1200000
김선	개발부	여	1000000
이상영	영업부	남	1500000
김나운	총무부	여	500000
김희준	개발부	여	600000
김혜빈	총무부	여	900000
엄지홍	개발부	여	800000
*			0

① Select 부서, SUM(판매액) AS 판매합계
　From 판매현황 Group By 부서;
② Select 부서, AVG(판매액) AS 판매평균
　From 판매현황 Group By 성별;
③ Select 부서, COUNT(부서) AS 사원수
　From 판매현황 Group By 부서
　Having COUNT(부서)〉 2;
④ Select 부서, COUNT(판매액) AS 사원수
　From 판매현황 Where 판매액 〉=1000000
　Group By 부서;

판매현황 테이블에서 부서를 그룹으로 판매액의 합계를 구하여 부서와 판매합계를 검색하므로 영업부, 총무부, 개발부 3개가 검색됨

오답 피하기

② Select 부서, AVG(판매액) AS 판매평균
From 판매현황 Group By 성별;
→ 성별로 그룹을 만들므로 남, 여 레코드가 검색됨

③ Select 부서, COUNT(부서) AS 사원수
From 판매현황 Group By 부서
Having COUNT(부서)〉 2;
→ 부서별로 그룹을 만드나 사원수가 2보다 커야하므로 개발부만 검색됨

④ Select 부서, COUNT(판매액) AS 사원수
From 판매현황 Where 판매액 〉=1000000
Group By 부서;
→ 부서별로 그룹을 만드나 판매액이 1,000,000 이상이므로 영업부와 개발부만 검색됨

ANSWER 44 ④ 45 ④ 46 ② 47 ① 48 ①

난이도 하 문제 진단 ○△×

49 다음 설명에 해당하는 폼의 속성으로 옳은 것은?

폼에 연결할 데이터의 테이블 이름이나 쿼리를 입력하여 설정

① 기본 보기
② 캡션
③ 레코드 원본
④ 레코드 잠금

오답 피하기
- 기본 보기 : 폼 보기의 기본 보기 형식을 설정함
- 캡션 : 폼 보기의 제목 표시줄에 나타나는 텍스트를 설정함
- 레코드 잠금 : 동시에 같은 레코드를 편집하려고 할 때 레코드 잠그는 방법을 설정함

중요 ✓ 난이도 상 문제 진단 ○△×

50 다음과 같은 [동아리회원] 테이블에서 학과명을 입력받아 일치하는 학과의 학생만을 조회할 수 있도록 하는 쿼리의 SQL문으로 옳은 것은?

합격 강의

동아리회원

회원ID	성명	성별	학과명
drpiano	마핑키	여	스포츠학과
xyz123	이대한	남	컴퓨터공학과
eng345	한상공	남	영어영문학과
dream69	홍범도	남	정보보안학과
kiacar	지유환	남	자동차공학과
leesang	이상영	남	무역학과
kimsun63	김선	여	비서학과

① select * from 동아리회원 where 학과명 = [학과를 입력하시오]
② select * from 동아리회원 where 학과명 = "학과를 입력하시오"
③ select * from 동아리회원 where 학과명 in (학과를 입력하시오)
④ select * from 동아리회원 where 학과명 like "학과를 입력하시오"

- select * from 동아리회원 where 학과명 = [학과를 입력하시오]
- SELECT 열 FROM 테이블 명 WHERE 조건
- 조건의 학과명 = [학과를 입력하시오]를 통해 학과명을 입력받음

난이도 중 문제 진단 ○△×

51 다음 중 보고서의 각 부분에 대한 설명으로 옳은 것은?

① 보고서 머리글 : 보고서의 모든 페이지 상단에 표시된다.
② 구역 선택기 : 보고서를 선택하거나 보고서의 속성을 지정할 때 사용한다.
③ 그룹 바닥글 : 그룹별 요약 정보를 각 그룹의 하단에 표시한다.
④ 페이지 머리글 : 실제 데이터가 반복적으로 표시되는 부분이다.

오답 피하기
- 보고서 머리글 : 보고서의 첫 페이지에 한 번만 표시됨(페이지 머리글 위에 표시됨)
- 구역 선택기 : 각 구역을 선택하거나 구역의 속성을 지정할 때 사용함
- 페이지 머리글 : 보고서의 모든 페이지 상단에 표시됨

난이도 중 문제 진단 ○△×

52 다음 중 "연결 테이블(Linked Table)"에 대한 설명으로 가장 옳지 않은 것은?

합격 강의

① 외부 데이터를 사용하는 방법 중의 하나이다.
② 연결된 테이블에서 데이터를 수정하면 원래의 데이터도 함께 수정된다.
③ 연결된 테이블을 삭제하면 원본에 해당하는 테이블도 함께 삭제된다.
④ 연결된 테이블에서 레코드를 추가하면 원래의 데이터에도 함께 추가된다.

연결된 테이블을 삭제하는 경우 원본에 해당하는 테이블은 함께 삭제되지 않음

난이도 하 문제 진단 ○△×

53 다음 중 관계형 데이터 모델에서 데이터의 정확성과 일관성을 보장하기 위한 것은?

① 릴레이션
② 관계 연산자
③ 무결성 제약 조건
④ 속성의 집합

참조 무결성 : 관련 테이블의 레코드 간 관계가 유효하고 사용자가 관련 데이터를 실수로 삭제 또는 변경하지 않았는지 확인하기 위해 사용하는 규칙으로 데이터의 정확성과 일관성이 보장됨

난이도 하 문제 진단 ○△×

54 다음 중 폼을 작성할 수 있는 [만들기] 탭의 [폼] 그룹에서 선택 가능한 명령에 해당하지 않는 것은?

① 폼
② 폼 디자인
③ 매크로
④ 폼 마법사

매크로(Macro) : 여러 개의 명령문을 하나로 묶어서 일련의 절차를 미리 정의하는 기능으로 [매크로 및 코드] 그룹에서 선택 가능함

오답 피하기
[폼] 그룹 : 폼, 폼 디자인, 새 폼, 폼 마법사, 탐색, 기타 폼(여러 항목, 데이터 시트, 폼 분할, 모달 대화 상자) 등

난이도 중 문제 진단 ○△×

55 다음 중 [학생] 테이블에서 '점수'가 60 이상인 학생들의 인원수를 구하는 식으로 옳은 것은?(단, '학번' 필드는 [학생] 테이블의 기본키임)

합격 강의

① =DCount("[학생]","[학번]","[점수]>= 60")
② =DCount("[학번]","[학생]","[점수]>= 60")
③ =DLookUp("[학생]","[학번]","[점수]>= 60")
④ =DLookUp("*","[학생]","[점수]>= 60")

=DCount("[학번]", "[학생]", "[점수]>=60") : =DCount(인수, 도메인(테이블명이나 쿼리명), 조건식)으로 특정 레코드의 집합(도메인)의 레코드 개수를 계산함

ANSWER 49 ③ 50 ① 51 ③ 52 ③ 53 ③ 54 ③ 55 ②

난이도 중 문제 진단 ○△✕

56 **다음 중 다른 테이블을 참조하는 외래키(FK)에 대한 설명으로 가장 적합한 것은?**

① 외래키 필드의 값은 유일해야 하므로 중복된 값이 입력될 수 없다.
② 외래키 필드의 값은 널(Null) 값일 수 없으므로, 값이 반드시 입력되어야 한다.
③ 한 테이블에서 특정 레코드를 유일하게 구별할 수 있는 속성이다.
④ 하나의 테이블에는 여러 개의 외래키가 존재할 수 있다.

외래키(Foreign Key)가 다른 참조 테이블의 기본키(PK)일 때 그 속성키를 외래키(FK)라고 하며 하나의 테이블에는 여러 개의 외래키가 존재할 수 있음

난이도 하 문제 진단 ○△✕

57 **다음 중 '영동1단지'에서 숫자로 된 단지 정보 '1'을 추출하기 위한 함수로 옳은 것은?**

① left("영동1단지", 3)
② rigth("영동1단지", 3)
③ mid("영동1단지", 3, 1)
④ instr("영동1단지", 3, 1)

mid 함수는 문자열의 시작 위치에서 지정된 수의 문자를 표시하므로 mid("영동1단지", 3, 1)는 '영동1단지'의 3번째 문자(1)에서 문자 1개를 표시함 → 1

난이도 중 문제 진단 ○△✕

58 **다음 중 데이터베이스에서 인덱스를 사용하는 목적으로 가장 적절한 것은?**

합격강의

① 레코드 검색 속도 향상
② 데이터 독립성 유지
③ 중복성 제거
④ 일관성 유지

인덱스(Index) : 색인으로 키 값을 기초로 하여 테이블에서 검색 및 정렬 속도를 향상하는 기능

난이도 중 문제 진단 ○△✕

59 **다음 중 하위 보고서에 대한 설명으로 옳지 않은 것은?**

① 관계 설정에 문제가 있을 경우, 하위 보고서가 제대로 표시되지 않을 수 있다.
② 디자인 보기 상태에서 하위 보고서의 크기 조절 및 이동이 가능하다.
③ 테이블, 쿼리, 폼 또는 다른 보고서를 이용하여 하위 보고서를 작성할 수 있다.
④ 하위 보고서에는 그룹화 및 정렬 기능을 설정할 수 없다.

하위 보고서에서 그룹화 및 정렬 기능을 설정할 수 있음

중요✓ 난이도 중 문제 진단 ○△✕

60 **다음 중 계산 컨트롤을 만들기 위해 반드시 필요한 속성은 어느 것인가?**

① 레코드 원본
② 행 원본
③ 수식 컨트롤
④ 컨트롤 원본

컨트롤 원본 : 선택한 컨트롤에 표시할 테이블을 지정하거나 함수식 또는 쿼리식을 작성해서 데이터를 불러올 수 있도록 해주는 항목으로 계산 컨트롤을 작성할 때 반드시 필요함

ANSWER 56 ④ 57 ③ 58 ① 59 ④ 60 ④

합격 강의

SELF CHECK | 제한시간 60분 | 소요시간 분 | 전체 문항 수 60문항 | 맞힌 문항 수 문항

1과목 컴퓨터 일반

중요✓ 난이도 중 문제 진단 ○△×

01 한글 Windows 10에서 '하드디스크 여유 공간이 부족하다.'는 메시지가 표시되는 경우의 해결 방법으로 가장 옳지 않은 것은?

합격 강의

① [휴지통 비우기]를 수행하여 여유 공간을 확보한다.
② [디스크 정리]를 통해 임시 파일들을 지운다.
③ 시스템에서 사용하지 않는 응용 프로그램을 하드디스크에서 삭제하여 여유 공간을 확보한다.
④ 시스템을 완전히 종료하고 다시 부팅한다.

시스템을 완전히 종료하고 다시 부팅하여도 하드디스크의 여유 공간 부족을 해결할 수 없음

난이도 중 문제 진단 ○△×

02 다음 중 컴퓨터 출력 장치인 모니터에 관한 용어의 설명으로 옳지 않은 것은?

① 재생률(Refresh Rate) : 픽셀들이 밝게 빛나는 것을 유지하도록 하기 위한 1초당 재충전 횟수를 의미한다.
② 점 간격(Dot Pitch) : 픽셀들 사이의 공간을 나타내는 것으로 간격이 가까울수록 영상은 선명하다.
③ 해상도(Resolution) : 모니터 화면의 명확성을 나타내는 것으로 1인치(Inch) 사각형에 픽셀의 수가 많을수록 표시할 수 있는 색상의 수가 증가한다.
④ 픽셀(Pixel) : 화면을 이루는 최소의 단위로서 그림의 화소라는 뜻을 의미하며 픽셀 수가 많을수록 해상도가 높아진다.

해상도는 모니터 등 출력 장치의 선명도를 나타내는 것으로, 픽셀 수에 따라 그 정밀도와 선명도가 결정되며 색상의 수가 증가하는 것이 아님

난이도 중 문제 진단 ○△×

03 다음 중 Serial ATA 방식의 장점으로 옳지 않은 것은?

① 정교하게 Master/Slave 점퍼 설정을 할 수 있다.
② 프로토콜 전체 단계에 CRC를 적용하여 데이터의 신뢰성이 높아졌다.
③ 데이터 선이 얇아 내부에 통풍이 잘 된다.
④ 핫 플러그인 기능으로 시스템 운용 도중에 자유롭게 부착이 가능하다.

직렬 ATA(Serial AT Attachment)는 한 개의 케이블에 하나의 하드디스크만을 연결하므로 마스터/슬레이브의 점퍼 설정을 할 필요가 없음

오답 피하기

직렬 ATA(Serial AT Attachment)는 에러 체크 기능(CRC), 냉각 효과, 핫 플러그(Hot Plug)의 기능이 있음

난이도 하 문제 진단 ○△×

04 다음 중 디지털 이미지, 오디오, 비디오 등의 파일에 저작권 정보를 식별할 수 있도록 삽입된 특정한 비트 패턴을 의미하는 것은?

① 디지털 기록(Digital Recording)
② 디지털 워터마크(Digital Watermark)
③ 디지털 인증서(Digital Certificate)
④ 디지털 서명(Digital Signature)

디지털 워터마크(Digital Watermark) : 이미지(Image), 사운드(Sound), 영상, MP3, 텍스트(Text) 등의 디지털 컨텐츠에 사람이 식별할 수 없게 삽입해 놓은 비트 패턴 등을 의미

중요✓ 난이도 중 문제 진단 ○△×

05 다음 중 부동 소수점 연산을 위하여 사용되는 자료 표현에 관한 설명으로 옳지 않은 것은?

① 소수점이 있는 2진 실수 연산에 사용한다.
② 지수부와 가수부를 분리시키는 정규화 작업이 필요하다.
③ 부호 비트는 양수는 0, 음수는 1로 표현한다.
④ 고정 소수점보다 간단하고 실행 시간이 적게 걸리며 아주 큰 수나 작은 수의 표현이 가능하다.

부동 소수점 연산 방식은 아주 큰 수나 작은 수의 표현이 가능하지만, 고정 소수점보다 연산 속도는 느림

난이도 중 문제 진단 ○△×

06 다음 내용이 설명하는 정보 통신망의 구성 형태로 옳은 것은?

합격 강의

- 중앙의 컴퓨터에서 모든 단말기들의 제어가 가능하지만, 중앙 컴퓨터의 고장 시 전체 시스템 기능이 마비된다.
- 중앙에 컴퓨터와 단말기들이 1:1(Point-To-Point)로 연결된 형태로, 네트워크 구성의 가장 기본적인 형태이다.
- 모든 통신 제어가 중앙의 컴퓨터에 의해 행해지는 중앙 집중 방식이다.
- 일반적인 온라인 시스템의 전형적 방식으로, 회선 교환 방식에 적합하다.

① 버스(Bus)형
② 성(Star)형
③ 망(Mesh)형
④ 링(Ring)형

오답 피하기

- 버스(Bus)형 : 하나의 회선 양 끝에 종단 장치가 필요하며, 컴퓨터의 증설이나 삭제가 용이한 방식
- 망(Mesh)형 : 네트워크 내의 모든 컴퓨터들을 통신 회선으로 직접 연결하는 방식
- 링(Ring)형 : 컴퓨터와 단말기들을 서로 이웃하는 것끼리만 연결한 형태로 LAN에서 가장 많이 사용하며 양방향 데이터 전송이 가능함

ANSWER 01 ④ 02 ③ 03 ① 04 ② 05 ④ 06 ②

난이도 중 문제 진단 ○△✕

07 다음 중 용어에 대한 설명으로 옳지 않은 것은?

① Ubiquitous : 시간과 장소에 상관없이 자유롭게 네트워크에 접속할 수 있는 정보 통신 환경
② Wibro : 고정된 장소에서 초고속 인터넷을 이용할 수 있는 무선 휴대 인터넷 서비스
③ VoIP : 음성 데이터를 인터넷 프로토콜 데이터 패킷으로 변화하여 일반 데이터망에서 통화를 가능하게 해주는 통신 서비스 기술
④ RFID : 전파를 이용해 정보를 인식하는 기술로 출입 관리, 주차 관리에 주로 사용

Wibro : 언제, 어디서나, 이동 중에 높은 전송 속도로 무선 인터넷 접속이 가능한 서비스

난이도 중 문제 진단 ○△✕

08 다음 중 TCP/IP 통신에서 클라이언트가 인터넷을 사용할 수 있도록 하기 위해 동적인 IP 주소를 할당받도록 해주는 것은?

① HTTP ② P2P
③ DHCP ④ FTP

DHCP(Dynamic Host Configuration Protocol) : 동적 호스트 설정 통신 규약으로 IP 주소를 자동으로 할당해 줌

오답 피하기
- HTTP : 인터넷상에서 하이퍼텍스트를 주고받기 위한 프로토콜
- P2P : 인터넷상에서 개인끼리 파일을 공유하는 기술이나 행위로, 컴퓨터와 컴퓨터가 동등하게 연결되는 방식
- FTP : 파일 전송 프로토콜

난이도 중 문제 진단 ○△✕

09 다음 중 컴퓨터의 연산 장치에 관한 설명으로 옳지 않은 것은?

① 연산 장치가 수행하는 연산에는 산술, 논리, 관계, 이동(Shift) 연산 등이 있다.
② 연산 장치에는 뺄셈을 수행하기 위하여 입력된 값을 보수로 변환하는 보수기와 2진수 덧셈을 수행하는 가산기가 있다.
③ 누산기는 연산된 결과를 일시적으로 저장하는 레지스터이다.
④ 연산 장치에는 다음번 연산에 필요한 명령어의 번지를 기억하는 프로그램 카운터(Program Counter)를 포함한다.

프로그램 카운터(Program Counter)는 제어 장치에 포함됨

난이도 중 문제 진단 ○△✕

10 다음 중 한글 Windows 10의 [작업 표시줄 및 시작 메뉴]에 대한 설명으로 옳지 않은 것은?

① 작업 표시줄에서 PC에 설치된 모든 프로그램이나 앱을 실행할 수 있다.
② 화면에서 작업 표시줄의 위치는 사용자가 지정할 수 있다.
③ 작업 표시줄은 작업 시 필요에 의해 숨기기할 수 있다.
④ 시작 메뉴는 Ctrl+Esc로 호출할 수 있다.

작업 표시줄은 현재 수행 중인 프로그램이나 앱이 표시됨

난이도 중 문제 진단 ○△✕

11 다음 중 웹 프로그래밍 개발에 사용되는 JSP에 대한 설명으로 옳지 않은 것은?

① 자바로 만들어진 서버 스크립트이다.
② 데이터베이스 연결이 쉽다.
③ Windows 계열에서만 실행이 가능하다.
④ HTML 문서 내에 〈% …%〉 와 같은 형태로 작성된다.

JSP(Java Server Page) : Java의 장점을 그대로 수용, 자바 서블릿 코드로 변환되어 실행되며 UNIX, Linux, Windows 등의 여러 운영체제에서 실행 가능함

중요✓ 난이도 중 문제 진단 ○△✕

12 한글 Windows 10에서 PC 성능을 개선하는 기능으로 USB 플래시 드라이브와 같은 이동식 드라이브를 사용하여 PC를 열거나 플래시 메모리 카드에 있는 저장 공간을 사용하여 메모리(RAM)를 더 추가하지 않고도 PC의 성능을 개선할 수 있는 것은?

합격 강의

① Spooling
② ReadyBoost
③ Virtual Memory
④ Windows Defender

- ReadyBoost를 사용하려면 사용 가능한 공간이 500MB 이상이고 높은 데이터 전송 속도를 갖춘 USB 플래시 드라이브 또는 메모리 카드가 필요함
- Windows가 SSD(반도체 드라이브)에 설치된 경우, ReadyBoost를 사용할 수 없음

오답 피하기
- Spooling : 저속의 입출력 장치를 중앙 처리 장치와 병행하여 작동시켜 컴퓨터 전체의 처리 효율을 높이는 기능
- Virtual Memory : 하드디스크의 일부를 주기억 장치처럼 사용하는 메모리 사용 기법
- Windows Defender : 스파이웨어, 바이러스, 맬웨어(악성 코드)를 검색하고 치료해주는 백신으로 실시간 보호 기능을 제공함

난이도 중 문제 진단 ○△✕

13 다음 중 호스트의 IP 주소를 호스트와 연결된 네트워크 접속 장치의 물리적 주소로 번역해 주는 프로토콜로 옳은 것은?

① TCP
② UDP
③ IP
④ ARP

ARP(Address Resolution Protocol, 주소 결정 규약) : 네트워크에 접속된 컴퓨터의 인터넷 주소(IP 주소)와 이더넷 주소를 대응시키는 프로토콜로 IP 주소를 물리 주소로 변환시킴

오답 피하기
- UDP(User Datagram Protocol, 사용자 데이터그램 프로토콜) : IP를 사용하는 네트워크상에서 데이터 그램(데이터 전송 단위) 전송을 위한 프로토콜
- TCP : 메시지를 송수신의 주소와 정보로 묶어 패킷 단위로 나눔, 전송 데이터의 흐름을 제어하고 데이터의 에러 유무를 검사
- IP : 패킷 주소를 해석하고 경로를 결정하여 다음 호스트로 전송

ANSWER 07 ② 08 ③ 09 ④ 10 ① 11 ③ 12 ② 13 ④

난이도 중 문제 진단 ○△✕

14 다음 중 보조 기억 장치인 SSD에 대한 설명으로 옳지 않은 것은?

① SSD는 Solid State Drive(또는 Disk)의 약자로 HDD에 비해 속도가 빠르고, 발열 및 소음이 적으며, 소형화 · 경량화할 수 있는 장점이 있다.
② 기억 매체로 플래시 메모리나 DRAM을 사용하나 DRAM은 제품 규격이나 가격, 휘발성의 문제로 많이 사용하지는 않는다.
③ SSD는 HDD에 비해 외부의 충격에 강하며, 디스크가 아닌 메모리에 데이터를 기록하므로 배드 섹터가 발생하지 않는다.
④ SSD는 HDD에 비해 저장 용량당 가격이 저렴하여 향후 빠르게 하드디스크를 대체할 것으로 전망된다.

SSD는 하드디스크를 대체할 무소음, 저전력, 소형화, 경량화, 고효율의 속도를 지원하는 차세대 보조 기억 장치이나 HDD에 비해 저장 용량당 가격이 저렴하지 않음

난이도 하 문제 진단 ○△✕

15 다음 중 컴퓨터에서 사용하는 압축 프로그램에 관한 설명으로 옳지 않은 것은?

① 압축한 파일을 모아 재압축을 반복하면 파일 크기를 계속 줄일 수 있다.
② 여러 개의 파일을 압축하면 하나의 파일로 생성되어 파일 관리를 용이하게 할 수 있다.
③ 대부분의 압축 프로그램에는 분할 압축이나 암호 설정 기능이 있다.
④ 파일의 전송 시간과 비용을 절약하고, 디스크 공간을 효율적으로 사용할 수 있다.

압축 파일을 재압축해도 파일의 크기가 계속 줄어드는 것은 아님

난이도 중 문제 진단 ○△✕

16 일반적으로 RAID(Redundant Array of Inexpensive Disk)를 사용하는 목적으로 볼 수 없는 것은?

① 전송 속도 향상
② 한 개의 대용량 디스크를 여러 개의 디스크처럼 나누어 관리
③ 안정성 향상
④ 데이터 복구의 용이성

- RAID(Redundant Array of Inexpensive Disk) : 저가의 여러 하드디스크를 이용하는 방식으로 전송 속도 및 안정성 향상과 데이터 복구의 편리성을 제공함
- 여러 드라이브의 집합을 하나의 저장장치처럼 사용하는 방식으로, 한 개의 대용량 디스크를 여러 개의 디스크처럼 나누어 관리하지는 않음

난이도 중 문제 진단 ○△✕

17 다음 중 스마트폰을 모뎀처럼 활용하는 방법으로, 컴퓨터나 노트북 등의 IT 기기를 스마트폰에 연결하여 무선 인터넷을 사용할 수 있게 하는 기능은?

① 와이파이(WiFi)
② 블루투스(Bluetooth)
③ 테더링(Tethering)
④ 와이브로(WiBro)

테더링(Tethering) : 인터넷이 가능한 스마트기기의 통신 중계기 역할로 PC의 인터넷 접속을 가능하게 하고 모바일 데이터 연결을 공유함

오답 피하기

- 와이파이(WiFi) : 일정 영역의 공간에서 무선 인터넷의 사용이 가능한 근거리 무선 통신 기술
- 블루투스(Bluetooth) : 무선 기기 간 정보 전송을 목적으로 하는 근거리 무선 접속 프로토콜로 IEEE 802.15.1 규격을 사용하는 PANs(Personal Area Networks)의 산업 표준
- 와이브로(WiBro) : 무선과 광대역 인터넷이 통합된 것으로 휴대용 단말기로 정지 및 이동 중에 인터넷에 접속이 가능함

난이도 중 문제 진단 ○△✕

18 합격 강의

다음 중 Windows가 시작될 때 자동으로 실행되는 응용 프로그램들 중 일부 프로그램을 자동으로 실행되지 않도록 설정하기 위해 실행해야 할 명령어는?

① taskmgr
② regedit
③ winver
④ hdwwiz

taskmgr : [작업 관리자]를 실행하는 명령으로 [작업 관리자]의 [시작 프로그램] 탭에서 프로그램을 자동으로 실행되지 않게 설정할 수 있음

오답 피하기

- regedit : 레지스트리 편집기
- winver : Windows 버전 정보
- hdwwiz : 하드웨어 추가 마법사

중요✓ 난이도 중 문제 진단 ○△✕

19 다음 중 컴퓨터에서 사용하는 펌웨어에 관한 설명으로 옳은 것은?

① 하드웨어의 교체 없이 소프트웨어 업그레이드만으로도 시스템 성능을 개선할 수 있다.
② 컴퓨터를 더욱 효율적으로 사용하기 위한 전기, 전자적 장치이다.
③ 주로 캐시 메모리에 일시적으로 저장되어 하드웨어를 제어 또는 관리하는 역할을 한다.
④ 컴퓨터 바이러스의 일종으로 시스템의 성능을 저하시킬 수 있으므로 가급적 사용하지 않아야 한다.

펌웨어(Firmware) : 마이크로 프로그램의 집단으로 소프트웨어의 특성을 지니고 있으나, ROM에 고정되어 있기 때문에 하드웨어의 특성도 지니고 있음. 소프트웨어를 하드웨어화 시킨 것으로서 소프트웨어와 하드웨어의 중간자라고 부름

난이도 중 문제 진단 ○△✕

20 합격 강의

다음 중 한글 Windows 10에서 마우스의 끌어놓기(Drag&Drop) 기능을 이용하여 할 수 있는 작업으로 옳지 않은 것은?

① 파일이나 폴더를 다른 폴더로 이동하거나 복사할 수 있다.
② 폴더 창의 크기를 조절하거나 이동을 할 수 있다.
③ 선택된 파일이나 폴더의 이름 바꾸기를 할 수 있다.
④ 파일이나 폴더의 바로 가기 아이콘을 만들 때 사용할 수 있다.

선택된 파일이나 폴더의 이름을 마우스를 이용하여 변경할 때는 이름 부분을 천천히 두 번 클릭하여 변경함. 바로 가기 메뉴의 [이름 바꾸기]를 선택하거나 F2를 눌러 이름을 변경할 수도 있음

ANSWER 14 ④ 15 ① 16 ② 17 ③ 18 ① 19 ① 20 ③

2과목 스프레드시트 일반

중요✓ 난이도 중 문제 진단 ○△×

21 **다음 서식 코드를 데이터에 사용자 지정 표시 형식으로 설정한 후 표시되는 결과로 옳지 않은 것은?(단, 열의 너비는 기본 값인 '8.38'로 설정되어 있음)**

합격 강의

	서식코드	데이터	결과
①	*-#,##0	123	-------123
②	*0#,##0	123	*******123
③	**#,##0	123	*******123
④	**#,##0	-123	-******123

- 셀의 빈 열 폭 만큼 원하는 문자를 넣을 때 *을 이용하여 * 다음에 원하는 문자를 위치시킴
- 123에 *0#,##0 서식을 설정한 경우 결과는 * 다음의 0이 반복되므로 00000 123이 됨

난이도 중 문제 진단 ○△×

22 **다음 중 아래의 서브 프로시저를 호출하는 방법으로 옳은 것은?**

```
Sub TEST(단가, 수량, 이름)
    Dim 합계 As Long
    합계 = 단가 * 수량
    MsgBox 이름 & "의 금액 : "& 합계
End Sub
```

① TEST(200, 500, "이순신")
② TEST 200, 500, "이순신"
③ Call TEST 200, 500, "이순신"
④ =TEST(200, 500, "이순신")

- 프로시저명 인수1, 인수2, 인수3 → TEST 200, 500, "이순신"
- CALL 프로시저명(인수1, 인수2, 인수3) → CALL TEST(200, 500, "이순신")

중요✓ 난이도 중 문제 진단 ○△×

23 **다음 SmartArt의 텍스트 창에 대한 설명으로 옳지 않은 것은?**

합격 강의

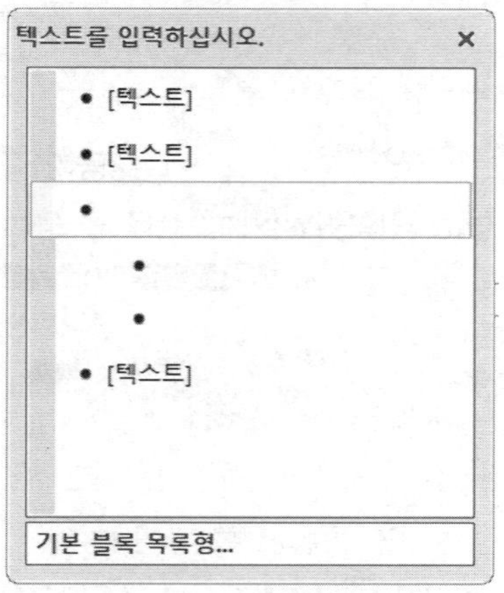

① 텍스트 창에 수식을 입력하는 경우 SmartArt에 결과 값이 계산되어 표시된다.
② 글머리 기호를 추가하여 사용할 수 있다.
③ 텍스트 창의 텍스트를 수정하면 SmartArt도 자동으로 수정된다.
④ 도형의 수가 고정된 SmartArt의 텍스트 창에서 고정된 도형보다 많은 수의 텍스트를 입력하면 SmartArt에 표시되지 못한 텍스트의 글머리 기호는 빨간색 ×로 표시된다.

텍스트 창에 수식을 입력하는 경우 SmartArt에 결과 값이 계산되어 표시되지 않고 수식 그대로 표시됨

난이도 중 문제 진단 ○△×

24 **다음 프로시저를 실행한 결과에 대한 설명으로 옳은 것은?**

```
Sub range연습()
    Range("A1", "C5").Value = 8963
End Sub
```

① [A1] 셀에서 [C5] 셀까지 모든 셀에 8963을 입력한다.
② [A1] 셀과 [C5] 셀에 8963을 입력한다.
③ 1행에서 5행까지의 모든 셀에 8963을 입력한다.
④ 오류가 발생한다.

Range("A1", "C5").Value = 8963 : [A1:C5] 범위(Range)에 지정 셀의 값(Value) 8963을 입력함

	A	B	C
1	8963	8963	8963
2	8963	8963	8963
3	8963	8963	8963
4	8963	8963	8963
5	8963	8963	8963

난이도 중 문제 진단 ○△×

25 **다음 중 엑셀에서 지원하는 파일 형식에 대한 설명으로 옳지 않은 것은?**

① 통합 문서에 매크로나 VBA 코드가 없으면 '*.xlsx' 파일 형식으로 저장한다.
② Excel 2003 파일을 Excel 2021에서 열어 작업할 경우 파일은 자동으로 Excel 2021 형식으로 저장된다.
③ 통합 문서를 서식 파일로 사용하려면 '*.xltx' 파일 형식으로 저장한다.
④ 이전 버전의 Excel에서 만든 파일을 Excel 2021 파일로 저장하면 새로운 Excel 기능을 모두 사용할 수 있다.

자동으로 Excel 2021 형식으로 저장되지 않으므로 [다른 이름으로 저장]을 이용하여 파일 형식을 Excel 통합 문서(*.xlsx)로 지정하여 저장해야 함

난이도 중 문제 진단 ○△×

26 **다음 중 셀 범위에 이름을 작성하고 참조하는 작업에 대한 설명으로 옳지 않은 것은?**

합격 강의

① 셀 범위를 설정한 후 이름 상자에 작성할 이름을 입력하고 Enter를 누르면 이름이 지정된다.
② 이름은 숫자로 시작될 수 없으며, 공백을 포함할 수 없다.
③ 이름을 지정한 후에 지정된 이름을 제거할 수 있다.
④ [A1:A4] 영역의 점수를 '수학'으로 이름을 지정한 경우, '수학' 이름을 이용하여 '=수학+A5'와 같이 수식을 작성하면 [A1] 셀부터 [A5] 셀까지의 합계가 구해진다.

- =수학+A5는 #VALUE! 오류가 발생됨
- =SUM(수학, A5)처럼 수식을 작성한 경우 합계가 구해짐

ANSWER 21 ② 22 ② 23 ① 24 ① 25 ② 26 ④

난이도 중 문제 진단 ○△×

27 다음 배열 수식 및 함수에 대한 설명으로 옳지 않은 것은?

① 배열 수식에서 사용되는 상수의 숫자로는 정수, 실수, 지수 형식의 숫자를 사용할 수 있다.
② MDETERM 함수는 배열로 저장된 행렬에 대한 역행렬을 산출한다.
③ PERCENTILE.INC 경계 값을 포함한 함수는 범위에서 k번째 백분위수 값을 구하며, 이때 k는 0에서 1까지 백분위수 값 범위이다.
④ FREQUENCY 함수는 값의 범위 내에서 해당 값의 발생 빈도를 계산하여 세로 배열 형태로 나타낸다.

MDETERM 함수는 배열의 행렬식을 구함

오답 피하기

배열로 저장된 행렬에 대한 역행렬을 산출하는 함수는 MINVERSE임

난이도 상 문제 진단 ○△×

28 다음 워크시트에서 [A] 열의 사원코드 중 첫 문자가 A이면 50, B이면 40, C이면 30의 기말수당을 지급하고자 할 때 수식으로 옳은 것은?

	A	B
1	사원코드	기말수당
2	A101	50
3	B101	40
4	C101	30
5	*수당 단위는 천원임	

① =IF(LEFT(A2,1)="A",50,IF(LEFT(A2,1)="B",40,30))
② =IF(RIGHT(A2,1)="A",50,IF(RIGHT(A2,1)="B",40,30))
③ =IF(LEFT(A2,1)='A',50,IF(LEFT(A2,1)='B',40,30))
④ =IF(RIGHT(A2,1)='A',50,IF(RIGHT(A2,1)='B',40,30))

- = IF(조건,참,거짓), LEFT : 왼쪽에서 텍스트 추출, RIGHT : 오른쪽에서 텍스트 추출
- =IF(LEFT(A2,1)="A",50,IF(LEFT(A2,1)="B",40,30)) : [A2] 셀의 텍스트 데이터 "A101"의 왼쪽에서 1자리를 추출하여 "A"와 같으면 50, "B"이면 40, 아니면 30을 결과로 나타냄

난이도 중 문제 진단 ○△×

29 다음 중 수식에서 발생하는 각 오류에 대한 원인으로 옳지 않은 것은?

① #NULL! – 배열 수식이 들어 있는 범위와 행 또는 열수가 같지 않은 배열 수식의 인수를 사용하는 경우
② #VALUE! – 수식에서 잘못된 인수나 피연산자를 사용한 경우
③ #NUM! – 수식이나 함수에 잘못된 숫자 값이 포함된 경우
④ #NAME? – 수식에서 이름으로 정의되지 않은 텍스트를 큰따옴표로 묶지 않고 입력한 경우

#NULL! : 교점 연산자(공백)를 사용했을 때 교차 지점을 찾지 못한 경우

중요✓ 난이도 중 문제 진단 ○△×

30 [매크로 기록] 대화 상자의 각 항목에 대한 설명으로 옳지 않은 것은?

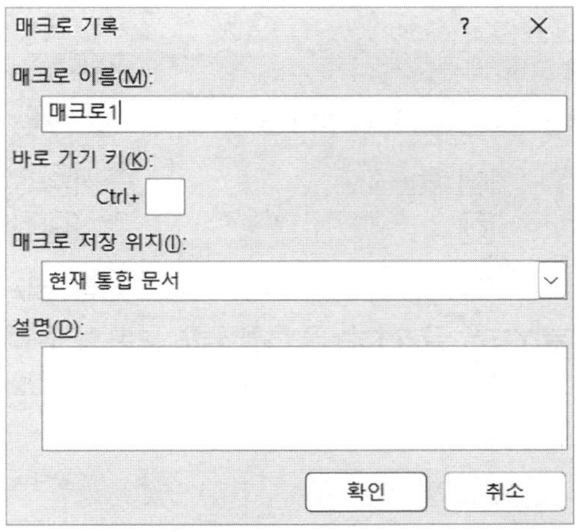

① 매크로 이름 지정 시 첫 글자는 반드시 문자로 작성해야 하고, 두 번째 글자부터 문자, 숫자, 밑줄 문자(_) 등을 사용할 수 있다.
② 바로 가기 키 조합 문자는 영문자와 숫자만 가능하다.
③ 매크로 저장 위치는 개인용 매크로 통합 문서, 새 통합 문서 그리고 현재 통합 문서 중 선택할 수 있다.
④ 매크로 실행을 위한 바로 가기 키로 엑셀에서 지정되어 있는 바로 가기 키를 지정할 수도 있다.

바로 가기 키 조합 문자는 영문만 가능함

난이도 중 문제 진단 ○△×

31 워크시트의 데이터를 분석하는 과정에서 사용되는 기능에 대한 설명으로 옳지 않은 것은?

① 데이터를 통합하려면 여러 범위의 데이터 값을 결합한다. 예를 들어 각 지국별 경비를 계산한 워크시트가 있으면 통합 기능을 사용하여 회사 전체 경비를 계산하는 워크시트로 수치를 통합할 수 있다.
② 시나리오는 워크시트에서 저장하고 자동으로 바꿀 수 있는 값의 집합이다. 시나리오를 사용하면 워크시트 모델의 결과를 예측할 수 있다. 여러 가지 값의 그룹을 만들어 워크시트에 저장한 다음, 새로운 시나리오로 전환하여 다른 결과를 볼 수 있다.
③ 정렬은 워크시트에 있는 데이터를 일정한 기준으로 요약하여 통계 처리를 수행한다. 따라서, 정렬 작업 전에 부분합으로 기준이 될 필드를 설정해야 한다.
④ 한 수식의 원하는 결과만 알고 그 결과를 확인하기 위하여 수식에 필요한 입력 값은 모를 때 목표값 찾기 기능을 사용할 수 있다.

부분합 : 워크시트에 있는 데이터를 일정한 기준으로 요약하여 통계 처리를 수행하고 기준이 될 필드(열)로 먼저 정렬(오름차순 또는 내림차순)해야 함

난이도 중 문제 진단 ○△×

32 다음 중 피벗 테이블 필드의 그룹 설정에 대한 설명으로 옳지 않은 것은?

① 그룹 만들기는 특정 필드를 일정한 단위로 묶어 표현할 때 사용하는 것으로 문자, 숫자, 날짜, 시간으로 된 필드에서 사용할 수 있다.
② 숫자 필드일 경우에는 [그룹화] 대화 상자에서 시작, 끝, 단위를 지정해야 한다.
③ 문자 필드일 경우에는 [그룹화] 대화 상자에서 그룹 이름을 반드시 지정해 주어야 한다.
④ 그룹을 해제하려면 그룹으로 설정된 영역의 바로 가기 메뉴에서 [그룹 해제]를 선택한다.

문자 필드일 경우에는 [그룹화] 대화 상자에서 그룹 이름을 반드시 지정해 주지 않아도 되고 나중에 지정할 수도 있음

ANSWER 27 ② 28 ① 29 ① 30 ② 31 ③ 32 ③

난이도 상 문제 진단 ○△✕

33 다음 프로시저를 실행한 결과에 대한 설명으로 옳은 것은?

합격 강의

```
Sub CellFont()
  For i= 5 to 10
  if Cells(i,1).Value<=50 Then
     Cells(i,1).Font.Italic=True
  Next
End Sub
```

① [A5:A10] 영역의 셀 중에서 50 초과 값들이 들어있는 셀 값을 '취소선'으로 표시

② [A5:A10] 영역의 셀 중에서 50 이상의 값들이 들어있는 셀 값을 '밑줄'로 표시

③ [A5:A10] 영역의 셀 중에서 50 미만의 값들이 들어있는 셀 값을 '진하게'로 표시

④ [A5:A10] 영역의 셀 중에서 50 이하의 값들이 들어있는 셀 값을 '이탤릭체'로 표시

- For i = 5 to 10 ~ Next : i 변수가 5부터 10까지 1씩 증가하면서 반복함
- if Cells(i,1).Value<=50 Then Cells(i,1).Font.Italic=True : if 조건 then 참
- Cells(i,1).Value<=50 : Cells(5,1), Cells(6,1), Cells(7,1), Cells(8,1), Cells(9,1), Cells(10,1), 즉 [A5 : A10] 영역의 값이 50과 비교해서 이하일 경우
- Cells(i,1).Font.Italic=True : 각 셀의 글꼴을 '이탤릭체'로 표시

난이도 중 문제 진단 ○△✕

34 다음의 차트에 대한 설명 중 옳지 않은 것은?

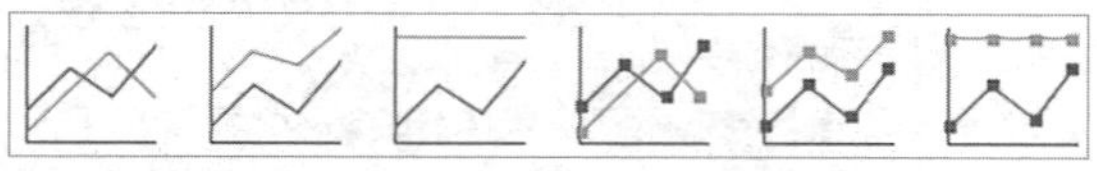

① 꺾은선형 차트의 하위 종류로 3차원 효과의 차트는 만들 수 없다.

② 데이터 계열 하나가 하나의 선으로 만들어진다.

③ 데이터 표식을 나타낼 수 있다.

④ 시간이나 항목에 따라 일정한 간격으로 추세를 파악할 수 있는 차트이다.

꺾은선형 차트에서 3차원 효과의 꺾은선형을 만들 수 있음

난이도 중 문제 진단 ○△✕

35 다음 중 엑셀에서 날짜 데이터의 입력 방법에 대한 설명으로 옳지 않은 것은?

① 날짜 데이터는 하이픈(-)이나 슬래시(/)를 이용하여 년, 월, 일을 구분한다.

② 날짜의 연도를 생략하고 월과 일만 입력하면 자동으로 현재 연도가 추가된다.

③ 날짜의 연도를 두 자리로 입력할 때 연도가 30 이상이면 1900년대로 인식하고, 29 이하이면 2000년대로 인식한다.

④ Ctrl+Shift+;을 누르면 오늘 날짜가 입력된다.

Ctrl+Shift+;을 누르면 시간이 입력됨

오답 피하기

Ctrl+;을 누르면 오늘 날짜가 입력됨

중요✓ 난이도 상 문제 진단 ○△✕

36 아래의 프로시저를 이용하여 [A1:C3] 영역의 서식만 지우려고 한다. 다음 중 괄호 안에 들어갈 코드로 옳은 것은?

```
Sub Procedure()
   Range("A1:C3")
   Selection.(        )
End Sub
```

① DeleteFormats

② FreeFormats

③ ClearFormats

④ DeactivateFormats

- Range.ClearFormats 메서드 : 개체의 서식을 지움
- 구문 : expression.ClearFormats → expression : Range 개체를 나타내는 변수
- 예제 : Sheet1에 있는 셀 범위 [A1:C3]에 적용된 모든 서식을 지우는 예제 → Worksheets("Sheet1").Range("A1:C3").ClearFormats

난이도 상 문제 진단 ○△✕

37 다음 시트에서 [B11] 셀에 영업1부의 인원수를 구하는 수식으로 옳지 않은 것은?

합격 강의

	A	B	C
1	성명	부서	
2	김남이	영업3부	
3	이지훈	영업1부	
4	김현철	영업2부	
5	김홍일	영업1부	
6	조승현	영업1부	
7	임진태	영업2부	
8	현상국	영업2부	
9	한동일	영업2부	
10			
11	영업1부 인원수		
12			

① =COUNTIF(B2:B9, "영업1부")

② {=SUM((B2:B9="영업1부")*1)}

③ {=SUM(IF(B2:B9="영업1부",1))}

④ {=COUNT(IF(B2:B9="영업1부",1,0))}

{=COUNT(IF(B2:B9="영업1부",1,0))} : IF 함수에 의해 "영업1부"이면 1, 아니면 0이 산출되며 COUNT 함수에 의해 숫자의 개수를 모두 카운트하므로 그 결과가 8이 됨

오답 피하기

- =COUNTIF(B2:B9, "영업1부") : COUNTIF 함수에 의해 조건인 "영업1부"만 계산하므로 그 결과는 4가 됨
- {=SUM((B2:B9="영업1부")*1)} : 범위에서 "영업1부"인 경우 1이므로 곱(*)하기 1을 하여 1의 개수를 합하므로 그 결과는 4가 됨
- {=SUM(IF(B2:B9="영업1부",1))} : IF 함수에 의해 "영업1부"인 경우 1을 주어, 그 합을 구하므로 그 결과는 4가 됨

난이도 하 문제 진단 ○△✕

38 다음 중 열려 있는 통합 문서의 모든 워크시트를 재계산하기 위한 기능키로 옳은 것은?

① F1 ② F2

③ F4 ④ F9

통합 문서 계산에서 "수동"인 경우 F9를 누르면 재계산(지금 계산)이 실행됨

오답 피하기

- F1 : 도움말
- F2 : 수정
- F4 : 참조 변환

ANSWER 33 ④ 34 ① 35 ④ 36 ③ 37 ④ 38 ④

난이도 상 문제 진단 ○△✕

39 다음 중 10,000,000원을 2년간 연 5.5%의 이자율로 대출할 때, 매월 말 상환해야 할 불입액을 구하기 위한 수식으로 옳은 것은?

① =PMT(5.5%/12, 24, −10000000)
② =PMT(5.5%, 24, −10000000)
③ =PMT(5.5%, 24, −10000000,0,1)
④ =PMT(5.5%/12, 24, −10000000,0,1)

- PMT(PaymenT) 함수 : 정기적으로 지불하고 일정한 이자율이 적용되는 대출에 대해 매회 지급액을 구하는 함수
- PMT(이자율%/12, 기간(년*12), 현재 가치(대출금), 미래 가치, 납입 시점)
- 이자율%/12 : 5.5%/12
- 기간(년*12) : 2*12,
- 현재 가치(대출금) : 10,000,000(불입액을 양수로 나오게 하기 위해 −10000000으로 입력함)
- 미래 가치(최종 불입한 후 잔액) : 생략하면 0
- 납입 시점 : 매월 말은 0 또는 생략, 1은 기초

난이도 중 문제 진단 ○△✕

40 다음 중 많은 데이터 계열의 합계 값을 비교할 때 사용하는 차트로서 각 항목마다 가운데 요소에서 뻗어 나온 값 축을 갖고, 선은 같은 계열의 모든 값을 연결하며 3차원 차트로 작성할 수 없는 차트인 것은?

① 분산형(XY 차트)
② 방사형 차트
③ 주식형 차트
④ 영역형 차트

오답 피하기
- 분산형(XY 차트) : 데이터의 불규칙한 간격이나 묶음을 보여주는 것으로, 데이터 요소 간의 차이점보다는 큰 데이터 집합 간의 유사점을 표시하려는 경우에 사용함
- 주식형 차트 : 주식 가격, 온도 변화와 같은 과학 데이터를 나타내는 데 사용하며 3차원 차트로 작성할 수 없음
- 영역형 차트 : 일정한 시간에 따라 데이터의 변화 추세(데이터 세트의 차이점을 강조)를 표시, 데이터 계열 값의 합계를 표시하여 전체 값에 대한 각 값의 관계를 표시함

3과목 데이터베이스 일반

난이도 중 문제 진단 ○△✕

41 다음 중 SQL문의 각 예약어에 대한 설명으로 옳지 않은 것은?

① SQL문에서 검색 결과가 중복되지 않게 표시하기 위해서 'DISTINCT'를 입력한다.
② ORDER BY문을 사용할 때에는 HAVING절을 사용하여 조건을 지정한다.
③ FROM절에는 SELECT문에 나열된 필드를 포함하는 테이블이나 쿼리를 지정한다.
④ 특정 필드를 기준으로 그룹화하여 검색할 때에는 GROUP BY문을 사용한다.

GROUP BY문을 사용할 때에는 HAVING절을 사용하여 조건을 지정함

난이도 하 문제 진단 ○△✕

42 다음 중 쿼리를 실행할 때마다 메시지 상자를 표시하여 사용자에게 조건 값을 입력받아 쿼리를 실행하는 유형은?

① 크로스탭 쿼리
② 매개 변수 쿼리
③ 통합 쿼리
④ 실행 쿼리

매개 변수 쿼리 : 실행할 때 검색 조건의 일정한 값(매개 변수)을 입력하여 원하는 정보를 추출함

오답 피하기
- 크로스탭 쿼리 : 테이블이나 쿼리의 필드별 합계, 개수, 평균 등의 요약을 계산함
- 통합 쿼리 : 2개 이상의 테이블이나 쿼리에서 대응되는 필드들을 결합하여 하나의 필드로 만들어 주는 쿼리
- 실행 쿼리 : 여러 레코드의 변경과 이동을 일괄적으로 실행함

난이도 중 문제 진단 ○△✕

43 다음 중 보고서의 [페이지 설정] 대화 상자에 대한 설명으로 옳지 않은 것은?

① 여러 열로 구성된 보고서를 인쇄할 때에는 [열] 탭에서 열의 개수와 행 간격, 열의 너비, 높이 등을 설정한다.
② [인쇄 옵션] 탭에서 보고서의 위쪽, 아래쪽, 왼쪽, 오른쪽 여백을 밀리미터 단위로 설정할 수 있다.
③ [페이지] 탭에서 보고서의 인쇄할 범위로 인쇄할 페이지를 지정할 수 있다.
④ [인쇄 옵션] 탭의 '데이터만 인쇄'를 선택하여 체크 표시하면 컨트롤의 테두리, 눈금선 및 선이나 상자 같은 그래픽을 표시하지 않는다.

[페이지] 탭 : 용지 방향(세로, 가로), 용지 크기 및 원본, 기본 프린터 및 프린터 선택을 설정

중요✓ 난이도 하 문제 진단 ○△✕

44 다음 중 액세스에서 사용되는 데이터 형식의 종류–크기–특징에 대한 연결이 옳은 것은?

① 일련번호 – 4바이트 – 레코드 추가 시 자동으로 고유 번호를 부여할 때 사용, 번호가 부여되면 변경하거나 삭제할 수 없음
② 긴 텍스트 – 최대 255자 – 텍스트 또는 텍스트와 숫자의 조합뿐만 아니라 전화 번호와 같이 계산이 필요하지 않은 숫자
③ Yes/No – 1바이트 – 두 값 중 하나만을 선택할 때 사용
④ 날짜 – 8비트 – 날짜 데이터를 저장할 때 사용

오답 피하기
- 긴 텍스트 : 최대 63,999자, 참고나 설명과 같이 긴 텍스트 또는 텍스트와 숫자의 조합
- 짧은 텍스트 : 최대 255자, 텍스트 또는 텍스트와 숫자의 조합뿐만 아니라 전화번호와 같이 계산이 필요하지 않은 숫자
- Yes/No : 1비트
- 날짜 : 8바이트

ANSWER 39 ① 40 ② 41 ② 42 ② 43 ③ 44 ①

난이도 하 문제 진단 ○△×

45 다음 중 [Access 옵션]에서 파일을 열 때마다 나타나는 기본 시작 폼의 설정을 위한 '폼 표시' 옵션이 있는 범주는?

합격 강의

① 개체 디자이너
② 현재 데이터베이스
③ 데이터 시트
④ 클라이언트 설정

'폼 표시' 옵션은 '현재 데이터베이스'에서 설정함

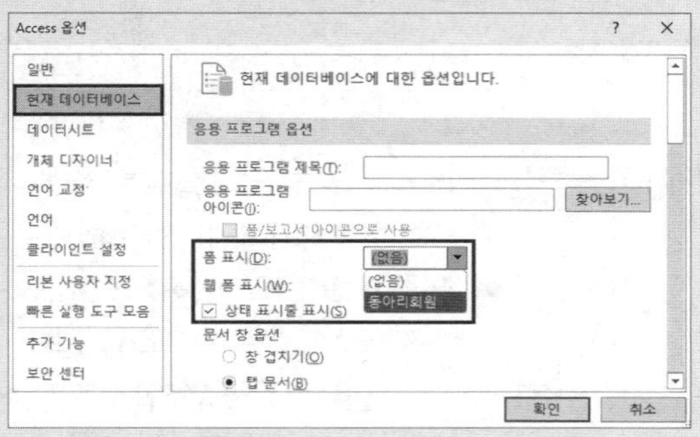

중요✓ 난이도 상 문제 진단 ○△×

46 다음 중 아래 <PERSON> 테이블에 대한 쿼리의 실행 결과 값은?

<PERSON>	<쿼리>
Full_name 오연서 이종민 오연수 오연서 김종오 오연수	SELECT COUNT(Full_name) FROM PERSON WHERE Full_name Like "*" & "오";

① 1　　② 2
③ 4　　④ 5

- 형식 : SELECT 열 리스트 FROM 테이블명 WHERE 조건;
- COUNT(Full_name) : Full_name 필드의 이름 중 조건에 맞는 이름을 카운트함
- Like "*" & "오" : "오"로 끝나는 이름
- SELECT COUNT(Full_name) FROM PERSON WHERE Full_name Like "*" & "오";

→ PERSON 테이블에서 Full_name 필드의 이름 중에 "오"로 끝나는 이름을 카운트함
→ 조건에 맞는 "김종오"만 카운트되어 결과는 1이 됨

오답 피하기

Like "오" & "*" : "오"로 시작하는 이름 → 오연서, 오연수, 오연서, 오연수

난이도 중 문제 진단 ○△×

47 다음 중 데이터베이스에 저장된 데이터를 실제 처리하는 데 사용되는 데이터 조작어에 해당하는 SQL문은?

① COMMIT
② SELECT
③ DROP
④ CREATE

데이터 조작어 : SELECT(검색), INSERT(삽입), UPDATE(갱신), DELETE(삭제)

난이도 상 문제 진단 ○△×

48 다음 중 쿼리의 [디자인 보기]에서 아래와 같이 설정한 경우 동일한 결과를 표시하는 SQL문은?

합격 강의

필드:	모집인원	지역
테이블:	채용	채용
업데이트:	2000	
조건:		"서울"
또는:	>1000	

① UPDATE 채용 SET 모집인원 > 1000 WHERE 지역="서울" AND 모집인원=2000;
② UPDATE 채용 SET 모집인원 = 2000 WHERE 지역="서울" AND 모집인원>1000;
③ UPDATE 채용 SET 모집인원 > 1000 WHERE 지역="서울" OR 모집인원=2000;
④ UPDATE 채용 SET 모집인원 = 2000 WHERE 지역="서울" OR 모집인원>1000;

- [디자인 보기]에서 '업데이트'는 UPDATE ~ SET, '조건'은 WHERE, '또는'은 OR임
- UPDATE(갱신문) : 테이블에 저장되어 있는 데이터를 갱신함
- 형식 : UPDATE 테이블명 SET 필드이름1=값1, 필드이름2=값2, … WHERE 조건;
- UPDATE 채용 SET 모집인원 = 2000 WHERE 지역="서울" OR 모집인원>1000;

난이도 하 문제 진단 ○△×

49 데이터베이스 설계 중 가장 먼저 수행되는 것은?

① 논리적 설계 단계
② 개념적 설계 단계
③ 물리적 설계 단계
④ 요구 조건 분석 단계

요구 조건 분석 단계 : 데이터베이스 설계의 첫 단계로 데이터베이스 사용자의 요구 사항 및 조건 등을 조사하여 요구 사항을 분석하는 단계로 요구 명세서가 산출됨

오답 피하기

요구 조건 분석 단계 → 개념적 설계 단계 → 논리적 설계 단계 → 물리적 설계 단계 → 구현

중요✓ 난이도 중 문제 진단 ○△×

50 관계를 맺고 있는 릴레이션 R1, R2에서 릴레이션 R1이 참조하고 있는 릴레이션 R2의 기본키와 같은 R1 릴레이션의 속성을 무엇이라 하는가?

합격 강의

① 후보키(Candidate Key)
② 외래키(Foreign Key)
③ 슈퍼키(Super Key)
④ 대체키(Alternate Key)

외래키(Foreign Key)

- 외래키(FK)가 다른 참조 테이블(릴레이션)의 기본키(PK)일 때 그 속성키를 외래키라고 함
- 하나의 테이블에는 여러 개의 외래키가 존재할 수 있음

오답 피하기

- 후보키(Candidate Key) : 한 테이블에서 유일성과 최소성을 만족하는 키(예 사원번호, 주민등록번호)
- 슈퍼키(Super Key) : 유일성은 만족하나 최소성은 만족하지 않는 키
- 대체키(Alternate Key) : 후보키 중 기본키로 선택되지 않는 나머지 키

ANSWER 45 ② 46 ① 47 ② 48 ④ 49 ④ 50 ②

난이도 중 문제 진단 ○△✕

51 **다음 중 [폼 마법사]를 이용한 폼 작성 시 선택 가능한 폼의 모양 중 각 필드가 왼쪽의 레이블과 함께 각 행에 표시되고 컨트롤 레이아웃이 자동으로 설정되는 것은?**

① 열 형식 ② 테이블 형식
③ 데이터시트 ④ 맞춤

열 형식 : 한 레코드를 한 화면에 표시하며, 각 필드가 필드명과 함께 다른 줄에 표시되며, 일반적으로 가장 많이 사용됨

난이도 중 문제 진단 ○△✕

52 **다음 아래의 [탭 순서] 대화 상자에 대한 설명으로 옳지 않은 것은?**

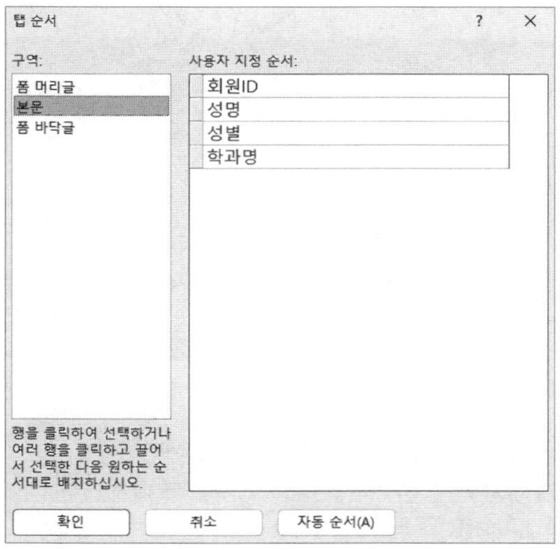

① 탭 순서는 폼 보기에서 Tab이나 Enter를 눌렀을 때 각 컨트롤 사이에 이동되는 순서를 설정하는 것이다.
② [자동 순서]는 탭 순서를 왼쪽에서 오른쪽, 위에서 아래로 설정하거나 처음 설정된 탭 순서로 설정할 때 사용한다.
③ 탭 인덱스 값은 0부터 "현재 컨트롤 수−1"까지 그 순서 값을 설정할 수 있다.
④ 레이블 컨트롤과 이미지 컨트롤은 제일 먼저 탭 순서가 정해진다.

레이블 컨트롤과 이미지 컨트롤은 탭 순서에서 제외되며, 탭 정지 속성이 지원되지 않음

중요✓ 난이도 중 문제 진단 ○△✕

53 **다음 중 아래 VBA 코드를 실행했을 때 MsgBox에 표시되는 값은?**

```
Dim i As Integer
Dim Num As Integer
For i = 0 To 7 Step 2
Num = Num+i
Next i
MsgBox Str(Num)
```

① 7 ② 12
③ 24 ④ 28

VBA 코드	의미
Dim i As Integer	i를 정수형(Integer) 변수(As)로 선언(Dim)함
Dim Num As Integer	Num을 정수형(Integer) 변수(As)로 선언(Dim)함
For i = 0 To 7 Step 2	For문에 의해 i 값을 0부터 7까지 2씩 증가(0, 2, 4, 6)하면서 반복함
Num = Num+i	Num(0)=Num(0)+i(0), Num(2)=Num(0)+i(2), Num(6)=Num(2)+i(4), Num(12)=Num(6)+i(6) → 마지막 Num에는 0+2+4+6의 결과 12가 저장됨
Next i	For문의 마지막을 의미함
MsgBox Str(Num)	Num 변수의 값을 문자열(Str) 형식으로 변환하여 표시(MsgBox)함

난이도 중 문제 진단 ○△✕

54 **다음 내용이 설명하는 컨트롤로 옳은 것은?**

- 적은 공간에서 목록값을 선택하며 새로운 값을 입력할 경우 유용하다.
- 드롭다운 화살표를 클릭 전까지는 목록이 숨겨져 있으며, 클릭하면 목록이 표시된다.
- 텍스트 상자와 목록 상자의 기능이 결합된 컨트롤이다.
- 목록에 없는 값을 입력할 수 있다.

① 콤보 상자
② 텍스트 상자
③ 명령 단추
④ 옵션 그룹

오답 피하기
- 텍스트 상자 : 레코드 원본 데이터에 연결된 바운드 텍스트 상자, 바운드되지 않아 데이터는 저장되지 않는 언바운드 텍스트 상자, 계산 텍스트 상자로 작성할 수 있음
- 명령 단추 : 단순히 클릭하기만 하면 매크로 함수를 수행하는 방법을 제공함
- 옵션 그룹 : 틀, 옵션 단추, 확인란, 토글 단추 등으로 구성됨

난이도 중 문제 진단 ○△✕

55 **하위 폼은 주로 '일대다' 관계가 설정된 테이블을 효과적으로 표시하기 위해 사용된다. 이때 하위 폼은 어느 쪽 테이블을 원본으로 하는 것이 가장 적절한가?**

① '일'쪽 테이블
② '다'쪽 테이블
③ '일'쪽 테이블과 '다'쪽 테이블을 모두 보여주는 쿼리
④ '일'쪽 테이블로부터 만든 쿼리

하위 폼이 '일대다' 관계가 설정되어 있을 때 기본 폼은 '일'쪽의 테이블을 원본으로 하고, 하위 폼은 '다'쪽의 테이블을 원본으로 함

난이도 중 문제 진단 ○△✕

56 **다음 중 릴레이션의 특징으로 옳은 내용에 해당하는 것을 모두 나열한 것은?**

합격 강의

ⓐ 한 릴레이션에 포함된 튜플들은 모두 상이하다.
ⓑ 한 릴레이션에 포함된 튜플 사이에는 순서가 없다.
ⓒ 한 릴레이션을 구성하는 속성 사이에는 순서가 없다.
ⓓ 모든 속성 값은 세분화가 가능해야 하므로 원자 값이어서는 안된다.

① ⓐ, ⓓ
② ⓐ, ⓑ, ⓒ
③ ⓐ, ⓑ, ⓓ
④ ⓐ, ⓑ, ⓒ, ⓓ

릴레이션의 특징

튜플의 유일성	한 릴레이션에 포함된 튜플들은 모두 다름
튜플의 무순서	한 릴레이션에 포함된 튜플 사이에는 순서가 없음
속성의 무순서	한 릴레이션을 구성하는 속성(Attribute) 사이에는 그 순서가 없음
속성의 원자 값	모든 속성(Attribute) 값은 원자 값(Atomic Value)임

ANSWER 51 ① 52 ④ 53 ② 54 ① 55 ② 56 ②

난이도 상 문제 진단 ○△×

57 다음 중 아래 <고객>과 <구매리스트> 테이블 관계에 참조 무결성이 항상 유지되도록 설정할 수 없는 경우는?

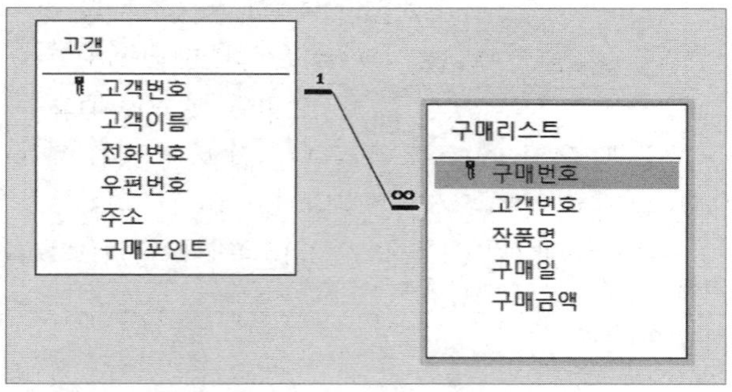

① <고객> 테이블의 '고객번호' 필드 값이 <구매리스트> 테이블의 '고객번호' 필드에 없는 경우
② <고객> 테이블의 '고객번호' 필드 값이 <구매리스트> 테이블의 '고객번호' 필드에 하나만 있는 경우
③ <구매리스트> 테이블의 '고객번호' 필드 값이 <고객> 테이블의 '고객번호' 필드에 없는 경우
④ <고객> 테이블의 '고객번호' 필드 값이 <구매리스트> 테이블의 '고객번호' 필드에 두 개 이상 있는 경우

참조 무결성
- 참조하고 참조되는 테이블 간의 참조 관계에 아무런 문제가 없는 상태를 의미함
- 외래키 값은 널(Null)이거나 참조 테이블에 있는 기본키 값과 동일해야 함
- ③ : <구매리스트> 테이블의 '고객번호' 필드는 외래키로 필드 값이 <고객> 테이블의 '고객번호' 필드에 없는 경우 참조 무결성이 항상 유지되도록 설정할 수 없음

난이도 중 문제 진단 ○△×

58 다음 중 매크로에 대한 설명으로 옳지 않은 것은?

① 매크로는 작업을 자동화하고 폼, 보고서 및 컨트롤에 기능을 추가하는 데 사용되는 도구이다.
② 특정 조건이 참일 때에만 매크로 함수를 실행하도록 설정할 수 있다.
③ 하나의 매크로에는 하나의 매크로 함수만 포함될 수 있다.
④ 매크로를 컨트롤의 이벤트 속성에 포함시킬 수 있다.

하나의 매크로에는 여러 개의 매크로 함수를 지정할 수 있음

난이도 중 문제 진단 ○△×

59 다음 중 입력 마스크를 '>LOL L?0'로 지정했을 때 유효한 입력 값은?

합격 강의

① a9b M
② M3F A07
③ H3H 가H3
④ 9Z3 3?H

- > : 모든 문자를 대문자로 변환함
- L : 필수 요소로, A부터 Z까지의 영문자나 한글을 입력함
- 0 : 필수 요소로, 0~9까지의 숫자를 입력함, 덧셈 기호(+)와 뺄셈 기호(-)는 사용할 수 없음
- ? : 선택 요소로, A부터 Z까지의 영문자나 한글을 입력함

입력 마스크	>	L	0	L		L	?	0
입력 값 ③	대문자로 변환	H	3	H		가	H	3

오답 피하기
- ① a9b M : >(대문자로 변환), 맨 뒤 0(필수 요소, 숫자)을 만족하지 않음
- ② M3F A07 : 입력 값 숫자 0이 ?(영문자나 한글)를 만족하지 않음
- ④ 9Z3 3?H : 입력 값이 L(영문자, 한글), 0(숫자), ?(영문자, 한글)를 만족하지 않음

난이도 하 문제 진단 ○△×

60 다음 중 VBA에서 프로시저, 형식, 데이터 선언과 정의 등의 선언 집단을 의미하는 것은?

① 매크로
② 모듈
③ 이벤트
④ 폼

모듈(Module) : 한 단위로 저장된 프로시저, 구문, VBA 선언의 집합으로 액세스에는 기본 모듈과 클래스 모듈, 폼 모듈, 보고서 모듈이 있음

오답 피하기
- 매크로 : 여러 개의 명령문을 하나로 묶어서 일련의 절차를 미리 정의하는 기능
- 이벤트 : 마우스 클릭이나 키 누름과 같이 객체에 의해 인식되는 동작
- 폼 : 테이블이나 쿼리 데이터의 입력, 수정 및 편집 작업을 편리하고 쉽게 할 수 있도록 도와주는 개체

ANSWER 57 ③ 58 ③ 59 ③ 60 ②

해설과 따로 보는

상시 기출문제

CONTENTS

- 각 문항을 문제의 난이도 등급에 따라 상 중 하로 분류하였습니다.
- 중요 ✓ 표시가 있는 문제는 출제 빈도가 높은 문제입니다.
- 문제의 이해도에 따라 ◯△✕ 체크하여 완벽하게 정리하세요.

해설과 따로 보는 2023년 상시 기출문제 01회

자동 채점 서비스 · 합격 강의

SELF CHECK | 제한시간 60분 | 소요시간 분 | 전체 문항 수 60문항 | 맞힌 문항 수 문항

1과목 컴퓨터 일반

중요✓ 난이도 중 문제 진단 ○△✕

01 **다음 중 컴퓨터가 현재 실행하고 있는 명령을 끝낸 후 다음에 실행할 명령의 주소를 기억하고 있는 레지스터는?**

① 명령 레지스터(Instruction Register)
② 프로그램 계수기(Program Counter)
③ 부호기(Encoder)
④ 명령 해독기(Instruction Decoder)

난이도 상 문제 진단 ○△✕

02 **다음 중 〈표1〉과 〈표2〉에 표시된 용어 간 관련성이 높은 것끼리 연결한 것으로 옳은 것은?**

합격 강의

〈표1〉

㉮ 멀티프로세싱(Multiprocessing)
㉯ 멀티프로그래밍(Multiprogramming)
㉰ 가상 기억 장치(Virtual Memory)
㉱ 파일 압축(File Compression)
㉲ 응답 시간(Response Time)

〈표2〉

ⓐ 페이지 테이블(Page Table)
ⓑ 여러 개의 CPU
ⓒ 시분할(Time Sharing)
ⓓ 유틸리티 프로그램(Utility Program)
ⓔ 시스템 성능 측정(System Performance)

① ㉮ ↔ ⓑ, ㉯ ↔ ⓒ, ㉰ ↔ ⓐ, ㉱ ↔ ⓓ, ㉲ ↔ ⓔ
② ㉮ ↔ ⓑ, ㉯ ↔ ⓒ, ㉰ ↔ ⓐ, ㉱ ↔ ⓔ, ㉲ ↔ ⓓ
③ ㉮ ↔ ⓒ, ㉯ ↔ ⓑ, ㉰ ↔ ⓐ, ㉱ ↔ ⓓ, ㉲ ↔ ⓔ
④ ㉮ ↔ ⓒ, ㉯ ↔ ⓑ, ㉰ ↔ ⓓ, ㉱ ↔ ⓐ, ㉲ ↔ ⓔ

난이도 하 문제 진단 ○△✕

03 **다음 중 한글 Windows에서 파일의 검색 기능을 향상시키기 위해 사용하는 기능은?**

① 복원
② 색인
③ 압축
④ 백업

중요✓ 난이도 중 문제 진단 ○△✕

04 **다음 중 반도체를 이용한 컴퓨터 보조 기억 장치로 크기가 작고 충격에 강하며, 소음 발생이 없는 대용량 저장 장치에 해당하는 것은?**

합격 강의

① HDD(Hard Disk Drive)
② DVD(Digital Versatile Disk)
③ SSD(Solid State Drive)
④ CD−RW(Compact Disc Rewritable)

난이도 중 문제 진단 ○△✕

05 **다음 내용은 무엇에 대한 설명인가?**

- 시스템의 전원을 켜는 순간부터 Windows가 시작되기까지 부팅 과정을 이끄는 역할을 담당
- 하드웨어와 소프트웨어 사이의 연결과 번역 기능을 담당하는 인터페이스
- 루틴, 서비스 처리 루틴, 하드웨어 인터럽트 처리 루틴으로 구성
- 개발한 회사에 따라 AWARD(어워드), AMI(아미), PHONIX(피닉스) 등이 있음

① BIOS
② LOCAL BUS
③ MAINBOARD
④ BIU(Bus Interface Unit)

난이도 중 문제 진단 ○△✕

06 **다음 중 한글 Windows의 스풀(SPOOL) 기능에 관한 설명으로 옳지 않은 것은?**

① 컴퓨터 내부 장치에 비해 상대적으로 처리 속도가 느린 프린터 작업을 효율적으로 처리하기 위하여 사용하는 기능이다.
② 인쇄할 내용을 하드디스크 장치에 임시로 저장한 후에 인쇄 작업을 수행한다.
③ 스풀 기능을 설정하면 보다 인쇄 속도가 빨라지고 동시 작업 처리도 가능하다.
④ 스풀 기능을 선택하면 문서 전체 또는 일부를 스풀한 다음 인쇄를 시작할 수 있게 하는 기능을 선택할 수 있다.

난이도 중 문제 진단 ○△✕

07 **다음 중 멀티미디어 그래픽과 관련하여 비트맵(Bitmap) 방식에 관한 설명으로 옳지 않은 것은?**

① 비트맵은 실물 사진이나 복잡하고 세밀한 이미지 표현에 적합하다.
② 픽셀(Pixel) 단위의 단순한 매트릭스로 구성되어 있는 이미지를 표현하는 방식이다.
③ 벡터(Vector) 방식의 이미지를 저장했을 때보다 많은 메모리를 차지한다.
④ 비트맵 방식의 이미지를 확대하면 테두리가 거칠어지는 현상이 없이 매끄럽게 이미지를 표현할 수 있다.

난이도 하 문제 진단 ○△✕

08 **다음 중 자료의 구성 단위에 대한 설명으로 옳지 않은 것은?**

합격 강의

① 1바이트(Byte)는 8비트(Bit)로 구성된다.
② 문자를 표현하는 최소 단위는 워드(Word)가 사용된다.
③ 레코드(Record)는 하나 이상의 필드들이 모여서 구성된 자료 처리 단위이다.
④ 파일(File)은 여러 개의 레코드가 모여 구성되며, 디스크의 저장 단위로 사용된다.

난이도 중 문제 진단 ○△×

09 **다음 중 컴퓨터 소프트웨어 개발 과정에서 제작되는 알파(Alpha) 버전에 관한 설명으로 옳은 것은?**

① 정식 프로그램의 기능을 홍보하기 위해 기능 및 기간을 제한하여 배포하는 프로그램이다.
② 베타 테스트를 하기 전에 제작 회사 내에서 테스트할 목적으로 제작된 프로그램이다.
③ 정식 버전을 출시하기 전에 테스트 목적으로 일반인에게 공개하는 프로그램이다.
④ 오류 수정이나 성능 향상을 위해 이미 배포된 프로그램의 일부를 변경해 주는 프로그램이다.

난이도 하 문제 진단 ○△×

10 **다음 중 외부로부터의 데이터 침입 행위에 관한 유형의 위조(Fabrication)에 대한 설명으로 옳은 것은?**

① 자료가 수신측으로 전달되는 것을 방해하는 행위
② 전송한 자료가 수신지로 가는 도중에 몰래 보거나 도청하는 행위
③ 원래의 자료를 다른 내용으로 바꾸는 행위
④ 자료가 다른 송신자로부터 전송된 것처럼 꾸미는 행위

중요✓ 난이도 중 문제 진단 ○△×

11 **다음 중 Java 언어에 대한 설명으로 옳지 않은 것은?**

① 특정 컴퓨터 구조와 무관한 가상 바이트 머신 코드를 사용하므로 플랫폼이 독립적이다.
② 인터프리터를 이용한 프로그래밍 언어로 특히 인공지능 분야에서 널리 사용되고 있다.
③ 객체 지향 언어로 추상화, 상속화, 다형성과 같은 특징을 가진다.
④ 네트워크 환경에서 분산 작업이 가능하도록 설계되었다.

난이도 중 문제 진단 ○△×

12 **다음 중 용어에 대한 설명으로 옳지 않은 것은?**

① Ubiquitous : 시간과 장소에 상관없이 자유롭게 네트워크에 접속할 수 있는 정보 통신 환경
② Wibro : 고정된 장소에서 초고속 인터넷을 이용할 수 있는 무선 휴대 인터넷 서비스
③ VoIP : 음성 데이터를 인터넷 프로토콜 데이터 패킷으로 변화하여 일반 데이터망에서 통화를 가능하게 해 주는 통신서비스 기술
④ RFID : 전파를 이용해 정보를 인식하는 기술로 출입 관리, 주차 관리에 주로 사용

난이도 하 문제 진단 ○△×

13 **컴퓨터는 취급하는 데이터에 따라 디지털 컴퓨터, 아날로그 컴퓨터, 하이브리드 컴퓨터로 나눌 수 있다. 다음 중 아날로그 컴퓨터에서 사용되는 주요 구성 회로는?**

① 연산 회로
② 논리 회로
③ 플립플롭 회로
④ 증폭 회로

난이도 중 문제 진단 ○△×

14 **다음 중 인터넷 주소 체계에서 IPv6에 대한 설명으로 옳지 않은 것은?**

합격 강의

① 32비트를 8비트씩 4부분으로 나누어 각 부분을 점(.)으로 구분한다.
② 등급별, 서비스별로 패킷을 구분할 수 있어서 품질보장이 용이하다.
③ 실시간으로 흐름을 제어하므로 향상된 멀티미디어 기능이 지원된다.
④ 주소의 개수는 약 43억×43억×43억×43억 개다.

난이도 중 문제 진단 ○△×

15 **다음 중 사용자가 눈으로 보는 현실 화면이나 실제 영상에 문자나 그래픽과 같은 가상의 3차원 정보를 실시간으로 겹쳐 보여주는 새로운 멀티미디어 기술을 의미하는 용어로 옳은 것은?**

① 가상 장치 인터페이스(VDI)
② 가상 현실 모델 언어(VRML)
③ 증강현실(AR)
④ 주문형 비디오(VOD)

난이도 중 문제 진단 ○△×

16 **다음 중 OSI 7계층 중 종점 호스트 사이의 데이터 전송을 다루는 계층으로 종점 간의 연결 관리, 오류 제어와 흐름 제어 등을 수행하는 계층은?**

① 응용 계층
② 전송 계층
③ 프리젠테이션 계층
④ 물리 계층

중요✓ 난이도 중 문제 진단 ○△×

17 **다음 중 7개의 데이터 비트(Data Bit)와 1개의 패리티 비트(Parity Bit)를 사용하며, 128개의 문자를 표현할 수 있는 코드로 옳은 것은?**

① BCD 코드
② ASCII 코드
③ EBCDIC 코드
④ UNI 코드

난이도 중 문제 진단 ○△×

18 **다음 중 호스트의 IP 주소를 호스트와 연결된 네트워크 접속장치의 물리적 주소로 번역해 주는 프로토콜로 옳은 것은?**

① TCP
② UDP
③ IP
④ ARP

난이도 중 문제 진단 ○△✕

19 다음 중 한글 Windows에서 프린터 설치에 관한 설명으로 옳지 않은 것은?

① [프린터 추가 마법사]를 실행하여 새로운 프린터를 설치할 수 있다.
② 새로운 프린터를 설치하는 과정에서 네트워크 프린터를 기본 프린터로 설정하려면 반드시 스풀링의 설정이 필요하다.
③ 여러 대의 프린터를 한 대의 컴퓨터에 설치할 수 있고, 한 대의 프린터를 네트워크로 공유하여 여러 대의 컴퓨터에서 사용할 수 있다.
④ 기본 프린터는 한 대만 지정할 수 있으며, 기본 프린터로 설정된 프린터도 삭제할 수 있다.

난이도 중 문제 진단 ○△✕

20 다음 중 SRAM과 DRAM에 대한 설명으로 옳은 것은?

합격 강의

① SRAM의 소비전력이 DRAM보다 낮다.
② DRAM은 SRAM에 비해 속도가 빠르다.
③ DRAM의 가격이 SRAM보다 고가이다.
④ SRAM은 재충전이 필요 없는 메모리이다.

2과목 스프레드시트 일반

난이도 중 문제 진단 ○△✕

21 다음 중 메모에 대한 설명으로 옳지 않은 것은?

합격 강의

① 메모를 삽입할 때 바로 가기 키인 Shift+F2를 사용하거나 [검토] 탭의 [메모] 그룹에서 [새 메모]를 클릭한다.
② 피벗 테이블에서 메모를 삽입한 경우 데이터를 정렬하면 메모는 함께 정렬되지 않는다.
③ 입력된 텍스트의 크기에 맞게 메모 크기를 자동으로 조정하려면 [Excel 옵션]–[고급]의 [메모가 있는 셀 표시]에서 '자동 크기'를 설정한다.
④ [메모 서식]에서 메모의 글꼴, 텍스트 맞춤(가로, 세로), 방향, 채우기 색, 선의 종류 및 색을 설정할 수 있다.

난이도 중 문제 진단 ○△✕

22 [홈] 탭–[맞춤] 그룹의 [자동 줄 바꿈]은 길이가 매우 긴 텍스트를 여러 줄로 줄 바꿈 처리하여 모든 내용이 표시되도록 하는 기능이다. 다음 중 [자동 줄 바꿈] 기능의 다른 방법으로 옳지 않은 것은?

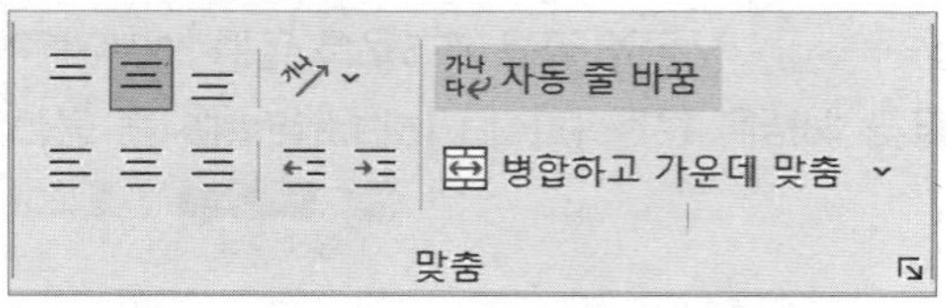

① 셀을 선택한 다음 Alt+H+W를 누른다.
② 셀을 선택한 다음 F2를 누른 후 셀에서 선을 끊을 위치를 클릭하고 Alt+Enter를 클릭한다.
③ Ctrl+1을 누른 후 [셀 서식] 대화 상자의 [맞춤] 탭–[텍스트 조정]에서 '자동 줄 바꿈'을 클릭하여 설정한다.
④ [보기] 탭의 [표시] 그룹에서 'Wrap Text'를 클릭하여 설정한다.

난이도 중 문제 진단 ○△✕

23 다음 중 아래의 워크시트처럼 셀 구분 선과 행/열 머리글을 그대로 인쇄하기 위한 설정 방법으로 옳은 것은?

합격 강의

	A	B	C	D
1	컴퓨터활용능력		컴퓨터활용능력	
2		컴퓨터활용능력		
3	컴퓨터활용능력		컴퓨터활용능력	
4				
5				

① 페이지 설정 대화 상자의 [페이지] 탭에서 '눈금선'과 '행/열 머리글'을 선택한다.
② 페이지 설정 대화 상자의 [여백] 탭에서 '눈금선'과 '행/열 머리글'을 선택한다.
③ 페이지 설정 대화 상자의 [머리글/바닥글] 탭에서 '눈금선'과 '행/열 머리글'을 선택한다.
④ 페이지 설정 대화 상자의 [시트] 탭에서 '눈금선'과 '행/열 머리글'을 선택한다.

난이도 하 문제 진단 ○△✕

24 다음 중 문서를 인쇄했을 때 문서의 위쪽에 "–1 Page–" 형식으로 페이지 번호를 표시하는 방법으로 옳은 것은?

① –#[페이지 번호] Page–
② #–[페이지 번호] Page–
③ –&[페이지 번호] Page–
④ &–[페이지 번호] Page–

난이도 하 문제 진단 ○△✕

25 통합 문서의 첫 번째 시트 뒤에 새로운 시트를 추가하는 프로시저를 작성하려고 한다. 다음 중 괄호( ) 안에 해당하는 인수로 옳은 것은?

합격 강의

```
Worksheets.Add (      ):=Sheets(1)
```

① Left
② Right
③ After
④ Before

중요✓ 난이도 중 문제 진단 ○△✕

26 다음 중 아래 그림에서 수식 =DMAX(A1:C6,2,E1:E2)를 실행하였을 때의 결과 값으로 옳은 것은?

	A	B	C	D	E
1	성명	키	체중		체중
2	홍길동	167	88		>=70
3	이기적	178	67		
4	최영진	174	69		
5	한민국	162	58		
6	홍범도	180	80		

① 167 ② 174
③ 178 ④ 180

난이도 중 문제 진단 ○△✕

27 다음 중 아래의 워크시트처럼 [D1:D5] 범위를 선택하고 [데이터] 탭-[정렬 및 필터] 그룹에서 [정렬]을 클릭했을 때의 결과로 옳은 것은?

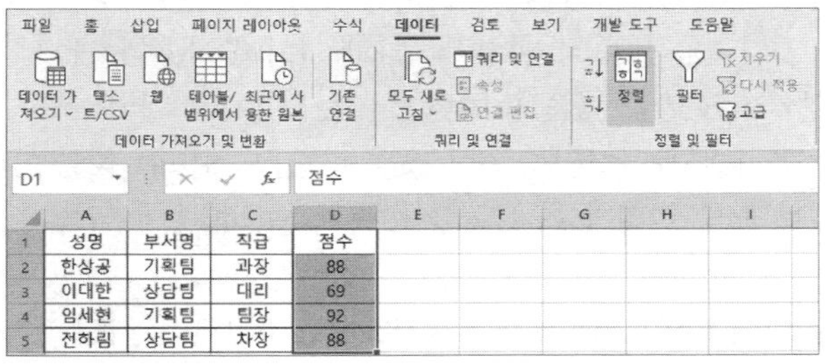

① 점수를 기준으로 오름차순 또는 내림차순 정렬을 선택하는 정렬 대화 상자가 나타난다.
② 선택하지 않은 나머지 데이터를 자동으로 선택하여 영역을 확장한다.
③ 현재 선택된 영역을 기준으로 기본 내림차순 정렬이 실행된다.
④ '선택하지 않은 데이터가 있으며 이 데이터는 정렬되지 않습니다.'라는 정렬 경고 대화 상자가 표시된다.

난이도 중 문제 진단 ○△✕

28 다음 중 배열 수식의 입력 및 변경 규칙에 대한 설명으로 옳지 않은 것은?

① 배열 수식을 입력하거나 편집할 때에는 Ctrl+Shift+Enter를 눌러야 수식이 올바르게 실행된다.
② 수식에 사용되는 배열 인수들은 각각 동일한 개수의 행과 열을 가져야 한다.
③ 배열 수식의 일부만을 이동하거나 삭제할 수는 있으나 전체 배열 수식을 이동하거나 삭제할 수는 없다.
④ 배열 상수는 중괄호를 직접 입력하여 상수를 묶어야 한다.

중요✓ 난이도 하 문제 진단 ○△✕

29 다음 아래의 삭제 대화 상자는 [홈] 탭-[셀] 그룹-[삭제]에서 [셀 삭제]를 클릭했을 때 나타나는 대화 상자이다. 바로 가기 키로 옳은 것은?

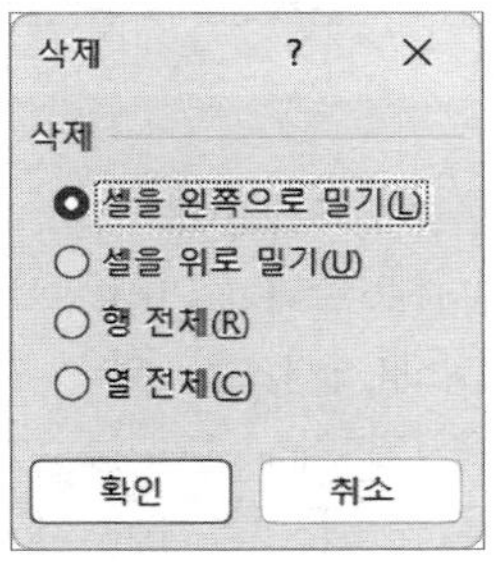

① Alt+[+]를 누른다.
② Alt+[-]를 누른다.
③ Ctrl+[+]를 누른다.
④ Ctrl+[-]를 누른다.

난이도 중 문제 진단 ○△✕

30 다음 중 연이율 4.5%로 2년 만기로 매월 말 400,000원씩 저축할 경우, 복리 이자율로 계산하여 만기에 찾을 수 있는 금액을 구하기 위한 수식으로 옳은 것은?

① =FV(4.5%/12,2*12,-400000)
② =FV(4.5%/12,2*12,-400000,,1)
③ =FV(4.5%,2*12,-400000,,1)
④ =FV(4.5%,2*12,-400000)

난이도 하 문제 진단 ○△✕

31 다음 중 작업에 필요한 여러 개의 통합 문서를 한 화면에 함께 표시하여 비교하면서 작업하기에 편리한 기능은?

① 창 나누기
② 창 정렬
③ 틀 고정
④ 페이지 나누기

난이도 중 문제 진단 ○△✕

32 다음 설명하는 차트의 종류로 옳은 것은?

- 과학, 통계 및 공학 데이터와 같은 숫자 값을 표시하고 비교하는 데 주로 사용
- 두 개의 숫자 그룹을 XY 좌표로 이루어진 하나의 계열로 표시하기에 적합
- 가로축의 값이 일정한 간격이 아닌 경우
- 가로축의 데이터 요소 수가 많은 경우
- 데이터 요소 간의 차이점보다는 데이터 집합 간의 유사점을 표시하려는 경우

① 주식형 차트　② 분산형 차트
③ 영역형 차트　④ 방사형 차트

난이도 중 문제 진단 ○△✕

33 다음 중 수식에서 발생하는 각 오류에 대한 원인으로 옳지 않은 것은?

① #NULL! – 배열 수식이 들어 있는 범위와 행 또는 열수가 같지 않은 배열 수식의 인수를 사용하는 경우
② #VALUE! – 수식에서 잘못된 인수나 피연산자를 사용한 경우
③ #NUM! – 수식이나 함수에 잘못된 숫자 값이 포함된 경우
④ #NAME? – 수식에서 이름으로 정의되지 않은 텍스트를 큰따옴표로 묶지 않고 입력한 경우

중요✓ 난이도 상 문제 진단 ○△✕

34 다음 중 아래 시트에서 각 수식을 실행했을 때의 결과 값으로 옳은 것은?

합격 강의

	A	B	C	D	E
1	이름	국어	영어	수학	평균
2	홍길동	83	90	73	82
3	이대한	65	87	91	81
4	한민국	80	75	100	85
5	평균	76	84	88	82.66667

① =SUM(COUNTA(B2:D4), MAXA(B2:D4)) → 102
② =AVERAGE(SMALL(C2:C4, 2), LARGE(C2:C4, 2)) → 75
③ =SUM(LARGE(B3:D3, 2), SMALL(B3:D3, 2)) → 174
④ =SUM(COUNTA(B2,D4), MINA(B2,D4)) → 109

난이도 하 문제 진단 ○△✕

35 다음 중 여러 워크시트를 선택하여 그룹으로 설정한 경우에 대한 설명으로 옳지 않은 것은?

① 엑셀 창의 맨 위 제목 표시줄에 [그룹]이라고 표시된다.
② 그룹 상태에서 도형이나 차트 등의 그래픽 개체는 삽입되지 않는다.
③ 그룹으로 설정된 임의의 시트에서 입력하거나 편집한 데이터는 그룹으로 설정된 모든 시트에 반영된다.
④ 그룹 상태에서 여러 개의 시트에 정렬 및 필터 기능을 수행할 수 있다.

중요✓ 난이도 중 문제 진단 ○△✕

36 **다음 중 가상 분석 도구인 [데이터 표]에 대한 설명으로 옳지 않은 것은?**

① 테스트할 변수의 수에 따라 변수가 한 개이거나 두 개인 데이터 표를 만들 수 있다.
② 데이터 표를 이용하여 입력된 데이터는 부분적으로 수정 또는 삭제할 수 있다.
③ 워크시트가 다시 계산될 때마다 데이터 표도 변경 여부와 관계없이 다시 계산된다.
④ 데이터 표의 결과 값은 반드시 변화하는 변수를 포함한 수식으로 작성해야 한다.

난이도 중 문제 진단 ○△✕

37 **다음 중 데이터 입력에 대한 설명으로 옳지 않은 것은?**

① Ctrl+E는 값을 자동으로 채워주는 빠른 채우기의 바로 가기 키이다.
② 데이터를 입력하는 도중에 입력을 취소하려면 Esc를 누른다.
③ 텍스트, 텍스트/숫자 조합, 날짜, 시간 데이터는 셀에 입력하는 처음 몇 자가 해당 열의 기존 내용과 일치하면 자동으로 입력된다.
④ 여러 셀에 동일한 데이터를 입력하려면 해당 셀을 범위로 지정하여 데이터를 입력한 후 Ctrl+Enter를 누른다.

난이도 중 문제 진단 ○△✕

38 **다음 중 피벗 테이블에 대한 설명으로 옳지 않은 것은?**

① 피벗 차트 보고서는 피벗 테이블 보고서를 만들지 않고는 만들 수 없으며, 피벗 테이블과 피벗 차트를 함께 만든 후 피벗 테이블을 삭제하면 피벗 차트는 일반 차트로 변경된다.
② 피벗 테이블 보고서에서 필드 단추를 다른 열이나 행의 위치로 끌어다 놓으면 데이터 표시형식이 달라진다.
③ 피벗 테이블 보고서는 엑셀에서 작성된 데이터를 대상으로 새로운 대화형 테이블을 만드는 데 사용하며 외부 액세스 데이터베이스에서 만들어진 데이터는 호환되지 않으므로 사용할 수 없다.
④ 피벗 테이블 보고서를 이용하면 가장 유용하고 관심이 있는 하위 데이터 집합에 대해 필터, 정렬, 그룹 및 조건부 서식을 적용하여 원하는 정보만 강조할 수 있다.

난이도 하 문제 진단 ○△✕

39 **다음 중 작성된 매크로를 실행하는 방법으로 옳지 않은 것은?**

① 매크로 대화 상자에서 매크로를 선택하여 실행한다.
② 매크로를 작성할 때 지정한 바로 가기 키를 이용하여 실행한다.
③ 매크로를 지정한 도형을 클릭하여 실행한다.
④ 매크로가 적용되는 셀의 바로 가기 메뉴를 이용하여 실행한다.

난이도 중 문제 진단 ○△✕

40 **다음 중 차트의 데이터 계열 서식에 대한 설명으로 옳지 않은 것은?**

합격 강의

① 계열 겹치기 수치를 양수로 지정하면 데이터 계열 사이가 벌어진다.
② 차트에서 데이터 계열의 간격을 넓게 또는 좁게 지정할 수 있다.
③ 특정 데이터 계열의 값이 다른 데이터 계열의 값과 차이가 많이 나거나 데이터 형식이 혼합되어 있는 경우 보조 세로(값) 축에 하나 이상의 데이터 계열을 나타낼 수 있다.
④ 보조 축에 해당되는 데이터 계열을 구분하기 위하여 보조 축의 데이터 계열만 선택하여 차트 종류를 변경할 수 있다.

3과목 데이터베이스 일반

난이도 중 문제 진단 ○△✕

41 **다음 중 개체 관계 모델(Entity Relationship Model)에 관한 설명으로 옳지 않은 것은?**

① 개념적 설계에 가장 많이 사용되는 모델로 개체 관계도(ERD)가 가장 대표적이다.
② 개체집합과 관계집합으로 나누어서 개념적으로 표시하는 방식으로 특정 데이터베이스 관리 시스템(DBMS)을 고려한 것은 아니다.
③ 데이터를 개체(Entity), 관계(Relationship), 속성(Attribute)과 같은 개념으로 표시한다.
④ 개체(Entity)는 가상의 객체나 개념을 의미하고, 속성(Attribute)은 개체를 묘사하는 데 사용될 수 있는 특성을 의미한다.

중요✓ 난이도 하 문제 진단 ○△✕

42 **다음 중 관계형 데이터베이스에서 사용되는 용어에 대한 설명으로 옳은 것은?**

① 도메인(Domain) : 테이블에서 행을 나타내는 말로 레코드와 같은 의미
② 튜플(Tuple) : 하나의 속성이 취할 수 있는 값의 집합
③ 속성(Attribute) : 테이블에서 열을 나타내는 말로 필드와 같은 의미
④ 차수(Degree) : 한 릴레이션에서의 튜플의 개수

난이도 중 문제 진단 ○△✕

43 **다음 중 관계를 맺고 있는 릴레이션 R1, R2에서 릴레이션 R1이 참조하고 있는 릴레이션 R2의 기본키와 같은 R1 릴레이션의 속성을 무엇이라 하는가?**

① 후보키(Candidate Key)
② 외래키(Foreign Key)
③ 슈퍼키(Super Key)
④ 대체키(Alternate Key)

난이도 하 문제 진단 ○△✕

44 **다음 중 E-R 다이어그램에서 개체를 의미하는 기호는?**

① 사각형
② 오각형
③ 삼각형
④ 타원

중요✓ 난이도 하 문제 진단 ○△✕

45 **다음 중 전체 페이지가 5페이지이고 현재 페이지가 2페이지인 보고서에서 표시되는 식과 결과가 옳지 않은 것은?**

합격 강의

① 식 =[Page] → 결과 2
② 식 =[Page] & "페이지" → 결과 2페이지
③ 식 =[Page] & "중 " & [Page] → 결과 5중 2
④ 식 =Format([Page], "000") → 결과 002

난이도 상 문제 진단 ○△✕

46 사원관리 데이터베이스에는 [부서정보] 테이블과 실적 정보를 포함한 [사원정보] 테이블이 관계로 연결되어 있다. 다음 중 아래의 SQL문의 실행 결과에 대한 설명으로 옳은 것은?(단, 부서에는 여러 사원이 있으며, 한 사원은 하나의 부서에 소속되는 일대다 관계임)

합격 강의

```
SELECT 부서정보. 부서번호. 부서명. 번호. 이름. 실적 FROM 부서정보
RIGHT JOIN 사원정보 ON 부서정보.부서번호 = 사원정보.부서번호;
```

① 두 테이블에서 부서번호가 일치되는 레코드의 부서번호, 부서명, 번호, 이름, 실적 필드를 표시한다.
② [부서정보] 테이블의 레코드는 모두 포함하고, [사원정보] 테이블에서는 실적이 있는 레코드만 포함하여 결과를 표시한다.
③ [부서정보] 테이블의 레코드는 [사원정보] 테이블의 부서번호와 일치되는 것만 포함하고, [사원정보] 테이블에서는 실적이 있는 레코드만 포함하여 결과를 표시한다.
④ [부서정보] 테이블의 레코드는 [사원정보] 테이블의 부서번호와 일치되는 것만 포함하고, [사원정보] 테이블에서는 모든 레코드가 포함하여 결과를 표시한다.

난이도 중 문제 진단 ○△✕

47 폼 바닥글에 [사원] 테이블의 '직급'이 '과장'인 레코드들의 '급여' 합계를 구하고자 한다. 다음 중 폼 바닥글의 텍스트 상자 컨트롤에 입력해야 할 식으로 옳은 것은?

① =DHAP("[사원]", "[급여]", "[직급]='과장'")
② =DHAP("[급여]", "[사원]", "[직급]='과장'")
③ =DSUM("[사원]", "[급여]", "[직급]='과장'")
④ =DSUM("[급여]", "[사원]", "[직급]='과장'")

난이도 하 문제 진단 ○△✕

48 다음 중 폼이나 보고서에서 테이블이나 쿼리의 필드를 컨트롤 원본으로 사용하는 컨트롤을 의미하는 것은?

① 언바운드 컨트롤
② 바운드 컨트롤
③ 계산 컨트롤
④ 레이블 컨트롤

난이도 중 문제 진단 ○△✕

49 테이블에서 이미 작성된 필드의 순서를 변경하려고 할 때 옳지 않은 것은?

① 데이터시트 보기에서 이동시킬 필드를 선택한 후 새로운 위치로 드래그 앤 드롭하여 필드를 이동시킬 수 있다.
② 디자인 보기에서 이동시킬 필드를 선택한 후 새로운 위치로 드래그 앤 드롭 하여 필드를 이동시킬 수 있다.
③ 디자인 보기에서 한번에 여러 개의 필드를 선택한 후 이동시킬 수 있다.
④ 데이터시트 보기에서 「잘라내기」와 「붙여넣기」를 이용하여 필드를 이동시킬 수 있다.

난이도 중 문제 진단 ○△✕

50 다음 중 쿼리를 실행할 때마다 메시지 상자를 표시하여 사용자에게 조건 값을 입력받아 쿼리를 실행하는 유형은?

① 크로스탭 쿼리
② 매개 변수 쿼리
③ 통합 쿼리
④ 실행 쿼리

중요✓ 난이도 중 문제 진단 ○△✕

51 다음 중 Access의 테이블 디자인에서 필드 속성의 입력 마스크가 'L&A'로 설정되어 있을 때 입력할 수 있는 데이터는?

합격 강의

① 123
② 1AB
③ AB
④ A1B

난이도 중 문제 진단 ○△✕

52 다음 중 위쪽 구역에 데이터시트를 표시하는 열 형식의 폼을 만들고, 아래쪽 구역에 선택한 레코드에 대한 정보를 수정하거나 입력할 수 있는 데이터시트 형식의 폼을 자동으로 만들어 주는 도구는?

① 폼
② 폼 분할
③ 여러 항목
④ 폼 디자인

난이도 중 문제 진단 ○△✕

53 다음 중 프로시저에 대한 설명으로 옳지 않은 것은?

① 프로시저는 연산을 수행하거나 값을 계산하는 일련의 명령문과 메서드로 구성된다.
② 명령문은 대체로 프로시저나 선언 구역에서 한 줄로 표현되며 명령문의 끝에는 세미콜론(;)을 찍어 구분한다.
③ 이벤트 프로시저는 특정 객체에 해당 이벤트가 발생하면 자동으로 실행되나 다른 프로시저에서도 이를 호출하여 실행할 수 있다.
④ Function 프로시저는 Function 문으로 함수를 선언하고 End Function 문으로 함수를 끝낸다.

난이도 하 문제 진단 ○△✕

54 다음 중 회원(회원번호, 성명, 연락처, 회원사진) 테이블에서 회원사진 필드에 회원의 사진을 저장하려고 한다. 가장 적합한 데이터 형식으로 옳은 것은?

① 일련번호
② 긴 텍스트
③ 첨부 파일
④ 하이퍼링크

난이도 중 문제 진단 ○△✕

55 아래는 쿼리의 '디자인 보기'이다. 다음 중 아래 쿼리의 실행 결과로 옳은 것은?

합격 강의

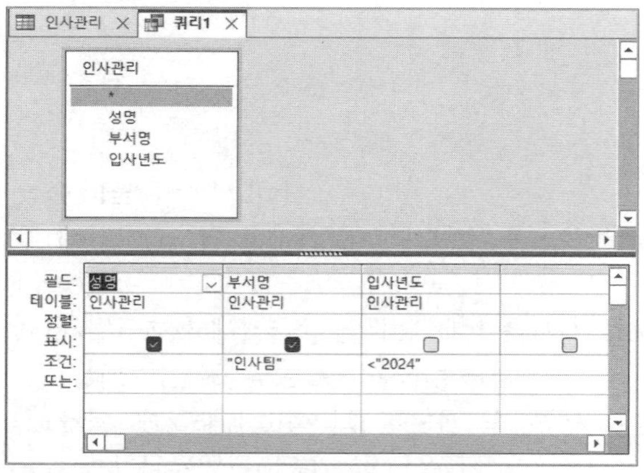

① 2024년 전에 입사했거나 부서명이 인사팀인 직원의 성명과 부서명을 표시
② 2024년 전에 입사하여 부서명이 인사팀인 직원의 성명과 부서명을 표시
③ 2024년 전에 입사했거나 부서명이 인사팀인 직원의 성명, 부서명, 입사년도를 표시
④ 2024년 전에 입사하여 부서명이 인사팀인 직원의 성명, 부서명, 입사년도를 표시

난이도 중 문제 진단 ○△✕

56 다음 중 보고서의 각 구역에 대한 설명으로 옳지 않은 것은?

① 보고서 바닥글 영역에는 로고, 보고서 제목, 날짜 등을 삽입하며, 보고서의 모든 페이지에 출력된다.
② 페이지 머리글 영역에는 열 제목 등을 삽입하며, 모든 페이지의 맨 위에 출력된다.
③ 그룹 머리글/바닥글 영역에는 일반적으로 그룹별 이름, 요약 정보 등을 삽입한다.
④ 본문 영역은 실제 데이터가 레코드 단위로 반복 출력되는 부분이다.

난이도 상 문제 진단 ○△✕

57 다음 중 아래처럼 테이블 간의 관계 설정에서 일대일 관계가 성립하는 것은?

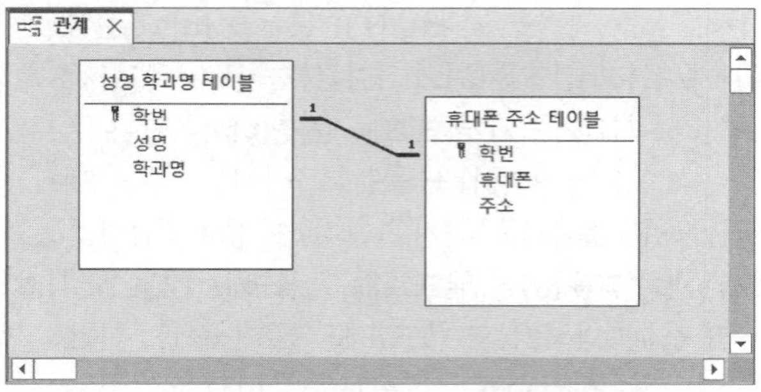

① 양쪽 테이블의 연결 필드가 모두 중복 불가능의 인덱스나 기본키로 설정된 경우
② 어느 한쪽의 테이블의 연결 필드가 중복 불가능의 인덱스나 기본키로 설정된 경우
③ 오른쪽 관련 테이블의 연결 필드가 중복 가능한 인덱스나 후보키로 설정된 경우
④ 양쪽 테이블의 연결 필드가 모두 중복 가능한 인덱스나 후보키로 설정된 경우

난이도 하 문제 진단 ○△✕

58 다음 중 관계형 데이터 모델에서 데이터의 정확성과 일관성을 보장하기 위한 것은?

① 릴레이션
② 관계 연산자
③ 무결성 제약조건
④ 속성의 집합

중요✓ 난이도 상 문제 진단 ○△✕

59 다음 중 사원 테이블에서 호봉이 33인 사원의 연봉을 3% 인상된 값으로 수정하는 실행 쿼리를 작성하고자 할 때, 아래의 각 괄호에 넣어야 할 구문을 순서대로 나열한 것은?

합격 강의

```
UPDATE 사원
(     ) 연봉 = 연봉 * 1.03
(     ) 호봉 = 33;
```

① FROM, WHERE
② SET, WHERE
③ VALUE, SELECT
④ INTO, VALUE

난이도 하 문제 진단 ○△✕

60 다음 데이터베이스 관련 용어 중에서 성격이 다른 것은?

① DDL
② DBA
③ DML
④ DCL

빠른 정답표 확인하기

① 모바일로 QR 코드를 스캔합니다.
② 해당 회차의 정답표를 확인합니다.
③ 빠르고 간편하게 채점해 보세요.

해설과 따로 보는 2023년 상시 기출문제 02회

자동 채점 서비스 / 합격 강의

SELF CHECK | 제한시간 60분 | 소요시간 분 | 전체 문항 수 60문항 | 맞힌 문항 수 문항

1과목 컴퓨터 일반

난이도 중 문제 진단 ○△✕

01 **다음 중 통신 기술과 GPS, 실시간으로 사용할 수 있는 데이터베이스와의 연동으로 주변의 위치 정보 서비스와 그에 따른 기타 부가 서비스를 제공하는 기술은?**

합격 강의

① 빅 데이터(Big Data)
② 사물 인터넷(IoT)
③ 위치 기반 서비스(LBS)
④ 시멘틱 웹(Semantic Web)

난이도 중 문제 진단 ○△✕

02 **다음 〈보기〉에서 설명하는 기억 장치로 옳은 것은?**

〈보기〉

- 기억 공간의 확대에 목적이 있다.
- 운영체제에서 소프트웨어적으로 사용한다.
- 보조 기억 장치인 하드디스크 일부를 주기억 장치처럼 사용한다.
- 주기억 장치보다 큰 프로그램을 로드하여 실행할 때 유용하다.
- 페이징 기법(동일한 크기의 블록)과 세그멘테이션(가변적 크기의 블록) 기법이 있다.

① 연관 메모리(Associative Memory)
② 캐시 메모리(Cache Memory)
③ 가상 메모리(Virtual Memory)
④ 플래시 메모리(Flash Memory)

중요✓ 난이도 중 문제 진단 ○△✕

03 **다음 중 멀티미디어 그래픽 데이터의 벡터 방식에 대한 설명으로 옳지 않은 것은?**

① 좌표 개념을 사용하여 이동 회전 등의 변형이 쉽다.
② 이미지를 확대하여도 테두리가 매끄럽게 표현된다.
③ 점과 점을 연결하는 직선이나 곡선을 이용하여 이미지를 표현한다.
④ 비트맵 방식과 비교하여 기억 공간을 많이 차지한다.

난이도 하 문제 진단 ○△✕

04 **다음 중 컴퓨터에서 메모리가 정상적으로 인식되지 않을 때에 해결 대책으로 옳지 않은 것은?**

① CMOS 셋업에서 캐시 항목이 Enable로 설정되어 있는지 확인한다.
② CMOS 셋업에서 RAM의 속도를 임의로 변경하지 않았는지 확인한다.
③ 메인보드에서 지원하는 RAM을 사용했는지 확인한다.
④ RAM 소켓에 RAM이 올바르게 꽂혀있는지 확인한다.

중요✓ 난이도 중 문제 진단 ○△✕

05 **다음 중 〈보기〉에 해당하는 프로그래밍 언어는?**

〈보기〉

- 미국의 선 마이크로시스템즈에서 개발한 객체 지향적 프로그래밍 언어이다.
- 처음에는 가전제품 내에 탑재해 동작하는 프로그램을 위해 개발했다.
- 현재 웹 어플리케이션 개발에 가장 많이 사용하는 언어 가운데 하나이다.
- 모바일 기기용 소프트웨어 개발에도 널리 사용하고 있는 언어이다.
- 네트워크 분산 처리 환경에서 사용하기 때문에 보안성이 좋다.
- 컴파일한 코드는 클래스(Class)로 제공되므로 다른 운영체제에서 사용할 수 있다.

① JAVA
② C++
③ LISP
④ SNOBOL

난이도 중 문제 진단 ○△✕

06 **다음 중 한글 Windows에서 사용하는 [휴지통]에 대한 설명으로 옳은 것은?**

합격 강의

① USB 메모리에 있는 파일을 선택한 후 Delete를 눌러 삭제하면 휴지통으로 가지 않고 완전히 지워진다.
② 지정된 휴지통의 용량을 초과하면 가장 최근에 삭제된 파일부터 자동으로 지워진다.
③ 삭제할 파일을 선택하고 Shift+Delete를 누르면 해당 파일이 휴지통으로 이동한다.
④ 휴지통의 크기는 사용자가 원하는 크기를 KB 단위로 지정할 수 있다.

난이도 중 문제 진단 ○△✕

07 **다음 중 HTTP 프로토콜에 대한 설명으로 옳지 않은 것은?**

① 파일 전송 프로토콜로, 파일을 전송하거나 받을 때 사용한다.
② HTTPS는 HTTP의 보안이 강화된 버전이다.
③ HTTP가 사용하는 포트는 80번 포트이다.
④ 인터넷에서 하이퍼텍스트(Hypertext) 문서를 전송하기 위한 용도로 사용되는 통신규약이다.

난이도 하 문제 진단 ○△✕

08 **다음 중 공격 유형 중 마치 다른 송신자로부터 정보가 수신된 것처럼 꾸미는 것으로, 시스템에 불법적으로 접근하여 오류의 정보를 정확한 정보인 것처럼 속이는 행위를 뜻하는 것은?**

① 차단(Interruption)
② 변조(Modification)
③ 위조(Fabrication)
④ 가로채기(Interception)

난이도 중 문제 진단 ○△×

09 다음 중 대칭형 암호화 방식에 대한 설명으로 옳지 않은 것은?

① 처리 속도가 빠르다.
② RSA와 같은 키 교환 방식을 사용한다.
③ 키의 교환 문제가 발생한다.
④ 단일키이므로 알고리즘이 간단하고 파일의 크기가 작다.

난이도 중 문제 진단 ○△×

10 다음 중 한글 Windows에서 인터넷을 사용하기 위하여 해당 컴퓨터의 IP 주소를 동적으로 구성할 때 사용하는 프로토콜로 옳은 것은?

① POP3 ② FTP
③ DHCP ④ SMTP

중요✓ 난이도 중 문제 진단 ○△×

11 다음 〈보기〉 중 디지털 컴퓨터의 특징으로만 짝지어진 것은?

합격 강의

〈보기〉

ⓐ 증폭 회로	ⓑ 논리 회로
ⓒ 부호화된 문자, 숫자	ⓓ 프로그래밍
ⓔ 연속적인 물리량	ⓕ 범용성

① ⓐ, ⓑ, ⓒ, ⓓ
② ⓑ, ⓒ, ⓓ, ⓕ
③ ⓒ, ⓓ, ⓔ, ⓕ
④ ⓐ, ⓑ, ⓒ, ⓕ

난이도 중 문제 진단 ○△×

12 다음 중 컴퓨터에서 중앙 처리 장치와 입출력 장치 사이의 속도 차이로 인한 문제점을 해결해 주는 장치는?

① 레지스터(Register) ② 인터럽트(Interrupt)
③ 콘솔(Console) ④ 채널(Channel)

난이도 중 문제 진단 ○△×

13 다음 중 시퀀싱(Sequencing)에 대한 설명으로 옳은 것은?

① 컴퓨터를 이용하여 오디오 파일이나 여러 연주, 악기 소리 등을 프로그램에 입력하여 녹음하는 방법으로 음악을 제작, 녹음, 편집하는 작업을 의미한다.
② 전자 악기 사이의 데이터 교환을 위한 규약으로 음의 강도, 악기 종류 등과 같은 정보를 기호화하여 코드화한 방식이다.
③ 아날로그 신호를 디지털화하여 나타내는 것으로, 소리의 파장이 그대로 저장되며, 자연의 음향과 사람의 음성 표현이 가능하다.
④ 오디오 데이터 압축 파일 형식으로 무손실 압축 포맷이며 원본 오디오의 음원 손실이 없다.

난이도 중 문제 진단 ○△×

14 다음 중 한쪽의 CPU가 가동 중일 때, CPU가 고장이 나거나 장애가 발생하면 즉시 예비로 대기 중인 다른 CPU가 작동되도록 운영하는 것으로 시스템의 안정성을 고려한 방식은?

① 다중 처리 시스템
② 듀얼 시스템(Dual System)
③ 분산 처리 시스템
④ 듀플렉스 시스템(Duplex System)

난이도 중 문제 진단 ○△×

15 다음 중 인터넷의 보안 문제로부터 특정 네트워크를 격리하는 데 사용되는 것으로 보안이 필요한 네트워크의 통로를 단일화하여 이 출입구를 관리함으로써 외부로부터의 불법적인 접근을 대부분 막을 수 있는 시스템은?

① 방화벽(Firewall)
② 해킹(Hacking)
③ 펌웨어(Firmware)
④ 데이터 디들링(Data Diddling)

난이도 중 문제 진단 ○△×

16 다음 중 인터넷에 대한 설명으로 옳지 않은 것은?

① 인터넷에서 사용할 수 있는 서비스로 E-mail, FTP, Telnet 등이 있다.
② URL이란 인터넷상에서 각종 자원이 있는 위치를 나타낸다.
③ IPv4는 16비트 주소 체계를 가지고 있으며 IPv6는 32비트 주소 체계를 가지고 있다.
④ HTTP는 WWW를 이용할 때 서버와 클라이언트 간의 정보교환 프로토콜이다.

난이도 하 문제 진단 ○△×

17 다음 중 전송 오류 검출 방식이 아닌 것은?

① CRC(순환 중복 검사) 방식
② 패리티 검사 방식
③ 정마크 부호 방식
④ CSMA/CD(매체 접근 제어) 방식

난이도 중 문제 진단 ○△×

18 다음 중 CISC와 RISC의 차이를 대비한 것으로 옳지 않은 것은?

합격 강의

① CISC : 복잡한 주소지정 방식, RISC : 간단한 주소지정 방식
② CISC : 복잡하고 기능이 많은 명령어, RISC : 간단한 명령어
③ CISC : 많은 수의 레지스터, RISC : 적은 수의 레지스터
④ CISC : 다양한 사이즈의 명령어, RISC : 동일한 사이즈의 명령어

난이도 중 문제 진단 ○△×

19 다음 중 컴파일러(Compiler) 언어와 인터프리터(Interpreter) 언어의 차이점에 대한 설명으로 옳지 않은 것은?

① 인터프리터는 번역 과정을 따로 거치지 않고 각 명령문을 디코딩(Decoding)을 거쳐 직접 처리한다.
② 인터프리터 언어는 대화식 처리가 가능하나, 컴파일러 언어는 일반적으로 불가능하다.
③ 컴파일러 언어는 목적 프로그램이 있는 반면, 인터프리터 언어는 일반적으로 없다.
④ 인터프리터 언어가 컴파일러 언어보다 일반적으로 실행 속도가 빠르다.

중요✓ 난이도 중 문제 진단 ○△✕

20 다음 〈보기〉는 전자 메일에 사용되는 프로토콜에 대한 설명이다. ( ) 안에 들어갈 프로토콜을 순서대로 올바르게 나열한 것은?

합격 강의

〈보기〉

> (ⓐ)는 사용자의 컴퓨터에서 작성된 메일을 받아서 다른 사람의 계정이 있는 곳으로 전송해 주는 역할에 사용되며, (ⓑ)는 전송 받은 메일을 저장하고 있다가 사용자가 메일 서버에 접속하면 이를 보내 주는 역할에 사용된다.

① ⓐ SNMP, ⓑ TCP
② ⓐ POP3, ⓑ SMTP
③ ⓐ TCP, ⓑ SNMP
④ ⓐ SMTP, ⓑ POP3

2과목 스프레드시트 일반

난이도 중 문제 진단 ○△✕

21 다음 중 [찾기 및 바꾸기] 대화 상자에 대한 설명으로 옳지 않은 것은?

① [찾기]의 바로 가기 키는 Ctrl+F, [바꾸기]의 바로 가기 키는 Ctrl+H를 사용한다.
② [찾기] 탭에서 찾는 위치는 '수식, 값, 메모'를 사용할 수 있고, [바꾸기] 탭에서는 '수식'만 사용할 수 있다.
③ [범위]에서 행 방향을 우선하여 찾을 것인지 열 방향을 우선하여 찾을 것인지를 지정할 수 있다.
④ [서식] 단추를 이용하면 특정 셀의 서식을 선택하여 동일한 셀 서식이 적용된 셀을 찾을 수도 있다.

난이도 하 문제 진단 ○△✕

22 다음 중 아래 그림의 리본 메뉴에 대한 설명으로 옳지 않은 것은?

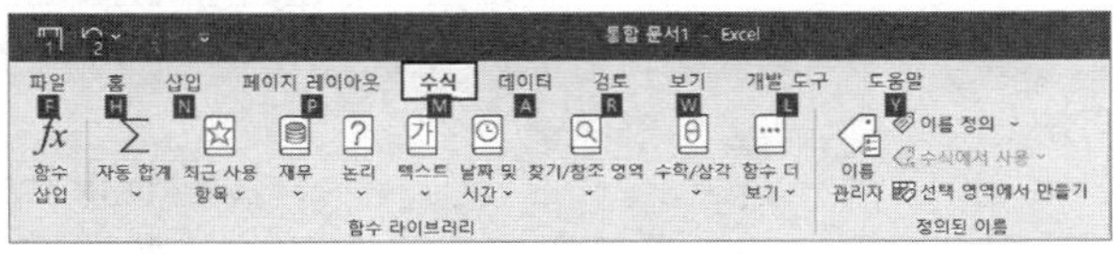

① 그림과 같이 리본 메뉴에 바로 가기 키를 나타내려면 Alt나 / 를 누른다.
② 오른쪽 방향키(→)를 누르면 활성화된 탭이 [수식] 탭에서 [데이터] 탭으로 변경된다.
③ [빠른 실행 도구 모음]에 명령이 추가되면 일련번호로 바로 가기 키가 부여된다.
④ [탭] 및 [명령] 간에 이동할 때도 키보드를 사용할 수 있으며, 그림과 같은 상태에서 W를 누르면 [수학/삼각 함수]로 변경된다.

난이도 상 문제 진단 ○△✕

23 다음 수식의 결과로 옳지 않은 것은?

합격 강의

① =REPLACE("December",SEARCH("E","korea"),4,"") → Dec
② =CHOOSE(MOD(−11,2),1,2,3) → 1
③ =EOMONTH("2024−6−3",2) → 2024−8−31
④ =FIXED(3.141592) → 3.14

난이도 중 문제 진단 ○△✕

24 다음 중 부분합에 대한 설명으로 옳은 것은?

① 부분합은 [데이터] 탭−[예측] 그룹−[가상 분석]에서 실행할 수 있다.
② 부분합에서 그룹으로 사용할 데이터는 반드시 내림차순으로 정렬된 상태에서만 실행할 수 있다.
③ 부분합에서 데이터 아래에만 요약을 표시할 수 있다.
④ 부분합은 그룹 사이에서 페이지를 나눌 수 있다.

중요✓ 난이도 중 문제 진단 ○△✕

25 다음 중 아래의 워크시트에서 평균 점수가 85점이 되려면 영어 점수가 몇 점이 되어야 하는지 알고 싶을 때 사용할 수 있는 기능은?

	A	B	C
1	성명	김선	
2	국어	80	
3	영어	60	
4	수학	90	
5	정보	90	
6			
7	평균	80	
8			

① 부분합　　② 목표값 찾기
③ 데이터 표　　④ 피벗 테이블

난이도 상 문제 진단 ○△✕

26 다음과 같은 시트에서 [D5] 셀에 아래의 수식을 입력했을 때 계산 결과로 올바른 것은?

합격 강의

> =COUNT(OFFSET(D4,−2,−2,3,3))

	A	B	C	D
1	성명	컴일반	엑셀	액세스
2	홍범도	90	100	80
3	이상공	67	68	69
4	진선미	80	80	90

① 3　　② 9
③ 68　　④ 90

난이도 하 문제 진단 ○△✕

27 다음 아래의 시트처럼 메일주소에서 ID와 도메인을 분리하는 패턴으로 만들기 위한 바로 가기 키로 옳은 것은?

	A	B	C
1	메일주소	ID	도메인
2	com@korcham.net	com	korcham.net
3	abc@naver.com		
4	sunny@gmail.com		
5	excel@daum.net		

① Ctrl+Shift+L
② Ctrl+E
③ Ctrl+F
④ Ctrl+T

난이도 중 문제 진단 ○△×

28 다음 〈보기〉 중 시트의 계산을 원하는 셀 영역을 선택한 후 상태 표시줄의 바로 가기 메뉴인 [상태 표시줄 사용자 지정]에서 선택할 수 있는 자동 계산에 해당하지 않는 것으로 옳게 짝지어진 것은?

〈보기〉

ⓐ 합계,	ⓑ 평균,	ⓒ 개수,	ⓓ 숫자 셀 수
ⓔ 최대값,	ⓕ 최소값,	ⓖ 최빈수,	ⓗ 중위수

① ⓐ, ⓑ　② ⓒ, ⓓ
③ ⓔ, ⓕ　④ ⓖ, ⓗ

중요✓ 난이도 중 문제 진단 ○△×

29 다음 중 〈보기〉에 해당하는 경우 사용할 수 있는 차트로 옳은 것은?

〈보기〉

- 데이터 계열이 하나만 있는 경우
- 데이터에 음수 값이 없는 경우
- 데이터의 값 중 0 값이 거의 없는 경우
- 항목의 수가 7개 이하이며 이 항목이 모두 전체 이 차트의 일부분을 나타내는 경우

① 세로 막대형 차트
② 영역형 차트
③ 원형 차트
④ 방사형 차트

난이도 중 문제 진단 ○△×

30 다음 중 아래와 같이 [통합 문서 보호]를 설정했을 경우에 대한 설명으로 옳지 않은 것은?

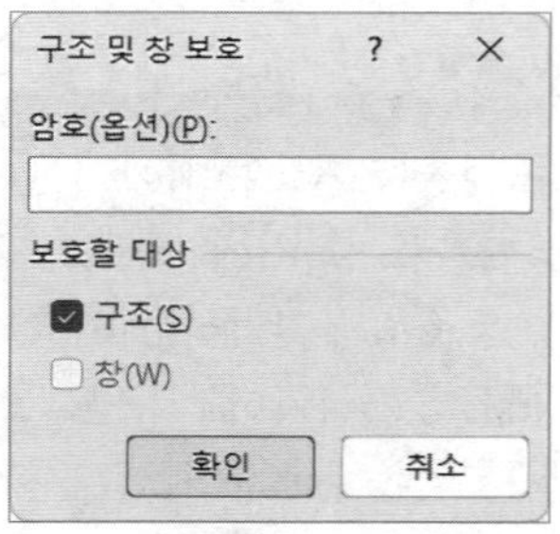

① [검토] 탭–[보호] 그룹의 [통합 문서 보호]를 클릭하여 실행한다.
② 워크시트의 추가나 삭제 작업을 실행할 수 없다.
③ 워크시트의 이동이나 복사, 이름 수정, 코드 보기, 시트 보호, 모든 시트 선택을 실행할 수 없다.
④ 암호는 반드시 입력하지 않아도 된다.

난이도 하 문제 진단 ○△×

31 다음 중 윗주에 대한 설명으로 옳은 것은?

① 윗주의 서식은 변경할 수 없다.
② 윗주는 데이터를 삭제하면 같이 삭제된다.
③ 문자, 숫자 데이터 모두 윗주를 표시할 수 있다.
④ 윗주 필드 표시는 인쇄 미리 보기에서는 표시되지만 인쇄할 때는 같이 인쇄되지 않는다.

난이도 상 문제 진단 ○△×

32 다음 중 아래의 프로시저에서 1부터 100까지 홀수의 평균을 구하기 위해서 입력될 코드로 옳지 않은 것은?

합격 강의

```
Public Sub OddAvg()
  Dim i As Integer
  Dim sum As Double
  Dim count As Integer
  i=1
  sum=0
  count=0
While i<=100
  If (  ①  ) Then
  sum=(  ②  )
  count=(  ③  )
  End If
  i=i+1
Wend
  MsgBox "1부터 100까지 홀수의 평균 : " & (  ④  )
End Sub
```

① i Mod 2=1　② sum+i
③ count+1　④ count/sum

난이도 중 문제 진단 ○△×

33 다음 중 아래의 차트에 대한 설명으로 옳은 것은?

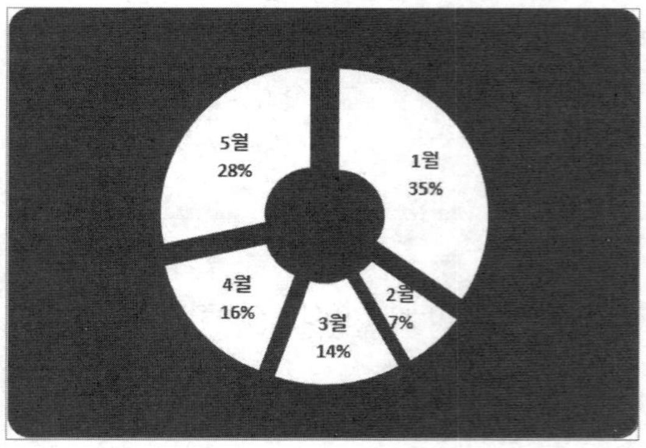

① 차트의 종류는 전체에서 차지하는 비율을 보여주는 원형 대 원형 차트이다.
② 계열1 요소인 1월의 첫째 조각의 각은 200°가 설정된 상태이다.
③ 쪼개진 정도는 10%가 설정된 상태이다.
④ 차트 가운데 구멍의 크기는 0%가 설정된 상태이다.

난이도 중 문제 진단 ○△×

34 다음 중 아래의 시트에서 [A1:E7] 범위만 선택하는 방법으로 옳지 않은 것은?

	A	B	C	D	E	F
1	성명	헤어미용	피부미용	메이크업	네일아트	
2	전세현	80	90	100	88	
3	임하림	100	98	77	59	
4	송학사	56	72	40	90	
5	안예희	60	60	71	63	
6	이새솔	77	88	43	99	
7	장유리	69	79	89	99	
8						

① [A1] 셀을 클릭하고 선택 영역 확장키인 F8을 누른 뒤에 → 방향키를 4번 눌러 E열까지 이동한 후 ↓ 방향키를 6번 눌러 7행까지 선택한다.
② [A1] 셀을 클릭한 후 Ctrl+A를 누른다.
③ [A1] 셀을 클릭한 후 Shift를 누른 채 [E7] 셀을 클릭한다.
④ [모두 선택] 단추(◢)를 클릭한다.

중요✓ 난이도 중 문제 진단 ○△×

35 다음 아래의 그림에 대한 설명으로 옳지 않은 것은?

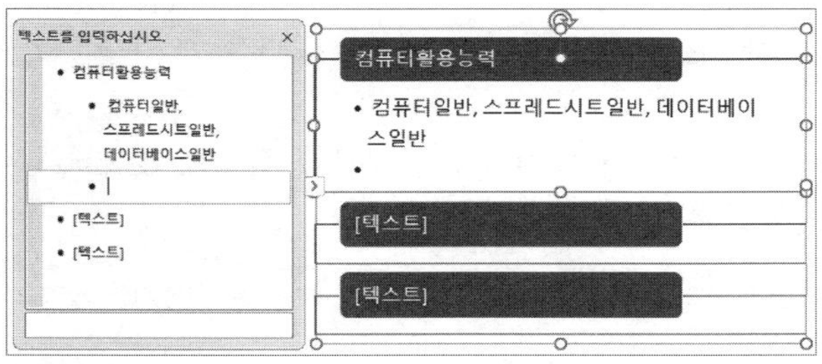

① [삽입] 탭-[일러스트레이션] 그룹의 [SmartArt]를 실행하여 [SmartArt 그래픽 선택] 대화 상자에서 목록형의 세로 상자 목록형을 실행한 결과이다.
② 세로 상자 목록형은 여러 정보 그룹, 특히 수준 2 텍스트가 많이 있는 그룹을 표시하고 정보의 글머리 기호 목록을 사용하는 경우 적합하다.
③ 텍스트 창에서 수식을 입력할 경우 계산된 수식의 결과 값이 SmartArt에 표시되며 입력 데이터가 변경되면 자동으로 그 결과 값이 변경된다.
④ 텍스트 창에서 텍스트를 입력한 후 텍스트를 수정하면 SmartArt에서도 자동으로 변경된다.

난이도 중 문제 진단 ○△×

36 다음 중 화면 제어에 대한 설명으로 옳지 않은 것은?

① 틀 고정을 위한 구분선은 마우스를 드래그하여 변경할 수 있다.
② 화면에 틀이 고정되어 있어도 인쇄에는 영향을 끼치지 않는다.
③ 창 나누기는 [실행 취소] 명령으로 나누기를 해제할 수 없다.
④ 창 나누기는 셀 포인터의 위치를 기준으로 2개 또는 4개로 나눌 수 있다.

난이도 상 문제 진단 ○△×

37 다음 중 아래의 워크시트에서 사원번호의 첫 번째 문자가 'S'인 매출액 [B2:B6]의 합계를 구하는 배열 수식으로 옳은 것은?

	A	B
1	사원번호	매출액
2	S0603	12500
3	F2005	7500
4	S0117	30000
5	F1233	56450
6	T3211	17990

① ={SUM(LEFT($A$2:$A$6,1="S")*$B$2:$B$6)}
② ={SUM((LEFT($A$2:$A$6,1)="S"),$B$2:$B$6)}
③ {=SUM(LEFT($A$2:$A$6,1="S"),$B$2:$B$6)}
④ {=SUM((LEFT($A$2:$A$6,1)="S")*$B$2:$B$6)}

중요✓ 난이도 중 문제 진단 ○△×

38 다음 중 매크로 기록에 관한 설명으로 옳지 않은 것은?

① 매크로에서 지정한 바로 가기 키와 엑셀에서 사용하는 바로 가기 키가 같을 경우 엑셀 고유 기능의 바로 가기 키가 우선 적용된다.
② 매크로를 기록하는 경우 기본적으로 절대 참조로 기록되며, 상대 참조로 기록을 해야 할 경우는 '상대 참조로 기록'을 클릭하여 선택한 다음 매크로 기록을 실행한다.
③ 매크로 저장 위치를 '개인용 매크로 통합 문서'에 저장하면 엑셀 실행 시 자동으로 로드되고 다른 통합 문서에서도 실행할 수 있다.
④ 매크로 기록 시 리본 메뉴의 탐색은 기록에 포함되지 않는다.

난이도 중 문제 진단 ○△×

39 다음 중 아래의 시트에서 조건([E1:F3])을 이용하여 고급 필터를 실행한 결과에 해당하는 성명이 아닌 것은?

합격 강의

	A	B	C	D	E	F	G
1	성명	직급	호봉		성명	호봉	
2	홍길동	과장	33		홍*	<=30	
3	지용훈	대리	30		지*	>=30	
4	홍범도	부장	30				
5	이상영	대리	23				
6	지유환	차장	44				
7							

① 홍길동　　② 지용훈
③ 홍범도　　④ 지유환

난이도 상 문제 진단 ○△×

40 다음 중 아래 시트의 [1학년]과 [2학년] 강의 시간표를 [1, 2학년] 강의 시간표처럼 하나로 합치는 수식으로 옳은 것은?

합격 강의

	A	B	C	D	E	F	G	H	I	J	K	L	M
1	[1, 2학년]												
2		Mon	Tue	Wed	Thu	Fri							
3	1교시	정보	CG	액세스	AI	JAVA							
4	2교시	보안	엑셀	액세스	AI	JAVA							
5	3교시	보안	엑셀	CG	논리회로	파이선							
6	4교시	정보	Chat GPT	CG	논리회로	파이선							
7													
8	[1학년]							[2학년]					
9		Mon	Tue	Wed	Thu	Fri			Mon	Tue	Wed	Thu	Fri
10	1교시	정보		액세스				1교시		CG		AI	JAVA
11	2교시		엑셀	액세스				2교시	보안			AI	JAVA
12	3교시		엑셀		논리회로	파이선		3교시	보안		CG		
13	4교시	정보			논리회로	파이선		4교시		Chat GPT	CG		

① =SUM(AND(B10:F13,I10:M13))
② =SUBSTITUTE(B10:F13,I10:M13)
③ =REPLACE(B10:F13,I10:M13)
④ =(B10:F13)&(I10:M13)

3과목 데이터베이스 일반

난이도 중 문제 진단 ○△×

41 다음 〈보기〉 중 데이터 조작어(DML : Data Manipulation Language)의 특징으로 옳지 않은 것은?

〈보기〉

> 가. 데이터 처리를 위하여 사용자와 DBMS 사이의 인터페이스를 제공한다.
> 나. 데이터 처리를 위한 연산의 집합으로 데이터의 검색, 삽입, 삭제, 변경 등 데이터 조작을 제공하는 언어이다.
> 다. SELECT, INSERT, UPDATE, DELETE가 DML 명령에 해당한다.
> 라. 데이터 보안(Security), 무결성(Integrity), 회복(Recovery) 등에 관련된 사항을 정의한다.

① 가　　② 나
③ 다　　④ 라

난이도 하 문제 진단 ○△×

42 다음 중 관계형 데이터베이스 관리 시스템(RDBMS)의 종류에 해당하지 않는 것은?

① MS-SQL Server　　② 오라클(ORACLE)
③ MY-SQL　　④ 파이썬(Python)

난이도 하 문제 진단 ○△×

43 다음 중 폼에 연결할 데이터의 테이블 이름이나 쿼리를 입력하여 설정할 폼의 속성으로 옳은 것은?

① 캡션　　② 레코드 원본
③ 기본 보기　　④ 레코드 잠금

난이도 중 문제 진단 ○△✕

44 다음 중 보고서의 각 부분에 대한 설명으로 옳은 것은?

① 보고서 머리글 : 보고서의 모든 페이지 상단에 표시된다.
② 구역 선택기 : 보고서를 선택하거나 보고서의 속성을 지정할 때 사용한다.
③ 페이지 머리글 : 실제 데이터가 반복적으로 표시되는 부분이다.
④ 그룹 바닥글 : 그룹별 요약 정보를 각 그룹의 하단에 표시한다.

난이도 중 문제 진단 ○△✕

45 다음 중 폼을 작성할 수 있는 [만들기] 탭의 [폼] 그룹에서 선택 가능한 명령에 해당하지 않는 것은?

① 폼 디자인 ② 여러 항목
③ 매크로 ④ 모달 대화 상자

중요✓ 난이도 상 문제 진단 ○△✕

46 [매출] 테이블에서 '전반기' 필드와 '하반기' 필드를 더한 후 '총매출'이라는 이름으로 표시하고자 한다. 다음 중 SQL문의 (　) 안에 들어갈 내용으로 옳은 것은?

합격 강의

```
SELECT 전반기+하반기 (          ) FROM 매출;
```

① NAME IS 총매출 ② ALIAS 총매출
③ AS 총매출 ④ TO 총매출

난이도 중 문제 진단 ○△✕

47 다음 중 '코참패스2024'에서 '2024'를 추출하기 위한 함수로 옳은 것은?

① left("코참패스2024", 8)
② right("코참패스2024", 2024)
③ mid("코참패스2024", 5, 4)
④ instr("코참패스2024", 5, 4)

중요✓ 난이도 상 문제 진단 ○△✕

48 [학과] 테이블의 '학과코드'는 기본키로 설정되어 있고, [학생] 테이블의 '학과코드' 필드는 [학과] 테이블의 '학과코드'를 참조하고 있는 외래키(FK)이다. 다음 중 [학과] 테이블과 [학생] 테이블에 아래와 같이 데이터가 입력되어 있을 때의 설명으로 옳지 않은 것은?

합격 강의

[학과] 테이블

학과코드	학과명
A	인공지능학과
E	영어영문학과
C	컴퓨터공학과

[학생] 테이블

학번	성명	학과코드
2401	이선훈	A
2402	이상영	C
2403	홍범도	A
2404	지유환	null

① 현재 각 테이블에 입력된 데이터 상태는 참조 무결성이 유지되고 있다.
② [학과] 테이블에서 학과코드 'E'를 삭제하면 참조 무결성이 유지되지 않는다.
③ [학생] 테이블에서 학번이 2402인 이상영 학생을 삭제해도 참조 무결성이 유지된다.
④ [학생] 테이블에서 학번이 2404인 지유환 학생의 '학과코드'를 'B'로 입력하면 참조 무결성이 유지되지 않는다.

중요✓ 난이도 하 문제 진단 ○△✕

49 다음 중 아래와 같은 폼을 작성하려고 할 때 [만들기] 탭–[폼] 그룹에서 사용하는 폼 작성 도구는 무엇인가?

합격 강의

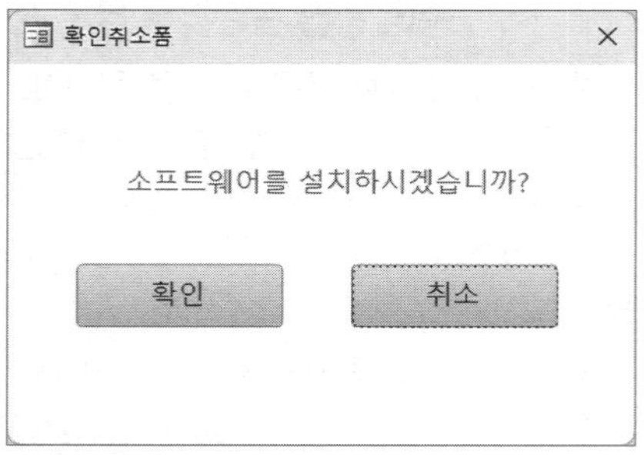

① 새 폼 ② 여러 항목
③ 모달 대화 상자 ④ 폼 분할

난이도 중 문제 진단 ○△✕

50 다음 중 액세스의 보고서 작성에 대한 설명으로 옳지 않은 것은?

① 보고서를 작성해 놓으면 데이터가 변경된 경우 새로운 보고서를 작성할 필요없이 해당 데이터에 대한 보고서를 다시 출력하면 된다.
② 엑셀 데이터와 같은 외부 데이터를 연결한 테이블을 이용하여 보고서를 작성할 수도 있다.
③ 표나 레이블이 미리 인쇄되어 있는 양식 종이를 이용하여 보고서를 인쇄하는 경우 [페이지 설정] 대화 상자에서 '데이터만 인쇄'를 선택한다.
④ 텍스트 상자나 콤보 상자와 같은 컨트롤을 이용하는 경우 보고서에서 테이블의 데이터를 수정할 수 있다.

난이도 중 문제 진단 ○△✕

51 다음 중 쿼리에 대한 설명으로 옳지 않은 것은?

① 쿼리는 테이블의 데이터를 이용하여 사용자가 원하는 형식으로 가공하여 보여줄 수 있다.
② 쿼리를 이용하여 추출한 결과는 폼에서만 사용할 수 있다.
③ 쿼리는 단순한 조회 이외에도 데이터의 추가, 삭제, 수정 등을 수행할 수 있다.
④ 테이블이나 다른 쿼리를 이용하여 새로운 쿼리를 생성할 수 있다.

난이도 중 문제 진단 ○△✕

52 다음 중 SQL문에서 HAVING문을 사용하여 조건을 설정할 수 있는 것은?

① WHERE 절
② LIKE 절
③ GROUP BY 절
④ ORDER BY 절

난이도 중 문제 진단 ○△X

53 다음 보고서에 대한 설명으로 옳지 않은 것은?(단, 보고서는 전체 7페이지이며, 현재 페이지는 4페이지이다.)

제품별 납품 현황

제품코드	제품명	납품일자	거래처명	납품단가	납품수량	납품금액
D5	커플러	2010-10-12	구리전기	35	45	1,575
		2003-10-19	의정부전기	35	94	3,290
		2003-10-09	호주전기	35	31	1,085
		납품건수 : 7				
제품코드	제품명	납품일자	거래처명	납품단가	납품수량	납품금액
D6	PCB	2003-08-12	강화전기	65	23	1,495
		2003-12-20	산본전기	65	34	2,210
		2003-08-22	금촌전기	65	42	2,730
		납품건수 : 3				
제품코드	제품명	납품일자	거래처명	납품단가	납품수량	납품금액
D7	와이어	2003-08-21	정화전기	40	31	1,240

4/7

① '제품별 납품 현황'을 표시하는 제목은 보고서 머리글에 작성하였다.
② '그룹화 및 정렬' 옵션 중 '같은 페이지에 표시 안함'을 설정하였다.
③ '제품코드'에 대한 그룹 머리글과 그룹 바닥글을 모두 만들었다.
④ '제품코드'와 '제품명'을 표시하는 컨트롤의 '중복 내용 숨기기' 속성을 '예'로 설정하였다.

난이도 중 문제 진단 ○△X

54 다음 중 [성적] 테이블에서 '점수'가 90 이상인 학생들의 인원수를 구하는 식으로 옳은 것은?(단, '학번' 필드는 [성적] 테이블의 기본키이다.)

① =DCount("[성적]","[학번]","[점수]>=90")
② =DCount("[학번]","[성적]","[점수]>=90")
③ =DLookUp("[성적]","[학번]","[점수]>=90")
④ =DLookUp("*","[성적]","[점수]>= 90")

난이도 중 문제 진단 ○△X

55 다음 중 기관이 필요로 하는 정보를 생성하기 위한 모든 데이터 객체들에 대한 정의뿐만 아니라 데이터베이스 접근권한, 보안정책, 무결성 규칙에 대한 명세를 기술한 것은?

① 외부스키마
② 개념 스키마
③ 내부스키마
④ 서브스키마

난이도 중 문제 진단 ○△X

56 다음 중 SQL 명령 중 DDL에 해당하는 것으로만 짝지어진 것은?

① SELECT, INSERT, UPDATE
② UPDATE, DROP, INSERT
③ ALTER, DROP, UPDATE
④ CREATE, ALTER, DROP

중요✓ 난이도 상 문제 진단 ○△X

57 합격 강의

총 10개의 튜플을 갖는 EMPLOYEE 테이블에서 DEPT_ID 필드의 값은 "D1"이 4개, "D2"가 4개, "D3"가 2개로 구성되어 있다면, 다음 SQL 문 ㉠, ㉡의 실행 결과 튜플 수로 옳은 것은?

```
㉠ SELECT DEPT_ID FROM EMPLOYEE;
㉡ SELECT DISTINCT DEPT_ID FROM EMPLOYEE;
```

① ㉠ 1, ㉡ 10
② ㉠ 3, ㉡ 10
③ ㉠ 10, ㉡ 1
④ ㉠ 10, ㉡ 3

난이도 중 문제 진단 ○△X

58 다음 중 한 릴레이션의 기본키를 구성하는 어떠한 속성값도 널(Null) 값이나 중복 값을 가질 수 없다는 것을 의미하는 것은?

① 참조 무결성 제약 조건
② 주소 무결성 제약 조건
③ 원자값 무결성 제약 조건
④ 개체 무결성 제약 조건

난이도 중 문제 진단 ○△X

59 다음 〈보기〉에 해당하는 컨트롤은?

〈보기〉

- 적은 공간에서 목록값을 선택하며 새로운 값을 입력할 경우 유용하다.
- 드롭다운 화살표를 클릭 전까지는 목록이 숨겨져 있으며, 클릭하면 목록이 표시된다.
- 목록에 없는 값을 직접 입력하거나 선택할 수 있다.
- 목록에 있는 값만 입력하도록 설정할 수 있다.

① 콤보 상자 ② 텍스트 상자
③ 명령 단추 ④ 옵션 그룹

난이도 중 문제 진단 ○△X

60 합격 강의

다음 아래의 조인 속성 대화 상자처럼 '동아리코드' 테이블의 레코드는 모두 포함하고, '학번성명동아리코드' 테이블에서는 '동아리코드' 필드가 일치하는 레코드만 포함하는 조인 형식으로 옳은 것은?

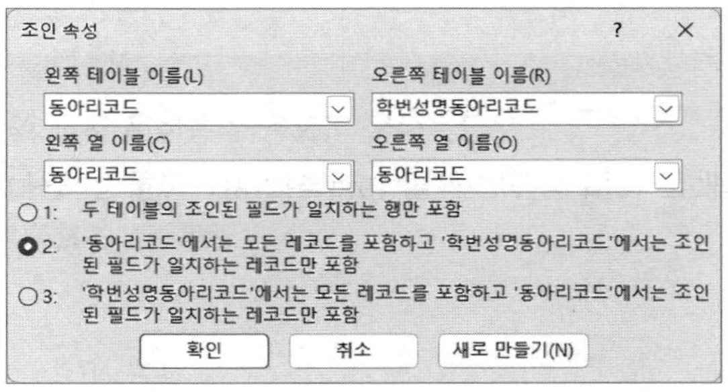

① 교차 조인(Cross Join)
② 내부 조인(Inner Join)
③ 왼쪽 외부 조인(Left Join)
④ 오른쪽 외부 조인(Right Join)

빠른 정답표 확인하기

① 모바일로 QR 코드를 스캔합니다.
② 해당 회차의 정답표를 확인합니다.
③ 빠르고 간편하게 채점해 보세요.

해설과 따로 보는

2023년 상시 기출문제 03회

자동 채점 서비스 | 합격 강의

SELF CHECK | 제한시간 60분 | 소요시간 분 | 전체 문항 수 60문항 | 맞힌 문항 수 문항

1과목 컴퓨터 일반

난이도 중 문제 진단 ○△×

01 다음 중 데이터 보안의 암호화에 대한 설명으로 옳지 않은 것은?

① 데이터를 보낼 때 송신자가 지정한 수신자 이외에는 그 내용을 알 수 없도록 데이터를 암호화하여 안전하게 전송할 수 있다.
② 복호화(Decryption)란 암호화된 데이터를 원상으로 복구하는 것이다.
③ 암호화 방법은 대칭키와 비대칭키 방식으로 구분이 된다.
④ 대칭키 암호화 시스템으로 많이 사용되는 기법으로는 RSA가 있으며, 대표적인 공개키 암호 시스템으로는 DES가 있다.

난이도 중 문제 진단 ○△×

02 다음 중 DMA에 대한 설명으로 옳지 않은 것은?

① DMA가 입출력 처리를 하는 동안 CPU는 정지 상태에 들어간다.
② DMA가 메모리에 접근하기 위해서는 Cycle Steal을 한다.
③ 전송이 끝나면 DMA 제어기는 CPU를 인터럽트(Interrupt) 한다.
④ CPU의 계속적인 관여 없이 데이터를 메모리와 주변 장치 사이에 전송하게 한다.

중요✓ 난이도 중 문제 진단 ○△×

03 다음 중 아래 설명에 해당하는 네트워크 구성 장비는?

> • 두 개의 근거리 통신망(LAN) 시스템을 이어주는 접속 장치이다.
> • 양쪽 방향으로 데이터의 전송만 해줄 뿐 프로토콜 변환 등 복잡한 처리는 불가능하다.
> • 네트워크 프로토콜과는 독립적으로 작용하므로 네트워크에 연결된 여러 단말들의 통신 프로토콜을 바꾸지 않고도 네트워크를 확장할 수 있다.

① 라우터 ② 스위칭 허브
③ 브리지 ④ 모뎀

난이도 중 문제 진단 ○△×

04 한글 Windows에서 LNK 확장자를 갖는 파일에 대한 다음 설명 중 옳지 않은 것은?

합격 강의

① 바로 가기 아이콘과 관계가 있다.
② 시스템에 여러 개 존재할 수 있다.
③ 연결 대상 파일의 위치 정보를 가지고 있다.
④ 연결 정보를 가지고 있으므로 삭제하면 연결 프로그램에 중요한 영향을 끼친다.

난이도 하 문제 진단 ○△×

05 다음 중 파일의 성격 유형 분류에 해당하는 확장자의 종류로 옳지 않은 것은?

① 실행 파일 : COM, EXE, ZIP
② 그림 파일 : BMP, JPG, GIF
③ 사운드 파일 : WAV, MP3, MID
④ 동영상 파일 : MPG, AVI, MOV

난이도 하 문제 진단 ○△×

06 한글 Windows의 메모장에서 저장된 문서를 열 때마다 현재의 시간과 날짜를 삽입하기 위해서 문서의 처음에 삽입하는 문자열은?

① .DATE
② .LOG
③ .TIME
④ .DIARY

난이도 중 문제 진단 ○△×

07 다음 중 통신 사업자로부터 통신 회선을 빌려 판매하는 통신망으로 패킷 교환 방식을 사용하는 통신망은?

① MAN
② LAN
③ VAN
④ WAN

난이도 중 문제 진단 ○△×

08 다음 중 GIF 파일 형식에 대한 설명으로 옳지 않은 것은?

① 비트맵 방식이다.
② 최대 256개의 색으로 제한된 이미지 압축 형식이다.
③ 애니메이션 파일 형식으로 움직이지 않는 이미지는 나타낼 수 없다.
④ 웹 문서에서 사용될 수 있는 형식이다.

중요✓ 난이도 중 문제 진단 ○△×

09 TCP/IP 프로토콜에서 네트워크상의 수많은 컴퓨터를 구분하기 위하여 IPv4를 사용하고 있다. 다음 중에서 IPv4 주소의 부족 현상을 해소하기 위한 IP 주소 체계는?

① 64비트의 IPv5
② 128비트의 IPv5
③ 64비트의 IPv6
④ 128비트의 IPv6

난이도 중 문제 진단 ○△×

10 한글 Windows에서 윈도우 호환 키보드를 사용하는 경우에 [⊞]와 추가 키를 함께 사용하였을 때 나타나는 현상으로 옳지 않은 것은?

① [⊞]+[D] : 바탕 화면 표시 및 숨기기
② [⊞]+[R] : 실행 대화 상자
③ [⊞]+[U] : 설정 실행
④ [⊞]+[Break] : 시스템 속성 대화 상자

난이도 중 문제 진단 ○△×

11 다음 중 전원이 공급되지 않아도 내용이 지워지지 않아서 디지털 카메라의 보조 저장 장치로 사용되는 기억 장치는 어느 것인가?

합격 강의

① DRAM
② SRAM
③ Flash Memory
④ ROM

난이도 하 문제 진단 ○△×

12 다음 중 정보 보안 시스템에서 사용될 수 있는 사용자 인증 방법으로 가장 거리가 먼 것은?

① 홍채 인증
② 지문 인증
③ 나이 인증
④ 음성 인증

난이도 하 문제 진단 ○△×

13 다음 중 화면상에 픽셀의 색상을 트루컬러(True Color)로 표현하고자 할 때 필요한 비트 수는?

① 1
② 8
③ 16
④ 24

중요 ✓ 난이도 중 문제 진단 ○△×

14 다음 중 쿠키에 대한 설명으로 옳은 것은?

① 인터넷 사용 시 네트워크에 접속하기 위한 프로그램이다.
② 특정 웹 사이트 접속 시 반복적으로 사용되는 접속 정보를 가지고 있는 파일이다.
③ 웹 브라우저에서 기본으로 제공하지 않는 기능을 부가적으로 설치하여 구현되도록 한다.
④ 자주 사용하는 사이트의 자료를 저장한 후 다시 동일한 사이트 접속 시 자동으로 자료를 불러온다.

난이도 중 문제 진단 ○△×

15 다음 중 인터넷 서버까지의 경로를 추적하는 명령어인 'Tracert' 의 실행 결과에 관한 설명으로 옳지 않은 것은?

① IP 주소, 목적지까지 거치는 경로의 수, 각 구간 사이의 데이터 왕복 속도를 확인할 수 있다.
② 특정 사이트가 열리지 않을 때 해당 서버가 문제인지 인터넷망이 문제인지 확인할 수 있다.
③ 인터넷 속도가 느릴 때 어느 구간에서 정체를 일으키는지 확인할 수 있다.
④ 현재 자신의 컴퓨터에 연결된 다른 컴퓨터의 IP 주소나 포트 정보를 확인할 수 있다.

난이도 중 문제 진단 ○△×

16 다음 중 한글 Windows에서 하드디스크의 여유 공간이 부족할 경우의 해결 방법으로 옳지 않은 것은?

합격 강의

① [휴지통 비우기]를 수행한다.
② [디스크 정리]를 통해 임시 파일들을 지운다.
③ 시스템에서 사용하지 않는 응용 프로그램을 삭제한다.
④ [디스크 조각 모음]을 수행하여 하드디스크의 단편화를 제거한다.

난이도 중 문제 진단 ○△×

17 다음 중 컴퓨터의 연산 장치에 관한 설명으로 옳지 않은 것은?

① 연산 장치가 수행하는 연산에는 산술, 논리, 관계, 이동(Shift) 연산 등이 있다.
② 연산 장치에는 뺄셈을 수행하기 위하여 입력된 값을 보수로 변환하는 보수기와 2진수 덧셈을 수행하는 가산기(Adder)가 있다.
③ 누산기(Accumulator)는 연산된 결과를 일시적으로 저장하는 레지스터이다.
④ 연산 장치에는 다음 번 연산에 필요한 명령어의 번지를 기억하는 프로그램 카운터(Program Counter)를 포함한다.

중요 ✓ 난이도 중 문제 진단 ○△×

18 다음 중 디지털 콘텐츠의 제작 및 유통, 보안 등의 모든 과정을 관리할 수 있게 하는 기술 표준을 제시한 MPEG의 종류로 옳은 것은?

① MPEG-3
② MPEG-4
③ MPEG-7
④ MPEG-21

난이도 중 문제 진단 ○△×

19 다음 중 〈보기〉의 특성을 갖는 통신망의 구조는 어느 것인가?

합격 강의

〈보기〉

- 모든 노드가 중앙 노드에 연결되어 있다.
- 통신망의 처리 능력 및 신뢰성은 중앙 노드의 제어 장치에 의해 제어된다.

① 링(Ring) 형
② 버스(Bus) 형
③ 트리(Tree) 형
④ 스타(Star) 형

난이도 중 문제 진단 ○△×

20 다음 중 실제로는 악성코드로 행동하지 않으면서 겉으로는 악성코드인 것처럼 가장하여 행동하는 소프트웨어를 무엇이라고 하는가?

합격 강의

① 혹스(Hoax)
② 드롭퍼(Dropper)
③ 백도어(Back Door)
④ 스니핑(Sniffing)

2과목 스프레드시트 일반

중요✓ 난이도 중 문제 진단 ○△✕

21 다음 아래의 워크시트에서 [B12:D13] 범위에 성별, 분류별 포인트의 합계를 함수가 아닌 분석 도구를 사용하여 계산하고자 한다. 가장 적합한 도구는 무엇인가?

합격강의

	A	B	C	D
1	성명	성별	분류	포인트
2	이대한	남성	우수	25,000
3	한상공	남성	보통	10,000
4	안지현	여성	보통	18,000
5	홍성욱	여성	우수	22,000
6	이예린	여성	VIP	50,000
7	조명섭	남성	보통	10,000
8	정훈희	여성	우수	20,000
9				
11		VIP	보통	우수
12	남성		20000	25000
13	여성	50000	18000	42000

① 시나리오 관리자
② 목표값 찾기
③ 데이터 표
④ 피벗 테이블

난이도 중 문제 진단 ○△✕

22 다음 중 피벗 테이블 보고서와 피벗 차트 보고서에 대한 설명으로 옳지 않은 것은?

① 피벗 테이블 보고서에서는 값 영역에 표시된 데이터 일부를 삭제하거나 추가할 수 없다.
② 피벗 차트 보고서를 만들 때마다 동일한 데이터로 관련된 피벗 테이블 보고서가 자동으로 생성된다.
③ 피벗 차트 보고서는 분산형, 주식형, 거품형 등 다양한 차트 종류로 변경할 수 있다.
④ 행 또는 열 레이블에서의 데이터 정렬은 수동(항목을 끌어 다시 정렬), 오름차순, 내림차순 중 선택할 수 있다.

난이도 하 문제 진단 ○△✕

23 다음 중 워크시트의 이름 작성에 관한 설명으로 옳은 것은?

① 시트 이름 입력 시 : ₩ / ? * [ ] 등의 기호는 입력되지 않는다.
② 시트 이름으로 영문을 사용할 때 대소문자를 구분한다.
③ 하나의 통합 문서 안에서는 동일한 시트 이름을 지정할 수 있다.
④ 시트 탭의 시트 이름을 클릭하여 이름을 수정할 수 있다.

난이도 중 문제 진단 ○△✕

24 아래 그림과 같이 조건부 서식의 수식을 사용하여 표의 짝수 행마다 배경색을 노란색으로 채우고자 한다. 다음 중 조건부 서식에서 작성해야 할 수식으로 옳은 것은?

합격강의

	A	B	C	D
1	성명	부서명	직급	근속년수
2	한대한	인사팀	대리	7
3	이상공	홍보팀	과장	10
4	홍범도	인사팀	부장	18
5	정훈희	홍보팀	사원	2
6	송유리	영업팀	부장	20
7	이예지	영업팀	과장	12
8	안유진	홍보팀	대리	6

① =MOD(COLUMN(),2)=1
② =MOD(ROW(),2)=0
③ =COLUMN()/2=1
④ =ROW()/2=1

중요✓ 난이도 중 문제 진단 ○△✕

25 다음 중 아래 그림과 같이 [목표값 찾기]를 실행했을 때 이에 대한 의미로 옳은 것은?

	A	B
1	분기별 수출 현황	
3	국가	미국
4	1사분기	459,650
5	2사분기	500,000
6	3사분기	650,000
7	4사분기	750,000
8	평균	589,913

목표값 찾기
수식 셀(E): $B$8
찾는 값(V): 800000
값을 바꿀 셀(C): $B$4
확인 취소

① 평균이 800000이 되려면 1사분기의 수출량은 얼마가 되어야 하는가?
② 1사분기 수출량이 800000이 되려면 평균은 얼마가 되어야 하는가?
③ 평균이 800000이 되려면 2사분기의 수출량은 얼마가 되어야 하는가?
④ 1사분기 수출량이 800000이 되려면 4사분기의 수출량은 얼마가 되어야 하는가?

난이도 중 문제 진단 ○△✕

26 다음 중 [페이지 나누기 미리 보기] 기능에 대한 설명으로 옳지 않은 것은?

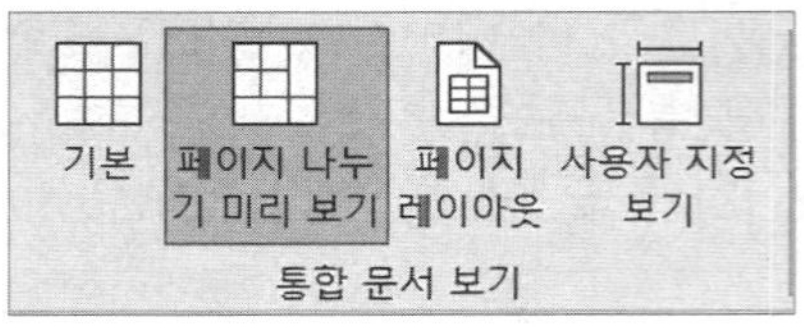

① 수동으로 삽입한 페이지 나누기는 실선으로 표시되고, 자동으로 추가된 페이지 나누기는 파선으로 표시된다.
② 자동 페이지 나누기 구분선을 이동하면 수동 페이지 나누기로 바뀐다.
③ 행 높이와 열 너비를 변경하여도 자동 페이지 나누기는 영향을 받지 않고 원래대로 유지된다.
④ 수동으로 삽입한 페이지 나누기를 제거하려면 페이지 나누기를 페이지 나누기 미리 보기 영역 밖으로 끌어 놓는다.

난이도 상 문제 진단 ○△×

27 다음 중 아래와 같이 워크시트에 데이터가 입력된 경우, 보기의 수식과 그 결과 값으로 옳지 않은 것은?

	A
1	
2	한국 대한민국
3	분기 수익
4	수익
5	아름다운 설악산

① =MID(A5,SEARCH(A1,A5)+5,3) → '설악산'
② =REPLACE(A5,SEARCH("한",A2),5,"") → '설악산'
③ =MID(A2,SEARCH(A4,A3),2) → '대한'
④ =REPLACE(A3,SEARCH(A4,A3),2,"명세서") → '분기명세서'

난이도 중 문제 진단 ○△×

28 다음 중 통합 문서에 대한 설명으로 옳지 않은 것은?

① 시트 보호는 통합 문서 전체가 아닌 특정 시트만을 보호한다.
② 공유된 통합 문서는 여러 사용자가 동시에 변경 및 병합할 수 있다.
③ 통합 문서 보호 설정 시 암호를 지정하면 워크시트에 입력된 내용을 수정할 수 없다.
④ 사용자가 워크시트를 추가, 삭제하거나 숨겨진 워크시트를 표시하지 못하도록 통합 문서의 구조를 잠글 수 있다.

난이도 중 문제 진단 ○△×

29 다음 중 셀 서식의 표시 형식 기호가 "₩#,###;-₩###0"으로 설정된 셀에 -8963.633을 입력하였을 때의 표시 결과로 옳은 것은?

① ₩8964
② ₩8,964
③ -₩8964
④ -₩8,964

난이도 중 문제 진단 ○△×

30 다음 배열 수식 및 함수에 대한 설명으로 옳지 않은 것은?

① 배열에서 열은 콤마(,)를 사용하여 구분하고, 행은 세미콜론(;)을 사용하여 구분한다.
② MINVERSE 함수는 배열로 저장된 행렬에 대한 역행렬을 구해준다.
③ MMULT 함수는 배열의 행렬 곱을 구해준다.
④ FREQUENCY 함수는 범위에서 k번째 백분위 수 값을 구하며, 이때 K는 0에서 1까지 백분위 수 값 범위이다.

난이도 중 문제 진단 ○△×

31 다음 중 〈보기〉의 내용에 해당하는 차트는 무엇인가?

〈보기〉

- 두 데이터 집합 간의 최적 조합을 찾을 때 유용함
- 데이터 계열이 두 개 이상일 때 만 작성이 가능함
- 이 차트는 항목과 데이터 계열이 모두 숫자 값인 경우에 만들 수 있음

① 
② 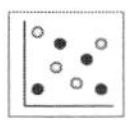
③ 
④ 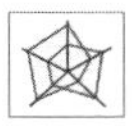

난이도 상 문제 진단 ○△×

32 다음 프로그램의 실행 결과 변수 test의 값으로 올바른 것은?

합격 강의

```
Sub 예제()
  test = 0
  Do Until test < 99
     test = test + 1
  Loop
  MsgBox test
End Sub
```

① 0
② 98
③ 99
④ 100

난이도 중 문제 진단 ○△×

33 다음 중 매크로 기록 대화 상자에 대한 설명으로 옳은 것은?

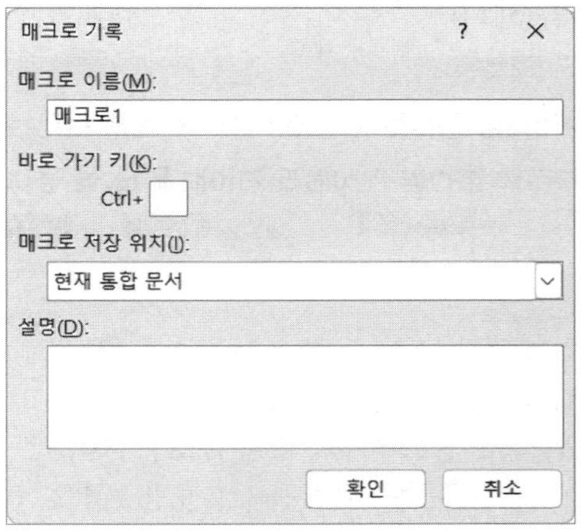

① Ctrl+1로 바로 가기 키를 설정할 수 있다.
② 매크로 저장 위치를 현재 통합 문서, 새 통합 문서, 개인용 매크로 통합 문서 중에서 선택할 수 있다.
③ 매크로 이름은 자동으로 지정되므로 사용자가 지정할 수 없다.
④ 설명은 엑셀에서 기본적으로 설정해 놓았기 때문에 사용자가 임의로 수정할 수 없다.

난이도 중 문제 진단 ○△×

34 다음 중 엑셀의 각종 데이터 입력에 관한 설명으로 옳지 않은 것은?

① TODAY 함수의 결과는 Ctrl+;을 누른 결과와 같다.
② Esc를 누르면 입력 중인 데이터를 취소할 수 있다.
③ 시간 데이터는 콜론(:)으로 시, 분, 초를 구분하여 입력한다.
④ 범위를 지정하고 데이터를 입력한 후 Alt+Enter를 누르면 동일한 데이터가 한꺼번에 입력된다.

난이도 중 문제 진단 ○△×

35 다음 중 셀 포인터의 이동 방법으로 옳지 않은 것은?

① Ctrl+Shift+Home : 현재 셀 포인터부터 [A1] 셀까지 범위가 설정된다.
② Shift+Tab : 현재 셀의 왼쪽으로 이동한다.
③ Ctrl+Page Down : 활성 시트의 다음 시트로 이동한다.
④ Alt+Page Down : 다음 통합 문서로 이동한다.

중요✓ 난이도 중 문제 진단 ○△✕

36 다음 중 차트 제목으로 [B1] 셀의 텍스트를 연결하는 과정과 수식 입력 줄에 표시되는 것으로 옳은 것은?(단, 시트 이름은 '근속년수'임)

합격 강의

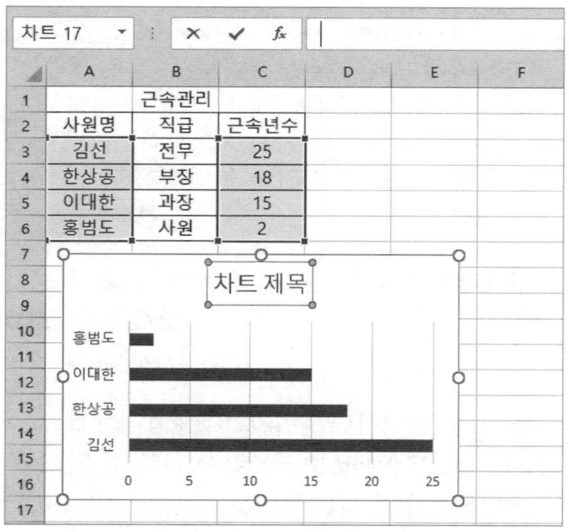

① 과정 : 차트의 차트 제목을 클릭한 후 등호(=)를 입력한 후 [B1] 셀을 선택한다.
표시 : "근속년수"=$B$1!

② 과정 : 차트의 차트 제목을 클릭한 후 수식 입력 줄에서 등호(=)를 입력한 후 [B1] 셀을 선택한다.
표시 : =근속년수!$B$1

③ 과정 : 차트의 차트 제목을 클릭한 후 수식 입력 줄에서 [B1] 셀을 선택한다.
표시 : '$B$1'

④ 과정 : 차트의 차트 제목을 클릭한 후 수식 입력 줄에서 '=TEXT(B1)'을 입력한다.
표시 : $B$1

난이도 중 문제 진단 ○△✕

37 다음 중 시나리오에 대한 설명으로 옳지 않은 것은?

① 시나리오는 별도의 파일로 저장하고 자동으로 바꿀 수 있는 값의 집합이다.
② 시나리오를 사용하여 워크시트 모델의 결과를 예측할 수 있다.
③ 여러 시나리오를 비교하기 위해 시나리오를 한 페이지의 피벗 테이블로 요약할 수 있다.
④ 시나리오 피벗 테이블 보고서에는 결과 셀이 반드시 있어야 한다.

중요✓ 난이도 중 문제 진단 ○△✕

38 다음 중 채우기 핸들에 대한 설명으로 옳은 것은?

① 문자와 숫자가 혼합된 셀의 채우기 핸들을 Ctrl을 누른 채 드래그하면 동일한 내용으로 복사된다.
② 숫자가 입력된 첫 번째 셀과 두 번째 셀을 범위로 설정한 후 채우기 핸들을 드래그하면 두 번째 셀의 값이 복사된다.
③ 숫자가 입력된 셀에서 Ctrl을 누른 채 채우기 핸들을 오른쪽으로 드래그하면 숫자가 1씩 감소한다.
④ 사용자 정의 목록에 정의된 목록 데이터의 첫 번째 항목을 입력하고 Ctrl을 누른 채 채우기 핸들을 드래그하면 목록 데이터가 입력된다.

난이도 하 문제 진단 ○△✕

39 다음 중 [페이지 설정] 대화 상자에서 워크시트에 포함된 메모의 인쇄 여부 및 인쇄 위치를 지정하기 위해 선택해야 할 탭은?

① [페이지] 탭
② [여백] 탭
③ [머리글/바닥글] 탭
④ [시트] 탭

난이도 상 문제 진단 ○△✕

40 다음 중 아래 시트에서 부서별 인원수[H3:H6]를 구하기 위하여 [H3] 셀에 입력되는 배열 수식으로 옳지 않은 것은?

합격 강의

	A	B	C	D	E	F	G	H
1								
2		사원명	부서명	직위	급여		부서별 인원수	
3		홍길동	개발1부	부장	3500000		개발1부	3
4		이대한	영업2부	과장	2800000		개발2부	1
5		한민국	영업1부	대리	2500000		영업1부	1
6		이겨레	개발1부	과장	3000000		영업2부	2
7		김국수	개발1부	부장	3700000			
8		박미나	개발2부	대리	2800000			
9		최신호	영업2부	부장	3300000			
10								

① {=SUM(($C$3:$C$9=G3)*1)}
② {=DSUM(($C$3:$C$9=G3)*1)}
③ {=SUM(IF($C$3:$C$9=G3,1))}
④ {=COUNT(IF($C$3:$C$9=G3,1))}

3과목 데이터베이스 일반

난이도 중 문제 진단 ○△✕

41 다음 중 후보키(Candidate Key)가 만족해야 할 두 가지 성질과 예로 모두 옳게 짝지어진 것은?

합격 강의

① 성질 : 유일성과 무결성, 예 : 물품코드, 물품가격
② 성질 : 유일성과 최소성, 예 : 주민등록번호, 사원번호
③ 성질 : 독립성과 최소성, 예 : 학번, 동아리코드
④ 성질 : 독립성과 무결성, 예 : 직급, 호봉

중요✓ 난이도 하 문제 진단 ○△✕

42 다음 중 관계 데이터 모델에서 하나의 애트리뷰트가 취할 수 있는 같은 타입의 원자(Atomic) 값들의 집합을 무엇이라 하는가?

① 튜플 ② 속성
③ 도메인 ④ 테이블

난이도 중 문제 진단 ○△✕

43 다음 두 릴레이션 간의 관계에서 교수 릴레이션에 존재하는 외래키는?(단, 교수 릴레이션의 기본키는 교수번호이고 학과 릴레이션의 기본키는 학과번호이다.)

합격 강의

> 교수(교수번호, 교수이름, 학과번호, 직급)
> 학과(학과번호, 학과이름, 학과장 교수번호, 학생수)

① 교수이름
② 학과번호
③ 학과장 교수번호
④ 학과이름

난이도 중 문제 진단 ○△×

44 데이터베이스 질의를 사용할 때 다양한 특수 연산자가 있어 매우 유용하게 이용되고 있다. 특수 연산자에 대한 설명으로 가장 잘못된 것은?

① in 연산은 or 연산을 수행한 결과와 같다.
② between 연산은 and 연산을 수행한 결과와 같다.
③ like 연산자를 사용하면 특정한 문자로 시작하는 결과를 검색할 수 있다.
④ where 번호 between 1 and 3하면 1은 포함되고 3은 포함되지 않는다.

난이도 하 문제 진단 ○△×

45 다음 중 폼 마법사를 이용하여 폼을 작성할 때 지정할 수 있는 폼의 모양으로 옳지 않은 것은?

① 열 형식
② 행 형식
③ 테이블 형식
④ 데이터 시트

난이도 상 문제 진단 ○△×

46 다음 쿼리문에 대한 설명으로 가장 옳지 않은 것은?

```
DELETE * FROM 회원 WHERE 회원번호=300
```

① [회원] 테이블에서 회원번호가 300인 레코드를 삭제한다.
② WHERE 절 이하 부분이 없으면 아무 레코드도 삭제하지 않는다.
③ 레코드를 삭제한 다음에는 삭제한 내용은 되돌릴 수 없다.
④ 질의문을 실행하는 경우 레코드 수에는 변화가 있을 수 있지만 필드 수에는 변화가 없다.

중요✓ 난이도 중 문제 진단 ○△×

47 폼이나 보고서의 특정 컨트롤에서 '=[단가]*[수량]*(1−[할인률])'과 같은 계산식을 사용하고자 한다. 이 때 계산 결과를 소수점 이하 첫째 자리까지 표시하기 위한 함수는?

① Clng()　② Val()
③ Format()　④ DLookUp()

난이도 중 문제 진단 ○△×

48 다음 중 학생과 학교 개체 간의 학적관계를 E-R 다이어그램으로 옳게 표현한 것은?

합격 강의

①

②
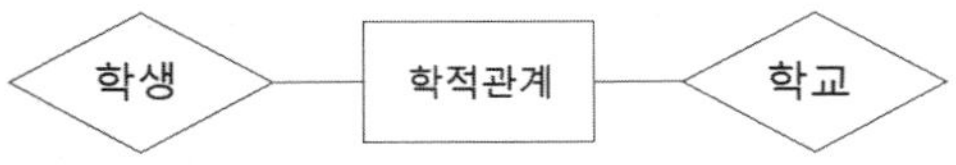

③
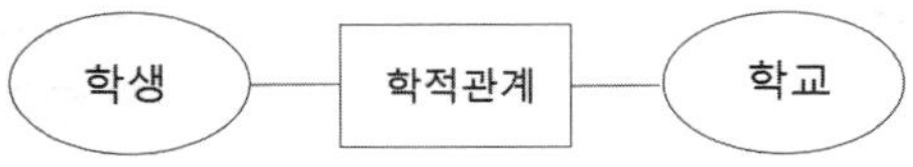

④

난이도 중 문제 진단 ○△×

49 다음 중 보고서에서 순번 항목과 같이 그룹 내의 데이터에 대한 일련번호를 표시하기 위해 텍스트 상자 컨트롤의 속성을 설정하는 방법으로 옳은 것은?

① 텍스트 상자의 컨트롤 원본을 '=1'로 지정하고, 누적 합계 속성을 '그룹'으로 지정한다.
② 텍스트 상자의 컨트롤 원본을 '+1'로 지정하고, 누적 합계 속성을 '그룹'으로 지정한다.
③ 텍스트 상자의 컨트롤 원본을 '+1'로 지정하고, 누적 합계 속성을 '모두'로 지정한다.
④ 텍스트 상자의 컨트롤 원본을 '=1'로 지정하고, 누적 합계 속성을 '모두'로 지정한다.

난이도 상 문제 진단 ○△×

50 다음 쿼리문에 대한 설명으로 옳은 것은?

```
SELECT 학과명, COUNT(*) AS [휴학자수] FROM 학생
GROUP BY 학과명 HAVING [재학구분]="휴학중"
```

① 구문의 오류로 인해 실행될 수 없는 쿼리이다.
② 쿼리를 실행하면 5개의 필드가 출력된다.
③ 학과명 별로 휴학 중인 학생들의 인원수를 표시한다.
④ 휴학 중인 학생 수가 가장 많은 학과를 표시한다.

난이도 중 문제 진단 ○△×

51 다음 중 입력 마스크를 '>LOL L?0'로 지정했을 때 유효한 입력 값은?

① a9b M
② M3F A07
③ H3H 가H3
④ 9Z3 3?H

중요✓ 난이도 중 문제 진단 ○△×

52 다음 〈견적〉 테이블에 대한 함수의 결과로 옳지 않은 것은?

합격 강의

〈견적〉

품명	수량	단가
노트북	5	1000000
모니터	10	500000
키보드	20	30000
마우스	10	15000
프린터	Null	650000

① 함수 =Max([단가]) 결과 : 1000000
② 함수 =Sum([수량]) 결과 : 45
③ 함수 =Avg([수량]) 결과 : 9
④ 함수 =Count([단가]) 결과 : 5

난이도 중 문제 진단 ○△×

53 다음 중 폼 만들기 도구로 빈 양식의 폼에서 사용자가 직접 텍스트 상자, 레이블, 단추 등의 필요한 컨트롤들을 삽입하여 작성해야 하는 것은?

① 폼　② 폼 분할
③ 여러 항목　④ 폼 디자인

난이도 중 문제 진단 ○△✕

54 다음 중 〈인사〉 테이블에 있는 '고과점수' 필드를 참조하려고 할 때 참조 형식으로 옳은 것은?

① (Forms)!(인사)!(고과점수)
② [Forms]![인사]![고과점수]
③ {Forms}!{인사}&{고과점수}
④ 〈Forms〉&〈인사〉!〈고과점수〉

난이도 상 문제 진단 ○△✕

55 다음 두 테이블 J와 K에 대한 아래 SQL문의 실행 결과로 옳은 것은?

합격 강의

J

A	B
1	A
2	B
3	C

K

A	C
2	X
3	Y
4	X

```
SELECT A
FROM J
UNION
SELECT A
FROM K;
```

① 23　　② 123
③ 234　　④ 1234

난이도 중 문제 진단 ○△✕

56 다음 중 보고서 인쇄 미리 보기에서의 [페이지 설정] 대화 상자에 대한 설명으로 옳지 않은 것은?

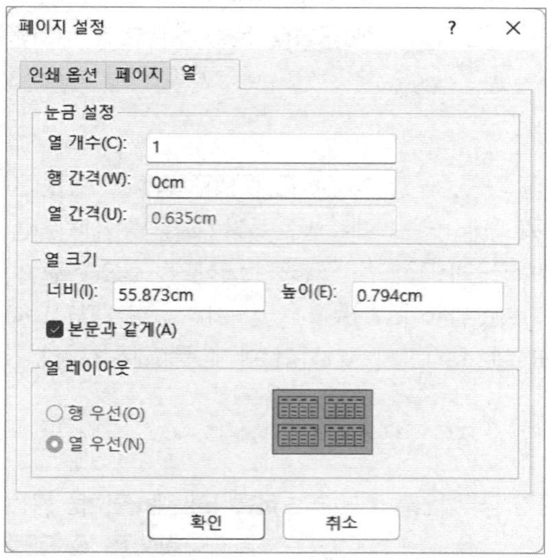

① [열] 탭의 '열 크기'에서 '본문과 같게'는 열의 너비와 높이를 보고서 본문의 너비와 높이에 맞춰 인쇄하는 것이다.
② [열] 탭에서 지정한 '눈금 설정'과 '열 크기'에 비해 페이지의 가로 크기가 작은 경우 자동으로 축소하여 인쇄되지 않는다.
③ [인쇄 옵션] 탭에서 레이블 및 컨트롤의 테두리, 눈금선 등의 그래픽은 인쇄하지 않고 데이터만 인쇄되도록 설정할 수 있다.
④ [인쇄 옵션] 탭에서는 인쇄할 용지의 크기, 용지 방향, 프린터를 지정할 수 있다.

중요✓ 난이도 상 문제 진단 ○△✕

57 다음 중 폼을 열자마자 'txt조회' 컨트롤에 커서(포커스)를 자동적으로 위치하게 하는 이벤트 프로시저는?

```
① Private Sub txt조회_Click()
      txt조회.AutoTab = True
   End Sub
② Private Sub txt조회_Click()
      txt조회.SetFocus
   End Sub
③ Private Sub Form_Load()
      txt조회.AutoTab = True
   End Sub
④ Private Sub Form_Load()
      txt조회.SetFocus
   End Sub
```

난이도 중 문제 진단 ○△✕

58 다음 중 인덱스(Index)에 대한 설명으로 옳지 않은 것은?

① 일반적으로 검색을 자주하는 필드에 대해 인덱스를 설정하는 것이 바람직하다.
② 인덱스를 설정하면 검색과 쿼리 속도를 향상시킬 수 있지만 데이터를 추가하거나 업데이트할 때는 속도가 느려진다.
③ 한 테이블에서 한 개의 인덱스만 생성할 수 있다.
④ 중복 불가능한 인덱스를 생성하면 동일한 값이 중복적으로 입력될 수 없다.

난이도 중 문제 진단 ○△✕

59 다음 중 데이터베이스관리자(DBA)의 역할에 대한 설명으로 거리가 먼 것은?

① 데이터의 저장구조와 접근방법을 결정하는 역할을 한다.
② 시스템의 보안성과 무결성을 검사하는 기능을 결정하는 역할을 한다.
③ 데이터 부속어와 호스트 프로그래밍 언어를 이용하여 프로그램을 작성한다.
④ 데이터베이스에 대한 백업과 회복을 위한 적절한 방법을 선택하는 역할을 한다.

난이도 중 문제 진단 ○△✕

60 폼의 머리글에 아래와 같은 도메인 함수 계산식을 사용하는 컨트롤을 삽입하였다. 다음 중 계산 결과 값에 대한 설명으로 옳은 것은?

= DLOOKUP("성명", "사원", "[사원번호]=1")

① 성명 테이블에서 사원번호가 1인 데이터의 성명 필드에 저장된 값
② 성명 테이블에서 사원번호가 1인 데이터의 사원 필드에 저장된 값
③ 사원 테이블에서 사원번호가 1인 데이터의 성명 필드에 저장된 값
④ 사원 테이블에서 사원번호가 1인 데이터의 사원 필드에 저장된 값

빠른 정답표 확인하기

① 모바일로 QR 코드를 스캔합니다.
② 해당 회차의 정답표를 확인합니다.
③ 빠르고 간편하게 채점해 보세요.

해설과 따로 보는 2023년 상시 기출문제 04회

자동 채점 서비스 합격 강의

SELF CHECK 제한시간 60분 | 소요시간 분 | 전체 문항 수 60문항 | 맞힌 문항 수 문항

1과목 컴퓨터 일반

난이도 중 문제 진단 ○△✕

01 다음 중 〈보기〉의 기능을 수행하는 것으로 옳은 것은?

〈보기〉

- 에러 검출과 교정이 가능하다.
- 최대 2비트까지 에러를 검출하고 1비트의 에러 교정이 가능한 방식이다.
- 8421코드에 3비트의 짝수 패리티를 추가해서 구성한다.

① CSMA/CD(매체 접근 제어) 방식
② 패리티 검사 방식
③ CRC(순환 중복 검사) 방식
④ 해밍 코드(Hamming Code)

난이도 중 문제 진단 ○△✕

02 다음 중 컴퓨터에서 사용하는 마이크로프로세서(Microprocessor)에 관한 설명으로 옳지 않은 것은?

① 제어 장치, 연산 장치, 주기억 장치가 하나의 반도체 칩에 내장된 장치이다.
② 클럭 주파수와 내부 버스의 Bit 수로 성능을 평가한다.
③ 트랜지스터의 집적도에 따라 기본적인 처리 속도가 결정된다.
④ 현재는 작은 규모의 임베디드 시스템이나 휴대용 기기에서부터 메인 프레임이나 슈퍼컴퓨터까지 사용된다.

난이도 하 문제 진단 ○△✕

03 다음 중 컴퓨터 프로그래밍 언어와 관련하여 객체 지향 언어의 특징으로 옳지 않은 것은?

① 은닉화
② 구조화
③ 상속
④ 자료 추상화

난이도 중 문제 진단 ○△✕

04 다음 중 비밀키 암호화 기법에 해당하지 않는 것은?

① 사용자의 증가에 따라 관리해야 하는 키의 수가 상대적으로 많아진다.
② 대표적으로 DES(Data Encryption Standard) 방식이 있다.
③ 암호화와 복호화의 속도가 빠르다.
④ 이중 키 방식이므로 알고리즘이 복잡하다.

중요✓ 난이도 하 문제 진단 ○△✕

05 다음 중 운영체제의 성능 평가 요소로 가장 거리가 먼 것은?

① 신뢰도 향상
② 앱 번역 및 생성
③ 응답 시간 단축
④ 처리 능력 증대

난이도 중 문제 진단 ○△✕

06 다음 중 XML(eXtensible Markup Language) 문서에 대한 설명으로 옳지 않은 것은?

① 태그(Tag)와 속성을 사용자가 정의할 수 있으며 문서의 내용과 이를 표현하는 방식이 독립적이다.
② HTML과는 달리 DTD(Document Type Declaration)가 고정되어 있지 않으므로 논리적 구조를 표현할 수 있는 유연성을 가진다.
③ XML은 HTML에 사용자가 새로운 태그(Tag)를 정의할 수 있는 기능이 추가되었다.
④ 확장성 생성 언어라는 뜻으로 기존의 HTML의 단점을 보완하여 비구조화 문서를 기술하기 위한 국제 표준 규격이다.

난이도 중 문제 진단 ○△✕

07 다음 중 아래의 내용이 의미하는 것으로 옳은 것은?

합격 강의

- CPU의 간섭 없이 주기억 장치와 입출력 장치 사이에서 직접 전송이 이루어지는 방법
- 고속으로 대량의 데이터를 전송하여 입출력이 이루어짐

① 교착상태(DeadLock)
② DMA(Direct Memory Access)
③ 인터럽트(Interrupt)
④ IRQ(Interrupt ReQuest)

난이도 중 문제 진단 ○△✕

08 다음 중 인터넷상에서 접속이 너무 많거나 너무 원격지일 경우 과부하나 속도 저하를 막기 위해 동일한 사이트를 여러 곳에 복사해 놓는 것을 의미하는 것은?

① 포털 사이트(Portal Site)
② 미러 사이트(Mirror Site)
③ 인트라넷(Intranet)
④ 엑스트라넷(Extranet)

중요✓ 난이도 중 문제 진단 ○△✕

09 다음 중 한글 Windows 10에서 사용되는 [휴지통]에 관한 설명으로 옳지 않은 것은?

① 하드디스크의 파일이나 폴더를 Delete를 눌러서 삭제하면 [휴지통]에 넣어지며, [휴지통] 아이콘은 빈 휴지통에서 가득 찬 휴지통 아이콘으로 바뀐다.
② [휴지통]에 보관된 실행형 파일은 복원할 수 있으며 복원하기 전에도 실행시킬 수 있다.
③ Windows에서는 각각의 파티션이나 하드디스크에 [휴지통]을 하나씩 할당한다.
④ [휴지통]에 있는 항목은 사용자가 컴퓨터에서 영구적으로 삭제하기 전까지 휴지통에 그대로 있으며, 사용자가 삭제를 취소하거나 원래 위치로 복원할 수 있다.

난이도 중 문제 진단 ○△×

10 다음 중 컴퓨터 그래픽과 관련하여 〈보기〉에서 설명하고 있는 그래픽 파일의 형식은?

합격 강의

〈보기〉

- 비손실 압축 방법을 사용한다.
- 애니메이션을 표현할 수 있다.
- 8비트 컬러 사용으로 256가지 색을 표현할 수 있다.
- 비손실 압축이므로 이미지의 손상은 없지만, 압축률이 좋지 않다.

① GIF ② JPG
③ PNG ④ BMP

난이도 중 문제 진단 ○△×

11 다음 중 컴퓨터 소프트웨어 개발 과정에서 제작되는 알파(Alpha) 버전에 관한 설명으로 옳은 것은?

합격 강의

① 정식 프로그램의 기능을 홍보하기 위해 기능 및 기간을 제한하여 배포하는 프로그램이다.
② 베타 테스트를 하기 전에 제작 회사 내에서 테스트할 목적으로 제작된 프로그램이다.
③ 정식 버전을 출시하기 전에 테스트를 목적으로 일반인에게 공개하는 프로그램이다.
④ 오류 수정이나 성능 향상을 위해 이미 배포된 프로그램 일부를 변경해 주는 프로그램이다.

난이도 중 문제 진단 ○△×

12 다음 중 서로 독립되어 컴파일된 여러 개의 목적 프로그램을 하나의 실행 가능한 로드 모듈로 만드는 기능을 하는 프로그램은 무엇인가?

합격 강의

① 정렬/합병 프로그램
② 언어 번역 프로그램
③ 다중 프로그램
④ 연계 편집 프로그램

난이도 하 문제 진단 ○△×

13 10진수 1,024(=2^{10})를 이진수로 올바르게 표현한 것은?

① 10000000000
② 1111111111
③ 11111111111
④ 1000000000

난이도 중 문제 진단 ○△×

14 다음 중 컴퓨터 통신과 관련하여 P2P 방식에 관한 설명으로 옳은 것은?

① 인터넷에서 이루어지는 개인 대 개인의 파일 공유를 위한 기술이다.
② 인터넷을 통해 MP3를 제공해 주는 기술 및 서비스이다.
③ 인터넷을 통해 동영상을 상영해 주는 기술 및 서비스이다.
④ 여러 사용자가 동시에 온라인 게임을 할 수 있도록 제공해 주는 기술이다.

중요✓ 난이도 중 문제 진단 ○△×

15 다음 중 레지스터(Register)에 대한 설명 중 옳지 않은 것은?

① CPU 내부에서 처리할 명령어나 연산 결과 값을 일시적으로 저장하는 기억 장치이다.
② 레지스터의 크기는 컴퓨터가 한 번에 처리할 수 있는 데이터의 크기를 나타낸다.
③ 펌웨어(Firmware)를 저장하는 비휘발성 메모리로 액세스 속도가 가장 빠른 기억 장치이다.
④ 구조는 플립플롭(Flip-Flop)이나 래치(Latch)를 직렬 또는 병렬로 연결한다.

난이도 중 문제 진단 ○△×

16 다음 중 한글 Windows 10에서 사용하는 바로 가기 키의 기능으로 옳지 않은 것은?

① ⊞+X : 빠른 링크 메뉴 열기
② ⊞++ : 돋보기를 이용한 확대
③ ⊞+Tab : PC 잠금 또는 계정 전환
④ ⊞+Ctrl+Enter : 내레이터 열기

난이도 중 문제 진단 ○△×

17 다음 중 인터넷 연결을 위하여 TCP/IP 프로토콜을 설정할 때 네트워크 ID와 호스트 ID를 구분해 주는 역할을 하며, 대부분 255.255.255.0의 C 클래스(Class)로 정의되는 것은?

① IP 주소
② 기본 게이트웨이
③ DNS(Domain Name System)
④ 서브넷 마스크(Subnet Mask)

난이도 상 문제 진단 ○△×

18 다음 중 가로 200 픽셀, 세로 400 픽셀 크기의 256 색상으로 표현된 정지 영상을 10:1로 압축하여 JPG 파일로 저장하였을 때 이 파일의 크기는 얼마인가?

합격 강의

① 6KB ② 7KB
③ 8KB ④ 9KB

중요✓ 난이도 중 문제 진단 ○△×

19 다음 중 업무 처리의 신뢰도를 높이기 위해 2개의 CPU가 같은 업무를 동시에 처리하여 그 결과를 상호 점검하면서 운영하는 것으로 컴퓨터 고장으로 인한 작업 중단에 대비하는 시스템은?

① 듀플렉스 시스템
② 클러스터링 시스템
③ 듀얼 시스템
④ 다중 처리 시스템

난이도 상 문제 진단 ○△×

20 다음 중 Windows의 [설정]-[장치]-[마우스]에서 설정 가능한 기능으로 옳지 않은 것은?

① 기본 단추 선택은 왼쪽과 오른쪽 중에서 선택할 수 있다.
② Alt를 눌러 포인터의 위치를 표시할 수 있다.
③ 커서 속도를 조절할 수 있다.
④ 마우스 휠을 돌릴 때 스크롤할 양을 조절할 수 있다.

2 과목 스프레드시트 일반

중요✓ 난이도 중 문제 진단 ○△✕

21 다음 중 아래의 함수식 결과가 올바르게 짝지어진 것은?(단, 함수식의 결과가 날짜로 표시된 경우 셀의 표시 형식은 '날짜'로 설정된 것으로 함)

> 가. =EDATE("2024-6-3", 6)
> 나. =EOMONTH("2024-1-1", 11)

① 가. 2024-6-9, 나. 2024-1-12
② 가. 2024-12-31, 나. 2024-12-3
③ 가. 2030-6-3, 나. 2035-12-31
④ 가. 2024-12-3, 나. 2024-12-31

난이도 상 문제 진단 ○△✕

22 다음 프로시저가 실행된 후 ⓐ Sum과 ⓑ k 값으로 옳게 짝지어진 것은?

합격 강의

```
Sub Hap()
  For k = 1 To 20 Step 5
    Sum = Sum + k
  Next
    MsgBox Sum
    MsgBox k
End Sub
```

① ⓐ 17, ⓑ 20
② ⓐ 34, ⓑ 21
③ ⓐ 50, ⓑ 20
④ ⓐ 210, ⓑ 21

난이도 상 문제 진단 ○△✕

23 다음 중 아래의 워크시트에서 사원번호의 3번째 문자가 "K"에 해당하는 사원의 실적[B2:B7]의 합계를 구하는 배열 수식은?

합격 강의

	A	B
1	사원번호	실적
2	04K001	1,000
3	17C021	3,500
4	07K111	2,000
5	20C033	4,500
6	23K222	7,000
7	20C089	6,500

① =SUM(MID($A$2:$A$7="K")*$B$2:$B$7)
② =SUM((MID($A$2:$A$7,1="K"),$B$2:$B$7)
③ =SUM(MID($A$2:$A$7,3="K"),$B$2:$B$7)
④ =SUM((MID($A$2:$A$7,3,1)="K")*$B$2:$B$7)

난이도 중 문제 진단 ○△✕

24 다음 〈보기〉의 정렬에 대한 설명 중 맞는 것만으로 옳게 짝지어진 것은?

〈보기〉

> ⓐ 머리글 행이 없는 데이터도 원하는 기준으로 정렬이 가능하다.
> ⓑ 영숫자 텍스트는 왼쪽에서 오른쪽으로 정렬된다.
> ⓒ 영문자의 경우 대/소문자를 구분하여 정렬할 수 있으며, 오름차순으로 정렬하면 대문자가 우선순위를 갖는다.
> ⓓ 글꼴에 지정된 색을 기준으로 정렬하려면 정렬 기준을 '셀 색'으로 설정한다.
> ⓔ 빈 셀(공백)은 정렬 순서와 관계없이 항상 가장 마지막으로 정렬된다.

① ⓐ, ⓑ, ⓒ
② ⓐ, ⓑ, ⓔ
③ ⓑ, ⓒ, ⓓ
④ ⓒ, ⓓ, ⓔ

난이도 중 문제 진단 ○△✕

25 다음 중 작성된 매크로를 실행하는 방법으로 옳지 않은 것은?

① 매크로를 지정한 도형을 클릭하여 실행한다.
② 매크로를 작성할 때 지정한 바로 가기 키를 이용하여 실행한다.
③ 매크로가 적용되는 셀의 바로 가기 메뉴를 이용하여 실행한다.
④ 매크로 대화 상자에서 매크로를 선택하여 실행한다.

난이도 하 문제 진단 ○△✕

26 다음 중 [데이터]-[데이터 가져오기 및 변환]에서 가져올 수 없는 파일 형식은?

① 웹(*.html)
② MS-Word(*.docx)
③ 텍스트/CSV(*.txt, *.csv)
④ Access(*.mdb, *.accdb)

중요✓ 난이도 중 문제 진단 ○△✕

27 다음 아래의 차트에 대한 설명으로 옳지 않은 것은?

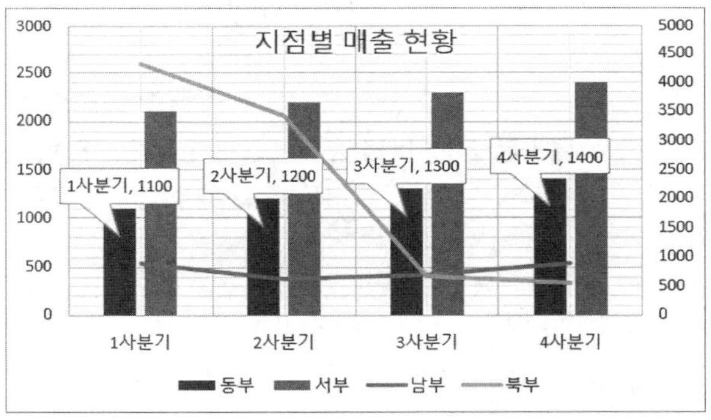

① 묶은 세로 막대형-꺾은선형, 보조 축이 적용된 차트이다.
② 차트 제목 "지점별 매출 현황"은 '차트 위'가 설정되어 있다.
③ 데이터 레이블은 동부 지점에 대해 '데이터 설명선'이 적용되어 있다.
④ 눈금선은 기본 주 가로, 기본 주 세로, 기본 보조 가로, 기본 보조 세로가 적용되어 있다.

난이도 상 문제 진단 ○△×

28 다음 중 아래와 같이 '김선'의 성적 변화([D3:D8])에 따른 평균의 변화([E3:E8])를 표의 형태로 표시하기 위한 [데이터 표] 작업에 대한 설명으로 옳지 않은 것은?

합격 강의

	A	B	C	D	E	F
1	성명	점수		김선	평균	
2	이대한	68			75.2	
3	한상공	79		50	68.7	
4	왕예린	56		60	70.3	
5	차은서	69		70	72.0	
6	김선	89		80	73.7	
7	최지선	90		90	75.3	
8	평균	75.2		100	77.0	
9						

① [데이터 표]의 결과 값은 반드시 변화하는 '김선'의 성적을 포함한 수식으로 작성되어야 한다.
② 평균의 변화 값을 구하는 [데이터 표]이므로 평균 [B8] 셀의 수식을 그대로 [E2] 셀에 입력한다.
③ [D2:E8] 영역을 선택하고, [데이터]-[예측]-[가상 분석]-[데이터 표]를 선택하여 실행한다.
④ [데이터 표] 대화 상자에서 '행 입력 셀'에 [B6]을 입력한다.

난이도 중 문제 진단 ○△×

29 국어, 영어, 수학의 각 점수가 70, 80, 90일 때, 평균이 90이 되기 위한 국어 점수를 구하고자 한다. 다음 중 어떤 기능을 이용하는 것이 가장 적절한가?

① 목표값 찾기
② 시나리오 분석
③ 데이터 통합
④ 부분합

난이도 중 문제 진단 ○△×

30 다음 중 피벗 차트 보고서에 대한 설명으로 옳지 않은 것은?

① 피벗 차트 보고서에 필터를 적용하면 피벗 테이블 보고서에 자동 적용된다.
② 처음 피벗 테이블 보고서를 만들 때 자동으로 피벗 차트 보고서를 함께 만들 수도 있고, 기존 피벗 테이블 보고서에서 피벗 차트 보고서를 만들 수도 있다.
③ 피벗 차트 보고서를 정적 차트로 변환하려면 관련된 피벗 테이블 보고서를 선택한 후 [피벗 테이블 분석] 탭 [동작] 그룹의 [지우기]-[모두 지우기] 명령을 수행하여 피벗 테이블 보고서를 먼저 삭제한다.
④ 피벗 차트 보고서를 삭제해도 관련된 피벗 테이블 보고서는 삭제되지 않는다.

중요✓ 난이도 중 문제 진단 ○△×

31 다음 아래의 [머리글/바닥글] 편집 단추의 기능에 따른 삽입 코드로 옳지 않은 것은?

①　②　③　④

기능	삽입 코드
① 전체 페이지 수 삽입	&[전체 페이지 수]
② 파일 경로 삽입	&[경로]&[파일]
③ 파일 이름 삽입	&[파일]
④ 시트 이름 삽입	&[시트]

난이도 중 문제 진단 ○△×

32 다음 중 시트 전체를 범위로 선택하는 방법으로 옳지 않은 것은?

① 시트의 임의의 셀에서 Ctrl+A를 누른다.
② 시트 전체 선택 단추(◢)를 클릭한다.
③ 하나의 열이 선택된 상태에서 Shift+Space Bar를 누른다.
④ 하나의 행이 선택된 상태에서 Shift+Space Bar를 누른다.

난이도 하 문제 진단 ○△×

33 통합 문서를 열 때마다 특정 작업이 자동으로 수행되는 매크로를 작성하려고 한다. 이때 사용해야 할 매크로 이름으로 옳은 것은?

① Auto_Open
② Auto_Exec
③ Auto_Macro
④ Auto_Start

난이도 상 문제 진단 ○△×

34 다음 중 아래의 수학식을 엑셀의 해당 함수를 이용하여 수식으로 바르게 표현한 것은?

합격 강의

$$\sqrt{89}\times(|-63|+6^3)$$

① =POWER(89)*(ABS(−63)+SQRT(6,3))
② =SQRT(89)*(EXP(−63)+POWER(6,3))
③ =SQRT(89)*(ABS(−63)+POWER(6,3))
④ =POWER(89)*(ABS(63)+SQRT(3,6))

난이도 중 문제 진단 ○△×

35 다음 중 엑셀에서 지원하는 파일 형식에 대한 설명으로 옳지 않은 것은?

① 통합 문서에 매크로나 VBA 코드가 없으면 '*.xlsx' 파일 형식으로 저장한다.
② Excel 2003 파일을 Excel 2021에서 열어 작업하면 파일은 자동으로 Excel 2021 형식으로 저장된다.
③ 통합 문서를 서식 파일로 사용하려면 '*.xltx' 파일 형식으로 저장한다.
④ 이전 버전의 Excel에서 만든 파일을 Excel 2021 파일로 저장하면 새로운 Excel 기능을 모두 사용할 수 있다.

난이도 중 문제 진단 ○△×

36 다음 중 항목 레이블이 월, 분기, 연도와 같이 일정한 간격의 값을 나타낼 때 적합한 차트로 일정 간격에 따라 데이터의 추세를 표시하는 데 유용한 것은?

① 분산형 차트
② 원형 차트
③ 꺾은선형 차트
④ 방사형 차트

난이도 중 문제 진단 ○△✕

37 다음 중 워크시트의 [틀 고정] 기능에 관한 설명으로 옳지 않은 것은?

① 워크시트에서 화면을 스크롤할 때 행 또는 열 레이블이 계속 표시되도록 설정하는 기능이다.
② 화면에 표시되는 틀 고정 형태는 인쇄 시에도 그대로 적용되어 출력된다.
③ [틀 고정] 기능에는 현재 선택 영역을 기준으로 하는 '틀 고정' 외에도 '첫 행 고정', '첫 열 고정' 등의 옵션이 있다.
④ 행과 열을 모두 잠그려면 창을 고정할 위치의 오른쪽 아래 셀을 클릭한 후 '틀 고정'을 실행한다.

난이도 중 문제 진단 ○△✕

38 다음 중 매크로 편집에 사용되는 Visual Basic Editor에 관한 설명으로 옳지 않은 것은?

① Visual Basic Editor는 바로 가기 키인 Alt + F11을 누르면 실행된다.
② 작성된 매크로는 한 번에 실행되며, 한 단계씩 실행될 수는 없다.
③ Visual Basic Editor는 프로젝트 탐색기, 속성 창, 모듈 시트 등으로 구성되어 있다.
④ 실행하고자 하는 매크로 구문 내에 커서를 위치시키고 F5를 누르면 매크로가 바로 실행된다.

중요✓ 난이도 중 문제 진단 ○△✕

39 다음 중 고급 필터 실행을 위한 조건 지정 방법에 대한 설명으로 옳지 않은 것은?

① 함수나 식을 사용하여 조건을 입력하면 셀에는 비교되는 현재 대상의 값에 따라 TRUE나 FALSE가 표시된다.
② 함수를 사용하여 조건을 입력하는 경우 원본 필드명과 동일한 필드명을 조건 레이블로 사용해야 한다.
③ 다양한 함수와 식을 혼합하여 조건을 지정할 수 있다.
④ 텍스트 데이터를 필터링할 때 대/소문자는 구분되지 않으나 수식으로 대/소문자를 구분하여 검색할 수 있다.

난이도 상 문제 진단 ○△✕

40 다음 아래의 시트처럼 짝수 행에만 서식을 적용하는 조건부 서식의 수식으로 옳은 것은?

합격 강의

	A	B	C	D	E
1	성명	컴일반	엑셀	액세스	평균
2	왕예린	90	80	70	80
3	김서연	100	67	89	85
4	이세현	50	60	70	60
5	정하림	44	55	66	55

① =ISODD(ROW())
② =ISEVEN(ROW())
③ =ISODD(COLUMN())
④ =ISEVEN(COLUMN())

3 과목 데이터베이스 일반

난이도 하 문제 진단 ○△✕

41 다음 중 관계형 데이터베이스 관리 시스템(RDBMS)의 종류에 해당하지 않는 것은?

① MS-SQL Server
② 오라클(ORACLE)
③ MY-SQL
④ 파이썬(Python)

난이도 상 문제 진단 ○△✕

42 [사원] 테이블에서 '사번' 필드를 기본키로 설정하려 하였더니 다음과 같은 내용의 오류 메세지가 나타났다. 중복된 사번을 찾는 쿼리로 가장 적절한 것은?

> 인덱스, 기본키 또는 관계에서 중복된 값을 만들었기 때문에 테이블에 요청된 변경 사항이 적용되지 않았습니다. 필드의 데이터 또는 중복 데이터가 있는 필드를 변경하거나 인덱스를 제거하거나 중복이 가능한 인덱스로 다시 정의하여 다시 시도하십시오.

① Select 사번 From 사원 Having Count(*) > 1
② Select 사번 From 사원 Group by 사번 Where Count(*) > 1
③ Select 사번 From 사원 Where Count(*) > 1 Group by 사번
④ Select 사번 From 사원 Group by 사번 Having Count(*) > 1

난이도 중 문제 진단 ○△✕

43 다음 중 다양한 사용자의 요구사항을 분석하여 정보 구조를 표현한 관계도(ERD)를 생성하는 데이터베이스 설계 단계는?

① 데이터베이스 기획
② 개념적 설계
③ 논리적 설계
④ 물리적 설계

난이도 상 문제 진단 ○△✕

44 다음 〈보기1〉 SQL문에 의해서 조회되는 CNO 목록으로 가장 적절한 것은?(단, [COURSE] 테이블의 CNO 필드에는 〈보기2〉와 같은 값들이 입력되어 있다.)

합격 강의

〈보기1〉

```
SELECT CNO
FROM COURSE
WHERE CNO LIKE 'K?'
```

〈보기2〉

> K5, KBO, KO, KOREA, K82, OK, SKC

① K5, KBO, KO, KOREA, K82
② K5, KBO, KO, KOREA, K82, OK, SKC
③ K5, KO
④ K5, KO, K82, OK, SKC

중요✓ 난이도 중 문제 진단 ○△X

45 다음 중 액세스에서 색인(Index)에 대한 설명으로 가장 옳지 않은 것은?

① 테이블의 내용을 검색할 때 그 속도를 높이기 위해서 이용한다.
② OLE 개체 데이터 형식의 필드는 인덱스를 사용할 수 없다.
③ 인덱스의 종류는 단일 필드 인덱스와 다중 필드 인덱스가 있다.
④ 인덱스를 설정하면 조회 및 정렬 속도는 느려지지만, 업데이트 속도는 빨라진다.

난이도 중 문제 진단 ○△X

46 다음 중 관계형 데이터베이스에서 사용되는 용어로 옳지 않게 짝지어진 것은?

합격 강의

ⓐ 도메인(Domain), ⓑ 튜플(Tuple) ⓒ 차수(Degree), ⓓ 기수(Cardinality)
가. 하나의 속성이 취할 수 있는 값의 집합이다. 나. 테이블에서 행을 나타내는 말로 레코드와 같은 의미이다. 다. 한 릴레이션(테이블)에서 속성(필드=열)의 개수이다. 라. 테이블에서 열을 나타내는 말로 필드와 같은 의미이다.

① ⓐ–가. ② ⓑ–나.
③ ⓒ–다. ④ ⓓ–라.

중요✓ 난이도 중 문제 진단 ○△X

47 다음의 수식을 보고서를 이용하여 인쇄할 경우 표시되는 결과로 옳은 것은?

=Right("서울특별시 중구 세종대로 39 상공회의소회관", InStr("서울특별시 중구","시"))

① 서울특별시
② 시 중구 세
③ 상공회의소
④ 회의소회관

난이도 중 문제 진단 ○△X

48 다음 중 다른 테이블을 참조하는 외래키에 대한 설명으로 옳은 것은?

① 외래키 필드의 값은 유일해야 하므로 중복된 값이 입력될 수 없다.
② 외래키 필드의 값은 Null 값일 수 없으므로, 값이 반드시 입력되어야 한다.
③ 한 테이블에서 특정 레코드를 유일하게 구별할 수 있는 속성이다.
④ 하나의 테이블에는 여러 개의 외래키가 존재할 수 있다.

난이도 중 문제 진단 ○△X

49 [성적] 테이블의 점수 필드의 속성을 아래와 같이 설정한 경우, 입력 값에 대한 결과가 옳지 않은 것은?

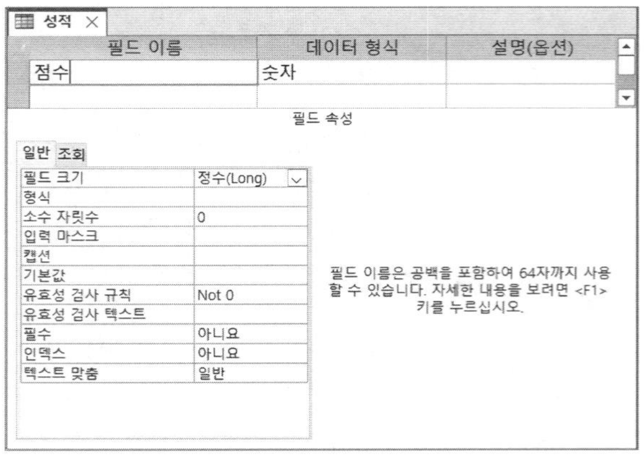

① 1.3를 입력하면 1의 값이 저장된다.
② 0.3를 입력하면 0의 값이 저장된다.
③ 8963을 입력하면 8963이 된다.
④ 8,963을 입력하면 8963이 된다.

난이도 상 문제 진단 ○△X

50 다음 쿼리문에 대한 설명으로 가장 옳지 않은 것은?

합격 강의

```
DELETE * FROM 고객 WHERE 고객번호=123
```

① 쿼리문을 실행하는 경우 레코드 수에는 변화가 있을 수 있지만 필드 수에는 변화가 없다.
② 레코드를 삭제한 다음에는 삭제한 내용은 되돌릴 수 없다.
③ WHERE 절 이하 부분이 없으면 아무 레코드도 삭제하지 않는다.
④ [고객] 테이블에서 고객번호가 123인 레코드를 삭제한다.

중요✓ 난이도 상 문제 진단 ○△X

51 다음 중 아래 <고객>과 <구매리스트> 테이블 관계에 참조 무결성이 항상 유지되도록 설정할 수 없는 경우는?

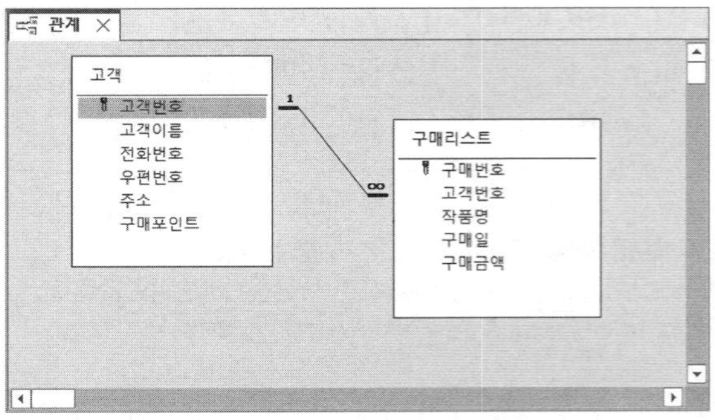

① <고객> 테이블의 '고객번호' 필드 값이 <구매리스트> 테이블의 '고객번호' 필드에 없는 경우
② <고객> 테이블의 '고객번호' 필드 값이 <구매리스트> 테이블의 '고객번호' 필드에 하나만 있는 경우
③ <고객> 테이블의 '고객번호' 필드 값이 <구매리스트> 테이블의 '고객번호' 필드에 두 개 이상 있는 경우
④ <구매리스트> 테이블의 '고객번호' 필드 값이 <고객> 테이블의 '고객번호' 필드에 없는 경우

난이도 중 문제 진단 ○△✕

52 다음 중 보고서의 각 구역에 대한 설명으로 옳지 않은 것은?

① '페이지 머리글'은 인쇄 시 모든 페이지의 맨 위에 출력되며, 모든 페이지에 특정 내용을 반복하려는 경우 사용한다.
② '보고서 머리글'은 보고서의 맨 앞에 한 번 출력되며, 함수를 이용한 집계 정보를 표시할 수 없다.
③ '그룹 머리글'은 각 새 레코드 그룹의 맨 앞에 출력되며, 그룹 이름이나 그룹별 계산결과를 표시할 때 사용한다.
④ '본문'은 레코드 원본의 모든 행에 대해 한 번씩 출력되며, 보고서의 본문을 구성하는 컨트롤이 추가된다.

난이도 하 문제 진단 ○△✕

53 다음 중 폼의 레코드 원본으로 사용할 수 없는 것은?

① 테이블 ② 쿼리
③ SQL문 ④ 매크로

난이도 중 문제 진단 ○△✕

54 (합격 강의) 다음 중 아래와 같은 <고객> 테이블에서 필드의 순서를 변경하기 위한 방법으로 옳지 않은 것은?

고객번호	고객명	주소	취미	전화
0001	정하림	서울시	독서	010-1111-2222
0002	이세현	구리시	게임	010-2222-3333

① 디자인 보기에서 <주소> 필드를 선택한 후 이동할 위치로 끌어다 놓는다.
② 디자인 보기에서 <주소> 필드를 선택한 후 Shift를 누른 상태에서 <전화> 필드를 선택하여 이동할 위치로 끌어다 놓으면 <주소, 취미, 전화> 필드가 이동된다.
③ 데이터시트 보기에서 <전화> 필드를 선택한 후 이동할 위치로 끌어다 놓는다.
④ 데이터시트 보기에서 <주소> 필드명을 선택한 후 Ctrl을 누른 상태에서 <전화> 필드를 선택하여 이동할 위치로 끌어다 놓으면 <주소, 전화> 필드만 이동된다.

난이도 중 문제 진단 ○△✕

55 다음 중 하위 폼에 대한 설명으로 옳지 않은 것은?

① 하위 폼은 테이블, 쿼리나 다른 폼을 이용하여 작성할 수 있다.
② 연결된 기본 폼과 하위 폼 모두 연속 폼의 형태로 표시할 수 있다.
③ 사용할 수 있는 하위 폼의 개수에는 제한이 없으나, 하위 폼의 중첩은 7개 수준까지만 가능하다.
④ 기본 폼과 하위 폼을 연결할 필드의 데이터 형식은 같거나 호환되어야 한다.

난이도 중 문제 진단 ○△✕

56 다음 중 함수에 대한 설명으로 옳지 않은 것은?

① ROUND() : 인수로 입력한 숫자를 지정한 자릿수로 반올림해 준다.
② DSUM() : 지정된 레코드 집합에서 해당 필드 값의 합계를 계산할 수 있다.
③ INSTR() : 문자열에서 특정한 문자 또는 문자열이 존재하는 위치를 구해준다.
④ VALUE() : 문자열에 포함된 숫자를 적절한 형식의 숫자 값으로 반환한다.

중요✓ 난이도 하 문제 진단 ○△✕

57 (합격 강의) 다음 중 레코드가 추가될 때마다 시스템에서 자동으로 값을 입력해주며 업데이트나 수정이 불가능한 데이터 형식은?

① 짧은 텍스트
② 숫자
③ 일련번호
④ Yes/No

난이도 중 문제 진단 ○△✕

58 다음 중 테이블 간의 관계 설정에서 일대일 관계가 성립하는 것은?

① 양쪽 테이블의 연결 필드가 모두 중복 불가능의 인덱스나 기본키로 설정된 경우
② 어느 한쪽 테이블의 연결 필드가 중복 불가능의 인덱스나 기본키로 설정된 경우
③ 오른쪽 관련 테이블의 연결 필드가 중복 가능한 인덱스나 후보키로 설정된 경우
④ 양쪽 테이블의 연결 필드가 모두 중복 가능한 인덱스나 후보키로 설정된 경우

난이도 중 문제 진단 ○△✕

59 (합격 강의) 다음 중 전체 페이지가 10페이지이고 현재 페이지가 5페이지인 보고서에서 표시되는 식과 결과가 올바른 것은?

① =[Pages] & "중 " & [Page] → 5중 10
② =[Pages] & "Page" → 5Page
③ =[Pages] → 5/10
④ =Format([Pages], "0000") → 0010

난이도 중 문제 진단 ○△✕

60 다음 중 액세스의 작업을 자동화하고 폼이나 보고서의 컨트롤에 기능들을 미리 정의하여 사용할 수 있도록 하는 기능은?

① 매크로
② 응용 프로그램 요소
③ 업무 문서 양식 마법사
④ 성능 분석 마법사

해설과 따로 보는 2023년 상시 기출문제 05회

자동 채점 서비스 합격 강의

SELF CHECK | 제한시간 60분 | 소요시간 분 | 전체 문항 수 60문항 | 맞힌 문항 수 문항

1과목 컴퓨터 일반

난이도 중 문제 진단 ○△×

01 다음 중 방화벽(Firewall)에 대한 설명으로 옳지 않은 것은?

① 방화벽은 외부 네트워크와 내부 네트워크 사이에 위치한다.
② 내부 네트워크에서 외부로 나가는 패킷을 체크하여 인증된 패킷만 통과시킨다.
③ 역추적 기능으로 외부 침입자의 흔적을 찾을 수 있다.
④ 보안이 필요한 네트워크의 통로를 단일화하여 관리한다.

중요✓ 난이도 중 문제 진단 ○△×

02 다음 중 바탕 화면에 바로 가기 아이콘을 만들기 위한 방법으로 옳지 않은 것은?

① [파일 탐색기]에서 파일을 Ctrl을 누른 채 드래그하여 바탕 화면에 놓는다.
② 파일에서 마우스 오른쪽 버튼을 누른 채 빈 곳으로 드래그한 후 [여기에 바로 가기 만들기] 메뉴를 선택한다.
③ 바탕 화면의 빈 곳에서 마우스 오른쪽 버튼을 눌러 [새로 만들기]-[바로 가기] 메뉴를 선택한다.
④ 파일을 Ctrl+C로 복사한 후 바탕 화면의 빈 곳에서 마우스 오른쪽 버튼을 눌러 [바로 가기 붙여 넣기] 메뉴를 선택한다.

난이도 중 문제 진단 ○△×

03 다음 중 〈보기〉에서 설명하는 코드로 옳은 것은?

합격 강의

〈보기〉

- 세계 각 나라의 언어를 표현할 수 있는 국제 표준 코드이다.
- 코드의 크기는 2바이트이다.
- 표현 가능한 문자수는 65,536자이다.
- 한글의 경우 조합, 완성, 옛 글자 모두 표현 가능하다.

① ASCII 코드
② BCD 코드
③ 유니코드(Unicode)
④ EBCDIC 코드

난이도 하 문제 진단 ○△×

04 다음 중 컴퓨터의 정상적인 작동을 방해하여 운영체제나 저장된 데이터에 손상을 입힐 수 있는 보안 위협의 종류는?

① 바이러스
② 키로거
③ 애드웨어
④ 스파이웨어

난이도 중 문제 진단 ○△×

05 다음 중 인터넷에서 사용하는 표준 주소 체계인 URL(Uniform Resource Locator)의 4가지 구성 요소를 순서대로 옳게 나열한 것은?

① 서버 주소, 프로토콜, 포트 번호, 파일 경로
② 프로토콜, 서버 주소, 포트 번호, 파일 경로
③ 프로토콜, 서버 주소, 파일 경로, 포트 번호
④ 포트 번호, 프로토콜, 서버 주소, 파일 경로

중요✓ 난이도 중 문제 진단 ○△×

06 다음 중 인터넷을 이용한 FTP(File Transfer Protocol)에 관한 설명으로 옳지 않은 것은?

① 멀리 떨어져 있는 컴퓨터로부터 파일을 전송받거나 전송하는 서비스를 의미한다.
② 익명의 계정을 이용하여 파일을 전송할 수 있는 서버를 Anonymous FTP 서버라고 한다.
③ 일반적으로 텍스트 파일의 전송을 위한 ASCII 모드와 실행 파일의 전송을 위한 Binary 모드로 구분하여 수행한다.
④ FTP 서버에 계정을 가지고 있는 사용자는 FTP 서버에 있는 프로그램을 다운로드 없이 실행시킬 수 있다.

난이도 중 문제 진단 ○△×

07 다음 중 〈보기〉의 네트워크 명령에 따른 수행 기능으로 옳지 않게 짝지어진 것은?

합격 강의

〈보기〉

가. ipconfig 나. ping 다. tracert 라. finger

ⓐ URL 주소로 IP 주소를 확인하는 명령이다.
ⓑ 네트워크에 연결된 컴퓨터의 경로(라우팅 경로)를 추적할 때 사용하는 명령이다.
ⓒ 네트워크의 현재 상태나 다른 컴퓨터의 네트워크 접속 여부를 확인하는 명령이다.
ⓓ 사용자 자신의 컴퓨터 IP 주소를 확인하는 명령이다.

① 가.-ⓓ ② 나.-ⓒ
③ 다.-ⓑ ④ 라.-ⓐ

난이도 중 문제 진단 ○△×

08 다음 〈보기〉는 컴퓨터 그래픽과 관련된 내용이다. 이를 표현 방식으로 나눌 때 같은 방식의 특징에 해당되지 않은 것은?

〈보기〉

가. BMP, TIF, GIF, JPEG 등이 있다.
나. 이미지를 확대하면 테두리가 거칠게 표현된다.
다. 다양한 색상을 이용하기 때문에 사실적 표현이 용이하다.
라. 점과 점을 연결하는 직선이나 곡선을 이용하여 이미지를 표현하는 방식이다.

① 가 ② 나
③ 다 ④ 라

중요✓ 난이도 중 문제 진단 ○△×

09 다음 중 하드디스크에서 기억 영역을 효율적으로 관리하기 위해 여러 개의 섹터를 하나로 묶는 단위로 사용되며 크기가 늘어나면 검색 속도는 느려지는 것은?

① 로더(Loader)
② 클러스터링(Clustering)
③ PnP(Plug & Play)
④ 채널(Channel)

난이도 중 문제 진단 ○△×

10 다음 중 아날로그 컴퓨터와 비교하여 디지털 컴퓨터의 특징으로 옳지 않은 것은?

합격 강의

① 산술 및 논리 연산을 처리하는 회로에 기반을 둔 범용 컴퓨터로 사용된다.
② 온도, 전압, 진동 등과 같이 연속적으로 변하는 데이터를 효율적으로 처리할 수 있다.
③ 데이터 처리를 위한 명령어들로 구성된 프로그램에 의해 동작된다.
④ 데이터의 각 자리마다 0 혹은 1의 비트로 표현한 이산적인 데이터를 처리한다.

난이도 중 문제 진단 ○△×

11 다음 컴파일러 기법의 특징으로 틀린 것은?

① 정적 자료 구조
② 효율성을 강조한 처리
③ 기억 장소가 많이 필요
④ 명령 단위별로 번역하여 즉시 실행

난이도 중 문제 진단 ○△×

12 다음 중 다양한 정보의 데이터베이스를 구축하여 사용자가 요구하는 정보를 원하는 시간에 서비스받을 수 있는 멀티미디어 서비스를 무엇이라 하는가?

① 폴링(Polling)
② P2P(Peer to Peer)
③ VCS(Video Conference System)
④ VOD(Video On Demand)

난이도 중 문제 진단 ○△×

13 영상(Image)은 화소(Pixel)의 2차원 배열로 구성된다. 이때 한 화소가 8비트를 사용한다면 한 화소가 표현할 수 있는 컬러 수는 몇 개인가?

합격 강의

① 16
② 32
③ 64
④ 256

난이도 상 문제 진단 ○△×

14 다음 중 오디오 압축 방식에 대한 설명으로 옳지 않은 것은?

① WAV(Waveform Audio Format)는 비압축 오디오 포맷으로 MS사의 Windows의 오디오 파일 포맷 표준으로 사용되는 무손실 음원이다.
② ALAC(Apple Lossless Audio Codec)는 애플사에서 만든 오디오 코덱으로 디지털 음악에 대한 무손실 압축을 지원한다.
③ AIFF(Audio Interchange File Format)는 오디오 파일 형식으로 비압축 무손실 압축 포맷이며 고품질의 오디오 CD를 만들 수 있고 애플사의 매킨토시에서 사용된다.
④ FLAC(Free Lossless Audio Codec)는 오디오 파일이나 여러 연주, 악기 소리 등을 프로그램에 입력하여 녹음하는 방법으로 음의 수정이나 리듬 변형 등의 여러 편집 작업이 가능하다.

중요✓ 난이도 중 문제 진단 ○△×

15 다음은 데이터 통신 시스템에서 사용되는 데이터의 흐름을 나타낸 것이다. 괄호 안에 들어갈 용어로 옳게 짝지어진 것은?

변조 – (ⓐ) – (ⓑ) – 병렬화

① ⓐ 직렬화, ⓑ 복조
② ⓐ 복조, ⓑ 직렬화
③ ⓐ 샘플링, ⓑ 동조
④ ⓐ 동조, ⓑ 샘플링

난이도 중 문제 진단 ○△×

16 컴퓨터 시스템 보안 등급에 대한 설명 중 올바른 것은?

① 미국 국방성에서 만든 컴퓨터 시스템 보안 평가 기준으로 5등급으로 세분화하였다.
② 운영체제의 보안 등급은 Unix, Windows NT, MS-DOS 중 MS-DOS가 가장 높다.
③ B1 등급은 모든 데이터가 각각 보안 등급을 갖고 있어서 보안 권한이 있는 사람만이 접근할 수 있다.
④ D 등급은 최상위 보안 등급으로 개인용 운영체제가 이에 속한다.

난이도 중 문제 진단 ○△×

17 다음 중 제한된 색상을 조합하여 새로운 색을 만드는 작업을 뜻하는 그래픽 기법으로 옳은 것은?

합격 강의

① 렌더링(Rendering)
② 디더링(Dithering)
③ 모델링(Modelling)
④ 리터칭(Retouching)

난이도 중 문제 진단 ○△×

18 다음 중 사물 인터넷에 대한 설명으로 가장 옳지 않은 것은?

① 개인별 맞춤형 스마트 서비스를 지향하며 정보 보안 기술의 적용이 중요하다.
② 개방형 아키텍처로 스마트 센싱 기술과 무선 통신 기술을 융합한 실시간 송수신 서비스가 제공된다.
③ 사물 인터넷은 LBS라고도 하며 위치 기반 맞춤형 스마트 서비스를 지향한다.
④ 인간 대 사물, 사물 대 사물 간에 인터넷으로 연결되어 정보의 소통이 가능한 기술이다.

난이도 중 문제 진단 ○△✕

19 다음 중 와이파이(Wi-Fi)에 대한 설명으로 옳지 않은 것은?

① IEEE 802.11 기술 규격으로 IEEE 802.11b 규격은 최대 11 Mbps, IEEE 802.11g 규격은 최대 54Mbps의 속도를 지원한다.
② 인프라스트럭쳐(Infrastructure) 모드는 AP(Access Point)를 통해 데이터를 송수신하는 방식이다.
③ Wi-Fi는 Wireless Fidelity의 약어로 장소와 환경에 따라 전혀 영향을 받지 않으며 사용 거리에 제한을 두지 않는다.
④ 다중 접속 환경에 최적화된 Wi-Fi 6은 공공 와이파이 환경에서도 최상의 품질을 제공한다.

난이도 중 문제 진단 ○△✕

20 다음 중 핫 스왑(Hot Swap)에 대한 설명으로 옳은 것은?

① 사용을 위해 요구된 만큼 프로그램의 필요한 부분을 메모리에 적재하는 것
② 전원을 끄지 않고도 컴퓨터에 장착된 장비를 제거하거나 교환할 수 있는 기능
③ 응용 프로그램이 운영체제의 서비스를 요구할 때 사용하는 기능
④ 필요한 만큼의 공간을 만들기 위해 메모리로부터 불필요한 부분을 삭제하는 것

2과목 스프레드시트 일반

중요✓ 난이도 중 문제 진단 ○△✕

21 셀의 서식은 기본 설정인 'G/표준'으로 설정되어 있다. 셀에 입력된 값이 10000을 초과하면 파란색으로 표시하고, 음수이면 빨간색과 부호는 생략하고 괄호 안에 수치를 표시하고자 한다. 다음 중 사용자 지정 서식으로 옳은 것은?

① [파랑][>=10000]G/표준;[빨강][<0](G/표준);
② [빨강]G/표준;[파랑][>10000]G/표준
③ [파랑][>10000]G/표준;[빨강][<0](G/표준)
④ [파랑][>10000]G/표준;[빨강](G/표준)

난이도 하 문제 진단 ○△✕

22 다음 아래의 시트처럼 [A1] 셀에 입력된 문자열이 셀의 너비보다 클 경우 [B1] 셀처럼 입력 문자열의 글꼴 크기를 줄여 한 줄로 셀에 표시되게 하려면 셀 서식에서 어느 항목을 선택해 주어야 하는가?

	A	B	C
1	대한상공회의소		
2	대한상공회의소		
3			

① 자동 줄 바꿈
② 셀에 맞춤
③ 셀 병합
④ 균등 분할

중요✓ 난이도 중 문제 진단 ○△✕

23 다음 중 [A1] 셀을 [D1] 셀까지 채우기 핸들을 이용하여 드래그했을 때 표시되는 값으로 옳은 것은?

합격 강의

	A	B	C	D
1	89.63			
2				

① 89.63 ② 90.63
③ 91.63 ④ 92.63

난이도 중 문제 진단 ○△✕

24 다음 중 연속적인 위치에 데이터가 입력된 여러 개의 셀을 범위로 설정한 후, 셀 병합을 실행하였을 때의 결과에 대한 설명으로 옳은 것은?

① 데이터가 들어 있는 여러 셀은 셀 보호가 자동으로 설정되어 병합할 수 없다.
② 가장 위쪽 또는 왼쪽의 셀 데이터만 남고 나머지 셀 데이터는 모두 지워진다.
③ 가장 아래쪽 또는 오른쪽의 셀 데이터만 남고 나머지 셀 데이터는 모두 지워진다.
④ 기존에 입력되어 있던 데이터들이 한 셀에 모두 표시된다.

난이도 중 문제 진단 ○△✕

25 회사에서 업무를 위해 사용하는 기계나 물건, 설비 등은 사용되면서 소모가 되어 그 가치가 떨어지는데 그만큼의 감소분을 보전하기 위한 비용을 감가상각액이라 한다. 다음 중 감가상각액을 구하기 위한 함수로 옳게 짝지어진 것은?

합격 강의

ⓐ FV, ⓑ PV, ⓒ NPV, ⓓ PMT, ⓔ SLN, ⓕ SYD

① ⓐ, ⓑ ② ⓒ, ⓓ
③ ⓔ, ⓕ ④ ⓐ, ⓑ, ⓒ, ⓓ

난이도 중 문제 진단 ○△✕

26 다음 중 [시나리오 관리자]의 실행 단추에 대한 설명으로 잘못된 것은?

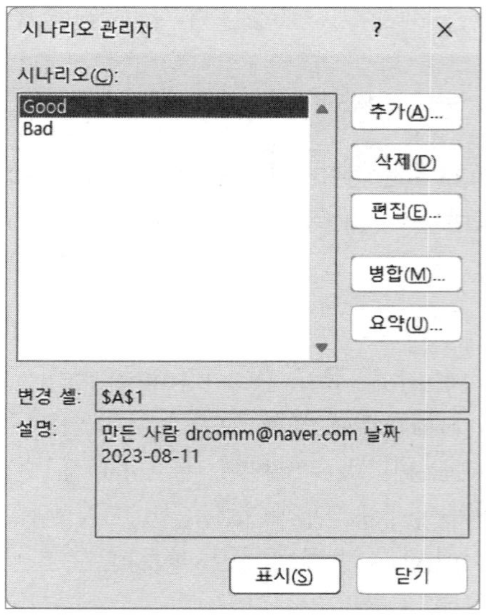

① [삭제] 단추는 선택한 시나리오를 제거할 때 사용하는 것으로, '실행 취소' 단추를 이용하여 삭제된 시나리오를 복원할 수 있다.
② [편집] 단추는 선택한 시나리오를 수정할 때 사용하는 것으로, 시나리오 이름과 대상 셀의 범위를 수정할 수 있다.
③ [병합] 단추는 다른 시트에 있는 시나리오를 불러와서 추가할 때 사용하는 것이다.
④ [요약] 단추는 선택한 시나리오의 요약보고서나 시나리오 피벗 테이블 보고서를 작성할 때 사용하는 것이다.

중요✓ 난이도 중 문제 진단 ○△✕

27 다음 중 주 근무 시간의 합계를 구하기 위해 [C9] 셀에 적용해야 할 사용자 지정 셀 서식으로 올바른 것은?

C9 =SUM(C4:C8)

	A	B	C	D	E
1	주 근무 시간				
2					
3	성명	요일	근무시간		
4	왕예린	월요일	5:20		
5		화요일	4:40		
6		수요일	5:00		
7		목요일	5:30		
8		금요일	4:30		
9		합계	25:00		
10					

① h:mm ② [h]:mm
③ hh:mm ④ #h:mm

난이도 상 문제 진단 ○△✕

28 다음 중 수식과 그 실행 결과 값의 연결이 옳지 않은 것은?

합격 강의

① =SUM(MEDIAN(1,2,3,4,5),MODE.SNGL(1,2,3,4,5,5)) → 8
② =SUM(INT(−4.9),TRUNC(14.3)) → 9
③ =CHOOSE(MOD(101,3),POWER(3,2),FACT(3),INT(89.63)) → 6
④ =POWER(SQRT(4),2^2) → 8

난이도 하 문제 진단 ○△✕

29 다음 중 Excel 2021의 리본 메뉴에 대한 설명으로 옳지 않은 것은?

① 리본의 활성 탭을 선택하고 액세스 키를 활성화하려면 Alt나 F10을 누른다.
② 리본 메뉴를 빠르게 최소화하려면 활성 탭의 이름을 두 번 클릭하고 리본 메뉴를 원래 상태로 되돌리려면 탭을 다시 두 번 클릭한다.
③ 리본 메뉴는 탭, 그룹 및 명령의 세 요소로 구성되어 있다.
④ 리본 메뉴를 최소화하거나 원래 상태로 되돌리려면 Ctrl+F10을 누른다.

난이도 중 문제 진단 ○△✕

30 다음 〈보기〉에서 설명하는 차트로 옳은 것은?

〈보기〉

- 계층적 데이터를 표시하는 데 이상적이며 계층 구조 내에 빈(공백) 셀이 있을 때 그릴 수 있다.
- 하나의 고리 또는 원이 계층 구조의 각 수준을 나타내며 가장 안쪽에 있는 원이 계층 구조의 가장 높은 수준을 나타낸다.
- 계층 구조가 없는(하나의 범주 수준) 이 차트는 도넛형 차트와 모양이 유사하다.
- 범주 수준이 여러 개인 이 차트는 외부 고리와 내부 고리의 관계를 보여준다.

① 히스토그램 차트
② 상자 수염 차트
③ 트리맵 차트
④ 선 버스트 차트

난이도 하 문제 진단 ○△✕

31 다음 중 [셀 서식] 대화 상자의 [맞춤] 탭의 '텍스트 방향'에서 설정할 수 없는 항목은?

① 텍스트 방향대로
② 텍스트 반대 방향으로
③ 왼쪽에서 오른쪽
④ 오른쪽에서 왼쪽

난이도 상 문제 진단 ○△✕

32 다음 중 아래 프로시저의 실행 결과로 옳은 것은?

합격 강의

```
Sub loopTest()
  Dim k As Integer
    Do while k < 3
      [A1].offset(k,1)=10
      k = k + 2
    Loop
End Sub
```

① [A2] 셀에 10이 입력된다.
② [A1] 셀과 [A3] 셀에 10이 입력된다.
③ [B2] 셀에 10이 입력된다.
④ [B1] 셀과 [B3] 셀에 10이 입력된다.

중요✓ 난이도 중 문제 진단 ○△✕

33 다음 중 아래의 시트에서 수식 =DSUM(A1:D7,4,B1:B2)를 실행했을 때의 결과 값으로 옳은 것은?

	A	B	C	D
1	성명	부서명	상반기	하반기
2	이대한	영업1부	15	30
3	한상공	영업2부	20	27
4	이상영	영업1부	30	60
5	지유환	영업2부	40	44
6	이선훈	영업2부	27	37
7	김선	영업1부	89	110

① 87 ② 108
③ 134 ④ 200

난이도 하 문제 진단 ○△✕

34 다음 중 셀 서식의 바로 가기 키와 그 기능이 옳지 않은 것은?

① Ctrl+1 : 셀 서식
② Ctrl+2 : 굵게 적용 및 취소
③ Ctrl+3 : 기울임꼴 적용 및 취소
④ Ctrl+4 : 취소선 적용 및 취소

난이도 중 문제 진단 ○△×

35 다음 중 부분합 실행 결과에 대한 설명으로 옳지 않은 것은?

	A	B	C	D
1	사원명	구분	실적	
2	이대한	상반기	1,500,000	
3	이대한	하반기	5,600,000	
4	**이대한 평균**		3,550,000	
5	한상공	상반기	2,300,000	
6	한상공	하반기	2,000,000	
7	**한상공 평균**		2,150,000	
8	황영철	하반기	680,000	
9	황영철	상반기	457,000	
10	**황영철 평균**		568,500	
11	**전체 평균**		2,089,500	
12				

① 상반기와 하반기를 기준으로 항목이 그룹화되었다.
② 실적에 대하여 평균 함수가 사용되었다.
③ 데이터 아래에 요약 표시가 선택되었다.
④ 부분합 개요 기호를 사용할 수 있다.

난이도 하 문제 진단 ○△×

36 다음 중 작업에 필요한 여러 개의 통합 문서를 한 화면에 함께 표시하여 비교하면서 작업하기에 편리한 기능은?

① 창 나누기
② 창 정렬
③ 틀 고정
④ 페이지 구분선

난이도 중 문제 진단 ○△×

37 다음 중 데이터의 자동 필터 기능에 대한 설명으로 옳지 않은 것은?

① 같은 열에서 여러 개의 항목을 동시에 선택하여 데이터를 추출할 수 있다.
② 숫자로만 구성된 하나의 열에서는 색 기준 필터와 숫자 필터를 동시에 적용할 수 없다.
③ 필터를 이용하여 추출한 데이터는 항상 레코드(행) 단위로 표시된다.
④ 같은 열에 날짜, 숫자, 텍스트가 섞여 있으면 항상 텍스트 필터가 기본으로 적용된다.

난이도 중 문제 진단 ○△×

38 다음 중 피벗 테이블에 대한 설명으로 옳지 않은 것은?

① 피벗 테이블 필드 목록에서 보고서에 추가할 필드로 데이터 형식이 텍스트와 논리 값인 것을 선택하면 '행 레이블' 영역으로 옮겨진다.
② 피벗 테이블 보고서를 작성한 후 원본 데이터를 수정하면 수정된 내용이 피벗 테이블 보고서에 자동으로 반영된다.
③ 값 영역에 추가된 필드가 2개 이상이 되면 값 필드가 열 레이블 또는 행 레이블 영역에 표시된다.
④ 행 레이블 또는 열 레이블에 표시된 값 필드가 값 영역에 추가된 필드의 표시 방향을 결정한다.

난이도 중 문제 진단 ○△×

39 다음 중 아래 그림의 [매크로 기록] 대화 상자에 대한 설명으로 옳지 않은 것은?

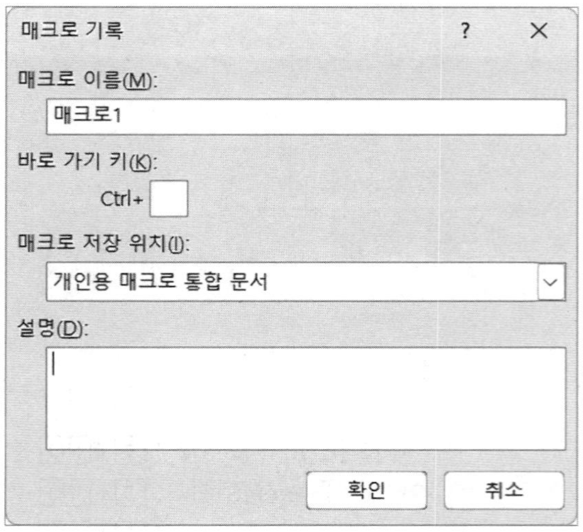

① 매크로 이름의 첫 글자는 문자, 숫자, 밑줄 등을 사용할 수 있으며, 공백은 사용할 수 없다.
② 바로 가기 키 상자에 사용할 문자는 @나 #과 같은 특수 문자와 숫자는 사용할 수 없으며, 영문 대소문자는 모두 입력할 수 있다.
③ 개인용 매크로 통합 문서에 저장된 매크로는 엑셀을 시작할 때마다 모든 통합 문서에서 사용할 수 있다.
④ 설명란에 매크로에 관한 설명을 입력할 수 있으며, 입력된 내용은 매크로 실행에 영향을 주지 않는다.

난이도 중 문제 진단 ○△×

40 다음 중 [찾기 및 바꾸기] 대화 상자에 대한 설명으로 옳지 않은 것은?

합격 강의

① Ctrl+F : [바꾸기] 탭이 선택된 [찾기 및 바꾸기] 대화 상자를 표시한다.
② 찾기 방향은 오른쪽이나 아래쪽으로 진행되지만, Shift를 누른 상태에서 [다음 찾기]를 클릭하면 왼쪽이나 위쪽 방향(역순)으로 찾기가 진행된다.
③ 영문자의 경우 대/소문자를 구분하여 찾을 수 있다.
④ 찾는 위치를 수식, 값, 메모 중에서 선택하여 지정할 수 있다.

3과목 데이터베이스 일반

난이도 중 문제 진단 ○△×

41 다음 중 정규화(Normalization)의 목적에 대한 설명으로 옳지 않은 것은?

① 데이터의 중복을 최소화하고, 불일치를 방지하기 위해 릴레이션 스키마를 분해해 가는 과정이다.
② 데이터 중복을 최소화하기 위해 데이터베이스의 물리적 설계 단계에서 수행한다.
③ 간단한 관계 연산에 의해 효율적인 정보 검색과 데이터 조작이 가능하다.
④ 모든 릴레이션이 데이터베이스 내에서 모든 개체 간의 관계를 표현 가능하도록 한다.

난이도 중 문제 진단 ○△×

42 입력 모드를 '한글' 또는 '영문' 입력 상태로 지정할 때 사용하는 속성으로 폼에서 '성명' 컨트롤에 데이터를 입력할 때 사용할 수 있는 것은?

① 〈Enter〉 키 기능
② IME Mode
③ 탭 인덱스
④ 상태 표시줄 텍스트

난이도 중 문제 진단 ○△×

43 다음 SQL 명령 중 DML에 해당하는 것으로만 옳게 짝지어진 것은?

① CREATE, ALTER, DROP
② CREATE, ALTER, SELECT
③ CREATE, UPDATE, DROP
④ DELETE, UPDATE, SELECT

중요✓ 난이도 중 문제 진단 ○△×

44 다음 중 Peter Chen이 제안한 것으로 현실 세계에 존재하는 객체들을 개념적으로 표현하고 그들 간의 관계를 사람이 이해하기 쉽게 표현하는 모델로 옳은 것은?

① 네트워크 데이터 모델
② 관계 데이터 모델
③ 개체-관계(E-R) 모델
④ 계층 데이터 모델

난이도 중 문제 진단 ○△×

45 다음 〈보기〉처럼 관계형 데이터 모델에서 하나의 애트리뷰트(Attribute)가 취할 수 있는 모든 원자 값들의 집합을 무엇이라고 하는가?

〈보기〉

성별 : 남, 여 / 월 : 1월~12월 / 요일 : 월요일~일요일

① 도메인
② 스키마
③ 튜플
④ 차수

난이도 중 문제 진단 ○△×

46 다음 중 기본 폼과 하위 폼을 연결하는 방법에 대한 설명으로 가장 적절하지 않은 것은?

① 한 테이블을 기본으로 해서 또 다른 테이블의 작업을 동시에 할 수 있도록 한다.
② 기본 폼과 하위 폼을 연결할 필드의 데이터 형식은 같거나 호환되어야 한다.
③ 기본 폼과 하위 폼을 연결할 필드 이름을 지정한다.
④ 2개 이상의 연결 필드를 지정할 때는 필드 이름을 기호("&")로 구분한다.

난이도 상 문제 진단 ○△×

47 다음 쿼리에 대한 설명으로 올바른 것은?

합격강의

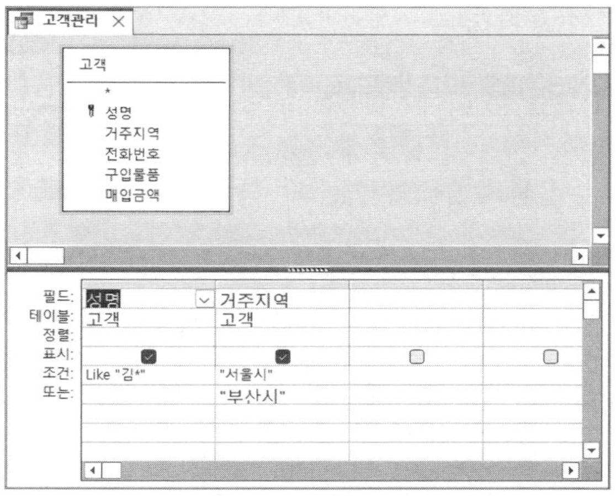

① 성명이 '김'으로 시작하는 레코드 중 거주지역이 '서울시' 또는 '부산시'인 레코드 검색
② 성명이 '김'으로 시작하거나 거주지역이 '서울시' 이거나 '부산시'인 레코드 검색
③ 성명이 '김'으로 시작하는 레코드 중 거주지역이 '서울시'이거나 성명과 관계없이 거주지역이 '부산시'인 레코드 검색
④ 성명이 '김'으로 시작하는 레코드 중 거주지역이 '부산시'는 제외하고 '서울시'인 레코드 검색

난이도 상 문제 진단 ○△×

48 다음 〈보기〉의 작업을 수행하기 위한 SQL 명령으로 옳은 것은?

합격강의

〈보기〉

사원 테이블에서 사번이 "8963"인 사원의 호봉을 "10"으로 수정

① UPDATE 호봉="10" FROM 사원 WHERE 사번="8963";
② UPDATE 호봉="10" SET 사원 WHEN 사번="8963";
③ UPDATE FROM 사원 SET 호봉="10" WHERE 사번="8963";
④ UPDATE 사원 SET 호봉="10" WHERE 사번="8963"

난이도 중 문제 진단 ○△×

49 다음 중 하위 보고서에 대한 설명으로 옳지 않은 것은?

① 관계 설정에 문제가 있을 경우, 하위 보고서가 제대로 표시되지 않을 수 있다.
② 디자인 보기 상태에서 하위 보고서의 크기 조절 및 이동이 가능하다.
③ 테이블, 쿼리, 폼 또는 다른 보고서를 이용하여 하위 보고서를 작성할 수 있다.
④ 하위 보고서에는 그룹화 및 정렬 기능을 설정할 수 없다.

난이도 중 문제 진단 ○△×

50 다음 아래의 〈물품 주문 내역〉 폼에서 '주문개수' 필드의 합계를 계산하여 표시하는 컨트롤에 대한 설명으로 옳지 않은 것은?

합격 강의

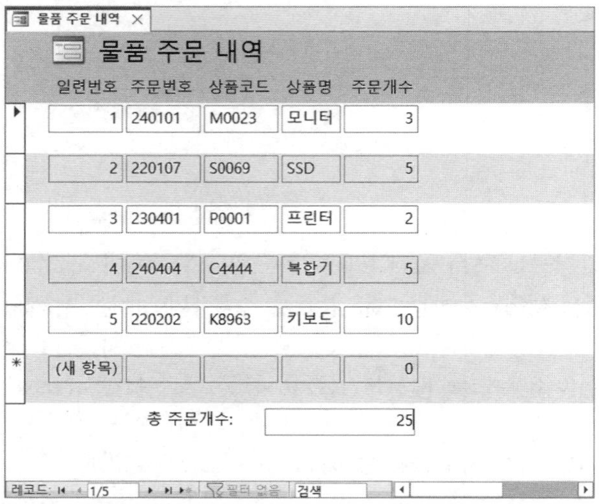

① 컨트롤의 이름은 주문개수의 합 결과에 영향을 미치지 않는다.
② 컨트롤은 텍스트 상자를 사용한다.
③ 컨트롤은 폼 바닥글 영역에 위치한다.
④ 컨트롤의 원본 속성을 '=Sum([총 주문개수])로 설정한다.

중요✓ 난이도 상 문제 진단 ○△×

51 'cmb조회' 명령 단추를 클릭하면 '고객코드' 필드의 값과 'txt조회' 컨트롤에 입력된 값이 일치하는 레코드만 표시되도록 하기 위한 이벤트 프로시저를 작성하고자 한다. 빈칸에 알맞은 코드는?

합격 강의

```
Private Sub cmb조회_Click()
Me.Filter=:"고객코드='" & txt조회 & "'"
[          ]
End Sub
```

① Me.Show
② Me.HiddenOff
③ Me.FilterOn=True
④ Me.FilterOn=False

난이도 중 문제 진단 ○△×

52 [제품] 테이블의 '제품명' 필드는 기본키(PK)가 아니면서도 동일한 값이 두 번 이상 입력되지 않도록 설정하고자 한다. 다음 중 가장 옳은 방법은?

① 해당 필드의 '빈 문자열 허용' 속성을 '아니오'로 설정한다.
② 해당 필드의 '입력 마스크' 속성을 '예(중복 불가능)'로 설정한다.
③ 해당 필드에 '유효성 검사 규칙' 속성을 '예(중복 불가능)'로 지정한다.
④ 해당 필드의 '인덱스' 속성을 '예(중복 불가능)'로 설정한다.

난이도 하 문제 진단 ○△×

53 다음 중 일반적으로 보고서의 시작 부분에 한 번만 표시하는 회사의 로고나 보고서 제목, 인쇄일 등을 표시하는 구역으로 옳은 것은?

① 그룹 머리글
② 그룹 바닥글
③ 보고서 머리글
④ 페이지 머리글

중요✓ 난이도 중 문제 진단 ○△×

54 다음 중 〈보기〉의 기능을 수행하기 위한 컨트롤로 옳은 것은?

〈보기〉

- 계산된 값을 표시할 수 있다.
- 폼, 보고서에서 레코드 원본의 데이터를 나타낼 때 사용한다.

① 

② 
③ 

④ 

난이도 중 문제 진단 ○△×

55 다음 중 필드의 각 데이터 형식에 대한 설명으로 옳지 않은 것은?

① '조회 마법사' 형식은 조회를 수행하는 데 사용되는 기본키 필드와 동일한 크기로, 일반적으로 4바이트의 크기를 가진다.
② 'Yes/No' 형식은 Yes/No, True/False, On/Off 등 두 값 중 하나만 입력하는 경우에 사용하는 것으로 기본 필드 크기는 1비트이다.
③ '일련번호' 형식은 테이블에 새 레코드가 추가될 때마다 Microsoft Access에서 할당하는 고유한 순차적(1씩 증가) 숫자이며, 일련번호 필드는 항상 업데이트를 할 수 있고 크기는 8바이트이다.
④ 레거시 버전의 '메모' 형식은 Microsoft Access 2021에서는 '긴 텍스트'로 사용되며 설명, 참고 사항 등 255자를 초과해서 저장할 때는 '긴 텍스트' 데이터 형식을 사용한다.

난이도 중 문제 진단 ○△×

56 다음 중 테이블 간의 관계 설정에서 일대일 관계가 성립하는 것은?

① 어느 한쪽 테이블의 연결 필드가 중복 불가능의 인덱스나 기본키로 설정된 경우
② 양쪽 테이블의 연결 필드가 모두 중복 불가능의 인덱스나 기본키로 설정된 경우
③ 오른쪽 관련 테이블의 연결 필드가 중복 가능한 인덱스나 후보키로 설정된 경우
④ 양쪽 테이블의 연결 필드가 모두 중복 가능한 인덱스나 후보키로 설정된 경우

난이도 중 문제 진단 ○△×

57 다음 중 〈보기〉는 '개체 무결성 제약 조건'에 대한 설명이다. 괄호 안에 들어갈 용어로 옳은 것은?

〈보기〉

한 릴레이션의 기본키를 구성하는 어떠한 속성 값도 (   ) 값이나 중복 값을 가질 수 없다는 것을 의미한다.

① 튜플(Tuple)
② 도메인(Domain)
③ 대체키(Alternate Key)
④ 널(Null)

난이도 상 문제 진단 ○△X

58 다음 중 학과별 자격 취득자수를 집계하는 SQL 명령으로 옳은 것은? (단, [자격취득] 테이블은 (취득일, 학번, 학과명, 자격증코드, 자격증명)으로 구성되어 있음)

합격 강의

① Select 학과별, 취득자수 From 자격취득
② Select 학과별, Count(*) as 취득자수 From 자격취득
③ Select 학과명, Total(*) as 취득자수 Having 학과별 From 자격취득
④ Select 학과명, Count(*) as 취득자수 From 자격취득 Group by 학과명

중요✓ 난이도 상 문제 진단 ○△X

59 다음 중 두 테이블에서 조인(Join)된 필드가 일치하는 레코드만 결합하는 조인일 때, 괄호 안에 알맞은 것은?

```
SELECT 필드목록 FROM 테이블1 (          ) JOIN 테이블2 ON 테이블1.필드
=테이블2.필드;
```

① INNER
② OUTER
③ LEFT
④ RIGHT

난이도 중 문제 진단 ○△X

60 다음 중 아래의 폼에서 '종목코드'의 내용을 수정할 수 없도록 설정하기 위한 방법으로 옳은 것은?

종목별특기생목록

종목코드	종목명	감독명	학번	성명	성별
KS001	탁구	지유환	1001	김선	여
KS001	탁구	지유환	1002	이예린	여
KS001	탁구	지유환	1003	홍나린	여
KS003	축구	이선훈	1022	차범길	남
KS003	축구	이선훈	1021	손흥빈	남
KS002	야구	이상영	1033	권충호	남
KS002	야구	이상영	1044	김하선	남

① 폼의 '기본 값' 속성을 '예(중복 불가)'로 설정한다.
② 종목코드의 '탭 정지' 속성을 '예'로 설정한다.
③ 종목코드의 '입력 마스크' 속성을 '예'로 설정한다.
④ 종목코드의 '잠금' 속성을 '예'로 설정한다.

빠른 정답표 확인하기

① 모바일로 QR 코드를 스캔합니다.
② 해당 회차의 정답표를 확인합니다.
③ 빠르고 간편하게 채점해 보세요.

해설과 따로 보는 2024년 상시 기출문제 01회

자동 채점 서비스 합격 강의

SELF CHECK | 제한시간 60분 | 소요시간 분 | 전체 문항 수 60문항 | 맞힌 문항 수 문항

1과목 컴퓨터 일반

난이도 중 문제 진단 ○△X

01 다음 중 전자우편에서 스팸(SPAM) 메일에 대한 설명으로 옳지 않은 것은?

① 다수의 불특정인에게 보내는 광고성 메일이나 메시지를 의미한다.
② 바이러스를 유포시켜 개인 정보를 탈취하거나 데이터를 파괴하는 행위이다.
③ 일반적으로 상업용을 목적으로 발송된다.
④ 요청에 의한 것이 아닌 대량으로 전송되는 모든 형태의 통신이다.

중요✓ 난이도 중 문제 진단 ○△X

02 다음 중 한글 Windows 10의 시스템이 종료되었을 때 저장된 정보가 없어지는 기억 장치로 옳은 것은?

① HDD ② SSD
③ DVD ④ RAM

난이도 중 문제 진단 ○△X

03 다음 중 아래에서 설명하는 통신망으로 옳은 것은?

합격 강의

• 단일 회사의 사무실 공간이나 건물 내에 설치되어 패킷 지연이 최소화된다.
• 설치 이후 확장성이 좋으며 재배치가 용이하다.
• 낮은 에러율로 정보 전송에 있어서 신뢰성이 확보된다.
• 네트워크 내의 모든 정보 기기와 통신이 가능하다.

① 부가가치통신망(VAN)
② 종합정보통신망(ISDN)
③ 근거리 통신망(LAN)
④ 광대역통신망(WAN)

난이도 중 문제 진단 ○△X

04 변조는 데이터 전송 시 사용되는 기능이다. 다음 중 변조의 필요성에 대한 설명으로 옳은 것은?

합격 강의

① 변조란 데이터를 전송하기 위한 반송파를 발생시키는 것이다.
② 변조는 근거리 전송에만 사용되며, 장거리 전송에는 사용되지 않는다.
③ 변조는 데이터를 손실 없이 가능하면 멀리 전송하기 위한 것이다.
④ 변조는 수신된 데이터를 원래의 데이터로 복원시키는 기능이다.

중요✓ 난이도 중 문제 진단 ○△X

05 다음 중 한글 Windows 10에서 컴퓨터에 설치된 디바이스 하드웨어를 확인하거나 설정 및 디바이스 사용 안 함, 디바이스 제거, 드라이버의 업데이트 등 드라이버 소프트웨어를 관리할 수 있는 곳은?

① 시스템 정보
② 작업 관리자
③ 장치 관리자
④ 레지스트리 편집기

난이도 중 문제 진단 ○△X

06 다음 중 인터프리터의 특징으로 옳지 않은 것은?

① 인터프리터는 실행할 때마다 한 줄씩 소스 코드를 기계어로 번역하는 방식이다.
② 인터프리터 언어의 실행 속도는 컴파일 언어보다 느리다.
③ 인터프리터 언어는 프로그램 수정이 간단하나 소스 코드가 쉽게 공개된다.
④ 인터프리터 언어는 Python, SQL, Ruby, R, JavaScript, Scratch, C, C++, C# 등이 있다.

중요✓ 난이도 중 문제 진단 ○△X

07 다음 중 Windows 10의 기본 프린터 설정에 관한 설명으로 옳지 않은 것은?

① 기본 프린터는 해당 프린터 아이콘에 체크 표시가 추가된다.
② 기본 프린터는 한 대만 지정할 수 있다.
③ 인쇄 시 특정 프린터를 지정하지 않으면 기본 프린터로 인쇄된다.
④ 네트워크 프린터를 제외한 로컬 프린터만 기본 프린터로 지정할 수 있다.

난이도 중 문제 진단 ○△X

08 다음 중 보기에서 설명하는 컴퓨터의 하드디스크 연결 방식으로 옳은 것은?

• 직렬(Serial) 인터페이스 방식이다.
• 핫 플러그인(Hot Plug In)을 지원한다.
• 데이터 선이 얇아 내부의 통풍이 잘된다.
• 데이터 전송 속도가 빠르다.

① IDE ② EIDE
③ SCSI ④ SATA

난이도 하 문제 진단 ○△X

09 다음 중 64가지의 각기 다른 자료를 나타내려고 하면 최소한 몇 개의 비트(Bit)가 필요한가?

합격 강의

① 1 ② 3
③ 5 ④ 6

난이도 중 문제 진단 ○△X

10 다음 중 인터넷 관련 캐시 파일, 휴지통의 파일, 임시 파일 등을 삭제하여 하드디스크의 공간을 늘리는 역할을 하는 것은?

① 백업
② 디스크 정리
③ 디스크 조각 모음
④ 압축

난이도 중 문제 진단 ○△×

11 다음 중 웹 프로그래밍 언어인 JSP에 대한 설명으로 옳지 않은 것은?

① 웹 서버에서 동적으로 웹 브라우저를 관리하는 스크립트 언어이다.
② 웹 환경에서 작동되는 웹 어플리케이션을 개발할 수 있다.
③ JAVA 언어를 기반으로 하여 윈도우즈 운영체제에서만 실행이 가능하다.
④ HTML 문서 내에서는 <% … %>와 같은 형태로 작성된다.

난이도 하 문제 진단 ○△×

12 다음 중 파일의 성격 유형 분류에 해당하는 확장자의 종류로 옳지 않은 것은?

① 실행 파일 : COM, EXE, ZIP
② 그림 파일 : BMP, JPG, GIF
③ 사운드 파일 : WAV, MP3, MID
④ 동영상 파일 : MPG, AVI, MOV

난이도 중 문제 진단 ○△×

13 다음 중 한글 Windows 10의 파일 삭제에 대한 설명으로 옳지 않은 것은?

① 삭제할 파일을 선택한 다음 Shift와 Delete를 함께 누르면 휴지통에 저장되지 않고 영구히 삭제된다.
② 명령 프롬프트 창에서 삭제한 파일은 휴지통에 보관한다.
③ Shift를 누른 상태에서 삭제할 파일을 마우스 왼쪽 버튼으로 드래그하여 바탕 화면의 휴지통 아이콘에 올려놓으면 휴지통에 보관되지 않고 영구적으로 삭제된다.
④ 하드디스크 드라이브마다 휴지통 크기를 다르게 설정할 수 있다.

난이도 중 문제 진단 ○△×

14 다음 중 한글 Windows에서 시스템에 설치되어 있는 [글꼴]에 대한 설명으로 옳지 않은 것은?

① 글꼴 파일은 png 또는 txt의 확장자를 가지고 있다.
② C:₩Windows₩Fonts 폴더에 글꼴이 설치되어 있다.
③ 설치되어 있는 글꼴을 폴더에서 제거할 수 있다.
④ 트루타입 글꼴 파일도 있고 여러 가지 트루타입의 글꼴을 모아놓은 글꼴 파일도 있다.

중요✓ 난이도 중 문제 진단 ○△×

15 합격 강의

다음 중 컴퓨터 시스템에서 사용하는 채널(Channel)에 관한 설명으로 옳지 않은 것은?

① 주변 장치에 대한 제어 권한을 CPU로부터 넘겨받아 CPU 대신 입출력을 관리한다.
② 입출력 작업이 끝나면 CPU에게 인터럽트 신호를 보낸다.
③ CPU와 주기억 장치의 속도차를 해결하기 위하여 사용된다.
④ 채널에는 셀렉터(Selector), 멀티플랙서(Multi-plexer), 블록 멀티플랙서(Block Multiplexer) 등이 있다.

난이도 중 문제 진단 ○△×

16 다음 중 PC에서 CMOS 셋업 시의 비밀번호를 잊어버린 경우에 해결 방법으로 가장 옳은 것은?

① 컴퓨터의 하드디스크를 포맷하고, 운영체제를 다시 설치하여야 한다.
② 시동 디스크를 이용하여 컴퓨터를 다시 부팅한다.
③ 컴퓨터 본체의 리셋 버튼을 눌러 다시 부팅한다.
④ 메인 보드에 장착되어 있는 배터리를 뽑았다가 다시 장착한다.

난이도 중 문제 진단 ○△×

17 다음 중 컴퓨터에서 사용하는 유니코드(Unicode)에 대한 설명으로 옳지 않은 것은?

① 세계 각국의 언어를 통일된 방법으로 표현할 수 있게 제안된 국제적인 코드 규약의 이름이다.
② 8비트 문자코드인 아스키(ASCII) 코드를 32비트로 확장하여 전 세계의 모든 문자를 표현하는 표준코드이다.
③ 한글은 조합형, 완성형, 옛글자 모두를 표현할 수 있다.
④ 최대 65,536자의 글자를 코드화할 수 있다.

난이도 중 문제 진단 ○△×

18 다음 중 디지털 콘텐츠의 제작 및 유통, 보안 등의 모든 과정을 관리할 수 있게 하는 기술 표준을 제시한 MPEG의 종류로 옳은 것은?

① MPEG-3
② MPEG-4
③ MPEG-7
④ MPEG-21

난이도 중 문제 진단 ○△×

19 합격 강의

다음 멀티미디어 용어 중 선택된 두 개의 이미지에 대해 하나의 이미지가 다른 이미지로 자연스럽게 변화하도록 하는 특수 효과를 뜻하는 것은?

① 렌더링(Rendering)
② 안티앨리어싱(Anti-Aliasing)
③ 모핑(Morphing)
④ 블러링(Bluring)

난이도 중 문제 진단 ○△×

20 다음 중 정보 보안을 위한 비밀키 암호화 기법의 설명으로 옳지 않은 것은?

① 서로 다른 키로 데이터를 암호화하고 복호화한다.
② 암호화와 복호화의 속도가 빠르다.
③ 알고리즘이 단순하고 파일의 크기가 작다.
④ 사용자의 증가에 따라 관리해야 할 키의 수가 상대적으로 많아진다.

2과목 스프레드시트 일반

중요✓ 난이도 상 문제 진단 ○△✕

21 **다음 아래의 시트에서 [B1] 셀에 '=MID(CONCAT(LEFT(A1,3),RIGHT(A1,3)),3,3)' 수식을 입력한 결과로 옳은 것은?**

합격 강의

	A	B
1	가나다라마바사	
2		

① 마바사
② 다라마
③ 가나다
④ 다마바

난이도 하 문제 진단 ○△✕

22 **다음 중 셀 포인터의 이동 작업에 사용되는 바로 가기 키의 기능으로 옳은 것은?**

① Ctrl+Shift+Home : [A1] 셀로 이동한다.
② Ctrl+Page Down : 한 화면을 오른쪽으로 이동한다.
③ Alt+Page Down : 다음 시트로 이동한다.
④ Shift+Tab : 셀 포인터가 왼쪽으로 이동한다.

중요✓ 난이도 하 문제 진단 ○△✕

23 **다음 아래의 삭제 대화 상자는 [홈] 탭–[셀] 그룹–[삽입]에서 [셀 삽입]을 클릭했을 때 나타나는 대화 상자이다. 바로 가기 키로 옳은 것은?**

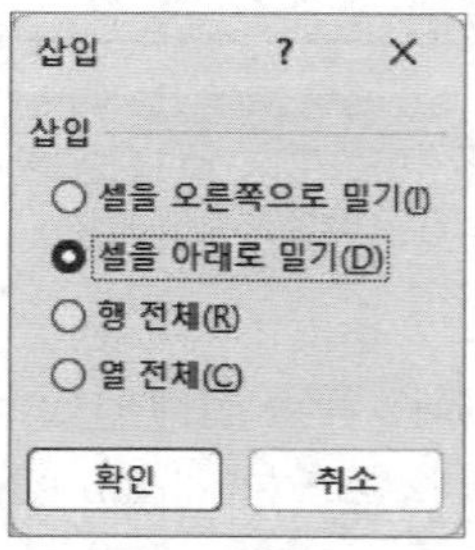

① Alt+[+]를 누른다.
② Alt+[−]를 누른다.
③ Ctrl+[+]를 누른다.
④ Ctrl+[−]를 누른다.

난이도 중 문제 진단 ○△✕

24 **다음 중 아래 워크시트의 [A1] 셀에 '#,###,,'처럼 사용자 지정 표시 형식을 설정했을 때의 결과로 옳은 것은?**

	A	B
1	343899.89	
2		

① 3
② 3,438
③ 4
④ 아무것도 표시되지 않음

난이도 중 문제 진단 ○△✕

25 **다음 중 차트의 오차 막대에 관한 설명으로 옳지 않은 것은?**

① 데이터 계열의 각 데이터 표식에 대한 오류 가능성이나 불확실성의 정도를 표시한다.
② 3차원 세로 막대형 차트에서 사용 가능하다.
③ 고정값, 백분율, 표준 편차, 표준 오차 등으로 설정할 수 있다.
④ 분산형과 거품형 차트에 X값, Y값 또는 이 두 값 모두에 대한 오차 막대를 나타낼 수 있다.

난이도 중 문제 진단 ○△✕

26 **다음 중 셀에 수식을 입력하는 방법에 대한 설명으로 옳지 않은 것은?**

① 수식에서 통합 문서의 여러 워크시트에 있는 동일한 셀 범위 데이터를 이용하려면 3차원 참조를 사용한다.
② 계산할 셀 범위를 선택하여 수식을 입력한 다음 Ctrl+Enter를 누르면 동일한 수식을 선택한 범위의 모든 셀에 빠르게 입력할 수 있다.
③ 수식을 입력한 후 결과 값이 수식이 아닌 상수로 입력되게 하려면 수식을 입력한 후 바로 Alt+F9를 누른다.
④ 배열 상수에는 숫자나 텍스트 외에 'TRUE', 'FALSE' 등의 논리값 또는 '#N/A'와 같은 오류 값도 포함될 수 있다.

난이도 하 문제 진단 ○△✕

27 **다음 중 셀 서식 관련 바로 가기 키에 대한 설명으로 옳지 않은 것은?**

합격 강의

① Ctrl+1 : 셀 서식 대화 상자가 표시된다.
② Ctrl+2 : 선택한 셀에 글꼴 스타일 '굵게'가 적용되며, 다시 누르면 적용이 취소된다.
③ Ctrl+3 : 선택한 셀에 밑줄이 적용되며, 다시 누르면 적용이 취소된다.
④ Ctrl+5 : 선택한 셀에 취소선이 적용되며, 다시 누르면 적용이 취소된다.

난이도 중 문제 진단 ○△✕

28 **다음 아래의 내용에 해당하는 차트로 옳은 것은?**

- 일반적으로 과학, 통계 및 공학 데이터와 같은 숫자 값을 표시하고 비교하는 데 사용된다.
- 워크시트의 여러 열과 행에 있는 데이터를 XY 차트로 그릴 수 있다.
- x 값을 한 행이나 열에 두고 해당 y값을 인접한 행이나 열에 입력한다.
- 두 개의 값 축, 즉 가로(x) 및 세로(y) 값 축이 있다.
- x 및 y의 값이 단일 데이터 요소로 결합되어 일정하지 않은 간격이나 그룹으로 표시된다.

① 표면형 차트
② 분산형 차트
③ 꺾은선형 차트
④ 방사형 차트

난이도 중 문제 진단 ○△✕

29 **다음 중 시트 보호 설정 시 '워크시트에서 허용할 내용'으로 옳지 않은 것은?**

① 셀 서식, 열 서식, 행 서식
② 행 삽입, 열 삽입, 하이퍼링크 삽입
③ 열 삭제, 행 삭제, 정렬, 자동 필터 사용
④ 시트 이름 바꾸기, 탭 색 변경하기

중요✓ 난이도 상 문제 진단 ○△✕

30 다음 중 아래의 시트처럼 코드별 해당 과일을 표시하기 위해 [B2] 셀에 입력할 수식으로 옳은 것은?(단, [B2] 셀의 수식을 [B6] 셀까지 복사한다.)

합격 강의

	A	B	C
1	코드	과일	
2	A	사과	
3	B	바나나	
4	O	오렌지	
5	S	딸기	
6	X	없음	
7			

① =CHOOSE(A2,"사과","바나나","오렌지","딸기", "없음")
② =IF(A2="A","사과",A2="B","바나나", A2="O", "오렌지",A2="S","딸기","없음")
③ =IFS(A2="A","사과",A2="B","바나나",A2="O", "오렌지",A2="S","딸기","없음")
④ =IFS(A2="A","사과",A2="B","바나나",A2="O", "오렌지",A2="S","딸기",TRUE,"없음")

난이도 중 문제 진단 ○△✕

31 다음 중 상품 가격이 200,000원인 물품의 총판매액이 15,000,000원이 되려면 판매 수량이 몇 개가 되어야 하는지 알고 싶을 때 사용하는 기능은?

① 통합
② 부분합
③ 목표값 찾기
④ 시나리오 관리자

난이도 하 문제 진단 ○△✕

32 다음 중 날짜 데이터의 자동 채우기 옵션에 포함되지 않는 내용은?

① 주 단위 채우기
② 일 단위 채우기
③ 월 단위 채우기
④ 평일 단위 채우기

난이도 중 문제 진단 ○△✕

33 다음 중 엑셀의 참조에 대한 설명으로 옳지 않은 것은?

① 참조는 워크시트의 셀이나 셀 범위를 나타내며 수식에 사용할 값이나 데이터를 찾을 수 있다.
② 문자(총 16,384개의 열에 대해 A부터 XFD까지)로 열을 참조하고 숫자(1부터 1,048,576까지)로 행을 참조하는 A1 참조 스타일이 기본적으로 사용된다.
③ 통합 문서의 여러 워크시트에 있는 동일한 셀 데이터나 셀 범위 데이터를 분석하려면 2차원 참조 스타일인 R1C1 참조 스타일을 사용한다.
④ R1C1 참조 스타일은 워크시트의 행과 열 모두에 번호가 매겨지는 참조 스타일을 사용할 수도 있다.

난이도 중 문제 진단 ○△✕

34 다음 중 아래의 빈칸 ㉠과 ㉡에 들어갈 내용으로 옳은 것은?

> [㉠]와/과 [㉡]은/는 엑셀의 연산이나 기타 기능에 상관없이 사용자에게 셀에 입력된 데이터의 추가정보를 제공하기 위해서 사용하는 것이다. 셀의 데이터를 삭제할 때 [㉠]은/는 함께 삭제되지 않으며, [㉡]은/는 함께 삭제된다.

① ㉠ : 메모, ㉡ : 윗주
② ㉠ : 윗주, ㉡ : 메모
③ ㉠ : 메모, ㉡ : 회람
④ ㉠ : 회람, ㉡ : 메모

난이도 중 문제 진단 ○△✕

35 다음 중 다양한 상황과 변수에 따른 여러 가지 결과 값의 변화를 가상의 상황을 통해 예측하여 분석할 수 있는 도구는?

① 시나리오 관리자
② 목표값 찾기
③ 부분합
④ 통합

중요✓ 난이도 중 문제 진단 ○△✕

36 다음 중 아래의 괄호 안에 들어갈 단추명이 바르게 연결된 것은?

> 매크로 대화 상자의 (㉮) 단추는 바로 가기 키나 설명을 변경할 수 있고, (㉯) 단추는 매크로 이름이나 명령 코드를 수정할 수 있다

① ㉮ – 옵션, ㉯ – 편집
② ㉮ – 편집, ㉯ – 옵션
③ ㉮ – 매크로, ㉯ – 보기 편집
④ ㉮ – 편집, ㉯ – 매크로 보기

난이도 중 문제 진단 ○△✕

37 다음 중 입력 데이터가 '3275860'이고 [셀 서식]의 표시 형식이 '###0,'으로 설정되었을 때 표시되는 값으로 옳은 것은?

① 3,275
② 3275
③ 3276
④ 3,276

난이도 상 문제 진단 ○△✕

38 다음 아래의 시트처럼 홀수 열에만 서식을 적용하는 조건부 서식의 수식으로 옳은 것은?

합격 강의

	A	B	C	D	E
1	지점명	1사분기	2사분기	3사분기	4사분기
2	동부	10	20	30	40
3	서부	15	30	45	60
4	남부	20	30	40	50
5	북부	25	30	35	40

① =ISODD(ROW())
② =ISEVEN(ROW())
③ =ISODD(COLUMN())
④ =ISEVEN(COLUMN())

난이도 상 문제 진단 ○△✕

39 다음 중 [B7] 셀에 '한상공'을 입력하면 [B8] 셀에 해당하는 ⓐ'직급'과 [B9] 셀에 해당하는 ⓑ'합계'를 구하는 수식으로 옳게 짝지어진 것은?

합격 강의

	A	B	C	D	E	F
1	사원번호	직급	근무평가	연수점수	합계	성명
2	23A001	과장	88	90	178	이대한
3	02B222	대리	75	60	135	한상공
4	12A333	사원	86	80	166	이기적
5	20C444	부장	90	100	190	김선
6						
7	성명	한상공				
8	직급	ⓐ				
9	합계	ⓑ				

① ⓐ =VLOOKUP(B7,F2:F5,B2:B5),
ⓑ =HLOOKUP(B7,F2:F5,E2:E5)
② ⓐ =VLOOKUP(B7,F2:F5,B2:B5),
ⓑ =VLOOKUP(B7,F2:F5,E2:E5)
③ ⓐ =HLOOKUP(B7,F2:F5,B2:B5),
ⓑ =HLOOKUP(B7,F2:F5,E2:E5)
④ ⓐ =XLOOKUP(B7,F2:F5,B2:B5),
ⓑ =XLOOKUP(B7,F2:F5,E2:E5)

난이도 중 문제 진단 ○△✕

40 다음 중 문서를 인쇄했을 때 문서의 위쪽에 "–1 Page–" 형식으로 페이지 번호를 표시하는 방법으로 옳은 것은?

① –#[페이지 번호] Page–
② #–[페이지 번호] Page–
③ –&[페이지 번호] Page–
④ &–[페이지 번호] Page

3과목 데이터베이스 일반

난이도 중 문제 진단 ○△✕

41 다음 중 액세스에서 테이블의 필드 이름을 지정하는 방법으로 옳지 않은 것은?

합격 강의

① 필드 이름은 공백을 포함하여 64자까지 지정할 수 있지만, 공백으로 시작하는 필드 이름은 줄 수 없다.
② 필드 이름 첫 글자는 숫자로 시작할 수 있다.
③ 필드 이름과 테이블 이름은 동일하게 지정할 수 없다.
④ 테이블 내에서 필드 이름이 중복될 수는 없다.

난이도 중 문제 진단 ○△✕

42 다음 중 테이블에서 이미 작성된 필드의 순서를 변경하려고 할 때 옳지 않은 것은?

① 데이터시트 보기에서 이동시킬 필드를 선택한 후 새로운 위치로 드래그 앤 드롭하여 필드를 이동시킬 수 있다.
② 디자인 보기에서 이동시킬 필드를 선택한 후 새로운 위치로 드래그 앤 드롭하여 필드를 이동시킬 수 있다.
③ 디자인 보기에서 한 번에 여러 개의 필드를 선택한 후 이동시킬 수 있다.
④ 데이터시트 보기에서 「잘라내기」와 「붙여넣기」를 이용하여 필드를 이동시킬 수 있다.

중요✓ 난이도 중 문제 진단 ○△✕

43 다음 중 하나의 테이블로만 구성되어 있는 데이터베이스에서 사용할 수 없는 쿼리 마법사는?

합격 강의

① 단순 쿼리 마법사
② 중복 데이터 검색 쿼리 마법사
③ 크로스탭 쿼리 마법사
④ 불일치 검색 쿼리 마법사

난이도 중 문제 진단 ○△✕

44 다음 중 SQL 명령 중 DDL에 해당하는 것으로만 옳게 짝지어진 것은?

① CREATE, ALTER, SELECT
② CREATE, ALTER, DROP
③ CREATE, UPDATE, DROP
④ DELETE, ALTER, DROP

난이도 하 문제 진단 ○△✕

45 다음의 데이터베이스 설계 단계 중 가장 먼저 행해지는 것은?

① 물리 설계
② 논리 설계
③ 개념 설계
④ 요구 분석

난이도 중 문제 진단 ○△✕

46 다음 중 일반적으로 보고서의 시작 부분에 한 번만 표시하는 회사의 로고나 보고서 제목, 인쇄일 등을 표시하는 구역으로 옳은 것은?

① 그룹 머리글
② 그룹 바닥글
③ 보고서 머리글
④ 페이지 머리글

중요✓ 난이도 중 문제 진단 ○△✕

47 다음은 학생이라는 개체의 속성을 나타내고 있다. 여기서 '학과'를 기본키로 사용하기 곤란한 이유로 가장 타당한 것은?

합격 강의

> 학생(학과, 성명, 학번, 세부전공, 주소, 우편번호)

① 학과는 기억하기 어렵다.
② 동일한 학과명을 가진 학생이 두 명 이상 존재할 수 있다.
③ 학과는 기억 공간을 많이 필요로 한다.
④ 학과는 정렬하는 데 많은 시간이 소요된다.

난이도 하 문제 진단 ○△✕

48 다음 중 테이블의 '디자인 보기'에서 필드마다 [한/영]키를 사용하지 않고도 데이터 입력 시의 한글이나 영문 입력 상태를 정할 수 있는 필드 속성은?

① 캡션　　② 기본 값
③ IME 모드　　④ 인덱스

난이도 중 문제 진단 ○△×

49 다음 중 쿼리를 실행할 때마다 아래처럼 메시지 상자를 표시하여 사용자에게 조건 값을 입력받아 쿼리를 실행하는 유형은?

합격 강의

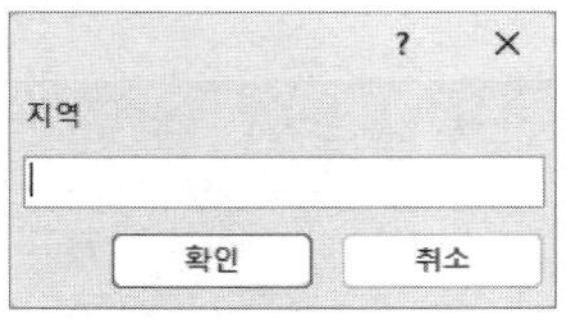

① 크로스탭 쿼리
② 매개 변수 쿼리
③ 통합 쿼리
④ 실행 쿼리

난이도 중 문제 진단 ○△×

50 다음 중 [속성 시트] 창에서 하위 폼의 제목(레이블)을 변경하기 위한 방법으로 옳은 것은?

① [형식] 탭의 '캡션'을 수정한다.
② [데이터] 탭의 '표시'를 수정한다.
③ [이벤트] 탭의 '제목'을 수정한다.
④ [기타] 탭의 '레이블'을 수정한다.

난이도 중 문제 진단 ○△×

51 다음 중 외래키 값이 참조하는 테이블의 기본키 값과 동일하게 유지해 주는 제약 조건은?

① 동일성
② 관련성
③ 참조 무결성
④ 동시 제어성

난이도 하 문제 진단 ○△×

52 다음 중 관계형 데이터베이스에서 사용되는 용어에 대한 설명으로 옳은 것은?

① 도메인(Domain) : 테이블에서 행을 나타내는 말로 레코드와 같은 의미
② 튜플(Tuple) : 하나의 속성이 취할 수 있는 값의 집합
③ 속성(Attribute) : 테이블에서 열을 나타내는 말로 필드와 같은 의미
④ 차수(Degree) : 한 릴레이션에서의 튜플의 개수

중요✓ 난이도 중 문제 진단 ○△×

53 〈고객포인트〉 폼에서 '등급'을 임의로 수정할 수 없도록 설정하는 방법은?

합격 강의

지역	고객명	연락처	주소	인트	등급
종로구	김홍일	010-1111-1111	서울시 종로구 종로 1가	150	일반
종로구	조승연	010-2222-2222	서울시 종로구 종로 3가	500	골드
동대문구	왕시립	010-4545-6565	서울시 동대문구 왕산로 111	100	일반
동대문구	한고려	010-7777-7777	서울시 동대문구 전농로 999	50	일반
동대문구	김경희	010-8888-8787	서울시 동대문구 장한로 110	450	골드
광진구	이상해	010-2222-4567	서울시 광진구 광진로 454	300	실버
광진구	김광진	010-2345-7897	서울시 광진구 한강로 10	200	실버

① '표시' 속성을 '아니요'로 설정한다.
② '사용 가능' 속성을 '아니요'로 설정한다.
③ '잠금' 속성을 '예'로 설정한다.
④ '탭 정지' 속성을 '아니요'로 설정한다.

난이도 하 문제 진단 ○△×

54 다음 중 보고서의 원본으로 사용할 수 없는 것은?

① 폼
② 쿼리
③ 테이블
④ SQL 구문

중요✓ 난이도 중 문제 진단 ○△×

55 다음 아래의 [찾기 및 바꾸기] 대화 상자에서 와일드 카드를 사용하고자 할 때 옳지 않은 것은?

① a[b−c]d : abc, acd 등을 찾는다.
② 소?자 : 소유자, 소개자, 소비자를 찾는다.
③ 1#3 : 103, 113, 123 등을 찾는다.
④ 소[!비유]자 : 소유자, 소개자, 소비자 등을 찾는다.

난이도 중 문제 진단 ○△×

56 다음 중 함수에 대한 설명으로 옳지 않은 것은?

① ROUND() : 인수로 입력한 숫자를 지정한 자릿수로 반올림해 준다.
② VALUE() : 문자열에 포함된 숫자를 적절한 형식의 숫자값으로 반환한다.
③ INSTR() : 문자열에서 특정한 문자 또는 문자열이 존재하는 위치를 구해 준다.
④ DSUM() : 지정된 레코드 집합에서 해당 필드 값의 합계를 계산할 수 있다.

난이도 중 문제 진단 ○△×

57 다음 중 특정 필드에 입력 마스크를 '09#L'로 설정하였을 때의 입력 데이터로 옳은 것은?

① 123A
② A124
③ 12A4
④ 12AB

난이도 중 문제 진단 ○△×

58 다음과 같이 페이지 번호를 출력하고자 할 때의 수식으로 옳은 것은?

10 페이지 중 1

① =[Page]& 페이지 중& [Pages]
② =[Pages]& 페이지 중& [Page]
③ =[Page]& " 페이지 중 "& [Pages]
④ =[Pages]& " 페이지 중 "& [Page]

난이도 중 문제 진단 ○△×

59 다음 중 아래의 기능을 가진 컨트롤은?

- 좁은 공간에서 효율적으로 사용할 수 있다.
- 직접 입력하거나 목록에서 선택할 수 있다.
- 테이블 또는 쿼리를 목록의 값 원본으로 지정할 수도 있다.
- 목록에 있는 값만 입력하도록 설정할 수 있다.

① 텍스트 상자
② 콤보 상자
③ 확인란
④ 토글 단추

난이도 중 문제 진단 ○△×

60 다음 중 프로시저에 대한 설명으로 옳지 않은 것은?

① 프로시저는 연산을 수행하거나 값을 계산하는 일련의 명령문과 메서드로 구성된다.
② 명령문은 대체로 프로시저나 선언 구역에서 한 줄로 표현되며 명령문의 끝에는 세미콜론(;)을 찍어 구분한다.
③ 이벤트 프로시저는 특정 객체에 해당 이벤트가 발생하면 자동적으로 실행되나 다른 프로시저에서도 이를 호출하여 실행할 수 있다.
④ Function 프로시저는 Function 문으로 함수를 선언하고 End Function 문으로 함수를 끝낸다.

빠른 정답표 확인하기

① 모바일로 QR 코드를 스캔합니다.
② 해당 회차의 정답표를 확인합니다.
③ 빠르고 간편하게 채점해 보세요.

해설과 따로 보는 2024년 상시 기출문제 02회

자동 채점 서비스 · 합격 강의

SELF CHECK | 제한시간 60분 | 소요시간 분 | 전체 문항 수 60문항 | 맞힌 문항 수 문항

1과목 컴퓨터 일반

난이도 중 문제 진단 ○△✕

01 다음 중 컴퓨터에서 사용하는 캐시 메모리에 관한 설명으로 옳은 것은?

① 중앙 처리 장치와 주기억 장치 사이에 위치하여 컴퓨터의 처리 속도를 향상시키는 역할을 한다.
② RAM의 종류 중 DRAM이 캐시 메모리로 사용된다.
③ 보조 기억 장치의 일부를 주기억 장치처럼 사용하는 메모리이다.
④ 주기억 장치의 용량보다 큰 프로그램을 로딩하여 실행시킬 때 사용된다.

난이도 중 문제 진단 ○△✕

02 다음 중 전송 오류 검출 방식이 아닌 것은?

① CRC(순환 중복 검사) 방식
② 패리티 검사 방식
③ 정마크 부호 방식
④ CSMA/CD(매체 접근 제어) 방식

중요✓ 난이도 중 문제 진단 ○△✕

03 다음 중 컴퓨터 통신과 관련하여 P2P 방식에 관한 설명으로 옳은 것은?

합격 강의

① 인터넷에서 이루어지는 개인 대 개인의 파일 공유를 위한 기술이다.
② 인터넷을 통해 MP3를 제공해 주는 기술 및 서비스이다.
③ 인터넷을 통해 동영상을 상영해 주는 기술 및 서비스이다.
④ 여러 사용자가 동시에 온라인 게임을 할 수 있도록 제공해 주는 기술이다.

난이도 중 문제 진단 ○△✕

04 다음 중 사물 인터넷에 대한 설명으로 옳지 않은 것은?

① IoT(Internet of Things)라고도 하며 개인 맞춤형 스마트 서비스를 지향한다.
② 사람을 제외한 사물과 공간, 데이터 등을 이더넷으로 서로 연결시켜주는 무선 통신 기술을 의미한다.
③ 스마트센싱기술과 무선 통신 기술을 융합하여 실시간으로 데이터를 주고받는 기술이다.
④ 사물 인터넷 기반 서비스는 개방형 아키텍처를 필요로 하기 때문에 정보 공유에 대한 부작용을 최소화하기 위한 정보보안기술의 적용이 중요하다.

난이도 상 문제 진단 ○△✕

05 다음 중 프로그래밍 언어에 대한 설명으로 옳지 않은 것은?

① HTML5는 액티브X나 플러그인 등의 프로그램 설치 없이 동영상이나 음악 재생을 실행할 수 있는 웹 표준 언어이다.
② 자바(Java)는 HTML 문서 속에 내장시켜서 사용할 수 있다.
③ ASP는 Windows 환경에서 동적인 웹 페이지를 제작할 수 있는 스크립트 언어이다.
④ WML은 무선 접속을 통하여 웹 페이지의 텍스트와 이미지 부분이 표시될 수 있도록 해 주는 웹 프로그래밍 언어이다.

난이도 중 문제 진단 ○△✕

06 한글 Windows에서 LNK 확장자를 갖는 파일에 대한 다음 설명 중 옳지 않은 것은?

① 바로 가기 아이콘과 관계가 있다.
② 시스템에 여러 개 존재할 수 있다.
③ 연결 대상 파일의 위치 정보를 가지고 있다.
④ 연결 정보를 가지고 있으므로 삭제하면 연결 프로그램에 중요한 영향을 끼친다.

난이도 중 문제 진단 ○△✕

07 다음 중 방화벽(Firewall)에 대한 설명으로 옳지 않은 것은?

① 보안이 필요한 네트워크의 통로를 단일화하여 관리한다.
② 내부 네트워크에서 외부로 나가는 패킷을 체크하여 인증된 패킷만 통과시킨다.
③ 역추적 기능으로 외부 침입자의 흔적을 찾을 수 있다.
④ 방화벽은 외부 네트워크와 내부 네트워크 사이에 위치한다.

난이도 중 문제 진단 ○△✕

08 다음 중 3D 프린터에 대한 설명으로 옳지 않은 것은?

① 입력한 도면을 바탕으로 3차원의 입체적인 공간에 물품을 만들어 내는 프린터이다.
② 2D 이미지를 인쇄하는 잉크젯 프린터의 인쇄 원리와 같으며 제작 방식에 따라 층(레이어)으로 겹겹이 쌓아 입체 형상을 만들어 내는 적층형과 큰 덩어리를 조각하듯이 깎아내는 절삭형으로 나뉜다.
③ 기계, 건축, 예술, 우주 등 많은 분야에서 응용되고 있으며, 의료 분야에서도 활발히 활용되고 있다.
④ 출력 속도의 단위는 LPM, PPM, IPM 등이 사용된다.

난이도 중 문제 진단 ○△✕

09 다음 중 운영체제에서 관리하는 가상 메모리는 실제로 어떤 장치에 존재하는가?

합격 강의

① 하드디스크 장치
② 주기억 장치
③ 프로세서 장치
④ 캐시 기억 장치

중요✓ 난이도 상 문제 진단 ○△✕

10 다음 중 32비트 및 64비트 버전의 Windows OS에 관한 설명으로 옳지 않은 것은?

① 64비트 버전의 Windows에서는 대용량 RAM을 32비트 시스템보다 효과적으로 처리한다.
② 64비트 버전의 Windows을 설치하려면 64비트 버전의 Windows를 실행할 수 있는 CPU가 필요하다.
③ 64비트 버전의 Windows에서 하드웨어 장치가 정상적으로 동작하려면 64비트용 장치 드라이버가 필요하다.
④ 앱이 64비트 버전의 Windows용으로 설계된 경우 호환성 유지를 위해 32비트 버전의 Windows에서도 작동되도록 설계되어 있다.

난이도 중 문제 진단 ○△✕

11 다음 중 인터넷 통신 장비인 게이트웨이(Gateway)의 기본적인 역할에 관한 설명으로 옳은 것은?

① 현재 위치한 네트워크에서 다른 네트워크로 연결할 때 사용된다.
② 인터넷 신호를 증폭하며 먼 거리로 정보를 전달할 때 사용된다.
③ 네트워크 계층의 연동 장치로 경로 설정에 사용된다.
④ 문자로 된 도메인 이름을 숫자로 이루어진 실제 IP 주소로 변환하는 데 사용된다.

난이도 중 문제 진단 ○△✕

12 다음 중 한글 Windows의 [보조 프로그램]의 [그림판]에 관한 설명으로 옳지 않은 것은?

① [그림판]으로 작성된 파일의 형식은 BMP, JPG, GIF 등으로 저장할 수 있다.
② 레이어 기능으로 그림의 작성과 편집 과정을 편리하게 하여 준다.
③ 배경색을 설정하려면 [홈] 탭의 [색] 그룹에서 색2를 클릭한 다음 원하는 색 사각형을 클릭한다.
④ 정원 또는 정사각형을 그리려면 타원이나 직사각형을 선택한 후에 Shift를 누른 상태로 그리면 된다.

중요✓ 난이도 중 문제 진단 ○△✕

13 다음 중 쿠키에 대한 설명으로 옳은 것은?

합격 강의

① 특정 웹 사이트 접속 시 반복적으로 사용되는 접속 정보를 가지고 있는 파일이다.
② 인터넷 사용 시 네트워크에 접속하기 위한 프로그램이다.
③ 웹 브라우저에서 기본으로 제공하지 않는 기능을 부가적으로 설치하여 구현되도록 한다.
④ 자주 사용하는 사이트의 자료를 저장한 후 다시 동일한 사이트 접속 시 자동으로 자료를 불러온다.

난이도 중 문제 진단 ○△✕

14 다음 중 텔레매틱스(Telematics)에 대한 설명으로 옳지 않은 것은?

① 통신(Telecommunication)과 정보과학(Infor−matics)의 합성어이다.
② 차량에 장착된 특수한 장치와 노변의 장치를 이용하여 안전하게 차량을 제어하는 시스템이다.
③ 다양한 멀티미디어 서비스를 제공하며 여러 IT 기술을 차량에 접목하여 새로운 부가 가치를 창출한다.
④ 자동차에 무선 통신 기술을 접목한 것으로 '차량 무선 인터넷 서비스'라고 한다.

난이도 중 문제 진단 ○△✕

15 7bit ASCII 코드에 1bit 짝수 패리티(Even Parity) 비트를 첨부하여 데이터를 송신하였을 경우 수신된 데이터에 에러가 발생하는 것은 어느 것인가?(단, 우측에서 첫 번째 비트가 패리티 비트이다.)

합격 강의

① 10101100
② 01110111
③ 10101011
④ 00110101

난이도 중 문제 진단 ○△✕

16 다음 중 다양한 정보의 데이터베이스를 구축하여 사용자가 요구하는 정보를 원하는 시간에 서비스 받을 수 있는 멀티미디어 서비스를 무엇이라 하는가?

합격 강의

① 폴링(Polling)
② P2P(Peer−to−Peer)
③ VCS(Video Conference System)
④ VOD(Video−On−Demand)

난이도 상 문제 진단 ○△✕

17 다음 중 Windows의 [폴더 옵션] 창에서 설정할 수 있는 작업으로 옳지 않은 것은?

① 탐색 창, 미리 보기 창, 세부 정보 창의 표시 여부를 선택할 수 있다.
② 숨김 파일이나 폴더의 표시 여부를 지정할 수 있다.
③ 폴더에서 시스템 파일을 검색할 때 색인의 사용 여부를 선택할 수 있다.
④ 알려진 파일 형식의 파일 확장명을 숨기도록 설정할 수 있다.

난이도 중 문제 진단 ○△✕

18 다음 중 인터넷에서 사용하는 표준 주소 체계인 URL(Uniform Re−source Locator)의 4가지 구성 요소를 순서대로 옳게 나열한 것은?

① 프로토콜, 서버 주소, 포트 번호, 파일 경로
② 서버 주소, 프로토콜, 포트 번호, 파일 경로
③ 프로토콜, 서버 주소, 파일 경로, 포트 번호
④ 포트 번호, 프로토콜, 서버 주소, 파일 경로

난이도 하 문제 진단 ○△✕

19 다음 중 PC의 CMOS에서 설정 가능한 항목으로 옳지 않은 것은?

① 시스템 날짜와 시간
② 부팅 순서
③ Windows 로그인 암호 변경
④ 칩셋 설정

중요✓ 난이도 중 문제 진단 ○△✕

20 다음 중 이미지 데이터의 표현 방식에서 벡터(Vector) 방식에 관한 설명으로 옳지 않은 것은?

① 벡터 방식의 그림 파일 형식에는 wmf, ai 등이 있다.
② 이미지를 점과 선을 이용하여 표현하는 방식이다.
③ 그림을 확대하거나 축소할 때 계단 현상이 발생하지 않는다.
④ 포토샵, 그림판 등의 소프트웨어로 그림을 편집할 수 있다.

2과목 스프레드시트 일반

난이도 중 문제 진단 ○△×

21 다음 중 자동 필터에 관한 설명으로 옳지 않은 것은?

① 데이터에 필터를 적용하면 지정한 조건에 맞는 행만 표시되고 나머지 행은 숨겨지며, 필터링된 데이터는 다시 정렬하거나 이동하지 않고도 복사, 찾기, 편집 및 인쇄를 할 수 있다.
② '상위 10 자동 필터'는 숫자 데이터 필드에서만 설정 가능하고, 텍스트 데이터 필드에서는 사용할 수 없다.
③ 한 열에 숫자 입력 셀이 5개 있고, 텍스트 입력 셀이 3개 있는 경우 자동 필터는 셀의 수가 적은 '텍스트 필터' 명령으로 표시된다.
④ 날짜 데이터는 연, 월, 일의 계층별로 그룹화되어 계층에서 상위 수준을 선택하거나 선택을 취소하는 경우 해당 수준 아래의 중첩된 날짜가 모두 선택되거나 선택 취소된다.

난이도 중 문제 진단 ○△×

22 다음 중 데이터 입력에 대한 설명으로 옳은 것은?

① Ctrl+E는 값을 자동으로 채워주는 [빠른 채우기]의 바로 가기 키이다.
② 데이터를 입력하는 도중에 입력을 취소하려면 Tab을 누른다.
③ 텍스트, 텍스트/숫자 조합, 날짜, 시간 데이터는 셀에 입력하는 처음 몇 자가 해당 열의 기존 내용과 일치하면 자동으로 입력된다.
④ 여러 셀에 동일한 데이터를 입력하려면 해당 셀을 범위로 지정하여 데이터를 입력한 후 Alt+Enter를 누른다.

난이도 중 문제 진단 ○△×

23 다음 중 [페이지 설정] 대화 상자에 대한 설명으로 옳지 않은 것은?

① 인쇄 배율을 수동으로 설정할 수 있으며, 배율은 워크시트 표준 크기의 10%에서 400%까지 설정할 수 있다.
② [시트] 탭에서 머리글/바닥글과 행/열 머리글이 인쇄되도록 설정할 수 있다.
③ [페이지] 탭에서 '자동 맞춤'의 용지 너비와 용지 높이를 각각 1로 지정하면 여러 페이지가 한 페이지에 인쇄된다.
④ 셀에 설정된 메모는 '시트에 표시된 대로'나 '시트 끝'에 인쇄되도록 설정할 수 있다.

중요✓ 난이도 중 문제 진단 ○△×

24 다음 중 항목의 구성비를 표현하는 데 적합한 차트인 원형 차트 및 도넛형 차트에 대한 설명으로 옳지 않은 것은?

① 원형 차트의 모든 조각을 차트 중심에서 끌어낼 수 있다.
② 도넛형 차트는 원형 차트와 마찬가지로 전체에 대한 각 부분의 구성비를 보여 주지만 데이터 계열이 두 개 이상 포함될 수 있다는 점이 다르다.
③ 원형 차트는 첫째 조각의 각을 0도에서 360도 사이의 값을 이용하여 회전시킬 수 있으나 도넛형 차트는 첫째 조각의 각을 회전시킬 수 없다.
④ 도넛형 차트의 도넛 구멍 크기는 0%에서 90% 사이의 값으로 변경할 수 있다.

난이도 중 문제 진단 ○△×

25 다음 중 아래의 차트에 대한 설명으로 옳지 않은 것은?

합격 강의

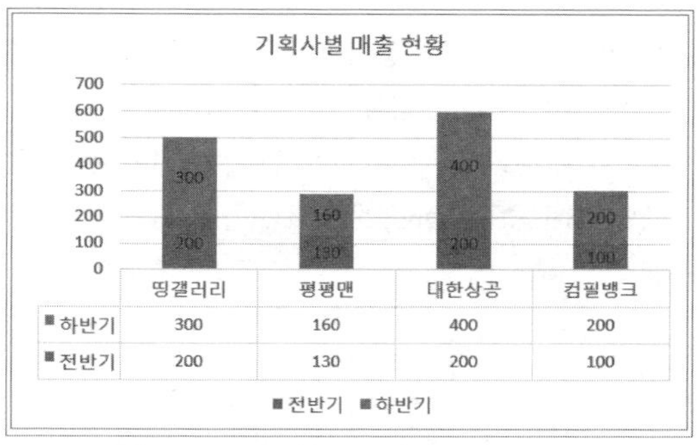

① 레이블 내용으로 값이 표시되어 있다.
② 범례 표지를 포함한 데이터 테이블이 나타나도록 설정되어 있다.
③ 범례는 아래쪽으로 설정되어 있다.
④ 누적 트리맵 차트로 데이터를 계층 구조 보기로 제공하므로 다른 범주 수준을 비교하는 간편한 방법으로 사용된다.

난이도 하 문제 진단 ○△×

26 다음 중 [셀 서식]-[맞춤] 탭의 '텍스트 방향'에서 설정할 수 없는 항목은?

① 텍스트 방향대로
② 텍스트 반대 방향으로
③ 왼쪽에서 오른쪽
④ 오른쪽에서 왼쪽

난이도 중 문제 진단 ○△×

27 다음 중 화면 제어에 관한 설명으로 옳지 않은 것은?

① 틀 고정은 행 또는 열, 열과 행으로 모두 고정이 가능하다.
② 창 나누기는 워크시트를 여러 개의 창으로 분리하는 기능으로 최대 4개까지 분할할 수 있다.
③ [창] 그룹-[틀 고정]을 실행하면 현재 셀의 위쪽과 왼쪽에 틀 고정선이 나타난다.
④ 틀 고정선은 마우스를 드래그하여 위치를 변경할 수 있다.

난이도 중 문제 진단 ○△×

28 다음 중 수식에 잘못된 인수나 피연산자를 사용할 때 표시되는 오류 메시지로 옳은 것은?

① #DIV/0!　② #NUM!
③ #NAME?　④ #VALUE!

중요✓ 난이도 중 문제 진단 ○△×

29 아래 시트에서 [표1]의 할인율 [B3]을 적용한 할인가 [B4]를 이용하여 [표2]의 각 정가에 해당하는 할인가 [E3:E6]을 계산하고자 한다. 다음 중 가장 적합한 데이터 도구는?

합격 강의

	A	B	C	D	E	F
1	[표1] 할인 금액			[표2] 할인 금액표		
2	정가	₩10,000		정가	₩9,500	
3	할인율	5%		₩10,000		
4	할인가	₩9,500		₩15,000		
5				₩24,000		
6				₩30,000		
7						

① 통합
② 데이터 표
③ 부분합
④ 시나리오 관리자

난이도 상 문제 진단 ○△✕

30 다음 중 10,000,000원을 2년간 연 5.5%의 이자율로 대출할 때, 매월 말 상환해야 할 불입액을 구하기 위한 수식으로 옳은 것은?

① =PMT(5.5%/12, 24, −10000000)
② =PMT(5.5%, 24, −10000000)
③ =PMT(5.5%, 24, −10000000,0,1)
④ =PMT(5.5%/12, 24, −10000000,0,1)

난이도 상 문제 진단 ○△✕

31 다음 배열 수식 및 배열 함수에 대한 설명으로 옳지 않은 것은?

① 배열 수식에서 사용되는 배열 상수의 숫자로는 정수, 실수, 지수 형식의 숫자를 사용할 수 있다.
② MDETERM 함수는 배열로 저장된 행렬에 대한 역행렬을 산출한다.
③ PERCENTILE.INC 함수는 범위에서 k번째 백분위수 값을 구하며, 이때 k는 0에서 1까지 백분위수 값 범위이다.
④ FREQUENCY 함수는 값의 범위 내에서 해당 값의 발생 빈도를 계산하여 세로 배열 형태로 나타낸다.

난이도 중 문제 진단 ○△✕

32 다음 중 부분합에 관한 설명으로 옳지 않은 것은?

① 여러 함수를 이용하여 부분합을 작성하려면 두 번째부터 실행하는 [부분합] 대화 상자에서 '새로운 값으로 대치'가 반드시 선택되어 있어야 한다.
② 부분합을 작성한 후 개요 기호를 눌러 특정한 데이터가 표시된 상태에서 차트를 작성하면 화면에 표시된 데이터만 차트에 표시된다.
③ 부분합을 실행하기 전에 그룹화하고자 하는 필드를 기준으로 정렬되어 있어야 올바른 결과를 얻을 수 있다.
④ 그룹별로 페이지를 달리하여 인쇄하기 위해서는 [부분합] 대화 상자에서 '그룹 사이에서 페이지 나누기'를 선택한다.

중요✓ 난이도 중 문제 진단 ○△✕

33 다음 중 [Excel 옵션]–[고급]에서 [소수점 자동 삽입]의 [소수점 위치]를 −2로 설정한 다음 시트에서 1을 입력하는 경우의 결과로 옳은 것은?

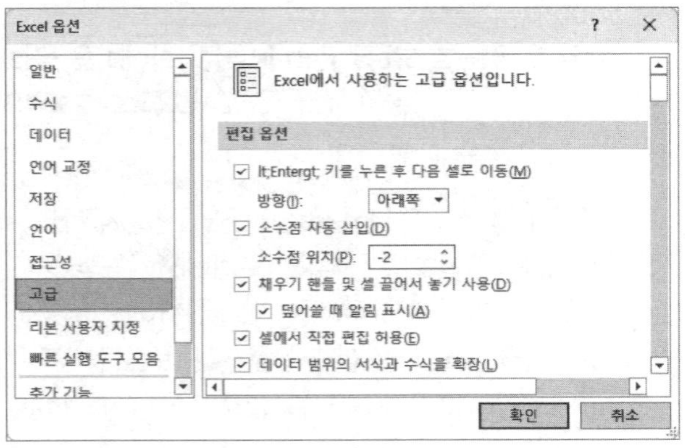

① 0.01 ② 0.001
③ 100 ④ 1000

난이도 중 문제 진단 ○△✕

34 다음 중 피벗 테이블에 대한 설명으로 옳지 않은 것은?

① 피벗 차트 보고서는 피벗 테이블 보고서를 만들지 않고는 만들 수 없으며, 피벗 테이블과 피벗 차트를 함께 만든 후 피벗 테이블을 삭제하면 피벗 차트는 일반 차트로 변경된다.
② 피벗 테이블 보고서에서 필드 단추를 다른 열이나 행의 위치로 끌어다 놓으면 데이터 표시 형식이 달라진다.
③ 피벗 테이블 보고서는 엑셀에서 작성된 데이터를 대상으로 새로운 대화형 테이블을 만드는 데 사용하며 외부 액세스 데이터베이스에서 만들어진 데이터는 호환되지 않으므로 사용할 수 없다.
④ 피벗 테이블 보고서를 이용하면 필터, 정렬, 그룹 및 조건부 서식을 적용하여 가장 유용한 하위 데이터 집합에서 원하는 정보만 강조할 수 있다.

중요✓ 난이도 상 문제 진단 ○△✕

35 다음 중 아래 시트에서 사원명이 두 글자이면서 실적이 전체 실적의 평균을 초과하는 데이터를 검색할 때, 고급 필터의 조건으로 옳은 것은?

합격 강의

	A	B
1	사원명	실적
2	유민	15,030,000
3	오성준	35,000,000
4	김근태	18,000,000
5	김원	9,800,000
6	정영희	12,000,000
7	남궁정훈	25,000,000
8	이수	30,500,000
9	김용훈	8,000,000

①

사원명	실적조건
="=??"	=$B2>AVERAGE($B$2:$B$9)

②

사원명	실적
="=??"	=$B2&">AVERAGE($B$2:$B$9)"

③

사원명	실적
=LEN($A2)=2	=$B2>AVERAGE($B$2:$B$9)

④

사원명	실적
="=**"	=$B2>AVERAGE($B$2:$B$9)

난이도 상 문제 진단 ○△✕

36 매출액 [B3:B9]을 이용하여 매출 구간별 빈도수를 [F3:F6] 영역에 계산한 후 그 값만큼 "★"을 반복하여 표시하고자 한다. 다음 중 [F3] 셀에 입력될 수식으로 옳은 것은?

합격 강의

	A	B	C	D	E	F
1						
2		매출액		매출구간		빈도수
3		75		0	50	★
4		93		51	100	★★
5		130		101	200	★★★
6		32		201	300	★
7		123				
8		257				
9		169				

① =REPT("★",FREQUENCY(B3:B9))
② =REPT("★",FREQUENCY(E3:E6))
③ =REPT("★",FREQUENCY(E3:E6,B3:B9))
④ =REPT("★",FREQUENCY(B3:B9,E3:E6))

난이도 중 문제 진단 ○△×

37 다음 중 [찾기 및 바꾸기] 대화 상자에 대한 설명으로 옳지 않은 것은?

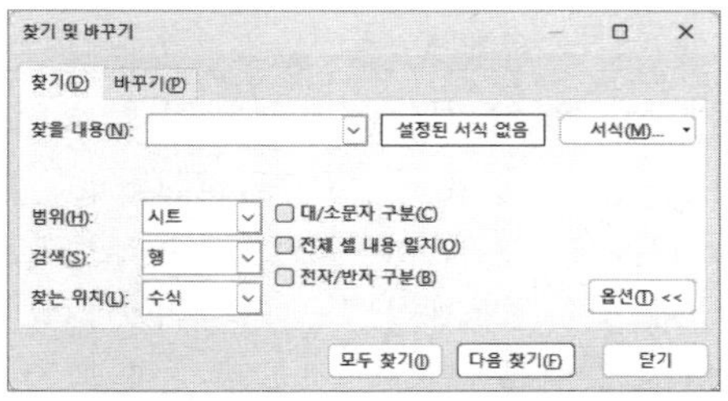

① 문서에서 '찾을 내용'에 입력한 내용과 일치하는 이전 항목을 찾으려면 Shift를 누른 상태에서 [다음 찾기] 단추를 클릭한다.
② '찾을 내용'에 입력한 문자만 있는 셀을 검색하려면 '전체 셀 내용 일치'를 선택한다.
③ 별표(*), 물음표(?) 및 물결표(~) 등의 문자가 포함된 내용을 찾으려면 '찾을 내용'에 작은따옴표(') 뒤에 해당 문자를 붙여 입력한다.
④ 찾을 내용을 워크시트에서 검색할지 전체 통합 문서에서 검색할지 등을 선택하려면 '범위'에서 '시트' 또는 '통합 문서'를 선택한다.

난이도 하 문제 진단 ○△×

38 통합 문서를 열 때마다 특정 작업이 자동으로 수행되는 매크로를 작성하려고 한다. 이때 사용해야 할 매크로 이름으로 옳은 것은?

① Auto_Open
② Auto_Exec
③ Auto_Macro
④ Auto_Start

난이도 하 문제 진단 ○△×

39 다음 중 인쇄 시 테두리나 그래픽 등을 생략하고 데이터만 인쇄하려고 할 때 설정해야 할 것으로 올바른 것은?

① 눈금선
② 행/열 머리글
③ 간단하게 인쇄
④ 흑백으로

난이도 상 문제 진단 ○△×

40 다음 중 1부터 10까지의 합을 구하는 VBA 모듈로 옳지 않은 것은?

합격 강의

①
```
no = 0
sum = 0
Do While no <= 10
sum = sum + no
no = no + 1
Loop
MsgBox sum
```

②
```
no = 0
sum = 0
Do
sum = sum + no
no = no + 1
Loop While no <= 10
MsgBox sum
```

③
```
no = 0
sum = 0
Do While no < 10
sum = sum + no
no = no + 1
Loop
MsgBox sum
```

④
```
sum = 0
For no = 1 To 10
sum = sum + no
Next
MsgBox sum
```

3과목 데이터베이스 일반

난이도 하 문제 진단 ○△×

41 다음 중 특정 컨트롤로 포커스를 이동시킬 때 사용하는 매크로 함수는?

① GoToRecord
② GoToControl
③ SetValue
④ RunCode

난이도 중 문제 진단 ○△×

42 다음 중 현재 폼에서 활성화되어 있는 ShipForm 폼의 DateDue 컨트롤의 Visible 속성을 참조하는 방법으로 옳은 것은?

합격 강의

① Forms![ShipForm]![DateDue].Visible
② Forms.[ShipForm]![DateDue].Visible
③ Forms![ShipForm].[DateDue]!Visible
④ Forms.[ShipForm].[DateDue].Visible

난이도 하 문제 진단 ○△×

43 다음 중 레코드가 추가될 때마다 시스템에서 자동으로 값을 입력해 주며 업데이트나 수정이 불가한 데이터 형식은?

① 짧은 텍스트
② 숫자
③ 일련번호
④ Yes/No

중요 ✓ 난이도 상 문제 진단 ○△×

44 다음 중 아래 그림과 같은 결과를 표시하는 쿼리로 옳은 것은?

합격 강의

movie

영화명	감독	장르	제작년도
베테랑	백감독	멜로	2013
베테랑	류승완	액션	2015
되마전	김휘	스릴러	2014
Mother	난니 모레티	멜로	2015

① SELECT * FROM movie ORDER BY 영화명, 장르;
② SELECT * FROM movie ORDER BY 영화명 DESC, 장르 DESC;
③ SELECT * FROM movie ORDER BY 제작년도, 장르 DESC;
④ SELECT * FROM movie ORDER BY 감독, 제작년도;

난이도 중 문제 진단 ○△×

45 [직원] 테이블의 '급여' 필드는 데이터 형식이 숫자이고, 필드 크기가 정수(Long)로 설정되어 있다. 다음 중 '급여' 필드에 입력이 가능한 숫자를 백만 원 이상, 오백만 원 이하로 설정하기 위한 유효성 검사 규칙으로 옳은 것은?

① <= 1000000 Or <= 5000000
② >= 1000000 And <= 5000000
③ >= 1000000, <= 5000,000
④ 1,000,000 <= And <= 5,000,000

난이도 중 문제 진단 ○△×

46 다음 중 [학생] 테이블에서 '점수'가 60 이상인 학생들의 인원수를 구하는 식으로 옳은 것은?(단, '학번' 필드는 [학생] 테이블의 기본키이다.)

① =DCount("[학생]","[학번]","[점수]>= 60")
② =DCount("[학번]","[학생]","[점수]>= 60")
③ =DLookUp("[학생]","[학번]","[점수]>= 60")
④ =DLookUp("*","[학생]","[점수]>= 60")

중요✓ 난이도 중 문제 진단 ○△×

47 다음은 색인(Index)에 대한 설명이다. 가장 옳지 않은 것은?

① 하나의 필드나 필드 조합에 인덱스를 만들어 레코드 찾기와 정렬을 효율적으로 수행할 수 있게 한다.
② 색인을 많이 설정하면 테이블의 변경 속도가 저하될 수 있다.
③ 인덱스를 삭제하면 필드나 필드 데이터도 함께 삭제된다.
④ 레코드를 변경하거나 추가할 때마다 자동으로 업데이트된다.

난이도 상 문제 진단 ○△×

48 회원(회원번호, 이름, 나이, 주소)테이블에서 회원번호가 555인 회원의 주소를 '부산'으로 변경하는 질의문으로 옳은 것은?

합격 강의

① UPGRAGE 회원 set 회원번호=555 where 주소='부산'
② UPGRAGE 회원 set 주소='부산' where 회원번호=555
③ UPDATE 회원 set 회원번호=555 where 주소='부산'
④ UPDATE 회원 set 주소='부산' where 회원번호=555

난이도 중 문제 진단 ○△×

49 다음 중 다양한 사용자의 요구 사항을 분석하여 정보 구조를 표현한 관계도(ERD)를 생성하는 데이터베이스 설계 단계는?

① 요구 조건 분석
② 개념적 설계
③ 논리적 설계
④ 물리적 설계

난이도 중 문제 진단 ○△×

50 다음 중 아래와 같이 표시된 폼의 탐색 단추에 대한 설명으로 옳지 않은 것은?

① ㉠ 첫 레코드로 이동한다.
② ㉡ 이전 레코드로 이동한다.
③ ㉢ 마지막 레코드로 이동한다.
④ ㉣ 이동할 레코드 번호를 입력하여 이동한다.

난이도 중 문제 진단 ○△×

51 다음 중 기본 폼과 하위 폼에 대한 설명으로 옳지 않은 것은?

① '일대다' 관계일 때 하위 폼에는 '일'에 해당하는 데이터가 표시되며, 기본 폼에는 '다'에 해당하는 데이터가 표시된다.
② 하위 폼은 연속 폼의 형태로 표시할 수 있지만 기본 폼은 연속 폼의 형태로 표시할 수 없다.
③ 기본 폼 내에 포함시킬 수 있는 하위 폼의 개수는 제한이 없으며, 최대 7 수준까지 하위 폼을 중첩시킬 수 있다.
④ 테이블, 쿼리나 다른 폼을 이용하여 하위 폼을 작성할 수 있다.

난이도 중 문제 진단 ○△×

52 다음 중 아래의 탭 순서 대화 상자에 대한 설명으로 옳지 않은 것은?

합격 강의

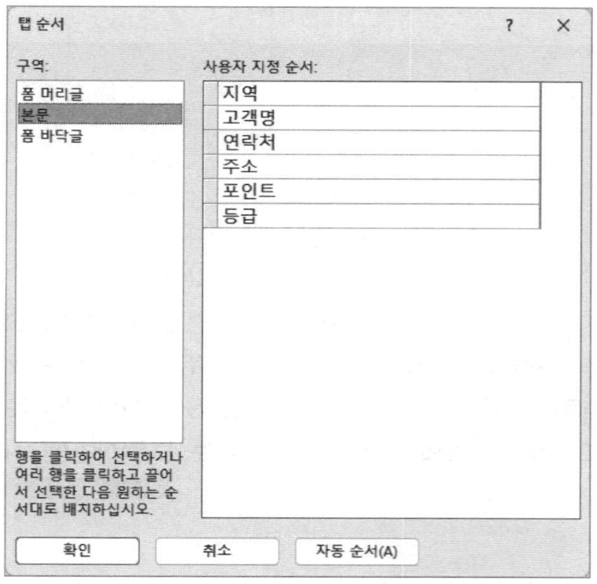

① 폼 보기에서 Tab이나 Enter를 눌렀을 때 포커스(Focus)의 이동 순서를 지정하는 것이다.
② 키보드를 이용하여 컨트롤 간 이동을 신속하게 할 수 있는 기능이다.
③ 레이블 컨트롤을 포함한 모든 컨트롤에 탭 순서를 지정할 수 있다.
④ 해당 컨트롤의 '탭 정지' 속성을 '아니요'로 지정하면 탭 순서에서 제외된다.

난이도 하 문제 진단 ○△×

53 다음 데이터베이스 관련 용어 중에서 성격이 다른 것은?

① DDL
② DBA
③ DML
④ DCL

난이도 중 문제 진단 ○△×

54 폼이나 보고서의 특정 컨트롤에서 '=[단가]*[수량]*(1-[할인률])'과 같은 계산식을 사용하고자 한다. 이 때 계산 결과를 소수점 이하 첫째 자리까지 표시하기 위한 함수는?

① Clng( )
② Val( )
③ Format( )
④ DLookUp( )

난이도 하 문제 진단 ○△×

55 다음 중 데이터를 입력 또는 삭제 시 이상(Anomaly) 현상이 일어나지 않도록 데이터베이스를 설계하기 위한 기술을 의미하는 용어는?

① 자동화
② 정규화
③ 순서화
④ 추상화

중요 ✓ 난이도 중 문제 진단 ○△×

56 **다음 중 각 데이터 형식에 대한 설명으로 옳지 않은 것은?**

① 조회 마법사는 필드에 값을 직접 입력하지 않고 다른 테이블에서 값을 선택할 때 사용한다.
② Yes/No 형식은 Yes/No, True/False, On/Off 등 두 값 중 하나만 입력하는 경우에 사용하는 것으로 기본 필드 크기는 1비트이다.
③ 설명, 참고 사항 등 255자를 초과해서 저장할 때는 긴 텍스트 데이터 형식을 사용한다.
④ 일련번호는 번호가 부여된 후 변경하거나 삭제할 수 있으며 크기는 2바이트이다.

난이도 중 문제 진단 ○△×

57 **다음 중 <학생> 테이블의 '나이' 필드에 유효성 검사규칙을 아래와 같이 지정한 경우 데이터 입력 상황에 대한 설명으로 옳은 것은?**

유효성 검사 규칙	>20
유효성 검사 테스트	숫자는 >20으로 입력합니다.

① 데이터를 입력하려고 하면 항상 '숫자는 >20으로 입력합니다.' 라는 메시지가 먼저 표시된다.
② 20을 입력하면 '숫자는 >20으로 입력합니다.'라는 메시지가 표시된 후 입력 값이 정상적으로 저장된다.
③ 20을 입력하면 '숫자는 >20으로 입력합니다.'라는 메시지가 표시되며, 값을 다시 입력해야만 한다.
④ 30을 입력하면 '유효성 검사 규칙에 맞습니다.'라는 메시지가 표시된 후 입력 값이 정상적으로 저장된다.

중요 ✓ 난이도 상 문제 진단 ○△×

58 **다음 중 아래 VBA 코드를 실행했을 때 MsgBox에 표시되는 값은?**

합격 강의

```
Dim i As Integer
Dim Num As Integer
For i = 0 To 7 Step 2
Num = Num+i
Next i
MsgBox Str(Num)
```

① 7　　② 12
③ 24　　④ 28

난이도 중 문제 진단 ○△×

59 **다음 중 각 연산식에 대한 결과 값이 옳지 않은 것은?**

① IIF(1,2,3) → 결과 값: 2
② MID("123456",3,2) → 결과 값: 34
③ "A" & "B" → 결과 값: "AB"
④ 4 MOD 2 → 결과 값: 2

난이도 중 문제 진단 ○△×

60 **다음 중 보고서의 그룹 바닥글 구역에 '=COUNT(*)'를 입력했을 때 출력되는 결과로 옳은 것은?**

① Null 필드를 포함한 그룹별 레코드 개수
② Null 필드를 포함한 전체 레코드 개수
③ Null 필드를 제외한 그룹별 레코드 개수
④ Null 필드를 제외한 전체 레코드 개수

빠른 정답표 확인하기

① 모바일로 QR 코드를 스캔합니다.
② 해당 회차의 정답표를 확인합니다.
③ 빠르고 간편하게 채점해 보세요.

해설과 따로 보는 2024년 상시 기출문제 03회

자동 채점 서비스 | 합격 강의

SELF CHECK | 제한시간 60분 | 소요시간 분 | 전체 문항 수 60문항 | 맞힌 문항 수 문항

1과목 컴퓨터 일반

난이도 중 | 문제 진단 ○△X

01 다음 중 한글 Windows의 실행 대화 상자에서 [시스템 구성] 대화 상자를 열 수 있는 명령어로 옳은 것은?

① ipconfig ② tracert
③ ping ④ msconfig

중요✓ 난이도 중 | 문제 진단 ○△X

02 다음 중 기억된 정보의 일부분을 이용하여 원하는 정보가 기억된 위치를 알아낸 후 그 위치에서 나머지 정보에 접근하는 기억 장치를 무엇이라 하는가?

① 캐시 메모리(Cache memory)
② 주기억 장치(Main memory)
③ 가상 기억 장치(Virtual memory)
④ 연관 메모리(Associative memory)

난이도 중 | 문제 진단 ○△X

03 둘 이상의 프로세스들이 자원을 점유한 상태에서 서로 다른 프로세스가 점유하고 있는 자원을 서로 사용하기를 원해서 시스템이 정지되는 상황을 무엇이라 부르는가?

① LOCK
② DEADLOCK
③ UNLOCK
④ BLOCK

난이도 중 | 문제 진단 ○△X

04 (합격 강의) 다음 중 컴퓨터에서 정상적인 프로그램을 처리하고 있는 도중에 특수한 상태가 발생했을 때 현재 실행하고 있는 프로그램을 일시 중단하고, 그 특수한 상태를 처리한 후 다시 원래의 프로그램을 처리하는 과정을 무엇이라 하는가?

① 채널(Channel)
② 인터럽트(Interrupt)
③ 데드락(Deadlock)
④ 스풀(Spool)

난이도 중 | 문제 진단 ○△X

05 컴퓨터 내부에서 중앙 처리 장치와 메모리 사이의 데이터 전송에 사용되는 통로를 버스(Bus)라고 한다. 다음 중 이 버스에 해당하지 않는 것은?

① 제어 버스(Control Bus)
② 프로그램 버스(Program Bus)
③ 데이터 버스(Data Bus)
④ 주소 버스(Address Bus)

난이도 하 | 문제 진단 ○△X

06 다음 중 AVI, MPEG-1, MPEG-4, ASF(Advanced Stream Format) 파일 형식의 공통점은 무엇인가?

① 텍스트 파일 형식
② 오디오 파일 형식
③ 이미지 파일 형식
④ 비디오 파일 형식

난이도 상 | 문제 진단 ○△X

07 다음 중 한글 Windows에서 하드디스크에 저장된 파일을 다시 정렬하는 단편화 제거 과정을 통해 디스크의 파일 읽기/쓰기 성능을 향상시키는 프로그램으로 옳은 것은?

① 디스크 검사
② 디스크 정리
③ 디스크 포맷
④ 드라이브 조각 모음 및 최적화

중요✓ 난이도 중 | 문제 진단 ○△X

08 다음 중 한글 Windows 10의 작업 표시줄에 대한 설명으로 옳지 않은 것은?

① 작업 표시줄은 현재 실행되고 있는 프로그램 단추와 프로그램을 빠르게 실행하기 위해 등록한 고정 프로그램 단추 등이 표시되는 곳이다.
② 작업 표시줄은 위치를 변경하거나 크기를 조절할 수 있으며, 크기는 화면의 1/4까지만 늘릴 수 있다.
③ '작업 표시줄 잠금'이 지정된 상태에서는 작업 표시줄의 크기나 위치 등을 변경할 수 없다.
④ 작업 표시줄은 기본적으로 바탕화면의 맨 아래쪽에 있다.

난이도 중 | 문제 진단 ○△X

09 (합격 강의) 다음 중 아래의 기능을 수행하는 코드로 옳은 것은?

> • 에러 검출과 교정이 가능한 코드로, 최대 2비트까지 에러를 검출하고 1비트의 에러 교정이 가능한 방식
> • 일반적으로 8421코드에 3비트의 짝수 패리티를 추가해서 구성함

① 해밍 코드
② 패리티 체크 비트
③ 순환 중복 검사
④ 정 마크 부호 방식

난이도 상 | 문제 진단 ○△X

10 운영체제가 응용 프로그램의 상태에 의존하지 않고 강제로 작업을 변경함으로써 하나의 응용 프로그램에 문제가 발생해도 다른 응용 프로그램에 영향을 주지 않도록 하는 제어 방식을 무엇이라 하는가?

① 비선점형 멀티태스킹
② 선점형 멀티태스킹
③ 플러그 앤 플레이
④ 멀티 프로그래밍

난이도 중 문제 진단 ○△X

11 다음 중 비트맵 방식에 대한 설명으로 옳지 않은 것은?

① 픽셀 단위로 표현한다.
② 저장 공간을 많이 차지한다.
③ 비트맵 방식의 그래픽 프로그램으로는 코렐드로, 일러스트레이터가 있다.
④ 확대하거나 축소하면 이미지가 손상된다.

난이도 중 문제 진단 ○△X

12 다음 중 송신자의 송신 여부와 수신자의 수신 여부를 확인하는 기능으로 송 · 수신자가 송수신 사실을 부정하지 못하도록 하는 보안 기능은?

① 인증
② 접근 제어
③ 부인 방지
④ 기밀성

난이도 중 문제 진단 ○△X

13 다음 중 디지털 컴퓨터의 특징으로만 짝지어진 것은?

합격 강의

> ⓐ 증폭 회로 ⓑ 논리 회로 ⓒ 부호화된 문자, 숫자
> ⓓ 프로그래밍 ⓔ 연속적인 물리량 ⓕ 범용성

① ⓐ, ⓑ, ⓒ, ⓓ
② ⓑ, ⓒ, ⓓ, ⓕ
③ ⓒ, ⓓ, ⓔ, ⓕ
④ ⓐ, ⓑ, ⓒ, ⓕ

난이도 중 문제 진단 ○△X

14 다음 중 일반적으로 URL로 표시된 주소의 프로토콜과 기본 포트 번호가 관련이 없는 것은?

① [http://www.korcham.net] 포트 번호 : 80
② [ftp://ftp.korcham.net] 포트 번호 : 22
③ [telnet://home.chollian.net] 포트 번호 : 23
④ [gopher://gopher.ssu.org] 포트 번호 : 70

난이도 중 문제 진단 ○△X

15 다음 중 하이퍼미디어에 관한 설명으로 옳지 않은 것은?

① 특정 텍스트나 이미지 등의 다양한 미디어를 클릭하면 연결된 문서로 이동하는 문서 형식이다.
② 문서와 문서가 연결된 형식으로 문서를 읽는 순서가 결정되는 선형 구조를 가지고 있다.
③ 하이퍼미디어는 하이퍼텍스트와 멀티미디어를 합한 개념이다.
④ 하나의 데이터를 여러 사용자가 서로 다른 경로를 통해 검색할 수 있다.

중요 ✓ 난이도 상 문제 진단 ○△X

16 다음 중 IPv6에 해당하는 내용으로만 올바르게 짝지어진 것은?

합격 강의

> ⓐ 32비트, ⓑ 64비트, ⓒ 128비트, ⓓ 10진수로 표현, ⓔ 16진수로 표현,
> ⓕ 각 부분을 콜론(:)으로 구분, ⓖ 각 부분을 점(.)으로 구분

① ⓐ, ⓓ, ⓖ
② ⓒ, ⓔ, ⓕ
③ ⓑ, ⓓ, ⓕ
④ ⓒ, ⓓ, ⓖ

난이도 중 문제 진단 ○△X

17 다음 중 영상 신호와 음향 신호를 압축하지 않고 통합하여 전송하는 고선명 멀티미디어 인터페이스로 S-비디오, 컴포지트 등의 아날로그 케이블보다 고품질의 음향 및 영상을 감상할 수 있는 것은?

① DVI ② HDMI
③ USB ④ IEEE 1394

난이도 중 문제 진단 ○△X

18 다음 중 소스 코드까지 제공되어 사용자들이 자유롭게 수정하거나 변경할 수 있는 소프트웨어를 의미하는 것은?

① 오픈 소스 소프트웨어(Open source software)
② 주문형 소프트웨어(Customized software)
③ 쉐어웨어(Shareware)
④ 프리웨어(Freeware)

중요 ✓ 난이도 중 문제 진단 ○△X

19 다음 중 Windows에서 에어로 쉐이크(Aero Shake)와 같은 기능을 하는 바로 가기 키로 옳은 것은?

합격 강의

① [Windows]+[E]
② [Windows]+[X]
③ [Windows]+[U]
④ [Windows]+[Home]

난이도 상 문제 진단 ○△X

20 다음 중 운영체제의 발달 과정이 올바르게 나열된 것은?

① 다중 프로그래밍 → 시분할 처리 → 다중 처리 → 분산 처리 → 일괄 처리 → 실시간 처리
② 실시간 처리 → 다중 프로그래밍 → 시분할 처리 → 다중 처리 → 분산 처리 → 일괄 처리
③ 일괄 처리 → 실시간 처리 → 다중 프로그래밍 → 시분할 처리 → 다중 처리 → 분산 처리
④ 시분할 처리 → 다중 처리 → 분산 처리 → 일괄 처리 → 실시간 처리 → 다중 프로그래밍

2과목 스프레드시트 일반

난이도 중 문제 진단 ○△✕

21 아래 시트에서 [D1] 셀을 선택한 상태에서 수식 입력줄의 (B1+C1)을 선택하고 F9를 누르면 나타나는 현상에 대한 설명으로 옳은 것은?

합격 강의

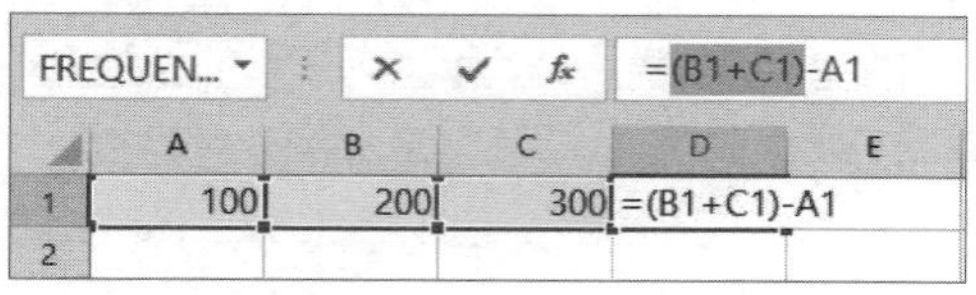

① 선택된 수식이 계산되어 500이 표시된다.
② 선택된 해당 셀의 값이 표기되어 (200+300)이 표시된다.
③ 수식 입력줄의 모든 수식이 계산되어 400이 표시된다.
④ 수식 입력줄의 셀의 값이 표기되어 (200+300)−100이 표시된다.

난이도 중 문제 진단 ○△✕

22 다음 중 아래 워크시트에서 [A1:D1] 영역을 선택한 후 채우기 핸들을 이용하여 [D4] 셀까지 드래그했을 때 [A4] 셀, [B4] 셀, [C4] 셀, [D4] 셀의 값으로 옳은 것은?

	A	B	C	D
1	AAA-000	1989-06-03	Excel-A	1-A
2				
3				
4				

① DDD−003, 1992−06−03, Excel−D, 4−A
② DDD−000, 1989−09−03, Excel−A, 1−D
③ AAA−333, 1992−09−03, Excel−4, 4−A
④ AAA−003, 1989−06−06, Excel−A, 4−A

중요✓ 난이도 상 문제 진단 ○△✕

23 다음 수식의 결과 값으로 옳은 것은?

합격 강의

=ROUNDDOWN(165.657,2) − ABS(POWER(−2,3))

① 156.65 ② 157.65
③ 156.66 ④ 157.66

난이도 중 문제 진단 ○△✕

24 다음 중 데이터 통합에 대한 설명으로 옳지 않은 것은?

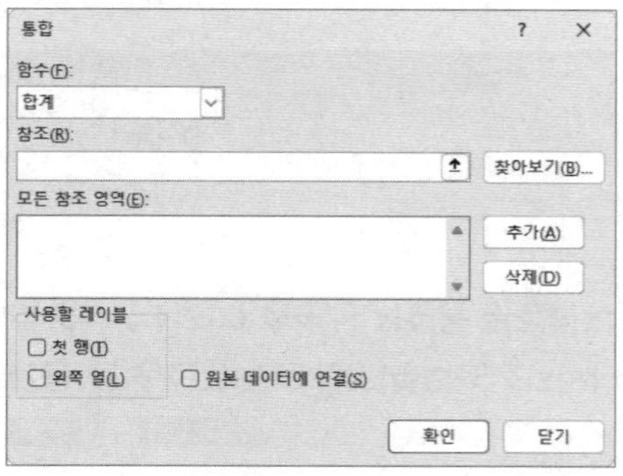

① 데이터 통합은 여러 셀 범위를 통합하여 합계, 평균, 최대값, 최소값, 표준 편차 등을 계산할 수 있는 기능이다.
② 서로 다른 통합 문서에 분산 입력된 데이터를 통합하기 위해서는 모든 통합 문서를 열어 놓고 실행해야 한다.
③ 참조 영역의 범위에 열 이름표와 행 이름표를 복사할 것인지를 설정하려면 '사용할 레이블'에서 옵션을 체크한다.
④ '원본 데이터에 연결' 옵션을 선택하면 원본 데이터의 변경이 통합된 데이터에 즉시 반영된다.

난이도 중 문제 진단 ○△✕

25 다음에서 설명하는 기능으로 옳은 것은?

- 선택한 셀의 모든 데이터가 열에 맞게 표시되도록 글꼴의 문자 크기를 줄임
- 열 너비를 변경하면 문자 크기가 자동으로 조정됨
- 적용된 글꼴 크기는 바뀌지 않음

① 자동 줄 바꿈 ② 셀 병합
③ 텍스트 방향 ④ 셀에 맞춤

난이도 중 문제 진단 ○△✕

26 다음 중 엑셀에서 날짜 데이터의 입력 방법에 대한 설명으로 옳지 않은 것은?

① 날짜 데이터는 하이픈(−)이나 슬래시(/)를 이용하여 년, 월, 일을 구분한다.
② 날짜의 연도를 생략하고 월과 일만 입력하면 자동으로 현재 연도가 추가된다.
③ 날짜의 연도를 두 자리로 입력할 때 연도가 30 이상이면 1900년대로 인식하고, 29 이하이면 2000년대로 인식한다.
④ Ctrl+Shift+;을 누르면 오늘 날짜가 입력된다.

난이도 중 문제 진단 ○△✕

27 다음 중 조건부 서식 설정을 위한 [새 서식 규칙] 대화 상자의 '규칙 유형 선택' 항목에 해당하지 않는 것은?

① 임의의 날짜를 기준으로 셀의 서식 지정
② 셀 값을 기준으로 모든 셀의 서식 지정
③ 다음을 포함하는 셀만 서식 지정
④ 고유 또는 중복 값만 서식 지정

중요✓ 난이도 중 문제 진단 ○△✕

28 다음 중 [상태 표시줄 사용자 지정]에서 선택할 수 있는 자동 계산으로 옳은 것은?

합격 강의

① 특수 기호 셀 수 : 선택한 영역 중 특수 기호 데이터가 입력된 셀의 수
② 숫자 셀 수 : 선택한 영역 중 숫자 데이터가 입력된 셀의 수
③ 문자 셀 수 : 선택한 영역 중 문자 데이터가 입력된 셀의 수
④ 수식 셀 수 : 선택한 영역 중 수식 데이터가 입력된 셀의 수

난이도 중 문제 진단 ○△✕

29 다음 중 카메라 기능에 대한 설명으로 옳지 않은 것은?

① 카메라 기능은 특정한 셀 범위를 그림으로 복사하여 붙여넣는 기능이다.
② 카메라 기능을 이용하여 셀 범위를 복사한 경우 그림으로 복사한 셀에 입력된 내용이 변경되면 그림에 표시되는 텍스트도 자동으로 변경된다.
③ 카메라 기능을 이용하여 복사된 그림은 일반 그림과 같이 취급하여 그림자 효과를 줄 수 있다.
④ 카메라 기능을 이용하려면 [삽입] 탭−[일러스트레이션] 그룹에서 [카메라] 버튼을 클릭하여 실행한다.

난이도 상 문제 진단 ○△×

30 다음 중 수식의 결과가 나머지 셋과 다른 것은?

합격 강의

① =ABS(INT(−3/2))
② =MOD(−3,2)
③ =ROUNDUP(RAND(),0)
④ =FACT(1.9)

난이도 중 문제 진단 ○△×

31 다음 중 데이터를 분석하기 위한 부분합에 대한 설명으로 옳지 않은 것은?

① 부분합은 SUBTOTAL 함수를 사용하여 합계나 평균 등의 요약 함수를 계산한다.
② 첫 행에는 열 이름표가 있어야 하며 부분합을 구하려는 항목을 기준으로 정렬한다.
③ 부분합을 제거하면 부분합과 함께 표에 삽입된 개요 및 페이지 나누기도 제거된다.
④ 같은 열에 있는 자료에 대하여 여러 개의 함수를 중복하여 사용할 수 없다.

난이도 중 문제 진단 ○△×

32 다음 중 시나리오에 대한 설명으로 옳지 않은 것은?

① 시나리오는 별도의 파일로 저장하고 자동으로 바꿀 수 있는 값의 집합이다.
② 시나리오를 사용하여 워크시트 모델의 결과를 예측할 수 있다.
③ 여러 시나리오를 비교하기 위해 시나리오를 한 페이지의 피벗 테이블로 요약할 수 있다.
④ 시나리오 피벗 테이블 보고서에는 결과 셀이 반드시 있어야 한다.

난이도 중 문제 진단 ○△×

33 다음 중 데이터를 정렬할 때 정렬 옵션으로 설정할 수 있는 사항이 아닌 것은?

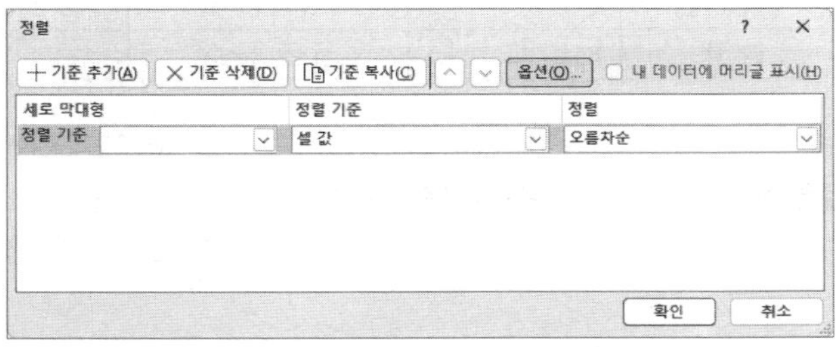

① 문자/숫자 우선순위
② 대/소문자 구분 여부
③ 정렬 방향 : 위쪽에서 아래쪽
④ 정렬 방향 : 왼쪽에서 오른쪽

중요 ✓ 난이도 중 문제 진단 ○△×

34 다음 중 괄호( ) 안에 해당하는 바로 가기 키로 옳은 것은?

> 통합 문서 내에서 (ㄱ)키는 다음 워크시트로 이동, (ㄴ)키는 이전 워크시트로 이동할 때 사용된다.

① (ㄱ) Home, (ㄴ) Ctrl+Home
② (ㄱ) Ctrl+Page Down, (ㄴ) Ctrl+Page Up
③ (ㄱ) Ctrl+←, (ㄴ) Ctrl+→
④ (ㄱ) Shift+↑, (ㄴ) Shift+↓

난이도 중 문제 진단 ○△×

35 다음 중 아래의 예처럼 천 단위 데이터를 빠르게 입력하기 위해 [Excel 옵션]-[고급]에서 설정해야 하는 작업으로 옳은 것은?

> 예 1을 입력하면 1000, 2를 입력하면 2000, 3을 입력하면 3000, 11을 입력하면 11000, 22를 입력하면 22000으로 표시된다.

① 자동 % 입력 사용
② 소수점 자동 삽입
③ 셀에서 직접 편집
④ 셀 내용을 자동 완성

난이도 중 문제 진단 ○△×

36 다음 중 엑셀에서 특수문자나 한자를 입력하는 경우 그에 대한 설명으로 틀린 것은?

① 특수문자는 한글 자음 중 하나를 입력한 후 한자를 누르면 하단에 특수문자 목록이 표시된다.
② 한글 자음 모두 하단에 표시되는 특수문자가 동일하므로 아무 자음을 입력해도 된다.
③ "한"과 같이 한자의 음이 되는 글자를 한 글자 입력한 후 한자를 누르면 하단에 해당 글자에 대한 한자 목록이 표시된다.
④ "대한민국"을 입력한 후 바로 마우스로 블록을 설정하고 한자를 누르면 [한글/한자 변환] 대화 상자가 나타나며 "大韓民國"을 선택하여 한 번에 변환시킬 수 있다.

중요 ✓ 난이도 상 문제 진단 ○△×

37 아래 시트에서 주민등록번호의 여덟 번째 문자가 '1' 또는 '3'이면 '남', '2' 또는 '4'이면 '여'로 성별 정보를 알 수 있다. 다음 중 성별을 계산하기 위한 [D2] 셀의 수식으로 옳지 않은 것은?(단, [F2:F5] 영역은 숫자 데이터임)

합격 강의

	A	B	C	D	E	F	G
1	번호	성명	주민등록번호	성별		코드	성별
2	1	이경훈	940209-1******	남		1	남
3	2	서정연	920305-2******	여		2	여
4	3	이정재	971207-1******	남		3	남
5	4	이춘호	990528-1******	남		4	여
6	5	김지수	001128-4******	여			

① =IF(OR(MID(C2, 8, 1)="2", MID(C2, 8, 1)="4"), "여", "남")
② =CHOOSE(VALUE(MID(C2, 8, 1)), "남", "여", "남", "여")
③ =VLOOKUP(VALUE(MID(C2, 8, 1)), $F$2:$G$5, 2, 0)
④ =IF(MOD(VALUE(MID(C2, 8, 1)), 2)=0, "남", "여")

난이도 중 문제 진단 ○△✕

38 다음 중 아래 차트에 대한 설명으로 옳지 않은 것은?

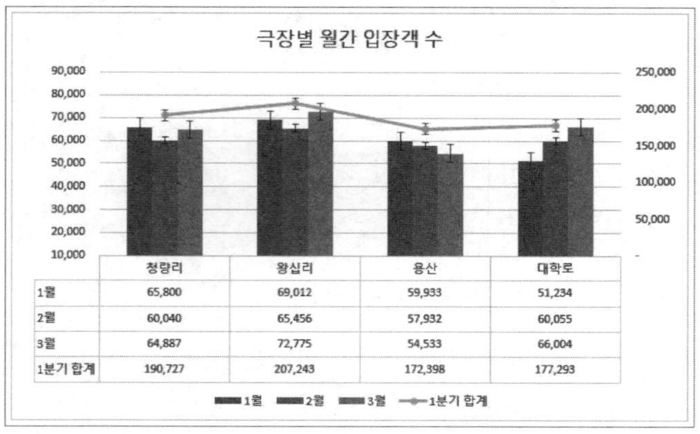

① 계열 옵션에서 '간격 너비'가 0%로 설정되어 있다.
② 범례 표지 없이 데이터 테이블이 표시되어 있다.
③ '1월', '2월', '3월' 계열에 오차 막대가 표시되어 있다.
④ '1분기 합계' 계열은 '보조 축'으로 지정되어 있다.

중요✓ 난이도 상 문제 진단 ○△✕

39 다음 중 서식 코드를 셀의 사용자 지정 표시 형식으로 설정한 경우 입력 데이터와 표시 결과가 옳지 않은 것은?

	서식 코드	입력 데이터	표시
ⓐ	# ???/???	3.75	3 3/4
ⓑ	0,00#,	-6789	-0,007
ⓒ	*-#,##0	6789	*----6789
ⓓ	▲#;▼#;0	-6789	▼6789

① ⓐ ② ⓑ
③ ⓒ ④ ⓓ

난이도 중 문제 진단 ○△✕

40 다음 중 피벗 테이블과 피벗 차트에 대한 설명으로 옳지 않은 것은?

① 새 워크시트에 피벗 테이블을 생성하면 보고서 필터의 위치는 [A1] 셀, 행 레이블은 [A3] 셀에서 시작한다.
② 피벗 테이블과 연결된 피벗 차트가 있는 경우 피벗 테이블에서 [피벗 테이블 분석]의 [모두 지우기] 명령을 사용하면 피벗 테이블과 피벗 차트의 필드, 서식 및 필터가 제거된다.
③ 하위 데이터 집합에도 필터와 정렬을 적용하여 원하는 정보만 강조할 수 있으나 조건부 서식은 적용되지 않는다.
④ [피벗 테이블 옵션] 대화 상자에서 오류 값을 빈 셀로 표시하거나 빈 셀에 원하는 값을 지정하여 표시할 수도 있다.

3과목 데이터베이스 일반

중요✓ 난이도 상 문제 진단 ○△✕

41 다음 중 주어진 [학생] 테이블을 참조하여 아래의 SQL문을 실행한 결과로 옳은 것은?

합격 강의

```
SELECT AVG(나이) FROM 학생
WHERE 전공 NOT IN ('수학', '회계');
```

[학생] 테이블

학번	전공	학년	나이
100	국사	4	21
150	회계	2	19
200	수학	3	30
250	국사	3	31
300	회계	4	25
350	수학	2	19
400	국사	1	23

① 25 ② 23
③ 21 ④ 19

난이도 중 문제 진단 ○△✕

42 다음 중 Access 파일에 암호를 설정하는 방법으로 옳은 것은?

① [데이터베이스 압축 및 복구] 도구에서 파일 암호를 설정할 수 있다.
② 데이터베이스를 단독 사용 모드(단독으로 열기)로 열어야 파일 암호를 설정할 수 있다.
③ 데이터베이스를 MDE 형식으로 저장한 후 파일을 열어야 파일 암호를 설정할 수 있다.
④ [Access 옵션] 창의 보안 센터에서 파일 암호를 설정할 수 있다.

난이도 중 문제 진단 ○△✕

43 다음 중 테이블에서의 필드 이름 지정 규칙에 대한 설명으로 옳은 것은?

① 필드 이름의 첫 글자는 숫자로 시작할 수 없다.
② 테이블 이름과 동일한 이름을 필드 이름으로 지정할 수 없다.
③ 한 테이블 내에 동일한 이름의 필드를 2개 이상 지정할 수 없다.
④ 필드 이름에 문자, 숫자, 공백, 특수문자를 조합한 모든 기호를 포함할 수 있다.

난이도 중 문제 진단 ○△✕

44 다음 중 테이블 간의 관계 설정에서 일대일 관계가 성립하는 것은?

① 양쪽 테이블의 연결 필드가 모두 중복 불가능의 인덱스나 기본키로 설정되어 있는 경우
② 어느 한쪽의 테이블의 연결 필드가 중복 불가능의 인덱스나 기본키로 설정되어 있는 경우
③ 오른쪽 관련 테이블의 연결 필드가 중복 가능한 인덱스나 후보키로 설정되어 있는 경우
④ 양쪽 테이블의 연결 필드가 모두 중복 가능한 인덱스나 후보키로 설정되어 있는 경우

난이도 하 문제 진단 ○△×

45 다음 중 읽기 전용 폼을 만들기 위한 폼과 컨트롤의 속성 설정이 옳지 않은 것은?

① [편집 가능] 속성을 '아니오'로 설정한다.
② [삭제 가능] 속성을 '아니오'로 설정한다.
③ [잠금] 속성을 '아니오'로 설정한다.
④ [추가 가능] 속성을 '아니오'로 설정한다.

난이도 중 문제 진단 ○△×

46 다음 중 보고서의 그룹화 및 정렬에 대한 설명으로 옳지 않은 것은?

① '그룹'은 머리글과 같은 소계 및 요약 정보와 함께 표시되는 레코드의 모음으로 그룹 머리글, 세부 레코드 및 그룹 바닥글로 구성된다.
② 그룹화할 필드가 날짜 데이터이면 전체 값(기본), 일, 주, 월, 분기, 연도 중 선택한 기준으로 그룹화할 수 있다.
③ Sum 함수를 사용하는 계산 컨트롤을 그룹 머리글에 추가하면 현재 그룹에 대한 합계를 표시할 수있다.
④ 필드나 식을 기준으로 최대 5단계까지 그룹화할 수 있으며, 같은 필드나 식은 한 번씩만 그룹화할 수 있다.

중요✓ 난이도 중 문제 진단 ○△×

47 다음 중 '영동1단지'에서 숫자로 된 단지 정보 '1'을 추출하기 위한 함수로 옳은 것은?

① left("영동1단지", 3)
② right("영동1단지", 3)
③ mid("영동1단지", 3, 1)
④ instr("영동1단지", 3, 1)

난이도 상 문제 진단 ○△×

48 합격 강의

[성적] 테이블에서 '수행' 필드와 '지필' 필드를 더한 후 합계라는 이름으로 표시하고자 한다. 다음 중 SQL문의 괄호 안에 들어갈 내용으로 옳은 것은?

```
SELECT 수행+지필 (          ) FROM 성적;
```

① NAME IS 합계
② ALIAS 합계
③ AS 합계
④ TO 합계

난이도 중 문제 진단 ○△×

49 다음 중 서류 봉투에 초대장을 넣어 발송하려는 경우 우편물에 사용할 수신자의 주소를 프린트하기에 가장 적합한 보고서는?

① 업무 문서 양식 보고서
② 우편 엽서 보고서
③ 레이블 보고서
④ 크로스탭 보고서

난이도 중 문제 진단 ○△×

50 합격 강의

다음 중 SQL문의 각 예약어에 대한 설명으로 옳지 않은 것은?

① SQL문에서 검색 결과가 중복되지 않게 표시하기 위해서 'DISTINCT'를 입력한다.
② ORDER BY문을 사용할 때에는 HAVING절을 사용하여 조건을 지정한다.
③ FROM절에는 SELECT문에 나열된 필드를 포함하는 테이블이나 쿼리를 지정한다.
④ 특정 필드를 기준으로 그룹화하여 검색할 때에는 GROUP BY문을 사용한다.

난이도 하 문제 진단 ○△×

51 다음 중 테이블의 필드 속성에서 인덱스를 지정할 수 없는 데이터 형식은?

① 짧은 텍스트 ② OLE 개체
③ Yes/No ④ 숫자

난이도 중 문제 진단 ○△×

52 다음 중 키의 개념에 대한 설명으로 옳지 않은 것은?

① 후보키(Candidate Key)는 유일성과 최소성을 만족한다.
② 슈퍼키(Super Key)는 유일성은 가지지만 최소성을 가지지 않는 키이다.
③ 기본키(Primary Key)로 지정된 속성은 모든 튜플에 대해 널(Null)값을 가질 수 없다.
④ 외래키(Foreign Key)는 후보키 중에서 기본키로 정의되지 않은 나머지 후보키들을 말한다.

중요✓ 난이도 중 문제 진단 ○△×

53 아래와 같이 조회할 고객의 최소 나이를 입력받아 검색하는 매개 변수 쿼리를 작성하려고 한다. 다음 중 '나이' 필드의 조건식으로 옳은 것은?

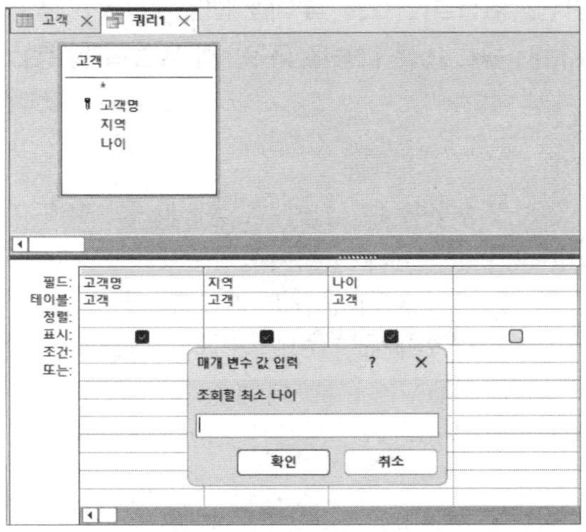

①>={조회할 최소 나이}
②>="조회할 최소 나이"
③>=[조회할 최소 나이]
④>=(조회할 최소 나이)

난이도 중 문제 진단 ○△✕

54 **다음 두 개의 테이블 사이에서 외래키(Foreign Key)는 무엇인가?(단, 밑줄은 각 테이블의 기본키를 표시함)**

합격 강의

> 직원(<u>사번</u>, 성명, 부서명, 주소, 전화, 이메일)
> 부서(<u>부서명</u>, 팀장, 팀원수)

① 직원 테이블의 사번
② 부서 테이블의 팀원수
③ 직원 테이블의 부서명
④ 부서 테이블의 팀장

난이도 중 문제 진단 ○△✕

55 **다음 중 테이블에서 입력 마스크를 "LA09?"로 설정한 경우 입력할 수 없는 값은?**

① AA111
② A11
③ AA11
④ A111A

난이도 중 문제 진단 ○△✕

56 **폼의 머리글에 아래와 같은 도메인 함수 계산식을 사용하는 컨트롤을 삽입하였다. 다음 중 계산 결과 값에 대한 설명으로 옳은 것은?**

합격 강의

> = DLOOKUP("성명", "사원", "[사원번호] = 1")

① 성명 테이블에서 사원 번호가 1인 데이터의 성명 필드에 저장되어 있는 값
② 성명 테이블에서 사원 번호가 1인 데이터의 사원 필드에 저장되어 있는 값
③ 사원 테이블에서 사원 번호가 1인 데이터의 성명 필드에 저장되어 있는 값
④ 사원 테이블에서 사원 번호가 1인 데이터의 사원 필드에 저장되어 있는 값

난이도 하 문제 진단 ○△✕

57 **다음 중 외부 데이터 가져오기 기능을 이용하여 액세스로 가져올 수 없는 데이터 형식은?**

① Excel
② HTML
③ HWP 파일
④ 텍스트 파일

난이도 하 문제 진단 ○△✕

58 **다음 중 선택 쿼리에서 사용자가 지정한 패턴과 일치하는 데이터를 찾고자 할 때 사용되는 연산자는?**

① Match
② Some
③ Like
④ Any

난이도 중 문제 진단 ○△✕

59 **다음 중 개체 관계 모델(Entity Relationship Model)에 관한 설명으로 옳지 않은 것은?**

① 개념적 설계에 가장 많이 사용되는 모델로 개체 관계도(ERD)가 가장 대표적이다.
② 개체집합과 관계집합으로 나누어서 개념적으로 표시하는 방식으로 특정 데이터베이스 관리 시스템(DBMS)을 고려한 것은 아니다.
③ 데이터를 개체(Entity), 관계(Relationship), 속성(Attribute)과 같은 개념으로 표시한다.
④ 개체(Entity)는 가상의 객체나 개념을 의미하고, 속성(Attribute)은 개체를 묘사하는 데 사용될 수 있는 특성을 의미한다.

중요✓ 난이도 중 문제 진단 ○△✕

60 **다음 중 보고서에서 순번 항목과 같이 그룹 내의 데이터에 대한 일련번호를 표시하기 위해 텍스트 상자 컨트롤의 속성을 설정하는 방법으로 옳은 것은?**

① 텍스트 상자의 컨트롤 원본을 '=1'로 지정하고, 누적 합계 속성을 '그룹'으로 지정한다.
② 텍스트 상자의 컨트롤 원본을 '+1'로 지정하고, 누적 합계 속성을 '그룹'으로 지정한다.
③ 텍스트 상자의 컨트롤 원본을 '+1'로 지정하고, 누적 합계 속성을 '모두'로 지정한다.
④ 텍스트 상자의 컨트롤 원본을 '=1'로 지정하고, 누적 합계 속성을 '모두'로 지정한다.

빠른 정답표 확인하기

① 모바일로 QR 코드를 스캔합니다.
② 해당 회차의 정답표를 확인합니다.
③ 빠르고 간편하게 채점해 보세요.

해설과 따로 보는 **2024년 상시 기출문제 04회**

자동 채점 서비스 / 합격 강의

SELF CHECK | 제한시간 60분 | 소요시간 분 | 전체 문항 수 60문항 | 맞힌 문항 수 문항

1과목 컴퓨터 일반

난이도 중 문제 진단 ○△×

01 다음 내용이 설명하는 운영체제의 운영 방식으로 옳은 것은?

> 지역적으로 여러 개의 컴퓨터를 연결해서 작업을 분담 처리하는 시스템으로 컴퓨터의 부담을 줄이며 일부의 시스템 고장 시에도 운영이 가능한 방식이다.

① 분산 처리 시스템
② 시분할 시스템
③ 다중 처리 시스템
④ 다중 프로그래밍 시스템

난이도 중 문제 진단 ○△×

02 다음 중 한글 Windows 10에서 파일이나 폴더 또는 프린터의 공유 기능에 관한 설명으로 옳지 않은 것은?

① 공유된 폴더의 아이콘에는 손 모양의 그림이 추가로 표시된다.
② 공유된 폴더에 대한 공유 이름을 부여할 수 있다.
③ 프린터는 네트워크 프린터의 경우에만 공유를 설정할 수 있다.
④ 네트워크 설정 마법사를 사용하여 자동으로 파일 및 프린터를 공유하거나 공유하지 않을 수 있다.

난이도 중 문제 진단 ○△×

03 다음 중 호스트나 라우터의 오류 상태 통지 및 예상치 못한 상황에 대한 정보를 제공할 수 있게 하는 인터넷 프로토콜로 옳은 것은?

① ICMP
② ARP
③ RARP
④ IP

중요 ✓ 난이도 상 문제 진단 ○△×

04 다음 중 데이터 분산 처리 기술을 이용한 '공공 거래 장부'로 비트코인, 이더리움 같은 가상 암호 화폐가 탄생한 기반 기술이며 거래할 때 발생할 수 있는 불법적인 해킹을 막는 기술로 옳은 것은?

합격 강의

① 핀테크(FinTech)
② 블록체인(Block Chain)
③ 전자봉투(Digital Envelope)
④ 암호화 파일 시스템(Encrypting File System)

난이도 중 문제 진단 ○△×

05 다음 중 프로그램 카운터(PC)의 기능에 대한 설명으로 옳은 것은?

① 수행해야 할 명령어를 해석하여 부호기로 전달하는 회로이다.
② 다음에 수행할 명령어의 번지(주소)를 기억하는 레지스터이다.
③ 현재 수행 중인 명령어를 기억하는 레지스터이다.
④ 중간 연산 결과를 일시적으로 기억하는 레지스터이다.

난이도 상 문제 진단 ○△×

06 다음 중 클럭 주파수에 대한 설명으로 옳지 않은 것은?

① 컴퓨터는 전류가 흐르는 상태(ON)와 흐르지 않는 상태(OFF)가 반복되어 작동하는데, ON/OFF의 전류 흐름에 의해 CPU는 작동한다. 이 전류의 흐름을 클럭 주파수(Clock Frequency)라 하고, 줄여서 클럭(Clock)이라고 한다.
② 클럭의 단위는 MHz를 사용하는데 1MHz는 1,000,000Hz를 의미하며, 1Hz는 1초 동안 1,000번의 주기가 반복되는 것을 의미한다.
③ CPU가 기본적으로 클럭 주기에 따라 명령을 수행한다고 할 때, 이 클럭 값이 높을수록 CPU는 빠르게 일을 하고 있는 것으로 볼 수 있다.
④ 클럭 주파수를 높이기 위해 메인보드로 공급되는 클럭을 CPU 내부에서 두 배로 증가시켜 사용하는 클럭 더블링(Clock Dubling)이란 기술이 486 이후부터 사용되었다.

난이도 하 문제 진단 ○△×

07 다음 중 컴퓨터에서 사용하는 모니터에 관한 설명으로 옳지 않은 것은?

① 모니터 해상도는 픽셀(Pixel) 수에 따라 결정된다.
② 모니터 크기는 화면의 가로와 세로 길이를 더한 값이다.
③ 재생률(Refresh Rate)이 높을수록 모니터의 깜박임이 줄어든다.
④ 플리커프리(Flicker Free)가 적용된 모니터의 경우 눈의 피로를 줄일 수 있다.

난이도 상 문제 진단 ○△×

08 다음 중 컴퓨터에서 사용하는 캐시 메모리에 관한 설명으로 옳은 것은?

합격 강의

① 중앙 처리 장치와 주기억 장치 사이에 위치하여 컴퓨터의 처리 속도를 향상시킨다.
② 주로 DRAM이 캐시 메모리로 사용된다.
③ 보조 기억 장치의 일부를 주기억 장치처럼 사용하는 메모리이다.
④ 주기억 장치의 용량보다 큰 프로그램을 로딩하여 실행할 경우에 사용된다.

난이도 중 문제 진단 ○△×

09 다음 중 인터넷 주소 체계에서 IPv6에 대한 설명으로 옳지 않은 것은?

① 16비트씩 8부분으로 구성되며 총 128비트이다.
② IPv4의 주소 부족 문제를 해결하기 위해서 개발되었다.
③ 16진수의 숫자를 콜론(:)으로 구분하여 표시한다.
④ 웹 캐스팅이나 모바일 IP로 사용이 어렵다.

난이도 중 문제 진단 ○△✕

10 다음 중 한글 Windows의 실행 창에서 실행되는 프로그램으로 옳게 짝지어진 것은?

합격 강의

① explorer : 엣지
② msconfig : 시스템 구성 유틸리티
③ taskmgr : 시스템 정보
④ msinfo32 : 작업 관리자

난이도 중 문제 진단 ○△✕

11 다음 중 하드웨어나 소프트웨어를 비교, 검사하여 성능을 평가하기 위해 실제로 사용되는 조건과 같은 환경에서 처리 능력을 테스트하는 것은?

① 베타 버전
② 알파 버전
③ 벤치마크
④ 번들

중요✓ 난이도 중 문제 진단 ○△✕

12 다음 중 데이터 보안 침해 형태 중 위협 보안 요건으로 옳은 것은?

합격 강의

① 가로막기(Interruption) : 정보의 기밀성(Secrecy) 저해
② 가로채기(Interception) : 정보의 무결성(Integrity) 저해
③ 변조/수정(Modification) : 정보의 무결성(Integrity) 저해
④ 위조(Fabrication) : 정보의 가용성(Availability) 저해

난이도 중 문제 진단 ○△✕

13 다음 중 입력 장치에 대한 설명으로 옳은 것은?

① MICR : 자성 재료의 미립자를 함유한 특수 잉크로 기록된 숫자나 기호를 감지하여 판독하는 장치로, 수표나 어음 등에 이용한다.
② OMR : 문서에 인자된 문자를 광학적으로 판독하는 장치로, 공공요금 청구서 등에 이용된다.
③ OCR : 카드나 용지의 특정 장소에 연필이나 펜 등으로 표시한 것을 직접 광학적으로 판독하는 장치로, 시험 답안용, 설문지용으로 이용된다.
④ BCR : 백화점, 쇼핑 센터 등의 공공장소에 설치된 무인 자동화 정보 안내 시스템으로 터치 스크린 방식을 이용한다.

난이도 중 문제 진단 ○△✕

14 다음 중 방화벽(Firewall)에 대한 설명으로 옳지 않은 것은?

① 권한이 없는 사용자가 네트워크를 통해 컴퓨터에 액세스하는 것을 방지한다.
② 해킹에 의한 외부로의 정보 유출을 막기 위해 사용한다.
③ 특정 프로그램에 대하여 연결 차단을 해제하기 위해 예외를 둘 수 있다.
④ 방화벽은 외부로부터의 불법적인 침입을 차단하고 내부의 해킹을 완전하게 막을 수 있다.

중요✓ 난이도 중 문제 진단 ○△✕

15 다음 중 멀티미디어 자료를 인터넷에서 실시간으로 전송받으면서 보거나 들을 수 있는 방식이 아닌 것은?

① 스트림웍스(Streamworks)
② 리얼 오디오(Real Audio)
③ 비디오 라이브(VDO Live)
④ 드림위버(Dreamweaver)

난이도 중 문제 진단 ○△✕

16 다음 중 컴퓨터 프로그래밍 언어와 관련하여 객체 지향 언어의 특징으로 옳지 않은 것은?

① 은닉화(Encapsulation)
② 구조화(Structured)
③ 상속(Inheritance)
④ 자료 추상화(Data Abstraction)

난이도 하 문제 진단 ○△✕

17 다음 중 CD, HDTV 등에서 동영상을 표현하기 위한 국제 표준 압축 방식은?

① MPEG　　② JPEG
③ GIF　　④ PNG

난이도 중 문제 진단 ○△✕

18 다음 중 컴퓨터에서 사용하는 자료의 표현에 관한 설명으로 옳지 않은 것은?

① 보수는 컴퓨터에서 기본적으로 사용하는 덧셈 연산을 이용하여 뺄셈을 수행하기 위하여 사용한다.
② 실수 데이터는 정해진 크기에 부호, 지수부, 가수부 등으로 구분하여 표현한다.
③ 2진 정수 데이터는 실수 데이터보다 표현할 수 있는 범위가 크기 때문에 연산 속도가 빠르다.
④ 10진 연산을 위하여 언팩(Unpack)과 팩(Pack) 표현이 사용된다.

중요✓ 난이도 하 문제 진단 ○△✕

19 다음 중 터치 스크린(Touch Screen)의 작동 방식으로 옳지 않은 것은?

① 저항식　　② 정전식
③ 광학식　　④ 래스터 방식

난이도 중 문제 진단 ○△✕

20 다음 중 한글 Windows 10의 레지스트리(Registry)에 대한 설명으로 가장 옳지 않은 것은?

합격 강의

① Windows에서 사용하는 환경 설정 및 각종 시스템과 관련된 정보가 저장되어 있는 데이터베이스이다.
② 레지스트리에 이상이 있을 경우 Windows 운영체제에 치명적인 손상이 생길 수 있다.
③ 레지스트리 파일은 Windows의 부팅 관련 파일과 시스템 관련 프로그램의 설정 파일로 구성되어 있다.
④ [실행]에서 “regedit” 명령으로 레지스트리 편집기를 실행할 수 있다.

2과목 스프레드시트 일반

난이도 중 문제 진단 ○△×

21 다음 중 근무시간의 합계를 구하기 위해 [C7] 셀에 적용해야 할 사용자 지정 셀 서식으로 올바른 것은?

합격 강의

	A	B	C
1	사원명	날짜	근무시간
2	김선	2024-07-01	10:00
3		2024-07-02	10:00
4		2024-07-03	12:00
5		2024-07-04	8:00
6		2024-07-05	2:00
7	합계		42:00

① h:mm ② [h]:mm
③ hh:mm ④ h:mm;@

난이도 중 문제 진단 ○△×

22 다음 중 시나리오에 대한 설명으로 옳지 않은 것은?

① 시나리오 관리자에서 시나리오를 삭제하면 시나리오 요약 보고서의 해당 시나리오도 자동으로 삭제된다.
② 특정 셀의 변경에 따라 연결된 결과 셀의 값이 자동으로 변경되어 결과 값을 예측할 수 있다.
③ 여러 시나리오를 비교하기 위해 시나리오를 피벗 테이블로 요약할 수 있다.
④ 변경 셀과 결과 셀에 이름을 지정한 후 시나리오 요약 보고서를 작성하면 결과에 셀 주소 대신 지정한 이름이 표시된다.

난이도 중 문제 진단 ○△×

23 다음 중 윗주 기능에 대한 설명으로 옳지 않은 것은?

① 워크시트에 여러 개의 윗주가 있는 경우 임의의 윗주가 있는 셀에서 [윗주 필드 표시]를 설정하면 모든 윗주가 표시된다.
② 윗주는 [윗주 설정]에서 글꼴, 글꼴 스타일, 크기, 색을 변경할 수 있다.
③ 윗주는 셀에 입력된 문자열 데이터에 대한 뜻을 쉽게 표현하는 주석 기능을 한다.
④ 윗주가 있는 셀의 데이터를 삭제하면 윗주도 함께 삭제된다.

중요✓ 난이도 상 문제 진단 ○△×

24 다음 중 수식의 결과가 옳지 않은 것은?

합격 강의

① =ROUNDDOWN(89.6369,2) → 89.63
② =SQRT(9)*(INT(-2)+POWER(2,2)) → 6
③ =SUMPRODUCT({1,2,3},{4,5,6}) → 126
④ =DAYS("2024-1-1","2024-12-31") → -365

난이도 상 문제 진단 ○△×

25 다음은 매크로를 Visual Basic Editor로 본 것이다. 이 매크로에 대한 설명으로 옳지 않은 것은?

합격 강의

```
Selection.Font.Italic = True
With Selection
    .VerticalAlignment = xlCenter
    .WrapText = False
    .Orientation = 0
    .AddIndent = True
    .IndentLevel = 2
    .ShrinkToFit = False
    .MergeCells = True
End With
With Selection.Font
    .Name ="돋움"
    .Size = 14
    .Strikethrough = False
    .Superscript = False
    .Subscript = False
    .Outline = False
    .Shadow = False
    .Underline = xlUnderlineStyleNone
    .ColorIndex = xlAutomatic
End With
```

① 여러 개의 셀을 선택하고 매크로를 실행하면 선택된 셀들이 하나로 병합된다.
② 글꼴 스타일은 기울임꼴로 설정된다.
③ 매크로 실행 후 셀의 가로 텍스트 맞춤은 가운데로 정렬된다.
④ 글꼴 크기는 14로 설정된다.

난이도 중 문제 진단 ○△×

26 다음 중 원형 차트에 대한 설명으로 옳은 것은?

① 원형 대 꺾은선형 차트 형식을 지원한다.
② 원형 차트는 쪼개진 원형으로 표시할 수 있다.
③ 원형 차트는 데이터 테이블을 표시할 수 있다.
④ 원형 차트는 하나의 축으로 표시할 수 있다.

난이도 중 문제 진단 ○△×

27 다음 중 '#VALUE!' 오류가 발생하는 원인으로 옳은 것은?

① 0으로 나누기 연산을 시도한 경우
② 셀 참조를 잘못 사용한 경우
③ 찾기 함수에서 결과 값을 찾지 못한 경우
④ 수식에서 잘못된 인수나 피연산자를 사용한 경우

중요✓ 난이도 상 문제 진단 ○△×

28 다음 중 아래 워크시트처럼 [B2:B4] 영역의 전자우편 주소에서 '@' 앞의 아이디(ID)를 추출하여 대문자로 표시하고자 할 때 [C2] 셀에 입력할 수식으로 옳은 것은?

합격 강의

	A	B	C
1	성명	전자우편	아이디(ID)
2	김선	sun@naver.com	SUN
3	이대한	daehan@youngjin.com	DAEHAN
4	한상공	sanggong@youngjin.com	SANGGONG

① =UPPER(LEFT(B2,SEARCH(B2,"@")-1))
② =UPPER(MID(B2,SEARCH(B2,"@")-1))
③ =UPPER(LEFT(B2,SEARCH("@",B2)-1))
④ =UPPER(MID(B2,SEARCH("@",B2)-1))

난이도 중 문제 진단 ○△×

29 다음 중 부분합에 대한 설명으로 옳지 않은 것은?

① 항목 및 하위 항목별로 데이터를 요약하며, 사용자 지정 계산과 수식을 만들 수 있다.
② 첫 행에는 열 이름표가 있어야 하며, 데이터는 그룹화할 항목을 기준으로 정렬되어 있어야 한다.
③ 부분합은 SUBTOTAL 함수를 사용하여 합계나 평균 등의 요약 값을 계산한다.
④ 부분합을 제거하면 부분합과 함께 표에 삽입된 개요 및 페이지 나누기도 제거된다.

난이도 중 문제 진단 ○△×

30 다음 중 두 개의 데이터 집합에서 최적의 조합을 찾고자 할 때 유용한 차트는?

① 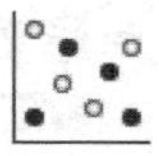
② 
③ 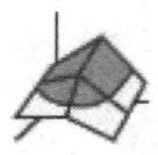
④ 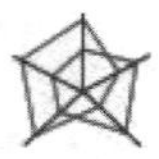

난이도 하 문제 진단 ○△×

31 다음 중 [매크로 기록] 대화 상자에서 설정할 수 있는 기능으로 옳지 않은 것은?

① 매크로 이름　② 바로 가기 키
③ 매크로 저장 위치　④ 매크로 보안

난이도 상 문제 진단 ○△×

32 다음의 워크시트는 [데이터 표]를 이용하여 가중치에 따라 성적을 계산하는 것이다. [C4:C8] 셀에 데이터를 채우려고 할 때 아래 [데이터 테이블] 대화 상자에서 입력되어야 할 값과 실행 결과 [C4:C8] 셀에 설정된 배열 수식이 모두 올바르게 짝지어진 것은?(단, [C3] 셀에는 수식 '=D2*A2'가 입력되어 있으며, [B3:C8] 셀을 지정한 후 [데이터 표] 메뉴를 실행한다.)

합격 강의

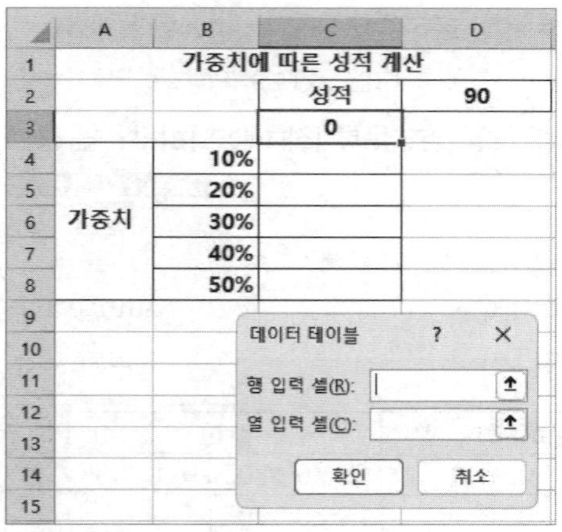

	A	B	C	D
1	가중치에 따른 성적 계산			
2			성적	90
3			0	
4		10%		
5		20%		
6	가중치	30%		
7		40%		
8		50%		

① 입력 값 : [행 입력 셀] → $A$2,
　설정값 → {=TABLE(A2,)}
② 입력 값 : [열 입력 셀] → $A$2,
　설정값 → {=TABLE(,A2)}
③ 입력 값 : [행 입력 셀] → $D$2,
　설정값 → {=TABLE(D2,)}
④ 입력 값 : [행 입력 셀] → $A$2,
　[열 입력 셀] → $A$2,
　설정값 → {=TABLE(A2,A2)}

난이도 중 문제 진단 ○△×

33 다음 시나리오 요약에 대한 설명으로 옳지 않은 것은?

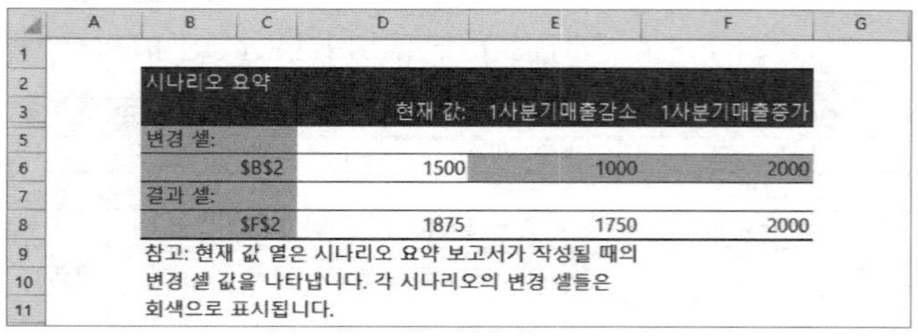

	B	C	D	E	F
2	시나리오 요약				
3			현재 값:	1사분기매출감소	1사분기매출증가
5	변경 셀:				
6		$B$2	1500	1000	2000
7	결과 셀:				
8		$F$2	1875	1750	2000
9	참고: 현재 값 열은 시나리오 요약 보고서가 작성될 때의				
10	변경 셀 값을 나타냅니다. 각 시나리오의 변경 셀들은				
11	회색으로 표시됩니다.				

① [B2] 셀의 값이 변경될 때 변경되는 [F2] 셀의 값을 예측할 수 있다.
② 하나의 시나리오에 최대 64개까지 변경 셀을 지정할 수 있다.
③ [F2] 셀은 계산식이어야 하고, 변경되는 [B2] 셀은 반드시 계산식에 포함되어 있어야 한다.
④ 시나리오 보고서는 자동으로 다시 계산되지 않는다. 시나리오의 값을 변경하는 경우 이러한 변경 내용은 기존 요약 보고서에 표시되지 않지만 새 요약 보고서를 만들면 표시된다.

난이도 중 문제 진단 ○△×

34 다음과 같이 통합 문서 보호를 설정했을 때 이에 대한 설명으로 옳지 않은 것은?

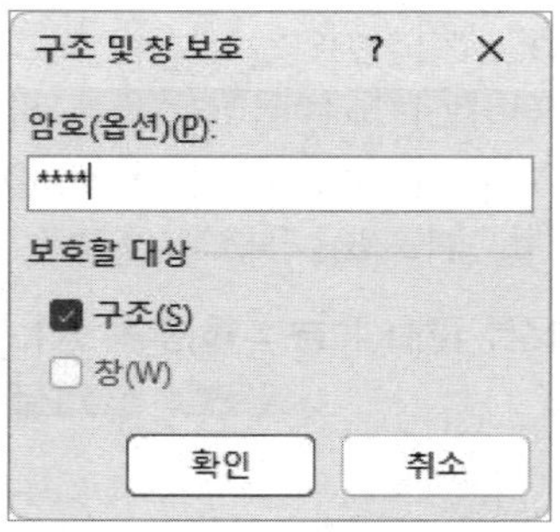

① 시트의 삽입이나 삭제 작업을 할 수 없다.
② 시트의 이동이나 복사 작업을 할 수 없다.
③ 코드 보기와 시트 보호 작업을 할 수 없다.
④ 모든 시트 선택 작업을 할 수 있다.

난이도 중 문제 진단 ○△×

35 다음 중 페이지 레이아웃 및 인쇄 관련 설정에 대한 설명으로 옳지 않은 것은?

① [인쇄 미리 보기] 상태에서는 마우스를 이용하여 페이지 여백을 조정할 수 있다.
② [페이지 설정] 대화 상자의 [페이지] 탭에서 확대/축소 배율을 지정할 수 있다.
③ [보기] 탭-[통합 문서 보기] 그룹의 '페이지 나누기 미리 보기'를 클릭하면 머리글 및 바닥글을 쉽게 삽입할 수 있다.
④ '페이지 나누기 삽입'은 새 페이지가 시작되는 위치를 지정하는 것으로 선택 영역의 위쪽과 왼쪽에 페이지 나누기가 삽입된다.

중요✓ 난이도 하 문제 진단 ○△×

36 다음 중 셀에 입력한 자료를 숨기고자 할 때의 사용자 지정 표시 형식으로 옳은 것은?

① 000　② ;;;
③ @@@　④ ### 00

난이도 상 문제 진단 ○△✕

37 아래 시트에서 '김지현'의 근속년수를 2024년을 기준으로 구하고자 한다. 다음 중 [B11] 셀에 입력할 수식으로 옳은 것은?

	A	B	C
1	성명	입사일	부서
2	김선	2000-01-01	상담부
3	차재영	2014-11-01	인사부
4	이규리	2010-05-05	상담부
5	김지현	2004-11-01	인사부
6	이대한	2017-07-07	홍보부
7	한상공	2021-03-15	인사부
8	지예원	2023-06-09	홍보부
9			
10	성명	김지현	
11	근속년수		

① =2024+YEAR(HLOOKUP(B10,$A$2:$B$8,2,0))
② =2024−YEAR(HLOOKUP(B10,$A$2:$B$8,2,0))
③ =2024+YEAR(VLOOKUP(B10,$A$2:$B$8,2,0))
④ =2024−YEAR(VLOOKUP(B10,$A$2:$B$8,2,0))

중요✓ 난이도 중 문제 진단 ○△✕

38 다음 중 아래 시트에서 [D2] 셀에 수식 =SUM(B2:D2)를 입력할 경우 발생하는 오류에 대한 설명으로 옳은 것은?

	A	B	C	D
1	성명	근무평점	연수점수	합계
2	이대한	80	90	
3	한상공	88	99	

① [D1] 셀에 #DIV/0! 오류 표시
② [D1] 셀에 #REF! 오류 표시
③ [D1] 셀에 #NUM! 오류 표시
④ 순환 참조 경고 메시지 창 표시

난이도 중 문제 진단 ○△✕

39 다음 중 셀에 수식을 입력하는 방법에 대한 설명으로 옳지 않은 것은?

① 통합 문서의 여러 워크시트에 있는 동일한 셀 범위 데이터를 이용하려면 수식에서 3차원 참조를 사용한다.
② 계산할 셀 범위를 선택하여 수식을 입력한 후 Ctrl+Enter를 누르면 선택한 영역에 수식을 한 번에 채울 수 있다.
③ 수식을 입력한 후 결과 값이 상수로 입력되게 하려면 수식을 입력한 후 바로 Alt+F9를 누른다.
④ 배열 상수에는 숫자나 텍스트 외에 'TRUE', 'FALSE' 등의 논리 값 또는 '#N/A'와 같은 오류 값도 포함될 수 있다.

난이도 중 문제 진단 ○△✕

40 다음 중 피벗 테이블 보고서와 피벗 차트 보고서에 대한 설명으로 옳지 않은 것은?

① 피벗 테이블 보고서에서는 값 영역에 표시된 데이터 일부를 삭제하거나 추가할 수 없다.
② 피벗 차트 보고서를 만들 때마다 동일한 데이터로 관련된 피벗 테이블 보고서가 자동으로 생성된다.
③ 피벗 차트 보고서는 분산형, 주식형, 거품형 등 다양한 차트 종류로 변경할 수 있다.
④ 행 또는 열 레이블에서의 데이터 정렬은 수동(항목을 끌어 다시 정렬), 오름차순, 내림차순 중 선택할 수 있다.

3과목 데이터베이스 일반

중요✓ 난이도 상 문제 진단 ○△✕

41 [매출 실적 관리] 폼의 'txt평가' 컨트롤에는 'txt매출수량' 컨트롤의 값이 1,000 이상이면 우수, 500 이상이면 보통, 그 미만이면 저조라고 표시하고자 한다. 다음 중 'txt평가'의 컨트롤 원본으로 옳지 않은 것은?

① =IIf([txt매출수량]<500,"저조",IIf(txt매출수량>=1000,"우수","보통"))
② =IIf([txt매출수량]<500,"저조",IIf(txt매출수량>=500,"보통","우수"))
③ =IIf([txt매출수량]>=1000,"우수",IIf([txt매출수량]>=500,"보통","저조"))
④ =IIf([txt매출수량]>=500,IIf([txt매출수량]<1000,"보통","우수"),"저조")

난이도 하 문제 진단 ○△✕

42 다음 중 SQL문에 대한 설명으로 옳지 않은 것은?

① Select 질의 시 정렬 순서의 기본 값은 오름차순이다.
② 여러 줄에 나누어 입력할 수 있다.
③ 문장 끝에는 콜론(:)을 붙인다.
④ 비절차적 언어로 프로그램에 처리 방법을 기술하지 않아도 된다.

난이도 중 문제 진단 ○△✕

43 다음 중 기본키(Primary Key)와 외래키(Foreign Key)에 관한 설명으로 옳지 않은 것은?

① 기본키와 외래키는 동일한 테이블에 동시에 존재할 수 없다.
② 참조무결성이 유지되기 위해서는 외래키 필드의 값은 참조하는 필드 값들 중 하나와 일치하거나 널(Null)이어야 한다.
③ 기본키를 이루는 필드의 값은 Null이 될 수 없다.
④ 기본키는 개체무결성의 제약 조건을, 외래키는 참조무결성의 제약 조건을 가진다.

중요✓ 난이도 상 문제 진단 ○△✕

44 다음 중 아래의 SQL문에 대한 설명으로 옳지 않은 것은?

합격 강의

```
SELECT 사원명, 나이, 급여
FROM 사원
WHERE 부서='상담부' OR 부서='홍보부'
ORDER BY 나이 DESC;
```

① ORDER BY 절의 DESC는 내림차순으로 정렬하라는 것이다.
② [사원] 테이블에서 부서가 상담부이거나 홍보부인 사원의 사원명, 나이, 급여를 검색한 후 나이를 기준으로 내림차순 정렬된 결과를 조회한다.
③ WHERE절은 WHERE 부서 IN ('상담부', '홍보부')와 같이 지정해도 동일한 결과를 조회한다.
④ [사원] 테이블에서 상담부와 홍보부를 제외한 사원의 사원명, 나이, 급여를 검색한 후 나이를 기준으로 오름차순 정렬된 결과를 조회한다.

난이도 하 문제 진단 ○△✕

45 다음 중 [페이지 설정] 대화 상자에서 설정할 수 있는 기능으로 옳지 않은 것은?

① 머리글/바닥글 ② 용지 방향
③ 인쇄 여백 ④ 프린터 선택

난이도 중 문제 진단 ○△✕

46 다음 중 E-R 다이어그램 표기법의 기호와 의미가 바르게 연결된 것은?

① 사각형 – 속성(Attribute) 타입
② 마름모 – 관계(Relationship) 타입
③ 타원 – 개체(Entity) 타입
④ 밑줄 타원 – 의존 개체 타입

난이도 하 문제 진단 ○△✕

47 다음 중 입력 마스크 설정에 사용하는 사용자 정의 입력 마스크 기호에 대한 설명으로 옳은 것은?

① L : 영문자와 한글만 입력받도록 설정
② 9 : 소문자로 변환
③ > : 숫자나 공백을 입력받도록 설정
④ < : 영문 대문자로 변환하여 입력받도록 설정

난이도 중 문제 진단 ○△✕

48 다음 중 데이터를 입력 또는 삭제 시 이상(Anomaly) 현상이 일어나지 않도록 데이터베이스를 설계하기 위한 기술을 의미하는 용어는?

① 정규화 ② 자동화
③ 순서화 ④ 추상화

난이도 중 문제 진단 ○△✕

49 다음과 같은 보고서를 작성하기 위해서 가장 적절한 정렬 및 그룹화 기준은?

종목별 특기생 목록

종목코드	종목명	감독명	학번	성명	성별
A012	사이클	하석희	10030	한유란	여
			종목별인원: 1		
종목코드	종목명	감독명	학번	성명	성별
A013	축구	임홍헌	10005	황수홍	남
			10041	조영주	여
			10044	정성진	여
			종목별인원: 3		
종목코드	종목명	감독명	학번	성명	성별
A014	탁구	양영자	10008	이성숙	여
			10009	주현아	여
			10011	김수연	여
			10028	홍희영	여
			10031	함영식	남
			10036	최영신	여
			종목별인원: 6		

① 종목코드와 성명을 기준으로 오름차순으로 정렬하고 종목코드를 기준으로 그룹화한다.
② 성명과 종목코드를 기준으로 오름차순으로 정렬하고 성명을 기준으로 그룹화한다.
③ 종목명과 학번을 기준으로 오름차순으로 정렬하고 학번을 기준으로 그룹화한다.
④ 종목명과 학번을 기준으로 오름차순으로 정렬하고 종목명을 기준으로 그룹화한다.

중요✓ 난이도 중 문제 진단 ○△✕

50 다음 중 필드의 각 데이터 형식에 대한 설명으로 옳지 않은 것은?

합격 강의

① 날짜/시간 형식의 기본 필드 크기는 8바이트이다.
② 일련번호 형식은 1비트로 새 레코드를 만들 때 1부터 시작하는 실수가 자동 입력된다.
③ Yes/No 형식은 Yes/No, True/False, On/Off 등과 같이 두 값 중 하나만 입력하는 경우에 사용하는 것으로 기본 필드 크기는 1비트이다.
④ 짧은 텍스트 형식은 최대 255자까지 저장된다.

난이도 하 문제 진단 ○△✕

51 다음 중 테이블에서 내보내기가 가능한 파일 형식으로 옳지 않은 것은?

① Excel
② 텍스트 파일
③ XML
④ Outlook

난이도 중 문제 진단 ○△✕

52 다음 중 하위 폼에서 새로운 레코드를 추가하려고 한다. 이때 설정해야 하는 폼의 속성으로 옳은 것은?

① '추가 가능'을 예로 설정한다.
② '필터 사용'을 예로 설정한다.
③ '편집 가능'을 예로 설정한다.
④ '삭제 가능'을 예로 설정한다.

난이도 중 문제 진단 ○△✕

53 다음 중 폼의 모달 속성에 관한 설명으로 옳지 않은 것은?

① 폼이 열려 있는 경우 다른 화면을 선택할 수 있다.
② VBA 코드를 이용하여 대화 상자의 모달 속성을 지정할 수 있다.
③ 폼이 모달 대화 상자이면 디자인 보기로 전환 후 데이터 시트 보기로 전환이 가능하다.
④ 사용자 지정 대화 상자의 작성이 가능하다.

중요✓ 난이도 중 문제 진단 ○△✕

54 다음 중 테이블에 잘못된 데이터가 입력되어 이후 문제가 발생하는 경우를 해결하기 위한 방안으로, 점검을 필요로 하는 필드에 요구 사항이나 조건 또는 입력이 가능한 데이터 등을 미리 지정한 후 데이터 입력 시 이를 점검하도록 하는 기능은 어느 것인가?

합격 강의

① 기본 값
② 필수 여부
③ 빈문자열 허용
④ 유효성 검사 규칙

난이도 중 문제 진단 ○△✕

55 다음 중 보고서 작성 시 사용되는 마법사 중 아래의 출력물처럼 작성하기에 가장 적합한 것은?

합격 강의

동대문구 왕산로 100 상공주식회사	서울시 강동구 길동 2757호 길동전자
강남구 일원동 123호 부자상사	강남구 강남대로 89-63 선킴(주)

① 보고서 마법사
② 레이블 마법사
③ 업무 문서 양식 마법사
④ 우편 엽서 마법사

난이도 하 문제 진단 ○△✕

56 다음 중 데이터베이스를 이용하는 경우의 장점으로 가장 옳은 것은?

① 데이터 간의 종속성을 유지할 수 있다.
② 데이터 관리 비용을 절감할 수 있다.
③ 데이터의 일관성 및 무결성을 유지할 수 있다.
④ 데이터를 중복적으로 관리하므로 시스템에 문제가 발생하더라도 복구가 쉽다.

난이도 중 문제 진단 ○△✕

57 다음 중 제공된 항목에서만 값을 선택할 수 있으며 직접 입력할 수는 없는 컨트롤은?

① 텍스트 상자
② 레이블
③ 콤보 상자
④ 목록 상자

난이도 중 문제 진단 ○△✕

58 다음 중 컴퓨터 시스템의 저장 장치에 저장하기 위한 구조와 접근 방법 및 경로 등을 설계하는 단계는?

합격 강의

① 요구 조건 분석 단계
② 개념적 설계
③ 논리적 설계
④ 물리적 설계

난이도 중 문제 진단 ○△✕

59 아래 내용 중 하위 폼에 대한 설명으로 옳게 짝지어진 것은?

ⓐ 하위 폼에는 기본 폼의 현재 레코드와 관련된 레코드만 표시된다.
ⓑ 하위 폼은 단일 폼으로 표시되며 연속 폼으로는 표시될 수 없다.
ⓒ 기본 폼과 하위 폼을 연결할 필드의 데이터 형식은 같거나 호환되어야 한다.
ⓓ 여러 개의 연결 필드를 지정하려면 콜론(:)으로 필드명을 구분하여 입력한다.

① ⓐ,ⓑ,ⓒ
② ⓐ,ⓒ
③ ⓑ,ⓒ,ⓓ
④ ⓑ,ⓓ

난이도 하 문제 진단 ○△✕

60 다음 중 데이터베이스에서 인덱스를 사용하는 목적으로 가장 적절한 것은?

① 레코드 검색 속도 향상
② 데이터 독립성 유지
③ 중복성 제거
④ 일관성 유지

빠른 정답표 확인하기

① 모바일로 QR 코드를 스캔합니다.
② 해당 회차의 정답표를 확인합니다.
③ 빠르고 간편하게 채점해 보세요.

해설과 따로 보는 2024년 상시 기출문제 05회

자동 채점 서비스 | 합격 강의

SELF CHECK | 제한시간 60분 | 소요시간 분 | 전체 문항 수 60문항 | 맞힌 문항 수 문항

1과목 컴퓨터 일반

난이도 중 문제 진단 ○△×

01 다음 중 모바일 인터넷에 접속하여 각종 음악 파일이나 음원을 제공받는 주문형 음악 서비스로 스트리밍 기술 등을 이용하여 음악을 실시간으로도 들을 수 있는 것은?

① VOD ② VDT
③ PDA ④ MOD

중요✓ 난이도 상 문제 진단 ○△×

02 다음 중 CPU와 GPU에 대한 설명으로 옳지 않은 것은?

합격 강의

① CPU는 중앙 처리 장치이고, GPU는 컴퓨터 그래픽을 처리하는 장치이다.
② GPU는 비메모리 분야 반도체로서 CPU보다 비싸다.
③ CPU는 병렬 처리 방식이고, GPU는 직렬 처리 방식이다.
④ GPU는 영상 편집이나 게임 등의 멀티미디어 작업에서부터 인공지능(AI)의 핵심 부품으로 각광을 받고 있다.

난이도 중 문제 진단 ○△×

03 다음 중 인터넷을 이용할 때 자주 방문하게 되는 웹사이트로 전자우편, 뉴스, 쇼핑, 게시판 등 다양한 서비스를 통합하여 제공하는 사이트는?

① 미러 사이트
② 포털 사이트
③ 커뮤니티 사이트
④ 멀티미디어 사이트

난이도 중 문제 진단 ○△×

04 다음 중 인터넷 통신 장비인 게이트웨이(Gateway)의 기본적인 역할에 관한 설명으로 옳은 것은?

① 현재 위치한 네트워크에서 다른 네트워크로 연결할 때 사용된다.
② 인터넷 신호를 증폭하며 먼 거리로 정보를 전달할 때 사용된다.
③ 네트워크 계층의 연동장치로 경로 설정에 사용된다.
④ 문자로 된 도메인 이름을 숫자로 이루어진 실제 IP 주소로 변환하는 데 사용된다.

난이도 중 문제 진단 ○△×

05 다음 중 한글 Windows 10에서 사용하는 바로 가기 키에 대한 설명으로 옳지 않은 것은?

합격 강의

① ⊞+P : 프레젠테이션 표시 모드 선택
② ⊞+I : 설정 열기
③ ⊞+V : 클립보드 열기
④ ⊞+X : 접근성 센터 열기

난이도 중 문제 진단 ○△×

06 다음 중 CPU가 프로그램의 명령어를 수행하는 중에 산술 및 논리 연산의 결과를 일시적으로 저장하는 레지스터로 옳은 것은?

① 주소 레지스터(MAR)
② 누산기(AC)
③ 명령어 레지스터(IR)
④ 프로그램 카운터(PC)

중요✓ 난이도 중 문제 진단 ○△×

07 다음 중 이미지 표현 방식에 대한 설명으로 옳지 않은 것은?

① 비트맵 방식은 그림을 픽셀(Pixel)이라고 하는 여러 개의 점으로 표시하는 방식이다.
② 비트맵 방식으로 저장된 이미지는 벡터 방식에 비해 메모리를 적게 차지하며, 화면에 보여주는 속도가 느리다.
③ 벡터 방식은 점과 점을 연결하는 직선이나 곡선을 이용하여 이미지를 표현하는 방식이다.
④ 벡터 방식은 그림을 확대 또는 축소할 때 화질의 손상이 거의 없다.

난이도 중 문제 진단 ○△×

08 다음 중 비밀키 암호화 기법에 해당하지 않는 것은?

① 사용자의 증가에 따라 관리해야 하는 키의 수가 상대적으로 많아진다.
② 대표적으로 DES(Data Encryption Standard) 방식이 있다.
③ 암호화와 복호화의 속도가 빠르다.
④ 이중 키 방식이므로 알고리즘이 복잡하다.

난이도 중 문제 진단 ○△×

09 다음 중 멀티미디어에 대한 설명으로 옳지 않은 것은?

① 멀티미디어와 관련된 표준안은 그래픽, 오디오, 문서 등 매우 다양하다.
② 대표적인 정지화상 표준으로는 손실, 무손실 압축 기법을 다 사용할 수 있는 JPEG과 무손실 압축 기법을 사용하는 GIF가 있다.
③ MPEG은 Intel사가 개발한 동영상 압축 기술로 용량이 작고, 음질이 뛰어나다.
④ 스트리밍이 지원되는 파일 형식은 ASF, WMV, RAM 등이 있다.

난이도 중 문제 진단 ○△×

10 다음 컴퓨터의 기본 기능 중에서 제어 기능에 대한 설명으로 옳은 것은?

① 자료와 명령을 컴퓨터에 입력하는 기능
② 입출력 및 저장, 연산 장치들에 대한 지시 또는 감독 기능을 수행하는 기능
③ 입력된 자료들을 주기억 장치나 보조 기억 장치에 기억하거나 저장하는 기능
④ 산술적/논리적 연산을 수행하는 기능

난이도 중 문제 진단 ○△✕

11 다음 중 한글 Windows 10에서의 인쇄 작업에 대한 설명으로 옳지 않은 것은?

① 프린터 추가에 의해 가장 먼저 설치된 프린터가 공유된다.
② 이미 설치한 프린터를 다른 이름으로 다시 설치할 수 있다.
③ 네트워크 프린터를 사용할 때는 프린터의 공유 이름과 프린터가 연결되어 있는 컴퓨터의 이름을 알아야 한다.
④ 기본 프린터란 인쇄 명령 수행 시 특정 프린터를 지정하지 않을 경우 자동으로 인쇄 작업이 전달되는 프린터로 하나만 지정할 수 있다.

난이도 중 문제 진단 ○△✕

12 다음 중 mp3 파일의 크기를 결정하는 요소에 해당하지 않는 것은?

합격 강의

① 표본 추출률(Hz)
② 샘플 크기(Bit)
③ 재생 방식(Mono, Stereo)
④ 프레임 너비(Pixel)

난이도 중 문제 진단 ○△✕

13 다음 중 사용자가 눈으로 보는 현실 화면이나 실제 영상에 문자나 그래픽과 같은 가상의 3차원 정보를 실시간으로 겹쳐 보여주는 새로운 멀티미디어 기술을 의미하는 용어로 옳은 것은?

① 가상 장치 인터페이스(VDI)
② 가상 현실 모델 언어(VRML)
③ 증강현실(AR)
④ 주문형 비디오(VOD)

난이도 중 문제 진단 ○△✕

14 다음 중 인터넷을 이용한 FTP(File Transfer Protocol)에 관한 설명으로 옳지 않은 것은?

① 멀리 떨어져 있는 컴퓨터로부터 파일을 전송받거나 전송하는 서비스를 의미한다.
② 익명의 계정을 이용하여 파일을 전송할 수 있는 서버를 Anonymous FTP 서버라고 한다.
③ FTP 서버에 계정을 가지고 있는 사용자는 FTP 서버에 있는 프로그램을 다운로드 없이 실행시킬 수 있다.
④ 일반적으로 텍스트 파일의 전송을 위한 ASCII 모드와 실행 파일의 전송을 위한 Binary 모드로 구분하여 수행한다.

난이도 하 문제 진단 ○△✕

15 다음 중 바이러스에 대한 설명으로 옳지 않은 것은?

합격 강의

① 바이러스는 컴퓨터 하드웨어와는 상관없이 소프트웨어의 성능에만 영향을 미친다.
② 디스크의 부트 영역이나 프로그램 영역에 숨어 있다.
③ 자신을 복제할 수 있으며, 다른 프로그램을 감염시킬 수 있다.
④ 인터넷과 같은 통신 매체를 이용하는 전자우편이나 파일 다운로드 등을 통한 감염 외에도 USB 메모리 등을 통해서도 감염된다.

난이도 상 문제 진단 ○△✕

16 다음 중 한글 Windows 10에서 바로 가기 아이콘의 [속성] 창에 대한 설명으로 옳지 않은 것은?

① 대상 파일이나 대상 형식, 대상 위치 등에 관한 연결된 항목의 정보를 확인할 수 있다.
② 연결된 항목을 바로 열 수 있는 바로 가기 키를 지정할 수 있다.
③ 연결된 항목의 디스크 할당 크기를 확인할 수 있다.
④ 바로 가기 아이콘을 만든 날짜와 수정한 날짜, 액세스한 날짜 등을 확인할 수 있다.

중요 ✓ 난이도 중 문제 진단 ○△✕

17 다음 중 패치(Patch) 버전 소프트웨어에 관한 설명으로 옳은 것은?

① 정식으로 대가를 지불하고 사용하는 소프트웨어이다.
② 홍보용으로 사용 기간이나 기능에 제한을 둔 소프트웨어이다.
③ 오류 수정이나 성능 향상을 위해 프로그램 일부를 변경해 주는 소프트웨어이다.
④ 정식 프로그램 출시 전에 테스트용으로 제작되어 일반인에게 공개하는 소프트웨어이다.

난이도 중 문제 진단 ○△✕

18 다음 중 TCP/IP 프로토콜에서 IP 프로토콜의 개요 및 기능에 관한 설명으로 옳은 것은?

합격 강의

① 메시지를 송/수신자의 주소와 정보로 묶어 패킷 단위로 나눈다.
② 패킷 주소를 해석하고 경로를 결정하여 다음 호스트로 전송한다.
③ 전송 데이터의 흐름을 제어하고 데이터의 에러를 검사한다.
④ OSI 7계층에서 전송 계층에 해당한다.

난이도 중 문제 진단 ○△✕

19 다음 중 XML(eXtensible Markup Language) 문서에 설명으로 거리가 먼 것은?

① 태그(Tag)와 속성을 사용자가 정의할 수 있으며 문서의 내용과 이를 표현하는 방식이 독립적이다.
② HTML과는 달리 DTD(Document Type Declaration)가 고정되어 있지 않으므로 논리적 구조를 표현할 수 있는 유연성을 가진다.
③ XML은 HTML에 사용자가 새로운 태그(Tag)를 정의할 수 있는 기능이 추가되었다.
④ 확장성 생성 언어라는 뜻으로 기존의 HTML의 단점을 보완하여 비구조화 문서를 기술하기 위한 국제 표준 규격이다.

중요 ✓ 난이도 중 문제 진단 ○△✕

20 다음 중 스마트폰을 모뎀처럼 활용하는 방법으로, 컴퓨터나 노트북 등의 IT 기기를 스마트폰에 연결하여 무선 인터넷을 사용할 수 있게 하는 기능은?

① 와이파이(WiFi)
② 블루투스(Bluetooth)
③ 테더링(Tethering)
④ 와이브로(WiBro)

2과목 스프레드시트 일반

난이도 중 문제 진단 ○△✕

21 **다음 중 새 매크로를 기록할 때의 작성 과정으로 설명이 옳지 않은 것은?**

① 매크로 이름에는 공백이 포함될 수 없으며 항상 문자로 시작하여야 한다.
② 절대 참조로 기록된 매크로를 실행하면, 현재 셀의 위치에 따라 매크로가 적용되는 셀이 달라진다.
③ '개인용 매크로 통합 문서'로 매크로 저장 위치를 설정하면 엑셀을 실행할 때마다 매크로를 항상 실행할 수 있다.
④ 엑셀에서 사용하고 있는 바로 가기 키를 매크로의 바로가기 키로 지정하면 엑셀에서 사용하던 바로 가기 키는 사용할 수 없다.

난이도 중 문제 진단 ○△✕

22 **다음 중 데이터 입력에 대한 설명으로 옳지 않은 것은?**

① 동일한 문자를 여러 개의 셀에 입력하려면 셀에 문자를 입력한 후 채우기 핸들을 드래그한다.
② 숫자 데이터의 경우 두 개의 셀을 선택하고 채우기 핸들을 선택 방향으로 드래그하면 두 값의 차이만큼 증가/감소하며 자동 입력된다.
③ 일정 범위 내에 동일한 데이터를 한 번에 입력하려면 범위를 지정하여 데이터를 입력한 후 바로 이어서 Shift+Enter를 누른다.
④ 사용자 지정 연속 데이터 채우기를 사용하여 데이터를 입력하는 경우 사용자 지정 목록에는 텍스트나 텍스트/숫자 조합만 포함될 수 있다.

중요✓ 난이도 상 문제 진단 ○△✕

23 **다음 프로시저를 실행한 결과에 대한 설명으로 옳은 것은?**

합격강의

```
Sub EnterValue()
    Worksheets("Sales").Cells(6,1).Value= "korea"
End Sub
```

① Sales 시트의 [A1] 셀에 korea를 입력한다.
② Sales 영역의 [A1:A6] 셀에 korea를 입력한다.
③ Sales 시트의 [A6] 셀에 korea를 입력한다.
④ Sales 시트의 [F1] 셀에 korea를 입력한다.

난이도 하 문제 진단 ○△✕

24 **다음 중 셀 스타일에 대한 설명으로 옳지 않은 것은?**

① 셀 스타일은 글꼴과 글꼴 크기, 숫자 서식, 셀 테두리, 셀 음영 등의 정의된 서식의 집합으로 셀 서식을 일관성 있게 적용하는 경우 편리하다.
② 기본 제공 셀 스타일을 수정하거나 복제하여 사용자 지정 셀 스타일을 직접 만들 수 있다.
③ 사용 중인 셀 스타일을 수정한 경우 해당 셀에는 셀 스타일을 다시 적용해야 수정한 서식이 반영된다.
④ 특정 셀을 다른 사람이 변경할 수 없도록 셀을 잠그는 셀 스타일을 사용할 수도 있다.

중요✓ 난이도 상 문제 진단 ○△✕

25 **아래의 프로시저를 이용하여 [A1:A10] 영역에 입력되어 있는 데이터를 적용된 서식은 그대로 두고 내용만 지우려고 한다. 다음 중 괄호 안에 들어갈 코드로 옳은 것은?**

합격강의

```
Sub test()
Range("a1:a10").Select
Selection.(          )
End Sub
```

① Delete
② Clear
③ ClearFormats
④ ClearContents

난이도 중 문제 진단 ○△✕

26 **다음 중 [셀 서식] 대화 상자에서 '텍스트 맞춤'의 '가로'에 대한 설명으로 옳지 않은 것은?**

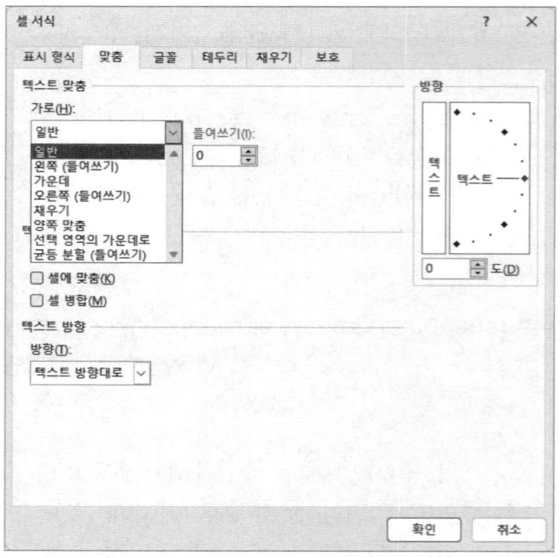

① 일반 : 입력된 데이터에 따라 텍스트는 왼쪽, 숫자는 오른쪽, 논리 값과 오류 값은 가운데로 맞춰진다.
② 양쪽 맞춤 : 셀 안에서 여러 줄로 나누고 단어 사이 공간을 조절하여 셀 양쪽에 가지런하게 맞춰진다.
③ 선택 영역의 가운데로 : 선택 영역의 왼쪽 셀 내용이 선택 영역의 가운데 표시된다.
④ 채우기 : 선택된 영역의 가장 왼쪽 셀의 내용을 반복해서 채우며 다른 나머지 셀의 내용은 모두 삭제한다.

난이도 중 문제 진단 ○△✕

27 **다음 중 바닥글 영역에 페이지 번호를 인쇄하도록 설정된 여러 개의 시트를 출력하면서 전체 출력물의 페이지 번호가 일련번호로 이어지게 하는 방법으로 옳지 않은 것은?**

① [인쇄] 대화 상자에서 '인쇄 대상'을 '전체 통합 문서'로 선택하여 인쇄한다.
② 전체 시트를 그룹으로 설정한 후 인쇄한다.
③ 각 시트의 [페이지 설정] 대화 상자에서 '일련번호로 출력'을 선택한 후 인쇄한다.
④ 각 시트의 [페이지 설정] 대화 상자에서 '시작 페이지 번호'를 일련번호에 맞게 설정한 후 인쇄한다.

난이도 중 문제 진단 ○△×

28 다음 중 자동 필터와 고급 필터에 대한 설명으로 옳은 것은?

① 자동 필터는 각 열에 입력된 데이터의 종류가 혼합되어 있는 경우 날짜, 숫자, 텍스트 필터가 모두 표시된다.
② 고급 필터는 조건을 수식으로 작성할 수 있으며, 조건의 첫 셀은 반드시 필드명으로 입력해야 한다.
③ 자동 필터에서 여러 필드에 조건을 설정한 경우 필드 간은 OR 조건으로 처리되어 결과가 표시된다.
④ 고급 필터는 필터링한 결과를 원하는 위치에 별도의 표로 생성할 수 있다.

난이도 중 문제 진단 ○△×

29 텍스트 파일의 데이터를 워크시트로 가져올 때 사용하는 [텍스트 마법사]에서 각 필드의 너비(열 구분선)를 지정하는 단계에 대한 설명으로 옳지 않은 것은?

① 앞 단계에서 원본 데이터 형식을 '구분 기호로 분리됨'을 선택한 경우 열 구분선을 지정할 수 없다.
② 구분선을 넣으려면 원하는 위치를 마우스로 클릭한다.
③ 열 구분선을 옮기려면 구분선을 삭제한 후 다시 넣어야 한다.
④ 구분선을 삭제하려면 구분선을 마우스로 두 번 클릭한다.

난이도 상 문제 진단 ○△×

30 다음 중 아래 시트의 [A9] 셀에 수식 '=OFFSET(B3, −1,2)'을 입력한 경우의 결과 값은?

합격 강의

	A	B	C	D	E
1	학번	학과	학년	성명	주소
2	12123	국문과	2	박태훈	서울
3	15234	영문과	1	이경섭	인천
4	20621	수학과	3	윤혜주	고양
5	18542	국문과	1	민소정	김포
6	31260	수학과	2	함경표	부천
7					
8					
9					

① 윤혜주 ② 서울
③ 고양 ④ 박태훈

난이도 중 문제 진단 ○△×

31 다음 중 조건부 서식에 대한 설명으로 옳지 않은 것은?

① 조건부 서식의 수식은 등호(=)로 시작해야 하며 TRUE(1) 또는 FALSE(0)의 논리 값을 반환해야 한다.
② 이동 옵션 명령을 사용하여 특정 조건부 서식이 적용된 셀만 찾거나 조건부 서식이 있는 셀을 모두 찾을 수 있다.
③ 한 워크시트에서 또는 다른 워크시트에서 셀을 직접 선택하여 수식에 셀 참조를 입력할 수 있으며, 셀을 선택하면 상대 셀 참조가 삽입된다.
④ 두 개의 조건부 서식 규칙이 서로 충돌하는 경우 목록에서 순서가 더 높은 규칙이 적용되고 목록에서 순서가 더 아래에 있는 규칙은 적용되지 않는다.

난이도 중 문제 진단 ○△×

32 다음 중 아래의 기능을 수행하는 차트로 옳은 것은?

합격 강의

- 도수분포표를 그래프로 표시하며, 데이터는 분포 내의 빈도를 나타낸다.
- 계급구간이라고 하는 차트의 각 열을 변경하여 데이터를 더 세부적으로 분석할 수 있다.

① 선버스트 ② 히스토그램
③ 트리맵 ④ 상자 수염

난이도 중 문제 진단 ○△×

33 다음 중 통합에 대한 설명으로 옳지 않은 것은?

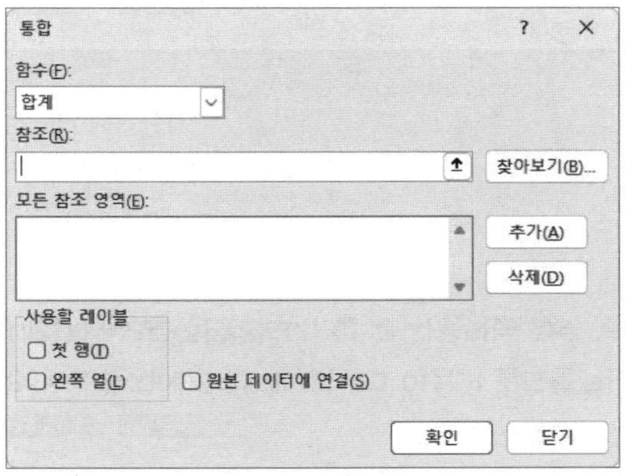

① 함수 : 합계, 개수, 평균, 최대, 최소, 곱, 숫자 개수, 표본 표준편차, 표준 편차, 표본 분산, 분산 등을 사용할 수 있다.
② 모든 참조 영역 : 참조에서 범위를 지정하고 [추가]를 클릭하면 여기에 원본 목록이 나타나며, 지정한 모든 참조 영역이 표시된다.
③ 사용할 레이블 : '첫 행', '왼쪽 열'은 원본 데이터에 표시된 순서와는 상관없이 통합을 실행하는 경우 사용한다.
④ 원본 데이터에 연결 : 원본 및 대상 영역이 동일한 시트에 있는 경우에는 연결을 만들 수 있다.

중요✓ 난이도 중 문제 진단 ○△×

34 다음 중 아래의 워크시트처럼 [A1:C1] 영역을 마우스로 드래그하여 범위를 설정한 다음 채우기 핸들을 [F1] 셀까지 드래그했을 때 결과 값으로 옳은 것은?

	A	B	C	D	E	F	G
1	5		1				
2							

① −3 ② −7
③ −11 ④ −15

난이도 중 문제 진단 ○△×

35 다음 중 부분합의 실행 결과에 대한 설명으로 옳지 않은 것은?

합격 강의

	A	B	C	D
1	사원명	부서명	매출	
4		영업1부 최소	1500	
5		영업1부 최대	2100	
8		영업2부 최소	1100	
9		영업2부 최대	1800	
12		영업3부 최소	990	
13		영업3부 최대	3300	
14		전체 최소값	990	
15		전체 최대값	3300	
16				

① 부서명을 기준으로 오름차순으로 정렬되었다.
② 데이터 아래에 요약 표시가 설정된 상태이다.
③ 개요 기호 3이 선택된 상태이다.
④ 매출의 최소를 구한 다음 최대를 구한 상태이다.

난이도 중 문제 진단 ○△✕

36 **다음 중 '선택하여 붙여넣기' 기능에 대한 설명으로 옳지 않은 것은?**

① 선택하여 붙여넣기 명령을 사용하면 워크시트에서 클립보드의 특정 셀 내용이나 수식, 서식, 메모 등을 복사하여 붙여 넣을 수 있다.
② 선택하여 붙여넣기의 바로 가기 키는 Ctrl+Alt+V이다.
③ 잘라 낸 데이터 범위에서 서식을 제외하고 내용만 붙여 넣으려면 '내용 있는 셀만 붙여넣기'를 선택한다.
④ '연결하여 붙여넣기'를 선택하면 원본 셀의 값이 변경되었을 때 붙여넣기 한 셀의 내용도 자동 변경된다.

난이도 상 문제 진단 ○△✕

37 **다음 워크시트에서 1학년 학생들의 헤어 평균을 구하려고 할 때 수식으로 옳지 않은 것은?**

	A	B	C	D	E
1	학년	성명	헤어	피부	네일
2	1학년	김선	80	88	76
3	2학년	홍길동	80	92	90
4	1학년	차재영	50	77	71
5					
6	1학년 헤어 평균				

① =AVERAGE(IF(A2:A4="1학년",C2:C4))
② =AVERAGE((A2:A4="1학년")*(C2:C4))
③ =AVERAGEIF(A2:A4,"1학년",C2:C4)
④ =AVERAGEIFS(C2:C4,A2:A4,"1학년")

난이도 중 문제 진단 ○△✕

38 **다음 VBA 배열 선언문에 대한 설명으로 옳지 않은 것은?**

```
Option Base 1
Dim No(3, 4, 2) As Integer
```

① 배열은 3차원 배열이고, 요소는 모두 24개이다.
② 배열의 첫 번째 요소는 No(0, 0, 0)이다.
③ 배열 요소의 데이터 형식은 모두 Integer이다.
④ 배열은 4행 2열의 테이블이 3면으로 되어 있다.

중요✓ 난이도 중 문제 진단 ○△✕

39 **다음 중 아래의 시트에서 수식 =DSUM(A1:D7, 4, B1:B2)을 실행했을 때의 결과 값으로 옳은 것은?**

	A	B	C	D
1	성명	부서	1/4분기	2/4분기
2	김희준	영업1부	20	25
3	지유환	영업2부	10	14
4	김혜빈	영업1부	15	10
5	이상영	영업2부	20	15
6	김나운	영업1부	10	20
7	엄지홍	영업2부	18	30

① 40 ② 45
③ 50 ④ 55

난이도 중 문제 진단 ○△✕

40 **다음 중 엑셀의 데이터 입력에 관한 설명으로 옳지 않은 것은?**

① 자동 줄 바꿈으로 데이터를 입력하려면 Alt+Enter를 누르면 된다.
② 여러 셀에 동일한 내용을 입력하려면 해당 셀을 범위로 지정한 후 데이터를 입력하고 Shift+Enter를 누른다.
③ 데이터 입력 도중 입력을 취소하려면 Esc를 누른다.
④ 특정 부분을 범위로 지정한 후 데이터를 입력하고 Enter를 누르면 셀 포인터가 지정한 범위 안에서만 이동한다.

3과목 데이터베이스 일반

난이도 하 문제 진단 ○△✕

41 **다음 중 다른 테이블을 참조하는 외래키(FK)에 대한 설명으로 가장 적합한 것은?**

① 외래키 필드의 값은 유일해야 하므로 중복된 값이 입력될 수 없다.
② 외래키 필드의 값은 널(Null) 값일 수 없으므로, 값이 반드시 입력되어야 한다.
③ 한 테이블에서 특정 레코드를 유일하게 구별할 수 있는 속성이다.
④ 하나의 테이블에는 여러 개의 외래키가 존재할 수 있다.

중요✓ 난이도 중 문제 진단 ○△✕

42 **다음 중 관계형 데이터베이스에서 사용되는 용어에 대한 설명으로 옳지 않은 것은?**

① 튜플(Tuple)은 테이블에서 행을 나타내는 말로 레코드와 같은 의미이다.
② 애트리뷰트(Attribute)는 데이터베이스를 구성하는 가장 작은 논리적 단위이며, 파일 구조상의 데이터 필드에 해당된다.
③ 테이블(Table)은 하나의 애트리뷰트(Attribute)가 취할 수 있는 같은 타입의 원자값들의 집합이다.
④ 튜플(Tuple)의 수를 카디널리티(Cardinality), 애트리뷰트(Attribute)의 수를 디그리(Degree)라고 한다.

난이도 중 문제 진단 ○△✕

43 **Select 문자에서 한 개 또는 그 이상의 필드를 기준으로 오름차순 또는 내림차순으로 정렬하고자 할 때 사용되는 절로 옳은 것은?**

합격 강의

① having 절
② group by 절
③ order by 절
④ where 절

난이도 하 문제 진단 ○△✕

44 **다음 중 폼 작업 시 탭 순서에서 제외되는 컨트롤로 옳은 것은?**

① 레이블
② 언바운드 개체 틀
③ 명령 단추
④ 토글 단추

난이도 중 문제 진단 ○△X

45 다음 중 데이터 조작어(DML : Data Manipulation Language)의 특징으로 옳지 않은 것은?

① 데이터 처리를 위하여 사용자와 DBMS 사이의 인터페이스를 제공한다.
② 데이터 처리를 위한 연산의 집합으로 데이터의 검색, 삽입, 삭제, 변경 등 데이터 조작을 제공하는 언어이다.
③ 절차적 조작 언어와 비절차적 조작 언어로 구분된다.
④ 데이터 보안(Security), 무결성(Integrity), 회복(Recovery) 등에 관련된 사항을 정의한다.

중요✓ 난이도 중 문제 진단 ○△X

46 다음 중 SQL문에 대한 설명으로 옳지 않은 것은?

합격 강의

① SELECT 명령을 이용하여 조건에 맞는 레코드를 검색할 수 있다.
② INSERT 명령을 이용하여 조건에 맞는 레코드를 추가할 수 있다.
③ DROP 명령을 이용하여 조건에 맞는 레코드를 삭제할 수 있다.
④ UPDATE 명령을 이용하여 조건에 맞는 레코드를 수정할 수 있다.

난이도 중 문제 진단 ○△X

47 다음 중 분할 표시 폼에 대한 설명으로 옳지 않은 것은?

① 분할된 화면에서 데이터를 [폼 보기]와 [데이터시트 보기]로 동시에 볼 수 있다.
② 폼의 두 보기 중 하나에서 필드를 선택하면 다른 보기에서도 동일한 필드가 선택된다.
③ 데이터 원본을 변경하는 경우 데이터시트 보기에서만 데이터를 변경할 수 있다.
④ 데이터시트가 표시되는 위치를 폼의 위쪽, 아래쪽, 왼쪽, 오른쪽 중에서 선택할 수 있다.

난이도 중 문제 진단 ○△X

48 다음 중 아래 보고서에 대한 설명으로 옳지 않은 것은?

대리점명: 서울지점

순번	모델명	판매날짜	판매량	판매단가
1	PC4203	2018-07-31	7	₩1,350,000
2		2018-07-23	3	₩1,350,000
3	PC4204	2018-07-16	4	₩1,400,000
		서울지점 소계 :		₩19,100,000

대리점명: 충북지점

순번	모델명	판매날짜	판매량	판매단가
1	PC3102	2018-07-13	6	₩830,000
2		2018-07-12	4	₩830,000
3	PC4202	2018-07-31	4	₩1,300,000
4		2018-07-07	1	₩1,300,000
		충북지점 소계 :		₩14,800,000

① '모델명' 필드를 기준으로 그룹이 설정되어 있다.
② '모델명' 필드에는 '중복 내용 숨기기' 속성을 '예'로 설정하였다.
③ 지점별 소계가 표시된 텍스트 상자는 그룹 바닥글에 삽입하였다.
④ 순번은 컨트롤 원본을 '=1'로 입력한 후 '누적 합계' 속성을 '그룹'으로 설정하였다.

난이도 중 문제 진단 ○△X

49 다음 페이지 번호식을 이용하여 출력되는 예로 옳은 것은?(단, 현재 페이지는 12이고, 전체 페이지 수는 50이다.)

```
=[page] & 'pages'
```

① 12 & 50　　② 1250
③ 12pages　　④ 50pages

난이도 상 문제 진단 ○△X

50 회원 중에서 가입일이 2024년 6월 3일 이전인 준회원을 정회원으로 변경하고자 할 때 SQL문으로 옳은 것은?(단, 회원 테이블에는 회원번호, 성명, 가입일, 연락처, 등급 등의 필드가 있으며, 회원의 등급은 '등급' 필드에 저장되어 있다.)

합격 강의

① update 회원 set 등급 = '정회원' where 가입일 <= #2024-6-3# and 등급 = '준회원'
② update 회원 set 등급 = '정회원' where 가입일 <= "2024-6-3" and 등급 = '준회원'
③ update 회원 set 등급 = '정회원' where 가입일 <= #2024-6-3#
④ update 회원 set 등급 = '정회원' where 가입일 <= "2024-6-3"

난이도 중 문제 진단 ○△X

51 다음 중 액세스의 매크로에 대한 설명으로 옳지 않은 것은?

① 하나의 매크로 그룹에 여러 개의 매크로를 만들 수 있다.
② 하나의 매크로에 여러개의 매크로 함수를 지정할 수 있다.
③ AutoExec이라는 특수한 매크로 이름을 사용하면 테이블이 열릴 때 마다 자동으로 실행된다.
④ 매크로 실행 시에 필요한 정보, 즉 인수를 지정할 수 있다.

난이도 상 문제 진단 ○△X

52 다음과 같은 'STUDNT(SNO, SNAME, YEAR, DEPT)' 테이블에서 아래 〈쿼리 결과〉와 같은 내용을 얻어내기 위한 쿼리문으로 가장 옳은 것은?

합격 강의

〈STUDENT〉 테이블

SNO	SNAME	YEAR	DEPT
111	김나운	4	컴퓨터
222	이상영	3	전기
333	김혜빈	1	컴퓨터
444	지유환	4	컴퓨터
555	김희준	2	산공

〈쿼리 결과〉

SNO	SNAME
111	김나운
444	지유환

① SELECT SNO, SNAME FROM STUDENT WHERE DEPT ="컴퓨터" OR YEAR = 4 ;
② SELECT SNO, SNAME AS 4 FROM STUDENT GROUP BY SNO
③ SELECT SNO, SNAME AS SNO FROM STUDENT GROUP BY SNAME;
④ SELECT SNO, SNAME FROM STUDENT WHERE DEPT="컴퓨터" AND YEAR = 4

난이도 중 문제 진단 ○△×

53 **다음 중 보고서의 작성 시에 사용하는 속성에 관한 설명으로 가장 옳지 않은 것은?**

① 반복 실행 구역 : 해당 구역이 페이지 머리글처럼 매 페이지에도 나타나도록 설정하는 속성으로 그룹 머리글에서만 사용할 수 있다.
② 레코드 원본 : 다양한 데이터로 조회하는 SQL문을 속성 값으로 지정하여 그 결과를 보고서에 표시할 수 있다.
③ 편집 가능 : 보고서나 컨트롤의 속성으로 보고서의 데이터를 수정할 수 있도록 하기 위해서는 이 속성 값을 '예'로 지정한다.
④ 중복 내용 숨기기 : 텍스트 상자와 같은 컨트롤의 속성으로 이전 레코드와 동일한 값을 갖는 경우에는 컨트롤을 표시하지 않도록 설정한다.

난이도 중 문제 진단 ○△×

54 **하위 폼은 주로 '일대다' 관계가 설정되어 있는 테이블을 효과적으로 표시하기 위해 사용된다. 이때 하위 폼은 어느 쪽 테이블을 원본으로 하는 것이 가장 적절한가?**

① '일'쪽 테이블
② '다'쪽 테이블
③ '일'쪽 테이블과 '다'쪽 테이블을 모두 보여주는 쿼리
④ '일'쪽 테이블로부터 만든 쿼리

중요✓ 난이도 상 문제 진단 ○△×

55 **다음 중 아래 <고객>과 <구매리스트> 테이블 관계에 참조 무결성이 항상 유지되도록 설정할 수 없는 경우는?**

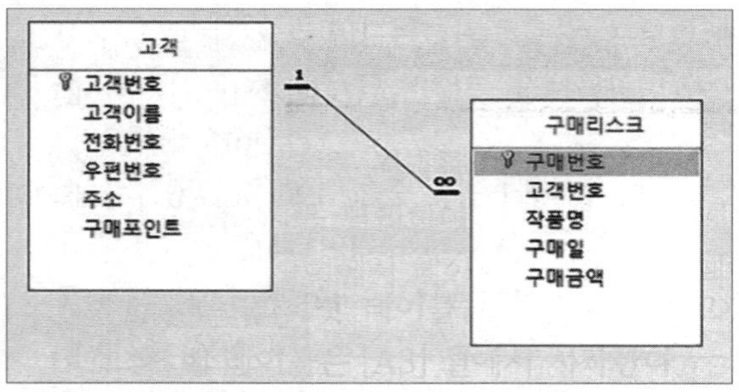

① <고객> 테이블의 '고객번호' 필드 값이 <구매리스트> 테이블의 '고객번호' 필드에 없는 경우
② <고객> 테이블의 '고객번호' 필드 값이 <구매리스트> 테이블의 '고객번호' 필드에 하나만 있는 경우
③ <구매리스트> 테이블의 '고객번호' 필드 값이 <고객> 테이블의 '고객번호' 필드에 없는 경우
④ <고객> 테이블의 '고객번호' 필드 값이 <구매리스트> 테이블의 '고객번호' 필드에 두 개 이상 있는 경우

난이도 중 문제 진단 ○△×

56 **다음 설명에 해당하는 폼의 속성으로 옳은 것은?**

폼 보기의 제목 표시줄에 나타나는 텍스트를 설정한다.

① 기본 보기
② 캡션
③ 레코드 원본
④ 레코드 잠금

난이도 중 문제 진단 ○△×

57 **다음 중 이벤트 프로시저에서 쿼리를 실행 모드로 여는 명령은?**

① DoCmd.OpenQuery
② DoCmd.SetQuery
③ DoCmd.QueryView
④ DoCmd.QueryTable

난이도 중 문제 진단 ○△×

58 **다음 중 테이블 연결을 통해 연결된 테이블과 가져오기 기능을 통해 생성된 테이블과의 차이점에 대한 설명으로 옳지 않은 것은?**

① 연결된 테이블의 데이터를 삭제하면 연결되어 있는 원본 데이터베이스의 데이터도 삭제된다.
② 연결된 테이블을 삭제해도 원본 테이블은 삭제되지 않는다.
③ 가져오기 기능을 통해 생성된 테이블을 삭제해도 원본 테이블은 삭제되지 않는다.
④ 연결된 테이블을 이용하여 폼이나 보고서를 생성할 수 있다.

중요✓ 난이도 중 문제 진단 ○△×

59 **다음 중 폼을 열자마자 'txt조회' 컨트롤에 커서(포커스)를 자동적으로 위치하게 하는 이벤트 프로시저는?**

합격 강의

```
① Private Sub txt조회_Click()
      txt조회.AutoTab = True
   End Sub
② Private Sub txt조회_Click()
      txt조회.SetFocus
   End Sub
③ Private Sub Form_Load()
      txt조회.AutoTab = True
   End Sub
④ Private Sub Form_Load()
      txt조회.SetFocus
   End Sub
```

난이도 하 문제 진단 ○△×

60 **연수(사번, 사원명, 평가항목, 점수) 테이블에서 점수 필드에 100 이상 1000 이하의 값이 입력되도록 범위를 지정하고자 할 때 사용되는 필드 속성은?**

① 입력 마스크
② 유효성 검사 규칙
③ 캡션
④ 기본 값

빠른 정답표 확인하기

① 모바일로 QR 코드를 스캔합니다.
② 해당 회차의 정답표를 확인합니다.
③ 빠르고 간편하게 채점해 보세요.

자격증은 이기적!

합격입니다.

정답 & 해설

2023년 상시 기출문제 01회 178P

01 ②	02 ①	03 ②	04 ③	05 ①
06 ③	07 ④	08 ②	09 ②	10 ④
11 ②	12 ②	13 ④	14 ①	15 ③
16 ②	17 ②	18 ④	19 ②	20 ④
21 ③	22 ④	23 ④	24 ③	25 ③
26 ④	27 ④	28 ③	29 ④	30 ①
31 ②	32 ②	33 ①	34 ③	35 ④
36 ②	37 ③	38 ③	39 ④	40 ①
41 ④	42 ③	43 ②	44 ①	45 ③
46 ④	47 ④	48 ②	49 ④	50 ②
51 ④	52 ②	53 ②	54 ③	55 ②
56 ①	57 ①	58 ③	59 ②	60 ②

1 과목 컴퓨터 일반

01 ②

오답 피하기

- 명령 레지스터(Instruction Register) : 현재 수행 중인 명령어의 내용을 기억하는 레지스터
- 부호기(Encoder) : 명령 레지스터에 있는 명령어를 암호화하는 회로
- 명령 해독기(Instruction Decoder) : 명령 레지스터에 있는 명령어를 해독하는 회로

02 ①

- 멀티프로세싱(Multiprocessing) : 하나의 컴퓨터에 여러 개의 CPU를 설치하여 프로그램을 처리하는 방식
- 멀티프로그래밍(Multiprogramming) : 1대의 CPU로 여러 개의 프로그램을 동시에 처리하는 것으로 시간별로 대기하여 처리하는 시분할 방식
- 가상 기억 장치(Virtual Memory) : 보조 기억 장치를 주기억 장치로 사용하는 기술로 페이지 테이블을 이용하여 처리함
- 파일 압축(File Compression) : 파일을 압축하는 프로그램은 유틸리티 프로그램
- 응답 시간(Response Time) : 명령을 내린 후 처리할 때 걸리는 시간으로 시스템의 성능을 측정할 때 사용함

03 ②

색인(Index) : 파일 검색 시 속도를 향상시키는 기능

04 ③

SSD(Solid State Drive) : 반도체를 이용하여 정보를 저장하는 장치이며 기존의 하드디스크 드라이브에 비하여 속도가 빠르고 기계적 지연이나 실패율, 발열이나 소음도 적어, 소형화 · 경량화할 수 있는 장점이 있는 저장 장치

오답 피하기

- HDD(Hard Disk Drive) : 디스크 표면을 전자기적으로 변화시켜 대량의 데이터를 저장하고 비교적 빠르게 접근할 수 있는 보조 기억 매체로, 일련의 '디스크'들이 레코드판처럼 겹쳐 있음
- DVD(Digital Versatile Disk) : 광디스크의 일종으로 기존의 다른 매체와는 달리 4.7GB의 기본 용량(최대 17GB)을 가짐
- CD-RW(Compact Disc Rewritable) : 여러 번에 걸쳐 기록과 삭제를 할 수 있는 CD

05 ①

바이오스(BIOS : Basic Input Output System)

- 전원을 켜면 제일 먼저 컴퓨터 제어를 맡아 기본적인 기능을 처리하는 프로그램으로, 롬 바이오스(ROM BIOS)라고도 함
- 컴퓨터의 기본 입출력 시스템이며 부팅(Booting)과 운영에 대한 기본적인 정보가 들어 있음
- BIOS는 EPROM이나 플래시 메모리 등에 저장되어 있음

06 ③

스풀 기능을 설정하면 인쇄 속도가 스풀 설정 이전보다 느려짐

07 ④

비트맵(Bitmap) 방식

- 이미지를 점(Pixel, 화소)의 집합으로 표현하는 방식(래스터(Raster) 이미지라고도 함)
- 고해상도를 표현하는 데 적합하지만 파일 크기가 커지고, 이미지를 확대하면 테두리가 거칠어지는 계단 현상이 발생함
- 이미지를 확대해도 거칠어지지 않는 방식은 벡터(Vecter) 방식임

08 ②

문자를 표현하는 최소 기본 단위는 바이트임

오답 피하기

워드는 컴퓨터 내부의 명령 처리 단위로 한 번에 처리할 수 있는 데이터의 양을 가리킴

09 ②

오답 피하기

① : 데모 버전, ③ : 베타 버전, ④ : 패치 프로그램

10 ④

① : 가로막기, ② : 가로채기, ③ : 수정에 대한 설명임

11 ②

리스트 처리용 언어 및 인공지능 분야에서 널리 사용되고 있는 것은 LISP, SNOBOL 등이 있음

12 ②

Wibro : 언제, 어디서나, 이동 중에 초고속 인터넷을 이용할 수 있는 무선 휴대 인터넷 서비스

13 ④

아날로그 컴퓨터의 주요 구성 회로는 증폭 회로이며 연속적인 물리량(전류, 온도, 속도 등)을 데이터로 사용함

14 ①

IPv6의 경우 128비트를 16비트씩 8개의 영역으로 구성되어 있으며, 각 부분은 콜론(:)으로 구분함

오답 피하기

IPv4 : 32비트를 8비트씩 4부분으로 나누어 각 부분을 점(.)으로 구분

15 ③

증강현실(Augmented Reality) : 사람이 눈으로 볼 수 있는 실세계와 관련된 3차원의 부가 정보를 받을 수 있는 기술

오답 피하기

- 가상 장치 인터페이스(Virtual Device Interface) : 가상의 장치와 상호 연결의 인터페이스 기능을 지원함
- 가상 현실 모델 언어(Virtual Reality Modelling Language) : 웹상에서 3차원 가상 현실을 구현하기 위한 모델링 언어
- 주문형 비디오(Video On Demand) : 가입자의 주문에 의해 서비스되는 맞춤 영상 정보 서비스

16 ②

전송 계층(Transport Layer) : 4계층

- 종단 간 투명하고 신뢰성 있는 데이터의 전송을 제공함
- 상하위 계층 간의 중간 인터페이스 역할을 제공함
- 데이터 전송에 대한 오류 검출, 오류 복구, 흐름 제어 등의 기능을 수행함

17 ②

ASCII 코드 : Zone은 3비트, Digit는 4비트로 구성, 7비트로 128가지의 표현이 가능, 일반 PC용 컴퓨터 및 데이터 통신용 코드

오답 피하기

- BCD 코드 : Zone은 2비트, Digit는 4비트로 구성, 6비트로 64가지의 문자 표현이 가능
- EBCDIC 코드 : Zone은 4비트, Digit는 4비트로 구성, 8비트로 256가지의 표현이 가능
- UNI 코드 : 세계 각국의 다양한 현대 언어로 작성된 텍스트를 상호 교환, 처리, 표현하기 위한 코드로 16비트(2바이트) 체계로 이루어져 있음

18 ④

ARP(Address Resolution Protocol : 주소 결정 규약) : 네트워크에 접속된 컴퓨터의 인터넷 주소(IP 주소)와 이더넷 주소를 대응시키는 프로토콜로 IP 주소를 물리 주소로 변환시킴

오답 피하기

- UDP(User Datagram Protocol, 사용자 데이터그램 프로토콜) : IP를 사용하는 네트워크상에서 데이터 그램(데이터 전송 단위) 전송을 위한 프로토콜
- TCP : 메시지를 송수신의 주소와 정보로 묶어 패킷 단위로 나눔, 전송 데이터의 흐름을 제어하고 데이터의 에러 유무를 검사
- IP : 패킷 주소를 해석하고 경로를 결정하여 다음 호스트로 전송

19 ②

스풀(SPOOL) : 병행 처리 기법으로, 인쇄할 내용을 프린터로 바로 전송하지 않고 하드디스크와 같은 보조 기억 장치에 일시적으로 저장하였다가 CPU의 여유 시간을 이용하여 데이터를 프린터로 전송하여 인쇄하는 방식이며 네트워크 프린터를 기본 프린터로 설정하는 작업과는 무관함

20 ④

SRAM과 DRAM의 비교

구분	SRAM	DRAM
소비 전력	높음	낮음
속도	빠름	느림
가격	고가	저가
재충전 여부	불필요	필요

2과목 스프레드시트 일반

21 ③

자동 크기 : [메모 서식]의 [맞춤] 탭에서 '자동 크기'를 설정함

22 ④

[보기] 탭의 [표시] 그룹에서는 눈금자, 수식 입력 줄, 눈금선, 머리글 등의 표시 설정만 지원됨

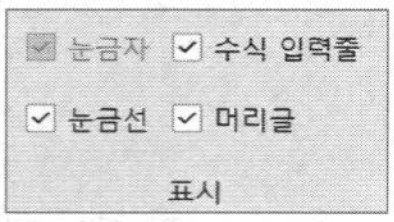

23 ④

[시트] 탭에서 '눈금선'과 '행/열 머리글'을 선택하고 인쇄하면 셀 구분선과 행/열 머리글이 인쇄됨

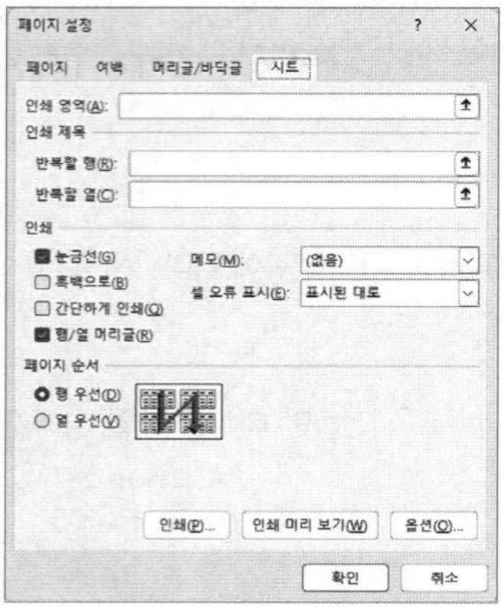

24 ③

- [페이지 설정]-[머리글/바닥글] 탭-[머리글 편집]에서 설정함
- &[페이지 번호] : 현재 페이지 번호를 자동으로 삽입함
- –&[페이지 번호] Page– 의 결과는 "–1 Page–"처럼 표시됨

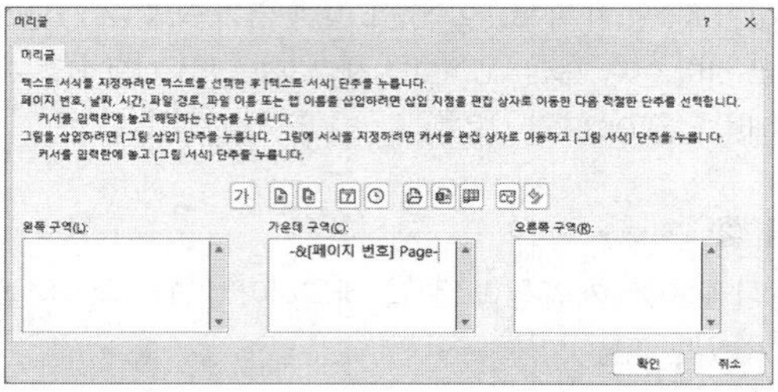

25 ③

- Worksheets.Add : 워크시트 추가
- 첫 번째 시트 뒤에 새로운 시트를 추가하는 경우이므로 After가 사용됨

26 ④

- D 함수의 형식 : =DMAX(데이터베이스, 필드, 조건 범위)
- =DMAX(A1:C6,2,E1:E2) : 조건 범위 [E1:E2]에 의해 체중이 70 이상(>=70)인 경우에 해당하는 키(필드가 2이므로 2번째 열) 중 최대값(DMAX)이므로 180이 됨

27 ④

정렬 경고 대화 상자는 표 범위에서 하나의 열만 범위로 선택한 경우에 발생함

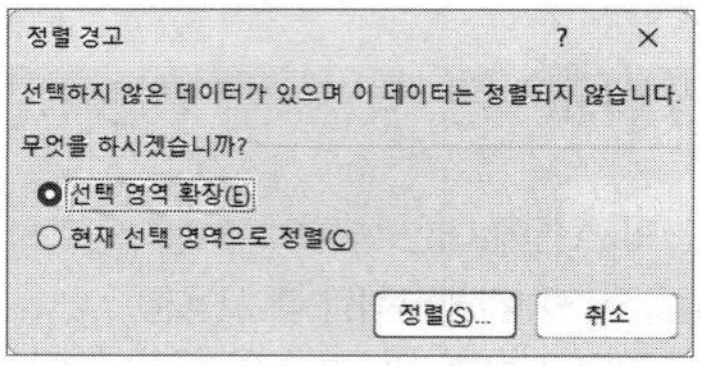

28 ③

배열 수식은 전체가 하나의 수식이 되기 때문에 전체 배열 수식을 이동하거나 삭제할 수는 있으나 배열 수식의 일부만을 이동하거나 삭제할 수는 없음

29 ④

셀 삭제의 바로 가기 키 : Ctrl+−

오답 피하기

Ctrl++ : 셀 삽입

30 ①

- FV 함수 : Future Value, 즉 미래 가치를 구하는 함수로 일정 금액을 정기적으로 불입하고 일정한 이율을 적용하는 투자의 미래 가치를 계산함
- =FV(연이율/12, 투자 기간(년)*12, 불입액, 현재 가치, 납입 시점 유형) → =FV(4.5%/12,2*12,–400000)
- 불입액은 만기 금액이 양수로 나오게 하기 위해 –400000로 하며 현재 가치는 0이므로 생략하고 납입 시점 유형도 매월 말은 0이므로 생략함

31 ②

창 정렬 : 여러 개의 통합 문서를 배열하여 비교하면서 작업할 수 있는 기능

오답 피하기

- 창 나누기 : 워크시트의 내용이 많아 하나의 화면으로는 모두 표시하기가 어려워 불편할 때 멀리 떨어져 있는 데이터를 한 화면에 표시할 수 있도록 분할하는 기능
- 틀 고정 : 데이터 양이 많은 경우, 특정한 범위의 열 또는 행을 고정시켜 셀 포인터의 이동과 상관없이 화면에 항상 표시할 수 있도록 하는 기능
- 페이지 나누기 : 워크시트를 인쇄할 수 있도록 페이지 단위로 나누어 구분하는 기능

32 ②

분산형 차트 : 데이터의 불규칙한 간격이나 묶음을 보여주는 것으로 주로 과학, 공학용 데이터 분석에 사용, 3차원 차트로 작성할 수 없음, 데이터 요소 간의 차이점보다는 데이터 집합 간의 유사점을 표시하려는 경우에 사용됨

오답 피하기

- 주식형 차트 : 주가 변동을 나타내는 데 사용(과학 데이터도 사용 가능)함
- 영역형 차트 : 시간의 흐름에 대한 변동의 크기를 강조하여 표시, 합계 값을 추세와 함께 분석할 때 사용함
- 방사형 차트 : 여러 열이나 행에 있는 데이터를 차트로 표시, 여러 데이터 계열의 집계 값을 비교함

33 ①

#NULL! : 교점 연산자(공백)를 사용했을 때 교차 지점을 찾지 못한 경우

34 ③

③ =SUM(LARGE(B3:D3, 2), SMALL(B3:D3, 2)) → 174

- LARGE(B3:D3, 2) → 87 (B3:D3 범위에서 2번째로 큰 수를 구함)
- SMALL(B3:D3, 2) → 87 (B3:D3 범위에서 2번째로 작은 수를 구함)
- SUM(87,87) → 174 (인수로 지정한 숫자의 합계를 구함)

오답 피하기

① =SUM(COUNTA(B2:D4), MAXA(B2:D4)) → 109

- COUNTA(B2:D4) → 9 (B2:D4 범위에서 공백이 아닌 인수의 개수를 구함)
- MAXA(B2:D4) → 100 (B2:D4 범위의 인수 중에서 최대값을 구함)
- SUM(9,100) → 109 (인수로 지정한 숫자의 합계를 구함)

② =AVERAGE(SMALL(C2:C4, 2), LARGE(C2:C4, 2)) → 87

- SMALL(C2:C4, 2) → 87 (C2:C4 범위에서 2번째로 작은 수를 구함)
- LARGE(C2:C4, 2) → 87 (C2:C4 범위에서 2번째로 큰 수를 구함)
- AVERAGE(87,87) → 87 (인수로 지정한 숫자의 평균을 구함)

④ =SUM(COUNTA(B2,D4), MINA(B2,D4)) → 85

- COUNTA(B2,D4) → 2 (B2와 D4, 2개의 인수 개수를 구함)
- MINA(B2,D4) → 83 (B2셀의 값 83, D4셀의 값 100에서 작은 값을 구함)
- SUM(2,83) → 85

35 ④

그룹 상태에서는 여러 개의 시트에 정렬 및 필터 기능을 수행할 수 없음

36 ②

데이터 표

- 워크시트에서 특정 데이터를 변화시켜 수식의 결과가 어떻게 변하는지 보여주는 셀 범위를 데이터 표라고 함
- 데이터 표 기능을 통해 입력된 셀 일부분만 수정하거나 삭제할 수 없음

37 ③

텍스트, 텍스트/숫자 조합은 셀에 입력하는 처음 몇 자가 해당 열의 기존 내용과 일치하면 자동으로 입력되지만 날짜, 시간 데이터는 자동으로 입력되지 않음

38 ③

외부 액세스 데이터베이스에서 만들어진 데이터도 호환할 수 있음

39 ④

매크로가 적용되는 셀의 바로 가기 메뉴에 나타나지 않음

40 ①

계열 겹치기 수치를 양수로 지정하면 데이터 계열 사이가 겹침

3과목 데이터베이스 일반

41 ④

개체(Entity)는 다른 것과 구분되는 개체로 단독으로 존재하는 실세계의 객체나 개념을 의미함

42 ③

오답 피하기

- 도메인(Domain) : 하나의 속성이 취할 수 있는 값의 집합
- 튜플(Tuple) : 테이블에서 행을 나타내는 말로 레코드와 같은 의미
- 차수(Degree) : 한 릴레이션(테이블)에서 속성(필드=열)의 개수

43 ②

외래키(FK, Foreign Key) : 한 테이블(릴레이션)에 속한 속성, 외래키(FK)가 다른 참조 테이블(릴레이션)의 기본키(PK)일 때 그 속성키를 외래키(Foreign Key)라고 함

오답 피하기

- 후보키(Candidate Key) : 후보키 중에서 선정되어 사용되는 키(예 사원번호 – 인사관리), 기본키는 널(Null)이 될 수 없으며 중복될 수 없음
- 슈퍼키(Super Key) : 한 릴레이션에서 어떠한 열도 후보키가 없을 때 두 개 이상의 열을 복합(연결)할 경우 유일성을 만족하여 후보키가 되는 키를 의미
- 대체키(Alternate Key) : 후보키 중 기본키로 선택되지 않는 나머지 키(예 사원번호가 기본키일 때 주민등록번호)

44 ①

개체 타입 : 사각형

오답 피하기

- 타원 : 속성
- 마름모 : 관계 타입
- 선 : 링크

45 ③

식 =[Page] & "중 " & [Page] → 결과 2중 2

46 ④

우외부 조인(Right Join) : 오른쪽 테이블을 우선해서 오른쪽의 테이블에 관해 모든 행을 결과로 남기는 조인이므로 [사원정보] 테이블에서는 모든 레코드가 포함하여 결과를 표시되며, [부서정보] 테이블의 레코드는 [사원정보] 테이블의 부서번호와 일치되는 것만 포함됨

47 ④

- DSUM : 특정 필드 값의 합계를 구할 때 사용하는 함수
- =DSUM("구할 필드", "테이블명", "조건")이므로
  → =DSUM("[급여]", "[사원]", "[직급]='과장'")

48 ②

바운드 컨트롤 : 테이블이나 쿼리의 필드를 데이터 원본으로 사용하는 컨트롤로 데이터베이스에 있는 필드의 값(짧은 텍스트, 날짜, 숫자, Yes/No 등)을 표시할 수 있음

오답 피하기

- ① 언바운드 컨트롤 : 데이터 원본(예 필드 또는 식)이 없는 컨트롤로 정보, 그림, 선 또는 직사각형을 표시할 때 사용함
- ③ 계산 컨트롤 : 필드 대신 식을 데이터 원본으로 사용하는 컨트롤로 '식'을 정의하여 컨트롤의 데이터 원본으로 사용할 값을 지정함
- ④ 레이블 컨트롤 : 제목이나 캡션 등의 설명 텍스트를 표시할 때 사용하는 컨트롤로 필드나 식의 값을 표시할 수 없음

49 ④

데이터시트 보기에서 「잘라내기」와 「붙여넣기」를 이용하여 필드를 이동시킬 수 없음

50 ②

매개 변수 쿼리 : 실행할 때 검색 조건의 일정한 값(매개 변수)을 입력하여 원하는 정보를 추출함

오답 피하기

- ① 크로스탭 쿼리 : 테이블이나 쿼리의 필드별 합계, 개수, 평균 등의 요약을 계산함
- ③ 통합 쿼리 : 2개 이상의 테이블이나 쿼리에서 대응되는 필드들을 결합하여 하나의 필드로 만들어 주는 쿼리
- ④ 실행 쿼리 : 여러 레코드의 변경과 이동을 일괄적으로 실행함

51 ④

- L : 필수 요소로, A부터 Z까지의 영문자나 한글 입력
- & : 필수 요소로 모든 문자나 공백을 입력
- A : 필수 요소로 영문자나 한글, 숫자를 입력

52 ②

폼 분할 : 위쪽 구역에 데이터시트를 표시하는 분할 폼을 만들고 아래쪽 구역에 데이터시트에서 선택한 레코드에 대한 정보를 입력하는 폼을 만듦

오답 피하기

- ① 폼 : 한 번에 한 개의 레코드에 대한 정보를 입력할 수 있는 폼을 만듦
- ③ 여러 항목 : 여러 개의 레코드가 표시되는 폼을 만듦
- ④ 폼 디자인 : 디자인 보기에서 새 양식을 만듦

53 ②

- 한 줄에 두 개 이상의 명령문을 입력하는 경우 명령어의 끝에는 콜론(:)을 찍어 구분함
- 예 For i = 1 To 10: sum = sum + i: Next: MsgBox sum

54 ③

사진과 같은 이미지 파일은 첨부 파일 형식을 이용함

55 ②

- 표시는 확인란에 성명과 부서명만 선택되어 있으므로 직원들의 성명과 부서명을 표시함(입사년도는 선택되어 있지 않으므로 표시되지 않음)
- 조건은 부서명이 인사팀이고 2024년 전에 입사한 경우임

56 ①

보고서 바닥글 영역에는 보고서 총계나 안내 문구 등의 항목을 삽입하며 보고서의 맨 마지막 페이지에 한 번만 표시됨

오답 피하기

보고서 머리글 : 로고, 보고서 제목, 날짜 등을 삽입하며 보고서의 첫 페이지 상단에 한 번만 표시됨

57 ①

일대일 관계 성립 조건 : 양쪽 테이블의 연결 필드가 모두 중복 불가능의 기본키나 인덱스가 지정되어 있어야 함

58 ③

참조 무결성 : 관련 테이블의 레코드 간 관계가 유효하고 사용자가 관련 데이터를 실수로 삭제 또는 변경하지 않았는지 확인하기 위해 사용하는 규칙으로 데이터의 정확성과 일관성이 보장됨

59 ②

- 갱신문 : 테이블에 저장된 데이터를 갱신하며, UPDATE-SET-WHERE의 유형을 가짐
- 형식

```
UPDATE 테이블명
SET 필드이름1= 값1, 필드이름2=값2, …
WHERE 조건
```

오답 피하기

- 삽입문 : 테이블에 새로운 데이터(행)를 삽입하며, INSERT-INTO-VALUES의 유형을 가짐
- 삭제문 : 테이블에 저장된 행을 삭제하며, DELETE-FROM-WHERE의 유형을 가짐

60 ②

데이터베이스관리자(DBA) : 데이터베이스를 관리하는 책임자, 전체 시스템에 대한 권한을 행사하는 사람

오답 피하기

- ① 데이터 정의어(DDL; Data Definition Language) : 데이터베이스 구조와 관계, 데이터베이스 이름 정의, 데이터 항목, 키값의 고정, 데이터의 형과 한계 규정
- ③ 데이터 조작어(DML; Data Manipulation Language) : 주 프로그램에 내장하여 데이터베이스를 실질적으로 운영 및 조작, 데이터의 삽입, 삭제, 검색, 변경 연산 등의 처리를 위한 연산 집합
- ④ 데이터 제어어(DCL; Data Control Language) : 데이터베이스를 공용하기 위하여 데이터 제어를 정의 및 기술, 데이터 보안, 무결성, 회복, 병행 수행 등을 제어

2023년 상시 기출문제 02회 185P

01 ③	02 ③	03 ④	04 ①	05 ①
06 ①	07 ①	08 ③	09 ②	10 ③
11 ②	12 ④	13 ①	14 ④	15 ①
16 ③	17 ④	18 ③	19 ④	20 ④
21 ③	22 ④	23 ①	24 ④	25 ②
26 ②	27 ②	28 ④	29 ③	30 ③
31 ②	32 ④	33 ③	34 ④	35 ③
36 ①	37 ④	38 ①	39 ①	40 ④
41 ④	42 ④	43 ②	44 ④	45 ③
46 ③	47 ③	48 ②	49 ③	50 ④
51 ②	52 ③	53 ①	54 ②	55 ②
56 ④	57 ④	58 ④	59 ①	60 ③

1과목 컴퓨터 일반

01 ③

위치 기반 서비스(Location Based Service)

- 사용자의 휴대폰에 내장된 칩을 통해 이동 통신망이나 위성항법장치(GPS: Global Positioning System)로 위치 정보를 파악하여 위치와 관련된 정보를 서비스하는 기술
- 위치 추적이 가능하며 위치 정보에 따른 특정 지역의 기상 상태나 교통 및 생활 정보 등을 제공 받을 수 있는 위치 기반 서비스

오답 피하기

- 빅 데이터(Big Data) : 수치, 문자, 영상 등을 포함하는 디지털 데이터로 생성 주기가 짧고 규모가 방대한 데이터
- 사물 인터넷(IoT) : 인간 대 사물, 사물 대 사물 간에 인터넷으로 연결되어 정보의 소통이 가능한 기술
- 시멘틱 웹(Semantic Web) : 컴퓨터가 웹 페이지의 정보를 가공하고 처리하여 새로운 개인 맞춤형 정보를 생성하게 한 차세대 지능형 웹

02 ③

오답 피하기

- 연관 메모리(Associative Memory) : 저장된 내용 일부를 이용하여 기억 장치에 접근하여 데이터를 읽어오는 기억 장치
- 캐시 메모리(Cache Memory) : 휘발성 메모리로, 속도가 빠른 CPU와 상대적으로 속도가 느린 주기억 장치 사이에 있는 고속의 버퍼 메모리
- 플래시 메모리(Flash Memory) : EEPROM의 일종으로, PROM 플래시라고도 하며, 전기적으로 내용을 변경하거나 일괄 소거도 가능

03 ④

벡터 방식은 고해상도 표현에 적합하지 않으므로 비트맵 방식과 비교하여 기억 공간을 많이 차지하지 않음

04 ①

캐시 항목의 Enable 설정은 캐시 항목을 사용하기 위한 설정으로 메모리의 정상적 인식을 해결하는 대책이 아님

05 ①

오답 피하기

- C++ : 객체 지향 언어이며 문제를 객체로 모델링하여 표현, 추상화, 코드 재사용, 클래스, 상속 등이 가능함
- LISP : 리스트 처리용 언어이며, 인공 지능 분야에서 사용함
- SNOBOL : 문자열 처리를 위해 개발된 언어

06 ①

USB 메모리에 있는 파일을 삭제하면 휴지통으로 가지 않고 완전히 지워짐

오답 피하기

- ② : 지정된 휴지통의 용량을 초과하면 가장 오래전에 삭제된 파일부터 자동으로 지워짐
- ③ : 삭제할 파일을 선택하고 Shift+Delete를 누르면 해당 파일이 휴지통으로 이동하지 않고 완전히 삭제됨
- ④ : 휴지통의 크기는 사용자가 원하는 크기를 MB 단위로 지정할 수 있음

07 ①

①은 FTP(File Transfer Protocol)의 기능임

08 ③

오답 피하기

- 차단(Interruption) : 데이터의 전달을 가로막아 수신자 측으로 정보가 전달되는 것을 방해하는 행위
- 변조(Modification) : 원래의 데이터가 아닌 다른 내용으로 수정하여 변조시키는 행위
- 가로채기(Interception) : 전송되는 데이터를 가는 도중에 도청 및 몰래 보는 행위

09 ②

RSA 방식 : 공개키(비대칭키, 이중키) 암호화에서 사용

오답 피하기

비밀키(대칭키, 단일키) 암호화 방식 : 대표적인 방식은 DES가 있음

10 ③

DHCP(Dynamic Host Configuration Protocol) : 클라이언트가 동적 IP 주소를 할당받을 수 있게 해 주는 서버

오답 피하기

- POP3(Post Office Protocol) : 메일 서버에 도착한 E-mail을 사용자 컴퓨터로 가져올 수 있도록 메일 서버에서 제공하는 전자우편을 수신하기 위한 프로토콜
- FTP(File Transfer Protocol) : 파일 전송 프로토콜로, 파일을 전송하거나 받을 때 사용하는 서비스
- SMTP(Simple Mail Transfer Protocol) : 사용자의 컴퓨터에서 작성한 메일을 다른 사람의 계정이 있는 곳으로 전송해 주는 전자우편을 송신하기 위한 프로토콜

11 ②

분류	디지털 컴퓨터	아날로그 컴퓨터
구성 회로	논리 회로	증폭 회로
취급 데이터	셀 수 있는 데이터 (숫자, 문자 등)	연속적인 물리량 (전류, 속도, 온도 등)
사용 목적	범용성	특수성
프로그램	필요	불필요
주요 연산	사칙 연산	미적분 연산
연산 속도	느림	빠름
정밀도	필요한 한도까지	제한적(0.01%까지)

12 ④

채널(Channel) : CPU의 처리 효율을 높이고 데이터의 입출력을 빠르게 할 수 있게 만든 입출력 전용 처리기

오답 피하기

- 레지스터(Register) : CPU에서 명령이나 연산 결과 값을 일시적으로 저장하는 임시 기억 장소
- 인터럽트(Interrupt) : 프로그램 처리 중 특수한 상태가 발생, 처리를 중지하고 특수한 상태를 처리한 후 다시 정상적인 처리를 하는 것
- 콘솔(Console) : 대형 컴퓨터에서 컴퓨터와 오퍼레이터가 의사 전달을 할 수 있는 장치로 오퍼레이터는 콘솔을 통하여 프로그램과 주변 장치를 총괄함

13 ①

시퀀싱(Sequencing) : 오디오 파일이나 여러 연주, 악기 소리 등을 프로그램에 입력하여 녹음하는 방법으로 음의 수정이나 리듬 변형 등의 여러 편집 작업이 가능함

오답 피하기

② : MIDI 형식, ③ : WAVE 형식, ④ : FLAC(Free Lossless Audio Codec)

14 ④

듀플렉스 시스템(Duplex System) : 두 개의 CPU 중 한 CPU가 작업 중일 때 다른 하나는 예비로 대기하는 시스템

오답 피하기

- 다중 처리 시스템 : 두 개 이상의 CPU로 동시에 여러 개의 프로그램을 처리하는 기법
- 듀얼 시스템(Dual System) : 두 개의 CPU가 동시에 같은 업무를 처리하는 방식
- 분산 처리 시스템 : 지역별로 발생한 자료를 분산 처리하는 방식

15 ①

방화벽(Firewall) : 외부에서 내부 네트워크로 들어오는 패킷은 내용을 엄밀히 체크하여 인증된 패킷만 통과시키는 구조

오답 피하기

- 해킹(Hacking) : 컴퓨터 시스템에 불법적으로 접근, 침투하여 정보를 유출하거나 파괴하는 행위
- 펌웨어(Firmware) : 비휘발성 메모리인 ROM에 저장된 프로그램으로, 하드웨어의 교체 없이 소프트웨어의 업그레이드만으로 시스템의 성능을 높일 수 있음
- 데이터 디들링(Data Diddling) : 데이터를 위조하거나 변조하여 바꿔치기하거나 끼워 넣는 해킹 수법으로 주로 금융기관 등에서 사용되는 방식임

16 ③

- IPv4 주소 체계 : 32비트를 8비트씩 4부분으로 나누어 각 부분을 점(.)으로 구분
- IPv6 주소 체계 : 128비트를 16비트씩 8부분으로 나누어 각 부분을 콜론(:)으로 구분

17 ④

CSMA/CD(반송파 감지 다중 접근/충돌 검사) 방식 : LAN의 접근 방식으로 한 회선을 여러 사용자가 사용할 때 이용하는 방식

오답 피하기

전송 오류 검출 방식은 패리티 비트, 정마크 부호 방식, 해밍 코드, 블록합 검사, CRC 등이 있음

18 ③

- CISC(Complex Instruction Set Computer) : 많은 종류의 명령어와 주소 지정 모드가 지원되며, 명령어의 길이가 가변적이고 주소 지정 방식이 다양하여 레지스터의 수가 적음
- RISC(Reduced Instruction Set Computer) : 복잡한 연산을 수행하기 위해 명령어들이 반복, 조합되어야 하므로 레지스터의 수가 많음

19 ④

구분	컴파일러	인터프리터
번역 단위	프로그램 전체를 한 번에 번역	프로그램의 행 단위 번역
번역 속도	전체를 번역하므로 느림	행 단위 번역이므로 빠름
해당 언어	FORTRAN,COBOL,PL/1, PASCAL, C언어 등	BASIC, LISP, SNABOL, APL 등
목적 프로그램	생성함	생성하지 않음
실행 속도	목적 프로그램이 생성되므로 빠름	느림

20 ④

- SMTP(Simple Mail Transfer Protocol) : 사용자의 컴퓨터에서 작성한 메일을 다른 사람의 계정이 있는 곳으로 전송해 주는 전자우편을 송신하기 위한 프로토콜
- POP3(Post Office Protocol) : 메일 서버에 도착한 E-mail을 사용자 컴퓨터로 가져올 수 있도록 메일 서버에서 제공하는 전자우편을 수신하기 위한 프로토콜

오답 피하기

- SNMP(Simple Network Management Protocol) : 네트워크를 운영하기 위해 각종 기기를 관리하는 프로토콜이며 TCP/IP 프로토콜에 포함됨
- TCP(Transmission Control Protocol) : 메시지를 송수신의 주소와 정보로 묶어 패킷 단위로 나누고, 전송 데이터의 흐름을 제어하며 데이터의 에러 유무를 검사함

2과목 스프레드시트 일반

21 ③

[검색]에서 행 방향을 우선하여 찾을 것인지 열 방향을 우선하여 찾을 것인지를 지정할 수 있음

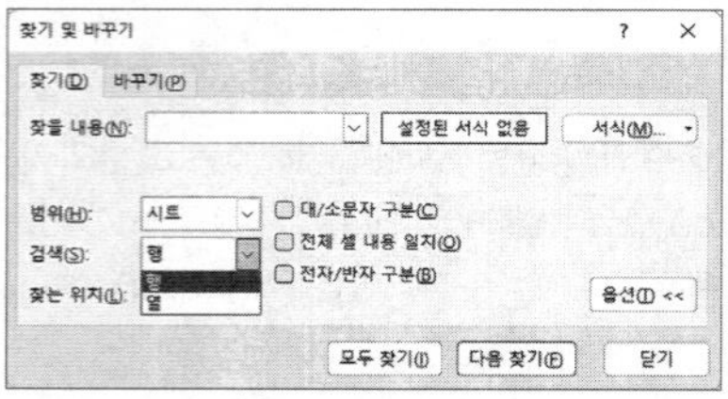

오답 피하기

[범위]에서는 찾을 범위를 '시트, 통합 문서' 중에서 선택할 수 있음

22 ④

그림과 같은 상태에서 [W]를 누르면 [보기] 탭으로 변경됨

23 ①

- =REPLACE("December",SEARCH("E","korea"),4,"") → Decr
- SEARCH("E","korea") : "korea"에서 "E"를 찾음(대소문자를 구분하지 않으므로 위치 결과는 4)
- =REPLACE("December",4,4,"") : "December"의 4번째에서 4개를 공백으로 교체하므로 결과는 Decr이 됨

오답 피하기

- =CHOOSE(MOD(-11,2),1,2,3) : MOD(-11,2)의 값이 1이므로 CHOOSE에 의해 첫 번째 값인 1이 선택됨 → 1
- =EOMONTH("2024-6-3",2) : 시작 날짜를 기준으로 2개월 후의 마지막 날을 반환 → 2024-8-31
- =FIXED(3.141592) : 수를 고정 소수점 형태의 텍스트로 바꾸며 소수점 이하 자릿수가 생략되었으므로 2로 간주함 → 3.14

24 ④

부분합 대화 상자에서 '그룹 사이에서 페이지 나누기'를 설정하면 그룹 사이에서 페이지를 나눌 수 있음

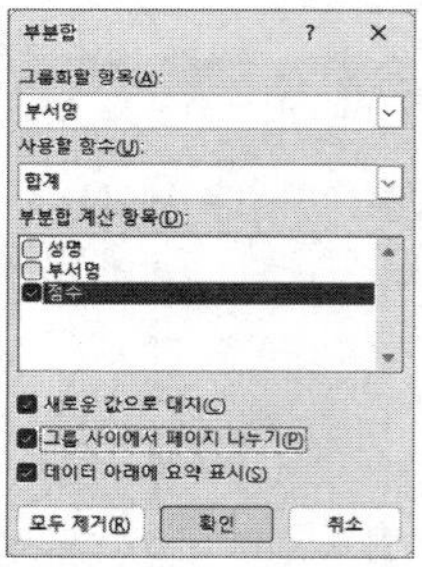

오답 피하기

- ① : 부분합은 [데이터] 탭-[개요] 그룹-[부분합]에서 실행할 수 있음
- ② : 부분합에서 그룹으로 사용할 데이터는 내림차순이든 오름차순이든 둘 중 하나로 정렬된 상태에서 실행할 수 있음
- ③ : 부분합에서 '데이터 아래에 요약 표시' 설정을 해제하면 데이터 위에도 요약을 표시할 수 있음

25 ②

목표값 찾기 : 수식의 결과 값(평균 점수가 85점)은 알고 있으나 그 결과 값을 얻기 위한 입력 값(영어 점수가 몇 점)을 모를 때 목표값 찾기 기능을 이용함

오답 피하기

- 부분합 : 워크시트에 있는 데이터를 일정한 기준으로 요약하여 통계 처리를 수행함
- 데이터 표 : 특정한 값이나 수식을 입력한 다음 이를 이용하여 표를 자동으로 만들어 주는 기능
- 피벗 테이블 : 엑셀의 레코드 목록, 외부 데이터, 다중 통합 범위, 다른 피벗 테이블을 바탕으로 한 새로운 형태의 통계 분석표를 작성함

26 ②

- =OFFSET(기준 셀 좌표, 이동할 행 수, 이동할 열 수, 행 수, 열 수) : 지정한 셀 위치에서 지정한 행과 열 수만큼 이동한 후 지정한 행과 열 수 영역의 셀을 반환함
- =OFFSET(D4,−2,−2,3,3) : [D4] 셀에서 위로 2행 이동하고 왼쪽으로 2열 이동한 위치인 [B2] 셀에서부터 가로로 3행, 세로로 3열을 이동한 범위까지의 영역을 반환함 → [B2:D2]

90	100	80
67	68	69
80	80	90

- =COUNT(B2:D2) : [B2:D2] 영역에서 빈 셀을 제외한 숫자의 개수를 구함 → 9

27 ②

- Ctrl+E : 빠른 채우기
- [데이터] 탭–[데이터 도구] 그룹–[빠른 채우기]를 이용하여 값을 자동으로 채움

오답 피하기

- Ctrl+Shift+L : 자동 필터
- Ctrl+F : 찾기
- Ctrl+T : 표 만들기

28 ④

ⓖ 최빈수와 ⓗ 중위수는 [상태 표시줄 사용자 지정]에서 선택할 수 없음

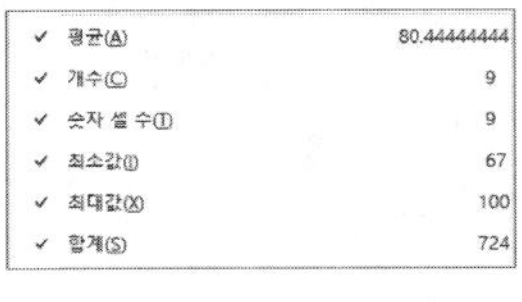

29 ③

원형 차트

- 전체에 대한 각 값의 기여도를 표시함
- 항목의 값들이 합계의 비율로 표시되므로 중요한 요소를 강조할 때 사용함
- 항상 한 개의 데이터 계열만을 가지고 있으므로 축이 없음

오답 피하기

- 세로 막대형 차트 : 열 또는 행으로 정렬된 데이터는 세로 막대형 차트로 그릴 수 있으며, 일반적으로 가로(항목) 축을 따라 항목이 표시되고 세로(값) 축을 따라 값이 표시됨
- 영역형 차트 : 시간에 따른 변화를 보여 주며 합계 값을 추세와 함께 살펴볼 때 사용함
- 방사형 차트 : 많은 데이터 계열의 합계 값을 비교할 때 사용하며, 각 항목마다 가운데 요소에서 뻗어나온 값 축을 갖고, 선은 같은 계열의 모든 값을 연결함(가로, 세로 축 없음)

30 ③

코드 보기, 시트 보호, 모든 시트 선택은 실행 가능함

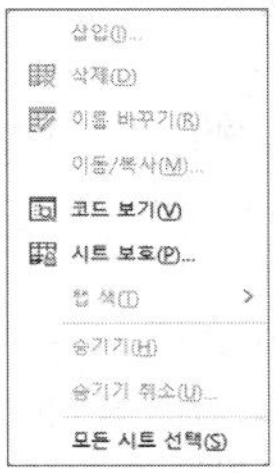

31 ②

셀의 데이터를 삭제하면 윗주도 함께 사라짐

오답 피하기

- ① : 윗주의 서식은 내용 전체에 대해 서식을 변경할 수 있음
- ③ : 문자 데이터에만 윗주를 표시할 수 있음
- ④ : 윗주 필드 표시는 인쇄 미리 보기에서 표시되고 인쇄할 때도 같이 인쇄됨

32 ④

1부터 100까지 홀수의 평균을 구하기 위해서는 홀수의 합(sum)을 개수(count)로 나누어야 되므로 ④는 sum/count 처럼 입력해야 함

33 ③

오답 피하기

- ① : 차트의 종류는 도우넛 차트임
- ② : 계열1 요소인 1월의 첫째 조각의 각은 0°임
- ④ : 도넛 구멍의 크기는 30%가 설정된 상태임

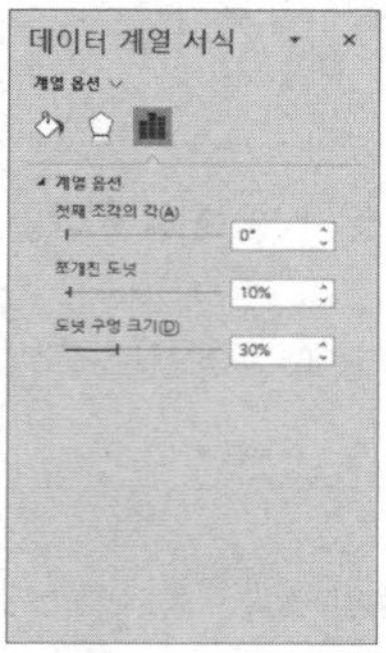

34 ④

[모두 선택] 단추 를 클릭하면 워크시트 전체가 선택됨

35 ③

텍스트 창에서 수식을 입력할 경우 SmartArt에 입력된 수식이 그대로 표시됨

36 ①

틀 고정선은 창 나누기와는 달리 고정선을 이용하여 고정선의 위치를 조절할 수 없음

37 ④

- 사원번호 첫 번째 문자가 'S'인 경우이므로 LEFT 함수를 이용하여 첫 글자를 추출함 → LEFT($A$2:$A$6,1)
- 배열 수식을 이용하여 'S'인 경우 참(1)이 되는 것과 매출액을 곱(*)하여 그 합을 산출함 → =SUM((LEFT($A$2:$A$6,1)="S")*$B$2:$B$6)
- 배열 수식이므로 Ctrl+Shift+Enter를 누르면 수식 앞, 뒤로 중괄호({ })가 생성됨 → {=SUM((LEFT($A$2:$A$6,1)="S")*$B$2:$B$6)}

38 ①

매크로에서 지정한 바로 가기 키와 엑셀에서 사용하는 바로 가기 키가 같을 경우 매크로에서 지정한 바로 가기 키가 우선 적용됨

39 ①

- 복합 조건(AND, OR 결합) : 첫 행에 필드명(성명, 호봉)을 나란히 입력하고, 두 번째 행의 동일한 행에 첫 번째 조건(홍*, <=30)을 입력하고 다음 동일한 행에 두 번째 조건(지*, >=30)을 입력함

성명	호봉
홍*	<=30
지*	>=30

- 성명이 홍으로 시작하고 호봉이 30 이하 또는 성명이 지로 시작하고 호봉이 30 이상인 데이터를 필터함(지용훈, 홍범도, 지유환)

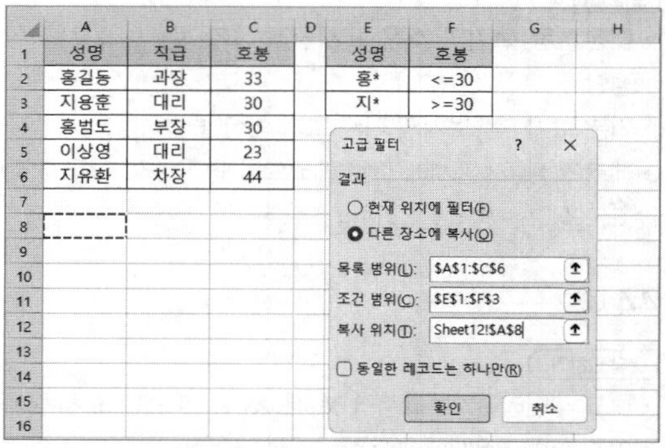

	A	B	C	D	E	F	G	H
1	성명	직급	호봉		성명	호봉		
2	홍길동	과장	33		홍*	<=30		
3	지용훈	대리	30		지*	>=30		
4	홍범도	부장	30					
5	이상영	대리	23					
6	지유환	차장	44					

	A	B	C	D	E	F
1	성명	직급	호봉		성명	호봉
2	홍길동	과장	33		홍*	<=30
3	지용훈	대리	30		지*	>=30
4	홍범도	부장	30			
5	이상영	대리	23			
6	지유환	차장	44			
7						
8	성명	직급	호봉			
9	지용훈	대리	30			
10	홍범도	부장	30			
11	지유환	차장	44			

40 ④

& : 여러 텍스트를 한 텍스트로 조인시킴

3과목 데이터베이스 일반

41 ④

④의 라.는 데이터 제어어(DCL)에 대한 설명임

42 ④

파이썬(Python) : 1991년 귀도 반 로섬(Guido van Rossum)이 발표한 대화형 인터프리터식 프로그래밍 언어

43 ②

오답 피하기

- 캡션 : 폼 보기의 제목 표시줄에 나타나는 텍스트를 설정함
- 기본 보기 : 폼 보기의 기본 보기 형식을 설정함
- 레코드 잠금 : 동시에 같은 레코드를 편집하려고 할 때 레코드 잠그는 방법을 설정함

44 ④

오답 피하기

- 보고서 머리글 : 보고서의 첫 페이지에 한 번만 표시됨(페이지 머리글 위에 표시됨)
- 구역 선택기 : 각 구역을 선택하거나 구역의 속성을 지정할 때 사용함
- 페이지 머리글 : 보고서의 모든 페이지 상단에 표시됨

45 ③

매크로(Macro) : 여러 개의 명령문을 하나로 묶어서 일련의 절차를 미리 정의하는 기능

46 ③

- AS : 필드나 테이블의 이름을 별명(Alias)으로 지정할 때 사용함
- AS 총매출 : 전반기+하반기의 합을 '총매출'이라는 이름으로 구함

47 ③

- mid 함수는 문자열의 시작 위치에서 지정된 수의 문자를 표시함
- mid("코참패스2024", 5, 4) : '코참패스2024'의 5번째부터 4개를 표시함 → 2024

48 ②

- 참조 무결성 : 외래키 값은 널(Null)이거나 참조 테이블에 있는 기본키 값과 동일해야 함
- [학과] 테이블에서 학과코드 'E'를 삭제하더라도 [학과] 테이블의 학과코드 'E'는 [학생] 테이블의 '학과코드' 필드에서 사용하고 있지 않으므로 참조 무결성이 유지됨

49 ③

- 모달 폼 : 현재 모달 폼을 닫기 전까지 다른 창을 사용할 수 없음
- [만들기] 탭-[폼] 그룹-[기타 폼]-[모달 대화 상자]를 클릭하여 실행함

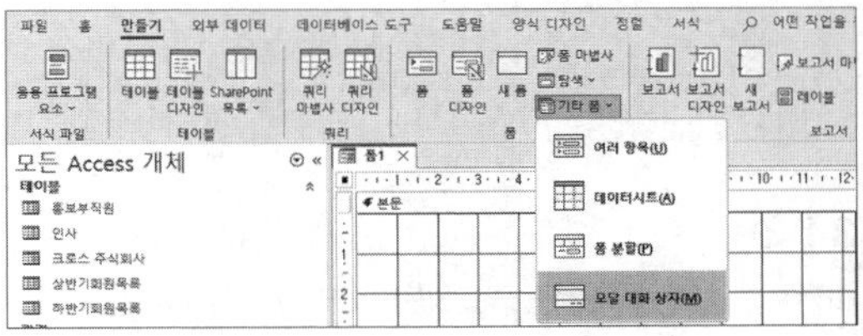

50 ④

보고서는 데이터의 입력, 추가, 삭제 등의 작업을 할 수 없음

51 ②

폼이나 보고서에서 쿼리를 레코드 원본으로 사용할 수 있음

52 ③

- GROUP BY : 그룹에 대한 쿼리시 사용
- GROUP BY 열리스트 [HAVING 조건]

53 ①

'제품별 납품 현황'은 보고서 매 페이지마다 인쇄해야 하므로 페이지 머리글 영역에 작성해야 됨

54 ②

=DCount("[학번]","[성적]","[점수]>=90") : =DCount(인수, 도메인(테이블명이나 쿼리명), 조건식)으로 특정 레코드의 집합(도메인)의 레코드 개수를 계산함

55 ②

개념 스키마(Conceptual Schema)

- 일반적으로 스키마라고도 함
- 논리적(Logical) 입장에서의 데이터베이스 전체 구조를 의미함
- 데이터의 모양을 나타내는 도표로서 스키마라 함
- 각각의 응용 시스템이 필요로 하는 데이터 구조로 하나만 존재함
- 접근 권한, 보안 정책, 무결성 규칙을 명시함

오답 피하기

- 외부스키마 : 서브 스키마(Sub Schema) 또는 뷰(View)라고도 하며 스키마 전체를 이용자의 관점에 따라 부분적으로 분할한 스키마의 부분 집합
- 내부스키마 : 물리적 스키마(Physical Schema)라고도 하며 물리적 입장에서 액세스하는 데이터베이스 구조를 의미함

56 ④

데이터 정의 언어(DDL) (Data Definition Language)	CREATE(테이블 생성), ALTER(테이블 변경), DROP(테이블 삭제)
데이터 조작 언어(DML) (Data Manipulation Language)	SELECT(검색), INSERT(삽입), UPDATE(갱신), DELETE(삭제)
데이터 제어 언어(DCL) (Data Control Language)	GRANT(권한 부여), REVOKE(권한 해제), COMMIT(갱신 확정), ROLLBACK(갱신 취소)

57 ④

- ㉠ : EMPLOYEE 테이블의 DEPT_ID 필드 데이터 전체를 검색하므로 튜플 수는 10이 됨
- DISTINCT : 검색 결과 값 중 중복된 결과 값(레코드)을 제거, 중복되는 결과 값은 한 번만 표시함
- ㉡ : EMPLOYEE 테이블의 DEPT_ID 필드 데이터에서 중복된 결과 값은 한 번만 표시하므로 튜플 수는 3이 됨

58 ④

개체 무결성 : 테이블에서 기본키를 구성하는 속성(열) 값은 널(Null) 값이나 중복 값을 가질 수 없음

59 ①

콤보 상자

- 콤보 상자는 적은 공간에서 목록값을 선택하며 새로운 값을 입력할 경우 유용함
- 콤보 상자의 드롭다운 화살표를 클릭 전까지는 목록이 숨겨져 있으며, 클릭하면 목록이 표시됨
- 콤보 상자는 텍스트 상자와 목록 상자의 기능이 결합된 컨트롤임
- 콤보 상자는 목록에 없는 값을 입력할 수 있음

오답 피하기

- 텍스트 상자 : 레코드 원본 데이터에 연결된 바운드 텍스트 상자, 바운드되지 않아 데이터는 저장되지 않는 언바운드 텍스트 상자, 계산 텍스트 상자로 작성할 수 있음
- 명령 단추 : 단순히 클릭하기만 하면 매크로 함수를 수행하는 방법을 제공함
- 옵션 그룹 : 틀, 옵션 단추, 확인란, 토글 단추 등으로 구성됨

60 ③

왼쪽 외부 조인 : 왼쪽의 테이블을 우선해서 왼쪽의 테이블에 관해 모든 행을 결과로 남기는 조인

오답 피하기

- 교차 조인 : 두 개의 테이블을 직교에 의해 조인하는 것으로 가장 단순한 조인으로 카테전 곱(Cartesian Product)이라고 함
- 내부 조인 : 한쪽 테이블의 열의 값과 다른 한쪽의 테이블의 열의 값이 똑같은 행만을 결합하는 것
- 오른쪽 외부 조인 : 오른쪽 테이블을 우선해서 오른쪽의 테이블에 관해 모든 행을 결과로 남기는 조인

2023년 상시 기출문제 03회 192P

01 ④	02 ①	03 ③	04 ④	05 ①
06 ②	07 ③	08 ③	09 ④	10 ③
11 ③	12 ③	13 ④	14 ②	15 ④
16 ④	17 ④	18 ④	19 ④	20 ①
21 ④	22 ③	23 ①	24 ②	25 ①
26 ③	27 ④	28 ③	29 ③	30 ④
31 ③	32 ①	33 ②	34 ④	35 ④
36 ②	37 ①	38 ①	39 ④	40 ②
41 ②	42 ③	43 ②	44 ④	45 ②
46 ②	47 ③	48 ④	49 ①	50 ③
51 ③	52 ③	53 ④	54 ②	55 ④
56 ④	57 ④	58 ③	59 ③	60 ③

1과목 컴퓨터 일반

01 ④

- 비밀키(대칭키, 단일키) 암호화 : 대표적인 방식은 DES가 있음
- 공개키(비대칭키, 이중키) 암호화 : 대표적인 방식으로는 RSA가 있음

02 ①

- DMA(Direct Memory Access) : CPU의 간섭 없이 주기억 장치와 입출력 장치 사이에서 직접 전송이 이루어지는 방법
- DMA 방식에 의한 입출력은 CPU의 레지스터를 경유하지 않고 전송하므로 CPU는 정지 상태에 들어가지 않음

03 ③

오답 피하기

- 라우터(Router) : 네트워크 계층에서 망을 연결하며, 다양한 전송 경로 중 가장 효율적인 경로를 선택하여 패킷을 전송하는 장치
- 스위칭 허브(Switching Hub) : 네트워크에서 연결된 각 회선이 모이는 집선 장치로서 각 회선을 통합적으로 관리하는 방식으로 집선 장치가 많아져도 그 속도가 일정하게 유지됨
- 모뎀(MODEM) : 변복조 장치

04 ④

LNK는 바로 가기의 확장자이며, 바로 가기를 삭제해도 원본 프로그램에는 영향을 미치지 않음

05 ①

ZIP 파일은 압축 파일의 확장자임

06 ②

문서의 첫 줄 왼쪽에 .LOG(대문자)를 입력하고 저장한 다음 다시 그 파일을 열기하면 시간과 날짜가 자동으로 삽입됨

07 ③

부가 가치 통신망(VAN : Value Added Network)

통신 회선을 직접 보유하거나 통신 사업자의 회선을 임차하여 이용하는 형태

오답 피하기

- MAN : LAN과 WAN의 중간 형태로, 대도시와 같은 넓은 지역에 데이터, 음성, 영상 등의 서비스를 제공하는 통신망
- LAN : 수 km 이내의 거리(한 건물이나 지역)에서 데이터 전송을 목적으로 연결된 통신망
- WAN : 원거리 통신망이라고도 하며, 하나의 국가 등 매우 넓은 네트워크 범위를 갖는 통신망

08 ③

배경을 투명하게 하거나 애니메이션 효과를 줄 수 있음

09 ④

IPv6 주소 체계는 128비트를 16비트씩 8부분으로 나누어 각 부분을 콜론(:)으로 구분함

10 ③

[Windows]+[U] : 접근성 센터 열기

오답 피하기

[Windows]+[I] : 설정 실행

11 ③

플래시 메모리(Flash Memory) : 전원이 공급되지 않아도 내용이 지워지지 않는 비휘발성 메모리 EEPROM의 일종으로 휴대용 컴퓨터나 디지털 카메라 등의 보조 기억 장치로 이용되는 메모리

오답 피하기

- DRAM : 일정 시간이 지나면 전하가 방전되므로 재충전(Refresh) 시간이 필요함
- SRAM : 정적인 램으로, 전원이 공급되는 한 내용이 그대로 유지됨
- ROM : 한 번 기록한 정보에 대해 오직 읽기만을 허용하도록 설계된 비휘발성 기억 장치

12 ③

생체 인식 보안 시스템 : 지문, 홍채, 음성 등이 있음

13 ④

트루컬러(Truecolor)

- 사람의 눈으로 인식이 가능한 색상의 의미로, 풀 컬러(Full Color)라고도 함
- 24비트의 값을 이용하며, 빛의 3원색인 빨간색(R), 녹색(G), 파란색(B)을 배합하여 색상을 만드는 방식임. 이때, 각 색상을 배합할 때 단위를 '픽셀'이라고 함

14 ②

쿠키(Cookie) : 인터넷 웹 사이트의 방문 정보를 기록하는 텍스트 파일

15 ④

netstat : 현재 자신의 컴퓨터에 연결된 다른 컴퓨터의 IP 주소나 포트 정보를 확인할 수 있음

오답 피하기

tracert : 네트워크에 연결된 컴퓨터의 경로(라우팅 경로)를 추적할 때 사용하는 명령

16 ④

디스크 조각 모음은 단편화를 제거하여 디스크의 수행 속도를 높여주는 것으로, 하드디스크의 속도 저하 시에 실행함

17 ④

프로그램 카운터(Program Counter)는 제어 장치에 포함됨

18 ④

오답 피하기

- MPEG-3 : HDTV 방송(고 선명도의 화질)을 위해 고안되었으나, MPEG-2 표준에 흡수, 통합되어 현재는 존재하지 않는 규격
- MPEG-4 : 동영상의 압축 표준안 중에서 IMT-2000 멀티미디어 서비스, 차세대 대화형 인터넷 방송의 핵심 압축 방식으로 비디오/오디오를 압축하기 위한 표준
- MPEG-7 : 인터넷상에서 멀티미디어 동영상의 정보 검색이 가능, 정보 검색 등을 효율적으로 사용하기 위한 콘텐츠 저장 및 검색을 위한 표준

19 ④

스타(Star)형

- 중앙에 컴퓨터와 단말기들이 1:1(Point-To-Point)로 연결된 형태로, 네트워크 구성의 가장 기본적인 형태
- 모든 통신 제어가 중앙의 컴퓨터에 의해 행해지는 중앙 집중 방식
- 일반적인 온라인 시스템의 전형적 방식으로, 회선 교환 방식에 적합함
- 중앙의 컴퓨터에서 모든 단말기의 제어가 가능하지만, 중앙 컴퓨터의 고장 시 전체 시스템 기능이 마비됨

오답 피하기

- 링(Ring)형 : 컴퓨터와 단말기들을 서로 이웃하는 것끼리만 연결한 형태
- 버스(Bus)형 : 한 통신 회선에 여러 대의 단말기가 접속되는 형태
- 트리(Tree)형 : 중앙의 컴퓨터와 일정 지역의 단말기까지는 하나의 통신 회선으로 연결되어 이웃 단말기는 이 단말기로부터 근처의 다른 단말기로 회선이 연장되는 형태

20 ①

혹스(Hoax) : Hoax는 "거짓말(장난질)을 하다."의 의미이며, E-mail, SNS, 메신저, 문자 메시지 등을 통하여 존재하지 않지만 존재하는 것처럼 위장하는 가짜 바이러스로 거짓 정보나 유언비어, 괴담 등을 사실인 것처럼 유포하여 불안감 및 불신감 조성을 목적으로 함. 스미싱(Smishing)과는 달리 악성 코드 등의 설치를 유도하지 않음

오답 피하기

- 드롭퍼(Dropper) : 바이러스나 트로이 목마 프로그램을 사용자가 모르게 설치하는 프로그램
- 백도어(Back Door) : 시스템 관리자의 편의를 위한 경우나 설계상 버그로 인해 시스템의 보안이 제거된 통로를 말하며, 트랩 도어(Trap Door)라고도 함
- 스니핑(Sniffing) : 특정한 호스트에서 실행되어 호스트에 전송되는 정보(계정, 패스워드 등)를 엿보는 행위

2 과목 스프레드시트 일반

21 ④

- 피벗 테이블 : 방대한 양의 자료를 빠르게 요약하여 보여주는 대화형 테이블
- [삽입] 탭-[표] 그룹-[피벗 테이블]을 클릭하여 '피벗 테이블 만들기'를 실행함
- [피벗 테이블 필드] 대화 상자에서 열에 '분류', 행에 '성별', 값에 '합계'를 위치시켜 작성함

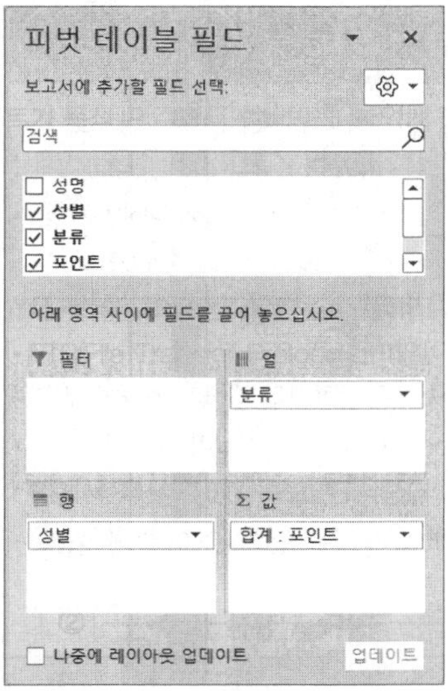

22 ③

피벗 차트의 기본 차트 종류는 세로 막대형 차트이며 분산형, 주식형, 거품형 차트를 제외한 다른 차트로 변경 가능함

23 ①

오답 피하기

- ② : 시트 이름으로 영문을 사용할 때 대소문자를 구분하지 않음
- ③ : 하나의 통합 문서 안에서는 동일한 시트 이름을 지정할 수 없음
- ④ : 시트 탭의 시트 이름을 클릭하는 것이 아닌 더블클릭하여 이름을 수정할 수 있음

24 ②

=MOD(ROW(),2)=0 : ROW는 현재 행 번호를 구해 주므로 현재 행을 2로 나눈 나머지를 MOD 함수로 구한 결과가 0인 경우는 짝수 행임

25 ①

- 목표값 찾기 : 수식의 결과 값은 알고 있으나 그 결과 값을 얻기 위한 입력 값을 모를 때 사용함
- 수식 셀 : $B$8(평균), 찾는 값 : 800000, 값을 바꿀 셀 : $B$4(1사분기 수출량)
- "평균이 8000000이 되려면 1사분기의 수출량은 얼마가 되어야 하는가?"를 의미함

26 ③

행 높이와 열 너비를 변경하면 자동 페이지 나누기 위치도 같이 변경됨

27 ④

④ =REPLACE(A3,SEARCH(A4,A3),2,"명세서") → '분기명세서'

- SEARCH : 문자열에서 찾을 텍스트의 시작 위치를 반환하는 함수
- 따라서 =SEARCH(A4,A3) → =SEARCH("수익","분기 수익")의 결과는 4가 됨
- REPLACE(텍스트1, 시작위치, 바꿀 개수, 텍스트2) : 시작 위치의 바꿀 개수만큼 텍스트1의 일부를 다른 텍스트2로 교체함
- =REPLACE(A3,4,2,"명세서") → =REPLACE("분기 수익",4,2,"명세서")의 결과는 4번째에서 2개를 "명세서"로 바꾸는 경우이므로 "분기 " 다음에 "명세서"가 붙음
- 따라서, 최종 결과는 =REPLACE(A3,SEARCH(A4,A3),2,"명세서") → '분기 명세서'가 되어야 함, 문제의 보기는 '분기명세서'로 붙어 있어서 틀림

오답 피하기

① =MID(A5,SEARCH(A1,A5)+5,3) → '설악산'

SEARCH(A1,A5)의 결과가 1이므로 1+5=6, =MID("아름다운 설악산",6,3)의 결과는 6번째에서 3개를 추출하므로 "설악산"이 됨(A1셀처럼 찾을 문자에 대한 제시가 없는 경우 결과가 1이 됨)

② =REPLACE(A5,SEARCH("한",A2),5,"") → '설악산'

SEARCH("한",A2)의 결과가 1이므로 =REPLACE("아름다운 설악산",1,5,"")의 결과는 1번째에서 5번째까지 ""(공백)으로 교체하므로 "설악산"이 됨

③ =MID(A2,SEARCH(A4,A3),2) → '대한'

SEARCH(A4,A3)의 결과가 4이므로 =MID("한국 대한민국",4,2)의 결과는 4번째에서 2개를 추출하므로 "대한"이 됨

28 ③

통합 문서 보호 설정 시 암호를 지정하더라도 워크시트에 입력된 내용을 수정할 수 있음

29 ③

입력된 값이 음수이므로 –₩###0이 적용되어 숫자 앞에 –₩가 표시되고 소수점 뒷자리는 없어지면서 반올림됨(–₩8964)

30 ④

FREQUENCY 함수 : 값의 범위 내에서 해당 값의 발생 빈도를 계산하여 세로 배열 형태로 나타냄

오답 피하기

PERCENTILE.INC 함수 : 범위에서 k번째 백분위수 값을 구함(k는 경계 값을 포함한 0에서 1사이의 수)

31 ③

〈보기〉는 ③ 3차원 표면형 차트에 대한 설명임

오답 피하기

- ① 영역형 차트 : 일정한 시간에 따라 데이터의 변화 추세(데이터 세트의 차이점을 강조)를 표시
- ② 분산형 차트 : 데이터의 불규칙한 간격이나 묶음을 보여주는 것으로, 데이터 요소 간의 차이점보다는 큰 데이터 집합 간의 유사점을 표시하려는 경우에 사용함
- ④ 방사형 차트 : 많은 데이터 계열의 합계 값을 비교할 때 사용함

32 ①

Do Until 구문(Do Until ~ Loop)

- 조건식이 거짓일 경우 수행되므로 조건이 참일 때 반복을 중지함
- 반복 전에 조건을 판단하므로 처음 조건식이 참일 때 명령문은 한 번도 실행되지 않음
- Do Until test 〈 99 → 처음 test 값이 0이므로 조건식(0〈99)이 참이 되어 명령문은 한 번도 실행되지 않음(결과는 0)

33 ②

오답 피하기

- ① : 바로 가기 키는 영문 대소문자만 가능하며 반드시 설정하지 않아도 됨
- ③ : 매크로 이름은 기본적으로 매크로1, 매크로2, … 등과 같이 자동으로 이름이 부여되며 사용자가 지정할 수도 있음
- ④ : 설명은 매크로 실행과는 직접적인 관계가 없는 주석을 기록하는 곳이며 사용자가 지우고 새로운 설명을 입력할 수 있음

34 ④

범위를 지정하고 데이터를 입력한 후 Ctrl+Enter를 누르면 동일한 데이터가 한꺼번에 입력됨

오답 피하기

Alt+Enter : 동일한 셀에서 줄이 바뀌며, 두 줄 이상의 데이터를 입력할 수 있음

35 ④

Alt+Page Down : 한 화면 우측으로 이동함

오답 피하기

Ctrl+F6 또는 Ctrl+Tab : 다음 통합 문서로 이동

36 ②

차트에서 차트 제목을 클릭한 후 수식 입력줄에서 등호(=)를 입력한 다음 [B1] 셀을 선택하고 Enter를 누르면 차트 제목이 변경되며 수식 입력 줄에 =근속년수!$B$1이 표시됨

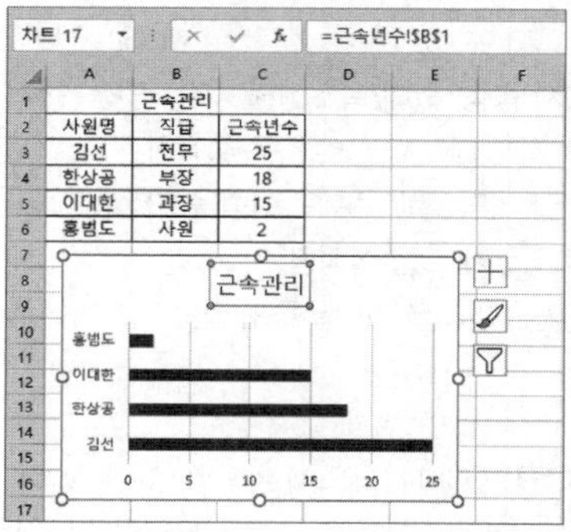

37 ①

시나리오는 변경 셀로 지정한 셀에 계산식이 포함되어 있으면 자동으로 상수로 변경되어 시나리오가 작성되지만, 별도의 파일로 저장되지는 않음

38 ①

- 문자와 숫자가 혼합된 셀의 채우기 핸들을 Ctrl을 누른 채 드래그하면 그대로 복사됨
- 문자와 숫자가 혼합된 셀의 채우기 핸들을 끌면 문자는 복사되고 숫자는 1씩 증가함

오답 피하기

- ② : 첫 번째 셀과 두 번째 셀의 데이터 사이의 차이에 의해 증가 또는 감소하면서 채워짐
- ③ : 오른쪽으로 드래그하면 1씩 증가함(왼쪽으로 드래그하는 경우 1씩 감소함)
- ④ : 첫 번째 항목이 복사됨

39 ④

[시트] 탭의 인쇄에서 눈금선, 흑백으로, 간단하게 인쇄(테두리, 그래픽 등을 인쇄하지 않음), 행/열 머리글, 메모의 인쇄 여부 및 인쇄 위치(시트 끝, 시트에 표시된 대로)를 지정할 수 있음

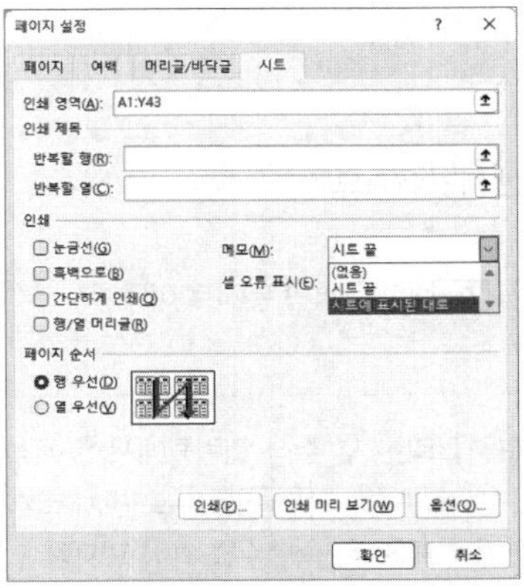

오답 피하기

- [페이지] 탭 : 용지 방향, 확대/축소 비율, 자동 맞춤, 용지 크기, 인쇄 품질, 시작 페이지 번호 등을 설정함
- [여백] 탭 : 머리글/바닥글과 용지의 여백을 지정함. 페이지 가운데 맞춤(가로, 세로)을 설정함
- [머리글/바닥글] 탭 : 머리글/바닥글을 편집함

40 ②

{=DSUM(($C$3:$C$9=G3)*1)} : DSUM 함수의 형식(=DSUM(데이터베이스, 필드, 조건 범위))에 맞지 않으므로 부서별 인원수를 산출할 수 없음

오답 피하기

- ① {=SUM(($C$3:$C$9=G3)*1)} : 부서명($C$3:$C$9) 범위에서 개발1부(G3)와 같은 경우 True(1)이므로 1*1=1, 즉 1의 개수를 모두 SUM 함수로 더하면 개발1부의 인원수가 산출됨
- ③ {=SUM(IF($C$3:$C$9=G3,1))} : 부서명($C$3:$C$9) 범위에서 개발1부(G3)와 같은 경우 IF 함수의 참값 1이 결과가 되므로 1의 개수를 모두 SUM 함수로 더하면 개발1부의 인원수가 산출됨
- ④ {=COUNT(IF($C$3:$C$9=G3,1))} : 서명($C$3:$C$9) 범위에서 개발1부(G3)와 같은 경우 IF 함수의 참값 1이 결과가 되므로 1의 개수를 모두 COUNT 함수로 세면 개발1부의 인원수가 산출됨

3과목 데이터베이스 일반

41 ②

- 후보키(Candidate Key) : 한 테이블에서 유일성과 최소성을 만족하는 키이다(예 사원번호, 주민등록번호, 학번, 군번 등)
- 유일성 : 키로 하나의 튜플만을 식별 가능함(예 사원번호 및 주민등록번호로 튜플 식별 가능)
- 최소성 : 유일한 식별을 하기 위해 꼭 있어야 하는 속성으로만 구성됨(예 사원번호와 주민등록번호 각각의 속성만으로 식별 가능)

42 ③

도메인(Domain) : 하나의 속성이 취할 수 있는 값의 집합(예 성별의 경우 남, 여가 해당됨)

오답 피하기

- 튜플(Tuple) : 테이블에서 행을 나타내는 말로 레코드와 같은 의미임
- 속성(Attribute) : 테이블에서 열을 나타내는 말로 필드와 같은 의미임(널(Null) 값을 가질 수 있음)
- 테이블(Table) : 관계형 데이터베이스에서 2차원의 가로, 세로(행과 열) 형태로 나타내는 저장소

43 ②

외래키(FK : Foreign Key)

- 외래키(FK)가 다른 참조 테이블(릴레이션)의 기본키(PK)일 때 그 속성키를 외래키라고 함
- [교수] 테이블의 '학과번호'는 [학과] 테이블의 기본키인 '학과번호'를 참조하여 '학과이름'을 알 수 있으므로 [교수] 테이블의 '학과번호'가 외래키가 됨

44 ④

1부터 3까지 설정되므로 3이 포함됨

45 ②

폼 모양 : 열 형식, 테이블 형식, 데이터 시트, 맞춤 등이 있음

46 ②

WHERE 절 이하 부분이 없으면 [회원] 테이블에서 모든 레코드가 삭제됨

47 ③

Format() : 숫자, 날짜, 시간, 텍스트의 표시 및 인쇄 방법을 사용자 지정

48 ④

직사각형 : 개체, 마름모 : 관계, 선 : 링크, 타원 : 속성

기호	의미	기호	의미
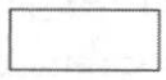	개체 타입		의존 개체 타입
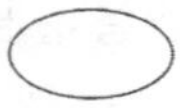	속성		기본키 속성
	유도된 속성		링크
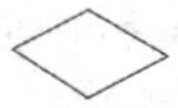	관계 타입	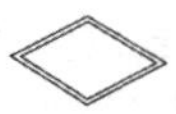	관계 타입 식별

49 ①

텍스트 상자의 컨트롤 원본을 '=1'로 지정하고, 누적 합계 속성을 '그룹'으로 지정하면 그룹 내 데이터의 일련번호가 표시됨

50 ③

- Group by 필드 명 Having 조건 : 조건에 만족하는 데이터를 필드명으로 그룹을 묶음
- 학생 테이블에서 '재학구분'이 '휴학중'인 데이터를 '학과명'으로 묶은 후 학과명과 학과명별로 학과명 데이터의 개수를 '휴학자수' 필드로 분류해서 표시함.

51 ③

- 〉: 모든 문자를 대문자로 변환함
- L : 필수 요소로, A부터 Z까지의 영문자나 한글을 입력함
- 0 : 필수 요소로, 0~9까지의 숫자를 입력함, 덧셈 기호(+)와 뺄셈 기호(–)는 사용할 수 없음
- ? : 선택 요소로, A부터 Z까지의 영문자나 한글을 입력함

입력 마스크	〉	L	0	L		L	?	0
입력 값 ③	대문자로 변환	H	3	H		가	H	3

오답 피하기

- ① a9b M : 〉(대문자로 변환)와 맨 뒤 0(필수요소, 숫자)을 만족하지 않음
- ② M3F A07 : 입력 값 숫자 0이 ?(영문자나 한글)을 만족하지 않음
- ④ 9Z3 3?H : 입력 값이 L(영문자, 한글), 0(숫자), ?(영문자, 한글)을 만족하지 않음

52 ③

- =Avg 함수는 Null인 레코드는 계산에서 제외하기 때문에 결과는 (5+10+20+10)/4=11.25가 됨
- =Avg, Count 함수는 Null인 레코드는 계산에서 제외함

53 ④

폼 디자인 : 폼에 필드를 사용자가 직접 추가할 수 있으며, 여러 컨트롤을 이용하여 폼을 설계함

54 ②

- 테이블이나 쿼리, 폼, 보고서, 필드, 컨트롤의 이름은 대괄호([ ])로 묶어서 표현함
- 실행 중인 폼이나 보고서 또는 컨트롤을 참조하기 위해서는 느낌표(!) 연산자를 사용함

55 ④

UNION(통합 쿼리)은 테이블을 결합할 때 중복 레코드를 반환하지 않음

56 ④

[페이지] 탭에서 인쇄할 용지의 크기, 용지 방향, 프린터를 지정할 수 있음

57 ④

- Form_Load() : 폼을 로드시킴
- SetFocus : 지정한 컨트롤에 커서(포커스)를 자동적으로 위치 시킴

58 ③

한 테이블에서 여러 개의 인덱스를 생성할 수 있음

59 ③

응용 프로그래머

- 데이터 부속어와 호스트 프로그래밍 언어를 이용하여 프로그램을 작성함
- 작성한 프로그램으로 데이터에 접근하는 사람

60 ③

- DLOOKUP : 특정 필드 값을 구할 때 사용하는 함수
- = DLOOKUP("구할 필드", "테이블명", "조건")이므로 → = DLOOKUP("성명", "사원", "[사원번호]=1")

2023년 상시 기출문제 04회 199P

01 ④	02 ①	03 ②	04 ④	05 ②
06 ④	07 ②	08 ②	09 ②	10 ①
11 ②	12 ④	13 ①	14 ①	15 ③
16 ③	17 ④	18 ③	19 ③	20 ②
21 ④	22 ②	23 ④	24 ②	25 ③
26 ②	27 ②	28 ④	29 ①	30 ③
31 ④	32 ④	33 ①	34 ③	35 ②
36 ③	37 ②	38 ②	39 ②	40 ②
41 ④	42 ④	43 ②	44 ③	45 ④
46 ④	47 ④	48 ④	49 ②	50 ③
51 ④	52 ②	53 ④	54 ④	55 ②
56 ④	57 ③	58 ①	59 ④	60 ①

1 과목 컴퓨터 일반

01 ④

오답 피하기

- CSMA/CD(매체 접근 제어) 방식 : "반송파 감지 다중 접근/충돌 검사"로 데이터의 충돌을 방지하기 위해 송신 데이터가 없을 때만 데이터를 송신하고, 다른 장비가 송신 중일 때는 송신을 멈추는 방식
- 패리티 검사 방식 : 에러 검출을 목적으로 원래의 데이터에 1비트를 추가하는 방식으로 짝수 패리티와 홀수 패리티가 있음
- CRC(순환 중복 검사) 방식 : 프레임 단위의 데이터가 전송될 때 미리 정해진 다항식을 적용하여 오류를 검출함

02 ①

제어 장치(CU)와 연산 장치(ALU)가 하나로 통합된 집적 회로임

03 ②

구조화 : 실행할 명령을 순서대로 기술하는 방식으로 절차 지향 언어의 특징임

오답 피하기

객체 지향 프로그래밍 : 추상화, 상속성, 캡슐화, 다형성, 오버 로딩 등의 특징이 있음

04 ④

④는 공개키(비대칭키, 이중키) 암호화 기법의 특징임

05 ②

운영체제의 목적(성능 평가 요소) : 처리 능력, 응답 시간, 신뢰도, 사용 가능도

06 ④

XML : 확장성 생성 언어라는 뜻으로 기존 HTML의 단점을 보완하여 웹에서 구조화된 폭넓고 다양한 문서들을 상호 교환할 수 있도록 설계한 언어

07 ②

오답 피하기

- 교착상태(Deadlock) : 동일한 자원을 공유하고 있는 두 개의 컴퓨터 프로그램들이 상대방이 자원에 접근하는 것을 서로 방해함으로써 두 프로그램 모두 기능이 중지되는 상황
- 인터럽트(Interrupt) : 컴퓨터에서 정상적인 프로그램을 처리하고 있는 도중에 특수한 상태가 발생했을 때 현재 실행하고 있는 프로그램을 일시 중단하고, 그 특수한 상태를 처리한 후 다시 원래의 프로그램을 처리하는 과정
- IRQ(Interrupt ReQuest) : 주변기기(마우스, 키보드, LAN 보드 등)에서 일어나는 인터럽트 신호

08 ②

미러 사이트(Mirror Site) : 인터넷 특정 사이트에 다수의 사용자가 한꺼번에 몰려 서버가 다운되는 현상을 방지하기 위해 같은 내용을 여러 사이트에 복사하여 사용자가 분산되게 하고, 더 빨리 자료를 찾을 수 있도록 하는 사이트

오답 피하기

- 포털 사이트(Portal Site) : 인터넷을 검색할 때 거쳐야 하는 관문 사이트로서 전자 우편, 정보 검색, 다양한 뉴스, 동호회 등 여러 가지 서비스를 한 번에 제공하는 종합 사이트
- 인트라넷(Intranet) : 기업의 내부 네트워크와 외부 인터넷을 하나로 연결하여 저렴한 비용으로 필요한 네트워크를 구축하는 것
- 엑스트라넷(Extranet) : 몇 개의 인트라넷이 연결되어 사업자들이 고객이나 다른 사업 파트너와 정보를 공유할 수 있는 시스템

09 ②

[휴지통]에 보관된 파일은 복원은 가능하지만 복원하기 전에는 실행시킬 수 없음

10 ①

오답 피하기
- JPG : 정지 영상 압축 기술에 관한 표준화 규격으로 20:1 정도로 압축할 수 있는 형식
- PNG : 트루컬러를 지원하는 비손실 방식의 그래픽 파일로 압축률이 높고 투명층을 지원하나 애니메이션은 지원되지 않음
- BMP : 이미지를 비트맵 방식으로 표현하고 압축하지 않기 때문에 고해상도의 이미지를 표현할 수 있지만 용량이 커짐

11 ②

알파 버전(Alpha Version) : 주로 외부에 공개되지 않는 버전으로 개발 초기에 회사 자체적으로 성능 등을 평가하기 위해 제작하는 프로그램

오답 피하기
- ① : 데모 버전(Demo Version)
- ③ : 베타 버전(Beta Version)
- ④ : 패치 프로그램(Patch Program)

12 ④

연계 편집 프로그램 : 목적 프로그램을 링커(Linker)에 의해 라이브러리 등을 이용하여 연계 편집할 때 사용하는 프로그램으로 실행할 수 있는 로드 모듈을 생성함

13 ①

$1\times2^{10}+0\times2^9+0\times2^8+0\times2^7+0\times2^6+0\times2^5+0\times2^4+0\times2^3+0\times2^2+0\times2^1+0\times2^0=1,024$

14 ①

P2P(Peer To Peer) : 인터넷상에서 개인끼리 파일을 공유하는 기술이나 행위로, 컴퓨터와 컴퓨터가 동등하게 연결되는 방식

15 ③

펌웨어(Firmware) : 비휘발성 메모리인 ROM에 저장된 프로그램으로, 하드웨어의 교체 없이 소프트웨어의 업그레이드만으로 시스템의 성능을 높일 수 있음

16 ③

[⊞]+[Tab] : 작업 보기 열기

오답 피하기

[⊞]+[L] : PC 잠금 또는 계정 전환

17 ④

서브넷 마스크(Subnet Mask)
- 네트워크 ID와 호스트 ID를 구분해 주는 역할을 함
- 네트워크를 서브넷(부분망)으로 나누면 IP 주소를 효과적으로 사용할 수 있음
- 서브넷은 여러 개의 LAN에 접속하는 경우 하나의 LAN을 의미함
- IP 수신자에게 제공하는 32비트 주소임
- 대부분 255.255.255.0의 C 클래스(Class)로 정의됨

오답 피하기
- IP 주소 : 현재 컴퓨터에 설정된 IP 주소로 네트워크 주소와 호스트 주소로 구성됨
- 기본 게이트웨이 : 프로토콜이 서로 다른 통신망을 상호 접속하기 위한 장치이며 일반적으로 라우터(Router)의 주소임
- DNS(Domain Name System) : 도메인 네임과 IP 주소를 대응(Mapping)시켜 주는 역할을 담당하는 분산 네이밍 시스템

18 ③

정지 영상의 크기 산출법
- 압축이 있는 경우 : (가로 픽셀 수×세로 픽셀 수×픽셀당 저장 용량(바이트))/압축 비율
- (200×400×1)/10 = 8000Byte = 8KB
- 256 색상은 8비트(2^8)로 표현할 수 있으며, 8비트는 1바이트이므로 픽셀 당 저장 용량은 1이 됨

19 ③

듀얼(Dual) 시스템 : 두 개의 CPU가 동시에 같은 업무를 처리하는 방식, 업무의 신뢰도를 높이는 작업에 이용됨

오답 피하기
- 듀플렉스(Duplex) 시스템 : 두 개의 CPU 중 한 CPU가 작업 중일 때 다른 하나는 예비로 대기하는 시스템
- 클러스터링(Clustering) 시스템 : 두 대 이상의 컴퓨터 시스템을 단일 시스템처럼 묶어서 사용하는 시스템
- 다중 처리(Multi-Processing) 시스템 : 두 개 이상의 CPU로 동시에 여러 개의 프로그램을 처리하는 시스템

20 ②

[추가 마우스 옵션]-[마우스 속성] 대화 상자-[포인터 옵션] 탭의 [표시 유형]에서 '〈Ctrl〉 키를 누르면 포인터 위치 표시'를 설정할 수 있음

2과목 스프레드시트 일반

21 ④

=EDATE("2024-6-3", 6) : 2024-12-3

시작 날짜를 기준으로 전, 후 개월 수를 반환하므로 2024년 6월 3일 기준으로 6개월 후인 2024년 12월 3일이 결과로 산출됨

=EOMONTH("2024-1-1", 11) : 2024-12-31

2024년 1월을 기준으로 11개월 후 마지막 날이므로 2024년 12월 31일이 결과로 산출됨

22 ②

- For~Next : 반복 명령문, MsgBox : 대화 상자로 결과를 출력
- For 변수 = 초기값 To 최종값 Step 증가값
- For k = 1 To 20 Step 5 → 1, 6, 11, 16
- Sum = Sum + k → k에 1, 6, 11, 16을 차례대로 대입시키면서 합을 구하므로 결과는 34(1+6+11+16)가 됨
- k 값은 16에서 5가 증가되어 For 문을 빠져나오므로 결과는 21이 됨

23 ④

④ =SUM((MID($A$2:$A$7,3,1)="K")*$B$2:$B$7) : 사원번호 3번째 문자가 "K"인 경우이므로 MID 함수를 이용하여 3번째에서 1자를 추출하고 배열 수식을 이용하여 "K"인 경우 참(1)이 되는 것과 실적을 곱(*)하여 그 합을 산출함

24 ②

오답 피하기

- ⓒ 영문자의 경우 대/소문자를 구분하여 정렬할 수 있으며, 오름차순으로 정렬하면 소문자가 우선순위를 가짐
- ⓓ 글꼴에 지정된 색을 기준으로 정렬하려면 정렬 기준을 '글꼴 색'으로 설정해야 함

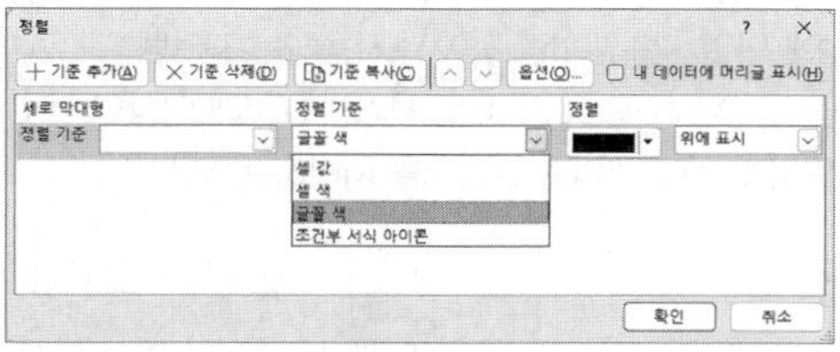

25 ③

매크로가 적용되는 셀의 바로 가기 메뉴에서 매크로 실행 기능은 지원되지 않음

26 ②

MS-Word(*.docx)는 워드프로세서 문서로 외부 데이터 가져오기를 할 수 없음

27 ②

② : 차트 제목 "지점별 매출 현황"은 '가운데에 맞춰 표시'가 설정되어 있음

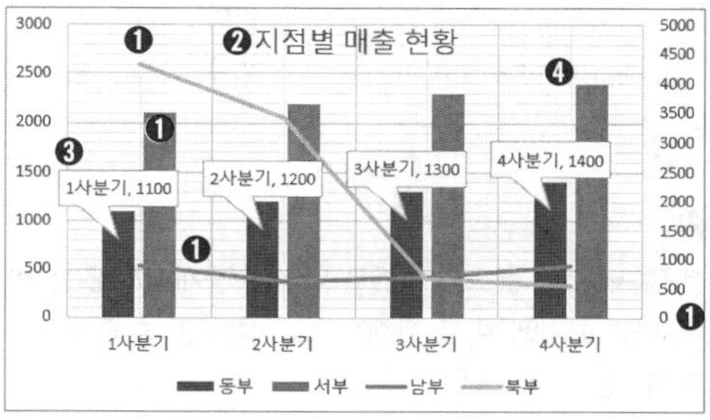

오답 피하기

차트 제목 "지점별 매출 현황"이 '차트 위'로 설정된 경우는 아래와 같이 차트 위에 차트 제목이 표시됨

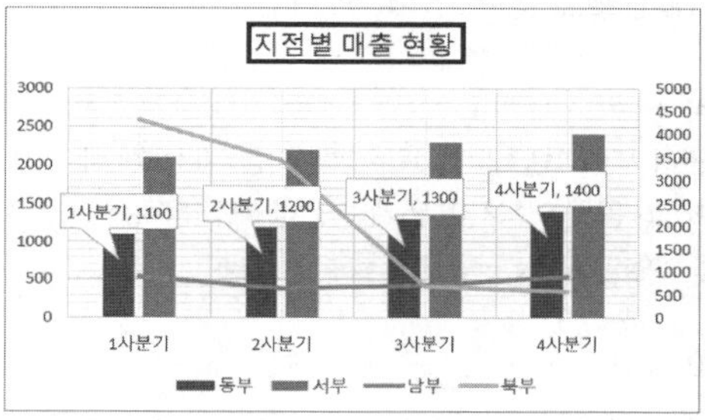

28 ④

성적 변화([D3:D8])에 따른 평균의 변화([E3:E8])가 열 형태로 입력되어 있으므로 [데이터 표] 대화 상자에서 '열 입력 셀'에 [B6]를 입력해야 함

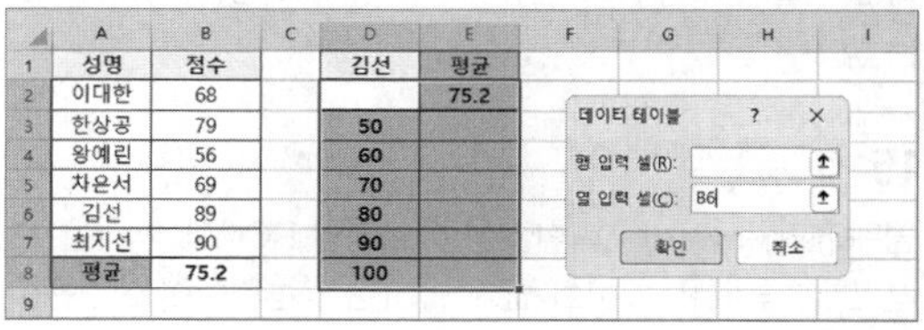

29 ①

목표값 찾기 : 수식의 결과 값은 알고 있으나 그 결과 값을 얻기 위한 입력 값을 모를 때 목표값 찾기 기능을 사용함

30 ③

피벗 테이블 보고서를 선택한 후 [피벗 테이블 분석] 탭 [동작] 그룹의 [지우기]-[모두 지우기] 명령을 수행하면 피벗 테이블 보고서와 피벗 차트 보고서 모두 삭제됨

오답 피하기

피벗 차트 보고서를 정적 차트로 변환하려면 피벗 테이블을 삭제하면 됨

31 ④

④ : 시트 이름 삽입의 삽입 코드는 &[탭]으로 생성됨

32 ④

임의의 셀을 선택한 다음 Shift+Space Bar를 누르면 선택한 셀의 행이 선택되지만 하나의 행이 선택된 상태에서 Shift+Space Bar를 누르면 아무 변화도 생기지 않음

오답 피하기

하나의 행이 선택된 상태에서 Ctrl+Space Bar를 누르면 시트 전체를 범위로 선택할 수 있음

33 ①

Auto_Open 매크로 이름을 사용하면 파일을 열 때 특정 작업이 자동으로 수행됨

34 ③

- SQRT(수) : 양의 제곱근을 구함($\sqrt{89}$)
- ABS(수) : 인수의 절대값을 구함($|-63|$)
- POWER(인수, 숫자) : 인수를 숫자만큼 거듭제곱한 값(6^3)
- $\sqrt{89}\times(|-63|+6^3)$: =SQRT(89)*(ABS(-63)+POWER(6,3))

35 ②

자동으로 Excel 2021 형식으로 저장되지 않으므로 [다른 이름으로 저장]을 이용하여 파일 형식을 Excel 통합 문서(*.xlsx)로 지정하여 저장해야 함

36 ③

꺾은선형 차트 : 시간이나 항목에 따라 일정한 간격으로 데이터의 추세나 변화를 표시

오답 피하기

- 분산형 차트 : 데이터의 불규칙한 간격이나 묶음을 보여주는 것으로 데이터 요소 간의 차이점보다는 큰 데이터 집합 간의 유사점을 표시하려는 경우에 사용
- 원형 차트 : 전체에 대한 각 값의 기여도를 표시할 때 사용
- 방사형 차트 : 많은 데이터 계열의 합계 값을 비교할 때 사용

37 ②

화면에 표시되는 틀 고정 형태는 인쇄 시에 나타나지 않음

38 ②

- [한 단계씩 코드 실행]에서 한 단계씩 실행 가능함
- [한 단계씩 코드 실행의 바로 가기 키] : F8

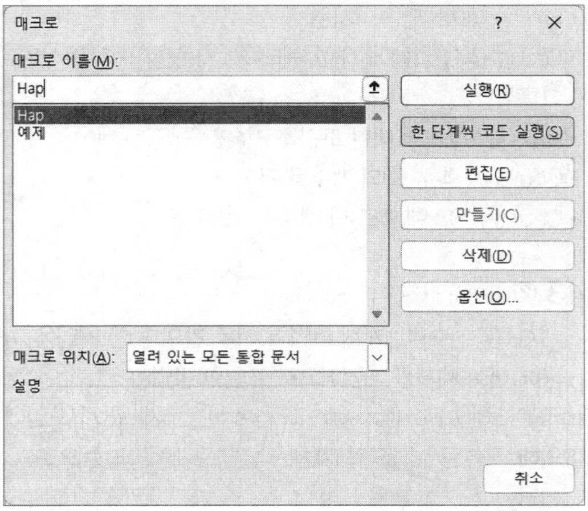

39 ②

함수를 사용하여 조건을 입력하는 경우 원본 필드명과 다른 필드명을 조건 레이블로 사용해야 함

40 ②

- =ISEVEN(숫자) : 숫자가 짝수이면 TRUE를 반환하고 홀수이면 FALSE를 반환함
- =ROW() : 행 번호를 구함
- =ISEVEN(ROW()) : 행 번호를 구하여 짝수일 때 TRUE를 반환하므로 조건부 서식이 적용됨

오답 피하기

- =ISODD(숫자) : 숫자가 홀수이면 TRUE를 반환하고 짝수이면 FALSE를 반환함
- =COLUMN() : 열 번호를 구함

3 과목 데이터베이스 일반

41 ④

파이썬(Python) : 1991년 귀도 반 로섬(Guido van Rossum)이 발표한 대화형 인터프리터식 프로그래밍 언어

42 ④

Select 사번 From 사원 Group by 사번 Having Count(*) 〉1

- [사원] 테이블에서 사번으로 그룹화해서 행의 개수가 1보다 큰 조건을 만족하면 중복된 사번에 해당하므로 그 사번을 검색함
- Select : 검색 열 → "사번"
- From : 테이블명 → "사원"
- Group By : 그룹에 대한 쿼리 시 사용함 → "사번"으로 그룹화
- Having : 그룹에 대한 조건을 기술함 → "Count(*) 〉1"
- Count(*) : 행(튜플)의 개수를 구함
- Count(*) 〉1 : 행(튜플)의 개수가 1보다 큼

43 ②

- 개체-관계 모델 : 개체 타입과 이들 간의 관계 타입을 이용해 현실 세계를 개념적으로 표현한 방법
- ERD(Entity Relationship Diagram) : 개체-관계 모델에 의해 작성된 설계도로 개체, 속성, 관계, 링크 등으로 구성됨
- 개념적 설계 단계 : 현실 세계에 대한 추상적인 개념(정보 모델링)으로 표현하는 단계

오답 피하기

- 요구 조건 분석 단계 : 데이터베이스 사용자의 요구 사항 및 조건 등을 조사하여 요구 사항을 분석하는 단계
- 논리적 설계 단계 : 개념 세계를 데이터 모델링을 거쳐 논리적으로 표현하는 단계
- 물리적 설계 단계 : 컴퓨터 시스템의 저장 장치에 저장하기 위한 구조와 접근 방법 및 경로 등을 설계하는 단계

44 ③

- LIKE 연산자 : 문자열의 일부를 검색 조건으로 설정할 때, 데이터에 지정된 문자 혹은 문자열이 포함되어 있는지를 판별할 때 사용함
- ? : 임의의 한 문자를 의미하므로, [COURSE] 테이블의 CNO 필드 데이터 중 'K'로 시작하는 2문자의 "K5, KO"를 검색함

45 ④

인덱스를 설정하면 조회 및 정렬 속도는 빨라지지만, 데이터를 갱신할 때마다 업데이트해야 하므로 업데이트 속도는 느려짐

46 ④

기수(Cardinality) : 한 릴레이션(테이블)에서의 튜플의 개수임

오답 피하기

속성(Attribute) : 테이블에서 열을 나타내는 말로 필드와 같은 의미임

47 ④

InStr("서울특별시 중구","시") → 5
"서울특별시 중구"의 왼쪽에서부터 "시" 문자가 있는 문자 위치를 출력함
=Right("서울특별시 중구 세종대로 39 상공회의소회관",5) → 회의소회관
"서울특별시 중구 세종대로 39 상공회의소회관"의 오른쪽에서 5문자를 추출함

48 ④

외래키(FK)가 다른 참조 테이블(릴레이션)의 기본키(PK)일 때 그 속성키를 외래키라고 하며, 하나의 테이블에는 여러 개의 외래키가 존재할 수 있음

오답 피하기

- ① : 외래키 필드의 값은 유일해야 할 필요가 없으므로 중복된 값이 입력될 수 있음
- ② : 외래키 필드의 값은 Null 값일 수 있으므로, 값이 반드시 입력되지 않아도 됨
- ③ : 한 테이블에서 특정 레코드를 유일하게 구별할 수 있는 속성이 아님

49 ②

[소수 자릿수]가 '0'이므로 0.3을 입력하면 0의 값이 입력되어야 하지만 [유효성 검사 규칙]이 'Not 0'이기 때문에 0의 값이 입력되지 않고 다음과 같은 오류 메시지가 표시됨

50 ③

WHERE 절 이하 부분이 없으면 [고객] 테이블에서 모든 레코드가 삭제됨

51 ④

참조 무결성

- 참조하고 참조되는 테이블 간의 참조 관계에 아무런 문제가 없는 상태를 의미함
- 외래키 값은 널(NULL)이거나 참조 테이블에 있는 기본키 값과 동일해야 함
- ④ : <구매리스트> 테이블의 '고객번호' 필드는 외래키로 필드 값이 <고객> 테이블의 '고객번호' 필드에 없는 경우 참조 무결성이 항상 유지되도록 설정할 수 없음

52 ②

'보고서 머리글'은 보고서의 첫 페이지 상단에 한 번만 표시되며, 함수를 이용한 집계 정보를 표시할 수 있음

53 ④

폼은 테이블이나 쿼리를 레코드 원본으로 사용함

54 ④

데이터시트 보기에서는 Shift를 이용한 연속된 필드의 선택과 이동만 가능함

55 ②

기본 폼은 단일 폼으로만 표시할 수 있음

56 ④

Val(문자열) : 숫자 형태의 문자열을 숫자값으로 변환

57 ③

일련번호 : 레코드 추가 시 자동으로 고유 번호를 부여할 때 사용함, 번호가 부여되면 변경하거나 삭제할 수 없음, 기본키를 설정하는 필드에서 주로 사용됨

58 ①

일대일 관계 성립 조건 : 양쪽 테이블의 연결 필드가 모두 중복 불가능의 기본키나 인덱스가 지정되어 있어야 함

59 ④

- =[Page] : 현재 페이지
- =[Pages] : 전체 페이지
- =Format([Pages], "0000") : 형식을 "0000"으로 설정하므로 결과는 0010이 됨

오답 피하기

- ① : =[Pages] & "중 " & [Page] → 10중 5
- ② : =[Pages] & "Page" → 10Page
- ③ : =[Pages] → 10

60 ①

매크로(Macro) : 여러 개의 명령문을 하나로 묶어서 일련의 절차를 미리 정의하는 기능으로, 반복적으로 수행되는 작업을 자동화할 때 사용함

2023년 상시 기출문제 05회 206P

01 ②	02 ①	03 ③	04 ①	05 ②
06 ④	07 ④	08 ④	09 ②	10 ②
11 ④	12 ④	13 ④	14 ④	15 ①
16 ③	17 ②	18 ③	19 ③	20 ②
21 ③	22 ②	23 ①	24 ②	25 ③
26 ①	27 ②	28 ④	29 ④	30 ④
31 ②	32 ④	33 ④	34 ④	35 ①
36 ②	37 ④	38 ②	39 ①	40 ①
41 ②	42 ②	43 ④	44 ③	45 ①
46 ④	47 ③	48 ④	49 ④	50 ④
51 ③	52 ④	53 ③	54 ②	55 ③
56 ②	57 ④	58 ④	59 ①	60 ④

1 과목 컴퓨터 일반

01 ②

방화벽(Firewall) : 외부 네트워크에서 내부로 들어오는 패킷을 체크하여 인증된 패킷만 통과시킴

02 ①

[파일 탐색기]에서 파일을 Ctrl을 누른 채 드래그하여 바탕 화면에 놓으며 복사가 됨

03 ③

오답 피하기

- ASCII 코드 : 7비트로 128가지의 표현이 가능한 일반 PC용 컴퓨터 및 데이터 통신용 코드
- BCD 코드 : 6비트로 64가지의 문자 표현이 가능하고 영문자의 대소문자를 구별하지 못함
- EBCDIC 코드 : 8비트로 256가지의 표현이 가능한 확장된 BCD 코드로 대형 컴퓨터에서 사용되는 범용 코드

04 ①

바이러스 : 컴퓨터에서 실행되는 일종의 프로그램으로 사용자 몰래 자기 자신을 복제하고 디스크나 프로그램 등에 기생하면서 컴퓨터의 운영체제나 기타 응용 프로그램의 정상적인 수행을 방해하는 불법 프로그램

오답 피하기

- 키로거(Key Logger) : 악성 코드에 감염된 시스템의 키보드 입력을 저장 및 전송하여 개인 정보를 빼내는 크래킹 행위
- 애드웨어(Adware) : 광고가 소프트웨어에 포함되어 이를 보는 조건으로 무료로 사용할 수 있는 소프트웨어
- 스파이웨어(Spyware) : 사용자의 승인 없이 몰래 설치되어 컴퓨터 시스템의 정보를 빼내는 악성 소프트웨어

05 ②

표준 주소 체계인 URL(Uniform Resource Locator) : 프로토콜 : //서버 주소[: 포트 번호]/파일 경로/파일명

06 ④

FTP 서버에 계정을 가지고 있는 사용자라도 FTP 서버에 있는 프로그램을 다운로드 없이 실행시킬 수 없음

07 ④

finger : 특정 네트워크에 접속된 사용자의 정보를 확인할 때 사용하는 명령

오답 피하기

nslookup : URL 주소로 IP 주소를 확인하는 명령

08 ④

- ④ 라. : 벡터(Vector) 방식
- ① 가. ② 나. ③ 다. : 비트맵(Bitmap) 방식

09 ②

클러스터링(Clustering)

- 하드디스크나 플로피 디스크상에서 기억 영역을 효율적으로 관리하기 위해 여러 개의 섹터를 하나로 묶는 단위로 사용됨
- 운영체제에서 두 대 이상의 컴퓨터 시스템을 단일 시스템처럼 묶어서 사용하는 기법

오답 피하기

- 로더(Loader) : 로드 모듈 프로그램을 주기억 장치 내로 옮겨서 실행해 주는 소프트웨어
- PnP(Plug & Play) : 자동 감지 설치 기능으로 컴퓨터에 장치를 연결하면 자동으로 장치를 인식하여 설치 및 환경 설정을 용이하게 하므로 새로운 주변 장치를 쉽게 연결함
- 채널(Channel) : CPU의 처리 효율을 높이고 데이터의 입출력을 빠르게 할 수 있게 만든 입출력 전용 처리기

10 ②

아날로그 컴퓨터 : 온도, 전압, 진동 등과 같이 연속적으로 변하는 데이터를 효율적으로 처리

11 ④

④는 인터프리터(Interpreter) 기법에 대한 설명임

12 ④

주문형 비디오(Video On Demand) : 사용자의 주문에 의해 데이터베이스로 구축된 영화나 드라마, 뉴스 등의 비디오 정보를 실시간으로 즉시 전송해 주는 서비스

오답 피하기

- 폴링(Polling) : 회선 제어 기법인 멀티 포인트에서 호스트 컴퓨터가 단말 장치들에게 '보낼(송신) 데이터가 있는가?'라고 묻는 제어 방법
- P2P(Peer to Peer) : 동배 시스템이라 하며 네트워크상의 모든 컴퓨터가 동등한 위치에서 자료를 교환할 수 있는 시스템
- VCS(Video Conference System) : 원거리에 있는 사람들끼리 TV 화면을 통한 화상을 통해 원격으로 회의를 할 수 있는 시스템

13 ④

- Pixel당 표현되는 색상 수 계산법 : 사용 비트 수를 n이라 할 때, 색상 수는 2의 n 제곱이 됨
- 8비트의 경우 색상 수는 256(2의 8제곱)이 됨

14 ④

FLAC(Free Lossless Audio Codec) : 오디오 데이터 압축 파일 형식으로 무손실 압축 포맷이며 원본 오디오의 음원 손실이 없음

오답 피하기

시퀀싱(Sequencing) : 오디오 파일이나 여러 연주, 악기 소리 등을 프로그램에 입력하여 녹음하는 방법으로 음의 수정이나 리듬 변형 등의 여러 편집 작업이 가능함

15 ①

디지털 신호를 아날로그 신호로 변조한 다음 데이터 통신에 의해 직렬 전송(직렬화)되고 다시 아날로그 신호를 디지털 신호로 복조하여 컴퓨터에서 병렬 처리(병렬화)됨

16 ③

오답 피하기

- ① : 컴퓨터 시스템 보안 등급은 7등급으로 나뉨
- ② : 운영체제의 보안 등급은 Windows NT, Unix, MS-DOS 순
- ④ : 최하위 등급은 D 등급임

17 ②

디더링(Dithering) : 표현할 수 없는 색상이 있을 경우, 다른 색들과 혼합하여 유사한 색상의 효과를 냄

오답 피하기

- 렌더링(Rendering) : 3차원의 질감을 줌으로써 사실감을 더하는 과정
- 모델링(Modelling) : 물체의 형상을 컴퓨터 내부에서 3차원 그래픽으로 어떻게 표현할 것인지를 정하는 과정
- 리터칭(Retouching) : 비트맵이나 벡터 형태의 정지 영상 데이터에 대해 이미지 효과를 다시 주는 과정

18 ③

사물 인터넷은 IoT(Internet of Things)라고 함

오답 피하기

위치 기반 서비스(LBS : Location Based Service) : 스마트 폰에 내장된 칩(Chip)이 각 기지국(셀 방식)이나 GPS(위성항법장치)와 연결되어 위치 추적이 가능하며 위치 정보에 따른 특정 지역의 기상 상태나 교통 및 생활 정보 등을 제공 받을 수 있는 위치 기반 서비스

19 ③

장소와 환경에 따라 많은 영향을 받으므로 사용 거리에 제한이 있음

20 ②

핫 스왑(Hot Swap) 지원 : 컴퓨터의 전원이 켜져 있는 상태에서 시스템에 장치를 연결하거나 분리하는 기능

2과목 스프레드시트 일반

21 ③

- 사용자 지정 서식은 서식 코드(양수, 음수, 0, 텍스트)를 세미콜론(;)으로 구분된 4개의 구역으로 지정함
- 2항목만 지정하게 되면 첫째 항목은 양수와 0에 대해 사용되고 둘째 항목은 음수에 대해 사용됨
- 조건이나 글자 색의 설정은 대괄호([ ]) 안에 입력함

22 ②

셀에 맞춤

- 선택한 셀의 모든 데이터가 열에 맞게 표시되도록 글꼴의 문자 크기를 줄임
- 열 너비를 변경하면 문자 크기가 자동으로 조정됨
- 적용된 글꼴 크기는 바뀌지 않음

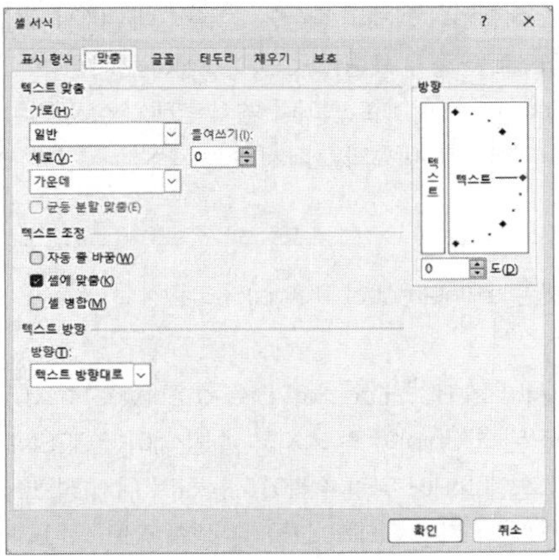

23 ①

숫자 데이터는 채우기 핸들을 끌면 복사됨

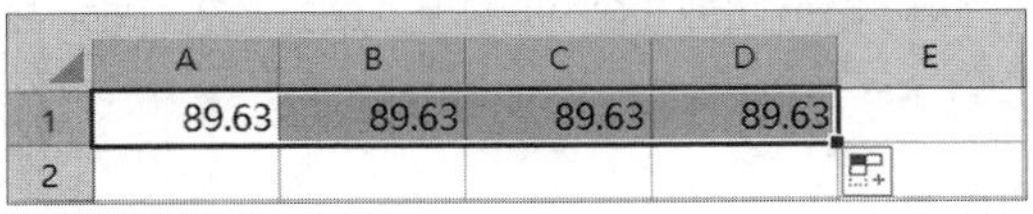

24 ②

셀 병합은 둘 이상의 셀을 선택하여 하나로 만드는 과정이며 셀을 병합할 때 여러 셀에 데이터가 들어 있으면 왼쪽 위 셀의 데이터만 남고 나머지 데이터는 모두 지워짐

25 ③

- SLN 함수 : 정액법을 사용하여 단위 기간 동안의 자산의 감가상각액을 구함
- SYD 함수 : 지정된 감가상각 기간 중 자산의 감가상각액을 연수 합계법으로 계산함

오답 피하기

- FV : 투자액의 미래 가치를 구하는 함수
- PV : 투자액의 현재 가치를 구하는 함수
- NPV : 할인율과 앞으로의 지출(음수)과 수입(양수)을 사용하여 투자의 현재 가치를 구함
- PMT : 정기적으로 지불하고 일정한 이자율이 적용되는 대출에 대해 매회 지급액을 구함

26 ①

[삭제] 단추를 클릭해서 선택한 시나리오를 삭제할 수 있지만 '실행 취소' 단추를 이용하여 삭제한 시나리오를 복원할 수는 없음

27 ②

시간의 합계를 계산하여 표시할 때는 [h]:mm 서식을 사용함

28 ④

④ =POWER(SQRT(4),2^2) → 16

- SQRT(4) : 4의 양의 제곱근을 구하므로 결과 값은 2가 됨
- 2^2 : 2의 2제곱이므로 결과는 4가 됨
- =POWER(2,4) : 2의 4제곱을 구하므로 결과 값은 16이 됨

오답 피하기

① =SUM(MEDIAN(1,2,3,4,5),MODE.SNGL(1,2,3,4,5,5)) → 8

- MEDIAN(1,2,3,4,5) : 중위수를 구하므로 결과는 3이 됨
- MODE.SNGL(1,2,3,4,5,5) : 최빈수를 구하므로 결과는 5가 됨
- =SUM(3,5) : 3과 5의 합을 구하므로 결과는 8이 됨

② =SUM(INT(−4.9),TRUNC(14.3)) → 9

- INT(−4.9) : 음수는 0에서 먼 방향 정수로 내리므로 결과는 −5가 됨
- TRUNC(14.3) : 소수점 이하를 버리고 정수로 변환하므로 결과는 14가 됨
- =SUM(−5,14) : −5와 14의 합을 구하므로 결과는 9가 됨

③ =CHOOSE(MOD(101,3),POWER(3,2),FACT(3),INT(89.63)) → 6

- MOD(101,3) : 101을 3으로 나눈 나머지를 구하므로 결과는 2가 됨
- POWER(3,2) : 3의 2제곱을 구하므로 결과는 9가 됨
- FACT(3) : 3의 계승값(1×2×3)을 구하므로 결과는 6이 됨
- INT(89.63) : 정수로 내리므로 결과는 89가 됨
- =CHOOSE(2,9,6,89) : 인덱스 번호가 2이므로 2번째 수식인 FACT(3)이 선택되어 결과는 6이 됨

29 ④

리본 메뉴 확장 및 축소 : Ctrl+F1

30 ④

오답 피하기

- 히스토그램 차트 : 계급구간이라고 하는 차트의 각 열을 변경하여 데이터를 보다 세부적으로 분석할 수 있음
- 상자 수염 차트 : 데이터 분포를 사분위수로 나타내며 평균 및 이상값을 강조하여 표시함
- 트리맵 차트 : 데이터를 계층 구조 보기로 제공하므로 다른 범주 수준을 비교하는 데 사용함

31 ②

텍스트 방향 : 텍스트 방향대로, 왼쪽에서 오른쪽, 오른쪽에서 왼쪽

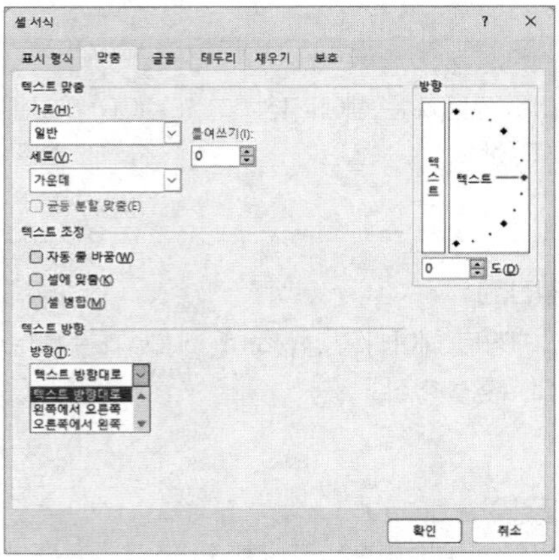

32 ④

- Do while ∼ Loop : 조건식이 참인 동안(While) 명령문을 반복 수행(Do)함

〈형식〉

```
Do while 조건식
    명령문
Loop
```

- Dim k As Integer : 변수 k를 정수(As Integer) 변수로 선언(Dim)
- Do while k 〈 3 : k변수 값(0)을 3과 비교, 3이 크므로 Do~Loop 반복
- [A1].offset(k,1)=10 : [A1] 셀을 기준으로 offset 명령에 의해 지정한 행, 열만큼 떨어진 범위(offset)로 이동, k가 0이므로 0행 1열에 10을 입력, 즉 [B1] 셀에 10이 입력됨
- k = k + 2 : 0에 2를 더한 결과 2를 k변수에 대입
- Loop : Do While 문 반복
- Do while k 〈 3 : k변수 값(2)을 3하고 비교, 3이 크므로 Do~Loop 반복
- [A1].offset(k,1)=10 : [A1] 셀을 기준으로 offset 명령에 의해 지정한 행, 열만큼 떨어진 범위(offset)로 이동, k가 2이므로 2행 1열에 10을 입력, 즉 [B3] 셀에 10이 입력됨
- k = k + 2 : 2에 2를 더한 결과 4를 k 변수에 대입하고 Do while k 〈 3에 의해 k는 4이므로 Do While 반복이 끝남

33 ④

- =DSUM(데이터베이스,필드,조건 범위) : 조건을 만족하는 필드의 합계를 구함
- 데이터베이스 → A1:D7, 필드 → 4(하반기), 조건 범위 → B1:B2(부서명이 영업 1부)이므로 부서명이 "영업1부"인 "하반기" 합(30+60+110)을 구하므로 결과는 200이 됨

34 ④

Ctrl+4 : 밑줄 적용 및 취소

오답 피하기

Ctrl+5 : 취소선 적용 및 취소

35 ①

사원명을 기준으로 항목이 그룹화되어 있음

36 ②

창 정렬 : 여러 개의 통합 문서를 배열하여 비교하면서 작업할 수 있는 기능

오답 피하기

- 창 나누기 : 워크시트의 내용이 많아 하나의 화면으로는 모두 표시하기가 어려워 불편할 때 멀리 떨어져 있는 데이터를 한 화면에 표시할 수 있도록 분할하는 기능
- 틀 고정 : 데이터양이 많은 경우, 특정한 범위의 열 또는 행을 고정시켜 셀 포인터의 이동과 상관없이 화면에 항상 표시할 수 있도록 하는 기능
- 페이지 구분선 : 인쇄 시 페이지 단위로 인쇄하기 위해 페이지 구분선을 삽입함

37 ④

같은 열에 날짜, 숫자, 텍스트가 섞여 있는 경우 가장 많은 데이터 형식을 필터로 나타냄

38 ②

- 피벗 테이블 보고서에서 [피벗 테이블 분석] 탭–[데이터] 그룹–[새로 고침]–[새로 고침]을 실행해야 업데이트됨
- 새로 고침 바로 가기 키 : Alt+F5

39 ①

첫 글자는 반드시 문자이어야 하며, 나머지는 문자, 숫자, 밑줄 등을 사용할 수 있음

40 ①

Ctrl+F 또는 Shift+F5 : [찾기] 탭이 선택된 [찾기 및 바꾸기] 대화 상자를 표시함

오답 피하기

Ctrl+H : [바꾸기] 탭이 선택된 [찾기 및 바꾸기] 대화 상자를 표시함

3 과목 데이터베이스 일반

41 ②

정규화는 데이터베이스의 논리적 설계 단계에서 수행됨

42 ②

IME Mode : '한글' 또는 '영문'으로 입력 상태를 지정할 때 사용하는 속성

43 ④

데이터 조작 언어(DML : Data Manipulation Language) : SELECT(검색), INSERT(삽입), UPDATE(갱신), DELETE(삭제)

오답 피하기

- 데이터 정의 언어(DDL : Data Definition Language) : CREATE(테이블 생성), ALTER(테이블 변경), DROP(테이블 삭제)
- 데이터 제어 언어(DCL : Data Control Language) : GRANT(권한 부여), REVOKE(권한 해제), COMMIT(갱신 확정), ROLLBACK(갱신 취소)

44 ③

개체-관계 모델(Entity-Relationship Model) : 1976년 Peter Chen이 제안한 것으로 개체 타입(Entity Type)과 이들 간의 관계 타입(Relationship Type)을 이용해 현실 세계를 개념적으로 표현한 방법

45 ①

도메인(Domain) : 하나의 속성이 취할 수 있는 값의 집합

오답 피하기

- 스키마(Schema) : 데이터베이스를 구성하는 파일, 레코드, 항목의 형식과 상호 관계 전체를 정의하는 것
- 튜플(Tuple) : 테이블에서 행을 나타내는 말로 레코드와 같은 의미임
- 차수(Degree) : 한 릴레이션(테이블)에서 속성(필드=열)의 개수임

46 ④

2개 이상의 연결 필드를 지정할 때는 필드 이름을 세미콜론(;)으로 구분함

47 ③

그리고(AND) 조건은 같은 행에 지정하고 또는(OR) 조건은 다른 행에 지정함

48 ④

UPDATE(갱신문)

- 테이블에 저장된 데이터를 갱신하며, UPDATE-SET-WHERE의 유형을 가짐
- 형식

```
UPDATE 테이블명
SET 필드이름1= 값1, 필드이름2=값2, …
WHERE 조건
```

- 테이블명 : 사원, 필드이름 및 값 : 호봉="10", 조건 : 사번="8963"

49 ④

하위 보고서에서 그룹화 및 정렬 기능을 설정할 수 있음

50 ④

컨트롤의 원본 속성을 '=Sum([총 주문개수])'로 설정하는 경우 '#Error' 오류가 표시됨

오답 피하기

주문개수의 합계, 즉 '총 주문개수'를 구하기 위해서는 [컨트롤 원본] 항목에 '=Sum([주문개수])'를 입력해야 함

51 ③

Me.FilterOn=True

- Me : 사용자 정의 폼 자신을 의미하며 사용자 정의 폼의 프로시저에서만 사용됨
- Filter : 필터가 폼, 보고서, 쿼리 또는 테이블에 적용될 때 표시할 레코드 하위 집합을 지정함
- FilterOn : 폼 또는 보고서의 Filter 속성이 적용되는지 여부를 지정하거나 확인할 수 있음
- True : 개체의 Filter 속성이 적용됨
- False : 개체의 Filter 속성이 적용되지 않음(기본 값)

52 ④

해당 필드의 '인덱스'를 '예(중복 불가능)'로 설정하면 해당 필드에서 같은 값을 중복해서 입력할 수 없음

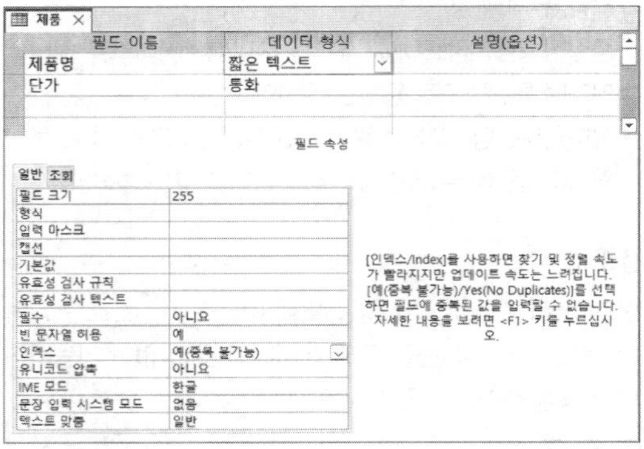

53 ③

보고서 머리글

- 보고서의 첫 페이지 상단에 한 번만 표시됨(페이지 머리글 위에 인쇄됨)
- 회사의 로고, 보고서 제목, 인쇄일 등의 항목을 삽입함

오답 피하기

- 그룹 머리글 : 그룹 설정 시 반복하여 그룹 상단에 표시됨, 그룹명이나 요약 정보 등을 삽입함
- 그룹 바닥글 : 그룹 설정 시 반복하여 그룹 하단에 표시됨, 그룹별 요약 정보를 표시함
- 페이지 머리글 : 보고서의 매 페이지의 상단에 표시됨, 열 제목 등의 항목을 삽입함

54 ②

- ② : 텍스트 상자
- 바운드 텍스트 상자 : 폼, 보고서에서 레코드 원본의 데이터를 나타낼 때 사용
- 언바운드 텍스트 상자 : 다른 컨트롤의 계산 결과를 나타내거나 사용자의 입력 내용을 받아들일 때 사용하며, 언바운드 텍스트 상자의 데이터는 저장되지 않음

오답 피하기

- ① 레이블 : 제목이나 캡션, 간단한 지시 등의 설명 텍스트를 표시하는 컨트롤로 필드나 식의 값을 표시할 수 없음
- ③ 옵션 그룹 : 틀, 옵션 단추, 확인란, 토글 단추 등으로 구성됨
- ④ 목록 상자 : 값 또는 선택 항목 목록이 항상 표시됨, 목록 상자에 있는 항목만 선택할 수 있으며 값을 직접 입력할 수는 없음

55 ③

'일련번호' 형식 : 테이블에 새 레코드가 추가될 때마다 Microsoft Access에서 할당하는 고유한 순차적(1씩 증가) 숫자이며, 일련번호 필드는 업데이트할 수 없고 크기는 4바이트임

56 ②

일대일 관계 성립 조건 : 양쪽 테이블의 연결 필드가 모두 중복 불가능의 기본키나 인덱스가 지정되어 있어야 함

57 ④

- 널(Null) : 아무것도 없다는 의미로 값 자체가 존재하지 않음
- 기본키는 널(Null)이 될 수 없으며 중복될 수 없음

오답 피하기

- 튜플(Tuple) : 테이블에서 행을 나타내는 말로 레코드와 같은 의미임
- 도메인(Domain) : 하나의 속성이 취할 수 있는 값의 집합
- 대체키(Alternate Key) : 후보키 중 기본키로 선택되지 않는 나머지 키

58 ④

Select 학과명, Count(*) as 취득자수 Form 자격취득 Group by 학과명

- Select : 검색하고자 하는 열
- Count(*) : 행(튜플)의 개수를 구함
- as : 필드나 테이블의 이름을 별명(Alias)으로 지정할 때 사용함
- From : 테이블 명
- Group by : 그룹에 대한 쿼리 시 사용함

59 ①

SELECT … FROM 〈테이블명1〉 INNER JOIN 〈테이블명2〉 ON 〈테이블명1〉.〈열이름〉 = 〈테이블명2〉.〈열이름〉 : 내부 조인은 한쪽 테이블의 열의 값과 다른 한쪽의 테이블의 열의 값이 똑같은 행만을 결합함

60 ④

'종목코드'의 내용을 수정할 수 없게 설정하기 위해서는 종목코드의 '잠금' 속성을 '예'로 설정하면 됨

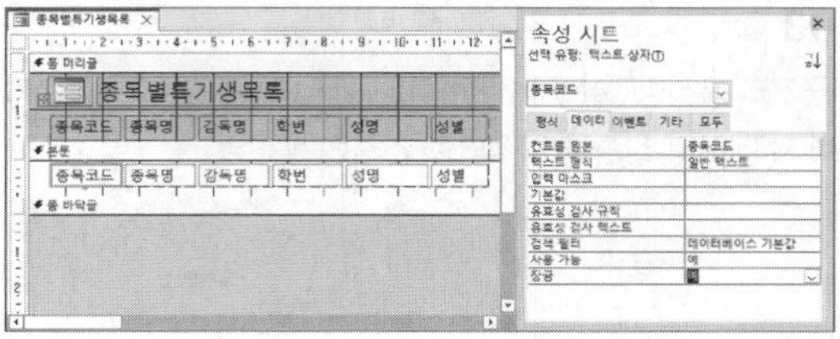

2024년 상시 기출문제 01회 214P

01 ②	02 ④	03 ③	04 ③	05 ③
06 ④	07 ④	08 ④	09 ④	10 ②
11 ③	12 ①	13 ②	14 ①	15 ③
16 ④	17 ②	18 ④	19 ③	20 ①
21 ④	22 ④	23 ③	24 ④	25 ②
26 ③	27 ③	28 ②	29 ④	30 ④
31 ③	32 ①	33 ③	34 ①	35 ①
36 ①	37 ③	38 ③	39 ④	40 ③
41 ③	42 ④	43 ④	44 ②	45 ④
46 ③	47 ②	48 ③	49 ②	50 ①
51 ③	52 ③	53 ③	54 ①	55 ④
56 ②	57 ①	58 ④	59 ②	60 ②

1과목 컴퓨터 일반

01 ②

스팸(SPAM) 메일은 바이러스를 유포시켜 개인 정보를 탈취하거나 데이터를 파괴하는 행위의 기능은 없음

02 ④

RAM(Random Access Memory)

- 실행 중인 프로그램이나 데이터를 저장하며, 자유롭게 읽고 쓰기가 가능한 주기억 장치
- 전원이 공급되지 않으면 기억된 내용이 사라지는 휘발성(소멸성) 메모리

오답 피하기

- HDD(Hard Disk Drive) : 하드디스크는 디스크 표면을 전자기적으로 변화시켜 대량의 데이터를 저장하고 비교적 빠르게 접근할 수 있는 보조 기억 장치로 비휘발성임
- SSD(Solid State Drive) : 무소음, 저전력, 소형화, 경량화, 고효율의 속도를 지원하는 반도체 보조 기억 장치이며 비휘발성임
- DVD(Digital Versatile Disk) : 광디스크 방식의 보조 기억 장치로 4.7GB의 기본 용량(최대 17GB)을 가지며 비휘발성임

03 ③

근거리 통신망(LAN) : 수 km 이내의 거리(한 건물이나 지역)에서 데이터 전송을 목적으로 연결된 통신망

오답 피하기

- 부가가치통신망(VAN) : 통신 회선을 직접 보유하거나 통신 사업자의 회선을 임차하여 이용하는 형태(하이텔, 천리안, 유니텔 등)
- 종합정보통신망(ISDN) : 여러 가지 통신 서비스를 하나의 디지털 통신망으로 통합한 통신망
- 광대역통신망(WAN) : 원거리 통신망이라고도 하며, 하나의 국가 등 매우 넓은 네트워크 범위를 갖는 통신망

04 ③

변조(Modulation) : 디지털 신호를 아날로그 신호로 변경하는 것으로 전화 회선을 통해 데이터의 손실 없이 가능하면 먼 거리를 전송하기 위해 사용됨

오답 피하기

모뎀(MODEM) : 디지털 신호를 아날로그 신호로 변환하는 변조 과정과 아날로그 신호를 디지털 신호로 변환하는 복조 과정을 수행하는 장치

05 ③

장치 관리자 : 컴퓨터에 설치된 디바이스 하드웨어 설정 및 드라이버 소프트웨어를 관리함

오답 피하기

- 시스템 정보 : 디바이스 이름, 프로세서(CPU), 설치된 RAM, 장치 ID, 제품 ID, 시스템 종류(32/64비트 운영체제), 펜 및 터치 등에 대해 알 수 있음
- 작업 관리자 : 내 PC에서 실행되고 있는 프로그램(앱)들에 대한 프로세스, 성능, 앱 기록, 시작 프로그램, 사용자, 세부 정보, 서비스 등에 대한 정보를 제공해 줌
- 레지스트리 편집기 : 레지스트리는 Windows에서 사용하는 환경 설정 및 각종 시스템과 관련된 정보가 저장된 계층 구조식 데이터베이스로 'regedit' 명령으로 실행함

06 ④

- C, C++, C# 언어는 컴파일러 언어임
- 컴파일러(Compiler)는 고급 언어를 기계어로 번역하는 프로그램으로 전체를 한 번에 번역하고 실행 속도가 빠르며 목적 프로그램을 생성함

오답 피하기

인터프리터(Interpreter)

- 대화식 언어로 작성된 프로그램을 필요할 때마다 매 번 기계어로 번역하여 실행하는 프로그램(Python, SQL, Ruby, R, JavaScript, Scratch, BASIC, LISP, SNOBOL, APL 등)
- 행 단위로 번역하고 실행 속도가 느리며 목적 프로그램을 생성하지 않음

07 ④

기본 프린터 : 프로그램에서 사용할 프린터를 지정하지 않고 인쇄 명령을 선택했을 때 컴퓨터가 자동으로 문서를 보내는 프린터로 네트워크 프린터도 기본 프린터로 지정할 수 있음

08 ④

오답 피하기

- IDE : 저가에 안정적이지만 연결할 수 있는 주변 장치의 수가 2개로 한정됨
- EIDE : IDE의 확장판으로 종전의 단점을 보완하여 주변 기기를 4개까지 연결함
- SCSI : 시스템 구분 없이 주변 장치를 7개에서 최대 15개까지 연결함

09 ④

2^6=64이므로 6비트로 64가지의 각기 다른 자료를 나타낼 수 있음

10 ②

디스크 정리

- Windows에서 디스크의 사용 가능한 공간을 늘리기 위하여 불필요한 파일들을 삭제하는 작업으로 디스크의 전체 크기와는 상관없음
- 디스크 정리 대상에 해당하는 파일은 임시 파일, 휴지통에 있는 파일, 다운로드한 프로그램 파일, 임시 인터넷 파일, 오프라인 웹 페이지 등이 있음

오답 피하기

- 백업(Backup) : 하드디스크의 중요한 파일들을 다른 저장 장치로 저장하는 것으로 불의의 사고로부터 데이터를 보호하기 위해 사용
- 디스크 조각 모음 : 디스크에 단편화되어 저장된 파일들을 모아서 디스크를 최적화함
- 압축 : 디스크 공간의 절약이나 전송 시간의 효율화를 위해 파일의 용량을 줄이는 기술

11 ③

JSP(Java Server Page) : Java의 장점을 그대로 수용, 자바 서블릿 코드로 변환되어 실행되며 여러 운영체제에서 실행할 수 있음

12 ①

ZIP : 압축 파일의 확장자

13 ②

명령 프롬프트 창에서 삭제한 파일은 휴지통에 보관되지 않음

14 ①

txt는 텍스트 파일 확장자이지만, png는 이미지 확장자임

15 ③

CPU와 주기억 장치의 속도차를 해결하기 위하여 사용되는 것은 캐시 메모리(Cache Memory)임

16 ④

CMOS 셋업 시의 비밀번호를 잊어버린 경우 메인 보드에 장착되어 있는 배터리를 뽑았다가 다시 장착함

17 ②

유니코드(Unicode)

- 2바이트 코드로 세계 각 나라의 언어를 표현할 수 있는 국제 표준 코드
- 16비트이므로 65,536자까지 표현할 수 있음

오답 피하기

ASCII 코드(미국 표준 코드) : Zone은 3비트, Digit는 4비트로 구성됨, 7비트로 128가지의 표현이 가능함, 일반 PC용 컴퓨터 및 데이터 통신용 코드, 대소문자 구별이 가능함

18 ④

오답 피하기

- MPEG-3 : HDTV 방송(고 선명도의 화질)을 위해 고안되었으나, MPEG-2 표준에 흡수, 통합되어 현재는 존재하지 않는 규격
- MPEG-4 : 동영상의 압축 표준안 중에서 IMT-2000 멀티미디어 서비스, 차세대 대화형 인터넷 방송의 핵심 압축 방식으로 비디오/오디오를 압축하기 위한 표준
- MPEG-7 : 인터넷상에서 멀티미디어 동영상의 정보 검색이 가능, 정보검색 등을 효율적으로 사용하기 위한 콘텐츠 저장 및 검색을 위한 표준

19 ③

모핑(Morphing) : 사물의 형상을 다른 모습으로 서서히 변화시키는 기법으로 영화의 특수 효과에서 많이 사용함

오답 피하기

- 렌더링(Rendering) : 그림자, 색상, 농도 등의 3차원 질감을 줌으로써 사실감을 추가하는 과정
- 안티앨리어싱(Anti-Aliasing) : 화면의 해상도가 낮아 도형이나 문자를 그릴 때 각이 계단처럼 층이 나면서 테두리가 거칠게 표현되는 계단 현상(Aliasing) 부분을 뭉개고 곧게 이어지는 듯한 화질로 형성하는 것
- 블러링(Bluring) : 특정 부분을 흐릿하게 하는 효과로 원하는 영역을 선명하지 않게 만드는 기법

20 ①

서로 다른 키로 데이터를 암호화하고 복호화하는 것은 공개키(비대칭키, 이중키) 암호화 기법임

오답 피하기

비밀키(대칭키, 단일키) 암호화 : 송신자와 수신자가 서로 동일(대칭)한 하나(단일)의 비밀키를 가짐

2과목 스프레드시트 일반

21 ④

• LEFT(문자열, 개수) 문자열의 왼쪽에서 지정한 개수만큼 문자를 추출함 • LEFT(A1,3) → 가나다 ("가나다라마바사"에서 왼쪽부터 3개 추출)
• RIGHT(문자열, 개수) 문자열의 오른쪽에서 지정한 개수만큼 문자를 추출함 • RIGHT(A1,3) → 마바사 ("가나다라마바사"에서 오른쪽부터 3개 추출)
• CONCAT : 텍스트를 연결하여 나타냄 • CONCAT(LEFT(A1,3),RIGHT(A1,3)) → "가나다"와 "마바사"를 연결 → 가나다마바사
• MID(문자열, 시작 위치, 개수) : 문자열의 시작 위치에서부터 지정한 개수만큼 문자를 추출함 • =MID(CONCAT(LEFT(A1,3),RIGHT(A1,3)),3,3) → "가나다마바사"에서 3번째부터 3개를 추출 → 다마바

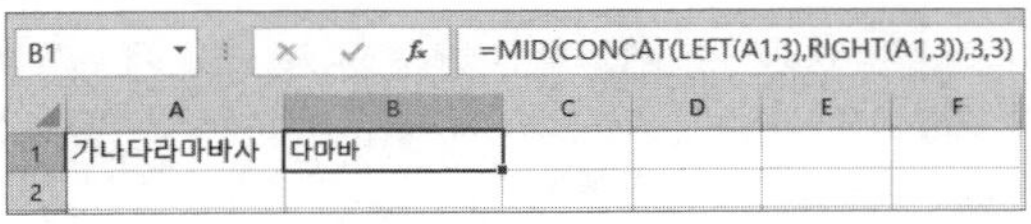

22 ④

- Tab : 현재 셀의 오른쪽으로 이동
- Shift+Tab : 현재 셀의 왼쪽으로 이동함

오답 피하기

- ① : [A1] 셀로 이동한다. → Ctrl+Home
- ② : 한 화면을 오른쪽으로 이동한다. → Alt+Page Down
- ③ : 다음 시트로 이동한다. → Ctrl+Page Down

23 ③

셀 삽입의 바로 가기 키 : Ctrl++

오답 피하기

셀 삭제의 바로 가기 키 : Ctrl+−

24 ④

- ,(쉼표) 이후에 더 이상 코드를 사용하지 않으면 천 단위 배수로 표시함
- #,###,, : ,(쉼표)가 2개이므로 백만 단위 이하를 생략하며 셀에 아무것도 표시되지 않음

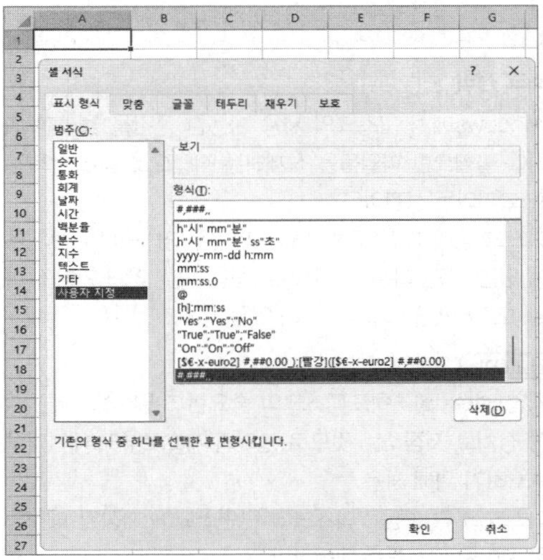

25 ②

3차원 차트는 오차 막대를 사용할 수 없음

26 ③

수식을 입력한 후 결과 값이 수식이 아닌 상수로 입력되게 하려면 수식을 입력한 후 바로 F9를 누름

27 ③

[Ctrl]+[3] : 선택한 셀에 기울임이 적용되며, 다시 누르면 적용이 취소됨

오답 피하기

[Ctrl]+[4] : 선택한 셀에 밑줄이 적용되며, 다시 누르면 적용이 취소됨

28 ②

오답 피하기

- 표면형 차트 : 두 데이터 집합 간의 최적 조합을 찾을 때 유용함
- 꺾은선형 차트 : 일정한 배율의 축에 시간에 따른 연속 데이터가 표시되며 월, 분기, 회계 연도 등과 같은 일정 간격에 따라 데이터의 추세를 표시하는 데 유용함
- 방사형 차트 : 워크시트의 여러 열이나 행에 있는 데이터를 차트로 그릴 수 있으며 여러 데이터 계열의 집계 값을 비교함

29 ④

시트 이름과 탭 색 변경은 시트 보호와 상관없음

30 ④

IFS 함수

- 형식 : =IFS(조건식1, 참인 경우 값1, 조건식2, 참인 경우 값2, ……)
- 하나 이상의 조건이 충족되는지 확인하고 첫 번째 TRUE 조건에 해당하는 값을 반환함
- 여러 중첩된 IF문 대신 사용할 수 있고 여러 조건을 사용할 수 있음

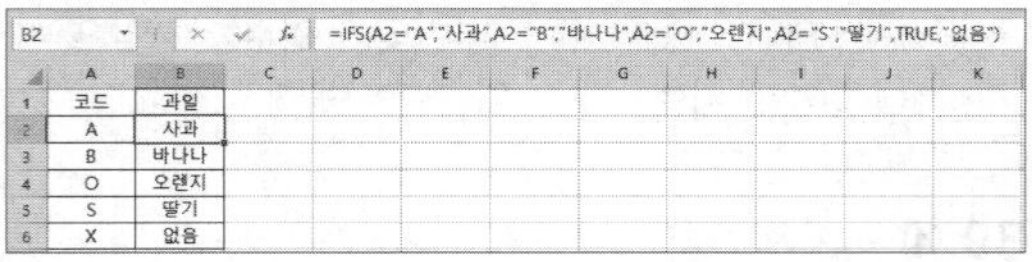

31 ③

목표값 찾기 : 수식의 결과 값은 알고 있으나 그 결과 값을 얻기 위한 입력 값을 모를 때 목표값 찾기 기능을 이용함

오답 피하기

- 통합 : 하나 이상의 원본 영역을 지정하여 하나의 표로 데이터를 요약
- 부분합 : 워크시트에 있는 데이터를 일정한 기준으로 요약하여 통계 처리를 수행
- 시나리오 관리자 : 변경 요소가 많은 작업표에서 가상으로 수식이 참조하고 있는 셀의 값을 변화시켜 작업표의 결과를 예측하는 기능

32 ①

- [홈] 탭-[편집] 그룹-[채우기]-[계열]의 [연속 데이터]에서 '날짜 단위'에 주 단위는 지원되지 않음
- 날짜 단위 : 일, 평일, 월, 년 등

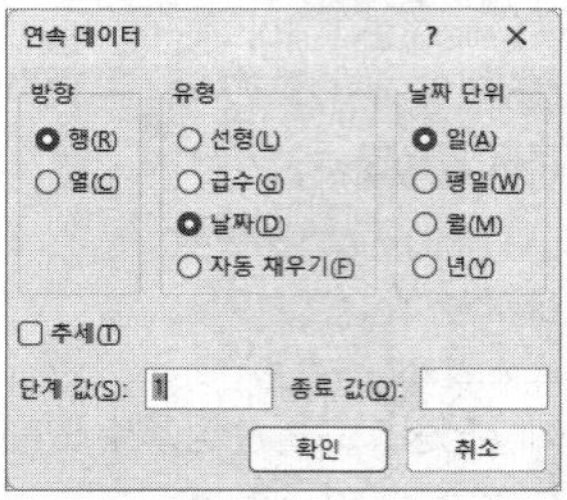

33 ③

통합 문서의 여러 워크시트에 있는 동일한 셀 데이터나 셀 범위 데이터를 분석하려면 3차원 참조 스타일을 사용함(예 : =sheet1:sheet3!A1)

34 ①

- 셀의 데이터를 삭제할 때 [메모]는 함께 삭제되지 않으며, [윗주]는 함께 삭제됨
- [검토]-[메모]-[새 메모], [홈]-[글꼴]-[윗주 필드 표시/숨기기]-[윗주 편집]

35 ①

시나리오 관리자 : 변경 요소가 많은 작업표에서 가상으로 수식이 참조하고 있는 셀의 값을 변화시켜 작업표의 결과를 예측하는 기능

오답 피하기

- 목표값 찾기 : 수식의 결과 값은 알고 있으나 그 결과 값을 얻기 위한 입력 값을 모를 때 목표값 찾기 기능을 이용함
- 부분합 : 워크시트에 있는 데이터를 일정한 기준으로 요약하여 통계 처리를 수행
- 통합 : 하나 이상의 원본 영역을 지정하여 하나의 표로 데이터를 요약

36 ①

• [옵션] 단추 : 바로 가기 키나 설명을 변경할 수 있음

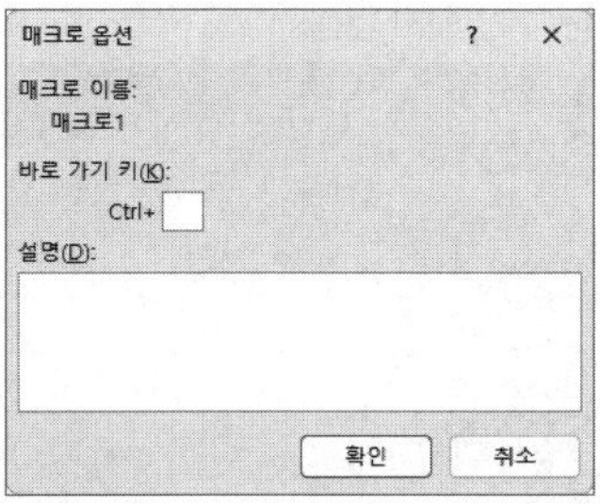

• [편집] 단추 : 매크로 이름이나 명령 코드를 수정할 수 있음

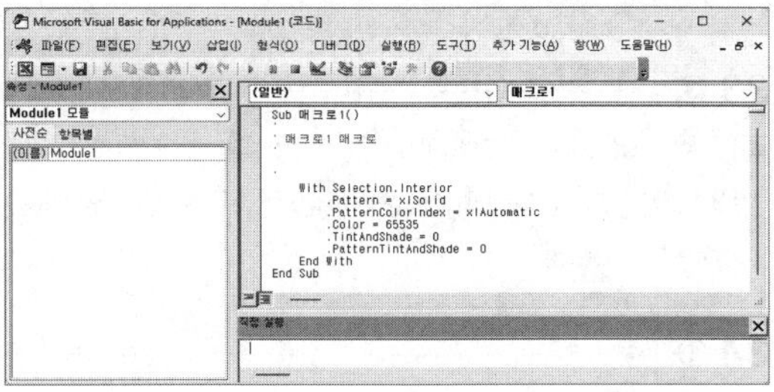

37 ③

###0, : 콤마(,) 뒤에 코드가 없으므로 뒤의 세 자리 860이 삭제되면서(천 단위 배수) 반올림되어 표시되므로 결과는 3276이 됨

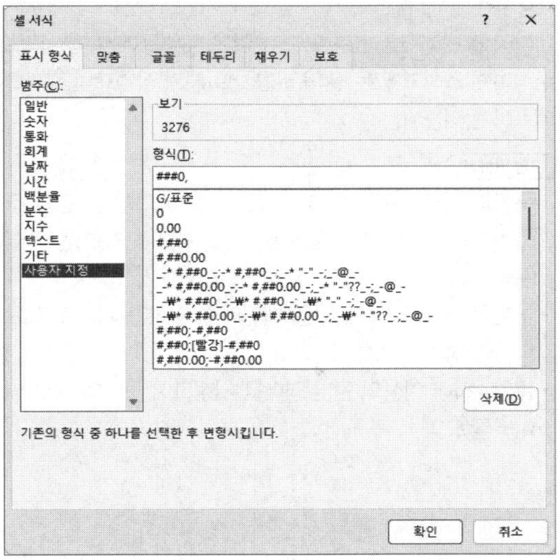

38 ③

• ISODD(숫자) : 숫자가 홀수일 때 TRUE, 짝수이면 FALSE를 반환함

• COLUMN() : 열 번호를 반환함

• ③ =ISODD(COLUMN()) : 열 번호가 홀수(A, C, E열)일 때 조건부 서식이 적용됨

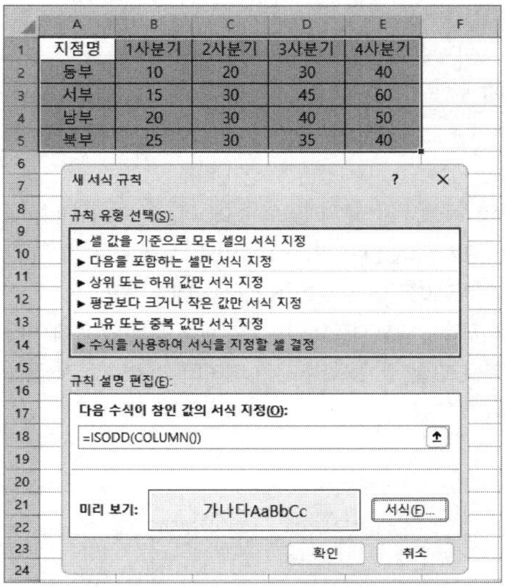

오답 피하기

• ISEVEN(숫자) : 숫자가 짝수일 때 TRUE, 홀수이면 FALSE를 반환함

• ROW() : 행 번호를 반환함

• ① =ISODD(ROW()) : 행 번호가 홀수(1, 3, 5)일 때 조건부 서식이 적용됨

• ② =ISEVEN(ROW()) : 행 번호가 짝수(2, 4, 6)일 때 조건부 서식이 적용됨

• ④ =ISEVEN(COLUMN()) : 열 번호가 짝수(B, D열)일 때 조건부 서식이 적용됨

39 ④

XLOOKUP 함수

• 형식 : =XLOOKUP(찾을 값, 찾을 범위, 반환범위, 찾을 값 없을 때 텍스트, 일치 유형, 검색 방법)

• "찾을 값"을 "찾을 범위"에서 찾아서 "반환 범위"의 값을 반환함

• ⓐ =XLOOKUP(B7,F2:F5,B2:B5) : [B7] 셀의 '한상공'을 [F2:F5] 범위에서 찾아서 [B2:B5] 범위의 값을 반환함(대리)

• ⓑ =XLOOKUP(B7,F2:F5,E2:E5) : [B7] 셀의 '한상공'을 [F2:F5] 범위에서 찾아서 [E2:E5] 범위의 값을 반환함(135)

40 ③

- &[페이지 번호] : 페이지 번호 삽입
- –&[페이지 번호] Page– : –1 Page–

3과목 데이터베이스 일반

41 ③

필드 이름과 테이블 이름은 동일하게 지정할 수 있음

42 ④

데이터시트 보기에서 「잘라내기」와 「붙여넣기」를 이용하여 필드를 이동시킬 수 없음

43 ④

불일치 검색 쿼리 마법사 : 다른 테이블의 레코드와 관련이 없는 레코드를 찾는 쿼리이므로 하나의 테이블로만 구성된 경우는 실행할 수 없음

오답 피하기

- 단순 쿼리 마법사 : 선택한 필드를 사용하여 선택 쿼리를 만듦
- 중복 데이터 검색 쿼리 마법사 : 한 테이블이나 쿼리에서 중복된 필드 값이 있는 레코드를 찾는 쿼리를 만듦
- 크로스탭 쿼리 마법사 : 간단한 스프레드시트 형식의 크로스탭 쿼리를 만듦

44 ②

데이터 정의 언어(DDL : Data Definition Language) : CREATE(테이블 생성), ALTER(테이블 변경), DROP(테이블 삭제)

오답 피하기

- 데이터 조작 언어(DML : Data Manipulation Language) : SELECT(검색), INSERT(삽입), UPDATE(갱신), DELETE(삭제)
- 데이터 제어 언어(DCL : Data Control Language) : GRANT(권한 부여), REVOKE(권한 해제), COMMIT(갱신 확정), ROLLBACK(갱신 취소)

45 ④

데이터베이스 설계 단계 : 요구 조건 분석 → 개념적 설계 → 논리적 설계 → 물리적 설계 → 구현

46 ③

보고서 머리글

- 보고서의 첫 페이지 상단에 한 번만 표시됨(페이지 머리글 위에 인쇄됨)
- 로고, 보고서 제목, 인쇄일 등의 항목을 삽입함

오답 피하기

- 그룹 머리글 : 그룹 설정 시 반복하여 그룹 상단에 표시됨
- 그룹 바닥글 : 그룹 설정 시 반복하여 그룹 하단에 표시됨
- 페이지 머리글 : 보고서의 매 페이지의 상단에 표시됨(열 제목 등의 항목을 삽입함)

47 ②

기본키는 한 테이블에서 유일성과 최소성을 만족하는 후보키 중 선정되어 사용되는 키이므로 동일한 학과명을 가진 학생이 두 명 이상 존재하기 때문에 '학과'를 기본키로 사용할 수 없음

48 ③

IME 모드 : 필드로 포커스가 이동되었을 때 설정될 한글, 영숫자 등의 입력 상태를 지정함

오답 피하기

- 캡션 : 폼이나 데이터시트에서 사용할 필드 레이블
- 기본 값 : 새 레코드를 만들 때 필드에 자동으로 입력되는 값
- 인덱스 : 찾기 및 정렬 속도는 빨라지지만 업데이트 속도는 느려짐

49 ②

매개 변수 쿼리 : 실행할 때 검색 조건의 일정한 값(매개 변수)을 입력하여 원하는 정보를 추출함

오답 피하기

- 크로스탭 쿼리 : 테이블이나 쿼리의 필드별 합계, 개수, 평균 등의 요약을 계산함
- 통합 쿼리 : 2개 이상의 테이블이나 쿼리에서 대응되는 필드들을 결합하여 하나의 필드로 만들어 주는 쿼리
- 실행 쿼리 : 여러 레코드의 변경과 이동을 일괄적으로 실행함

50 ①

[속성 시트] 창에서 하위 폼의 제목(레이블)을 변경하려면 [형식] 탭의 '캡션'을 수정하면 됨

51 ③

참조 무결성 : 참조 무결성은 참조하고 참조되는 테이블 간의 참조 관계에 아무런 문제가 없는 상태를 의미함

52 ③

오답 피하기

- 도메인(Domain) : 하나의 속성이 취할 수 있는 값의 집합
- 튜플(Tuple) : 테이블에서 행을 나타내는 말로 레코드와 같은 의미
- 차수(Degree) : 한 릴레이션(테이블)에서 속성(필드=열)의 개수

53 ③

'잠금' 속성을 '예'로 설정하면 내용을 수정할 수 없음

54 ①

보고서는 데이터 원본으로 테이블, 쿼리, SQL문을 사용함

55 ④

! : 대괄호 안에 있지 않은 문자를 찾음으로 "소[!비유]자"를 입력하면 소개자는 찾지만 소비자와 소유자는 무시함

오답 피하기

- – : 영문자의 경우, 문자 범위 내에서 하나의 문자를 찾음
- ? : 한 자리의 문자만 찾음
- # : 숫자 한 자리를 찾음

56 ②

Val(문자열) : 숫자 형태의 문자열을 숫자값으로 변환

57 ①

오답 피하기

문자	의미	09#L로 설정한 경우
0	필수요소, 0~9까지의 숫자	② A124 → 첫 글자가 A라 틀림
9	선택요소, 숫자나 공백	
#	선택요소, 숫자나 공백	③ 12A4, ④ 12AB → 세 번째 글자가 A라 틀림
L	필수요소, A~Z, 한글	

58 ④

- [Pages] : 전체 페이지, [Page] : 현재 페이지
- & : 문자 연결 연산자
- =[Pages]& " 페이지 중 "& [Page] → 10 페이지 중 1

59 ②

오답 피하기

- 텍스트 상자 : 레코드 원본의 데이터를 표시, 입력 또는 편집하거나, 계산 결과를 표시하거나, 사용자의 입력 내용을 적용할 때 사용하는 컨트롤
- 확인란 : 폼, 보고서에서 원본 테이블, 쿼리, SQL문의 Yes/No 값을 표시하는 독립형 컨트롤
- 토글 단추 : 폼에서 토글(전환) 단추를 독립형 컨트롤로 사용하여 원본 레코드 원본의 Yes/No 값을 나타낼 때 사용함

60 ②

- 한 줄에 두 개 이상의 명령문을 입력하는 경우 명령어의 끝에는 콜론(:)을 찍어 구분함
- 예 : For i = 1 To 10: sum = sum + i: Next: MsgBox sum

2024년 상시 기출문제 02회 221P

01 ①	02 ④	03 ①	04 ②	05 ②
06 ④	07 ②	08 ④	09 ①	10 ④
11 ①	12 ②	13 ①	14 ②	15 ③
16 ④	17 ①	18 ①	19 ③	20 ④
21 ③	22 ①	23 ②	24 ③	25 ④
26 ②	27 ④	28 ④	29 ②	30 ①
31 ②	32 ①	33 ③	34 ③	35 ①
36 ④	37 ③	38 ①	39 ③	40 ③
41 ②	42 ①	43 ③	44 ①	45 ②
46 ②	47 ③	48 ④	49 ②	50 ④
51 ①	52 ③	53 ②	54 ③	55 ②
56 ④	57 ③	58 ②	59 ④	60 ①

1 과목 컴퓨터 일반

01 ①

캐시 메모리(Cache Memory) : CPU와 주기억 장치 사이에 있는 고속의 버퍼 메모리, 자주 참조되는 데이터나 프로그램을 메모리에 저장, 메모리 접근 시간을 감소시키는 데 그 목적이 있음, RAM의 종류 중 SRAM이 캐시 메모리로 사용됨

02 ④

CSMA/CD(반송파 감지 다중 접근/충돌 검사) 방식 : LAN의 접근 방식으로 한 회선을 여러 사용자가 사용할 때 이용하는 방식

오답 피하기

전송 오류 검출 방식은 패리티 비트, 정마크 부호 방식, 해밍 코드, 블록합 검사, CRC 등이 있음

03 ①

P2P(Peer To Peer) : 인터넷상에서 개인끼리 파일을 공유하는 기술이나 행위로, 컴퓨터와 컴퓨터가 동등하게 연결되는 방식

04 ②

사물 인터넷(IoT : Internet of Things) : 인간 대 사물, 사물 대 사물 간에 인터넷으로 연결되어 정보의 소통이 가능한 기술

05 ②

자바 스크립트(Java Script) : 스크립트는 HTML 문서 속에 직접 기술하며, 'Script'라는 꼬리표를 사용함

06 ④

바로 가기를 삭제해도 원본 프로그램에는 영향을 미치지 않음

07 ②

방화벽(Firewall) : 외부 네트워크에서 내부로 들어오는 패킷을 체크하여 인증된 패킷만 통과시킴

08 ④

3D 프린터의 출력 속도의 단위는 MMS가 사용되며, MMS(MilliMeters per Second)는 '1초에 이동하는 노즐의 거리'를 의미함

오답 피하기

- LPM(Lines Per Minute) : 1분당 인쇄되는 라인 수(활자식 프린터, 잉크젯 프린터 등)
- PPM(Pages Per Minute) : 1분당 인쇄되는 페이지 수(잉크젯 프린터, 레이저 프린터 등)
- IPM(Images Per Minute) : ISO(국제 표준화 기구)에서 규정한 잉크젯 속도 측정 방식으로 각 프린터 업체의 자체 기준에 맞춘 고속 모드로 출력된 PPM과는 달리 일반(보통) 모드에서 ISO 규격 문서를 측정함

09 ①

가상 메모리(Virtual Memory) : 보조 기억 장치의 일부, 즉 하드디스크의 일부를 주기억 장치처럼 사용하는 메모리 사용 기법으로, 기억 장소를 주기억 장치의 용량으로 제한하지 않고, 보조 기억 장치까지 확대하여 사용함

10 ④

앱이 64비트 버전의 Windows용으로 설계된 경우, 32비트 버전과의 호환성 유지 기능은 지원되지 않음

11 ①

게이트웨이(Gateway) : 네트워크에서 다른 네트워크로 들어가는 관문의 기능을 수행하는 지점을 의미하며 서로 다른 프로토콜을 사용하는 네트워크를 연결할 때 사용하는 장치

오답 피하기

- ② : 리피터(Repeater)에 관한 설명
- ③ : 라우터(Router)에 관한 설명
- ④ : DNS(Domain Name System)에 관한 설명

12 ②

그림판은 레이어 기능이 지원되지 않으며, 레이어 기능은 포토샵 같은 소프트웨어에서 가능함

13 ①

쿠키(Cookie) : 인터넷 웹 사이트의 방문 정보를 기록하는 텍스트 파일

14 ②

첨단 도로 시스템(Automated Highway Systems) : 차량에 장착된 특수한 장치와 노변의 장치를 이용하여 안전하게 차량을 제어하는 시스템

15 ③

짝수 검사이므로 수신된 데이터의 '1'의 개수가 짝수이어야 하므로, 1의 개수가 홀수이면 오류가 발생함

16 ④

주문형 비디오 (Video On Demand) : 각종 영상 정보(뉴스, 드라마, 영화, 게임 등)를 데이터베이스로 구축하여 사용자의 요구에 따라 프로그램을 즉시 전송하여 가정에서 원하는 정보를 이용

오답 피하기

- 폴링(Polling) : 회선 제어 기법인 멀티 포인트에서 호스트 컴퓨터가 단말 장치들에게 '보낼(송신) 데이터가 있는가?'라고 묻는 제어 방법
- P2P(Peer-to-Peer) : 동배 시스템이라 하며 네트워크상의 모든 컴퓨터가 동등한 위치에서 자료를 교환할 수 있는 시스템
- VCS(Video Conference System) : 화상 회의 시스템으로 서로 먼 거리에 떨어져 있는 사람들끼리 각자의 실내에 설치된 TV 화면에 비친 화상 및 음향 등을 통하여 회의를 진행할 수 있도록 만든 시스템

17 ①

파일 탐색기의 [보기] 탭-[창] 그룹에서 탐색 창, 미리 보기 창, 세부 정보 창의 표시 여부를 선택할 수 있음

18 ①

표준 주소 체계인 URL(Uniform Resource Locator) : 프로토콜 : //서버 주소[: 포트 번호]/파일 경로/파일명

19 ③

- CMOS 셋업에서 Windows 로그인 암호 변경 설정은 지원되지 않음
- 시스템의 날짜/시간, 하드디스크 유형, 부팅 순서, 칩셋 및 USB 관련, 전원 관리, PnP/PCI 구성, 시스템 암호 등을 설정함

20 ④

벡터(Vector) 방식은 일러스트레이터(Illustrator)나 코렐드로우(CorelDraw) 등으로 편집함

오답 피하기

포토샵이나 그림판은 비트맵 방식의 그림을 편집할 수 있음

2과목 스프레드시트 일반

21 ③

한 열에 숫자 입력 셀이 5개 있고, 텍스트 입력 셀이 3개 있는 경우 자동 필터는 셀의 수가 많은 '숫자 필터' 명령으로 표시됨

22 ①

오답 피하기

- ② : 데이터를 입력하는 도중에 입력을 취소하려면 Esc를 누름
- ③ : 텍스트, 텍스트/숫자 조합은 셀에 입력하는 처음 몇 자가 해당 열의 기존 내용과 일치하면 자동으로 입력되지만 날짜, 시간 데이터는 자동으로 입력되지 않음
- ④ : 여러 셀에 동일한 데이터를 입력하려면 해당 셀을 범위로 지정하여 데이터를 입력한 후 Ctrl+Enter를 누름

23 ②

머리글/바닥글은 [머리글/바닥글] 탭에서 설정함

24 ③

도넛형 차트 : 첫째 조각의 각 0~360도 회전 가능

25 ④

누적 세로 막대형 차트로 개별 요소를 전체적인 관점에서 비교할 때 사용함

오답 피하기

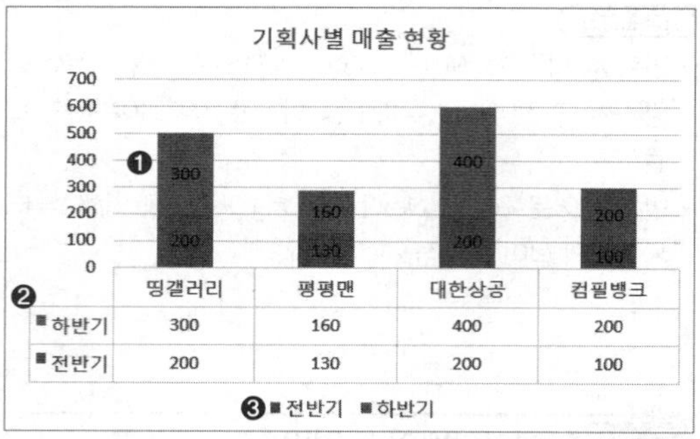

- ① : 레이블 내용으로 값이 표시되어 있음
- ② : 범례 표지를 포함한 데이터 테이블이 나타나도록 설정되어 있음
- ③ : 범례는 아래쪽으로 설정되어 있음

26 ②

텍스트 방향 : 텍스트 방향대로, 왼쪽에서 오른쪽, 오른쪽에서 왼쪽

27 ④

창 나누기의 경우에는 구분된 선을 마우스로 드래그하여 경계선을 이동할 수 있지만 틀 고정선은 마우스를 드래그하여 위치를 변경할 수 없음

28 ④

#VALUE! : 함수의 인수로 잘못된 값을 사용한 경우나 수치를 사용해야 할 장소에 다른 데이터를 사용한 경우

오답 피하기

- #DIV/0! : 0으로 나누기 연산을 시도한 경우
- #NUM! : 숫자가 필요한 곳에 잘못된 값을 지정한 경우
- #NAME? : 함수 이름이나 정의되지 않은 셀 이름을 사용한 경우

29 ②

데이터 표 : 워크시트에서 특정 데이터를 변화시켜 수식의 결과가 어떻게 변하는지 보여 주는 셀 범위를 데이터 표라고 함

오답 피하기

- 통합 : 하나 이상의 원본 영역을 지정하여 하나의 표로 데이터를 요약
- 부분합 : 워크시트에 있는 데이터를 일정한 기준으로 요약하여 통계 처리를 수행
- 시나리오 관리자 : 변경 요소가 많은 작업표에서 가상으로 수식이 참조하고 있는 셀의 값을 변화시켜 작업표의 결과를 예측하는 기능

30 ①

- PMT(PayMenT) 함수 : 정기적으로 지불하고 일정한 이자율이 적용되는 대출에 대해 매회 지급액을 구하는 함수
- PMT(이자율%/12, 기간(연*12), 현재 가치(대출금), 미래 가치, 납입 시점)
- 이자율%/12 : 5.5%/12
- 기간(연*12) : 2*12,
- 현재 가치(대출금) : 10,000,000(불입액을 양수로 나오게 하기 위해 –10000000으로 입력함)
- 미래 가치(최종 불입한 후 잔액) : 생략하면 0
- 납입 시점 : 매월 말은 0 또는 생략, 1은 기초

31 ②

MDETERM 함수는 배열의 행렬식을 구하며, MINVERSE 함수가 배열의 역행렬을 산출함

32 ①

'새로운 값으로 대치'는 이미 부분합이 작성된 목록에서 이전 부분합을 지우고 현재 설정 대로 새로운 부분합을 작성하여 삽입하므로, 여러 함수를 이용하여 부분합을 작성하려면 두 번째부터 실행하는 [부분합] 대화 상자에서 '새로운 값으로 대치'의 선택을 해제해야 함

33 ③

소수점의 위치가 –2인 경우 1을 입력하면 결과는 100이 됨

오답 피하기

소수점의 위치가 2인 경우 1을 입력하면 결과는 0.01이 됨

34 ③

외부 액세스 데이터베이스에서 만들어진 데이터도 호환 가능함

35 ①

- 사원명이 두 글자인 사원을 필터링하기 위한 조건 : ="=??" → =??
- 조건을 =??로 나타내야 하므로 ="=??"처럼 " "안에 =를 하나 더 입력함
- ?는 한 글자를 의미하므로 두 글자의 경우 ??로 입력함
- 수식을 조건으로 하는 경우 필드명을 다르게 해야 함 : 실적조건
- 실적이 전체 실적의 평균을 초과하는 데이터를 검색 : =$B2>AVERAGE($B$2:$B$9) → FALSE

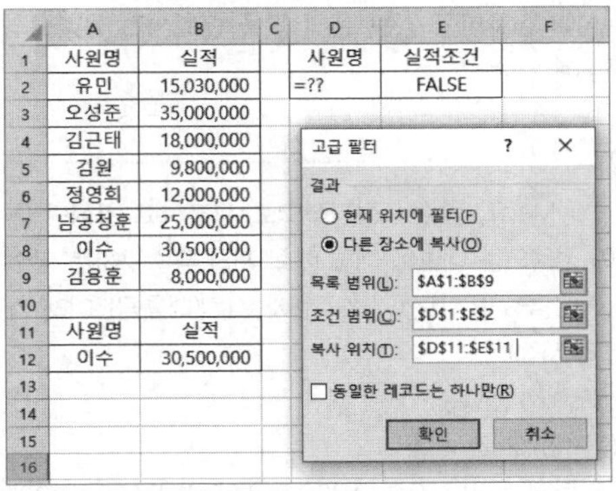

- 사원명이 두 글자이면서 실적 평균인 19,166,251을 초과하는 '이수, 30,500,000'이 필터링됨

36 ④

- =REPT(텍스트, 반복 횟수) : 텍스트를 지정된 횟수만큼 반복함
- =FREQUENCY(배열, 구간 배열) : 값의 범위 내에서 해당 값의 발생 빈도를 계산하여 세로 배열 형태로 나타냄

37 ③

별표(*), 물음표(?) 및 물결표(~) 등의 문자가 포함된 내용을 찾으려면 '찾을 내용'을 입력할 때 물결표(~) 뒤에 해당 문자를 붙여서 입력함(예 : ~*, ~?, ~~)

38 ①

Auto_Open 매크로 이름을 사용하면 파일을 열 때 특정 작업이 자동으로 수행됨

39 ③

간단하게 인쇄 : 테두리, 그래픽 등은 인쇄하지 않음

40 ③

Do While에서 조건이 no < 10 이기 때문에 1부터 9까지의 합 45가 결과로 구해지며 1부터 10까지의 합을 구하기 위해서는 보기 ①처럼 Do While no <= 10이 되어야 함

오답 피하기

- 반복 제어문 Do While ~ Loop와 Do ~ Loop While 명령 모두 조건이 no <= 10처럼 되어야 1부터 10까지의 합을 구함
- 반복 제어문 For ~ Next는 no = 1 To 10에 의해 1부터 10까지의 합이 구해짐

3과목 데이터베이스 일반

41 ②

GoToControl : 현재 폼이나 데이터시트에서 커서를 지정한 필드나 컨트롤로 이동시킴

오답 피하기

- GoToRecord : 열려 있는 테이블, 폼, 쿼리 결과 집합에서 지정한 레코드를 현재 레코드로 이동함
- SetValue : 폼, 폼 데이터시트, 보고서의 필드, 컨트롤, 속성 값을 설정함
- RunCode : 프로시저 코드를 실행함

42 ①

Forms![A]![B].Visible : A 이름의 폼에 사용된 B 이름의 컨트롤을 보이거나 감춤

43 ③

일련번호 : 레코드 추가 시 자동으로 고유 번호를 부여할 때 사용함, 번호가 부여되면 변경하거나 삭제할 수 없음, 기본키를 설정하는 필드에서 주로 사용됨

44 ①

- ORDER BY : 검색 결과에 대한 정렬을 수행함
- ASC : 오름차순을 의미하며 생략하면 기본적으로 오름차순임
- DESC : 내림차순을 의미함
- ① : 'SELECT * FROM movie ORDER BY 영화명, 장르;'는 영화명, 장르 모두 정렬 방법이 생략되어 있으므로 오름차순으로 정렬됨

45 ②

입력이 가능한 숫자를 백만 원 이상(>= 1000000), 오백만 원 이하(<= 5000000)로 설정하기 위한 유효성 검사 규칙은 And를 사용함 → >= 1000000 And <= 5000000

46 ②

=DCount("[학번]","[학생]","[점수]>=60") : =DCount(인수, 도메인(테이블명이나 쿼리명), 조건식)으로 특정 레코드의 집합(도메인)의 레코드 개수를 계산함

47 ③

인덱스 삭제 시 인덱스만 제거되고 필드 자체는 제거되지 않음

48 ④

UPDATE 테이블 SET 필드명=수정 내용 WHERE 조건 : 테이블에서 조건에 맞는 필드의 해당 필드의 내용을 수정함

49 ②

- 개체-관계 모델 : 개체 타입과 이들 간의 관계 타입을 이용해 현실 세계를 개념적으로 표현한 방법
- ERD(Entity Relationship Diagram) : 개체-관계 모델에 의해 작성된 설계도로 개체, 속성, 관계, 링크 등으로 구성됨
- 개념적 설계 단계 : 현실 세계에 대한 추상적인 개념(정보 모델링)으로 표현하는 단계

오답 피하기

- 요구 조건 분석 단계 : 데이터베이스 사용자의 요구 사항 및 조건 등을 조사하여 요구 사항을 분석하는 단계
- 논리적 설계 단계 : 개념 세계를 데이터 모델링을 거쳐 논리적으로 표현하는 단계
- 물리적 설계 단계 : 컴퓨터 시스템의 저장 장치에 저장하기 위한 구조와 접근 방법 및 경로 등을 설계하는 단계

50 ④

④ : 새(빈) 레코드를 추가함

51 ①

'일대다' 관계일 때 하위 폼에는 '다'에 해당하는 데이터가 표시되며, 기본 폼에는 '일'에 해당하는 데이터가 표시됨

52 ③

레이블 컨트롤과 이미지 컨트롤은 탭 순서에서 제외되며, 탭 정지 속성이 지원되지 않음

53 ②

데이터베이스관리자(DBA) : 데이터베이스를 관리하는 책임자, 전체 시스템에 대한 권한을 행사하는 사람

오답 피하기

- 데이터 정의어(DDL; Data Definition Language) : 데이터 베이스 구조와 관계, 데이터 베이스이름 정의, 데이터 항목, 키 값의 고정, 데이터의 형과 한계 규정
- 데이터 조작어(DML; Data Manipulation Language) : 주 프로그램에 내장하여 데이터 베이스를 실질적으로 운영 및 조작, 데이터의 삽입, 삭제, 검색, 변경 연산 등의 처리를 위한 연산 집합
- 데이터 제어어(DCL; Data Control Language) : 데이터베이스를 공용하기 위하여 데이터 제어를 정의 및 기술, 데이터 보안, 무결성, 회복, 병행 수행 등을 제어

54 ③

Format() : 숫자, 날짜, 시간, 텍스트의 표시 및 인쇄 방법을 사용자 지정

오답 피하기

- Clng(숫자) : 숫자 값을 Long형식으로 변환
- Val(문자열) : 숫자 형태의 문자열을 숫자값으로 변환
- DLookUp(인수, 도메인, 조건식) : 레코드 집합(도메인)의 특정 필드 값을 구함

55 ②

- 정규화(Normalization) : 이상(Anomaly) 현상이 발생하지 않도록 하기 위한 것으로 관계형 데이터베이스를 설계할 때 데이터의 중복 최소화와 불일치를 방지하기 위해 릴레이션 스키마를 분해해 가는 과정
- 이상(Anomaly) 현상 : 관계형 데이터베이스의 릴레이션을 조작할 때 발생하는 현상으로 삽입 이상, 삭제 이상, 갱신 이상 등이 있음

56 ④

일련번호는 번호가 부여되면 변경하거나 삭제할 수 없으며 크기는 4바이트임

57 ③

- 유효성 검사 규칙 : 레코드, 필드, 컨트롤 등에 입력할 수 있는 데이터 요구 사항을 지정할 수 있는 속성 → ">20"
- 유효성 검사 테스트 : 유효성 검사 규칙에 위반하는 데이터를 입력할 때 표시할 오류 메시지를 지정할 수 있는 속성 → "숫자는 >20으로 입력합니다."
- 유효성 검사 테스트 메시지가 표시된 다음 값을 다시 입력해야 됨(20보다 큰 수를 입력)

58 ②

VBA 코드	의미
Dim i As Integer	i를 정수화(Integer) 변수로(As) 선언(Dim)함
Dim Num As Integer	Num을 정수화(Integer) 변수로(As) 선언(Dim)함
For i = 0 To 7 Step 2	For문에 의해 i 값을 0부터 7까지 2씩 증가(0, 2, 4, 6)하면서 반복함
Num = Num+i	Num(0)=Num(0)+i(0), Num(2)=Num(0)+i(2), Num(6)=Num(2)+i(4), Num(12)=Num(6)+i(6) → 마지막 Num에는 0+2+4+6의 결과 12가 저장됨
Next i	For문의 마지막을 의미함
MsgBox Str(Num)	Num 변수의 값을 문자열(Str) 형식으로 변환하여 표시(MsgBox)함

59 ④

4 MOD 2 → 결과 값 : 0 (4를 2로 나눈 나머지를 구하므로 결과는 0이 됨)

오답 피하기

- ① : IIF(조건,참,거짓)에서 조건이 1 이상의 숫자일 경우 참으로 처리되므로 2가 결과 값이 됨
- ② : 3번째에서 2개의 문자를 추출하므로 34가 결과 값이 됨
- ③ : 문자를 연결하므로 "AB"가 결과 값이 됨

60 ①

보고서의 그룹 바닥글 구역에 '=COUNT(*)'를 입력하면 Null 필드를 포함한 그룹별 레코드 개수를 출력할 수 있음

2024년 상시 기출문제 03회 228P

01 ④	02 ④	03 ②	04 ②	05 ②
06 ④	07 ④	08 ②	09 ①	10 ②
11 ③	12 ③	13 ②	14 ②	15 ②
16 ②	17 ②	18 ①	19 ④	20 ③
21 ①	22 ④	23 ②	24 ②	25 ④
26 ④	27 ①	28 ②	29 ④	30 ①
31 ④	32 ①	33 ①	34 ②	35 ②
36 ②	37 ④	38 ①	39 ③	40 ③
41 ①	42 ②	43 ③	44 ①	45 ③
46 ④	47 ③	48 ③	49 ③	50 ②
51 ②	52 ④	53 ③	54 ③	55 ①
56 ③	57 ③	58 ③	59 ④	60 ①

1 과목 컴퓨터 일반

01 ④

시스템 구성 : [실행]에서 열기란에 'msconfig'를 입력하고 [확인]을 클릭함

오답 피하기

- ipconfig : 사용자 자신의 컴퓨터 IP 주소를 확인하는 명령
- tracert : 네트워크에 연결된 컴퓨터의 경로(라우팅 경로)를 추적할 때 사용하는 명령
- ping : 네트워크의 현재 상태나 다른 컴퓨터의 네트워크 접속 여부를 확인하는 명령

02 ④

연관 메모리(Associative Memory) : 저장된 내용의 일부를 이용하여 기억 장치에 접근하여 데이터를 읽어오는 기억 장치

오답 피하기

- 캐시 메모리(Cache memory) : 휘발성 메모리로, 속도가 빠른 CPU와 상대적으로 속도가 느린 주기억 장치 사이에 있는 고속의 버퍼 메모리
- 주기억 장치(Main memory) : CPU가 직접 참조하는 고속의 메모리로, 프로그램이 실행될 때 보조 기억 장치로부터 프로그램이나 자료를 이동시켜 실행시킬 수 있는 기억 장소
- 가상 기억 장치(Virtual memory) : 보조 기억 장치의 일부, 즉 하드디스크의 일부를 주기억 장치처럼 사용하는 메모리 사용 기법

03 ②

데드락(Deadlock) : 교착 상태로 자원은 한정되어 있으나 각 프로세스가 서로 자원을 차지하려고 무한정 대기하는 상태

04 ②

오답 피하기

- 채널(Channel) : 입출력 전용 데이터 통로이며, CPU를 대신해서 입출력 조작을 수행하는 장치이므로, CPU는 입출력 작업을 수행하는 대신 연산을 동시에 할 수 있음
- 데드락(Deadlock) : 동일한 자원을 공유하고 있는 두 개의 컴퓨터 프로그램들이 상대방이 자원에 접근하는 것을 사실상 서로 방해함으로써 두 프로그램 모두 기능이 중지되는 교착 상태
- 스풀(Spool) : 저속의 입출력 장치를 중앙 처리 장치와 병행하여 작동시켜 컴퓨터 전체의 처리 효율을 높이는 기능

05 ②

외부(시스템) 버스의 종류 : 데이터 버스(Data Bus), 주소 버스(Address Bus), 제어 버스(Control Bus)

06 ④

- AVI(Audio Video Interleaved) : Windows의 표준 동영상 형식의 디지털 비디오 압축 방식
- MPEG-1 : 비디오 CD나 CD-I의 규격
- MPEG-4 : 멀티미디어 통신을 위해 만들어진 영상 압축 기술
- ASF : 스트리밍이 가능한 동영상 형식으로 화질이 떨어지기는 하지만 스트리밍 기술을 이용하여 영상을 전송하고, 재생함

07 ④

드라이브 조각 모음 및 최적화

- 디스크에 단편화되어 저장된 파일들을 모아서 디스크를 최적화함
- 비율이 10%를 넘으면 디스크 조각 모음을 수행해야 함
- 단편화를 제거하여 디스크의 수행 속도를 높여줌
- 처리 속도는 효율적이나 총용량이 늘어나지는 않음

오답 피하기

- 디스크 검사 : 파일과 폴더 및 디스크의 논리적, 물리적인 오류를 검사하고 수정함
- 디스크 정리 : Windows에서 디스크의 사용 가능한 공간을 늘리기 위하여 불필요한 파일들을 삭제하는 작업
- 디스크 포맷 : 하드디스크 등을 초기화하는 것으로 트랙과 섹터로 구성하는 작업

08 ②

크기는 화면의 1/2까지만 늘릴 수 있음

09 ①

오답 피하기

- 패리티 체크 비트 : 원래 데이터 1비트를 추가하여 에러 발생 여부를 검사하는 체크 비트
- 순환 중복 검사 : 다항식 코드를 사용하여 오류를 검출하는 방식
- 정 마크 부호 방식 : 패리티 검사가 코드 자체적으로 이루어지는 방식

10 ②

선점형 멀티태스킹(Preemptive MultiTasking)

- 운영체제가 CPU를 미리 선점하여 각 응용 소프트웨어의 CPU 사용을 통제하고 관리하여 멀티태스킹(다중 작업)이 원활하게 이루어짐
- 응용 소프트웨어의 CPU 선점이 통제되어 시스템의 안정성이 강화됨

11 ③

비트맵은 Photoshop, Paint Shop Pro 등이 대표적인 소프트웨어임

오답 피하기

코렐드로, 일러스트레이터 : 벡터 방식

12 ③

오답 피하기

- 인증 : 네트워크 보안 기술로 전송된 메시지가 확실히 보내졌는지 확인하는 것과 사용자 또는 발신자가 본인인지 확인하는 것
- 접근 제어 : 사용자가 어떠한 정보나 자원을 사용하고자 할 때 해당 사용자가 적절한 접근 권한을 가지고 있는지 확인하는 것
- 기밀성 : 전송 도중 데이터의 내용을 임의의 다른 사용자가 보았을 때 그 내용을 파악하지 못하도록 하는 기능

13 ②

디지털 컴퓨터 : ⓑ 논리 회로, ⓒ 부호화된 문자, 숫자, ⓓ 프로그래밍, ⓕ 범용성

오답 피하기

아날로그 컴퓨터 : ⓐ 증폭 회로, ⓔ 연속적인 물리량

14 ②

ftp 기본 포트 번호는 21임

15 ②

문서와 문서가 연결된 형식으로 문서를 읽는 순서가 결정되지 않는 비선형 구조를 가짐

16 ②

IPv6 : ⓒ 128비트, ⓔ 16진수로 표현, ⓕ 각 부분을 콜론(:)으로 구분

오답 피하기

IPv4 : ⓐ 32비트, ⓓ 10진수로 표현, ⓖ 각 부분을 점(.)으로 구분

17 ②

HDMI(High-Definition Multimedia Interface)

- 고선명 멀티미디어 인터페이스로 비압축 방식이므로 영상이나 음향 신호 전송 시 소프트웨어나 디코더 칩(Decoder Chip) 같은 별도의 디바이스가 필요 없음
- 기존의 아날로그 케이블보다 고품질의 음향이나 영상을 전송함

오답 피하기

- DVI : 디지털 TV를 만들기 위해 개발되었던 것을 인텔에서 인수하여 동영상 압축 기술(최대 144:1정도)로 개발됨
- USB : 허브(Hub)를 사용하면 최대 127개의 주변기기 연결이 가능하며, 기존의 직렬, 병렬, PS/2 포트 등을 하나의 포트로 대체하기 위한 범용 직렬 버스 장치
- IEEE 1394 : 컴퓨터 주변 장치와 비디오 카메라, 오디오 제품, TV, VCR 등의 가전 기기를 개인용 컴퓨터에 접속하는 인터페이스로 개발됨

18 ①

오픈 소스 소프트웨어(Open source software) : 소스 코드가 공개되어 수정 및 변경이 가능한 소프트웨어

19 ④

에어로 쉐이크(Aero Shake) : 창의 제목 표시줄을 클릭한 채로 마우스를 흔들면 현재 창을 제외한 열린 모든 창이 순식간에 사라졌다가 다시 흔들면 원래대로 복원되는 기능 (⊞+Home)

오답 피하기

- ⊞+E : 파일 탐색기 열기
- ⊞+X : 빠른 링크 메뉴 열기
- ⊞+U : 접근성 센터 열기

20 ③

운영체제의 발달 과정 : 일괄 처리 → 실시간 처리 → 다중 프로그래밍 → 시분할 처리 → 다중 처리 → 분산 처리

2 과목 스프레드시트 일반

21 ①

F9를 누르면 수식의 결과가 상수로 변환됨

FREQUEN... × ✓ fx =500-A1

	A	B	C	D
1	100	200	300	=500-A1
2				

22 ④

- 혼합 데이터 : 문자와 숫자가 혼합된 데이터로, 채우기 핸들을 끌면 문자는 복사되고 숫자는 1씩 증가함 → AAA-003, 4-A
- 날짜 데이터 : 날짜는 1일 단위로 자동 증가하면서 채워짐 → 1989-06-06
- 문자 데이터 : 문자 데이터를 입력하고 채우기 핸들을 끌면 데이터가 복사되어 채워짐 → Excel-A

	A	B	C	D
1	AAA-000	1989-06-03	Excel-A	1-A
2	AAA-001	1989-06-04	Excel-A	2-A
3	AAA-002	1989-06-05	Excel-A	3-A
4	AAA-003	1989-06-06	Excel-A	4-A

23 ②

- ROUNDDOWN(수1, 수2) : 수1을 무조건 내림하여 자릿수(수2)만큼 반환함
- ROUNDDOWN(165.657, 2) : 165.657을 무조건 내림하여 2자릿수만큼 반환함 → 165.65
- POWER(-2, 3) : -2의 3제곱을 구함 → -8
- ABS(-8) : -8의 절대값을 구함 → 8

∴ 165.65 − 8 = 157.65가 됨

24 ②

- 통합할 다른 문서가 열려있지 않더라도 데이터 통합 작업을 할 수 있음
- [통합] 대화 상자에서 [찾아보기] 단추를 클릭하여 열리지 않은 통합 문서도 불러올 수 있음

25 ④

오답 피하기

- 자동 줄 바꿈 : 셀에서 텍스트를 여러 줄로 표시함
- 셀 병합 : 선택한 두 개 이상의 셀을 하나의 셀로 결합함
- 텍스트 방향 : 읽는 순서와 맞춤을 지정하려면 방향 상자에서 옵션(텍스트 방향대로, 왼쪽에서 오른쪽, 오른쪽에서 왼쪽)을 선택함

26 ④

Ctrl+Shift+;을 누르면 시간이 입력됨

27 ①

규칙 유형 선택에 '임의의 날짜를 기준으로 셀의 서식 지정'은 지원되지 않음

28 ②

상태 표시줄 : 평균, 개수, 숫자 셀 수, 최소값, 최대값, 합계를 선택하면 자동으로 계산되어 나타남

29 ④

- [카메라] 기능은 [삽입] 탭-[일러스트레이션] 그룹에서 지원되는 기능이 아니고, 빠른 실행 도구 모음에 추가한 다음 사용함
- [Excel 옵션]-[빠른 실행 도구 모음]-[명령 선택]에서 [리본 메뉴에 없는 명령]을 선택한 후 [카메라] 도구를 찾아 선택하고 [추가]한 다음 [확인]을 클릭하면 빠른 실행 도구 모음에 추가됨

30 ①

-3/2의 결과인 -1.5는 INT(가장 가까운 정수로 내림, 음수는 0에서 먼 방향으로 내림)에 의해 -2가 되고 ABS(절대값)가 적용되어 2가 됨

오답 피하기

- ② =MOD(-3,2) : -3을 2로 나눈 나머지를 구하므로 결과는 1이 됨
- ③ =ROUNDUP(RAND(),0) : 0과 1사이에 발생한 난수를 자리 올림하여 결과는 1이 됨
- ④ =FACT(1.9) : 소수점 이하는 무시하고 1의 계승값을 구하므로 결과는 1이 됨

31 ④

- 같은 열에 있는 자료에 대하여 여러 개의 함수를 중복하여 사용할 수 있음
- 새로운 값으로 대치 : 여러 함수를 이용하여 부분합을 만들 경우 이 항목의 선택을 해제함

32 ①

시나리오는 변경 셀로 지정한 셀에 계산식이 포함되어 있으면 자동으로 상수로 변경되어 시나리오가 작성되지만 별도의 파일로 저장되지는 않음

33 ①

정렬 옵션 : 대/소문자 구분, 위쪽에서 아래쪽, 왼쪽에서 오른쪽

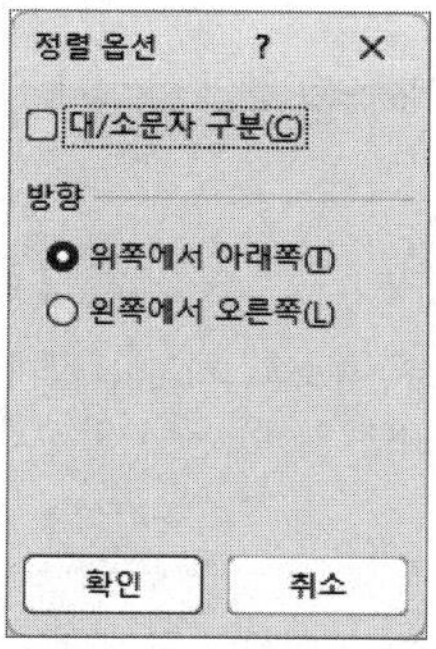

34 ②

[Ctrl]+[Page Up] / [Ctrl]+[Page Down] : 활성 시트의 앞/뒤 시트로 이동함

오답 피하기

- ① [Home] : 해당 행의 A열로 이동함, [Ctrl]+[Home] : 워크시트의 시작 셀(A1)로 이동함
- ③ [Ctrl]+[←] : 현재 영역의 좌측 마지막 셀로 이동함, [Ctrl]+[→] : 현재 영역의 우측 마지막 셀로 이동함
- ④ [Shift]+[↑] : 위쪽으로 범위가 설정됨, [Shift]+[↓] : 아래쪽으로 범위가 설정됨

35 ②

천 단위 데이터를 빠르게 입력 : [파일] 탭–[옵션]–[Excel 옵션]–[고급]–[소수점 자동 삽입]에서 [소수점 위치]를 –3으로 설정함(예 [소수점 위치]가 –3으로 설정되었기 때문에 1을 입력하면 1000으로 표시됨)

36 ②

자음마다 특수문자가 모두 다름

37 ④

- 주민등록번호의 여덟 번째 문자가 '1' 또는 '3'이면 '남' : 2로 나눈 나머지가 1이 됨
- 주민등록번호의 여덟 번째 문자가 '2' 또는 '4'이면 '여' : 2로 나눈 나머지가 0이 됨
- ④ =IF(MOD(VALUE(MID(C2, 8, 1)), 2)=0, "남", "여") : [C2] 셀의 주민등록번호 8번째 문자를 2로 나눈 나머지가 0이면 "남", 아니면 "여"이므로 순서가 옳지 않음
- 따라서, ④는 =IF(MOD(VALUE(MID(C2, 8, 1)), 2)=0, "여", "남")처럼 수정하면 올바른 결과가 산출됨

형식	=IF(조건, 값1, 값2)
기능	조건이 참이면 값1, 거짓이면 값2를 반환함
사용 예	=IF(MOD(VALUE(MID(C2, 8, 1)), 2)=0, "여", "남")
의미	[C2]셀의 주민등록번호 여덟 번째 문자를 2로 나눈 나머지가 0이면 "여", 아니면 "남"을 결과로 산출함

오답 피하기

① =IF(OR(MID(C2, 8, 1)="2", MID(C2, 8, 1)="4"), "여", "남")
▶ 주민등록번호 8번째 문자가 "2" 또는 "4"인 경우 "여", 아니면 "남"
② =CHOOSE(VALUE(MID(C2, 8, 1)), "남", "여", "남", "여")
▶ 주민등록번호 8번째 문자가 1이면 "남", 2이면 "여", 3이면 "남", 4이면 "여"
③ =VLOOKUP(VALUE(MID(C2, 8, 1)), $F$2:$G$5, 2, 0)
▶ 주민등록번호 8번째 문자를 [$F$2:$G$5] 범위에서 첫 코드열의 값과 일치하는 값을 찾아 2열(성별)의 같은 행에 있는 성별을 검색함

38 ①

- 계열 옵션에서 '간격 너비'가 0%로 설정되어 있지 않음
- 계열 옵션에서 '간격 너비'가 0%로 설정되어 있는 경우 아래처럼 표시됨

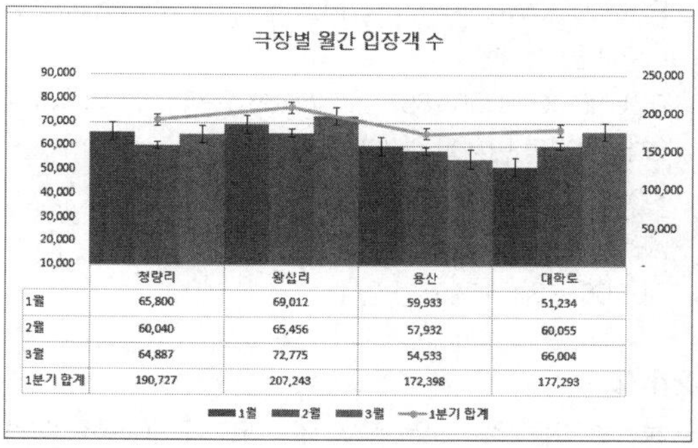

오답 피하기

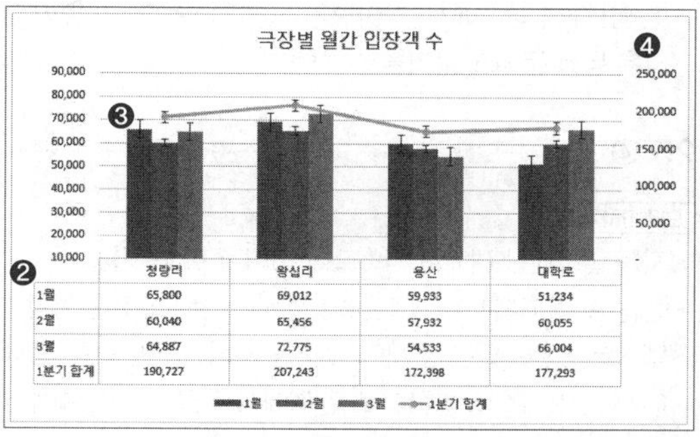

- ② : 범례 표지 없이 데이터 테이블이 표시되어 있음
- ③ : '1월', '2월', '3월' 계열에 오차 막대가 표시되어 있음
- ④ : '1분기 합계' 계열은 '보조 축'으로 지정되어 있음

39 ③

셀의 빈 열 폭 만큼 원하는 문자를 넣을 때 *를 이용하여 * 다음에 원하는 문자를 위치시키므로 ⓒ의 결과는 - - - -6,789로 표시됨

오답 피하기

- # : 유효 자릿수만 나타내고 유효하지 않은 0은 표시하지 않음
- 0 : 유효하지 않은 자릿수를 0으로 표시함
- ? : 유효하지 않은 자릿수를 공백으로 표시함
- , : 천 단위 구분 기호로 쉼표를 삽입, ,(쉼표) 이후에 더 이상 코드가 없으면 천 단위 배수로 표시함
- ; : 양수, 음수, 0값을 세미콜론(;)으로 구분함
- ⓐ : #에 의해 3이 표시되며 0.75를 분수로 나타내어 3/4가 표시됨
- ⓑ : ,(쉼표) 이후 코드가 없으므로 -6789를 천 단위 배수로 표시하여 -6이 남고 반올림되어 -0,007이 표시됨
- ⓓ : -6789가 음수이므로 ▼#이 적용되어 ▼6789가 표시됨

40 ③

하위 데이터 집합에도 필터와 정렬을 적용하여 원하는 정보만 강조할 수 있으며 조건부 서식 역시 적용 가능하므로 데이터를 시각적으로 탐색 및 분석할 수 있음

3 과목 데이터베이스 일반

41 ①

SELECT AVG(나이) FROM 학생 WHERE 전공 NOT IN ('수학', '회계'); → 학생 테이블에서 전공이 '수학'과 '회계'가 아닌 나이의 평균(AVG)을 구함. 따라서 21, 31, 23의 평균인 25가 결과가 됨

오답 피하기

- SELECT 열리스트 FROM 테이블명 WHERE 조건 : 테이블에서 조건에 만족하는 열을 검색
- IN(값1, 값2, …) : 목록 안에 값(값1, 값2, …)을 검색
- NOT : 부정, "~이 아니다"를 의미
- AVG(필드명) : 필드의 평균을 구함

42 ②

- 데이터베이스 암호를 설정하거나 제거하려면 데이터베이스를 단독 사용 모드로 열어야 함
- 데이터베이스를 단독 사용 모드로 열려면 데이터베이스를 닫은 다음 [파일] 탭-[열기] 명령을 사용하여 다시 연 다음 [열기] 대화 상자에서 [열기] 단추 옆에 있는 화살표를 클릭한 후 [단독으로 열기]를 선택함

43 ③

테이블 내에서 필드 이름이 중복될 수는 없음

오답 피하기

- 필드 이름 첫 글자는 숫자로 시작할 수 있음
- 필드 이름과 테이블 이름은 동일하게 지정 가능함
- 마침표(.), 느낌표(!), 대괄호([ ])를 제외한 특수 기호나 숫자, 문자, 공백을 조합해서 사용할 수 있음
- 필드 이름은 공백을 포함하여 64자까지 지정할 수 있음
- 공백으로 시작하는 필드 이름은 줄 수 없음

44 ①

일대일 관계 성립 조건 : 양쪽 테이블의 연결 필드가 모두 중복 불가능의 기본키나 인덱스가 지정되어 있어야 함

45 ③

읽기 전용 폼을 만들기 위한 폼과 컨트롤의 속성 설정 중 [잠금] 속성은 '예'로 설정해야 함

46 ④

보고서에서는 필드나 식을 최대 10단계까지 그룹화할 수 있음

47 ③

mid 함수는 문자열의 시작 위치에서 지정된 수의 문자를 표시하므로 『mid("영동1단지", 3, 1)』는 '영동1단지'의 3번째 문자(1)에서 문자 1개를 표시함 → 1

48 ③

- AS : 필드나 테이블의 이름을 별명(Alias)으로 지정할 때 사용함
- AS 합계 : 수행+지필의 합을 합계라는 이름으로 구함

49 ③

우편물 레이블 보고서 : 우편 발송을 위해 편지 봉투에 붙일 주소 레이블을 작성하는 보고서

오답 피하기

- 업무 문서 양식 보고서 : 업무 문서 양식 마법사를 사용하여 거래 명세서, 세금 계산서를 작성하는 보고서
- 우편 엽서 보고서 : 우편 엽서 마법사를 사용하여 우편 발송을 위해 우편 엽서에 붙일 레이블을 작성하는 보고서
- 크로스탭 보고서 : 여러 개의 열로 이루어진 보고서로, 열마다 그룹의 머리글과 바닥글, 세부 구역 등이 각 열마다 표시됨

50 ②

GROUP BY문을 사용할 때에는 HAVING절을 사용하여 조건을 지정함

51 ②

OLE 개체 데이터 형식의 필드에는 인덱스를 사용할 수 없음

52 ④

대체키(Alternate Key) : 후보키 중에서 기본키로 선택되지 않은 나머지 키

오답 피하기

외래키(Foreign Key) : 외래키가 다른 참조 테이블의 기본키일 때 그 속성키를 외래키라 함

53 ③

매개 변수 쿼리

- 실행할 때 레코드 검색 조건이나 필드에 삽입할 값과 같은 정보를 물어보는 쿼리
- 두 조건 이상의 쿼리 작성이 가능함
- 매개 변수 쿼리 시 [ ]를 사용함
- 조건란에 ">=[조회할 최소 나이]" 처럼 입력함

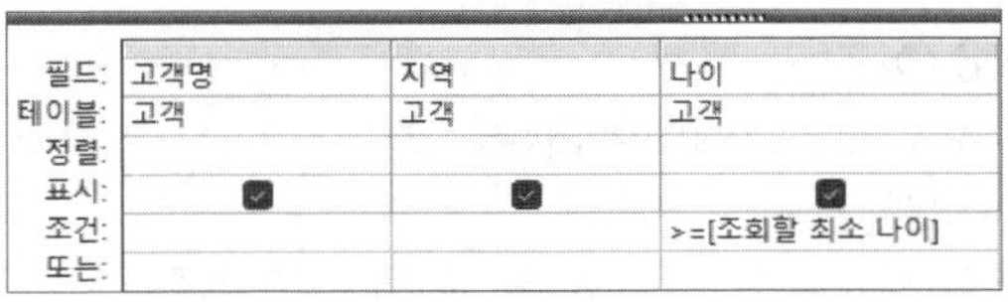

54 ③

외래키(FK : Foreign Key) : 외래키가 다른 참조 테이블(릴레이션)의 기본키(PK)일 때 그 속성키를 외래키라 함(직원 테이블의 부서명)

55 ①

입력 마스크	L	A	0	9	?
입력 여부	필수	필수	필수	선택	선택
입력 가능 값	A~Z, 한글	A~Z, 한글, 0~9	0~9	0~9, 공백	A~Z, 한글
①	A	A	1	1	1

입력 마스크의 마지막 ?는 A~Z, 한글만 허용되는 경우이므로 숫자 1이 입력될 수 없음

오답 피하기

입력 마스크	L	A	0	9	?
입력 여부	필수	필수	필수	선택	선택
입력 가능 값	A~Z, 한글	A~Z, 한글, 0~9	0~9	0~9, 공백	A~Z, 한글
②	A	1	1		
③	A	A	1	1	
④	A	1	1	1	A

- ② : 9와 ?는 입력 여부가 선택이므로 입력 값이 없어도 됨
- ③ : ?는 입력 여부가 선택이므로 입력 값이 없어도 됨

56 ③

- 도메인 계산 함수의 구성 : =도메인 계산 함수(인수, 도메인, 조건식)
- DLookUp 함수 : 레코드 집합(도메인)의 특정 필드 값을 구함

57 ③

HWP 파일은 워드프로세서 문서로 엑세스에서 가져올 수 없음

58 ③

Like 조건을 사용하여 데이터 찾기

- ~와 "같은"의 의미로 쿼리에서 특정 패턴과 일치하는 값을 필드에서 찾을 수 있음
- 패턴의 경우 전체 값(예 Like "영진")을 지정하거나 와일드카드 문자를 사용하여 값 범위(예 Like "영*")를 찾을 수 있음
- Like "P[A-F]###" : P로 시작하고 그 뒤에 A에서 F 사이에 임의의 문자와 세 자리 숫자가 오는 데이터를 반환함

59 ④

개체(Entity)는 다른 것과 구분되는 개체로 단독으로 존재하는 실세계의 객체나 개념을 의미함

60 ①

텍스트 상자의 컨트롤 원본을 '=1'로 지정하고, 누적 합계 속성을 '그룹'으로 지정하면 그룹 내 데이터의 일련번호가 표시됨

2024년 상시 기출문제 04회 235P

01 ①	02 ③	03 ①	04 ②	05 ②
06 ②	07 ②	08 ①	09 ④	10 ②
11 ③	12 ③	13 ①	14 ④	15 ④
16 ②	17 ①	18 ③	19 ④	20 ③
21 ②	22 ①	23 ①	24 ③	25 ③
26 ②	27 ④	28 ③	29 ①	30 ③
31 ④	32 ②	33 ②	34 ③	35 ③
36 ②	37 ④	38 ④	39 ③	40 ③
41 ②	42 ③	43 ①	44 ④	45 ①
46 ②	47 ①	48 ①	49 ④	50 ②
51 ④	52 ①	53 ①	54 ④	55 ②
56 ③	57 ④	58 ④	59 ②	60 ①

1 과목 컴퓨터 일반

01 ①

분산 처리 시스템 : 각 지역별로 발생된 자료를 분산 처리하는 방식으로 시스템의 과부하를 방지할 수 있으며 시스템의 안전성, 유연성, 신뢰성, 확장성 등에서 유리함. 클라이언트/서버(Client/Server) 시스템 등이 있음

오답 피하기

- 시분할 시스템 : CPU의 빠른 처리 속도를 이용하여 하나의 컴퓨터에서 여러 사용자의 작업을 다중으로 처리하는 방식
- 다중 처리 시스템 : 하나 또는 여러 개의 프로그램들을 여러 개의 프로세서로 동시에 처리하는 병렬 처리 방식으로, 대량의 데이터 처리에 이용
- 다중 프로그래밍 시스템 : 여러 개의 프로그램들을 동시에 처리하는 방식으로, CPU가 입출력 시간을 이용하여 여러 프로그램들을 순환 수행

02 ③

인터넷이나 네트워크에 연결된 프린터도 공유를 설정할 수 있음

03 ①

ICMP(Internet Control Message Protocol) : 인터넷에서 오류에 관한 문제를 처리하고 지원하는 프로토콜로, 송신 호스트에 전달할 때 IP 패킷의 데이터 부분에 캡슐화함

오답 피하기

- ARP : IP 주소를 MAC 주소로 변환하는 프로토콜
- RARP : 물리적 하드웨어 주소를 IP로 변환하는 프로토콜
- IP : 명령이 올바로 전송되도록 하며 전달되지 못한 패킷은 재전송하는 프로토콜

04 ②

블록체인(Block Chain) : '공공 거래 장부'로 불리며 데이터를 블록이라는 형태로 분산시켜 저장하고 각 블록을 체인으로 묶는 방식으로 임의로 수정이 불가능한 분산 컴퓨터 기반의 기술

오답 피하기

- 핀테크(FinTech) : '금융(Finance)'과 '기술(Technology)'의 합성어로 기존 정보기술을 금융업에 도입 및 융합시킨 것으로 핀테크에는 단순 결제 서비스나 송금, 대출 및 주식 업무, 모바일 자산 관리 등 다양한 종류가 있음
- 전자봉투(Digital Envelope) : 전자서명의 확장 개념으로 데이터를 비밀키로 암호화하고 비밀키를 수신자의 공개키로 암호화하여 전달하는 방식으로 기밀성(Confidentiality)까지 보장함
- 암호화 파일 시스템(Encrypting File System) : NTFS 버전 3.0부터 지원되는 파일 시스템 암호화 기능으로 파일이나 폴더를 암호화하여 보호할 수 있음

05 ②

오답 피하기

- ① : 명령 해독기(Instruction Decoder)
- ③ : 명령 레지스터(IR: Instruction Register)
- ④ : 누산기(ACCumulator)

06 ②

1Hz는 1초 동안 1번의 주기가 반복되는 것을 의미함

07 ②

모니터 크기는 화면의 대각선의 길이를 인치(Inch) 단위로 표시함

08 ①

캐시 메모리(Cache Memory) : CPU와 주기억 장치 사이에 있는 고속의 버퍼 메모리, 자주 참조되는 데이터나 프로그램을 메모리에 저장, 메모리 접근 시간을 감소시키는 데 그 목적이 있음, RAM의 종류 중 SRAM이 캐시 메모리로 사용됨

오답 피하기

③, ④ : 가상 메모리(Virtual Memory)에 대한 설명임

09 ④

웹 캐스팅이나 모바일 IP로 사용이 가능함

10 ②

오답 피하기

- explorer : 파일 탐색기
- taskmgr : 작업 관리자
- msinfo32 : 시스템 정보

11 ③

오답 피하기

- 베타 버전 : 정식 프로그램을 발표하기 전에 테스트를 목적으로 일반인에게 공개하는 프로그램
- 알파 버전 : 베타 테스트를 하기 전에 제작 회사 내에서 테스트할 목적으로 제작하는 프로그램
- 번들 : 특정한 하드웨어나 소프트웨어를 구매하였을 때 끼워주는 소프트웨어

12 ③

오답 피하기

- ① 가로막기(Interruption) : 정보의 가용성(Availability) 저해
- ② 가로채기(Interception) : 정보의 기밀성(Secrecy) 저해
- ④ 위조(Fabrication) : 정보의 무결성(Integrity) 저해

13 ①

오답 피하기

- ② 광학 마크 판독기(OMR : Optical Mark Reader) : 카드나 용지의 특정 장소에 연필이나 펜 등으로 표시한 것을 직접 광학적으로 판독하는 장치로, 시험 답안용, 설문 지용으로 이용됨
- ③ 광학 문자 판독기(OCR : Optical Character Reader) : 문서의 문자를 광학적으로 판독하는 장치로, 공공요금 청구서 등에 이용됨
- ④ 바코드 판독기(BCR : Bar Code Reader) : 바코드를 판독하여 컴퓨터 내부로 입력하는 장치로 POS 시스템에 이용됨
- 키오스크(Kiosk) : 백화점, 쇼핑센터 등의 공공장소에 설치된 무인 자동화 정보 안내 시스템으로 터치스크린 방식을 이용함

14 ④

방화벽(Firewall) : 외부 네트워크에서 내부로 들어오는 패킷을 체크하여 인증된 패킷만 통과시키는 기능이므로 내부의 해킹은 막지 못함

15 ④

드림위버(Dreamweaver) : 홈페이지를 제작하기 위한 위지윅(WYSIWYG) 방식의 웹 에디터(Web Editor)용 프로그램

오답 피하기

멀티미디어 자료를 인터넷을 이용하여 실시간으로 주고 받을 수 있는 서비스를 스트리밍 서비스라고 하며 멀티미디어 자료 제작 프로그램으로는 스트림웍스, 비디오 라이브, 리얼 오디오 등이 있음

16 ②

구조화(Structured) : 실행할 명령들을 순서대로 적는 방식을 말하는 것으로 절차 지향 언어(NOOP : Non Object-Oriented Programming)의 특징임

오답 피하기

추상화(Abstraction), 상속성(Inheritance), 캡슐화(Encapsulation), 다형성(Polymorphism), 오버로딩(Overloading), 은닉(Concealment) 등의 특징을 가짐

17 ①

MPEG : 음성과 영상을 압축하여 실시간 재생이 가능한 동영상 표준 압축 기술임

오답 피하기

JPEG, GIF, PNG : 정지 화상 파일 형식임

18 ③

2진 정수 데이터(고정 소수점 연산)는 실수 데이터(부동 소수점 연산)보다 표현할 수 있는 범위가 작기 때문에 연산 속도가 빠름

19 ④

래스터 방식(Raster Method) : 전자빔을 주사하여 미세한 점으로 분해하는 방법으로 음극선관(CRT) 등에서 화상을 만들 때 사용함

오답 피하기

- 저항식 : 투명한 전극 사이에 압력을 가하여 터치를 감지하는 방식
- 정전식 : 몸의 정전기를 이용하여 터치를 감지하는 방식
- 광학식 : 빛을 이용하여 터치를 감지하는 방식

20 ③

레지스트리(Registry) : 시스템 구성 정보를 저장한 데이터베이스로, 운영체제 내에서 작동하는 모든 프로그램의 시스템 정보를 담고 있는 데이터베이스

2과목 스프레드시트 일반

21 ②

근무시간의 합계를 구하려면 [셀 서식]-[표시 형식] 탭의 [사용자 지정]에서 [h]:mm을 입력

22 ①

시나리오 관리자에서 시나리오를 삭제하더라도 시나리오 요약 보고서의 해당 시나리오가 자동적으로 삭제되지 않음

23 ①

워크시트에 여러 개의 윗주가 있는 경우 임의의 윗주가 있는 셀에서 [윗주 필드 표시]를 설정하면 해당 윗주만 표시됨

24 ③

- =SUMPRODUCT({1,2,3},{4,5,6}) → 32
- 배열 또는 범위의 대응되는 값끼리 곱해서 그 합을 구하므로 1×4+2×5+3×6=32가 됨

오답 피하기

① =ROUNDDOWN(89.6369,2) → 89.63

- ROUNDDOWN(수1, 수2) : 수1을 무조건 내림하여 수2만큼 반환하므로 =ROUNDDOWN(89.6369,2)는 89.63이 됨

② =SQRT(9)*(INT(-2)+POWER(2,2)) → 6

- SQRT(수) : 수의 양의 제곱근을 구하므로 SQRT(9)는 3이 됨
- INT(수) : 소수점 아래를 버리고 가장 가까운 정수로 내리므로 INT(-2)는 -2가 됨
- POWER(수1, 수2) : 수1을 수2만큼 거듭제곱한 값을 구하므로 POWER(2,2)는 4가 됨
- 따라서 3*((-2)+4)이므로 결과는 6이 됨

④ =DAYS("2024-1-1", "2024-12-31") → -365

- DAY(종료날짜, 시작날짜) : 두 날짜 사이의 일 수를 반환하므로 =DAYS("2024-1-1","2024-12-31")은 -365가 됨

25 ③

- .VerticalAlignment = xlCenter이므로 수직(세로) 정렬이 가운데로 정렬됨
- 수평(가로) 정렬을 가운데로 정렬하기 위해서는 .HorizontalAlignment = xlCenter로 해야 됨

오답 피하기

- ① : '.MergeCells = True' 부분
- ② : 'Italic = True'가 기울임꼴 부분
- ④ : '.Size = 14' 부분

26 ②

원형 차트는 쪼개진 원형으로 표시할 수 있음

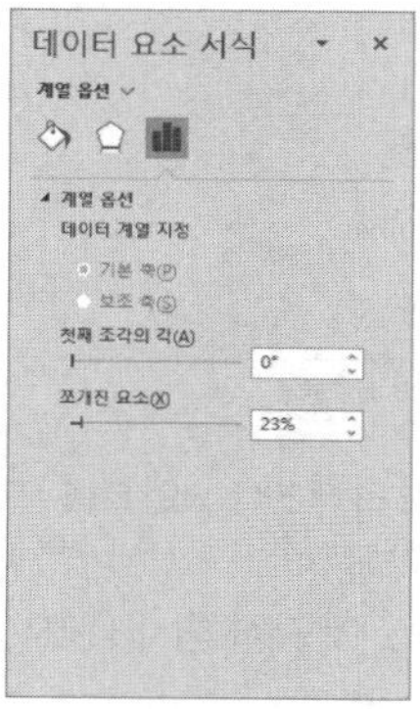

오답 피하기

- ① : 원형 대 꺾은선형은 지원되지 않음. 원형 대 원형, 원형 대 가로 막대형이 지원됨
- ③ : 원형 차트는 데이터 테이블을 표시할 수 없음
- ④ : 원형 차트는 축이 없음

27 ④

오답 피하기

① : #DIV/0!, ② : #REF!, ③ : #N/A

28 ③

=UPPER(LEFT(B2,SEARCH("@",B2)-1))

- UPPER(문자열) : 문자열을 모두 대문자로 변환함
- LEFT(문자열, 개수) : 문자열의 왼쪽에서 지정한 개수만큼 문자를 추출함
- SEARCH(찾을 텍스트, 문자열, 시작 위치) : 문자열에서 찾을 텍스트의 시작 위치를 반환함(시작 위치 생략 시 1로 간주함)
- 따라서 =SEARCH("@",B2)는 4가 되고 -1을 하여 LEFT(B2,3)의 결과인 sun를 UPPER에 의해서 대문자 SUN으로 변환함

C2 =UPPER(LEFT(B2,SEARCH("@",B2)-1))

	A	B	C
1	성명	전자우편	아이디(ID)
2	김선	sun@naver.com	SUN
3	이대한	daehan@youngjin.com	DAEHAN
4	한상공	sanggong@youngjin.com	SANGGONG

29 ①

사용자 지정 계산과 수식을 만들 수 없음

30 ③

표면형 : 두 데이터 집합 간의 최적 조합을 찾을 때 유용함

오답 피하기

- ① 분산형 : 데이터의 불규칙한 간격이나 묶음을 보여줄 때 사용
- ② 원형 : 전체에 대한 각 값의 기여도를 표시할 때 사용
- ④ 방사형 : 각 항목마다 가운데 요소에서 뻗어나온 값 축을 갖고, 선은 같은 계열의 모든 값을 연결할 때 사용

31 ④

- [매크로 기록] 대화 상자에서 [매크로 보안] 설정 기능은 지원되지 않음
- [매크로 보안] : [개발 도구] 탭–[코드] 그룹–[매크로 보안]–[보안 센터]에서 설정함

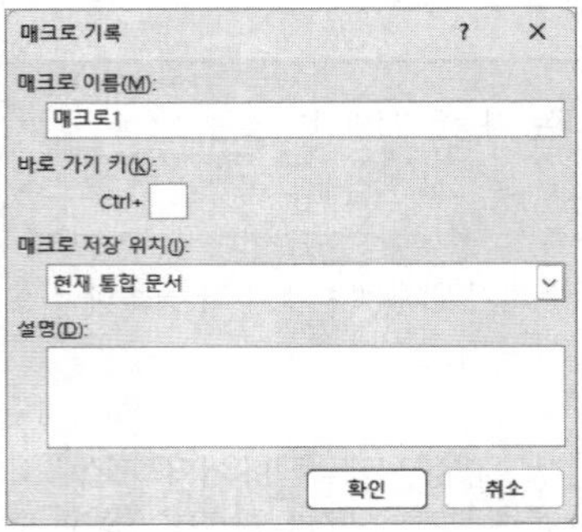

32 ②

- [C3] 셀에는 [A2]의 셀과 [D2] 셀의 값을 곱하여 표시했고 [A2]의 가중치 변화량([B4:B8])에 따른 결과 값을 [C4:C8] 셀에 표시하기 위한 작업임
- 변화되는 값([B4:B8])이 열에 입력되어 있으므로 [열 입력 셀]에 입력해야 하고 입력 값은 [C3] 셀에 입력한 수식의 참조 셀인 [$A$2]를 입력함
- [데이터 표]를 실행하면 '{=TABLE(,입력 셀에 입력한 주소)}' 형식으로 표시되므로 {=TABLE(,A2)}처럼 표시됨

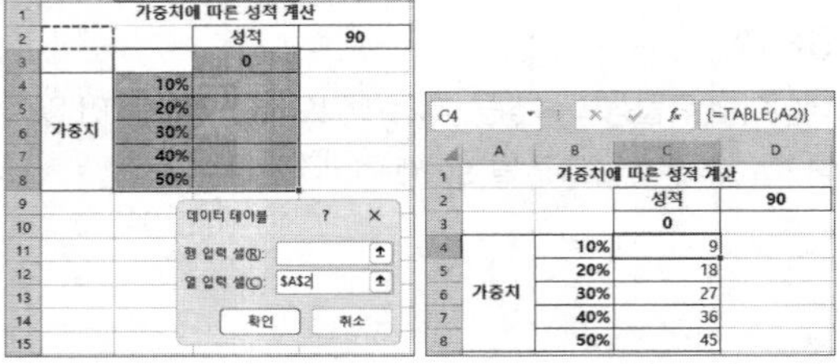

33 ②

하나의 시나리오에 최대 32개까지 변경 셀을 지정할 수 있음

34 ③

코드 보기와 시트 보호 작업을 실행할 수 있음

35 ③

'페이지 나누기 미리 보기'는 문서가 인쇄될 때 어디서 나눠지는지 표시하는 기능임

36 ②

세미콜론 세 개(;;;)를 연속하여 사용하면 입력 데이터가 셀에 나타나지 않음

37 ④

④ =2024–YEAR(VLOOKUP(B10,$A$2:$B$8,2,0))

- VLOOKUP(B10,$A$2:$B$8,2,0) → $A$2:$B$8 범위의 첫 열에서 [B10] 셀의 데이터인 '김지현'을 찾아 해당 행의 2번째 열의 값인 2004–11–01을 검색함
- YEAR 함수에 의해 연도만 결과로 나오므로 2004가 됨
- 근속년수 기준인 2024에서 2004을 차감하여 근무한 근속년수를 산출함

38 ④

- 순환 참조 : 수식에서 직접 또는 간접적으로 자체 셀을 참조하는 경우를 순환 참조라 함
- =SUM(B2:D2) : 합계가 산출될 [D2] 셀이 합계 범위에 포함되어 순환 참조 경고 메시지 창이 표시됨

39 ③

수식을 입력한 후 결과 값이 상수로 입력되게 하려면 수식을 입력한 후 바로 F9를 누름

40 ③

피벗 차트의 기본 차트 종류는 세로 막대형 차트이며 분산형, 주식형, 거품형 차트를 제외한 다른 차트로 변경 가능함

3과목 데이터베이스 일반

41 ②

=IIf([txt매출수량]<500,"저조",IIf(txt매출수량>=500,"보통","우수")) : 500미만의 경우 "저조"로 표시가 되지만 500이상이면 "보통"이 되므로 1000이상의 경우에 해당하는 조건이 존재하지 않음

42 ③

문장 끝에는 세미콜론(;)을 붙여야 함

43 ①

같은 테이블에 기본키와 외래키가 함께 존재할 수 있음

44 ④

[사원] 테이블에서 상담부 또는 홍보부인 사원의 사원명, 나이, 급여를 검색한 후 나이를 기준으로 내림차순으로 정렬된 결과를 조회함

45 ①

[페이지 설정] 대화 상자에서 머리글/바닥글은 설정할 수 없음

46 ②

오답 피하기

- ① 사각형 : 개체(Entity) 타입
- ③ 타원 : 속성(Attribute) 타입
- ④ 밑줄 타원 : 기본키 속성 타입
- 이중 사각형 : 의존 개체 타입

47 ①

L : 필수 요소로 A부터 Z까지의 영문자나 한글만 입력받도록 설정함

오답 피하기

- 9 : 선택 요소로 숫자나 공백을 입력함
- > : 모든 문자를 대문자로 변환함
- < : 모든 문자를 소문자로 변환함

48 ①

- 정규화(Normalization) : 이상(Anomaly) 현상이 발생하지 않도록 하기 위한 것으로 관계형 데이터베이스를 설계할 때 데이터의 중복 최소화와 불일치를 방지하기 위해 릴레이션 스키마를 분해해 가는 과정
- 이상(Anomaly) 현상 : 관계형 데이터베이스의 릴레이션을 조작할 때 발생하는 현상으로 삽입 이상, 삭제 이상, 갱신 이상 등이 있음

49 ④

종목별 인원을 그룹 보고서로 표시했으므로 '종목명'으로 그룹화해야 하며 종목코드, 종목명, 학번으로 오름차순되어 있음

50 ②

일련번호 형식은 4바이트로 새 레코드를 만들 때 1부터 시작하는 정수가 자동 입력됨

51 ④

Outlook으로 내보내는 기능은 지원되지 않음

52 ①

새로운 레코드를 추가하기 위해서는 '추가 가능'을 예로 설정함

53 ①

모달 폼 : 현재 모달 폼을 닫기 전까지 다른 창을 사용할 수 없음

54 ④

유효성 검사 규칙 : 해당 필드에 입력할 내용의 규칙을 지정하는 옵션으로, 만일 유효성 검사에 맞지 않게 내용을 입력하면 유효성 검사 텍스트에 입력한 내용이 출력됨

55 ②

레이블 마법사 : 우편물 레이블 마법사로 표준 레이블 또는 사용자 지정 레이블을 만듦

56 ③

데이터의 독립성의 특징을 가지고 있으며 관리 비용이 많이 들고 시스템에 문제가 발생하면 복구가 어려움

57 ④

목록 상자 : 목록 상자는 목록을 항상 표시하고, 목록에 있는 값만 입력할 경우 유용함

오답 피하기

- ① 텍스트 상자 : 레코드 원본의 데이터를 표시, 입력 또는 편집하거나, 계산 결과를 표시하거나, 사용자의 입력 내용을 적용할 때 사용하는 컨트롤
- ② 레이블 : 레이블은 제목이나 캡션, 간단한 지시 등의 설명 텍스트를 표시하는 컨트롤로 필드나 식의 값을 표시할 수 없음
- ③ 콤보 상자 : 바운드된 콤보 상자에서 값을 선택하거나 문자열을 입력하면, 해당 값이 콤보 상자가 바운드된 필드에 삽입됨

58 ④

오답 피하기

- 요구 조건 분석 단계 : 데이터베이스 사용자의 요구 사항 및 조건 등을 조사하여 요구 사항을 분석하는 단계
- 개념적 설계 단계 : 현실 세계에 대한 추상적인 개념(정보 모델링)으로 표현하는 단계
- 논리적 설계 단계 : 개념 세계를 데이터 모델링을 거쳐 논리적으로 표현하는 단계

59 ②

오답 피하기

- 하위 폼은 데이터시트로 표시하거나 단일 폼 또는 연속 폼으로 표시할 수 있음
- 여러 개의 연결 필드를 지정하려면 세미콜론(;)으로 필드명을 구분하여 입력함

60 ①

인덱스(Index) : 색인으로 키 값을 기초로 하여 테이블에서 검색 및 정렬 속도를 향상시키는 기능

2024년 상시 기출문제 05회 242P

01 ④	02 ③	03 ②	04 ①	05 ④
06 ②	07 ②	08 ④	09 ③	10 ②
11 ①	12 ④	13 ③	14 ③	15 ①
16 ③	17 ③	18 ②	19 ④	20 ③
21 ②	22 ③	23 ③	24 ③	25 ④
26 ④	27 ③	28 ④	29 ③	30 ④
31 ③	32 ②	33 ④	34 ②	35 ④
36 ③	37 ②	38 ②	39 ④	40 ②
41 ④	42 ③	43 ③	44 ①	45 ④
46 ③	47 ③	48 ①	49 ③	50 ①
51 ③	52 ④	53 ③	54 ②	55 ③
56 ②	57 ①	58 ①	59 ④	60 ②

1 과목 컴퓨터 일반

01 ④

MOD(Music On Demand) : 초고속 무선 인터넷의 발달로 다운로드 없이 스트리밍 방식으로 음악 파일이나 음원을 주문하여 실시간으로 들을 수 있는 주문형 음악 서비스

오답 피하기

- VOD(Video On Demend) : 주문형 비디오로 각종 영상 정보(뉴스, 드라마, 영화, 게임 등)를 데이터베이스로 구축하여 사용자의 요구에 따라 프로그램을 즉시 전송하여 가정에서 원하는 정보를 이용하는 서비스
- VDT(Video Display Terminal) : 컴퓨터 영상 표시 장치로 Visual Display Terminal이라고도 함
- PDA(Personal Digital Assistant) : 전자수첩, 이동 통신, 컴퓨터 등의 기능이 있으며 휴대가 가능한 개인용 정보 단말기

02 ③

CPU는 직렬 처리 방식이고, GPU는 수천 개의 코어가 동시에 작업하는 병렬 처리 방식임

03 ②

포털 사이트(Portal Site) : 인터넷 이용 시 반드시 거쳐야 한다는 의미의 '관문 사이트'로 한 사이트에서 '정보 검색, 전자우편, 쇼핑, 채팅, 게시판' 등의 다양한 인터넷 서비스를 제공하는 사이트

오답 피하기

미러 사이트(Mirror Site) : 같은 내용을 여러 사이트에 복사하여 사용자가 분산되게 하고, 더 빨리 자료를 찾을 수 있도록 하는 사이트

04 ①

게이트웨이(Gateway) : 네트워크에서 다른 네트워크로 들어가는 관문의 기능을 수행하는 지점을 의미하며 서로 다른 프로토콜을 사용하는 네트워크를 연결할 때 사용하는 장치

오답 피하기

② : 리피터(Repeater), ③ : 라우터(Router), ④ : DNS(Domain Name System)

05 ④

[⊞]+[X] : 빠른 링크 메뉴 열기

오답 피하기

[⊞]+[U] : 접근성 센터 열기

06 ②

누산기(AC) : 연산 장치의 핵심적 레지스터로, 중간 계산된 결과 값을 일시적으로 기억

오답 피하기

- 주소 레지스터(MAR) : 주소를 기억하는 레지스터
- 명령어 레지스터(IR) : 현재 수행 중인 명령어를 보관
- 프로그램 카운터(PC) : 다음에 수행할 명령어의 메모리 번지를 보관

07 ②

비트맵(Bitmap) : 고해상도를 표현하는 데 적합하지만 파일 크기가 커지고 확대 시 계단 현상이 발생하는 단점이 있음

08 ④

④ : 공개키 암호화 기법의 특징

09 ③

MPEG(Moving Picture Experts Group)

- 동화상 전문가 그룹에서 제정한 동영상 압축 기술에 관한 국제 표준 규격
- 동영상뿐만 아니라 오디오 데이터도 압축할 수 있음

오답 피하기

DVI(Digital Video Interactive) : Intel사가 개발한 동영상 압축 기술(최대 144:1 정도)로 많은 양의 영상과 음향 데이터를 압축하여 CD-ROM에 기록할 정도로 용량이 작고, 음질이 뛰어남

10 ②

제어 기능 : 컴퓨터의 각각의 모든 장치들에 대한 지시 또는 감독 기능을 수행하는 기능

오답 피하기

① : 입력 기능, ③ : 저장 기능, ④ : 연산 기능

11 ①

프린터 공유는 사용자가 직접 설정해야 함

12 ④

프레임 너비(Pixel) : 프레임은 비디오 데이터에서 1초의 영상을 구성하는 한 장면으로, 프레임 너비는 사운드 파일의 크기를 결정하는 요소에 해당하지 않음

오답 피하기

- 표본 추출률(Hz) : 소리가 기록되는 동안에 초당 음이 측정되는 횟수
- 샘플 크기(Bit) : 채취된 샘플을 몇 비트 크기의 수치로 나타낼 것인지를 표시(8, 16비트가 많이 사용)
- 재생 방식(Mono, Stereo) : 모노(Mono)는 양쪽 스피커에 좌우 구분 없이 같은 소리가 나오므로 1로 계산하며 스테레오(Stereo)는 좌우 구분이 되면서 다른 소리가 나오므로 2로 계산함
- 사운드 파일의 크기 산출 공식 : 표본 추출률(Hz) × 샘플 크기(Bit) ÷ 8 × 재생 방식 × 지속 시간(S)

13 ③

증강현실(Augmented Reality) : 사람이 눈으로 볼 수 있는 실세계와 관련된 3차원의 부가 정보를 제공받을 수 있는 기술

오답 피하기

- 가상 장치 인터페이스(Virtual Device Interface) : 가상 장치를 이용한 인터페이스 기술
- 가상 현실 모델 언어(Virtual Reality Modeling Language) : 3차원 도형 데이터의 기술 언어로, 3차원 좌표값이나 기하학적 데이터 등을 기술한 문서(Text) 파일의 서식(Format)이 정해져 있음
- 주문형 비디오(Video On Demand) : 각종 영상 정보(뉴스, 드라마, 영화, 게임 등)를 데이터베이스로 구축하여 사용자의 요구에 따라 프로그램을 즉시 전송하여 가정에서 원하는 정보를 이용

14 ③

서버에 저장된 프로그램은 반드시 다운로드 후 실행해야 함

15 ①

소프트웨어뿐만 아니라 하드웨어의 성능에도 영향을 미칠 수 있음

16 ③

연결된 항목의 디스크 할당 크기가 아닌 바로 가기 아이콘에 할당된 디스크 크기를 확인할 수 있음

17 ③

패치(Patch) 프로그램 : 이미 제작되어 배포된 프로그램의 오류 수정이나 성능 향상을 위하여 프로그램의 일부를 변경해 주는 프로그램

오답 피하기

- ① : 상용 소프트웨어(Commercial Software)
- ② : 데모 버전(Demo Version)
- ④ : 베타 버전(Beta Version)

18 ②

IP(Internet Protocol) : OSI 7계층 중 네트워크 계층에 해당하며 패킷 주소를 해석하고 경로를 결정하여 다음 호스트로 전송함

오답 피하기

①, ③, ④ : TCP(Transmission Control Protocol)에 해당함

19 ④

XML은 확장성 생성 언어라는 뜻으로, 기존 HTML의 단점을 보완하여 웹에서 구조화된 폭넓고 다양한 문서들을 상호 교환할 수 있도록 설계한 언어

20 ③

테더링(Tethering) : 인터넷이 가능한 스마트기기의 통신 중계기 역할로 PC의 인터넷 접속을 가능하게 하고 모바일 데이터 연결을 공유함

오답 피하기

- 와이파이(WiFi) : 일정 영역의 공간에서 무선 인터넷의 사용이 가능한 근거리 무선 통신 기술
- 블루투스(Bluetooth) : 무선 기기 간 정보 전송을 목적으로 하는 근거리 무선 접속 프로토콜
- 와이브로(WiBro) : 무선과 광대역 인터넷이 통합된 것으로 휴대폰 단말기로 정지 및 이동 중에 인터넷에 접속이 가능함

2 과목 스프레드시트 일반

21 ②

절대 참조로 기록된 셀의 위치는 위치가 고정됨

22 ③

일정 범위 내에 동일한 데이터를 한 번에 입력하려면 범위를 지정하여 데이터를 입력한 후 바로 이어서 Ctrl+Enter를 누름

오답 피하기

Shift+Enter : 윗 행으로 이동

23 ③

- Sub~End Sub 프로시저 : 특정한 기능을 수행하는 명령문들의 집합
- Worksheets("Sales")는 지정한 워크시트명이며 Cells(6,1)은 6행 1열이므로 [A6] 셀을 의미함
- Value는 지정한 셀의 값으로 =에 의해 "korea"가 입력됨

24 ③

사용 중인 셀 스타일을 수정한 경우 해당 셀에는 셀 스타일을 다시 적용하지 않아도 자동으로 수정한 서식이 반영됨

25 ④

ClearContents : 내용만 삭제함

오답 피하기

- Delete : 서식과 내용 모두 삭제
- Clear : 서식과 내용 모두 삭제
- ClearFormats : 서식만 삭제

26 ④

채우기 : 선택된 영역의 각 셀에 입력된 내용을 너비에 맞게 반복하여 표시함

27 ③

[페이지 설정] 대화 상자에서 '일련번호로 출력' 기능은 지원되지 않음

28 ④

- 고급 필터는 자동 필터와는 달리 필터링한 결과를 원하는 위치에 별도의 표로 생성 가능함
- 고급 필터의 복사 위치는 결과 옵션을 '다른 장소에 복사'로 선택했을 경우에 필요하며 현재 시트에만 복사할 수 있음

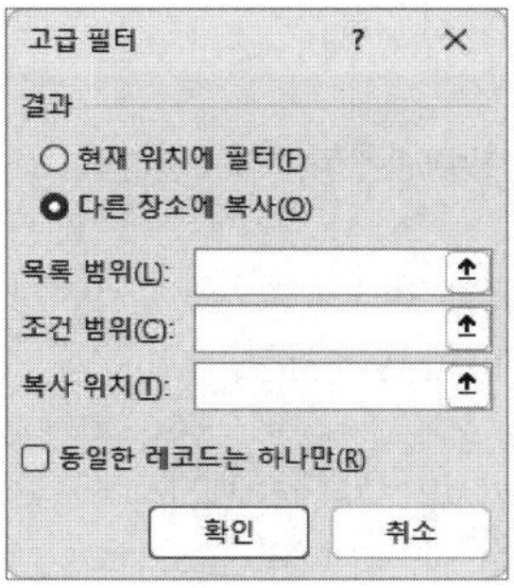

오답 피하기

- ① : 데이터의 종류가 혼합되어 있는 경우 많은 종류의 데이터 필터가 표시됨
- ② : 조건의 첫 셀은 반드시 다른 필드명을 입력하거나 공백을 이용하여 생략해도 됨
- ③ : 여러 필드에 조건을 설정한 경우 필드 간은 AND 조건으로 처리되어 결과가 표시됨

29 ③

열 구분선을 옮기려면 선을 마우스로 클릭한 상태에서 드래그로 끌어야 함

30 ④

OFFSET 함수

- 셀 또는 셀 범위에서 지정한 행 수와 열 수인 범위에 대한 참조를 구함
- 표시되는 참조는 단일 셀이거나 셀 범위일 수 있음
- 표시할 행수와 열 수를 지정할 수 있음
- 구할 셀 높이와 구할 셀 너비가 2 이상 설정될 경우 배열수식(Ctrl+Shift+Enter)으로 입력해야 함

형식	=OFFSET(기준 셀 범위, 행 수, 열 수, 구할 셀 높이, 구할 셀 너비)
기능	• 행 수는 양수로 입력하면 아래 방향을, 음수로 입력하면 위 방향을 가르킴 • 열 수는 양수로 입력하면 오른쪽 방향을, 음수로 입력하면 왼쪽 방향을 가리킴 • 구할 셀 높이와 구할 셀 너비는 생략 가능함
사용 예	=OFFSET(B3, −1, 2)
의미	[B3] 셀을 기준으로 행이 −1이므로 바로 윗 행, 열이 2이므로 오른쪽으로 D열, 즉 [D2] 셀의 값을 결과로 나타냄

	A	B	C	D	E
1	학번	학과	학년	성명	주소
2		-1	1	2	
3		영문과			
4					
5					
6					

▲ [B3] 셀을 기준으로 –1이므로 윗 행, 2이므로 오른쪽으로 2열 즉, [D2] 셀의 값을 나타냄

31 ③

한 워크시트에서 또는 다른 워크시트에서 셀을 직접 선택하여 수식에 셀 참조를 입력할 수 있으며, 셀을 선택하면 절대 셀 참조가 삽입됨

32 ②

오답 피하기

- 선버스트 : 계층적 데이터를 표시하는 데 적합하며, 계층 구조 내에 빈 셀이 있는 경우 그릴 수 있음
- 트리맵 : 색과 근접성을 기준으로 범주를 표시하며 다른 차트 유형으로 표시하기 어려운 많은 양의 데이터를 쉽게 표시할 수 있음
- 상자 수염 : 데이터 분포를 사분위수로 나타내며 평균 및 이상값을 강조하여 표시함

33 ④

원본 및 대상 영역이 동일한 시트에 있는 경우에는 연결을 만들 수 없음

34 ②

[A1] 셀의 5와 [C1] 셀의 1의 간격이 4이므로 채우기 핸들을 드래그하면 4씩 감소되어 [F1] 셀에는 –7이 표시됨

	A	B	C	D	E	F	G
1	5		1	-3		-7	
2							

35 ④

중첩 부분합은 먼저 실행한 결과가 아래에 표시되므로 매출의 '최대'를 구한 다음 '새로운 값으로 대치'를 해제하고 '최소'를 구한 결과임

36 ③

잘라내기 명령을 실행한 다음에는 [선택하여 붙여넣기] 명령을 사용할 수 없음

37 ②

=AVERAGE((A2:A4="1학년")*(C2:C4)) → 43.3333("1학년"에 해당하는 헤어 점수인 80과 50의 평균을 구하려는 의도였으나 [C2:C4]까지의 인수가 3이 되어 (80+0+50)/3의 결과가 됨)

오답 피하기

- ① =AVERAGE(IF(A2:A4="1학년",C2:C4)) : AVERAGE(평균)와 IF(조건)를 이용한 배열 수식으로 "1학년"인 경우의 헤어 점수의 평균을 구함 → 65
- ③ =AVERAGEIF(A2:A4,"1학년",C2:C4) : 조건에 해당하는 "1학년"의 헤어 점수의 평균을 산출함 → 65
- ④ =AVERAGEIFS(C2:C4,A2:A4,"1학년") : 헤어의 평균을 "1학년"에 해당하는 경우 산출함 → 65

38 ②

배열 선언 시 처음에 Option Base를 "1"로 설정한 경우 배열의 첨자가 1부터 시작하므로 첫 번째 요소는 No(1, 1, 1)이 됨

오답 피하기

- ① : 배열은 3차원 배열이고, 요소는 모두 24개이다. → No(3, 4, 2), 3×4×2=24
- ③ : 배열 요소의 데이터 형식은 모두 Integer이다. → As Integer
- ④ : 배열은 4행 2열의 테이블이 3면으로 되어 있다. → No(3면, 4행, 2열)

39 ④

- =DSUM(데이터베이스, 필드, 조건 범위) : 조건을 만족하는 필드의 합계를 구함
- 데이터베이스 → [A1:D7], 필드 → 4(2/4분기), 조건 범위 → [B1:B2](부서가 영업 1부)이므로 부서가 영업1부인 2/4분기 합을 구하므로 결과는 55가 됨

40 ②

Ctrl+Enter : 여러 셀에 동일한 내용을 입력할 때 사용함

3과목 데이터베이스 일반

41 ④

외래키(Foreign Key)가 다른 참조 테이블의 기본키(PK)일 때 그 속성키를 외래키(FK)라고 하며 하나의 테이블에는 여러 개의 외래키가 존재할 수 있음

42 ③

도메인(Domain) : 하나의 애트리뷰트(Attribute)가 취할 수 있는 같은 타입의 원자값들의 집합

오답 피하기

테이블(Table) : 데이터를 저장, 관리하는 공간으로, 테이블은 필드(항목)로 구성된 레코드의 집합

43 ③

order by 절 : 특정한 필드를 기준으로 오름차순, 내림차순 정렬을 수행하여 표시

오답 피하기

- having 절 : group by 절을 이용하는 경우의 특정한 조건 지정
- group by 절 : 그룹으로 묶어서 검색
- where 절 : 조건 지정

44 ①

레이블 컨트롤과 이미지 컨트롤은 탭 순서에서 제외됨

45 ④

④는 데이터 제어어(DCL)에 대한 설명임

46 ③

DELETE 명령을 이용하여 조건에 맞는 레코드를 삭제할 수 있음

오답 피하기

DROP : 테이블, 인덱스, 뷰, 프로시저 등을 삭제

47 ③

분할 표시 폼은 폼 보기와 데이터시트 보기를 동시에 표시하며 상호 동기화되어 있음

48 ①

그룹 머리글 영역에 "대리점명 : 서울지점", "대리점명 : 충북지점"으로, 그룹 바닥글 영역에 "서울지점 소계"와 "충북지점 소계"가 집계되어 있으므로 대리점명을 기준으로 그룹화되어 있음을 알 수 있음

오답 피하기

- ② : '모델명' 필드에는 '중복 내용 숨기기' 속성을 '예'로 설정하였다. → 모델명 PC4203, PC4204, PC3102, PC4202가 하나씩 나타나 있음
- ③ : 지점별 소계가 표시된 텍스트 상자는 그룹 바닥글에 삽입하였다. → "서울 지점 소계"와 "충북지점 소계" 그룹 바닥글에 텍스트 상자로 나타나 있음
- ④ : 순번은 컨트롤 원본을 '=1'로 입력한 후 '누적 합계' 속성을 '그룹'으로 설정하였다. → 대리점별로 서울지점은 순번이 1, 2, 3 충북지점은 순번이 1, 2, 3, 4처럼 표시됨

49 ③

- [Page] : 현재 페이지 번호
- [Pages] : 전체 페이지 수
- 'pages' : pages 문자열
- & : 연결자
- =[page] & 'pages' → 12pages

50 ①

- update 테이블명 set 열이름1=값1, 열이름2=값2, … where 조건 : 갱신문으로 테이블에 저장되어 있는 데이터를 갱신함
- update 회원 set 등급 = '정회원' where 가입일 <= #2024-6-3# and 등급 = '준회원'
- <= #2024-6-3# : 2024년 6월 3일 이전을 의미, 날짜는 앞뒤에 #를 붙임
- and : 가입일 조건과 등급이 '준회원'인 조건이 모두 만족하는 경우

51 ③

매크로 이름을 'Autoexec'로 지정하면 테이블을 열 때가 아니라 데이터베이스 파일을 열 때 매크로를 자동으로 실행해 줌

52 ④

STUDENT 테이블에서 DEPT가 컴퓨터이고 YEAR이 4인 레코드 중 SNO와 SNAME 필드를 표시함

53 ③

편집 가능은 폼 보기에서 레코드의 편집 여부를 설정하는 속성임

54 ②

하위 폼이 '일대다' 관계가 설정되어 있을 때 기본 폼은 '일'쪽의 테이블을 원본으로 하고, 하위 폼은 '다'쪽의 테이블을 원본으로 함

55 ③

참조 무결성

- 참조하고 참조되는 테이블 간의 참조 관계에 아무런 문제가 없는 상태를 의미함
- 외래키 값은 널(NULL)이거나 참조 테이블에 있는 기본키 값과 동일해야 함
- ③ : <구매리스트> 테이블의 '고객번호' 필드는 외래키로 필드 값이 <고객> 테이블의 '고객번호' 필드에 없는 경우 참조 무결성이 항상 유지되도록 설정할 수 없음

56 ②

오답 피하기

- 기본 보기 : 폼 보기의 기본 보기 형식을 설정함
- 레코드 원본 : 폼에 연결할 데이터의 테이블 이름이나 쿼리를 입력하여 설정함
- 레코드 잠금 : 동시에 같은 레코드를 편집하려고 할 때 레코드 잠그는 방법을 설정함

57 ①

- DoCmd 개체 : 액세스의 매크로 함수를 Visual Basic에서 실행하기 위한 개체로 메서드를 이용하여 매크로를 실행함
- OpenQuery : 선택 쿼리를 여러 보기 형식으로 열기를 실행함

58 ①

연결된 테이블의 내용을 변경하면 그 원본 내용도 함께 변경되며, 연결된 테이블을 삭제하면 Access 테이블을 여는 데 사용하는 정보만 삭제하므로 원본 테이블은 삭제되지 않음

59 ④

- Form_Load() : 폼을 로드함
- SetFocus : 지정한 컨트롤에 커서(포커스)를 자동적으로 위치 시킴

60 ②

유효성 검사 규칙 : 필드에 입력할 값을 제한하는 규칙